HISTOIRE ILLUSTRÉE

DU

SECOND EMPIRE

COULOMMIERS. — TYPOGRAPHIE PAUL BRODARD.

HISTOIRE ILLUSTRÉE

DU

SECOND EMPIRE

PAR

TAXILE DELORD

Membre de l'Assemblée nationale

TOME TROISIÈME

AVEC 72 GRAVURES DANS LE TEXTE

Et 17 têtes de chapitre ou culs-de-lampe.

NOUVELLE ÉDITION

PARIS

LIBRAIRIE GERMER BAILLIÈRE ET Cie

108, BOULEVARD SAINT-GERMAIN, 108

Au coin de la rue Hautefeuille

—

Tous droits réservés

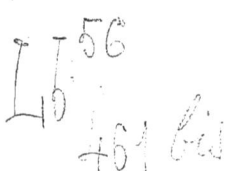

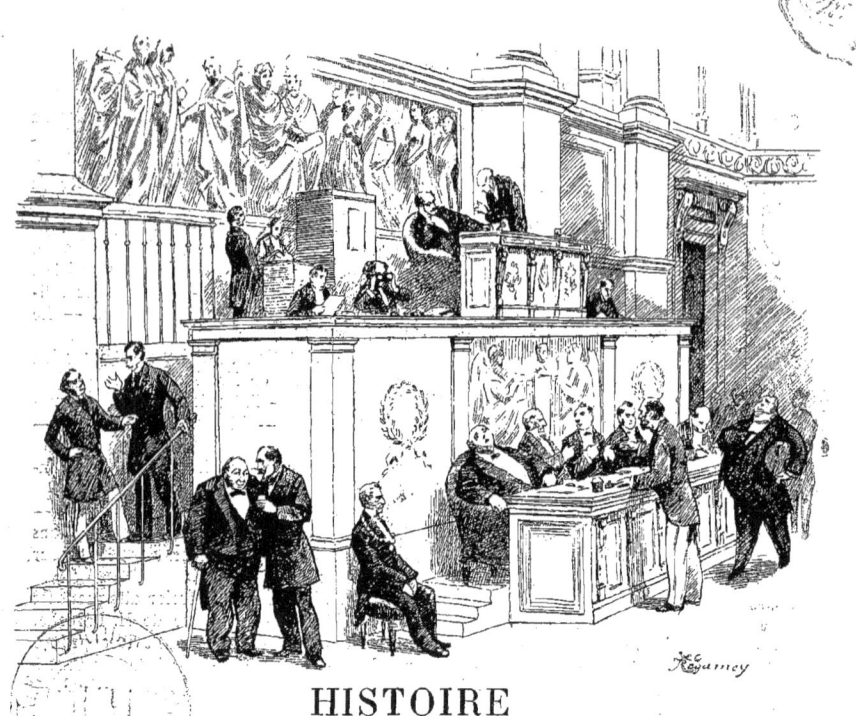

HISTOIRE
DU
SECOND EMPIRE

CHAPITRE PREMIER
LÉGISLATURE DE 1857 A 1863

Session de 1858. — Vérification des pouvoirs. — MM. Carnot et Goudchaux refusent le serment. — Annulation de l'élection du Bas-Rhin. — Procès Migeon. — Ouverture de la session. — La loi de sûreté générale. — Loi sur les titres de noblesse. — Les travaux de Paris. — La commission du budget et le conseil d'État.
Session de 1859. — L'emprunt de 500 millions. — Les cléricaux demandent des garanties avant de le voter. — M. Jules Favre prend la parole au Corps législatif. — Le budget. — Proposition de M. Brame. — Le Grand Central. — L'annexion de la banlieue.
Session de 1860. — Les élections contestées. — L'élection de Vitré. — La candidature officielle. — Les députés cléricaux attaquent la politique du gouvernement. — Le traité de commerce. — La spécialité financière. — Les prêts à l'industrie.
Session législative de 1861. — Discours de l'Empereur au Sénat et au Corps législatif. Sénat. — Rapport de M. Troplong sur le projet de sénatus-consulte. — Discussion de l'adresse. — Discours du prince Napoléon. — Amendement sur les encouragements aux lettres et aux arts. — L'amendement des cardinaux. — Son rejet. — M. Dupin et la presse. — Timbre sur le roman-feuilleton.

CORPS LÉGISLATIF. — Application du décret du 24 novembre. — Discussion de l'adresse au Corps législatif. — Amendement des *Cinq*. — Discours de M. Émile Ollivier. — Étonnement causé par ce discours. — Incident du procès-verbal. — Discours de M. Picard sur les finances de la ville de Paris. — Vote de l'adresse. — Discussion et vote du budget.
Session législative de 1862. — SÉNAT. — Discussion de l'adresse. — La question religieuse. — M. de Persigny traité de Polignac. — Discussion sur les affaires de Rome. — Discours de M. Piétri. — Fin de la discussion générale. — Discussion des articles. — Discours de M. de La Rochejacquelein et du prince Napoléon. — Les sociétés religieuses et les congrégations. — M. de La Guéronnière et le prince Napoléon. — Le Mexique. — Vote de l'adresse.
CORPS LÉGISLATIF. — Les obligations trentenaires. — La dotation Pa-li-kao. — Discussion de l'adresse. — Les amendements des *Cinq*. — Discours de M. Picard. — L'appel de M. Roques-Salvaza. — L'enquête sur le libre échange. — Présentation d'un income-tax par MM. Granier de Cassagnac et Roques-Salvaza. — Discussion du budget. — Fin de la session.
Ouverture de la session le 12 janvier 1863. — Discours de l'Empereur. — Il contient la revue rétrospective des faits depuis 1857.
SÉNAT. — Discussion générale de l'adresse. — Le baron Dupin prend seul la parole. — Discussion des paragraphes. — Discours de M. Thouvenel. — Discussion des pétitions sur la Pologne. — Discours de M. Billault. — Pétition de M. Darimon au Sénat pour demander la définition de la liberté du compte-rendu.
CORPS LÉGISLATIF. — Discussion de l'adresse. — MM. Plichon et Lemercier attaquent les candidatures officielles. — Discours de M. Émile Ollivier. — Réponse de M. Baroche. — La question du Mexique. — Discours de M. Jules Favre. — M. Jérôme David approuve l'expédition. — Le décret de 1862 sur le nombre des députés. — Le gérant du *Constitutionnel* et M. Auguste Chevalier. — Modification de divers articles du Code pénal. — Le budget. — Clôture de la session.

La Chambre fut convoquée pour le 28 du mois de novembre, l'article 46 de la Constitution exigeant que le Corps législatif élu à la suite d'une dissolution fût réuni dans le délai de six mois. Le ministre d'État déclara, le jour de l'ouverture de la session, que l'Assemblée procéderait uniquement à sa constitution, à la vérification des pouvoirs, et qu'elle serait ensuite prorogée au 18 janvier pour l'expédition des affaires. M. de Morny prononça une allocution banale dans laquelle, après avoir rappelé les services rendus par l'Empereur au pays, il terminait par un appel à la concorde.

Le président reçut ensuite le serment des membres présents à la séance. MM. Curé, Darimon et Émile Ollivier remplirent cette formalité. MM. Carnot et Goudchaux, M. Hénon, écrivirent au président trois lettres qu'il lut dans la séance du 1er décembre. Les deux premiers déclaraient persister dans la résolution, déjà manifestée par eux en 1852, de refuser le serment prescrit par la Constitution. Ils furent donc déclarés démissionnaires. M. Hénon rappelait également son refus de serment en 1852, en ajoutant que les électeurs de Lyon l'ayant nommé cette fois, non plus pour rester sur le seuil de l'Assemblée, mais pour le franchir, il donnait son adhésion à la formule du serment, quoique son avis n'eût pas changé sur le fond des choses; le président lui ayant fait observer que sa lettre ne pouvait pas tenir lieu du serment et qu'il fallait savoir s'il voulait le prêter oui ou non, il le prêta en déclarant qu'il avait tenu seulement à expliquer sa conduite. Le septième des élus opposants, le général Cavaignac, venait de mourir. Il avait manifesté plus d'une fois avant sa mort la ferme intention de refuser le serment.

Deux élections seulement étaient contestées : celles de M. de Ségur dans la Meuse et de M. Migeon dans le Haut-Rhin. M. de Ségur prit le parti de donner sa démission. M. Émile Ollivier, voulant à propos de l'élection de M. de Ségur engager un débat général sur les élections de 1857, proposait à la Chambre de repousser la démission. Le président, malgré ses vives réclamations, lui retira la parole, en alléguant que, par suite de l'acceptation de la démission du député de la Meuse, il n'y avait plus rien en délibération. Quant à M. Migeon, député du Haut-Rhin, il avait déjà siégé sur les bancs de la droite à l'Assemblée législative. Réélu en 1852 comme candidat du gouvernement, il s'était montré fidèle à son mandat. Cependant l'administration, l'en jugeant brusquement indigne en 1857, le confia à un autre. M. Migeon persista néanmoins à se présenter aux électeurs, qui le réélurent à une forte majorité [1].

M. Migeon, condamné à un mois de prison pour port illégal de la Légion d'honneur, n'était pas déchu de son titre de député. Il donna cependant sa démission dans une lettre où il annonçait l'intention de se présenter de nouveau devant ses électeurs.

---

1. C'était d'un mauvais exemple. Le gouvernement, pour rétablir la discipline parmi les électeurs et parmi les candidats, fit procéder à une enquête administrative, à laquelle succéda une instruction judiciaire. Le parquet de Colmar, à la suite de cette instruction, intenta une action en police correctionnelle contre M. Migeon, pour avoir répandu de fausses nouvelles, de fausses promesses d'emploi et de fausses menaces de retrait d'emploi; pour avoir, par des paroles et par des écrits, porté atteinte à la considération de fonctionnaires; pour avoir porté le titre de comte, la croix d'honneur et d'autres croix sans autorisation. Ce procès venait trop tard; les deux derniers délits imputés à l'inculpé étaient antérieurs à la dissolution du Corps législatif. Les poursuites, exercées après l'élection de M. Migeon, ressemblaient trop à une vengeance du gouvernement pour produire l'effet qu'il en attendait. Les débats du procès éveillèrent au plus haut point la curiosité publique : un maire faisant voter les électeurs dans la salle du cabaret où il vend des liquides; un zouave qui s'empare de l'urne électorale, des enfants votant pour leurs pères, des pères votant pour leurs enfants; un sous-préfet, M. de Barthélemy, s'écriant, en parlant de M. Migeon et en faisant allusion à sa qualité de député autrefois élu par le concours de l'administration : « Quand on a un mauvais domestique, on le chasse sans lui donner de raisons; » le président du tribunal disant à un témoin : « Vous étiez un des colporteurs les plus actifs de Migeon, vous devez vous estimer heureux de n'avoir pas été plus inquiété; » vingt autres faits du même genre, en montrant ce qu'était le suffrage universel sous l'Empire, permirent à M. Jules Favre de soutenir avec vérité, dans sa plaidoirie pour M. Migeon, que ce procès n'était qu'un fragment brisé du miroir dans lequel la France pouvait se voir tout entière.

Le Corps législatif se réunit le 18 janvier, quatre jours après l'attentat d'Orsini. Le discours de l'Empereur roula principalement sur les projets accomplis dans les principales branches de l'administration : « On a « souvent prétendu que, pour gouverner la France, il fallait sans cesse « donner comme aliment à l'esprit public quelque grand incident théâtral. « Je crois au contraire qu'il suffit de faire le bien pour mériter la con-« fiance du pays. » Les finances, d'après le discours, n'avaient jamais été dans un état plus prospère : « Le budget de 1859 qui vous sera « présenté se soldera par un excédant de recettes; l'action de l'amortis-« sement pourra être rétablie, le grand livre fermé, la réduction de la « dette flottante assurée. » L'Empereur faisait ressortir le bon état de nos alliances en Europe, ajoutant que, si notre attitude était partout bien appréciée, « c'est que nous avions le bon esprit de ne nous mêler que « des questions qui nous intéressent directement ».

L'Empereur expliquait ensuite comment l'Empire a pour but de dégager les principes de 89 de toute théorie abstraite et de les faire rayonner sur le monde sans porter cependant la moindre atteinte au principe d'autorité. « Une liberté sans entraves est impossible tant « qu'il existe dans un pays une fraction obstinée à méconnaître les bases « fondamemtales du gouvernement... Je ne crains pas de vous le « déclarer : quoi qu'on en dise, le danger n'est pas aujourd'hui dans les « prérogatives excessives du pouvoir, mais plutôt dans l'absence des lois « répressives. »

Le refus de serment de certains députés avait été très sensible au gouvernement. Aussi l'Empereur demanda-t-il des mesures pour rendre à l'avenir de pareils refus impossibles. « Dieu, dit-il en faisant allusion « à l'attentat d'Orsini, permet quelquefois la mort du juste, mais il ne « permet pas le triomphe du crime; aussi ces tentatives ne peuvent « troubler ni ma sécurité dans le présent, ni ma foi dans l'avenir. Si je « vis, l'Empire vit; si je succombe, l'Empire serait encore raffermi par ma « mort, car l'indignation du peuple et de l'armée serait un nouvel appui « pour le trône de mon fils. »

Cette assurance était démentie par la présentation du projet de loi de sûreté générale, destiné, d'après l'exposé des motifs, à en finir avec les chefs de « l'armée du désordre », qui suivit de très près ce discours. M. de Morny, rapporteur de la commission, déclara d'abord que la nouvelle loi « n'était pas une loi de suspects, comme on l'avait qualifiée avec une « frayeur plus ou moins vraie. Le gouvernement n'a montré jusqu'ici

Fig. 1. — Les mesures de sûreté générale.

« que trop de tolérance aux ennemis de l'ordre, l'émotion causée par la
« loi trahit l'indéfinissable malaise de ceux qui ont à se reprocher des
« actes d'opposition. » Le rapporteur, passant ensuite à des considérations fort vagues et fort légères sur la constitution des partis, reprochait au parti légitimiste d'être privé de ce qu'il appelait la première condition d'existence d'un parti, la possession du pouvoir, et au parti orléaniste d'être fondé sur un fait et de n'avoir aucune raison d'exister après la suppression de ce fait. M. de Morny termina son rapport par un pathétique appel au parti de l'ordre, dont la « division impose des « moyens de défense exceptionnels et nous force d'ajourner la liberté ».

Le projet de loi relatif à des mesures de sûreté générale [1] contenait les dispositions suivantes :

« ART. 1er. — Est puni d'un emprisonnement de deux à cinq ans et d'une amende de 500 à 10 000 francs tout individu qui a provoqué publiquement, d'une manière quelconque, aux crimes prévus par les articles 86 et 87 du Code pénal, lorsque cette provocation n'a pas été suivie d'effet.

« ART. 2. — Est puni d'un emprisonnement d'un mois à deux ans et d'une amende de 100 à 2000 francs tout individu qui, dans le but de troubler la paix publique ou d'exciter à la haine ou au mépris du gouvernement de l'Empereur, a pratiqué des manœuvres ou entretenu des intelligences soit à l'intérieur, soit à l'étranger.

« ART. 3. — Tout individu qui, sans y être légalement autorisé, a fabriqué, débité ou distribué : 1° des marchandises meurtrières agissant par explosion ou autrement ; 2° de la poudre fulminante, quelle qu'en soit la composition, est puni d'un emprisonnement de six mois à cinq ans et d'une amende de 50 à 300 francs.

« La même peine est applicable à quiconque est trouvé détenteur ou porteur, sans autorisation, des objets ci-dessus spécifiés.

« Ces peines sont prononcées sans préjudice de celles que les coupables auraient pu encourir comme auteurs ou complices de tous autres crimes et délits.

« ART. 4. — Les individus condamnés par application des articles précédents peuvent être interdits, en tout ou en partie, des droits mentionnés en l'article 42 du Code pénal, pendant un temps égal à la durée de l'emprisonnement prononcé.

« ART. 5. — Tout individu condamné pour l'un des délits prévus par la présente loi peut être, par mesure de sûreté générale, interné dans un des départements de l'Empire ou en Algérie, ou expulsé du territoire français.

« ART. 6. — Les mêmes mesures de sûreté générale peuvent être appliquées aux individus qui seront condamnés pour crimes ou délits prévus : 1° par les articles 86 à 101, 153, 154 § 1er, 209 à 211, 213 à 221 du Code pénal ; 2° par les articles 3, 5, 6, 7, 8 et 9 de la loi du 24 mai 1834 sur les armes et munitions de guerre ; 3° par la loi du 7 juin 1848 sur les attroupements ; 4° par les articles 1 et 2 de la loi du 27 juillet 1849.

« ART. 7. — Peut être interné dans un des départements de l'Empire ou en Algérie, ou expulsé du territoire, tout individu qui a été, soit condamné, soit interné, expulsé ou transporté par mesure de sûreté générale, à l'occasion des événements de mai et juin 1848, de juin 1849 ou de décembre 1851, et que des faits graves signaleraient de nouveau comme dangereux pour la sûreté publique.

---

1. Nouvelle rédaction adoptée par la commission et le conseil d'État.

« Art. 8. — Les pouvoirs accordés au gouvernement par les articles 5, 6 et 7 de la présente loi cesseront au 31 mars 1865, s'ils n'ont pas été renouvelés avant cette époque.

« Art. 9. — Tout individu interné en Algérie ou expulsé du territoire, qui rentre en France sans autorisation, peut être placé dans une colonie pénitentiaire, soit en Algérie, soit dans une autre possession française.

« Art. 10. — Les mesures de sûreté générale, autorisées par les articles 5, 6 et 7, seront prises par le ministre de l'intérieur sur l'avis du préfet du département, du général qui y commande et du procureur général. L'avis de ce dernier sera remplacé par l'avis du procureur impérial dans les chefs-lieux où ne siège pas une Cour impériale. »

Telle était cette loi terrible que le conseil d'État avait encore adoucie. Elle ne fut votée du reste par lui que grâce à l'admission au scrutin, des ministres et des conseillers d'Etat en service extraordinaire.

M. Émile Ollivier ouvrit la discussion générale de cette abominable loi en prouvant d'abord qu'elle était fondée sur un faux prétexte, l'attentat du 14 janvier n'étant pas un crime français; qu'elle confondait le pouvoir judiciaire et le pouvoir exécutif, qu'elle supprimait les garanties légales et ne définissait point les crimes et les délits qu'elle était destinée à frapper, enfin qu'elle avait un effet rétroactif. « Les hommes que vous « voulez atteindre ont été déjà punis. Les lois existantes sont assez « nombreuses et assez efficaces pour réprimer les conspirateurs ; repoussez « celle qu'on vous propose par dévouement pour votre gouvernement. » M. d'Andelarre, après M. Émile Ollivier, fit remarquer que la loi violait à la fois le principe de non-rétroactivité et celui qui défend qu'un citoyen soit soustrait à ses juges naturels, qu'elle étendait en outre ses menaces jusqu'aux propos échangés autour du foyer et créait un nouveau genre de délit, le délit de conversation. La loi de sûreté générale avait en effet jeté l'alarme dans les salons de Paris. M. Riché, conseiller d'Etat, parlant au nom du gouvernement, crut les rassurer en déclarant que les auteurs du projet n'entendaient nullement menacer leurs franchises, qu'il s'agissait uniquement de refréner les partisans avoués ou secrets du socialisme. « La loi n'est pas dirigée contre les honnêtes gens, ceux-ci n'ont point à s'en occuper. » Plus d'un honnête homme, quelques jours plus tard, devait commenter sur la route de Lambessa ou de Cayenne ces paroles de M. Riché.

Une pareille loi dépassait tellement tout ce que l'esprit de conservation le plus exalté pouvait exiger que les partisans les plus décidés du régime de compression s'en alarmèrent; les discours MM. d'Andelarre, Plichon et de Pierres se firent vainement l'écho des craintes générales.

M. Baroche clôtura la discussion générale en déclarant nettement que

Fig. 2. — Trouée pour la construction du boulevard Sébastopol.

le projet de loi continuait la politique de réparation et de conservation inaugurée le 2 décembre, que « l'Empire repoussait ce système de con-« cessions, ce respect exagéré des scrupules des légistes, qui ont amené « les révolutions de 1830 et de 1848, et qu'il lui fallait une arme contre « les débris des corps insurrectionnels de 1848. »

M. Legrand, dans la discussion des articles, parla contre l'article 2, rédigé avec un vague si terrible, et soutint que la loi devait être faite contre tout le monde et non exclusivement contre les malhonnêtes gens, « catégorie dans laquelle on a toujours vu chaque régime faire tour à tour entrer ses adversaires ». M. de Talhouët pria le gouvernement d'exposer avec netteté quels étaient les faits et les personnes que l'article 2 voulait atteindre. Cet article punissait d'un emprisonnement d'un mois à deux ans, et d'une amende de 100 à 2000 francs, tout individu qui, dans le but de troubler la paix publique ou d'exciter à la haine et au mépris du gouvernement de l'Empereur, a provoqué des manœuvres ou entretenu des intelligences soit à l'intérieur, soit à l'étranger. Qu'était-ce donc que des « manœuvres » et des « intelligences » ? M. Baroche disserta longuement sur ces mots sans qu'on pût rien conclure de son discours, sinon que les tribunaux apprécieraient la nature des faits. Il voulut bien ajouter que les légitimistes et les orléanistes n'avaient rien à redouter de cet article, puisqu'ils ne conspiraient pas et qu'ils se bornaient à faire une guerre d'allusions et d'épigrammes au gouvernement qui les sauvait. La nouvelle loi, ajouta M. Baroche, n'est point « dirigée « contre ceux qui vivent sous l'empire de regrets et de souvenirs ou même « d'espérances assurément futiles et déraisonnables, mais contre ceux « qui applaudissent aux actes les plus détestables. »

Les dispositions de l'article 5, portant que tout individu condamné pour l'un des délits prévus par la loi nouvelle peut être, par mesure de sûreté générale, interné dans un des départements de la France, ou en Algérie, ou expulsé du territoire français, augmentaient la gravité de l'article 2. Le droit d'user de toutes ces mesures exceptionnelles était remis par l'article 10 entre les mains du ministre de l'intérieur, des préfets, des généraux et des procureurs généraux. La Chambre vota sans sourciller ces dispositions draconiennes.

La loi de sûreté générale, discutée et votée en une séance, le 18 février 1858, réunit 126 voix contre 24. Le nombre des membres portés *comme absents* au *Moniteur* fut de 14.

Une majorité si considérable avait de quoi surprendre ceux qui connaissaient les répugnances manifestées par beaucoup de députés contre cette loi, et la ferme intention manifestée par eux de ne pas y attacher leur nom. Un signe du maître avait suffi pour briser leur résistance. Comment ne lui auraient-ils pas obéi, eux qui n'étaient que ses créatures, ses serviteurs obéissants et tremblants, jusqu'à ne pas oser, sous l'œil du président de la Chambre, adresser la parole aux députés républicains !

Le Corps législatif, prorogé après le vote de la loi de sûreté générale, reprit ses travaux par la discussion de la loi sur l'exonération.

La loi du 25 avril 1855 avait substitué l'exonération au remplacement. La caisse de dotation de l'armée servait d'intermédiaire entre l'État et les citoyens désireux de se libérer, moyennant finances, du service militaire. Le remplacement était devenu un acte administratif, et l'exonération un impôt dont le gouvernement fixait seul le taux annuel. Les familles pauvres sous l'ancien système usaient d'une méthode de remplacement consistant à échanger les numéros du tirage au sort entre les appelés du même contingent cantonal, usage de plus en plus apprécié à mesure que le régime de l'exonération produisait ses conséquences naturelles. La loi de 1855 avait pour but, disait-on, non seulement de remplacer un trafic qu'on qualifiait d'immoral, mais encore de diminuer le prix des remplaçants (le taux de l'exonération n'avait cessé cependant de s'accroître depuis cette loi ; il finit par atteindre le chiffre presque normal de 2500 francs, à peu près le double de celui de 1848). C'est au moment où le droit de substitution devenait plus précieux pour les pauvres, que la loi nouvelle le supprimait en quelque sorte par cet article : « La substitution de numéros ne pourra plus avoir lieu qu'entre frères et parents jusqu'au sixième degré. »

Le système d'exonération inspirait à la majorité du Corps législatif une répugnance que sa docilité la portait à dissimuler, mais qu'elle ne parvenait pas à lui faire entièrement oublier. Les attaques contre le projet furent nombreuses. M. Boissy d'Anglas essaya de prendre encore une fois la défense du droit de substitution ; ce droit fut sacrifié par 226 voix contre 9.

Près de neuf mois s'écoulèrent du 22 février au 9 avril, sans autres discussions importantes que celles de questions d'intérêt local. Le 3 mars, la Chambre adopta la substitution du Crédit foncier à l'État pour les prêts à faire, jusqu'à concurrence de 100 millions, en vertu de la loi sur le drainage. M. de Pierres fit remarquer que les 100 millions de crédit votés en 1856 n'avaient guère profité aux propriétaires, surtout aux petits.

La discussion du budget de 1859 commença le 26 avril.

Les commissions du budget réclamaient, depuis 1853, pour la Chambre des moyens plus sérieux de contrôler les dépenses. M. Devinck déclara que, le gouvernement étant entré dans une période de paix et de gloire, il convenait « de faire retour aux principes d'une bonne administration « financière, c'est-à-dire à l'équilibre réel, celui qui ne compte pas, comme « ressource normale, sur le décime de guerre et qui s'obtient par le clas- « sement distinct des dépenses extraordinaires, par la régularité des « moyens employés pour les couvrir, et par l'amortissement. » M. Devinck répondait de l'avenir des finances si le gouvernement consentait à joindre à l'observation de ces règles la suppression des crédits supplémentaires et extraordinaires, et la diminution des dépenses ordinaires. L'accroissement régulier des recettes ne permettant pas de dégrever les contribuables du second décime de guerre, M. Devinck proposa de rogner les dépenses des neuf ministères, qui, en quatre années, avaient grossi de 80 millions. « Le gouvernement doit se pénétrer de l'impossibilité qu'il « y a de consacrer 1736 millions aux dépenses ordinaires. Le ministère « de la guerre, ajouta M. Devinck, absorbe la plus grande partie des « ressources du pays, soit 51 pour 100, et les dépenses de ce ministère « s'accroissent tous les jours : de 1853 à 1858, elles se sont augmentées « de 32 millions par la création de la garde impériale. » M. Devinck n'en termina pas moins son rapport par cette singulière péroraison : « Ce sera « une des gloires de l'Empire d'avoir reçu les finances de la France en « mauvais état et d'y avoir rétabli l'équilibre. »

M. Calley Saint-Paul contesta formellement cet équilibre, en se plaignant que les vœux émis par le Corps législatif n'eussent d'autre sanction que le rejet d'un ou de plusieurs budgets ministériels, et que le Corps législatif n'eût pas d'autres moyens pour manifester son opinion que les propositions de la commission du budget. Encore le Conseil d'État tenait-il si peu compte des vœux de cette commission. M. Vuitry, chef de la section des finances au Conseil d'État, répondit sèchement à l'orateur que le budget était si économiquement dressé que la commission n'avait trouvé à y retrancher que 2 600 000 francs. M. Saint-Paul répliqua : « C'est qu'elle a été retenue par son respect pour le gouver- « nement et par son dévouement à l'Empereur. »

Le budget fut discuté et voté en cinq séances.

Le gouvernement provisoire de Février avait aboli les titres de noblesse. Les ducs, les comtes, les marquis et les barons durent se marier et mourir sans titre, avec leur simple nom, comme des vilains. Cela dura quelques mois. L'avènement d'un prince à la présidence de la République rendit leur ancien lustre aux titres nobiliaires ; le rétablissement de l'Empire leur en donna un nouveau. Un des premiers soins de Napoléon III fut de restaurer la noblesse par un décret [1] qui la rangeait au nombre des *institutions de l'État*. Cela ne lui suffit pas : il voulut punir de peines correctionnelles « quiconque, sans droit et en vue de « s'attribuer une distinction honorifique, aurait publiquement pris un « titre de noblesse, changé, altéré ou modifié le nom que lui assignent « les actes de l'état civil. » Cette loi, née de cette manie de répression qui est le cachet de l'Empire, est inutile, car le Code pénal suffit pour punir les fripons de leurs entreprises sur la crédulité des sots ; elle est dangereuse, car elle peut jeter le pouvoir dans de graves embarras, en créant un délit spécial dans une matière où le droit est inconnu de ceux qui l'appliquent. Il faut en effet, pour juger les questions de droit nobiliaire, des connaissances particulières qui manquent aux juges, et le législateur renvoie le juge chargé de résoudre ces insolubles problèmes du droit nobiliaire aux « usages de l'ancienne monarchie », comme si l'ancienne monarchie n'avait autre chose à présenter en fait d'usages qu'un chaos d'incertitudes et de contradictions.

Le projet de loi trouva des adversaires au sein du Corps législatif. M. Belmontet protesta contre toute résurrection des institutions du passé ; M. Taillefer vit dans le rétablissement même de la noblesse une faute politique. « Une noblesse sans privilèges, dit-il, est une institution qui ne « peut apporter aucune force à l'État. En voulant ressusciter les vieilles « institutions du passé, on attaque l'Empire dans ce qui constitue sa vita- « lité et sa force. » MM. Lélut, Legrand, Émile Ollivier prirent ensuite la parole. Le premier voulait maintenir la tolérance de la législation de 1832, attendu qu'il n'y a de possible, en France, que les distinctions personnelles et viagères. M. Émile Ollivier développa la même pensée, en ajoutant que l'existence d'une noblesse héréditaire est contraire aux principes de la Révolution. Ce discours fut plusieurs fois interrompu par la majorité. M. Jules Favre assistait à cette séance du 7 mai. Il paraissait pour la première fois au Corps législatif. M. Picard, nommé le 10 mai, vint quelques jours plus tard compléter ce groupe des *Cinq* qui a sa place dans l'histoire parlementaire de l'Empire.

---

1. Décret du 24 janvier 1852.

M. Legrand attaqua la loi avec vigueur. Il n'y a dans la constitution, dit-il, d'autre droit régalien que celui de faire grâce; celui de créer des nobles n'y est pas inscrit, le suffrage universel a remplacé les parchemins par une carte d'électeur, il est plus urgent de « couronner l'édifice » en donnant la liberté au pays que de créer une noblesse. La Chambre entendit ces paroles en frémissant.

M. du Miral, petit-fils d'un conventionnel, se chargea d'y répondre; il défendit le droit, pour le chef de l'Etat, de faire des nobles, comme la chose la plus conforme aux sentiments de la nation, aux souvenirs de l'histoire et 'aux *nécessités des institutions monarchiques*. Or « l'Empire « actuel, ce n'est pas la démocratie, c'est la monarchie. » M. Rigaud [1], prenant la parole après M. du Miral, déclara « que, le souverain ayant le « droit de conférer la noblesse, le premier venu ne pouvait se décerner à « lui-même ce qui doit émaner de la prérogative du souverain; l'Empire, « ajoutait-il, n'est pas d'ailleurs un gouvernement démocratique; la « France, en plaçant à sa tête un prince, un prétendant, l'héritier d'une « dynastie, n'a point fait acte de démocratie. »

Cette loi laissait croire qu'il existait en France une noblesse, c'est-à-dire une institution protégée par une législation faite pour elle seule et par un droit qui n'est pas le droit commun, tandis qu'il n'en était rien; les titres n'étaient pas la noblesse, et il n'y avait plus de privilèges ni dans les mœurs, ni dans les lois; aussi quelques députés craignant que le gouvernement ne fût entraîné à rétablir les majorats et les substitutions, M. Baroche protesta contre ces « vaines terreurs », et le projet de loi fut voté par 214 suffrages contre 23 [2].

1. Bientôt après premier président de la cour impériale d'Aix.
2. Voici les principaux titres français *conservés* ou *confirmés* depuis le rétablissement du conseil des sceaux des titres :
Comte Boulay (de la Meurthe); comte Casabianca; comte de Peluze (Marey-Monge, petit-fils du sénateur); comte Sieyès (par l'évolution de l'oncle); duc de Cambacérès; duc de Magenta; duc de Malakoff; duc de Plaisance; duc de Tascher; comte de Kératry; duc de Galague; comte de Palikao; duc de Morny; Fialin, duc de Persigny (écartelé aux 2º et 3º d'azur, semé d'aigles de l'Empire d'or, qui est de concession impériale; aux 3º et 4º d'argent à la bande d'azur, chargée de trois coquilles du champ, qui est Fialin; devise : *Je sers*); duc de Feltre (Goyon); duc de Montmorency (Talleyrand); comte Bourqueney; baron de Bussières, député; baron Graffenrod de Villars; vicomte Pernety, gendre du baron Haussmann; comte Welles de La Valette, fils adoptif du ministre de l'intérieur; comte Mimerel, sénateur.
Voici aussi les titres étrangers autorisés à partir de 1858, en vertu du rétablissement du conseil des sceaux des titres :
Comtes romains : vice-amiral Casy; vice-amiral Cécille; Clot-Bey; Janvier de La Motte, député; général de division Rostolan; Talleyrand-Périgord, prince de Sagan (Prusse); Colet, évêque de Luçon; F. de Corcelles; maréchal Vaillant.

Le gouvernement né du coup d'État avait été obligé d'entreprendre de giganstesques travaux dans Paris, véritable liste civile de la classe ouvrière; le Corps législatif ne connut qu'en les sanctionnant les sommes dépensées. Il vota douze millions et demi pour la participation de l'État aux travaux du boulevard de Sébastopol. C'était le commencement. Le préfet de la Seine et le ministre de l'intérieur conclurent un traité par lequel la ville s'engageait à ouvrir, dans le délai de dix ans, vingt grandes voies dont les frais étaient évalués à 180 millions, dont le tiers devait être payé par l'État.

Deux orateurs, également dévoués à l'Empire, M. Nogent-Saint-Laurens et M. Clary, ouvrirent la discussion. M. Nogent-Saint-Laurens voyait, dans l'exécution d'un projet « portant l'empreinte de la grandeur nationale », non seulement « du pain assuré pour dix ans à la population ouvrière », mais encore « l'émeute supprimée par la destruction des vieux quartiers ». M. Clary soutint au contraire que la Bastille avait été prise par les ouvriers accumulés à Paris pour la construction du mur d'enceinte, et qu'il fallait redouter les effets d'une agglomération analogue, sans compter ceux de l'augmentation des loyers. Pourquoi ne pas ajourner ces projets en présence de la crise financière, remplir Paris d'ouvriers, dépeupler les campagnes, bousculer les industries, et refouler le petit rentier dans la banlieue?

M. de Kerveguen et M. Leclerc d'Osmonville s'élevèrent contre la part que Paris absorbait dans la répartition des ressources générales du pays. Quoi! s'écria M. Baroche, de 1831 à 1858, les départements n'ont-ils pas reçu 1 milliard 713 millions? On aurait pu lui répondre que cette somme comprenait les routes et les chemins de fer; mais le Corps législatif était pressé de voter des travaux « destinés à assurer la tranquillité du pays ». Cependant quarante-cinq voix, chiffre énorme pour l'époque, protestèrent contre la subvention de 60 millions. La Chambre vota ensuite deux crédits, l'un destiné à compléter le traitement des instituteurs qu'on leur faisait attendre quelquefois trois mois, l'autre à payer l'achat du cabinet ornithologique du prince de Canino. Après quoi les députés se séparèrent aux cris de : Vive l'Empereur!

« Depuis quelque temps, l'état de l'Italie et sa situation anormale, dit
« l'Empereur en ouvrant la session de 1859, ne peuvent être maintenus
« que par des troupes étrangères qui inquiètent justement la diplomatie.
« Ce n'est pas néanmoins un motif suffisant de croire à la guerre. Que les
« uns l'appellent de tous leurs vœux sans raisons légitimes; que les

Fig. 3. — La levée des hommes en 1859.

« autres, dans leurs craintes exagérées, se plaisent à montrer à la France
« les périls d'une nouvelle coalition, je resterai inébranlable dans les voies
« du droit, de la justice, de l'honneur national, et mon gouvernement ne
« se laissera ni entraîner ni intimider, parce que ma politique ne sera
« jamais ni provocatrice ni pusillanime.

« Loin de nous donc ces fausses alarmes, ces défiances injustes, ces
« défaillances intéressées ! La paix, je l'espère, ne sera point troublée.
« Reprenez avec calme le cours de vos travaux. »

M. de Morny, prenant le lendemain la parole comme président du Corps législatif, développa cette double pensée que rien ne peut s'accomplir de notre temps sans le concours de l'opinion publique, et que rien n'est plus efficace que la part d'influence réservée par la constitution aux élus du pays. Propositions hardies dans un moment où la guerre la plus discutée par l'opinion publique allait commencer sans que le pays eût été le moins du monde consulté, et chez une nation où le contrôle de la Chambre s'exerçait dans les tristes conditions que nous savons.

La présentation par M. Baroche le 26 avril de deux projets de loi, l'un autorisant le gouvernement à élever à 140 000 hommes le contingent de la classe de 1858, l'autre lui donnant la faculté d'émettre un emprunt de 500 millions, était bien faite pour atténuer le bon effet de la note du *Moniteur* annonçant la proposition de désarmement faite par l'Angleterre ; aussi M. de Morny crut-il devoir faire suivre de quelques commentaires la présentation de ces deux projets. Le président du Corps législatif, en déplorant l'inutilité des efforts de l'Empereur pour maintenir la paix, se félicita du moins que la guerre n'offrît aucun danger de conflagration générale et qu'il ne s'agît que « d'une question purement italienne, qui ne cachait aucun projet de conquête et qui ne pouvait enfanter aucune révolution. « Le Corps législatif accueillit ces explications avec une confiance et une docilité d'autant plus surprenantes que, jusqu'alors, suivant l'expression de son président, il « avait montré un esprit très pacifique » ; il est vrai que, n'étant saisi de la question qu'en présence des faits accomplis, toute observation de sa part devenait inutile. Le contingent fut voté le 27 à l'unanimité, aux cris de : *Vive l'Empereur !* M. Émile Ollivier protesta contre le rôle muet imposé au Corps législatif. Voici en quels termes le public en fut informé :

« M. Emile Ollivier dit que depuis quatre mois l'esprit public s'est ému : on s'est demandé avec anxiété si la France conserverait la paix ou si elle s'engagerait dans la guerre. L'orateur regrette que, pendant ce long temps, il n'y ait eu de renseignements fournis que par les discussions du parlement anglais ou sarde, et que le Corps législatif ne soit enfin saisi de la question qu'en présence des faits accomplis [1]. »

L'emprunt de 500 millions donna lieu à une discussion plus sérieuse. Les catholiques s'effrayaient beaucoup de la guerre. M. Anatole Lemercier, quoique rassuré par le respect de l'Empereur pour le Saint-Siège, demanda que le gouvernement voulût bien affirmer que toutes les précautions avaient été prises pour sauvegarder l'indépendance du pape et l'intégrité du territoire de l'Église. La réponse de M. Baroche fut si satisfaisante, que M. de La Tour se leva pour « garantir la vive recon« naissance que les paroles de l'orateur du gouvernement exciteraient « au sein des populations bretonnes ».

La guerre conduirait-elle à l'unité ou à la fédération de l'Italie? serait-elle la confirmation ou la négation de la campagne de Rome en 1849? M. Baroche fit à M. L. Plichon cette singulière réponse que rien n'était plus antipatriotique qu'une discussion sur ce terrain, car elle pouvait porter le découragement dans l'âme des jeunes soldats qui rejoignaient leur drapeau. La Chambre couvrit d'applaudissements les paroles de M. Baroche, qui ne la satisfaisaient nullement, et de murmures celles de M. Plichon, qui étaient l'expression de sa pensée.

M. Jules Favre demanda la parole pour la première fois. M. de Morny, avant de la lui accorder, recommanda le silence à la Chambre. « M. Favre est assez maître de sa parole, dit-il, pour que la Chambre soit certaine d'avance que le discours de l'orateur sera approprié à la gravité des circonstances. » Monsieur le président prie donc la Chambre d'écouter ce discours sans l'interrompre.

M. Jules Favre interrogea le gouvernement sur la cause et sur le but d'une guerre capable d'embraser l'Europe et engagée sans que les représentants de la France eussent été consultés. Il montra la domination autrichienne, fondée sur la violence en Italie, et toutes les tyrannies de la Péninsule y compris le gouvernement pontifical restauré en 1849 par la France, chancelant au premier souffle de liberté parti du Piémont. L'Empire rétablira-t-il ces monarchies si la guerre les renverse? et, « si le gouvernement des cardinaux est brisé, versera-t-il le sang des Romains pour le relever? » M. Baroche resta muet. L'emprunt de 500 millions fut voté par 247 voix. M. Walewksi, trois jours après (3 mai 1859),

---

[1]. C'est sous cette forme plus que succincte que les débats du Corps législatif étaient reproduits dans le compte rendu officiel du *Moniteur*.

annonça officiellement la déclaration de guerre à la Chambre, qui adopta, dans la même séance, deux projets de loi pour lever 140 000 hommes par anticipation sur le contingent de 1859, et pour ouvrir un crédit de 90 millions pour dépenses urgentes. Quelques orateurs essayèrent vainement de ranimer la discussion sur la question italienne ; la poudre allait parler.

M. Devinck déposa son rapport sur le budget le 3 mai, le jour même de la déclaration de guerre à l'Autriche. « Nous avions reçu, dit le « rapport, l'assurance que le gouvernement avait l'espoir que la paix ne « serait pas troublée et qu'il emploierait tous les moyens de conciliation « pour obtenir une solution pacifique des difficultés pendantes. Nous « sommes heureux de le reconnaître, le gouvernement n'a négligé aucun « moyen d'assurer, autant qu'il était en lui, ce résultat désirable. Mais « les événements ont rendu stériles les efforts qu'il n'a cessé de faire « dans un esprit de conciliation. » Le rapporteur du budget, toujours optimiste, célébra ensuite les améliorations introduites dans la situation financière, surtout l'amortissement, élevé un moment à 60 millions et ramené à 40 ; il se félicita de voir les accroissements survenus dans les dépenses, évaluées depuis 1853 à 228 millions, balancés par une somme correspondante dans les accroissements de recettes. Le budget de 1860 sortit des mains de la commission équilibré de la façon suivante :

```
Dépenses. . . . . . . . . . .   1 824 957 778 fr.
Recettes. . . . . . . . . . .   1 825 854 379 »
```

La commission présenta cinquante-deux amendements réclamant des réductions s'élevant à 4 446 302 francs.

Le Conseil d'État en admit trente-neuf.

Les crédits supplémentaires de 1859 avaient donné lieu à des réclamations. M. Devinck les renouvela. Le Corps législatif demandait, non point l'abrogation de la faculté d'ouvrir des crédits indispensables pour faire face aux besoins qui se manifestent dans l'intervalle des sessions, mais sa fixation par des règles déterminées. Les crédits depuis 1852 n'étaient plus soumis à aucune restriction : « Ils peuvent être indifféremment ouverts pour tous les chapitres du budget, quelle que soit la nature de la dépense ; leur rectification n'est soumise au Corps législatif que durant la session qui suit la clôture de l'exercice, c'est-à-dire lorsque le fait est consommé depuis deux ans. » M. Devinck gémit sur cet état de choses, mais avec discrétion, et mitigea ses critiques par les plus lyriques effusions sur l'incroyable prospérité des finances de l'Empire.

M. Jules Brame profita de la discussion du budget pour se plaindre de l'omnipotence des hauts fonctionnaires ; la plainte était juste, mais il proposait un singulier moyen de la calmer. Il consistait dans la création d'inspecteurs destinés à surveiller les préfets. « Tout contrôle, dit-il, a cessé sur les administrations départementales : la presse, soumise au régime des avertissements, a perdu toute indépendance ; quant aux députés, sans influence à Paris, ils sont aussi, par suite, sans action sur les préfets. » Des fonctionnaires contrôlant des fonctionnaires, *quis custodiet custodes?* M. Devinck répondit à son collègue que le contrôle exercé sur les hauts fonctionnaires était plus que suffisant : « Jamais le gouvernement ne fut entouré de plus de dévouement ; le dévouement se produit tous les jours dans le sein du Corps législatif. Tous les faits qu'il importe au gouvernement de connaître lui sont à l'instant signalés. » M. Devinck aurait bien fait d'expliquer comment une assemblée privée du droit d'interpellation pouvait signaler un abus quelconque ; mais ce député n'était pas optimiste à demi.

La Chambre, avant de voter le budget le 24 mai, avait discuté le 16 le projet de loi demandant une garantie d'intérêt pour les Compagnies de chemins de fer. Le Grand-Central, un de ces vastes tripotages organisés par M. de Morny en 1853 et bientôt tombé presque en faillite, avait donné naissance, en 1857, au système des fusions, et par suite au partage du territoire entre six grands monopoles ; la convention du 11 août 1857, ratifiée par le Corps législatif sans soulever le moindre débat, ne suffisait pas aux Compagnies ; elles se plaignirent de ne pouvoir, sans de grandes pertes, exploiter les embranchements secondaires qui leur avaient été imposés par la convention de 1857. Le gouvernement, sans les décharger de leurs obligations, consentit à diviser l'ensemble des lignes concédées en réseau ancien et en réseau nouveau, et à garantir un intérêt *minimum* de 4 fr. 65 pour 100. Il se réservait de prélever sur les produits de l'ancien réseau ce qui dépasserait le *minimum* de garantie, et d'entrer, dans une certaine limite, en partage avec les Compagnies. Dans la pensée des rédacteurs du projet, il s'agissait de relever, par un effet moral, le crédit ébranlé des chemins de fer.

MM. Darimon et Picard prirent la parole contre le projet. M. Darimon montra le lien qui unit la politique aux affaires, les inconvénients des grands monopoles, le commerce ruiné par des tarifs différentiels, les voies navigables annulées par la confiscation et par la concurrence ; il insista sur le prix élevé des transports, sur les capitaux détournés du commerce et de l'agriculture, enfin sur la moralité du pays mise en péril par les scandales de la Bourse. Il parla en tribun de l'économie politique. M. Picard repoussa des conventions préparées sans le concours du Corps législatif et non discutées par la presse; il demanda le rejet d'un projet contraire aux principes de bonne administration, et la formation d'une sorte de jury national chargé d'examiner les tracés et d'aviser, dans le cas où une ligne ne donnerait pas de produits. M. Plichon défendit si bien le projet, que M. Baroche déclara s'en rapporter à ce qu'il venait de dire; et le vote du projet eut lieu par 221 voix contre 11.

Le Corps législatif s'occupa le 18 mai de l'annexion des communes renfermées dans l'enceinte des fortifications et de la conversion en loi des décrets rendus en matière de douanes. Grand émoi parmi les partisans du régime protecteur; vives doléances au sein de la commission, rapport fougueux de M. Pouyer-Quertier. Les décrets qu'il s'agissait de sanctionner avaient produit leur effet; le rapport et la discussion ne pouvaient donc porter que sur la fixation de la limite assignée par la loi de 1814 aux droits du gouvernement en matière de règlements de douanes. M. d'Andelarre soutint que le gouvernement, en signant plusieurs décrets soumis en ce moment au Corps législatif, en particulier celui relatif aux céréales, avait donné à cette loi une extension abusive. Réponse de M. Greterin, conseiller d'État; réplique de M. d'Andelarre. M. Baroche demande la clôture d'un débat portant sur une question sans solution. Les protectionnistes seuls avaient parlé jusqu'ici; M. Curé prit la parole pour protester contre les doctrines formulées dans le rapport de M. Pouyer-Quertier, doctrines rétrogrades et entièrement contraires aux principes de 89. Cette discussion remplit la dernière séance de la session de 1859.

Le Corps législatif, composé en grande majorité de partisans des idées conservatrices, ne pouvait voir d'un bon œil les atteintes portées au principe légitimiste, au pouvoir temporel du pape en Italie, et en France au vieux régime de la prohibition et de la protection. L'Empereur, dans son discours d'ouverture de la session de 1860, fit des efforts visibles pour calmer d'avance le mécontentement. Après avoir prononcé d'un ton de regrets l'oraison funèbre du traité de Zurich et constaté sans l'approuver l'annexion des Romagnes et des duchés au royaume d'Italie, il ajouta : « Je ne puis passer sous silence l'émotion d'une partie du monde catholique. Le passé, qui devait être une garantie de l'avenir, a été tellement méconnu, les services rendus tellement oubliés, qu'il m'a fallu une conviction bien profonde pour conserver le calme ; les faits cependant parlaient hautement d'eux-mêmes : depuis onze ans, je soutiens seul le pouvoir du Saint-Père. »

L'Empereur, parlant ensuite des Romagnes soulevées, demanda si l'on pouvait les livrer à une nouvelle occupation : « Mes premiers efforts ont « été pour les réconcilier avec leur souverain, et, n'ayant pas réussi, j'ai « tâché du moins de sauvegarder le principe du pouvoir temporel du « pape... D'après ce qui précède, vous voyez que, si tout n'est pas ter- « miné, il est permis d'espérer une solution prochaine. » Laquelle? L'Empereur n'en disait rien, et l'accueil fait par le Saint-Père à la brochure *le Pape et le Congrès* faisait présager celui réservé aux propositions du même genre.

L'Empereur ne doutait pas cependant de la prochaine pacification de l'Italie. Il n'y avait donc plus, selon lui, qu'à entrer dans l'ère de paix et de prospérité préparée par la fin prochaine du régime des prohibitions et par la signature du traité de commerce : « Afin que ce traité puisse pro- « duire ses meilleurs effets, je réclame votre concours le plus énergique « par l'adoption des mesures qui doivent en faciliter la mise en pra- « tique. »

M. de Morny paraphrasa le lendemain, comme d'habitude, les paroles de l'Empereur. Qui le croirait? le penchant de la France à la réglementation fut l'objet des plus vives attaques de ce représentant du régime césarien ; il établit un long parallèle entre les doctrines de protection et de libre échange, terminé par l'éloge de « l'entière liberté civile, source unique de prospérité d'un pays ». Le président du Corps législatif, passant de l'économie politique à la religion, reprocha durement au clergé d'oublier les services rendus par l'Empereur au catholicisme, et termina son allocution par un appel à la concorde sur le terrain de l'économie politique : « Votons avec empressement les lois qui se rattachent à ces « questions économiques, et entrons résolument dans une ère nouvelle de « paix, de progrès et de liberté. »

Le Corps législatif aurait aimé à dire tout de suite son sentiment sur les affaires d'Italie et sur le traité de commerce ; mais le règlement l'obligeait à remettre les éclaircissements sur la première question au vote du contingent militaire, et sur la seconde à la discussion d'une loi déposée sur les cotons. Il s'occupa, en attendant, de quelques élections contes-

Fig. 4. — Les abus de la candidature officielle.

tées. M. de Ferrière, candidat officiel, avait été nommé dans l'Orne contre M. de Torcy, candidat dévoué, mais non officiel. Le préfet de l'Orne avait porté contre M. de Torcy la terrible accusation de « faire alliance avec les partis hostiles et de porter atteinte à la liberté du suffrage universel par une coalition ». La validation de l'élection était douteuse. M. de Ferrière, suivant l'exemple de M. de Ségur, donna sa démission avant la discussion. M. Ernest Picard ne se contenta pas de cette satisfaction ; il prit la parole, et l'élection de M. de Ferrière fut annulée [1].

La constitution proclame l'incompatibilité entre les fonctions publiques retribuées, et le mandat législatif ; mais il était devenu de jurisprudence que les aides de camp, chambellans, secrétaires et employés de l'Empereur, de l'Impératrice et des Princes ne seraient plus considérés comme fonctionnaires. Le total de ces députés s'élevait à une quarantaine environ. M. de Dalmas, sous-chef du cabinet de l'Empereur, éprouva le besoin d'augmenter ce nombre. Il fut donc candidat officiel dans la circonscription de Fougères et de Vitré, où personne n'avait jamais entendu parler de lui, contre M. Le Beschu de Champsavin, conseiller à la cour impériale de Rennes.

L'archevêque de Rennes aurait bien voulu soutenir M. Le Beschu ; mais comment se hasarder à combattre M. de Dalmas, un homme désigné aux suffrages bretons, par l'Empereur lui-même ? Il essaya de garder une espèce de neutralité ; ses collaborateurs ne l'imitèrent pas. Quant au préfet, il déclara nettement que voter contre son candidat, c'était voter contre l'Empereur.

M. Thil, sous-préfet de Fougères, ne voulant pas rester au-dessous d'un si beau zèle, adressa aux maires de cet arrondissement une circulaire qui est comme le résumé du manuel électoral rédigé par les sous-préfets à l'usage des maires [2].

---

[1]. Le préfet resta en place ; la Chambre mit les excentricités de sa circulaire sur le compte d'une rédaction trop précipitée.

[2]. « Monsieur le maire,

« Le scrutin ouvre demain.

« J'ai l'honneur de vous rappeler que vous devez l'ouvrir immédiatement après la première messe ; que vous aurez sur le bureau un certain nombre de bulletins portant le nom de M. de Dalmas et *pas d'autres* ; qu'il est important que des personnes intelligentes et sûres, munies de bulletins portant le nom de Dalmas, occupent les abords de la mairie et protègent les électeurs si bien intentionnés de votre commune contre l'erreur et le mensonge.

« Un cantonnier restera à votre disposition pendant les deux jours du scrutin.

« Trois candidats sont en présence :

« M. de Dalmas, secrétaire sous-chef du cabinet de l'Empereur, candidat du gouvernement ;

Les bulletins du candidat indépendant ne furent pas distribués par suite de l'intimidation exercée envers ses distributeurs. « Livrez-nous ce bulletin, nous avons le bon, M. le préfet ne veut pas qu'on en mette d'autre dans l'urne, » disaient les distributeurs de M. de Dalmas à ceux de M. Le Beschu, terrifiés par les brigadiers de gendarmerie. Le sénateur de Lariboissière, président du Conseil général du département, avait dit dans son propre salon, que le préfet avait promis au maire d'une commune, de faire nommer son fils secrétaire général, et que pendant l'élection la terreur régnait dans la circonscription de Fougères et de Vitré, au point que les électeurs indépendants n'osaient pas voter. Les fonctionnaires tremblaient, un facteur fut suspendu, et le préfet alla jusqu'à révoquer un fossoyeur !

Les abus de la candidature officielle ne furent jamais mieux dévoilés, mais personne ne réclama contre le principe ; l'archevêque de Rennes déclara même que c'eût été un bonheur pour lui de se mêler à l'élection, qu'il l'aurait fait s'il n'avait écouté que son dévouement sincère à l'Empereur, et si un sentiment de délicatesse que M. de Dalmas avait paru comprendre, ne l'en avait pas empêché.

La Chambre des députés sous Louis-Philippe annula deux fois l'élection de Louviers, par ce motif que le candidat avait promis un embranchement de chemin de fer à cette ville. M. Plichon invoqua vainement cet exemple contre l'élection de Vitré. M. Rigaud, rapporteur, lui répondit que la protestation de M. Le Beschu était due à son ressentiment de n'avoir pas vu sa candidature appuyée par l'administration. M. Picard lut le manifeste du sous-préfet de Fougères et se contenta d'ajouter : « Je ne demande aucune rigueur contre son auteur ; j'espère seulement qu'il ne recevra pas de récompense. »

M. Baroche se hâta de mettre en balance la faible minorité obtenue par le candidat indépendant et la formidable majorité du candidat officiel,

« M. Le Beschu de Champsavin ;
« M. Dréo, gendre de Garnier-Pagès, fondateur de la République de 1848, un de ceux qui décrétèrent les 45 centimes, dont vous avez gardé le souvenir.
« M. de Dalmas représente le principe du dévouement au gouvernement, à l'autorité, à l'ordre, et peut seul, par sa position, favoriser le développement des nombreux intérêts de l'arrondissement.
« M. Dréo représente la république, le socialisme, la misère !
« Entre ces deux candidatures opposées, la candidature de l'honorable M. Le Beschu de Champsavin doit s'effacer devant les intérêts de l'ordre et de la société menacés.
« Faites voter en masse, monsieur le maire, pour M. de Dalmas, candidat du gouvernement ; et, par votre conduite éclairée et patriotique, vous servirez à la fois le gouvernement de l'Empereur et l'intérêt général du pays.

« *Le sous-préfet de Fougères,*
« Thil. »

sans essayer de justifier les moyens employés pour l'obtenir. D'ailleurs s'écria-t-il : « Si on laissait le suffrage universel sans direction aux prises avec les passions locales, il pourrait devenir un grand danger. » La Chambre repoussa la demande d'enquête; mais l'admission de M. de Dalmas n'eut lieu qu'à une majorité de 14 voix : 123 contre 109. La moralité du débat se tire de ces paroles de M. de Flavigny : « La discussion a prouvé « que, si l'on peut valider cette élection, on ne peut plus la réhabiliter ».

MM. de Cuverville, Keller, Anatole Lemercier avaient publié dans la *Bretagne* une lettre à l'Empereur, pour le prévenir que si les incertitudes au sujet du pouvoir temporel du pape se prolongeaient, « cela sépa- « rerait tous les catholiques sincères de Napoléon et de sa dynastie ». M. Anatole Lemercier se chargea de commenter cette lettre dans la séance du 11 avril, où s'ouvrit la discussion d'une proposition tendant à réduire à 100 000 hommes le contingent militaire, élevé l'année précédente à 140 000 hommes. L'orateur clérical soutint que la guerre avait changé la politique du gouvernement impérial à l'égard de la papauté, qu'il aurait pu empêcher l'annexion de la Romagne. Pourquoi ne l'a-t-il point fait? « Les arguments employés pour justifier l'annexion des Ro- « magnes s'appliqueraient tout aussi bien aux autres possessions du Saint- « Siège; or le gouvernement est-il toujours disposé — comme on a le « droit de l'espérer après des promesses solennelles maintes fois répétées « — à faire respecter le domaine temporel dans toute son intégrité? »

M. Jules Favre répondit le lendemain à M. Lemercier et aux orateurs qui avaient parlé dans le même sens, et mit à nu le contraste et le danger d'un Corps législatif sans influence sur la politique extérieure, et d'un chef de l'État pouvant décider sans consulter personne toutes les questions de paix et de guerre, promettant le 3 mai à l'Italie de la rendre libre des Alpes à l'Adriatique, et signant le 11 juillet les préliminaires de Villafranca, condamnant le pouvoir temporel dans des brochures comme *le Pape et le Congrès*, et proclamant officiellement la nécessité de son maintien. « Il est temps, dit M. Jules Favre, que des explications caté- « goriques mettent fin à une politique de malentendus, de démentis et de « volte-face inacceptables pour le pays. »

Un tumulte violent succède à ces paroles; le président rappelle l'orateur à l'ordre. Le tumulte redouble quand, s'expliquant sur la peine dont il vient d'être frappé, il dit qu'il a voulu tout simplement démontrer « qu'une nation qui renonce à ses droits s'expose à tous les périls et à toutes les aventures ». La Chambre finit par s'apaiser, et M. Granier de

Cassagnac, remplaçant M. Jules Favre à la tribune, s'efforça de rassurer le clergé sur les intentions de l'Empereur : « Son dévouement pour le trône pontifical est sans limites, mais ses moyens d'action sont bornés. »

Le moment était venu pour le gouvernement de répondre aux questions posées par M. Lemercier ; M. Baroche se chargea de lui donner toutes les assurances possibles au sujet du maintien du pouvoir temporel, sans parler de la restitution des Romagnes. Or ce pouvoir, réduit à Rome, existait-il encore? Est-ce à cette ville que le gouvernement impérial entendait le réduire? M. Lemercier constata que l'affirmative résultait de la discussion même. M. Baroche se contenta de répondre qu'il n'acceptait pas cette conclusion.

Le programme du 5 janvier avait tranché la question de la liberté commerciale ; le traité de commerce avec l'Angleterre était conclu ; il ne restait plus aux protectionnistes qu'à voter les mesures pour les aider à soutenir la concurrence contre l'étranger, contenues dans le projet de loi destiné à diminuer les tarifs d'entrée sur les laines, les cotons et les autres matières premières. La discussion dura depuis le 28 avril jusqu'au 2 mai. M. de Flavigny repoussa le projet de loi en se plaçant au point de vue politique : « Le système dans lequel on entre tend à déposséder la
« Chambre de ses droits qui sont la garantie du pays. Je ne puis donner
« mon assentiment à des dispositions qui déshéritent le Corps législatif de
« droits inscrits au frontispice de la constitution ; et, pour caractériser
« mon dissentiment, je voterai contre la loi. » M. Jérôme David, qui prononçait son discours de début, « quoique partisan déclaré d'un traité
« qui présageait une prospérité commerciale et industrielle dont on ne
« saurait fixer les limites », fit les mêmes réserves que M. de Flavigny :
« Je regrette que le pouvoir législatif, appelé depuis un demi-siècle à
« régler les moindres détails du régime des douanes, soit privé d'inter-
« venir dans les décisions qui fixeront pour dix ans, le sort de l'industrie
« française.... Je regrette qu'on ait laissé à l'État un concours qui, il est
« vrai, pourrait être gênant en maintes circonstances, mais qui ne saurait
« se remplacer dans les moments difficiles. Il existe dans la vie des gou-
« vernements, comme dans la vie des individus, des organes essentiels qu'il
« ne faut pas affaiblir sous peine de les trouver dénués de vitalité dans un
« moment suprême. »

Qui ne se serait attendu à voir cet orateur descendant de la tribune prendre place entre MM. Jules Favre et Ernest Picard? Il alla s'asseoir à l'extrémité de la droite, parmi les partisans les plus ardents du pouvoir personnel.

Le projet de loi soulevait une question d'interprétation constitutionnelle. Le texte d'un traité signé par l'Empereur équivaut-il à une loi? M. Baroche se prononça pour l'affirmative et invoqua le sénatus-consulte du 14 janvier 1852, dont l'article 6 est en effet formel, et celui du 23 décembre de la même année, où il est dit : « Les traités de commerce faits « en vertu de l'article 6 de la Constitution *ont force de loi pour les* « *modifications de tarif qui y sont stipulées.* » M. Baroche crut le moment favorable pour défendre le traité lui-même, il le fit avec succès. Il était plus facile, en effet, de justifier l'acte que la façon dont il avait été accompli.

M. Émile Ollivier, après avoir approuvé le traité, parce qu'il promettait d'exercer une heureuse influence sur le bien-être de tous, profita de l'occasion pour opposer l'ardeur de certains députés à disputer au pouvoir les prérogatives en matière de douanes, à la facilité avec laquelle ils faisaient abandon entre ses mains de toutes les libertés vitales d'un pays : liberté d'écrire, liberté de parler, liberté de se réunir et de s'associer.

Le projet de loi sur les laines, cotons et autres matières premières, fut adopté le 2 mai par 249 voix. Quatre députés seulement, MM. Plichon, de Cuverville, Lespérut, de Flavigny, crurent devoir caractériser leur dissentiment par une boule noire.

M. Picard, au milieu d'un débat technique sur les sucres, qui remplit les quatre séances suivantes, fit une tentative hardie. Le *Courrier de Paris* avait été frappé d'un avertissement pour avoir discuté les articles du Code pénal sur les coalitions d'ouvriers. M. Picard voulut signaler l'étrange contraste entre le silence imposé aux journaux sur les questions relatives à la liberté du travail, et la conduite du gouvernement improvisant la solution des plus graves questions économiques : « Si j'avais le droit d'interpellation... » M. de Morny l'interrompit brusquement : « Vous ne l'avez pas... — Ne l'ayant pas, je me rassois. »

Le rachat par l'État des principaux canaux appartenant encore à l'industrie, l'emploi de 31 millions restés disponibles sur l'emprunt de 500 millions contracté pour la guerre d'Italie, furent l'objet des délibérations de la Chambre. Le gouvernement proposait d'employer ces 31 millions à des travaux d'utilité publique. Il ne présentait aucune pièce justificative, aucun document propre à indiquer au Corps législatif la somme sur laquelle il était appelé à voter. M. Émile Ollivier insista sur

cette lacune et sur la nécessité d'écouter les vœux si souvent renouvelés des commissions du budget, en faveur du rétablissement de la spécialité :
« Comment le Corps législatif pourrait-il consentir à voter en bloc et par
« ministère les 45 millions qu'on lui demande? Il ne s'agit pas du bud-
« get : l'article 12, dont la Chambre d'ailleurs a demandé l'abrogation
« ou la modification, est ici inapplicable. Il faut respecter cette règle im-
« périeuse de comptabilité, qui veut que tout crédit spécial soit l'objet d'un
« vote spécial. Quand le Corps législatif présentera quelque vœu à l'ave-
« nir, quelle autorité aura-t-il, s'il offre aujourd'hui ce fâcheux spectacle
« d'une assemblée qui a demandé la spécialité des dépenses et qui dé-
« clare ensuite elle-même que ses vœux n'ont aucune valeur, puisqu'elle
« donne la première, l'exemple du mépris de ses propres désirs? » M. Vuitry, commissaire du gouvernement, répondit à l'orateur de l'opposition,
après l'avoir rappelé au respect de la Constitution, que, la discussion par
chapitre ayant été définitivement supprimée par l'article 12, le chapitre
n'existait plus au point de vue législatif, et que les lois des crédits supplémentaires devaient être votées par ministère, comme le budget.
M. Louvet, rapporteur de la commission, approuva le commissaire
du gouvernement; M. Ségris fit quelques réserves, au profit de la spécialité des crédits extra-budgétaires. Ce débat platonique se termina par
une adhésion générale de la Chambre aux vues du gouvernement.

L'Empereur avait inséré dans sa lettre du 5 janvier, la promesse formelle de secourir l'industrie; le gouvernement, jaloux de le mettre en
situation de tenir ses engagements, présenta un projet de loi affectant
une somme de 40 millions à des prêts à l'industrie pour renouveler ou
améliorer son matériel. C'était de la protection déguisée, l'argent de tous,
employé à soutenir les entreprises de quelques-uns. Aussi ce projet fut-il
vivement combattu dans les bureaux. Le gouvernement voulait être autorisé à prêter directement de l'argent aux industriels. La commission
proposait de leur faire des avances de fonds par l'intermédiaire d'un comptoir spécial garanti par l'État. La loi porta la double empreinte de ces
deux systèmes ; elle n'avait au fond aucune utilité, comme le fit très bien
voir M. Brame, parlant au nom de la commission ; mais la Chambre, en
la désapprouvant, se croyait obligée de la voter pour dégager la parole
du chef de l'État; elle aurait cependant voulu l'amender, mais elle était
comme privée du droit d'amendement, par les précautions prises dans le
but de le régler.

Le rapport de M. Busson sur le budget ne fut déposé que le 30 juin.

Fig. 5. — Ouverture des Chambres, le 4 février 1861.

En vain aurait-on cherché dans ce document les conseils et les admonestations stéréotypés de M. Devinck. C'est à peine si, au milieu des accents de l'optimisme le plus lyrique, un faible vœu était exprimé en faveur de l'extension du contrôle financier du Corps législatif. Grâce à une réduction sur les recettes de 1 845 700 000 francs à 1 840 100 000 francs, l'équilibre était parfait, et la situation financière admirable. M. Busson s'arrêtait respectueusement, sans y toucher, devant les gigantesques budgets de la guerre et de la marine : « Ici, nous nous trouvons en présence des « considérations les plus graves, car cette dépense touche à l'honneur et « à la sécurité du pays. Qui donc alors peut en être aussi bon juge que « celui qui a si bien sauvegardé ces grands intérêts? » La théorie de M. Busson tendait à rendre le contrôle législatif inutile. M. Darimon ayant proposé un amendement, portant sur les dépenses de la loi de sûreté générale, M. Busson s'empressa de déclarer que la commission l'avait rejeté de peur d'avoir l'air de provoquer, à propos de questions financières, l'abrogation d'une loi politique.

M. Émile Ollivier, à l'occasion de la discussion du budget, essaya le 10 juillet, de jeter un coup d'œil sur la situation intérieure du pays, dans un discours interrompu presque à chaque phrase par M. de Morny. Le président du Corps législatif n'entendait pas que la discussion du budget servît de prétexte aux orateurs de l'opposition, pour adresser des questions au gouvernement. Il arrêta M. Ollivier lorsque celui-ci voulut caractériser le régime de la presse, en lui faisant observer que ce régime était étranger au budget, « que le décret organique sur les journaux se reliait à la « Constitution jurée par l'orateur, et que cette Constitution avait sup- « primé les interpellations, auxquelles il revenait par voie indirecte. Si l'on « vous laissait, dit-il, interroger le gouvernement sur toute espèce de « sujet, la discussion de la loi de finance serait interminable. » M. Baroche prit la parole à son tour pour déclarer qu'il était impossible de laisser ainsi attaquer « les lois organiques, sans lesquelles la Constitution ne « pourrait ni fonctionner ni durer. » Le droit d'interpellation rendrait nécessaire la présence des ministres au Corps législatif, « ce qui est anti- « pathique à la Constitution ». M. Baroche engagea ensuite les députés désireux de présenter des observations sur la marche des affaires, à user de la liberté de la brochure. Malheureusement, il ne promettait pas de garantir la liberté de l'imprimeur.

M. Jules Favre protesta contre le maintien du décime de guerre. La protestation semblait naturelle dans la bouche d'un orateur de l'opposition ; mais qu'un membre de la majorité comme M. Larrabure ne craignît pas de se plaindre de l'insuffisance des attributions du Corps législatif, d'affirmer que le Conseil d'État seul faisait les budgets de la France, et que le déficit était permanent depuis 1852, il y avait là de quoi surprendre. M. Larrabure ajouta que si l'on n'avait pas eu sans cesse recours à des moyens extraordinaires : suppression de l'amortissement, surtaxe des alcools, décime de guerre, emprunts, etc., tous les budgets se seraient soldés par des découverts. Que devenait l'optimisme de M. Busson? Le Corps législatif aurait bien voulu appuyer M. Larrabure de quelques *très bien!* mais il les garda dans son cœur par respect pour le gouvernement, et le budget fut voté à l'unanimité moins *cinq* voix.

La réforme des tribunaux donna naissance à deux incidents constitutionnels. Le gouvernement avait proposé un projet de loi pour réduire le nombre des conseillers et des juges dans les cours et dans les tribunaux où les procès étaient moins nombreux, et pour l'augmenter dans les autres. Le patriotisme local et l'intérêt personnel avaient là de quoi s'émouvoir. Comment les contenter tous les deux? Les influences entrèrent en lutte au Conseil d'État et dans la commission ; il en résulta que la loi, en voulant contenter tout le monde, ne contenta personne. Les deux premiers articles du projet ne furent adoptés qu'après une assez vive discussion. Le troisième paragraphe, qui mettait en coupe réglée la cour de Poitiers, devint l'objet d'amères allusions au favoritisme qui avait dicté les dispositions de la loi. M. Roques-Salvaza proposa l'ajournement. Les orateurs du gouvernement se récrièrent à ce mot et contestèrent à la Chambre le droit d'ajourner les projets de loi. Son unique droit consistait, selon eux, à tenter de les amender par l'intermédiaire de sa commission. Tout projet déposé devait être accepté ou rejeté en bloc. M. de Parieu, vice-président du Conseil d'État, invoqua l'autorité du pacte fondamental, contre ce qu'il appelait une tentative de rétablir le droit d'amendement direct, supprimé par la Constitution et par un sénatus-consulte. La Chambre persistant, un conflit allait-il éclater? On chercha un moyen pour l'empêcher. Le projet de loi ne fut pas ajourné, mais suspendu.

M. Sax, fabricant d'instruments de musique, fut la cause du second incident. Le Corps législatif demandait l'ajournement du projet de loi relatif à la prolongation de ses brevets. Les commissaires du gouvernement s'y refusaient par les mêmes raisons constitutionnelles. M. de Morny jugea prudent d'intervenir : « Le Corps législatif se plaint souvent d'abdiquer « tout contrôle entre les mains d'une commission ; il regrette qu'il lui

« soit impossible, même en étant d'accord avec le gouvernement, d'amé-
« liorer une loi qui lui paraît défectueuse... Je suis aussi d'avis qu'il y a
« quelque chose à faire ; qu'il me soit permis de donner à la Chambre un
« conseil : les concessions s'obtiennent par l'esprit de conciliation. »
M. Sax, grâce à l'esprit de conciliation des députés, eut gain de cause,
mais le règlement de la Chambre était jugé et condamné par ses ambi-
guïtés, par ses contradictions perpétuelles entre le principe du régime
représentatif qu'il contient à l'état de théorie, et le principe du régime
consultatif qu'il traduit en fait. Ce règlement supprimait en quelque sorte
le droit de voter l'impôt et les lois, droit reconnu par la Constitution au
Corps législatif. Les projets suspendus ou retirés reparaissaient sous forme
de décrets. Les députés murmuraient contre leur impuissance, mais sans
oser se permettre un acte direct d'opposition. MM. Plichon, de Flavigny,
de Pierres, Hallez-Claparède, Lemercier, seuls ne craignaient pas quelquefois d'être d'un autre avis que le gouvernement sur les questions politiques ; MM. Larrabure, Ségris, Devinck hasardaient de temps en temps
quelques timides observations sur les finances ; l'opposition des autres
députés impérialistes se cachait dans le huis clos des bureaux. Les *cinq*
essayaient de lutter à ciel ouvert et de parler au public par les fenêtres,
mais elles étaient hermétiquement fermées par un compte rendu propre
à intercepter toute clarté. La petite phalange ne se décourageait pas
cependant, et elle continuait à porter au gouvernement personnel des
coups dont l'écho parvenait de temps en temps aux oreilles du public.

La session, ouverte le 1ᵉʳ mars, avait continué sans animation jusqu'au
11 avril ; les séances devinrent plus fréquentes à partir de cette époque ;
mais le 30 mai, date de la clôture, approchant, l'état peu avancé des travaux du Corps législatif rendit une prorogation au 30 juin nécessaire.
Une nouvelle prorogation de vingt jours permit seule d'achever la discussion du budget, quoique M. de Morny eût pris, comme on l'a vu,
toutes les précautions nécessaires pour qu'elle ne se prolongeât pas. La
clôture de la session eut lieu le 20 juillet.

La restitution du droit d'adresse, la reproduction sténographique des
discussions législatives et la publicité des comptes rendus provenant du décret du 24 novembre 1860, donnèrent lieu à un projet de sénatus-consulte
qui fut soumis au Sénat, dans la forme ordinaire. M. Troplong, président et
rapporteur de la commission, lut son rapport dans la séance du 29 janvier
1861. Ce document, d'une excessive longueur, presque uniquement consacré à l'éloge de la constitution de 1852, surtout de la partie concernant la

presse, prouvait que M. Troplong n'avait pas grande confiance dans l'utilité du décret du 24 novembre et de la restitution du droit d'adresse au Corps législatif. La France, satisfaite de l'œuvre de 1852, n'y demandait, selon lui, aucun changement; il finissait cependant par se résigner à la réforme en songeant « qu'un gouvernement sage a raison de prévoir l'avenir ».

Les journaux, sous le régime parlementaire, avaient eu le droit, inséparable de la liberté elle-même, de reproduire les débats des assemblées par la main de leurs sténographes et de les apprécier. Ces comptes rendus, qui jadis n'offraient, d'après le président du Sénat, qu'une caricature insultante et la satire des personnes, seraient désormais interdits aux « disciples frivoles d'Aristophane et de Pétrone ». M. Troplong, en traitant avec ce dédain les écrivains honorables et même illustres qui, dans les journaux, avaient jadis apprécié les débats des Chambres, montrait encore plus de mauvais goût que de mauvaise volonté contre la presse. La brochure, à l'entendre, ne suffisait déjà que trop aux besoins de la pensée. « Le funeste » *Contrat social* et le « pamphlet » *Qu'est-ce que le Tiers-État ?* n'en sont-ils pas la preuve?

Trois amendements au projet de sénatus-consulte avaient été présentés, l'un par la commission, l'autre par M. Bonjean, le troisième par M. Ernest Leroy. L'amendement de la commission avait pour but d'autoriser les journaux à choisir dans la sténographie officielle un sujet de délibération entre plusieurs autres qui y seraient contenus, et à passer les autres sous silence. Celui de M. Bonjean proposait que tout discours reproduit intégralement dans un journal, conformément à l'édition officielle du *Moniteur*, pût être, de la part de ce journal, un objet de critique, de discussion ou de réflexions. L'amendement de M. E. Leroy tendait à obliger les journaux ayant commencé à reproduire les débats d'une discussion à les insérer en entier.

M. Troplong, après avoir découvert dans l'amendement de la commission une tactique insidieuse, qui sépare l'orateur du milieu qui le soutient et lui livre à l'écart un combat singulier, repoussa l'amendement de M. Bonjean, comme une source de difficultés, de malentendus et d'embarras pour la presse, attendu, et cette fois il ne se trompait pas, qu'il est impossible de marquer légalement la limite qui sépare le compte rendu de la discussion. L'amendement de M. E. Leroy en revanche trouva grâce devant lui.

M. Troplong crut devoir rassurer ceux qui craignaient que la France ne fût à la veille « de revenir à des institutions dont le pays n'avait que trop connu la faiblesse et les dangers » ; s'adressant ensuite aux ministres, il leur dit : « Vous tous qui êtes les serviteurs zélés de l'Empire, persévérez dans votre dévouement ; vous n'avez point failli aux principes de 89. » Les membres du cabinet craignaient donc de violer ces principes en se prêtant à l'application du décret du 24 novembre. Une éloquente péroraison en l'honneur de l'Empereur terminait ce rapport, voté sans discussion. Le Sénat n'approuvait pas plus que son président le décret du 24 novembre ; mais, redoutant sans doute de passer pour moins libéral que le gouvernement, il s'empressa d'adopter le sénatus-consulte à la majorité de 119 voix contre 2. Les opposants furent le cardinal Mathieu et le prince de Wagram.

L'Empereur, accompagné de l'Impératrice, ouvrit en grande pompe, le 4 février 1861, la session législative au Louvre, au milieu d'un public de plus en plus avide de tous les spectacles où se déployait l'appareil extérieur de la puissance impériale, avec ses maîtres de cérémonie, ses officiers, ses chambellans dorés, brodés, empanachés. Les femmes formaient la plus grande partie de l'auditoire, pressé sur les bancs de la salle des États, et s'apprêtaient à saisir au passage, pour les couvrir de leurs applaudissements, quelques phrases du discours, très sympathique, disait-on, au pape et au roi de Naples. Cette petite manifestation ne réussit qu'à demi. Les dames purent battre des mains en l'honneur du roi de Naples en entendant l'Empereur s'apitoyer sur « une infortune noblement supportée », mais la glorification du principe de non-intervention, quoique démentie par la présence d'une armée française à Rome, refroidit l'enthousiasme de l'Assemblée.

Le projet d'adresse de la commission du Sénat n'était que la paraphrase la plus stricte du discours de la Couronne. L'Empereur, dans ce discours, demandait au Sénat une discussion approfondie, indépendante de ses actes, des conseils réels, efficaces, de nature à le guider, des lumières et des solutions ; le Sénat se contentait de lui répondre : « Tout ce que vous ferez sera bien. »

M. de La Rochejacquelin ouvrit la discussion générale par un violent discours contre le gouvernement italien, mais l'autorité de l'homme manquait à la parole de l'orateur. Il en était de même de M. de Heeckeren ; M. Piétri leur répondit. Le prince Napoléon prit la parole à son tour pour défendre à la fois son beau-père et l'unité italienne ; dans un discours de plus de deux heures, il passa en revue tous les actes de la politique italienne depuis deux ans, et il les justifia tous en mêlant à cette justification des attaques peu convenables dans sa bouche contre l'Autriche, contre le pape et contre les Bourbons, violences qui appelaient des représailles. Le duc d'Aumale les exerça bientôt dans sa brochure *Une Leçon d'histoire de France*, dont nous avons parlé. M. Billault, obligé de répondre au prince-sénateur, se hâta de dégager la politique de Napoléon III de celle de son cousin.

La discussion des paragraphes de l'adresse commença le 4 mars. M. de Boissy parla le premier et commença par demander l'admission du public aux séances du Sénat; et il ne cessa pas de se livrer, sur chaque amendement, à un bavardage que tout l'esprit du monde ne pourrait faire passer. Quelques sénateurs timides versèrent dans le sein de leurs collègues l'aveu des craintes que leur inspiraient les concessions du 24 novembre; mais le Sénat, qui les partageait intérieurement, s'empressa de passer à la discussion de l'amendement de MM. Poniatowski, de Saulcy, Lebrun, Mérimée et Dumas, relatif aux encouragements à donner aux œuvres de l'intelligence : « Nous avons confiance « que ces encouragements, insuffisants jusqu'à ce jour, deviendront plus « dignes du règne de Votre Majesté et du grand empire qu'elle gou- « verne. »

Il y a trois manières, dit M. Mérimée, d'encourager les gens de lettres et les savants : les pensions, les souscriptions, les missions scientifiques. Les pensions sont rarement accordées à des gens de lettres militants (grande erreur), elles sont données à de malheureuses veuves, à des filles infortunées d'hommes de lettres distingués; leur chiffre est insuffisant, celui des souscriptions l'est bien plus, et, pour le prouver, il compara la dotation du musée britannique, qui est de 250 000 francs pour acquisitions d'imprimés, de 25 000 pour reliures et de 50 000 pour acquisitions de manuscrits, à celle de la bibliothèque impériale, qui avait dépensé, l'année précédente, 25 000 francs pour acheter des imprimés et à peine 15 000 pour des reliures, et à celle du musée de Cluny, créé pour le peuple, lequel doit se contenter de 10 000 francs de frais d'entretien; les arts ont cependant une influence considérable sur la fabrication française; le bon goût des ouvriers parisiens assure la préférence à leurs produits, sur tous les marchés de l'Europe. Quant aux missions scientifiques, la comparaison entre l'Angleterre et la France laissait cette dernière dans un état complet d'infériorité. M. Mérimée avait raison de se plaindre. Les grands établissements scientifiques et littéraires de la France étaient subventionnés avec une parcimonie affligeante, tandis

Fig. 6. — M. d'Hautpoul, grand référendaire du Sénat, s'opposait à la mutilation du Luxembourg, lorsqu'il reçut la visite d'un envoyé des Tuileries qui, lui montrant un papier, lui dit : « Connaissez-vous cette écriture-là ? — Je reconnus « l'écriture de l'Empereur, et je me suis incliné. »

qu'on n'épargnait rien en Angleterre pour les tenir à la hauteur de leur mission, et, s'il avait recherché la cause de cette différence entre l'Angleterre et la France, il l'aurait trouvée dans cette raison que le gouvernement anglais n'est pas obligé de se mêler de tout, de subventionner les théâtres, au lieu de laisser à la société, qui demande des spectacles de luxe, le soin de les payer, tandis que la France, où l'on donnait près de 2 millions de subvention aux théâtres, était forcée de faire des économies sur les bibliothèques.

M. Magne, quoique plus magnifique, le repoussa, non point pour ne pas charger le budget, qui, déposé la veille sur le bureau du Corps législatif, constatait, dit-il, un excédant de plus de 10 millions, mais parce que son adoption semblerait impliquer une critique indirecte du gouvernement, qui comblait les artistes de ses largesses. L'amendement fut donc rejeté.

M. Tayer ayant profité de la discussion de ce paragraphe, pour signaler au ministre d'État le danger de l'invasion des grandes scènes par des pièces destinées autrefois aux théâtres vulgaires, M. Chapuys-Montlaville rechercha de son côté les moyens d'arracher les Français « aux exci-
« tations de l'imagination, brillante faculté quand elle s'exerce sous
« l'empire du bon sens, flamme qui brûle et qui sème l'incendie autour
« d'elle, quand elle est abandonnée à sa seule nature, et de maintenir
« entre l'imagination et la raison, l'équilibre nécessaire pour calmer
« l'emportement des facultés de l'esprit, qui est le défaut du caractère
« national depuis les Gaulois jusqu'à nos jours. » Le moyen proposé par l'honorable sénateur pour couper court aux dangers de l'imagination était l'établissement d'un timbre spécial sur le roman-feuilleton, et l'interdiction de la vente des journaux de romans.

M. de Ladoucette reprit la question des théâtres et demanda si les prix proposés pour les auteurs dramatiques avaient produit un bon effet. Il lui fut répondu de façon à le satisfaire.

M. Dupin profita de l'occasion pour s'élever contre les abus de l'agiotage et pour sommer les hommes publics de refuser leur solidarité aux hommes d'affaires ; M. Dupin cita le chancelier de L'Hospital, tonna contre ceux qui s'enrichissent par tous les moyens, *per fas et nefas*, et contre ceux qui reculent devant les charges du mariage, *onera matrimonii*, à tel point qu'il faudra, dit-il, finir par établir des lois contre le célibat, *leges de maritandis ordinibus;* il signala l'augmentation du prix de toutes choses coïncidant avec l'augmentation du luxe, le capital quittant la terre pour la bourse, la rente pour les dividendes, et le patrimoine des familles s'engloutissant dans le gouffre de l'agiotage. Le gouvernement ne peut-il prévenir le mal en accordant plus rarement certaines autorisations qui deviennent comme des lettres de marque dans les mains de ceux qui les obtiennent ? M. Dupin s'en prit aussi aux journaux : « La « presse, dans ces derniers temps, n'a pas fait son devoir envers le « public. Chacun a pu lire une foule d'articles destinés à préconiser « certaines opérations où, pour étaler aux yeux du peuple les avantages « qu'il aurait à porter son argent à certaines caisses, on a parlé avec « emphase et jusqu'à satiété des gros intérêts promis, jusqu'à 10 et 11 « pour 100 pour telle et telle négociation... » Et pas un journal n'a ajouté : « Mais citoyens, prenez-y garde, car un intérêt si fort ne se « donne jamais qu'en courant le risque à peu près certain, de perdre la « plus grande partie de son capital. »

M. Dupin termina son discours par ces mots : « Honorons la religion « et la morale, prêtons force aux lois, ranimons dans les cœurs cet amour « désintéressé du pays qui inspire les grands dévouements et recom- « mande les généreux sacrifices : *Honneur et patrie!* là se trouve le « germe de ces vertus civiques qui font la force des peuples et la durée « des États. »

M. Billault s'empressa de s'associer à ces nobles sentiments ; il apprit au Sénat qu' « une enquête allait être ouverte sur l'affaire Mirès et que « personne n'échapperait au jugement destiné à punir les auteurs de ces « désastres qui ruinent les familles et dont la responsabilité remonte, « disait-il comme M. Dupin, à la presse qui les encourage par sa com- « plicité. »

M. Siméon, président de la Société de la *Caisse des chemins de fer*, impliqué civilement dans le procès intenté au financier Mirès, voyant une allusion personnelle dans le discours de M. Dupin, lui répondit qu'il était aussi utile et aussi licite de se livrer à l'industrie qu'à l'agriculture, que trop de gens recherchent les fonctions publiques ou les professions qu'on appelle libérales, et que la plupart de ceux qui critiquent les fondateurs des grandes entreprises industrielles ne se font aucun scrupule de s'y associer indirectement en prenant leurs actions.

« Monsieur Billault, aurait-il pu ajouter, vous étiez ministre de l'intérieur lorsque l'emprunt ottoman, dont vous me reprochez d'avoir soutenu l'émission, a été contracté, et vous, monsieur Dupin, vous occupiez le siège le plus élevé de la magistrature française, et aucun de vous n'a dit un seul mot pour signaler le péril que couraient nos capitaux. Monsieur le ministre de l'intérieur, puisqu'il trouvait cet emprunt immoral, n'aurait eu qu'un signe de tête à faire, et il eût été compris par les journaux. Dira-t-on que des convenances internationales empêchaient le gouvernement d'intervenir? Mais l'intérêt français doit, ce nous semble, tout dominer, et les pères de famille qui ont perdu le fruit de leurs économies avaient bien droit eux aussi à des égards. »

Personne n'était là pour défendre la presse ; mais M. Dupin savait fort bien qu'elle n'était pas libre de parler. Vingt fois des journalistes avaient reçu des admonestations officieuses pour avoir signalé au public, les dangers des entreprises de certains financiers. M. Dupin savait bien que la fortune de l'Empire reposait sur ces entreprises flétries par lui, qu'elles en alimentaient le luxe.

Le projet d'adresse, dans l'opinion d'un grand nombre de sénateurs, n'exprimait pas d'une façon assez formelle la volonté de maintenir le pouvoir temporel du pape. Les cardinaux surtout, transformant le Sénat en concile, voulaient lui faire déclarer ce qui n'est de la compétence d'aucun sénat, que le pouvoir temporel est indispensable à l'exercice du pouvoir spirituel. Un amendement, qui, bien que signé par des sénateurs laïques, le général Gémeau, l'amiral Romain Desfossés, de Suleau, de Padoue et Leverrier, exprimait l'idée des cardinaux, fut discuté dans la séance du 6 mars ; il consistait à ajouter dans le projet d'adresse, après les mots : « Nous continuerons à placer notre confiance dans le monar-
« que qui couvre la papauté du drapeau français, » ceux-ci : « et main-
« tient à Rome la souveraineté temporelle du Saint-Siège, sur laquelle
« repose l'indépendance de son autorité spirituelle. »

M. Barthe, ancien carbonaro, président de la Cour des comptes, défendit l'amendement dans un long et habile discours dont M. Baroche, président du Conseil d'État, et M. de Casabianca eurent beaucoup de peine à combattre l'effet. L'amendement ne fut repoussé qu'à une majorité de 9 voix.

La discussion de l'adresse était finie ; la confusion la plus grande avait régné dans ces débats plutôt par la faute des choses mêmes que par celle du président. Comment en effet diriger avec ordre et clarté un débat parlementaire dans lequel n'interviennent pas des partis organisés et qui ne peut avoir aucun résultat pratique? Le gouvernement n'avait obtenu que 9 voix de majorité dans le vote de l'amendement des cardinaux ; le ministère eût donné sa démission du temps des partis politiques, mais il n'y avait au Sénat que des opinions en présence d'autres opinions ; les partis n'existent qu'à la condition d'exercer une influence sur la direction des affaires.

Le Sénat reprit sa besogne habituelle, c'est-à-dire l'examen des pétitions. L'une d'elles s'élevait contre le projet de prolonger la rue Corneille à travers le jardin du Luxembourg et sur l'emplacement de la fontaine de Médicis. Le Sénat était aussi contraire à ce projet que les pétitionnaires eux-mêmes; il avait un président, un grand référendaire, une commission de comptabilité, pourquoi ce personnel n'agissait-il pas pour faire abandonner le prolongement en question? M. d'Hautpoul, grand référendaire, en donna la raison : « M. Haussmann, agissant en qualité de préfet de la « Seine, est venu dans mon cabinet et m'a présenté son plan ; je lui ai fait « toutes les objections utiles : je l'ai combattu ; c'est alors que, me mon-« trant un papier, il me demanda : Connaissez-vous cette écriture ? C'était « la signature de l'Empereur. Je me suis incliné. »

MM. Saint-Marc Girardin, président du comité en faveur des chrétiens de Syrie, Augustin Cochin, Adolphe Crémieux, le Père Gratry (de l'Oratoire), de Pressensé, ministre du saint Évangile, vice-présidents, avaient adressé aux rédacteurs en chef des principaux journaux un appel en faveur des chrétiens de Syrie. Le Sénat reçut, du 15 avril au 7 mai, 75 pétitions de Paris et 88 des départements, répondant à l'appel du comité.

Les juristes du Sénat s'effrayèrent et se demandèrent : Est-ce bien là le droit de pétition tel que l'a prévu et ouvert la constitution de 1852? Agit-il là dans toute sa liberté et dans toute sa spontanéité? se contient-il dans ses limites naturelles et légales? n'enfreint-il pas la constitution en examinant ces pétitions. Le Sénat, après mûr examen, se décida à passer outre en songeant que « l'autorité est, dans tous les cas, armée de pouvoirs suffisants pour empêcher, au besoin, l'exercice du droit de pétition de dégénérer en agitation publique. » La commission proposait l'ordre du jour sur les pétitions ; quelques sénateurs en demandaient le renvoi au ministre des affaires étrangères. Le gouvernement s'y opposa, en adjurant le Sénat d'émettre un vote unanime, afin qu'on ne pût pas dire qu'il y eût deux opinions dans l'assemblée sur sa conduite et afin que les minorités hostiles n'eussent pas l'occasion de prétendre que, dominé par des influences étrangères, il avait faibli et oublié les capitulations. Le Sénat vota donc par acclamation. « Les sénateurs, dit le « *Moniteur*, quittent leurs places et forment dans l'hémicycle des groupes

« très animés, au milieu desquels éclatent des témoignages de satisfac-
« tion, causée par l'unanimité du vote. »

On se rappelle l'histoire de ce fameux Libri, membre de l'Institut, professeur à la Faculté des sciences et au Collège de France ; chargé de missions dans les bibliothèques des départements, il avait été condamné par contumace comme voleur de livres et de manuscrits précieux, dans les bibliothèques de dépôts publics. M. Mérimée, croyant le moment bon pour tenter sa réhabilitation, avait conseillé à sa femme d'adresser une pétition au Sénat pour demander l'annulation de la condamnation de son mari, *comme une erreur de justice*. « Elle espère, dit-elle en
« s'adressant aux sénateurs, que vous trouverez dans nos lois les moyens
« de faire casser une procédure irrégulière, de faire rayer une expertise
« coupable, de faire annuler un jugement erroné, et que, si vous ne
« les y trouvez pas, vous sentirez le besoin de combler une si regrettable
« lacune. » La plainte était hardie, et la pétition conçue en termes très vifs.

M. Delangle, mis en cause dans un document publié à Londres, répondit à la pétitionnaire que la justice avait poussé l'indulgence envers Libri jusqu'à ne pas publier dans l'acte d'accusation, selon son devoir et les usages, des faits dont elle avait des preuves authentiques et qui atteignaient à la fois son honneur et celui de son père. « Il importe que
« le Sénat soit initié et connaisse les faits sur lesquels repose cette étrange
« supposition. Ce récit sera le châtiment de Libri, et des auteurs de la
« pétition. » L'ordre du jour fut adopté presque à l'unanimité après le discours de M. Delangle.

Les principes posés dans le mémoire de M. Fould et dans le décret du 24 novembre devaient recevoir la consécration législative. Le Sénat, convoqué extraordinairement, se réunit le 2 décembre 1861 pour examiner un sénatus-consulte modifiant les articles 4 et 5 du sénatus-consulte du 25 décembre 1852. La lecture du rapport de M. Troplong remplit toute la séance du 17 ; c'était un livre. L'auteur commençait par expliquer comment, la constitution reposant sur un contrat formulé par les comices nationaux, et que seuls ils pourraient modifier, il n'était nullement question de lui faire subir le moindre changement. Le projet soumis aux délibérations du Sénat apportait une simple modification aux articles 4 et 5 du sénatus-consulte du 25 décembre 1852, réglant le mode de votation du budget, conformément au système financier indiqué par l'Empereur dans la lettre au ministre d'Etat. M. Troplong n'était pas bien convaincu de la nécessité de cette modification ; mais, puisque le Corps législatif, « poussé par cette fausse activité que les jurisconsultes romains appelaient *nimiam atque miseram diligentiam*, » demandait le vote par chapitre au lieu du vote par ministère, il conseillait au Sénat d'y consentir. L'important, selon lui, était de s'assurer si les sections énumérées dans le rapport, offraient des généralités assez spacieuses pour que les ministres pussent s'y mouvoir librement.

La nomenclature des sections annexées au sénatus-consulte, devenait constitutionnelle par suite de cette annexion. Mais ne fallait-il pas faire la part de l'imprévu? Des circonstances fortuites ne pouvaient-elles pas se jouer d'une rigoureuse affectation? M. Troplong avait craint d'abord qu'on n'eût oublié de prévoir ces nécessités, mais il s'était bientôt rassuré et réjoui en voyant le sénatus-consulte y pourvoir par le droit de virement. Les virements, s'opérant de section à section, par le crédit total affecté au ministère, pouvaient, il est vrai, causer un dérangement dans les chiffres spécialement affectés à chaque section par le Corps législatif; mais M. Troplong s'y résignait aisément. Le reproche, adressé aux virements étendus à toutes les sections d'un même ministère, de diminuer singulièrement le droit d'amendement, ne le touchait guère plus. Il admettait même le virement qui, par son importance, pouvait donner naissance à des crédits nouveaux, pourvu qu'il fût justifié par la nécessité. La crainte d'être mis en accusation par le Sénat, la responsabilité devant l'Empereur, suffisaient, selon lui, pour assurer d'avance que cette justification ne manquerait jamais aux virements.

M. Troplong mena rondement la discussion ; M. Bonjean eut à peine le temps de développer un amendement demandant que les virements n'eussent lieu que pour causes urgentes et imprévues sur des économies déjà assurées, sans toucher au service ordinaire, aux *secours*, aux *primes*, aux *subventions*, aux *bourses*, etc., et que la faculté de se faire ouvrir des crédits extra-budgétaires sans le concours du Corps législatif, fût laissée uniquement aux ministres de la guerre et de la marine. M. Troplong vit dans cet amendement la négation du sénatus-consulte lui-même, et de ce projet de loi, « qui n'avait pas été conçu sous le coup d'embarras « accumulés, et qui n'était qu'un changement de marche et non le désaveu « d'un glorieux passé. »

M. de La Rochejacquelein aurait souhaité que le gouvernement voulût bien dissiper certains doutes que pouvait faire naître le décret impérial. M. Troplong, tremblant de voir l'interpellation parlementaire renaître

Fig. 7. — Dans le département des Alpes-Maritimes, le Préfet, pour assurer le succès du candidat officiel, fait apposer dans toutes les communes, le jour du vote, l'affiche suivante : « Le Préfet est invité à faire connaître que M. Avigdor « n'a pas le droit d'invoquer d'augustes recommandations, que M. Lubonis est le seul candidat du gouvernement. « Faites-le savoir à l'Évêque. »

de ses cendres, pria le gouvernement de ne pas répondre. M. Magne expliqua pourtant en quelques mots que la contradiction entre le projet de M. Fould et le commencement de l'exposé de la situation de l'Empire en 1861, signalée par M. de La Rochejacquelein, n'était qu'une illusion.

Il y eut un bulletin contre le sénatus-consulte.

Les débats sur l'adresse, à peine clos au Sénat, allaient s'ouvrir au Corps législatif le 11 mars; le président, M. de Morny, dans la première séance, passa en revue, le 5 février, dans un long discours, les droits nouveaux dont le Corps législatif était investi depuis le décret du 24 novembre : « Libre d'examiner la politique intérieure et extérieure « du gouvernement, sa critique pourra désormais atteindre tous les actes; « maître d'amender une loi en discussion, il ne sera plus, comme sous le « règlement précédent, placé entre un acte insensé et une soumission « regrettable; il n'aura plus recours à ces ajournements embarrassés où « sa dignité avait à souffrir. » Le président annonça gravement que les conseillers d'État chargés de soutenir les projets du gouvernement étaient dispensés de siéger en uniforme, « détail futile en apparence, mais adopté « dans un esprit de fusion et de rapprochement, entre les deux corps dont « les points de contact sont si fréquents; il avertit ensuite solennellement « le Corps législatif que de l'usage intelligent et modéré qu'il saurait faire « de ses nouvelles prérogatives, résulterait infailliblement l'établissement « durable de la liberté politique. »

La présentation au Corps législatif, d'un exposé de la situation de l'Empire, recueil contenant les documents diplomatiques les plus importants de l'année 1860, accompagna ce discours, et la Chambre passa à l'examen des élections qui avaient eu lieu dans l'intervalle de la session : quelques-unes étaient contestées, celle entre autres de M. Dabeaux; ancien préfet de l'Aude, démissionnaire depuis le 18 juin 1860, il avait été élu député le 19 décembre dernier, par la 2ᵉ circonscription du département qu'il administrait, en violation de l'article 8 du décret organique de 1852, portant que, lorsqu'il se fait une vacance dans une circonscription électorale, les électeurs de cette circonscription seront convoqués dans le délai de six mois. Or, la deuxième circonscription de l'Aude ayant été convoquée sept mois et cinq jours après la déclaration de vacance, la commission conclut à l'annulation de l'élection.

M. Billault, ministre sans portefeuille, soutint qu'avant de casser une élection pour violation de la loi, il fallait se rendre compte de l'effet particulier de cette violation et du lieu où elle s'était produite, comme si la loi n'était pas la même partout et comme si sa violation ne produisait pas un scandale aussi grand, dans un hameau que dans une grande ville ? M. Billault ne craignit pas, en outre, pour défendre l'élection de l'ancien préfet, de mettre en avant cet argument, singulier dans la bouche d'un jurisconsulte, que si le texte de la loi avait été violé dans le but de rendre possible une candidature qui, sans cela, ne l'eût pas été, *il n'était résulté de là aucun dommage*.

Une protestation dénonçait au Corps législatif la violation des urnes électorales, par les fonctionnaires chargés de leur dépôt, crime puni de cinq à dix ans de réclusion. « Les faits dénoncés, répondit M. Billault, « ont été l'objet d'une enquête confiée aux juges de paix, et la plu- « part des *signataires* de la protestation ont renié leurs signatures. » La Chambre seule avait le droit de faire cette enquête, seule elle pouvait neutraliser les effets de la terreur, exercée sur les populations rurales par un juge de paix, procédant à des informations escorté par des gendarmes. Aussi M. Lemercier eut-il raison de s'écrier : « Je tiens pour « des héros les paysans qui ont maintenu leur nom au bas de la protes- « tation. »

Quelque désir qu'eût la majorité de se rendre aux arguments de M. Billault, la violation flagrante du décret de 1852 fit casser l'élection de l'Aude le 25 février.

Le 3ᵉ bureau, chargé de vérifier l'élection des Alpes-Maritimes, s'était prononcé pour la validation. M. Brame fit connaître les raisons qui avaient décidé la minorité de ce bureau à voter contre : maires déclarant le vote obligatoire pour le candidat du gouvernement ; personnes étrangères à la circonscription admises à voter ; gendarmes et membres du bureau déchirant les bulletins du candidat non officiel ; abstention de 8229 électeurs sur 10 273 inscrits ; cartes d'électeurs distribuées sous des noms supposés ou retirées aux titulaires ; ces moyens ne paraissant pas suffisants pour assurer le succès du candidat officiel, la dépêche suivante avait été lancée, le 9 décembre, à l'heure de l'ouverture du scrutin : « Le pré- « fet est invité à faire connaître que M. Avigdor n'a pas le droit d'invo- « quer d'augustes recommandations, et que M. Lubonis est seul candidat « du gouvernement. Faites-le savoir à l'Évêque. » Il y avait là de quoi justifier les scrupules de la minorité du 3ᵉ bureau, mais la Chambre ne les partagea pas, et l'élection de M. Lubonis fut validée le 5 mars.

Le projet d'adresse, rédigé par une commission de dix-huit membres, dont M. de Morny faisait partie, fut lu le 27 février en séance publique ; il témoignait de l'enthousiasme du Corps législatif, « fier et reconnaissant » de la confiance que venait de lui témoigner l'Empereur et d'une réforme qui « rendait plus efficace le dévouement des députés à la dynastie ». Le projet célébrait ensuite l'excellente situation agricole, commerciale, industrielle et surtout financière du pays : « Sire, nous apprenons avec « satisfaction que le budget nous sera présenté en équilibre, sans qu'il ait « été nécessaire de recourir au crédit ou à de nouveaux impôts. Les res- « sources de la France sont inépuisables comme son activité et son éner- « gie... » Après avoir insinué timidement, que la législation douanière avait besoin de fixité et de stabilité, il applaudissait à la façon dont les choses avaient été conduites en Syrie comme en Chine, au Maroc comme en Italie ; il remerciait surtout l'Empereur « d'avoir, par ses constants « efforts, assuré à la papauté sa sécurité et son indépendance, et sauve- « gardé la souveraineté temporelle autant que l'avaient permis la force des « choses et la résistance à de sages conseils ; » il ajoutait que, du reste, sur cette question, — et il aurait pu dire sur toutes les autres, — le Corps législatif s'en rapportait entièrement « à la sagesse de l'Empereur ».

Le lendemain de la séance du Sénat, dans laquelle le prince Napoléon avait fait une sortie contre le pouvoir temporel du pape, une dépêche affichée dans toutes les communes de France et portant la signature de M. de Persigny, ministre de l'intérieur, recommandait aux populations « le magnifique discours de Son Altesse impériale le prince Napoléon ». M. de Flavigny demanda des explications au sujet de cette dépêche et « d'un discours prononcé dans une autre Chambre ». M. Baroche ne manqua pas de profiter de la faute échappée à l'orateur ; il lui fit remarquer qu'on ne s'occupait jamais dans une chambre, des paroles prononcées dans une autre. C'était la règle, en effet. L'inexpérience parlementaire de M. de Flavigny tira le gouvernement d'embarras.

Le paragraphe de l'adresse qui souleva les plus vifs débats fut celui qui avait trait à la politique du gouvernement impérial en Italie. MM. Kolb-Bernard, Plichon et Keller défendirent le pouvoir temporel du pape avec passion. M. Plichon s'indigna « en voyant l'héritier d'une des plus anciennes maisons de l'Europe compromettre son trône et l'honneur de ses ancêtres par des attentats déloyaux ». C'était vif. « Il n'y a pas convenance, dit M. de Morny, à attaquer les absents, même quand ils sont sur le trône. » Il menaça en même temps M. Plichon de lui retirer la parole. La menace n'avait pas besoin d'être justifiée par une aussi mauvaise raison que celle que M. de Morny crut devoir invoquer. M. Plichon devait-il se rendre à Turin pour dire son fait à Victor-Emmanuel? quel moyen de discuter des questions de politique étrangère dans un parlement sans y mêler des absents? Maintenir le *statu quo* en Italie, c'était obéir à la révolution et rendre une coalition contre nous inévitable. Vainement M. de Morny s'écrie-t-il : « On ne se croirait pas dans une chambre française. » M. Plichon ne faillit pas, et M. Keller, son successeur à la tribune, se montra encore plus aggressif que lui ; et la majorité, loin de s'indigner, semble prendre plaisir aux hardiesses du tribun du pouvoir temporel, même lorsqu'il met la crainte d'un nouvel Orsini au nombre des causes de la guerre d'Italie ; l'alliance entre la majorité et le gouvernement allait-elle se rompre? On pouvait le craindre en voyant des hommes modérés, de la nuance de MM. Ancel et O'Quin, attaquer dans un amendement l'unité italienne comme contraire aux intérêts religieux et aux intérêts français. M. de Morny comprit qu'il était temps d'intervenir et de révéler à la Chambre la vraie théorie de l'adresse, qui, en matière de pouvoir temporel, comme en toute autre matière, ne pouvait être, selon lui, qu'une façon de dire à l'Empereur : « Sire, nous nous remettons à vous du soin « de résoudre cette question. » Un député lui répondit au milieu des applaudissements de ses collègues : « A quoi bon alors nous demander des conseils? » M. de Morny, redoublant de chaleur, d'onction et de pathétique, fit appel au dévouement de la majorité : « Est-ce cette majorité qui est devant moi, cette majorité qui a acclamé l'Empire, qui l'a aidé dans toutes ses phases depuis dix ans; est-ce cette majorité qui lui refuserait un vote de confiance? »

Plusieurs voix : Non, non!

Un membre : En ce cas, il n'y a plus de liberté!

M. de Morny reprit presque avec des larmes dans la voix : « Et quel « moment choisirait-elle pour le lui refuser? Le moment où l'Empereur « vient de son côté de se montrer très confiant en étendant nos institu- « tions. Messieurs, la confiance ne définit pas, ne limite pas; elle laisse « toute latitude... »

MM. Ancel et O'Quin, attendris, retirèrent leur amendement, et la majorité appuya une fois de plus les variations et les contradictions de la politique impériale en Italie.

Le paragraphe relatif à l'équilibre du budget fournit à M. Gouin l'occasion d'envisager sous son vrai jour, la situation des affaires financières. Ce député, loin d'admettre avec les rédacteurs du projet d'adresse que le

budget de 1862 ne nécessiterait pas de nouveaux emprunts, prouva que l'équilibre n'était qu'un ballon gonflé de taxes nouvelles et de ressources irrégulières. La surtaxe de 63 millions sur le tabac, le maintien du décime de guerre de 35 millions, les fonds de la caisse d'exonération :
« Voilà par quels éléments se complète le prétendu équilibre du budget.
« En outre, la dette flottante, qui était en 1870 de 758 millions, va être
« augmentée de 40 millions. Ainsi notre dette a été presque doublée
« dans l'espace de six ans ; nos dépenses ont pris annuellement une ex-
« tension si considérable, que nous ne parvenons à les couvrir que par des
« moyens admissibles seulement dans des temps de crise. Nous employons
« la suspension complète de l'amortissement, la prolongation presque
« indéfinie du décime de guerre ; enfin nous recourons au crédit public
« par des emprunts dont nous rejetons par là la charge sur l'avenir. »

M. Gouin conclut en demandant que le Corps législatif exerçât désormais plus d'influence sur la fixation des dépenses. M. Darimon ajouta que le droit de discuter le budget était plus important que celui de discuter l'adresse, et que ce droit ne pouvait être utilement exercé par une assemblée obligée de le rejeter ou de l'accepter en bloc.

La discussion générale terminée, après trois séances, le 13 mars, la Chambre discuta les amendements aux divers paragraphes de l'adresse. Celui des *Cinq* au premier paragraphe était ainsi conçu :

« Pour que le droit de contrôle, restitué aux représentants du pays dans les limites restreintes du dernier décret, puisse porter ses fruits, il est nécessaire :

« D'abroger la loi de sûreté générale et toutes les autres lois d'exception ;

« De dégager la presse du régime de l'arbitraire ;

« De rendre la vie au pouvoir municipal, et au suffrage universel, sa force par la sincérité des opérations et le respect de la loi. »

M. Jules Favre, chargé de défendre l'amendement, soutint que l'asservissement de la presse, l'anéantissement des franchises municipales, les mauvaises pratiques de l'administration dans les luttes électorales, les lois d'exception, rendaient impossible la réalisation des principes de 1789, qui formaient cependant la base de la Constitution : « Les hommes émi-
« nents qui sont les représentants du gouvernement devant les Cham-
« bres, avait-il dit, en parlant de la nécessité de la responsabilité
« ministérielle, ne sont-ils pas exposés à se trouver appelés à soutenir
« des pensées contraires à leur sentiment ? »

M. de Morny l'interrompit presque en fureur : « Discutez la politique
« du gouvernement, non le passé, ni la personnalité de ses représen-
« tants; ce ne serait pas de la discussion loyale et convenable. Je ne
« vous laisserai pas aller dans cette voie. »

M. Émile Ollivier prit à son tour la parole sur le régime de la presse.
M. Jules Favre avait attribué le décret du 24 novembre à un « murmure
respectueux de l'opinion ». M. Ollivier en fit remonter uniquement l'honneur à l'Empereur, auquel il ne se permettait pas de demander la liberté
de la presse absolue, « car l'absolu n'est pas de ce monde », mais des
améliorations que le retour du gouvernement aux principes de 89 rendait
possibles dès à présent, et qui consistaient dans la suppression de l'autorisation préalable pour la publication d'un journal, et dans la restitution
du jugement des délits de presse au jury. La fin de ce discours produisit
une émotion non moins vive au dehors qu'au dedans de la Chambre.
« Sire, s'écria l'orateur, quand on est acclamé, comme on vous le dit
« chaque jour, par trente-cinq millions d'hommes, quand on dispose du
« monde en ce sens qu'on entraîne la fortune du côté où l'on va, quand
« on a épuisé toutes ses faveurs et toutes ses leçons, quand on a eu
« cette chance unique dans l'histoire, de sortir d'une prison pour monter
« sur le trône, après avoir passé par l'exil, il reste encore une joie inef-
« fable à connaître. Ce serait d'être l'initiateur courageux d'un grand
« peuple à la liberté, de repousser les conseils pusillanimes et de se
« placer en face de la nation elle-même : le jour où cet appel lui serait
« adressé, il pourrait y avoir en France des hommes fidèles aux sou-
« venirs du passé et aux espérances de l'avenir; mais l'immense majo-
« rité admirerait et aiderait, et l'appui qu'elle vous prêterait, sire, serait
« d'autant plus efficace qu'il serait plus désintéressé. » (*Très bien! très
bien! sur plusieurs bancs.*)

Ce passage du compte rendu officiel n'était pas d'une complète exactitude; certaines paroles de l'orateur en avaient été retranchées. Le lendemain, à l'ouverture de la séance, M. Gillibert des Seguins, après la
lecture du procès-verbal, demanda pourquoi il n'y voyait pas figurer
exactement la profession de foi que M. E. Ollivier avait faite la veille à
la tribune. M. de Morny répondit :

« C'est moi qui ai fait supprimer au *Moniteur* les mots prononcés
« hier par M. E. Ollivier : « Moi, qui suis républicain. » Je n'ai pas
« voulu rappeler à l'ordre, à propos d'une parole échappée sans doute
« à l'improvisation, un de nos collègues dont le discours avait pré-

Fig. 8. — Des expropriations ont lieu dans tout Paris.

« senté un tel caractère de modération et d'honnêteté, et rendait si bien
« justice au gouvernement dans la mesure de ses opinions, qu'un blâme
« aurait semblé immérité. Ce n'est pas au moment où M. E. Ollivier
« disait qu'il se rallierait au gouvernement, malgré ses opinions répu-
« blicaines antérieures, si la politique impériale entrait dans ses vues
« encore plus largement libérales, que j'aurais cru convenable et néces-
« saire de lui rappeler son serment.

« Il est libre, s'il le désire aujourd'hui, de reproduire ses expres-
« sions. »

M. É. Ollivier ne réclama pas.

Son silence, non moins que son discours, attisa les méfiances qui s'étaient fait jour, au moment de son élection. Les électeurs de Paris, blessés et alarmés, s'attendaient à une protestation, soit de la part de ses collègues de l'opposition, soit de la part de la presse; mais les collègues de M. Émile Ollivier et les journaux démocratiques se turent par une commune faiblesse et laissèrent le parti républicain à ses doutes et à ses pressentiments.

M. de Pierre prit la parole sur le second paragraphe de l'adresse : orateur d'un esprit ingénieux, mordant, habile à cacher d'utiles vérités, sous une forme ironique et paradoxale, il avait ce genre d'esprit que les Anglais estiment, parce qu'ils l'ont naturellement, et que les Français affectent de traiter avec dédain, parce qu'ils y visent souvent en vain, et il mit en lumière la contradiction flagrante existant entre le droit de contrôle rendu au Corps législatif par le décret du 24 novembre, et l'impossibilité de l'exercer, faute d'avoir devant soi une autre responsabilité que celle de l'Empereur. L'orateur déclara qu'il voterait contre l'adresse, parce qu'il ne peut jouir réellement du droit de critique consacré par ce décret sans s'attaquer au chef de l'État. « Je n'ai pu prendre au sérieux l'invitation
« qui nous est faite de donner notre avis sur toute la politique exté-
« rieure. Notre souverain nous a déjà dit une fois : Je ne dois des comptes
« qu'à ma conscience, à la postérité et à Dieu. Je m'en tiens là. »

L'orateur, poursuivant sa piquante démonstration, de la nécessité de la responsabilité ministérielle, demanda la suppression dans l'adresse, de tous les conseils qui pouvaient avoir trait à la politique, puisqu'ils étaient sans utilité et sans but, et puisque le Corps législatif n'avait devant lui personne qui pût être responsable de la paix et de la guerre; le Corps législatif n'était pas une assemblée politique. M. Lemercier s'écria : « Nous ne sommes donc qu'un conseil général! » C'était la vérité.

M. Billault avait dit, en parlant du gouvernement impérial, pendant le débat sur les affaires d'Italie : « Jamais gouvernement n'a été attaqué avec cette violence. » M. de Pierre en convint; mais, à ses yeux, la situation était beaucoup plus violente que les orateurs.

« Oui, c'est la situation qui est violente; car, lorsque vous n'avez en face de vous que le chef de l'État, la moindre contradiction est séditieuse...... Du reste, il m'est impossible de prendre au sérieux les conditions dans lesquelles on nous donne la liberté. Jamais il ne m'arrivera de discuter ici, les actes du souverain, parce qu'il me faut des ministres qui soient responsables devant nous. Je n'avais pas compris jusqu'à présent la sagesse de ces fictions constitutionnelles ; ce n'est que d'aujourd'hui que j'apprends à les connaître. »

M. de Pierre finit ainsi :

« Il faut qu'une porte soit ouverte ou fermée ; on ne donne pas des libertés et on ne les retient pas ensuite ; si vous donnez la liberté, donnez-nous en même temps toutes les conditions nécessaires pour que nous puissions nous en servir. »

M. de Morny essaya vainement de détruire l'effet de ce discours, en traitant l'orateur avec un dédain affecté, en l'accusant de ne pas parler sérieusement et de ravaler la dignité du Corps législatif; il aurait fallu pour persuader cela aux autres, y croire soi-même, et M. de Morny sentait bien qu'il ne disait pas la vérité.

Les *Cinq* avaient présenté au douzième paragraphe de l'adresse, l'amendement suivant :

« Les villes de Paris et de Lyon assistent avec inquiétude, aux entreprises immodérées d'administrations municipales dépourvues de frein et de contrôle.

« Jamais elles n'ont plus vivement regretté l'absence de conseils municipaux élus, et l'oubli de ce principe élémentaire de notre droit public, qui assure au contribuable le droit de nommer ceux qui votent l'impôt et qui en disposent. »

M. Ernest Picard engagea le débat sur cet amendement, dans la séance du 19 mars. Paris, dit-il, a eu le bonheur, de 1834 à 1847, d'être régi par un Conseil municipal élu. Le budget de la ville de Paris était en 1837 de 46 millions; en 1861, il est de 172 millions. Ce n'est pas tout : la ville de Paris a fait appel à l'emprunt : elle a emprunté trois fois et elle a fait entrer dans ses caisses 298 millions. Il lui reste, d'après les chiffres officiels, tirés du petit nombre de documents que sa comptabilité laisse voir au public, 139 millions de dépenses extraordinaires à payer. Son actif offre le chiffre de 135 millions de terrains à vendre par son entremise. L'expropriation est aujourd'hui en permanence ; un gouvernement révolutionnaire des immeubles siège à l'Hôtel de Ville, mystérieuse dictature qui, depuis 1852, a consacré 321 millions à indemniser les propriétaires expropriés.

« La Cité va disparaître, ajoute l'orateur ; il s'agit d'y abattre 106 mai-
« sons, c'est-à-dire d'expulser 6000 personnes. L'habitant du quartier
« dont la maison est livrée au pic et à la pioche, demande en vain à s'ins-
« crire d'avance pour acheter un nouveau terrain, on lui répond que tous
« les terrains disponibles de la Cité seront occupés par une caserne et
« par un hôpital. Le dictateur municipal entame dans la plaine Mon-
« ceaux, une entreprise gigantesque. Il a dit : Le boulevard Malesherbes
« ira rejoindre celui de Neuilly, la rue de Rome ne s'arrêtera qu'au
« chemin de fer ; il s'agit maintenant de hâter ce déplacement fantai-
« siste de Paris, qui est non seulement un déplacement d'immeubles,
« mais encore un déplacement de capitaux. On agrandit le bois de Vin-
« cennes, et l'on rétrécit le boulevard de la Madeleine. La dictature
« dépèce les quartiers quand elle ne les supprime pas. On lit sur cer-
« taines habitations, dans telle ou telle rue : *Cette maison ne sera
« pas abattue*. Les projets surgissent à chaque instant ; heureux les spé-
« culateurs qui les connaissent d'avance, malheureux les gens qui occu-
« pent de petits appartements, qui exercent de petites industries et qui
« n'ont pas songé qu'on détruisait aujourd'hui un quartier plus aisément
« qu'autrefois une maison. »

M. Picard rappela que le département de la Seine n'était pas soumis jusqu'ici au décret du 25 mars 1852 sur la décentralisation administrative, donnant aux préfets le droit de régler le budget départemental, le budget des établissements de bienfaisance, et de nommer les membres des conseils de surveillance de ces administrations. Réunir, en effet, dans les mêmes mains, les pouvoirs de préfet de la Seine et de maire de Paris, donner au préfet l'administration du budget des hospices, c'eût été lui confier des attributions exorbitantes. L'œuvre de la transformation de Paris exigeant cette concentration de pouvoirs aux mains de M. Haussmann, un décret en date du 9 janvier 1862, rendu sans que le Conseil d'État ait été entendu, a déclaré que l'article 7 du décret du 25 mars 1852 sur la décentralisation administrative était rapporté, et que les dispositions s'appliqueraient désormais, au département de la Seine, en ce qui concerne l'administration départementale, celle de la ville et des établissements de bienfaisance. Ainsi se trouve constitué le « ministère de Paris ».

« La séparation salutaire entre la caisse municipale et la caisse qui
« garde le bien des pauvres a disparu, reprend l'incisif et brillant ora-
« teur. Le préfet peut vendre les rentes des hospices, les transférer et
« les appliquer comme bon lui semble. Il ne le fera pas, mais il peut le
« faire, et cela s'est fait sous le premier Empire. Avez-vous oublié les
« reproches et les soupçons qu'attira sur lui Armand Marrast en ressus-
« citant, au lendemain de la révolution de Février, le titre de maire de
« Paris, qui mettait dans ses mains l'administration d'une ville immense
« et un maniement de fonds considérable. Armand Marrast, sous l'em-
« pire des circonstances, avait cru devoir prendre cette mesure; il eut
« tort. Mais il a répondu aux reproches qui lui ont été adressés à ce
« sujet, en mourant assez pauvre pour que ses amis aient dû faire les
« frais de son tombeau. »

« Le député de Paris, continuant son impitoyable revue, fit remar-
« quer qu'il restait encore pour 3 ou 400 millions de travaux à exécuter,
« et qu'on démolissait toujours, tandis que l'ancienne banlieue manquait
« de chaussées et que ses habitants recevaient leurs lettres comme s'ils
« demeuraient à Marseille, moins régulièrement peut-être. Les travaux
« se portent sur le centre de la ville ou près du centre; on vend et l'on
« revend les terrains de l'Opéra : ce qu'on fait et ce qu'on ne fait pas,
« d'ailleurs personne ne peut le dire; Monsieur le préfet prend tout sous
« sa responsabilité; mais cela ne suffit pas. Il faut des pièces probantes,
« et l'on n'en trouve pas. On répond : La Cour des comptes n'est-elle pas
« là? Elle n'a pas fait entendre la moindre plainte jusqu'ici. Oui, ajoute
« M. Picard, la Cour des comptes dit que tout est bien, sauf que la
« comptabilité de la ville n'est pas régulière, que l'état des immeubles et
« créances n'est pas produit, que les aliénations et que les adjudications
« se font contrairement à la loi, etc. La Cour des comptes, en posant des
« questions sur ces différents points, a laissé une page blanche pour les
« réponses. Elle les attend encore. »

Jamais critique plus forte, plus mordante, plus spirituelle n'avait été
faite de l'administration de M. Haussmann. M. Ernest Picard avait produit une très vive impression sur la majorité. Il fallait lui répondre : ce
n'était pas facile. M. Billault se chargea de cette tâche, quoique, dit-il,
« au lieu de ces questions municipales, il eût mieux aimé traiter les
grandes questions politiques du moment qui grandissent les débats du
Corps législatif, » comme si les questions qui se rattachent à l'avenir de
Paris pouvaient les rapetisser. Réfuter en détail le discours de M. Picard

était chose impossible. M. Billault avait trop d'habileté pour ne pas comprendre que la seule manière de se tirer du débat était de le dénaturer en le faisant tourner brusquement à la politique et en excitant les passions de la majorité : « c'est de la politique que fait l'amendement, j'en vais
« faire aussi. L'honorable préopinant a traduit la pensée de l'amende-
« ment sous une forme pittoresque. Il a dit que Paris était aux Parisiens,
« comme la France était aux Français. Il a dit : Quand nous rendrez-
« vous Paris? — Eh bien! voici ma réponse : Nous ne vous le rendrons
« pas. (*Rires d'adhésion.*) »

« *Plusieurs voix* : Très bien! bravo!

« *M. Picard* : Nous le reprendrons. (*Rumeurs.*)

« *Plusieurs voix* : A l'ordre! à l'ordre! »

M. Billault fit valoir ensuite les raisons de stratégie, de salubrité, de morale, de politique, si souvent invoquées en faveur de la transformation dictatoriale de Paris. M. Picard lui répliqua qu'il ne s'agissait que de comptabilité. « L'administration municipale de Paris, continua le député
« de Paris, a toujours trompé la Chambre. Elle lui disait, il y a deux ans,
« qu'elle ne ferait pas de nouvel Opéra; elle le fait. M. le ministre
« m'engage à me rendre dans les bureaux de la Ville, où il me sera facile
« de pénétrer tous les mystères; il m'invite, si je connais des faits précis,
« des faits graves, à les dénoncer, afin que les tribunaux en fassent jus-
« tice. M. le ministre croit-il que j'ignore la loi qu'il a faite en 1852
« et qui ne permet pas de fournir la preuve par témoins, en matière
« de diffamation? Accuser, ce serait donc aller au-devant d'une condam-
« nation. Est-il possible d'apporter devant la Chambre des dossiers, des
« dénonciations et des preuves? »

Le Corps législatif ne pouvait se flatter de discuter le budget tant que chaque article de la loi des finances ne serait pas l'objet d'une décision particulière. La Chambre se serait contentée du vote par chapitres. Les *Cinq*, qui avaient proposé un amendement dans ce sens, se rallièrent à celui de MM. Gouin, Devinck et Ancel. « L'attribution la plus essentielle
« du Corps législatif est celle du vote de l'impôt; l'impôt est la consé-
« quence de la fixation de la dépense. Vous nous avez demandé la vérité,
« sire. Nous ne répondrions pas à votre confiance si nous ne vous faisions
« pas connaître que le vote du budget par ministère est une entrave à
« notre liberté d'action pour le vote de l'impôt. Votre Majesté nous don-
« nerait cette liberté et compléterait l'œuvre libérale de son décret
« du 24 novembre, en rendant au Corps législatif le droit de voter le

« budget par chapitres, ainsi qu'il l'exerçait antérieurement au sénatus-
« consulte du 25 décembre 1852. »

M. Devinck, en développant cet amendement, démontra que le caractère essentiel du budget était d'être limitatif des dépenses, et qu'il avait perdu ce caractère depuis 1852. Il prouva de plus que les ressources de la France, loin d'être inépuisables, se trouvaient épuisées. M. de Morny protesta du haut de son fauteuil, et M. Magne s'écria qu'il ne pouvait abandonner le sénatus-consulte de 1852, « qui, en laissant aux Chambres
« le vote des impôts et des dépenses, et au chef de l'État le gouverne-
« ment et l'administration, a non seulement résolu le grave problème de
« la séparation des pouvoirs, mais encore en n'admettant que le vote du
« budget par masses, est parvenu à empêcher les empiétements possibles
« du pouvoir législatif sur le pouvoir exécutif. » M. Magne voulut bien reconnaître que la proposition de remplacer les chapitres du budget, par de grandes divisions, concilierait peut-être l'indépendance, la responsabilité, la liberté des mouvements du souverain, avec le droit de la Chambre, et il promit de s'en occuper. M. Devinck et ses amis renoncèrent à leur amendement.

Le projet d'adresse proposé par la commission fut adopté, le 22 mars, sans aucun changement, par 215 voix contre 13.

L'entrée des céréales en France était presque libre et leur sortie à peu près prohibée avant 1814. Le système de l'échelle mobile, souvent modifié mais gardant toujours ses caractères principaux, fut substitué à cet état de choses. Les droits variaient sous ce régime, qui se prêtait aux mesures de circonstance et qui servait, croyait-on, à modérer les mouvements de baisse et de hausse sur les grains. Le moment était venu de supprimer ce vieux mécanisme. Le gouvernement décida que désormais les droits variables n'existeraient plus, que les grains seraient importés et exportés librement.

Les prétendus défenseurs de l'agriculture nationale accompagnèrent de leurs doléances et de leurs prédictions sinistres cette loi, résultat de longues discussions d'une enquête patiente et minutieuse, qui établit définitivement la liberté des céréales, et qui permit d'atténuer l'année suivante les effets de la mauvaise récolte.

Le traité de commerce, conclu l'année précédente avec l'Angleterre, et les tarifs qui en avaient été la suite étaient, de la part d'un certain nombre d'industriels, l'objet de plaintes exprimées dans la précédente session et renouvelées dans celle-ci. Le gouvernement négociait avec la

Fig. 9. — L'augmentation de l'impôt sur le tabac pousse les contribuables aux expédients.

Belgique une convention commerciale (1ᵉʳ mai), et les partisans de la protection craignaient qu'elle ne fût la source de nouvelles concessions, dont profiteraient les produits britanniques. Le traité fixait au 1ᵉʳ octobre 1861, l'époque à laquelle les droits seraient substitués aux prohibitions pour les fils et tissus, et, malgré les déclarations de M. Magne au Sénat, on craignait que cette date ne fût rapprochée par un simple décret. MM. Pouyer-Quertier et Brame s'élevèrent avec leur violence habituelle contre le traité. M. Schneider critiqua, d'un ton plus calme, l'abus des droits en matière de douanes ; mais ni lui ni les deux précédents orateurs ne purent amener M. Baroche à s'expliquer sur la date du 1ᵉʳ octobre, autrement que par des phrases vagues sur la nécessité de laisser au gouvernement, sa liberté d'action pour fixer l'époque de l'application du nouveau tarif. La menace d'un amendement hostile, dont l'adoption paraissait probable, put seule l'amener à déclarer, que l'époque fixée ne serait pas changée sans que la mesure fût préalablement soumise au Corps législatif.

La discussion s'engagea ensuite sur la situation financière. Le projet d'adresse, tout en exprimant la satisfaction du Corps législatif en apprenant « que le budget de 1862 serait présenté en équilibre, sans qu'il fût nécessaire de recourir au crédit, ni à de nouveaux impôts », formait le vœu « qu'il ne se présenterait plus de circonstances assez impérieuses, pour que des crédits extraordinaires et complémentaires vinssent modifier sensiblement les prévisions du budget ». La rédaction des paragraphes relatifs aux finances donna lieu à de vives critiques et à des amendements importants.

M. Busson était rapporteur du budget ; la situation financière ne pouvait donc pas se présenter sous un jour bien noir à la Chambre et au pays ; les observations et les critiques qui s'étaient fait jour lors de la discussion générale de l'adresse, semblaient peu importantes au rapporteur, comparées aux ressources non pas *inépuisables*, mais *immenses* de la France. M. Busson convenait cependant que la surtaxe des alcools, le décime de guerre, l'augmentation du prix des tabacs, la dotation entière de l'amortissement, maintenus au budget pour faire face aux dépenses permanentes, ne permettaient pas de parler d'équilibre ; il remarquait aussi qu'aux dépenses portées au budget venaient plus tard s'ajouter, par voie de crédits extraordinaires et supplémentaires, chaque année plus nombreux, ouverts presque toujours dans l'intervalle des sessions et troublant l'équilibre budgétaire, d'autres dépenses qui créaient des découverts, lesquels, après avoir grossi la dette flottante, prenaient place dans les dépenses permanentes du pays, par la consolidation forcée de cette dette. Le budget, si les crédits extraordinaires ne sont pas rigoureusement écartés, ajoutait le rapporteur, cesse d'être limitatif de la dépense ; il demandait, en conséquence, un retour vers la spécialisation pour le vote de la loi des finances ; mais, craignant d'avoir poussé trop loin la hardiesse en rappelant l'engagement pris par M. Magne, il se hâtait de s'en remettre entièrement à la sagesse de l'Empereur : « Qu'il sache bien « que le Corps législatif ne cède pas au désir de voir augmenter ses attri- « butions ; il remplit seulement un devoir, en signalant ce qui est un « inconvénient dans la législation actuelle. »

Le total des dépenses proposées pour 1861 était de *dix-huit cent quarante millions cent vingt et un mille huit cent cinquante-huit francs*. Il s'élevait, pour l'année 1862, à *dix-neuf cent vingt-neuf millions quatre cent quarante-huit mille sept cent vingt-cinq francs*, soit environ *quatre-vingt-neuf millions* d'augmentation sur 1861. La commission, par ses amendements, demandait une réduction d'un peu plus de *huit millions*. Le Conseil d'État en accorda une de *sept cent soixante et onze mille trois cent quarante et un francs*.

La discussion du budget fournit aux orateurs l'occasion d'exprimer leurs vues non seulement sur les finances, mais encore sur la politique du gouvernement. M. Kœnigswarter proposa la création d'un impôt sur le revenu, vivement combattu par M. Magne ; M. E. Ollivier s'éleva contre le penchant du gouvernement, pour les expéditions lointaines et pour les coûteuses constructions ; M. Plichon, en traitant la question de Syrie, réclama pour les chrétiens de ce pays l'appui énergique du gouvernement.

M. Keller, en se plaignant des encouragements donnés par le pouvoir à la presse irréligieuse, cita l'exemple du procès intenté à M. About et à l'*Opinion nationale* par le maire de Saverne. M. Ed. About écrivait dans l'*Opinion nationale* des feuilletons intitulés : *Lettres d'un bon jeune homme à sa cousine Madeleine*. Le maire de Saverne, se croyant diffamé par un de ces feuilletons, dépose une plainte au parquet contre l'auteur, qui est renvoyé devant le Tribunal correctionel. L'affaire inscrite au rôle pour le 31 mai 1861, le maire, cédant à l'influence de la préfecture, retire tout à coup sa plainte. Ce désistement, adressé le 21 mai au ministre de l'intérieur, transmis par celui-ci au garde des sceaux, parvient au parquet de Colmar. Le ministère public se trouve donc dessaisi, mais non le tribunal, devant lequel les prévenus ont été régulièrement cités. Comment faire? Le procureur général de Colmar, en vertu d'instructions supérieures, se rend à Saverne et demande tout simplement que la cause soit rayée du rôle.

Le substitut, à la grande surprise de son chef, résiste si bien, que le procureur général est obligé d'exiger la remise du dossier, qu'il emporte à Colmar. Le procureur impérial, ne voulant pas encourir la responsabilité d'un pareil acte, donne sa démission. La Cour de Colmar, tout de suite convoquée par son président, déclare que le procureur général « a « mis par un acte de violence, la justice dans l'impossibilité de remplir « ses fonctions, et qu'il est devenu nécessaire de rétablir le cours de la « justice violemment interrompu. » La Cour de Colmar, en même temps qu'elle dénonçait ces faits au garde des sceaux, lui donnait un mois « pour satisfaire à ses justes susceptibilités ». Il fallut recourir à la Cour de cassation, qui annula cet arrêt d'injonction. Les poursuites commencées contre M. About et contre l'*Opinion nationale* demeurèrent donc comme non avenues.

Le récit de M. Keller produisit une certaine émotion; M. Baroche la calma sans trop de peine, en affirmant que le député alsacien se trompait, ou du moins qu'il ne présentait pas les faits avec une exactitude rigoureuse.

Le budget enfin voté par 242 voix contre 5, le Corps législatif n'en avait pas encore fini avec les questions financières. Il adopta, sans discussion, quatre projets de loi, qui engageaient les ressources de l'État dans des proportions assez sérieuses. Le premier de ces projets, conséquence du système inauguré en 1860, sous prétexte d'employer les 30 ou 35 millions disponibles sur l'emprunt de la guerre d'Italie, ouvrait sur l'exercice de 1861 un crédit de 45 millions, pour de grands travaux d'utilité générale; le second créait, sous le nom d'*obligations trentenaires*, un nouveau papier orné de tous les privilèges des valeurs publiques, véritable emprunt, sous forme détournée, dont nous empruntions le titre à l'Angleterre, à qui, selon M. Magne, nous ne pouvions que l'envier, car, d'après lui, il manquait à notre système financier. Lorsque, par suite de cette lacune, « nous avions recours au crédit, nous nous trouvions ren- « fermés dans l'alternative de la dette flottante ou de l'emprunt. N'avons- « nous pas bien fait dès lors, de créer les obligations trentenaires, qui « n'ont ni l'inconvénient des rentes consolidées, ni l'inconvénient des bons « du Trésor? »

L'émission des obligations trentenaires, destinées à faire face aux dépenses de l'État pour la construction des chemins de fer, n'était, quoi qu'en pût dire M. Magne, qu'un expédient malheureux.

Les compagnies se procurent l'argent dont elles ont besoin, en émettant des obligations, que l'État garantit, et qui sont recherchées avec un empressement qui s'était manifesté lors de la dernière émission de ces titres par l'intermédiaire de la Banque de France. Le public avait offert six fois plus d'argent qu'on n'en demandait.

L'État, qui, lui aussi, avait besoin d'argent, pour payer sa part contributive dans l'achèvement des chemins de fer, au lieu de recourir à la voie de l'emprunt en rentes, émettait des obligations remboursables en vingt-huit annuités : il faisait non seulement concurrence aux compagnies de chemins de fer, mais encore à lui-même en mettant obstacle à l'élévation de la rente française, qui, comparativement à la rente anglaise, était dans un état d'infériorité regrettable. Les obligations trentenaires équivalaient à du 3 pour 100 à 60 fr. 05, c'est-à-dire à du 5 pour 100 au pair. Comment la rente aurait-elle pu s'élever ? L'émission des obligations trentenaires constituait un emprunt de la pire espèce, puisque les fonds nécessaires à son remboursement devaient être pris sur les ressources budgétaires. L'État, lorsqu'il fait une émission de rentes pour subvenir à des besoins extraordinaires, comme ceux de la guerre de Crimée ou de la guerre d'Italie, demande de l'argent à des prêteurs qui savent qu'il ne leur remboursera jamais les sommes prêtées, mais qu'il leur en payera perpétuellement l'intérêt. Il n'en était plus de même ici ; l'État demandait de l'argent en échange de ses obligations ; mais, au jour de l'échéance, c'est tout le monde qui devait faire les fonds du remboursement.

La France désormais compterait donc trois dettes : la dette consolidée, la dette flottante et la dette des obligations.

Le troisième projet de loi autorisait le gouvernement à consacrer le prix de la vente de certains terrains domaniaux aux frais de construction d'une salle d'Opéra. M. Gouin attaqua cette dépense, engagée avant le consentement du Corps législatif. M. Devinck, sans nier l'irrégularité de la forme, plaida la nécessité et l'urgence ; le quatrième projet ouvrait un crédit de *quatre millions huit cent mille francs* pour l'acquisition du musée Campana. Il fut voté et sans discussion le 27 juin.

Le Corps législatif, avant d'entamer les débats de l'adresse, avait adopté une loi ayant pour objet, à ce que prétendait le gouvernement, de faciliter aux journaux, la reproduction des débats législatifs ; il abrogea ensuite le paragraphe du décret de 1852 qui déclarait supprimé de plein droit, un journal condamné pour contravention ou pour délit. Plusieurs feuilles avaient succombé de 1852 à 1861 sous cette prescription d'une rigueur aveugle. La *Gironde* allait périr pour un oubli de signature, et pour une condamnation à 50 francs, lorsqu'un décret d'amnistie la sauva. Les *Cinq* ne pouvaient pas attaquer un projet qui abolissait partiellement l'article 33 du décret de 1852, mais ils en profitèrent pour appeler l'attention sur la situation de la presse. M. Jules Favre prouva dans un discours très étendu que la censure vaut mieux que le régime des avertissements sous lequel « il n'existe en France qu'un seul journaliste, le gouvernement ».

Le rapporteur de la commission chargée d'examiner le projet d'abrogation, s'étant permis d'avancer que le décret du 24 novembre n'était qu'un premier pas fait dans la voie du libéralisme, s'attira cette verte réplique de M. Billault : « Le décret de novembre a dit son dernier mot; il ne « produira aucune conséquence ultérieure, il a fait à la France toutes les « concessions dont elle est digne : elle ne doit plus rien réclamer. »

Quelques députés élevèrent des plaintes contre une modification opérée par ordre du président du Corps législatif dans le compte rendu analytique et sténographique de ses séances. Aucune distinction n'avait existé jusqu'alors entre les orateurs qui lisent leurs discours et les autres. La parole est à M. X..., qui *lit* le discours suivant. — Cette formule désormais officielle blessa d'innocents amours-propres, sans rendre plus rapides les débats du Corps législatif. M. de Morny, qui pourtant n'improvisait jamais, était un grand ennemi de l'éloquence écrite, quoiqu'elle ait de tout temps joué un fort grand rôle dans l'histoire parlementaire.

Le Corps législatif termina ses séances le 27 juin, après avoir été, comme l'année précédente, prorogé par trois décrets successifs, grâce à son règlement, qui imposait aux députés des loisirs infinis et les obligeait à voter au pas de course, les lois les plus importantes. La discussion de l'adresse avait excité dans le public la curiosité, plutôt qu'un véritable intérêt politique, car le décret du 24 novembre, en appelant les assemblées à discuter les affaires publiques, à condition que la discussion n'aurait aucune sanction, enlevait toute importance réelle aux débats du Corps législatif.

La session de 1862 s'ouvrit le 27 janvier. L'Empereur, dans son discours, se déclarait très satisfait de ses relations avec les puissances étrangères. La visite de plusieurs souverains avait contribué à resserrer ses liens d'amitié avec elles. « Le roi de Prusse a pu s'assurer par lui-même de notre désir de nous unir davantage à un gouvernement et à un peuple qui marchent d'un pas calme et sûr vers le progrès. » L'Empereur avait reconnu le royaume d'Italie « avec la ferme intention de contribuer par des conseils sympathiques et désintéressés à concilier deux causes dont l'antagonisme trouble partout les esprits et les consciences. » La guerre civile en Amérique compromettait nos intérêts ; l'Empereur déclarait cependant que, tant que l'intérêt des neutres serait respecté, il se contenterait de faire des vœux pour que ces dissensions aient leur terme. Le discours mentionnait pour la première fois l'expédition du Mexique, « entreprise de concert avec l'Espagne et l'Angleterre, pour protéger nos nationaux et réprimer des attentats contre l'humanité et le droit des gens. » Il contenait en outre un passage sur la question financière, dont la conclusion était que la situation n'avait plus rien d'inquiétant, grâce à l'abandon des crédits extra-budgétaires et à la mise en pratique du plan de M. Fould : « L'application sévère de ce nouveau système nous aidera à asseoir notre régime financier sur des bases inébranlables. » Une esquisse du budget de 1863, suivie du projet de la conversion des rentes et de l'indication de nouveaux impôts, « qui ne devaient être que temporaires », complétait ce discours.

La discussion générale de l'adresse au Sénat s'ouvrit le 20 février 1862, par un discours de M. Larabit sur la Pologne, en faveur de laquelle il fit appel aux sentiments généreux du czar Alexandre II. M. Ségur d'Aguesseau, non content de passer en revue toutes les questions religieuses du moment, depuis le maintien du pouvoir temporel jusqu'à la dissolution de la Société de Saint-Vincent-de-Paul, s'éleva contre la protection accordée à une presse, dont la licence, selon lui, dépassait toute mesure. Le *Siècle* et l'*Opinion nationale* attaquent, dit-il, avec l'appui de l'administration, les associations religieuses, la religion, le souverain pontife, et une circulaire, signée par le ministre de l'intérieur, désigne, comme candidat du gouvernement au conseil général de la Manche, le directeur d'un de ces journaux. La gravité de la situation ne peut échapper à personne ; il est temps de la signaler à l'Empereur, « afin qu'il puisse, pendant qu'il en est temps encore, empêcher M. de Persigny, de devenir le Polignac de l'Empire. » M. de Persigny lui répondit d'une façon assez insignifiante, non point comme ministre, — la constitution le lui défendait, — mais comme sénateur ; mais M. Walewski demanda le rappel à l'ordre de l'orateur, qui, après s'être expliqué tant bien que mal, s'en prit à M. de La

Fig. 10. — Pendant la discussion de l'adresse du Sénat, le prince Napoléon fit un discours contre le pouvoir temporel qui provoqua une tempête de protestations, de la part de tous ses collègues, demandant son rappel à l'ordre.

Guéronnière, dont il traita les brochures de pamphlets. Le projet d'adresse se bornait à qualifier « d'immodérées » les prétentions du Piémont. Le fougueux sénateur demanda le renvoi du projet à la commission, afin qu'elle y introduisît un passage « plus digne d'elle et du Sénat ».

M. Piétri souleva de nombreuses protestations en soutenant au nom de la Constitution, « perfectible de sa nature, et susceptible de se prêter à de nouvelles améliorations de notre organisation politique », que le gouvernement devait briser sans retard, les entraves mises à la liberté individuelle et à la liberté de la presse, sans négliger d'assurer la sincérité de la liberté des élections. Ces déclarations dans une telle bouche, cachaient une arrière-pensée, et reposaient d'ailleurs sur une équivoque ; elles ne pouvaient être prises au sérieux par les vrais libéraux. L'orateur, passant ensuite à la question romaine, demanda que le gouvernement impérial, après avoir insisté de nouveau auprès du pape, pour lui faire accepter un arrangement de nature à garantir son pouvoir spirituel, retirât son armée de Rome en cas d'un refus. « Il est temps de conjurer les tempêtes semées
« par la politique de temporisation et d'immobilité ; Rome, où tous les
« évêques sont convoqués sous prétexte de canoniser les martyrs du Ja-
« pon, va devenir plus que jamais le foyer des intrigues bourbonniennes ;
« il faut craindre de jeter l'Italie dans la révolution et dans le schisme, et
« se hâter de résoudre la question romaine pour réduire l'armée de
« 100 000 hommes, et le budget de 100 millions. »

M. Piétri avait parlé de certains catholiques, qui font une spéculation de la religion. M. de Grossolles-Flamarens s'écria qu'une telle accusation demandait à être expliquée. M. Piétri lui répondit :

« Si je fais la biographie de ces hommes, vous pourrez la lire, mais
« je n'ai pas dit qu'ils fussent dans cette enceinte. — Je ne sais, s'écria
« M. de Heeckeren, à qui s'adresse M. Piétri. Je sais seulement qu'il a
« été préfet de police, et je ne comprends pas qu'il menace une assemblée
« comme celle-ci de ses biographies.

« *M. Piétri :* Je n'ai nullement entendu faire ici des personnalités.
« Lorsque je reproche à certains hommes de n'avoir pas dans le cœur les
« sentiments qui sont sur leurs lèvres, je ne fais allusion à aucune per-
« sonne siégeant dans cette enceinte. Je ne comprends pas la susceptibi-
« lité de M. Heeckeren. Il sait lui-même son histoire beaucoup mieux
« que moi. Je n'ai ni à le condamner ni à le juger. »

La discussion générale étant close, celle des articles donna lieu à des séances non moins animées le 22 février.

M. de La Rochejacquelein, dans une sorte de discours-revue où il était question de Garibaldi, de M. de Lavalette, ambassadeur à Rome, du *Siècle* et de plusieurs autres journaux, développa un programme bien différent de celui de M. Piétri. Il essaya de démontrer par des citations empruntées à divers journaux, que le décret de 1852 sur la presse, était une arme impuissante entre les mains de l'administration, qu'il était temps de la lui enlever et de confier à la magistrature seule, la surveillance de la presse. M. de La Rochejacquelein s'étendit ensuite longuement, sur un banquet donné par les journalistes à M. Ratazzi, en s'indignant qu'on y eût bu à Garibaldi et non à l'Empereur, dont le buste n'était pas même dans la salle. « A Rome, sous les Césars, c'eût été un crime de lèse-ma-
« jesté. On a entendu dans ce banquet un toast à la prompte solution de
« la question romaine, et celui qui l'a porté, adressait naguère aux élec-
« teurs de Torigny-sur-Vire, une circulaire dans laquelle on lit : M. le
« ministre de l'intérieur m'a offert spontanément de me faire recomman-
« der, et j'ai refusé. » M. de La Rochejacquelein fit remarquer en outre que, dans cette circulaire, il était question d'une lettre de M. Mocquart offrant l'appui du cabinet de l'Empereur, au candidat de Torigny-sur-Vire, et le remerciant comme directeur du *Siècle*, de son patriotique concours pendant la guerre d'Italie.

M. de La Rochejacquelein n'épargna pas la presse du gouvernement :
« Cette presse dont on croit qu'il dispose, elle ne lui appartient pas. Si l'on
« révélait les noms de ceux à qui elle appartient réellement, le Sénat ver-
« rait bien des promiscuités compromettantes [1]. Il est des journaux qui,
« pour la politique, appartiennent au gouvernement et, pour le reste, à
« des gens qui ont été condamnés [2]. » La presse avait au Sénat, dans la personne de M. Leverrier, un adversaire plus impitoyable encore que M. de La Rochejacquelein. Les journaux, les plus dévoués à l'Empire ne trouvaient pas grâce devant lui. M. de La Rochejacquelein ayant prononcé le nom du *Constitutionnel*, M. Leverrier cria de sa place :
« C'est le plus mauvais de tous ! »

M. Baroche répondit à M. de La Rochejacquelein que le régime qu'il demande pour la presse, existe dans toute sa plénitude, que les avertissements reçus dernièrement par le *Courrier du dimanche*, le *Temps*, l'*Opinion nationale*, le *Monde*, l'*Union* n'ont pas empêché de les poursuivre pour divers délits. Les tribunaux ont du bon, mais les avertis-

---

1. Allusion à quelques actions du *Siècle* ayant appartenu à M. Billault.
2. Le *Constitutionnel* et le *Pays* étaient la propriété du financier Mirès.

sements aussi, et ce n'est pas parce qu'on reproche au gouvernement de n'en avoir pas assez usé, qu'il faut lui ôter le droit d'en user à l'avenir. M. de La Rochejacquelein avait cité des fragments injurieux des journaux non cléricaux ; M. Baroche en fit connaître du même genre empruntés aux feuilles cléricales. M. de La Rochejacquelein avait signalé un passage d'un discours prononcé par M. Maret, évêque de Sura, *in partibus*, doyen de la Sorbonne, comme suspect d'hérésie révolutionnaire. M. Baroche, après avoir lu et commenté ce passage fort inoffensif, ajouta : « C'est une chose profondément regrettable, que ce prélat soit le seul des « évêques nommés par l'Empereur, qui n'ait pas reçu l'investiture pon- « tificale. »

Le prince Napoléon opposa lui aussi aux citations empruntées par M. de La Rochejacquelein aux journaux libéraux, des citations tirées des journaux cléricaux. Il expliqua la différence qui existe entre l'hérédité fondée sur le droit divin et l'hérédité fondée sur le droit populaire, et rappela cette thèse vieillie, que Napoléon Ier n'était monté sur le trône que pour couronner avec lui les grands principes de la Révolution. « Savez-vous, ajouta-t-il, à quels cris l'Empereur a été ramené du golfe Jouan aux Tuileries ? C'est aux cris de : « A bas les nobles ! à bas « les émigrés ! à bas les traîtres ! » Ces mots sont à peine prononcés que les sénateurs, en proie à la plus violente émotion, se lèvent en gesticulant et en criant : « A l'ordre ! à l'ordre ! » Ils avaient cru entendre : « A bas les *prêtres !* » De là leur émotion, peu justifiée d'ailleurs, car ce cri, s'il eût été prononcé en 1815, aurait tout simplement voulu dire : plus de dîme, plus de mainmorte, plus de religion d'État, en un mot, plus de ces anciens privilèges que le clergé semblait réclamer depuis la Restauration ou que ses amis réclamaient pour lui.

Le prince Napoléon revint sur la question du banquet offert par la presse à M. Ratazzi : « Le buste de l'Empereur était dans la salle ; mais « savez-vous, s'écria-t-il, où il est insulté, brisé, c'est dans l'armée du « pape. » Le prince ajouta que la politique de MM. Ségur d'Aguesseau et de La Rochejacquelein conduisait directement au rétablissement de l'ancien régime : « Si l'on rétablit le pouvoir temporel, si l'on replace « les princes légitimes sur leur trône, de l'autre côté des Alpes, il faut « de ce côté-ci rappeler Henri V, et M. de La Rochejacquelein, pour « être logique, aurait dû proposer un amendement à l'adresse, dans le « but de provoquer un retour à la politique de 1823 : intervention de la « France partout où le droit divin est menacé. » M. Billault, ministre sans portefeuille, s'empressa de décliner toute solidarité au nom du gouvernement avec « les théories aventureuses et périlleuses » qui, dans la bouche du prince, avaient inquiété le Sénat, et demanda qu'on oubliât cet incident pour se livrer aux discussions sérieuses.

Les séances du Sénat n'étaient pas publiques; mais les indiscrétions des sénateurs et le compte rendu sténographique, bien que rédigé sous les yeux de M. Troplong, qui atténuait autant que possible, la vivacité des paroles échangées, révélaient suffisamment les ardeurs d'une séance, que la prudence du président avait cru devoir clore brusquement.

M. de Boissy, le lendemain 24, après avoir demandé comme la chose du monde la plus simple, la publicité des séances du Sénat, se plaignit de la longueur des paragraphes de l'adresse, parla de la Chine, de l'Amérique, du discours du prince Napoléon et de la nécessité d'empêcher l'Angleterre de former une nouvelle coalition contre l'Empire. Ces divagations remplirent toute la séance et fournirent à l'orateur l'occasion de reprendre la parole le lendemain pour se plaindre (M. de La Rochejacquelein en avait déjà fait autant) du manque de sincérité du compte rendu officiel des séances, et pour exprimer le regret de trouver dans la sténographie même, la trace des ciseaux de la censure.

La séance du mercredi 26 février s'ouvrit encore par une réclamation du procureur général Dupin à propos de l'inexactitude du compte rendu. « Je lis, dit-il, dans le discours de M. Billault cette phrase, qui est comme « la sentence et la moralité du discours lui-même : « Le gouvernement « fera tout pour satisfaire les désirs, les tendances des esprits religieux; « et, si l'on touche à la plus petite partie de la couronne qui représente le « pouvoir temporel, il la défendra énergiquement. » (*Mouvement.*) Cette « indication est conforme à la vérité, le Sénat a appaudi à l'exposé de « principes que venait de faire monsieur le ministre. Or voici ce que dit le « *Moniteur* : « Cette nécessité de maintenir les bons rapports entre l'Église « et l'État, importe trop à la liberté de conscience pour que le gouverne- « ment n'en tienne pas grand compte; il fera tout ce qu'il pourra légiti- « mement faire, pour que les tendances de l'esprit religieux soient satis- « faites; mais quant à laisser toucher à la plus petite partie de cette cou- « ronne, symbole du pouvoir temporel, non certes, il ne le souffrira pas. » « Combien cette phrase décousue et flasque, dit M. Dupin, ressemble peu « à la première. J'en demande le rétablissement. »

La Société de Saint-Vincent-de-Paul eut la parole le lendemain. MM. Amédée Thayer et le baron Dupin prirent les premiers sa défense.

les cardinaux Morlot et Mathieu repoussèrent le reproche que lui adressaient certains journaux, de vouloir traiter d'égal à égal avec l'État et de se refuser à toute concession. Pourquoi, demanda le cardinal Mathieu, ne remettrait-on pas la question à l'étude? Le gouvernement s'apercevrait sûrement qu'il s'est trompé. M. Billault répondit, en résumé : La question est suffisamment connue; la Société de Saint-Vincent-de-Paul, qui a pour protecteur un cardinal romain, refuse de prendre pour président un cardinal français ; société laïque, elle ne veut pas se soumettre aux formalités civiles, que le Concordat impose même aux sociétés religieuses; elle cumule les avantages d'une société reconnue avec les moyens d'action d'une société secrète; en se vantant de son origine française, elle s'enorgueillissait d'être cosmopolite. Qu'elle renonce à ses prétentions et qu'elle rentre dans le droit commun.

Les défenseurs de la Société répliquèrent que, si on lui avait tenu toujours le même langage, si on lui avait dit qu'elle était une cause d'inquiétude, « elle se serait immédiatement dissoute et confondue dans « la poussière de l'humilité »; c'est la circulaire de M. de Persigny du 16 octobre 1861 qui a fait tout le mal, à en croire le cardinal Mathieu et M. Ségur d'Aguesseau. Ce dernier allait jusqu'à laisser entrevoir que dans sa pensée, l'auteur de cette circulaire mériterait d'être traduit devant la haute cour.

La commission de l'adresse, en demandant une augmentation de traitement pour les membres inférieurs du clergé, avait fait allusion à l'abondance des libéralités prodiguées aux congrégations. Le cardinal Donnet protesta contre les appréciations erronées du public sur leur fortune; sauf deux ou trois, elles étaient, à l'en croire, dans la pauvreté et dans la gêne; ces congrégations, ajouta-t-il, dans un temps où l'amour des plaisirs joue un si grand rôle, donnent l'exemple de l'abnégation et de toutes les vertus; surveillées par les évêques, elles défient, au dire de l'orateur, les accusations de captation, de détournement de mineurs, dont on est si prodigue à leur égard. Et quel temps choisit-on, continua le prélat, pour répandre ces affreuses calomnies? Celui où l'assaut est livré à la famille, à la propriété, à la religion; où l'on entend dans les chaires publiques s'élever des voix pour nier la divinité de Jésus-Christ.

Le *Moniteur* annonçait le matin même la suspension du cours de M. Renan. Le cardinal Donnet, à qui le fait fut signalé, interrompit son discours pour en rendre de publiques actions de grâces au gouvernement.

Une circulaire de M. Rouland, relative à la nécessité de poser les limites dans lesquelles le prosélytisme religieux doit se renfermer, excita les critiques des cardinaux. M. Rouland, parlant comme sénateur et non comme ministre, puisque la Constitution le lui interdisait, défendit sa circulaire, et M. Billault maintint pour le gouvernement, le droit de surveillance sur les congrégations, surveillance à laquelle il ne pouvait renoncer sans de graves inconvénients pour la paix publique et qui n'entravait nullement le développement des congrégations : il y a, dit-il, en France aujourd'hui vingt-trois communautés d'hommes autorisées et quarante-neuf non autorisées. Les communautés de femmes autorisées sont au nombre de trois mille soixante-quinze, et il s'en établit de quatre-vingts à cent nouvelles chaque année.

Le cardinal Mathieu avait exprimé le désir de savoir comment les dons et les legs se répartissaient entre le clergé séculier et le clergé régulier. M. Billault répondit que de 1856 à 1860 les legs et dons aux diocèses, évêchés, séminaires, fabriques, paroisses et cures, s'élèvent à 13 375 951 francs; les dons et legs aux congrégations religieuses, dans la même période, à 6 519 000 francs; mais tandis que pour les premières sommes tout se passe au grand jour, sous le contrôle de l'autorité, il n'en est pas de même pour les secondes. Le gouvernement connaît les dons pour lesquels l'autorisation lui est demandée, mais il ne sait rien des autres. Les frères des Écoles chrétiennes, qui sont autorisés, ont fourni le détail des dons reçus par eux. Ils s'élèvent à 800 000 francs pour une période de cinq années. C'est là le chiffre officiel, mais les frères de ces écoles ont acquis dans une seule ville un immeuble de 700 000 francs. Il y a donc à côté du bilan officiel un actif inconnu, que le gouvernement, avec une appréciation très modérée, ne peut pas porter à moins de 100 millions.

Cette statistique produisit une impression assez vive sur le Sénat; mais la discussion sur les congrégations n'avait été qu'une sorte d'escarmouche. Le débat sérieux entre le gouvernement et le parti catholique s'ouvrit sur le paragraphe relatif à la question romaine.

Le projet d'adresse constatait d'un côté la *résistance* et l'*immobilité de la papauté*, et de l'autre les *prétentions immodérées de l'Italie :* ce contraste traditionnel ne pouvait plus suffire ni aux partisans de l'Italie ni aux amis du pape; ces derniers demandèrent que l'adresse fût amendée dans un sens nettement favorable au pouvoir temporel. M. Bonjean essaya, dans un savant discours historique et théologique sur

Fig. 11. — Le cardinal Mathieu, dans son discours au Sénat, déclare que les membres des congrégations religieuses vivent tous dans la pauvreté et dans la gêne.

l'origine du pouvoir temporel, de prouver à ses collègues, que ce pouvoir n'avait jamais été pour la papauté qu'une entrave, dont elle devrait se délivrer dans l'intérêt de son indépendance spirituelle. Mais le Sénat parut peu touché de sa démonstration. M. de La Guéronnière, qui prit la parole après M. Bonjean, témoigna une amère tristesse de voir qu'aux partisans du pouvoir temporel on dît toujours : « Vous êtes des réactionnaires, » et qu'on répète sans cesse à ceux qui croient que l'autorité politique du Saint-Siège doit accepter les transformations imposées par les circonstances et le progrès des idées : « Vous êtes des révolutionnaires. » Il venait donc s'interposer « entre ces deux intolérances, entre « ces passions extrêmes au sein desquelles s'agite ce grand intérêt contenu « seulement dans sa vérité, dans sa mesure exacte, par la politique si « sage et si modérée de l'Empereur. »

Ce discours, où une part était faite à chaque parti, se terminait par une espèce de dithyrambe en l'honneur de l'Empire, de l'Empereur et même du prince Napoléon, qui, « par sa parole entraînante, persuasive, déter-« mina l'empereur François-Joseph, à accepter les conditions de paix qui « étaient le triomphe de notre modération. » Le prince se plaignit de la position difficile dans laquelle le mettaient de tels éloges, et il ajouta modestement qu'il n'avait fait qu'exécuter les ordres de l'Empereur. — « Non, Monseigneur, lui répondit courageusement M. de La Guéronnière, « je ne crois pas avoir placé Votre Altesse dans une situation difficile, « mais dans la meilleure des situations, en rappelant un fait historique « auquel son nom est si noblement associé. »

Le prince Napoléon, dans la séance du 1er mars, fit, dans un discours violent, le tableau des abus de la cour et de la politique romaines, dont il emprunta les principaux éléments aux dépêches des ambassadeurs de l'ancien régime, de l'Empire, de la Restauration et de la monarchie de Juillet. Il conclut en demandant le départ des troupes françaises et la fin d'un *statu quo* intolérable pour l'Italie, pour la France et pour l'Europe.

M. Billault refit une édition de son discours de l'année précédente : « L'Empereur ne veut pas livrer les provinces pontificales à la réaction, « ni le pape à la révolution ; il veut une transaction, il veut que les faits « agissent sur la raison de tous, de façon à amener l'Italie, la France et « l'Europe à comprendre toutes les nécessités. »

La question mexicaine se posa pour la première fois devant le Sénat dans la séance du 27, et elle ne donna lieu d'ailleurs qu'à cette simple

question de M. de Boissy : « La commission dit : « Puisse l'expédition con-
« certée avec l'Espagne et l'Angleterre être poursuivie énergiquement… »
A-t-elle voulu exprimer un vœu qui laisse une place au doute, ou entend-
elle l'énoncer dans le sens d'une affirmation ? » La demande de M. de
Boissy était justifiée par la contradiction, existant entre les articles des
journaux officieux et les débats du parlement britannique. Les journaux
officieux déclaraient qu'aux termes d'une convention signée le 31 octobre
précédent entre l'Angleterre, l'Espagne et la France, ces trois puissances
étaient tenues de s'entendre sur la conduite de l'expédition, sur ce qui
se ferait dans le présent et dans l'avenir, tandis que le ministère anglais
avait répondu aux interpellations d'un membre de la Chambre des communes, que les troupes britanniques n'avaient pris ni tentes ni bagages,
parce qu'elles ne devaient pas s'enfoncer dans les terres et que leur départ était fixé avant la mauvaise saison. S'il en était ainsi, que devenait
la convention du 31 octobre 1861 ? M. Billault refusa de répondre, quoiqu'il sût bien que la convention n'existait déjà plus.

L'adresse fut votée le lundi 3 mars, à la majorité de cent vingt-quatre
voix contre six, dont les voix des quatre cardinaux.

Le Corps législatif avait, comme le Sénat, commencé ses délibérations
le 28 janvier.

M. de Morny ouvrit la séance par une allocution aux députés. « En
« théorie comme en fait, leur dit-il, nous possédons le gouvernement
« qui convient le mieux au caractère de la nation. » Il fit ressortir l'étendue des concessions faites au Corps législatif : « Vous avez obtenu toutes
« les réformes que vous avez seulement indiquées, » et il s'étendit principalement sur celle du 24 novembre qui, selon lui, mettait le Corps législatif en possession d'un contrôle efficace, sur les finances de l'État. M. le
président du Corps législatif consacra un paragraphe tout entier de son
discours à la critique de l'éloquence écrite ; il proposa presque qu'il fût
interdit à l'avenir de prononcer des discours écrits à la Chambre. Il y
avait là une question de liberté et d'art. Les électeurs, avant de savoir si
un candidat est honnête homme et connaît leurs besoins, seraient-ils
forcés désormais de s'informer s'il était improvisateur ? Improviser est
sans doute un don précieux, quand on y joint les autres qualités de l'orateur ; c'est par l'improvisation qu'on s'élève au plus haut degré de l'éloquence ; mais elle n'est pas pourtant l'éloquence tout entière, les plus
beaux discours peut-être, prononcés à la tribune française, sont des discours écrits ; la clarté, la concision, ne sont pas plus inhérentes à l'élo-

quence parlée qu'à l'éloquence écrite ; il y a des improvisations aussi lourdes et aussi prolixes que le plus lourd et le plus prolixe des discours écrits. M. de Morny, en manifestant l'intention formelle d'épargner le temps de la Chambre, en coupant court aux discours lus au milieu de l'inattention et de l'indifférence générales, s'engageait par cela même, à mettre fin également aux discours que l'improvisation ne suffirait pas à protéger, et, dans les deux cas, il portait une sensible atteinte à la liberté de la tribune.

La Chambre inaugura ses travaux en vérifiant quelques élections contestées, entre autres celle de M. Pamard, maire d'Avignon, présenté aux électeurs comme « candidat impérial ». Cette qualification avait soulevé quelques protestations que le rapporteur de la commission se hâta de repousser le 6 février. Loin de blâmer l'intervention du gouvernement, il trouvait « qu'elle moralise l'élection ». M. Lemercier, en combattant cette théorie, convint néanmoins « que le suffrage universel avait encore « besoin d'être dirigé par l'administration ».

M. de Morny avait insisté dans son allocution sur l'urgence du projet de conversion de la rente 4 1/2 pour 100 et 4 pour 100 et des obligations trentenaires. La commission fut nommée le 31 janvier, et le renvoi immédiat aux bureaux ordonné. M. Gouin était président et rapporteur, et M. Léopold Lehon secrétaire. La discussion ne s'ouvrit cependant que le 7 février. M. Darimon, quoique partisan de l'unification de la dette, attaqua le projet, qui poussait les porteurs de rentes, à spéculer sous le coup d'une mesure, d'ailleurs irréalisable, autrement que par des manœuvres tentées à la bourse pour opérer une hausse factice et pour faciliter une opération qui consistait tout simplement à procurer au Trésor, par un emprunt déguisé, 200 à 250 millions qu'il n'osait pas demander à l'emprunt direct. M. Kœnigswarter reprocha au projet de jeter la perturbation parmi les petits rentiers ; MM. Picard et Ollivier se mêlèrent à la discussion sans parvenir à empêcher la Chambre d'adopter la conversion, vivement défendue par M. Gouin, rapporteur, et par MM. Vuitry et Baroche, commissaires du gouvernement.

La discussion de cette loi avait démontré que les établissements publics, les hospices et les communautés religieuses se trouveraient dans l'impossibilité de prendre part à la conversion, faute de ressources suffisantes pour payer la soulte. Le gouvernement présenta d'urgence, un projet de loi autorisant ces établissements à se faire avancer les sommes nécessaires par le Crédit foncier. Les adversaires de la conversion s'empressèrent, à l'occasion de la discussion de ce projet, de signaler le préjudice causé au budget de la charité, par l'emprunt auquel il était condamné ; mais les efforts tentés par eux dans la séance du 6 février restèrent encore une fois inutiles.

Le gouvernement avait présenté le 19 février un projet de loi tendant à accorder, au général Cousin-Montauban, récemment nommé sénateur et comte de Pa-li-kao, une pension de 50 000 francs à perpétuité, et reversible de mâle en mâle. La Chambre, à la lecture de ce projet, fit entendre des murmures, qui se traduisirent dans les bureaux, par le choix de commissaires pris parmi les députés qui lui étaient les plus notoirement hostiles. Le général de Montauban écrivit à l'Empereur pour le prier de retirer le projet. L'Empereur lui répondit le 22 qu'il n'en ferait rien. La lettre impériale se terminait par ces paroles hautaines et blessantes : « Les nations dégénérées marchandent seules la reconnaissance publique. » C'était un défi. La commission le releva par l'organe de M. de Jouvenel, son rapporteur, qui conclut le 28 février au rejet de la dotation.

Ce refus était motivé par le droit public, qui s'oppose formellement à l'institution des majorats, et par la possibilité où se trouvait l'Empereur de disposer de nouvelles ressources pour récompenser un général, même après l'avoir nommé sénateur et comte, enfin par le danger de remplacer dans les âmes le sentiment de l'honneur par l'appât de l'argent. La commission repoussait du reste tout amendement. C'était une crise, la première entre l'Empereur et le Corps législatif. Qui céderait? Ce fut l'Empereur. On lui fit comprendre qu'il était inutile de convoquer les députés, s'il ne leur était pas permis d'avoir une opinion. Il écrivit donc le 4 mars à M. de Morny une lettre dans laquelle, en déplorant ce qu'il appelait un malentendu, il annonçait l'intention de remplacer le projet de loi par une autre proposition plus conforme aux vœux d'un grand nombre de députés. La Chambre, convoquée extraordinairement le 5 mars pour recevoir communication de cette lettre, entama le lendemain la discussion de l'adresse.

Le projet d'adresse, rédigé par la commission, sous la présidence de M. de Morny, n'était, comme l'adresse du Sénat, qu'une paraphrase du discours de l'Empereur un peu plus accentuée sur la politique extérieure et sur les finances. Elle se prononçait nettement en faveur de la paix. « Nous savons que l'Empereur ne se laissera jamais entraîner à la guerre, « ni par des prétentions ambitieuses, ni par des préjugés qui seraient également contraires à nos intérêts et aux idées de notre époque. » L'Italie, cette grande cause de perturbations possibles, avait été reconnue par l'Empereur ; l'adresse contenait un paragraphe favorable à cette reconnaissance. « La France est catholique et libérale, elle veut que le chef de sa religion soit respecté, mais elle favorise toujours la vraie liberté ainsi que le progrès moral et matériel des populations. » Le Corps législatif, par la plume des rédacteurs de l'adresse, s'associait au système financier de M. Fould, en recommandant de supprimer les dépenses improductives, d'équilibrer les budgets, d'établir la stabilité dans les droits de douanes et d'impôts, et de supprimer les entraves, que l'excès de réglementation impose aux forces productives du pays.

MM. Plichon, Kœnigswarter, Kolb-Bernard, Guyard-Delalain, le marquis de Pierre, prirent part à la discussion générale. M. Plichon, dans un tableau très sombre de la situation intérieure, signala le réveil des passions qui avaient alarmé la société en 1848. « Le mal déjà fait est grand, il ne tardera pas à devenir immense, et le gouvernement en sera la première victime. » La responsabilité de ce mal, selon M. Plichon, revient à « une certaine presse » à laquelle on laisse toute liberté, tandis que la presse conservatrice et religieuse ne peut vivre qu'à la condition de tout approuver et de se taire. M. Plichon, il faut lui rendre cette justice, ne demandait pas un simple changement de bascule, mais la liberté.

M. de Pierre, en fermant la discussion générale, jeta sur la situation des vives lueurs de son ironie. « M. Magne nous a dit l'année dernière : L'Empereur veut régner, gouverner et administrer. Mon Dieu! messieurs, je voudrais même qu'il pût rendre la justice : à coup sûr elle serait rendue de haut (*bruit*) ; mais avez-vous compris le danger de prendre à la lettre cette fiction? L'Empereur administre, et vous, messieurs les ministres, n'administrez-vous pas quelque peu? Faut-il donc toujours faire remonter l'appréciation de vos actes à l'Empereur? Si la Cour des comptes blâme quelque part le détournement des fonds des enfants trouvés au profit des embellissements d'un mobilier de préfecture, ce blâme doit-il remonter à l'Empereur, et sommes-nous obligés de croire que c'est là un auguste virement? (*Hilarité générale.*) Quand le souverain désavoue officiellement une politique compromettante, est-ce le même souverain qui la propage par le télégraphe? L'administrateur qui a envoyé au *Moniteur* le cri d'alarme de M. Fould sur l'état de nos finances, est-ce le même qui a envoyé à la *Revue des Deux-Mondes* un avertissement, parce qu'elle avait élevé quelques

« doutes sur la bonne conduite de nos finances avec cent fois plus de res-
« pect et de timidité que le *Moniteur?* » (*Plusieurs voix : Très bien !
très bien !*)

L'orateur, après avoir décrit la puissance du ministre de l'intérieur, maître d'imposer silence à la France en général et à chaque Français en particulier, et de disposer de la fortune d'une classe de citoyens par la suppression d'un journal, ajouta : « Je ne sais si une pareille dictature
« peut être confiée à quelqu'un, qui n'en soit pas responsable; mais quand
« personne, excepté nous, n'a le droit de faire entendre la moindre plainte,
« je me considérerais comme un bien grand coupable, si je laissais expi-
« rer mon mandat sans dire que la France de 89 est humiliée de ce
« régime. Vous me demanderez alors si je veux la liberté de la presse.
« Hélas! oui, je la voudrais, car ces dix ans de vie politique ont achevé
« mon éducation. Mais je vous demanderai à mon tour, pouvez-vous la
« supporter? Si vous ne pouvez pas la supporter, n'en parlons plus; mais
« soyons modestes, et ne nous parlez ni de votre force, ni de 89. Quel-
« qu'un qui n'est pas pressé, a dit ailleurs, que ce gouvernement nous avait
« donné l'ordre, que la liberté viendrait plus tard, et que tout vient à point
« à qui sait attendre ; mais à coup sûr un peu de liberté arriverait fort à
« propos en ce moment. »

Les cinq membres de l'opposition avaient déposé au premier paragraphe de l'adresse l'amendement suivant, qui est presque un programme :
« La confiance publique ne peut renaître que par un retour sincère au
« régime de la liberté. La presse doit cesser d'être un monopole soumis
« à une censure occulte qui altère les manifestations de l'opinion publi-
« que. Le jury, seule juridiction compétente en matière politique, doit
« connaître des délits de presse et les juger publiquement. Des élections
« faites par les électeurs et non par des préfets, avec le droit de réunion
« et avec des chances égales de publicité et de protection pour la liberté
« de tous ; le pouvoir municipal émanant de la commune et non du gou-
« vernement, de telle sorte que l'intérêt public ne soit plus subordonné
« aux exigences de la politique ; la liberté individuelle garantie par un
« ensemble de mesures, dont la première doit être l'abrogation de la loi de
« sûreté générale : telles sont les principales conditions d'un système poli-
« tique qui s'autorise des principes de 1789 ; telle est la réforme qu'exigent
« impérieusement l'intérêt moral du pays, sa dignité, le développement
« de son activité et de sa richesse, et qui ne peut être ajournée sans que la
« France soit placée dans un état d'infériorité vis-à-vis des autres nations. »

Fig. 12. — L'armée française ne pouvait quitter Rome sans la livrer à la Révolution.

M. Ernest Picard et M. Jules Favre soutinrent l'amendement avec une énergie qui provoqua de la part de M. Baroche, président du Conseil d'État, des répliques non moins vives. La lutte s'était engagée sur le même terrain que les années précédentes ; il s'agissait toujours, d'un côté, d'attaquer le caractère anormal des lois nées du coup d'État du 2 décembre, et, de l'autre, de les justifier et de les défendre. Les orateurs de l'opposition ne pouvaient se flatter de l'espoir d'agir sur les députés de la majorité ; mais le silence dans lequel ces derniers se renfermaient n'avait rien de bien honorable pour eux. Le nombre des partisans du gouvernement était bien plus considérable au Corps législatif qu'en aucun temps et en aucune assemblée, et pourtant des rangs si serrés de la majorité, pas une voix ne s'élevait pour défendre la politique du gouvernement, et pour venir en aide aux orateurs officiels. M. Roques-Salvaza, le 10 mars, adjura ses collègues de défendre l'adresse, qui était l'œuvre de la commission et par conséquent de la majorité elle-même. Cet appel généreux resta vain. Le poids de la discussion continua, comme par le passé, à retomber tout entier sur les orateurs du gouvernement.

L'opposition avait déposé un amendement relatif à la politique étrangère, dont la question italienne fit presque tous les frais. M. Jules Favre démontra que la politique de conciliation, annoncée par l'Empereur, et approuvée par l'adresse, n'était qu'une chimère. M. Jérôme David répondit que c'était en revenant aux stipulations de Villafranca, que l'Italie permettrait au pape d'opérer, dans ses États, les réformes qui rendaient possible le départ des troupes françaises de Rome. M. Keller, après avoir accusé l'amendement de l'opposition de n'être qu'un produit de l'esprit révolutionnaire, demanda au ministre pourquoi, le gouvernement et le Corps législatif ne voulant pas que l'armée quitte Rome, il attaquait sans cesse par une contradiction flagrante la politique du Saint-Siège. S'agit-il d'appuyer un nouveau projet de transaction dont le rejet aurait pour effet l'évacuation ; ou bien, quoi qu'il arrive, maintiendrez-vous toujours au pape, Rome et le patrimoine de Saint-Pierre? La réponse de M. Billault était prévue : « Il s'agit d'opérer sur l'échiquier « des intérêts humains ; il ne s'agit pas d'une question de foi et de dogme, « mais d'une question purement politique et du domaine temporel. Eh « bien, sur cet échiquier où l'on s'engage, il faut savoir garder sa situa-« tion. Le gouvernement ne livre pas la sienne, il la garde. »

Le gouvernement n'avait jamais marqué aussi nettement la séparation entre l'intérêt religieux et l'intérêt politique, ni avoué aussi franchement

la violation du principe de non-intervention. « Le seul droit qui envers
« nous pourrait être invoqué, dit M. Billault, ce serait le droit des
« populations romaines. Nous admettons en effet que les populations
« sont maîtresses d'elles-mêmes. Le principe de la souveraineté du peuple
« est la base de notre droit public... Je reconnais que, chez les Romains,
« ce droit est suspendu ; que nous méconnaissons chez eux, le principe
« qui nous régit en France ; mais il est malheureusement parfois des cir-
« constances exceptionnelles, où des intérêts d'un ordre supérieur com-
« mandent ces sacrifices momentanés de la liberté populaire. » M. Jules
Favre s'empressa de constater que monsieur le ministre était contraint de
déclarer que la France ne restait à Rome, qu'en vertu de la suppression
momentanée d'un des plus grands principes du droit public ; M. Billault
en faisait l'aveu, mais il s'excusait en ajoutant que l'armée française ne
pouvait quitter Rome, sans la livrer à la révolution ou à une autre puissance protectrice, et que le gouvernement n'y consentirait jamais. A ces
mots, la majorité couvrit de ses applaudissements l'orateur officiel, qui, se
retournant vers M. Keller, reprocha vertement aux catholiques de pousser
le pape à résister aux conseils d'un gouvernement qui le soutenait depuis
quinze ans et de rendre toute conciliation impossible. Il comptait à
l'avenir sur une meilleure conduite des catholiques et sur la Providence
« pour placer sur une base désormais inébranlable la liberté du Saint-Père
et l'indépendance de l'Italie ». C'était encore le *statu quo.*

La séance du 13 fut consacrée à la discussion du paragraphe sur la
guerre d'Amérique et sur les affaires du Mexique. L'opposition proposa
d'ajouter à ce paragraphe l'article additionnel suivant : « Nous faisons
des vœux pour que le grand principe de l'abolition de l'esclavage sorte
victorieux de la lutte dont il est la cause. » M. Billault repoussa cet article,
sous prétexte qu'il engageait le gouvernement dans la voie de l'intervention, dans les affaires intérieures d'un gouvernement étranger.

M. Jules Favre mit à nu les inconvénients, les dangers et même les
impossibilités du plan d'invasion et de réorganisation du Mexique, prêté
au gouvernement et faiblement répudié par M. Billault. L'orateur officiel,
après avoir demandé si une discussion sur une expédition déjà commencée, était bien opportune et bien patriotique, parla de la convention
conclue entre les trois puissances, et de leur accord parfait, juste au
moment où un membre de la Chambre des communes, demandant au
gouvernement, si l'Angleterre était en guerre ou en paix avec le Mexique,
venait de recevoir de M. Layard, sous-secrétaire d'État des affaires

étrangères, cette réponse : « La guerre n'est ni déclarée ni commencée, et il est très probable qu'un arrangement à l'amiable va se conclure. »

M. Favre avait parlé de la candidature de l'archiduc Maximilien au trône. M. Billault prétendit que c'était là un simple propos d'officier, et la preuve, c'est que l'ambassadeur d'Angleterre s'en étant ému, « il est allé chez notre ministre des affaires étrangères, qui lui a répondu : *Cela n'est pas.* Voilà les faits. » Cette déclaration catégorique fit un sensible plaisir à la Chambre, peu enthousiaste d'une nouvelle guerre lointaine.

Le Corps législatif, après cette excursion à l'étranger, fut ramené aux affaires intérieures, soit par les amendements des *Cinq,* soit par les observations de divers membres de la majorité. M. Devinck opposa quelques teintes sombres au riant tableau de la situation financière présenté par M. Magne, ministre sans portefeuille, et finit en émettant timidement de légers doutes sur l'efficacité du sénatus-consulte modifiant les conditions de la présentation du budget ; M. Picard réclama pour Paris et Lyon le droit d'élire leurs conseils municipaux. La Société de Saint-Vincent-de-Paul trouva dans M. A. Lemercier un défenseur intrépide, et le libre échange, d'ardents adversaires dans MM. Brame et Pouyer-Quertier.

M. Pouyer-Quertier, député de la Seine-Inférieure, orateur chez qui la prolixité et l'incorrection du langage n'excluaient pas une certaine vigueur d'argumentation, que semblaient encore tripler sa haute taille, son torse robuste et son infatigable larynx, remplit presque toute la séance du 19, par un discours dans lequel il signalait, avec une complaisance passionnée, les résultats désastreux, que les traités de commerce conclus avec l'Angleterre avaient eus, selon lui, pour l'industrie française. M. Granier de Cassagnac se déclara profondément offensé dans son patriotisme, par une discussion qui ne pouvait plaire qu'à ceux que la grandeur du pays offusque. « Il est temps, s'écria-t-il, que cette campagne finisse ! » M. Brame, ne tenant nul compte de ce vœu, vint appuyer les accusations de M. Pouyer-Quertier et se joindre à lui pour demander une enquête sur les résultats du libre échange. M. Baroche, dans sa longue réponse aux deux députés protectionnistes, leur reprocha de se conduire en mauvais citoyens, en révélant les souffrances du pays. M. Brame répliqua qu'il remplissait, au contraire, le plus sacré des devoirs, et qu'il aurait été coupable de garder le silence en « député obéissant ».

M. Morny : Que voulez-vous dire par là ?

Une voix : Il n'y a pas ici de député obéissant.

La discussion arrivait à son terme.

M. de Pierre, dont l'ironie fine et mordante se faisai jour dans des discours écrits qui n'étaient probablement pas étrangers à l'ostracisme parlementaire que M. de Morny voulait infliger à ce mode d'éloquence, clôtura les débats en remerciant l'Empereur de la restitution du droit d'adresse; il fit pourtant remarquer que cette liberté, qui consistait à remplacer brusquement six mois d'admiration par vingt jours de critique, ne valait pas une liberté continue; les vérités qui s'échappent une à une en temps opportun, ne sont-elles pas préférables à une masse de vérités venant trop tôt ou trop tard ?

M. de Morny, avant de procéder au scrutin sur l'ensemble de l'adresse, remercia les députés « du concours et de l'appui qu'ils lui avaient prêté pendant cette longue et laborieuse discussion » ; il crut devoir, en même temps, rendre compte, « d'une manière toute spontanée, des impressions que cette discussion lui avait laissées ». M. de Morny établit d'abord que le décret du 24 novembre, en « accordant le droit d'adresse », — « en le restituant, » interrompit M. Picard; — en l'accordant, insista M. de Morny, je maintiens mon mot, — n'avait pas voulu donner aux députés une liberté plus grande de discussion. Cette liberté existait déjà. Mais l'adresse était devenue l'occasion de récriminations, d'accusations, d'attaques directes et personnelles, d'énonciations de petits faits..... (*Voix nombreuses : Très bien ! très bien !*)

M. Jules Favre : Nous protestons !

M. Picard : Vous n'avez pas le droit de tenir ce langage, monsieur le président !

M. le président : Vous m'écouterez jusqu'au bout.....

M. de Morny continua en effet sa petite allocution sans qu'on en pût conclure cependant que la nouvelle prérogative de la Chambre courût un danger immédiat, et l'adresse fut votée le 20 mars par 244 voix contre 9.

Le règlement de la Chambre, en mettant aux prises une commission de dix-huit membres avec le Conseil d'État, libre de repousser les amendements, réduisait souvent les représentants du pays à l'oisiveté et rendait impossible une bonne organisation des travaux parlementaires. Le Corps législatif serait resté pendant un mois dans une inaction complète, s'il n'eût voté la loi de révision des délais de procédure en matière civile et commerciale, la prorogation pour dix ans du monopole des tabacs, et la liberté de mettre en société les charges d'agent de change.

La discussion générale du budget de 1863 s'ouvrit le 16 juin.

M. Alfred Leroux, l'un des rapporteurs du budget, s'attacha dans la première partie de son travail à dégager le Corps législatif de toute responsabilité dans la situation financière. « Le Corps législatif n'a été ni « aveugle ni imprévoyant, et ce n'est pas faute d'avertissements que s'est « développée la situation à laquelle il faut aujourd'hui porter remède. » Le rapporteur ajoutait : « Les pouvoirs qui nous sont rendus par le « sénatus-consulte du 31 décembre 1861 nous donnent une force et nous « imposent une responsabilité ; nous acceptons l'une et l'autre, décidés à « nous servir du droit et à remplir le devoir. »

Le rapporteur, après cette fière déclaration, fit remarquer « combien « le besoin de la paix, qui tient une place considérable dans les conseils « comme dans les déclarations de tous les États, est en contradiction avec « la désastreuse émulation des gouvernements en ce qui regarde les pré- « paratifs militaires. » Il multiplia les assurances capables de calmer l'inquiétude générale causée par ce contraste, et il conclut ainsi : « L'économie partout, l'économie toujours, telle est désormais la règle « proclamée ; et ce qu'elle peut causer de bien est aussi incalculable que « la somme de maux que cause son oubli. »

M. Leroux, dans la seconde partie de son rapport, en suivant, chapitre par chapitre, la loi de finances, fit l'exposé sommaire des discussions de la commission avec le Conseil d'État. Le budget ordinaire des dépenses de 1863, présenté avec une augmentation de 71 461 105 francs sur celui de 1862, avait pu être, grâce aux efforts des commissaires, réduit à une augmentation de 62 millions. Le budget extraordinaire avait subi, de son côté, une réduction de même importance. La commission, pour faire face à l'accroissement des dépenses, admettait le rétablissement de la taxe du sucre, l'augmentation du papier timbré, le double décime sur l'enregistrement, un droit sur les bordereaux d'agent de change, enfin un impôt sur les chevaux et les voitures.

La discussion générale du budget fournit à deux membres de la majorité, MM. Granier de Cassagnac et Roques-Salvaza, l'occasion de proposer, par un amendement, la création d'un impôt sur les revenus mobiliers qui s'affichent et se publient, tels que rentes sur l'État et actions dans les compagnies industrielles, soit anonymes, soit en commandite. C'était introduire partiellement l'*income-tax* dans le système financier de la France. La fortune mobilière n'existait pas, disaient les auteurs de l'amendement, lorsque l'impôt a été établi ; on avait été forcé de frapper la propriété foncière et les objets de consommation. Les choses sont bien changées aujourd'hui : le développement de la fortune mobilière rend équitable et nécessaire sa soumission à un impôt dont l'application partielle supprime les mesures inquisitoriales auxquelles on redoute qu'il donne lieu. M. Granier de Cassagnac ajouta que parler de réduction d'impôt quand la situation de la France était si extraordinairement prospère, quand les dépenses accrues depuis dix ans fournissaient une preuve si convaincante de l'accroissement des ressources, était une anomalie. Le seul reproche qu'on pût adresser aux propositions de M. Fould était celui « de ne pas répondre à cette situation de la France, de présenter « un budget pauvre au nom d'un pays riche, de laisser croire au dehors « que nous n'avons pas les ressources de nos prétentions, de notre « influence, de nos droits et presque de notre dignité. »

Ce reproche d'insuffisance et de mesquinerie, adressé à un budget de 2 milliards 116 millions, sembla surprendre un peu la Chambre. Une voix pourtant cria : « C'est vrai ! »

Le projet fut combattu par M. Segris, par M. Magne et par M. Émile Ollivier. Ces orateurs n'acceptaient l'impôt sur le revenu que comme impôt unique, condition sans laquelle il n'était qu'une iniquité, car les auteurs du projet reconnaissaient eux-mêmes qu'une partie importante du revenu mobilier échapperait à la taxe. Les rentiers avaient le droit de le considérer comme une sorte de confiscation, puisque l'État leur reprenait sous forme d'impôt une partie de la dette contractée envers eux. Quant au crédit public, il ne pouvait en recevoir qu'une fâcheuse atteinte. L'amendement fut repoussé.

L'adresse avait dit : « Le Corps législatif ne peut avoir qu'une opinion « favorable sur l'état de nos finances, car il en a toujours minutieusement « surveillé l'emploi. » Or le Corps législatif, par l'organe de la commission, caractérisait la situation financière en ces termes : « La proportion « entre la dépense et la recette était rompue, et un pareil état de choses « ne pouvait durer ; il aurait justement alarmé tous les intérêts et réagi « sur notre situation, à l'intérieur comme à l'extérieur ; il aurait rapide- « ment réalisé les sinistres pronostics de ceux qui déclarent que les finances « nous mèneraient à notre perte. »

M. Picard, après avoir demandé que le Corps législatif se mît d'accord avec lui-même, passa en revue les dispositions du décret de novembre, et déclara qu'il échangerait volontiers la suppression du droit de crédits extra-budgétaires contre le retour pur et simple à la spécialité des anciens gouvernements, à ce système dont M. Royer-Collard disait : « Ce n'est pas une question de principe, c'est une question de probité. » Exprimant

Fig. 13. — L'Empereur déclare, dans son discours du 12 janvier 1863, que « nos armes continueront à protéger « l'indépendance de l'Italie, sans abandonner le Saint-Père que notre honneur et nos engagements nous obligent « à soutenir. »

ensuite un des sentiments les plus vifs du pays, il demanda qu'on mît un terme au scandaleux cumul des traitements autorisé depuis 1852. L'orateur de l'opposition montra certains personnages touchant, grâce au cumul, les uns 250 000, les autres 230 000, les autres 200 000 francs de traitement, et un groupe de soixante et quelques fonctionnaires absorbant à lui seul 5 à 6 millions par an. Il établit que la dépense des grands corps de l'État l'emportait de 20 millions sur celle de ces mêmes corps sous le règne de Louis-Philippe. La liste civile était autrefois de 12 millions, elle est de 25 millions ; la dotation des princes et des princesses est de 1 500 000 francs au lieu de 1 300 000 ; le Conseil d'État coûte 2 277 000 francs au lieu de 816 000 francs ; la dépense des ministres sans portefeuille est de 310 000 francs, etc. « Nous ne sommes gouvernés à un si
« haut prix que parce que nous sommes trop gouvernés ; les pouvoirs de
« l'État ont trop à faire, je le reconnais ; ils ne sont pas payés à raison de
« tout ce qu'ils ont à accomplir. Ils se sont chargés de notre bonheur
« qu'ils ne nous donnent pas, mais enfin ils en ont pris la charge. » Ici, l'orateur fut arrêté par une interruption qu'il ne put saisir et que M. le président s'empressa de traduire en ces termes : « On vous dit que c'est du vaudeville ; parlez sérieusement. »

M. Picard, d'après le procès-verbal sténographié du *Moniteur*, se serait jeté d'un autre côté de la question sans répliquer à M. de Morny ; de telle sorte qu'il avait eu l'air de reconnaître, avec le président du Corps législatif, que parler sur l'abus des traitements cumulés, ce n'était pas parler sérieusement. M. Picard demanda le lendemain une rectification au compte rendu de la séance de la veille : « Monsieur le président m'aurait
« dit : *Parlez plus sérieusement ;* si j'avais entendu cette observation, je
« ne l'aurais pas acceptée ; je ne l'accepte pas davantage aujourd'hui. »

Le chapitre du budget relatif à l'administration départementale appela M. Plichon à la tribune. L'orateur, après avoir démontré que l'administration est partout toute-puissante et qu'il n'y a pas de recours pour ceux qui ont à lutter contre elle, traça le tableau des luttes électorales telles qu'elles se passent sous ce régime de compression et de silence. Le préfet du Nord, qui s'était signalé par l'énergie peu scrupuleuse de son intervention dans les luttes électorales, fut vivement pris à partie par l'orateur, qui finit ainsi son discours : « Je sais que le gouvernement
« repousse d'ordinaire par une simple dénégation, les accusations de ce
« genre. Eh bien, messieurs, si une semblable dénégation se produit
« aujourd'hui, je lui opposerai l'affirmation la plus absolue, l'affirmation

« d'un homme d'honneur qui a été témoin de tous ces faits, et ce témoin,
« c'est moi. »

M. Baroche s'efforça d'atténuer l'effet de ces paroles en insinuant que M. Plichon déposait comme témoin dans sa propre cause. Le préfet du Nord dont M. Plichon venait de signaler les méfaits était un des plus éminents et des plus anciens préfets de France, « et je le dis bien haut, ajouta le président du Conseil d'État, c'est l'un des fonctionnaires que moi personnellement j'honore le plus. » La question dès lors fut jugée. La Chambre n'avait pas besoin d'autre certificat.

Les listes électorales du département de la Seine présentaient ce phénomène singulier, qu'à mesure que la population augmentait le nombre des électeurs inscrits diminuait. Paris, avec un accroissement de 532 000 habitants, aurait-il cinq députés de moins à élire? Un débat très vif s'engagea à ce sujet entre MM. Ollivier, Picard et Baroche, dans la séance du 18. Le président du Conseil d'État soutint que dans une ville comme Paris, dans laquelle se succèdent si rapidement de nouvelles couches de population, l'inscription électorale devait être soumise à des conditions différentes que dans les autres villes. Une phrase échappée à M. Baroche semblait présager au Corps législatif qu'il n'irait pas jusqu'au bout de son mandat; le président du Conseil d'État s'empressa d'en atténuer la portée, sans parvenir cependant à rassurer tout à fait une Chambre toujours prête à dresser l'oreille au moindre mot d'élection.

Les *Cinq* avaient soumis à la commission un amendement tendant à réduire à 600 000 francs le crédit de 2 millions inscrit au budget pour les dépenses de la sûreté publique. M. Hénon, en soutenant cet amendement, fit entendre de fortes paroles contre cette fameuse loi de sûreté générale, qu'on avait présentée comme transitoire, et qui menaçait de s'éterniser, quoiqu'elle fût si peu en rapport avec l'état des mœurs et des esprits.

La situation financière était réglée jusqu'alors par deux projets de loi. Le premier portait fixation du budget *ordinaire* des recettes et des dépenses. Le second fixait le budget *extraordinaire*. M. Fould, dans son rapport à l'Empereur, avait divisé les dépenses en trois classes : les dépenses *ordinaires*, qui ont pour objet de pourvoir aux services obligatoires et permanents (dette, justice, perception, armée, etc.); — les dépenses *pour ordre*, c'est-à-dire celles qui, soldées au moyen des impositions que votent les conseils locaux, ne sont inscrites au budget général que pour satisfaire aux règles de la comptabilité publique; « portées en recettes et en dépenses, disait le ministre, elles ne peuvent en réalité être considérées comme des charges de l'État; » comme si les dépenses de cette catégorie n'imposaient pas aux contribuables des charges tout aussi réelles que les dépenses qui passent par les mains de l'administration centrale! — enfin les dépenses *extraordinaires*, qui, tout en étant utiles, ne sont pas rigoureusement obligatoires (grands travaux, constructions nouvelles, excédants temporaires de l'effectif de l'armée, etc.).

M. Fould, en vertu de cette classification, proposait de ne placer dans le budget proprement dit que les dépenses normales et obligatoires des services publics, en inscrivant à côté les ressources permanentes destinées à se couvrir; de consacrer un titre à part aux services rattachés *pour ordre* à la loi de finances; enfin de renfermer dans une loi distincte toutes les dépenses extraordinaires, en leur affectant des ressources spéciales et définies qui auraient, comme les charges auxquelles elles devraient faire face, un caractère temporaire. Cet ordre avait été suivi dans le budget actuel.

La Chambre, avant la réforme financière, aurait été dans la nécessité de voter les crédits de chacune de ces sections en bloc. Le gouvernement lui aurait dit : « Voici le chiffre que je demande pour le ministère de la guerre : 366 millions; les accordez-vous ou les refusez-vous? » La Chambre aurait en vain essayé de répondre : « Je voudrais bien ne donner que 360 millions. » — Accordez ou refusez, pas d'explication! — Si le vote par ministère ne plaçait plus le député, selon l'expression de M. de Morny, « entre un refus insensé et une soumission regrettable », le vote par section était loin de lui rendre son indépendance. Le gouvernement disait : « J'ai besoin de 366 millions pour les services du ministère de la guerre; je partage cette somme en cinq sections, dont l'une (solde et entretien des troupes) s'élève au chiffre minime de 282 millions. Accordez-vous ou refusez-vous de voter cette somme? » Le député se trouvait toujours dans l'alternative de repousser brutalement par une simple boule noire un total de 282 millions, ou de l'accepter aveuglément.

Le Corps législatif, après avoir examiné et discuté les crédits des neuf ministères, section par section, avait donc voté le paragraphe 1er du titre Ier du budget ordinaire. La discussion s'ouvrit sur le paragraphe 2 contenant 38 articles, tous relatifs aux nouvelles impositions. M. E. Ollivier prit le premier la parole. Il condamna le double décime comme pesant sur la propriété foncière, déjà surchargée, et comme rendant la

justice plus coûteuse. Quant à la taxe du sucre, elle était une preuve nouvelle de la déplorable mobilité du gouvernement en matière commerciale et financière. « Chaque année, dit l'orateur aux ministres, vous changez
« de langage et de projets ; vous préconisez les virements, puis vous les
« abandonnez, puis vous les rétablissez. Vous rétablissez l'amortissement
« en 1858, l'année suivante vous le supprimez ; vous nous présentez les obli-
« gations trentenaires comme une merveille financière, l'année suivante
« vous les biffez. Vous dégrevez l'impôt sur le sucre en 1860, vous relevez
« les droits en 1862. Et, pour que ces contradictions soient permanentes,
« nous avons toujours en présence deux ministres des finances : le ministre
« *tant mieux* et le ministre *tant pis*; l'honorable M. Magne, avec un talent
« qui me convainc toujours, me prouve que les finances sont dans le meil-
« leur état, et l'honorable M. Fould, avec une conviction qui m'émeut,
« établit qu'elles sont dans un état pitoyable. »

M. Ollivier raconta comment les négociants et les armateurs, plus effrayés encore de l'inconstance financière de l'administration que de ses exigences, avaient demandé en grâce à la commission de placer la taxe sur les sucres non au budget *extraordinaire*, c'est-à-dire parmi les ressources momentanées, mais au budget *ordinaire*, c'est-à-dire parmi les ressources permanentes. « Frappez-nous, pourvu que nous soyons sûrs que vous nous frapperez toujours de même. » M. Magne répondit à l'orateur en lui reprochant de prendre le rôle très aisé de critiquer les impôts nouveaux, sans en proposer d'autres. Quels moyens avez-vous de les remplacer ? « Les économies ! » répondit M. Picard. — M. Javal ajouta : « La réduction de l'armée, et un meilleur emploi des ressources ! »

La discussion sur la taxe sur les chevaux et les voitures de luxe, donna le spectacle inattendu d'un assaut livré par la majorité à un projet de loi présenté par le gouvernement. Le rejet de l'article 4, renfermant toute l'économie de la loi, rendit impossible, le 23 juin, la discussion des neuf articles suivants. La réglementation à laquelle la Chambre était soumise empêchait non seulement la continuation du débat sur l'impôt des voitures, mais encore enlevait au rapporteur tout moyen de connaître dans quel sens il devait interpréter le vote du Corps législatif. Comment sortir d'embarras ? La Chambre finit par renvoyer à l'examen de la commission tous les articles du projet, depuis l'article 4 jusqu'à l'article 13 inclusivement.

La dernière grande question abordée par le Corps législatif fut la question mexicaine. Le gouvernement, après avoir d'abord présenté l'expédition comme une démonstration comminatoire, plutôt que comme une guerre, et affiché ensuite la plus entière confiance dans le peu de durée de la campagne, se décida enfin à avouer la gravité des embarras dans lesquels il s'était engagé. Cette gradation peut être établie par des textes. Le rapport de M. Leroux disait : « Nos espérances et celles du gouvernement sont que l'année 1862 verra finir l'expédition du Mexique. » Le rapport de M. O'Quin déclarait un peu plus tard que 48 millions seraient affectés à l'expédition du Mexique, et aux stations de l'Indo-Chine dans le service de la marine, et 11 millions pour le Mexique seul dans le service de la guerre. Le même rapporteur venait quelques jours après réclamer un supplément de 15 millions. Le gouvernement confessait en même temps que l'effectif de l'expédition, qui au début était de 2000 soldats, venait d'atteindre le chiffre de 33 000 hommes. La guerre avec le Mexique dévorait déjà 83 millions en 1862, c'est-à-dire 20 millions de plus que le produit des impôts nouveaux et des taxes nouvelles.

M. Jules Favre, dans l'avant-dernière séance de la session, le 23 juin, prononça un magnifique discours sur cette expédition. L'orateur avait avec lui le sentiment intime de l'assemblée. Les applaudissements et les adhésions furent pour M. Billault. Le ministre sans portefeuille s'exprima d'une façon si violente au sujet du général Prim, plénipotentiaire espagnol, que le *Moniteur* suspendit pendant un jour l'insertion de cette partie de son discours. Elle parut revue, corrigée et diminuée.

Tous les efforts de la commission avaient abouti, en résumé, à rogner 5 millions sur les 397 millions du budget de la guerre. Le chiffre maintenu était donc de 392 millions. La dépense totale approuvée, pour la marine et la guerre réunies, s'élevait à 557 millions. Le budget de 1862 s'élevait à *dix-neuf cents millions* et celui de 1863 à *deux milliards soixante-quatre millions*.

La réforme financière de M. Fould laissait décidément quelque chose à désirer.

L'année suivante l'ouverture de la session législative eut lieu le 12 janvier 1863. Le discours impérial, qui devait jeter de vives lumières sur les questions pendantes, ne contenait qu'une revue rétrospective des faits accomplis depuis 1857. Il signalait les guerres de Cochinchine et du Mexique comme une preuve glorieuse qu'il n'existait pas de contrée si lointaine, que les armes de la France ne puissent atteindre. Quant à l'Italie, « nos « armes ont défendu son indépendance sans pactiser avec la révolution, « sans altérer, au delà du champ de bataille, les bonnes relations avec nos « adversaires d'un jour, sans abandonner le Saint-Père, que notre

« honneur et nos engagements passés nous obligeaient à soutenir. »

Le discours impérial vantait les heureux effets du suffrage universel pour produire le calme chez un peuple ; « aujourd'hui que tout le monde « vote, il n'y a plus cette mobilité d'autrefois, et les convictions ne « changent pas au moindre souffle qui peut agiter l'atmosphère poli-« tique. »

L'Empereur annonça que la session ne serait pas interrompue par une dissolution et que le gouvernement conseillerait aux populations de réélire les députés qui depuis cinq ans s'étaient associés avec tant de dévouement à sa politique : « Devancer le terme fixé par la Constitution eût été un « acte d'ingratitude envers la France, de défiance envers le pays. » Il termina son discours en disant qu'il restait beaucoup à faire pour perfectionner les institutions, mais que, si les électeurs avaient à cœur de faciliter l'œuvre commencée, ils n'avaient qu'à envoyer à la nouvelle Chambre des hommes qui, comme les anciens députés, « acceptent sans arrière-pensée « le régime actuel, qui préfèrent aux luttes stériles les délibérations « sérieuses, et qui n'hésitent pas à placer au-dessus d'un intérêt de parti « la stabilité de l'État et la grandeur de la patrie. »

M. Troplong rédigea l'adresse du Sénat avec sa pompe habituelle. Tout allait bien, même au Mexique ; d'ailleurs, « quand le drapeau est en « face de l'ennemi, quand nos braves soldats ont les regards tournés vers « les encouragements de la patrie, il n'y a pas d'autre politique, pour « un corps délibérant, que de leur envoyer des témoignages de son « admiration. »

Le rédacteur de l'adresse approuvait avec complaisance le changement de politique du gouvernement à l'égard de l'Italie, et il en remerciait chaleureusement l'Empereur. La Pologne n'était pas mentionnée dans le morceau de rhétorique sorti de la plume du président du Sénat.

Le baron Dupin prit le premier la parole dans la discussion générale de l'adresse. L'orateur avait rappelé à ses collègues l'action du jeune clairon de Puebla, qui ralliait ses camarades au milieu du feu ; il sonna la charge à son tour contre l'hégélianisme, « qui professe que toute reli-« gion doit disparaître, sauf une secte du protestantisme, celle du roi de Prusse. »

Le baron Dupin reprochait au gouvernement prussien de chercher sans cesse à diminuer chez lui le nombre des catholiques. Il n'aurait eu en revanche que des félicitations à adresser au gouvernement impérial, sans la malheureuse intolérance qu'il témoignait à l'égard des confé-

Fig. 14. — Malgré les protestations d'un certain nombre de sénateurs et de députés, le Conseil central des Conférences de Saint-Vincent de Paul est supprimé.

rences de Saint-Vincent-de-Paul, dont le nombre, depuis la suppression du conseil central, était tombé de 1800 à 1300. Le baron Dupin fit le plus grand éloge de ce conseil, « auquel il remettait avec tant de confiance son traitement de sénateur, s'en rapportant à lui pour en faire la meilleure distribution. » L'orateur se plaignait de n'avoir pas été cru quand il lui rendait témoignage, mais il espérait que sa voix serait entendue aujourd'hui qu'elle s'adressait à « celui près de qui le soupçon n'a pas accès, parce qu'il voit tout et sait tout. » Il voulait parler de l'Empereur.

Le journal *la France*, fondé par des sénateurs et dirigé par l'un d'eux, M. de La Guéronnière, avait présenté le remplacement de M. Thouvenel par M. Drouyn de Lhuys, au ministère des affaires étrangères, comme un désaveu de l'interprétation donnée par le premier à la politique de l'Empereur. Le septième paragraphe de l'adresse, relatif aux affaires d'Italie, fournit à M. Thouvenel l'occasion d'expliquer lui-même la cause de sa retraite, comme aurait pu le faire un ministre au temps du régime constitutionnel. Il démontra que, malgré le changement de personnes qui venait d'avoir lieu au ministère des affaires étrangères et à l'ambassade de Rome, la question romaine n'était pas plus près d'une solution qu'il y a quelques mois. « Le cabinet de Turin, dit-il, après la « victoire remportée sur Garibaldi à Aspromonte, réclamait Rome, et « l'Empereur pensait qu'il n'y avait pas lieu encore à négocier sur « cette base avec lui. Il fallait donc reprendre les négociations avec « Rome, je n'ai pas cru que ces négociations pussent convenablement « passer par mes mains. M. de Lavalette, ambassadeur à Rome, a pensé « de même en ce qui le concerne. Je me suis retiré, et il m'a suivi dans « ma retraite; mais qu'on ne m'accuse pas d'avoir fait dévier la pensée de « l'Empereur. Je n'ai jamais écrit jusqu'au dernier jour, jusqu'à la der- « nière minute, ni un mot ni une ligne qui ne reflétât exactement cette « pensée. » M. Thouvenel ajouta : « Ceux qui faussent la politique de « l'Empereur sont ceux qui ne comprennent pas que Victor-Emmanuel « peut seul représenter le principe d'ordre en Italie, qui rêvent je « ne sais quelle restauration chimérique contre laquelle protestent « 30 000 Français morts, et qui oublient qu'un ministre sans porte- « feuille disait ici, l'année dernière, que l'unité italienne était un fait « accompli. »

Le général Gémeau et M. de La Rochejacquelein redoublèrent de violence dans leurs attaques habituelles contre le roi d'Italie, mais sans fournir à l'appui, aucun argument nouveau. M. Billault ne se mit pas non plus en frais d'imagination. Il déclara qu'il était nécessaire que la situation fût nettement précisée, et, afin de la préciser, il fit savoir une fois de plus, que l'Empereur voulait à la fois l'indépendance de l'Italie et l'indépendance du Saint-Siège; qu'il cherchait, comme par le passé, à concilier ces deux intérêts en lutte, et que ce que le Sénat avait de mieux à faire, c'était de s'en rapporter à lui. La discussion de l'adresse ne remplit que les deux séances du 29 et du 30 janvier. Elle fut votée à l'unanimité, moins la voix du prince Napoléon.

La question polonaise fut portée devant le Sénat, le 14 mars, par un rapport de M. Larabit sur plus de quatre cents pétitions, en faveur du peuple infortuné qui défendait avec tant d'héroïsme sa nationalité sur les rives de la Vistule. L'une de ces pétitions était signée par des membres de l'Académie française, par d'anciens ministres, par d'anciens députés et par des évêques. M. Larabit termina son rapport par ces mots : « La « commission, éclairée par les communications qu'elle a reçues, et con-« vaincue que l'Empereur fera pour la Pologne ce qu'il est juste et pos-« sible de faire, propose au Sénat de s'en remettre à la sagesse de « l'Empereur et de passer à l'ordre du jour. »

M. Bonjean, le prince Poniatowski, M. Walewski, le prince Napoléon combattirent l'ordre du jour. Le prince Napoléon s'écria : « J'admets « que vous ne fassiez rien pour la Pologne, l'Empereur fera quelque « chose, j'en suis sûr. J'ai confiance dans ses intentions et dans son « cœur. »

M. Billault demanda le renvoi de la discussion au lendemain. On s'attendait à quelque déclaration importante de sa part; il se contenta d'appuyer l'ordre du jour au nom des principes conservateurs. Le prince Napoléon avait soutenu que l'ordre du jour serait contraire à l'esprit qui avait porté Napoléon III au trône. M. Billault répondit : « Quel est cet esprit? La « France était lasse de l'anarchie et des procédés révolutionnaires; elle « était lasse d'un régime sous lequel s'abîmaient sa gloire, sa prospé-« rité, ses souvenirs, ses traditions religieuses... » Le prince Napoléon l'interrompit brusquement par ces mots : « Mais j'ai voté pour le prince « Louis Napoléon, et vous avez voté pour Cavaignac ! » M. Billault répliqua que, s'il avait voté pour Cavaignac, il servait l'Empire avec fidélité. Des applaudissements prolongés accueillirent ces paroles, et l'ordre du jour fut adopté. Une minorité de 17 voix se prononça pourtant le 17 mars pour le renvoi des pétitions au ministre.

L'Empereur, le lendemain de la séance, adressa cette lettre à M. Billault :

« Mon cher monsieur Billault,

« Je viens de lire votre discours, et, comme toujours, j'ai été heureux de trouver en vous un interprète si fidèle et si éloquent de ma politique. Vous avez su concilier l'expression de nos sympathies pour une cause chère à la France, avec les égards dus à des souverains et à des gouvernements étrangers. Vos paroles ont été, sur tous les points, conformes à ma pensée, et je repousse toute autre interprétation de mes sentiments. Croyez à ma sincère amitié. »

Le gouvernement avait ouvert d'urgence, en 1862, des suppléments de crédit s'élevant à 62 millions, en majeure partie consacrés à l'expédition du Mexique. Cette violation flagrante du sénatus-consulte de 1861, interdisant au gouvernement de parer aux besoins urgents et imprévus autrement que par des virements sur les crédits disponibles compris dans le budget, ou par un vote du Corps législatif convoqué spécialement à ce sujet, avait été blâmée par cette dernière assemblée, qui cependant ratifia ces décrets par une loi dont la promulgation fut soumise au Sénat. Le rapporteur, M. Casabianca, grand partisan des principes posés par le sénatus-consulte, les violait pourtant en accordant dans certains cas, comme celui de guerre, par exemple, au gouvernement la faculté d'engager de nouvelles dépenses, sauf à les faire approuver plus tard par les pouvoirs compétents. M. Brenier, en signalant cette contradiction, critiqua vivement le nouveau système financier. M. Fould défendit, comme sénateur, le système de M. Fould ministre, en présence de M. Magne, ministre sans portefeuille, seul organe constitutionnel du gouvernement, et personnellement hostile aux idées financières de M. Fould : antagonisme bizarre, qui devait cesser au 31 mars, par la démission un peu forcée de M. Magne et par son entrée au Conseil privé.

La discussion s'engagea, le 11 avril, sur le sénatus-consulte relatif à la constitution de la propriété en Algérie, sur les territoires occupés par les Arabes. L'Empereur avait exposé ses vues sur cette question dans une lettre adressée, le 6 février 1863, au maréchal Pélissier : « L'Algérie, « disait-il, n'est pas une colonie proprement dite, mais un royaume arabe. « Les indigènes ont, comme les colons, droit à ma protection, et je suis « aussi bien l'empereur des Arabes que l'empereur des Français. » Le système des cantonnements des tribus, repoussé par les Arabes, devait, d'après cette lettre, faire place à un autre système, qui reconnaîtrait aux tribus arabes la propriété fixe des territoires dont elles avaient la possession traditionnelle. Ce titre d'empereur des Arabes, solennellement adopté par Napoléon III, produisit en Algérie une émotion que la présentation du sénatus-consulte ne fit qu'exciter ; les colons envoyèrent des délégués à Paris, qui n'empêchèrent pas le Sénat de l'adopter à une majorité de 117 voix contre 2 le 13 avril.

Une communication verbale faite l'année précédente aux journaux, pendant le cours de la discussion de l'adresse au Corps législatif, par un agent du ministère de l'intérieur, les invitait à se renfermer dans les limites de l'article 42 de la Constitution. Cette invitation fut considérée comme une interdiction de discuter les débats des Chambres. Une note insérée le 8 février au *Moniteur* confirma cette interprétation. M. Darimon, député au Corps législatif, avait dénoncé la note comme inconstitutionnelle au Sénat et provoqué de sa part une interprétation fixant le sens de l'article 42 de la Constitution, puisque le sens de cet article ne pouvait être ni examiné ni débattu par le Corps législatif. M. de La Guéronnière, rapporteur de la pétition de M. Darimon, posa la vraie question : Les débats des deux Chambres, reproduits par les journaux, sont-ils soumis, comme tous les documents officiels et comme tous les actes de la puissance publique, aux appréciations de la presse ? Il répondait par l'affirmative, en s'appuyant sur un *communiqué* adressé, le 12 février, aux journaux. Ce *communiqué* disait bien : « La discussion et l'appréciation des discours prononcés dans les deux assemblées ont toujours été permises, et, si quelques journaux ont été l'objet de *communiqués* et d'avertissements, c'est que, sous forme de discussion, ils étaient sortis des limites permises ; » mais ces limites n'étaient pas faciles à fixer, et de cette difficulté naissaient les embarras incessants des journaux et la pétition de M. Darimon.

M. Bonjean avait voulu, dans la discussion du sénatus-consulte de 1861, consacrer le droit d'appréciation des débats des Chambres, par une disposition expresse ; mais le Sénat s'y était refusé, sous prétexte qu'on ne peut « donner *à priori* une définition légale assez large et assez exacte, pour marquer la limite qui sépare le compte rendu de la discussion ». Les journaux se taisaient donc, craignant soit de discuter en rendant compte, soit de rendre compte en discutant. Le rapporteur de la pétition de M. Darimon reconnaissait que la discussion est essentiellement distincte du compte rendu ; mais, au lieu d'établir nettement cette distinction, il se livrait à des phrases sur le temps « où les pamphlétaires de la Révolution dominaient les orateurs, où le fanatisme des tribuns était allumé par les emportements des journalistes, où la dictature du journalisme distribuait l'apothéose ou le blâme; » phrases d'autant plus inutiles que le gouvernement était armé, contre le retour de tels dangers, de l'avertissement, de l'article 6 de la loi de 1822 punissant l'outrage aux membres de la Chambre en raison de leur mandat, de l'article 7 châtiant l'infidélité et la mauvaise foi dans le compte rendu, et enfin de l'article 15 donnant aux députés, le droit de mander le prévenu à leur barre. Le rapporteur concluait en proposant l'ordre du jour sur la pétition ; M. Tourangin, refusant à un pétitionnaire, le droit exclusivement réservé aux sénateurs et au gouvernement, de provoquer des amendements ou des interprétations en matière constitutionnelle, aurait voulu la repousser par la question préalable. L'ordre du jour simple l'emporta le 18 avril.

Le Corps législatif tint sa première séance le 13 janvier. M. de Morny, plus brièvement que d'habitude, loua les paroles de l'Empereur et pria les députés de ne pas perdre de vue, que leur attitude et leur langage durant la session devaient exercer une « influence considérable sur les dispositions et l'esprit des électeurs ». M. de Morny constata la parfaite union qui n'avait cessé de régner entre le Corps législatif et le chef de l'État, et il fit les mêmes vœux pour que la majorité fût réélue. « Espérons, dit-il, que le pays, dans sa sagesse, prolongera cette situation. C'est le seul moyen d'assurer l'établissement graduel de la liberté. »

La commission de l'adresse déposa, le 30 janvier, son projet. Il différait peu de celui du Sénat : même approbation de la politique du gouvernement en Italie et de l'expédition du Mexique, dont cependant « on espérait la fin heureuse et prochaine »; remerciements au chef de l'État d'avoir « fortifié les institutions par la liberté et assuré l'économie dans les finances ». — L'auteur du projet ajoutait, en s'adressant à l'Empereur : « Vous nous accordez ainsi un reflet de votre popularité. »

La discussion commença le 4 février ; MM. Plichon, Kolb-Bernard, de Nesle, Anatole Lemercier, Émile Ollivier prirent part au débat. M. Plichon signala les détestables effets des candidatures officielles. Un siège de député vient-il à vaquer, dit-il, les candidats ne songent point à s'adresser aux populations, mais au gouvernement ; l'assentiment du pays n'est plus que secondaire ; le point important, c'est l'attache de l'autorité. M. Plichon affirma que plusieurs députés, autrefois patronnés par le gouvernement, étaient devenus l'objet des attaques administratives par le seul motif que l'un d'eux avait contribué à faire rejeter le projet du chemin de fer de Graissessac et que l'autre avait présenté un rapport défavorable dans l'affaire de la dotation du comte de Pali-kao.

« Le pays est las de l'arbitraire, dit M. Plichon en concluant ; il demande à être gouverné régulièrement, sous le contrôle de pouvoirs publics indépendants et dont l'indépendance soit respectée par chacun de leurs membres. Il demande que la presse, soustraite au bon plaisir et au monopole administratif, redevienne libre sous la garantie des lois et des tribunaux ; il demande que la liberté électorale cesse d'être un vain mot, et il pense que de toutes les affaires de la France, il n'en est pas une qui ne soit plus particulièrement sienne. »

M. Anatole Lemercier reprit le thème de M. Plichon et dénonça le pouvoir discrétionnaire exercé par les préfets et le ministre sur les journaux. Il nia que la nécessité de réprimer les attaques contre la Constitution et la dynastie eût été, ainsi que le prétendait l'*Exposé de la situation de l'Empire*, l'unique cause des avertissements distribués à la presse en 1852. M. Lemercier compléta les renseignements fournis par l'orateur précédent sur les remaniements des circonscriptions électorales et sur les difficultés qu'on oppose à la réélection des membres de la majorité qui, en un point quelconque, se séparent momentanément du gouvernement ; son discours n'était en résumé qu'une longue et pressante interpellation à l'adresse des ministres sans portefeuille ; personne ne se leva pour répliquer à l'orateur.

M. *Plichon* (se tournant vers MM. les commissaires du gouvernement) : Ainsi, on ne répond pas ?

M. *Baroche* : Pas aujourd'hui.

Les *Cinq* avaient présenté, sur le second paragraphe de l'adresse relatif au calme parfait dont jouit la France et à la force incontestée des pouvoirs publics, l'amendement suivant :

« Le droit d'élire implique le droit de connaître, de discuter, de juger, par conséquent la *liberté*.

« Depuis le décret du 24 novembre, le mot de *liberté* est sans cesse prononcé dans les discours officiels ; mais, en réalité, les pratiques du gouvernement n'ont pas changé. Il continue à interdire toute initiative intellectuelle, toute discussion libre, toute vie municipale indépendante. Il prodigue aux journaux des avertissements, même lorsque le principe du gouvernement n'est pas attaqué, et il ne cesse d'exercer sur eux une pression clandestine.

« La dignité de la nation exige que cette contradiction entre la parole et l'acte ait un terme. Qu'on ne nous empêche pas de jouir de la liberté, ou qu'on cesse de nous en vanter les bienfaits, et de nous imposer l'humiliation de nous entendre déclarer seuls indignes de posséder un bien que, depuis notre grande Révolution, nous avons si souvent assuré aux autres. »

Fig. 15. — La préfecture de police envoie dans tous les bureaux de journaux un agent chargé d'inviter verbalement les rédacteurs, à propos de la discussion de l'Adresse, de se renfermer dans les limites de l'article 42 de la Constitution.

M. Ollivier, chargé de soutenir l'amendement, divisa l'histoire du gouvernement actuel en deux périodes : l'une, antérieure à la guerre d'Italie, n'était que le règne d'un gouvernement absolu, ne relevant que de lui-même ; l'autre, postérieure à la proclamation de Milan, était signalée par une contradiction constante entre l'apparence libérale de certaines mesures prises par le gouvernement et la pratique administrative toujours rétrograde en réalité.

« Ma dernière parole, dit M. Ollivier en terminant, est un retour triste sur les efforts infructueux que nous avons faits depuis six ans dans cette Assemblée pour défendre les principes auxquels, nous en sommes convaincu, la France doit revenir un jour. Nous espérons que les élections nouvelles marqueront un pas décisif dans cette voie. C'est notre espérance, et elle est ardente. Nous ne demandons pas au pays, après avoir tant supporté, de ne plus rien supporter du tout ; une politique de cette nature ne servirait ni à la liberté ni au progrès ; nous ne le provoquons pas à une œuvre de conspiration, mais à une œuvre d'émancipation constitutionnelle ; nous lui conseillons de bien se rappeler que, quand on a des moyens légaux à sa disposition, il y a quelque chose de plus sûr et de plus digne que d'attendre la liberté : c'est de la prendre ; nous lui conseillons de ne pas oublier que, si s'opposer toujours est un acte de mauvaise foi, approuver quand même est une erreur, une faiblesse, un mauvais calcul. Ainsi, ni opposition systématique, ni approbation systématique, mais l'indépendance et la justice, pour être dignes de la liberté. »

M. E. Ollivier, à l'exemple de MM. Plichon et Lemercier, avait cru devoir tempérer ses critiques par une certaine confiance dans des concessions prochaines en matière de liberté. M. Baroche ne voulut pas même lui laisser la consolation de croire qu'avant la guerre d'Italie les libertés intérieures étaient plus restreintes encore, qu'elles ne le sont aujourd'hui. « A cette époque, comme présentement, rien n'empêchait la presse de « discuter toutes les grandes questions, toutes les questions qui devaient « arriver devant la Chambre ou qui préoccupaient l'opinion publique. » Le ministre sans portefeuille trouvait que la liberté électorale et la liberté de la presse étaient aussi larges que possible, pendant la première période de l'Empire, « si bien qu'on a pu dire, en faisant une statistique vraie, que les amendements, les modifications, les réductions en matière de dépenses avaient été plus considérables au Corps législatif qu'elles ne l'avaient été antérieurement. » M. Plichon s'était permis de signaler l'existence de deux courants dans l'État, l'un libéral, l'autre antilibéral ; le premier dirigé par l'Empereur, le second par M. de Persigny. M. Baroche se moqua de cette distinction imaginaire, reste des souvenirs parlementaires de l'orateur : « L'antagonisme qu'on allègue entre les aspirations libérales

« de l'Empereur et la conduite de son ministre n'a jamais existé, je ne
« crains pas de l'affirmer. »

M. Baroche ne comprend pas qu'on puisse nier « la liberté considérable » dont les journaux jouissent sous le régime du décret-loi du 17 février 1852. Les dispositions de cette loi sont en tout cas « nécessaires, indispensables », et nul, dans le gouvernement, ne songe à les modifier. « La presse se trouve chez nous en présence de 9 millions d'électeurs ;
« comprenez-vous tout ce que peut faire courir de dangers une presse
« s'adressant à 9 millions d'hommes ayant le droit de voter pour la com-
« position du Corps législatif? En est-il de même en Angleterre? Non. En
« Angleterre, il n'y a que 1 200 000 électeurs... J'ai le malheur..., j'ai
« l'habitude de lire tous les jours à peu près tous les journaux qui se
« publient (*on rit*), et j'avoue qu'après cette lecture je me dis souvent :
« Comment est-il possible de dire que la presse n'est pas libre? »

M. Lemercier avait manifesté l'espérance qu'à l'approche des élections le gouvernement renoncerait à se prévaloir du décret-loi du 17 février 1852. « Je n'ai, reprit M. Baroche, aucune mission de ce genre à remplir. Le décret du 17 février demeurera la loi de la presse, et, avec circonspection et mesure, le gouvernement continuera d'user des droits que ce décret lui confère. » (*Très bien! très bien!*) C'était clair et net.

Le pouvoir, avait dit M. E. Ollivier, ne cesse d'affirmer que la confiance qu'il inspire est unanime ; que le calme dont jouit le pays est parfait ; que les institutions sont appuyées par l'inébranlable sympathie des masses ; qu'il n'existe aucune trace sérieuse d'opposition ou de désaffection ; s'il en est ainsi, qu'est-ce qui s'oppose à ce qu'on rende à la France le plein exercice des libertés qu'elle a perdues en des temps troublés ? M. Baroche lui répondit : « Puisque vous reconnaissez vous-
« mêmes que tout va bien, pourquoi changerions-nous quelque chose à
« une situation dont nous devons nous applaudir tous et dont le pays
« s'applaudit? » (*Approbation.*)

M. Guyard-Delalin, député de la majorité, appela, dans la séance du 5 février, l'attention de la Chambre sur les récents événements de Varsovie. M. Jules Favre, à son tour, conjura le gouvernement de s'expliquer sur les faits douloureux dont la Pologne était le théâtre. M. Billault refusa d'entrer dans la discussion : « Le gouvernement de l'Empereur est
« trop sensé pour donner, par de vaines paroles, un aliment trompeur
« à des passions insurrectionnelles ; et il est trop jaloux de sa dignité,

« de celle de la France, pour laisser répéter pendant quinze ans, dans
« une adresse, des paroles inutiles et des protestations vaines. » (*Très
bien! très bien!*)

La séance du 6 fut entièrement consacrée à l'amendement des *Cinq*,
sur le Mexique ; en voici le texte : « Les forces de la France ne doivent pas
« être témérairement engagées dans des expéditions mal définies, aven-
« tureuses ; et ni nos principes ni nos intérêts ne nous conseillaient d'aller
« voir quel gouvernement désire le peuple mexicain. » Le plan des orateurs de l'opposition était d'amener le gouvernement à répondre séparément sur chaque point important, afin d'éviter l'inconvénient trop visible
des débats de l'année précédente, qui, se résumant habituellement dans
deux discours, l'un de M. Favre, l'autre de M. Billault, permettaient au
président de lever la séance, en laissant pendantes les assertions contradictoires. M. E. Picard entama donc la discussion, en s'attachant bien
plus à la question de droit international qu'au détail des négociations qui
avaient précédé l'entrée en campagne isolée de l'armée française. M. Jérôme David se lança après lui dans un long discours dans lequel il se
bornait, pour tout argument, à trouver extraordinaire que la conduite
des Espagnols et des Anglais reçût des éloges d'une bouche française !...
Comme si c'était un crime que de trouver mauvais que le gouvernement
impérial n'eût pas accepté, sauf des modifications de second ordre, la
base des préliminaires de la Soledad?

La lumière que M. Jules Favre jeta sur le côté financier de l'expédition du Mexique, les preuves par lesquelles il démontra que la cause
principale de la guerre était une question d'argent, méritaient une réfuta-
tion plus sérieuse que celle de M. Jérôme David. M. Billault se contenta
de monter au Capitole pour remercier les Dieux protecteurs de l'Empire
des succès obtenus par la politique napoléonienne en Crimée, en Chine,
en Cochinchine et sur tous les points du globe. M. Jules Favre essaya
vainement de répondre à ce dithyrambe, la Chambre étouffa sa réplique
sous les interruptions.

Le 5ᵉ paragraphe de l'adresse contenait des vœux pour la fin de la
guerre civile aux États-Unis et des regrets du refus fait par les belligérants de la médiation des trois puissances. M. Arman proposa par un
amendement d'appliquer aux côtes des États du Sud les principes du
droit maritime proclamés dans le traité de Paris, c'est-à-dire de ne pas
reconnaître le blocus fictif établi par le Nord sur les côtes du Sud.
M. Arman n'oubliait qu'une chose : c'est que, les États-Unis n'ayant pas

adhéré au traité de Paris, il était impossible de leur en appliquer les clauses. M. Larrabure le lui rappela. M. Lemercier défendit le 9 février, au nom de l'humanité et des intérêts français, les États-Unis luttant pour supprimer l'esclavage.

La Chambre, après avoir approuvé la politique du gouvernement dans la question américaine, discuta la question romaine. « Sire, disait le projet d'adresse, le Corps législatif vous approuve de tenir d'une main ferme la balance égale entre les intérêts qui s'agitent en Italie... Persévérez dans la même politique. » La gauche demandait dans un amendement à ce paragraphe la cessation de l'occupation française, en vertu de ce principe que Rome appartient aux Romains. M. Jules Favre termina ainsi son discours en faveur de cet amendement :

« Qu'on nous réponde enfin, qu'on ne s'enveloppe plus de ces subterfuges diplomatiques qui ne sauraient nous abuser ; car, pour en finir et ne pas prolonger davantage une discussion qui me paraît superflue, je dirai que lorsqu'un gouvernement occupe un pays par ses armées depuis 1849, quand il y a consacré nécessairement 200 000 hommes, quand il demande chaque année de 20 à 25 millions aux contribuables, et qu'il n'atteint d'autre résultat que celui de diminuer les formalités dans la délivrance des passe ports, sa politique est jugée. Ce n'est point, comme on a essayé de le dire par un mot inconsistant et vague, une politique d'apaisement. C'est une politique qui doit recevoir l'une ou l'autre de ces qualifications, ou impuissance ou équivoque volontaire, et à ces deux titres je la repousse. »

M. Keller, en pressant le gouvernement de revenir aux préliminaires signés à Villafranca et à la paix de Zurich, prit un ton moins hautain que le jour où il stipulait au nom des 91 ; il crut devoir se borner à inviter le gouvernement à faire un pas de plus dans la nouvelle ligne adoptée depuis l'entrée aux affaires de M. Drouyn de Lhuys. La phalange cléricale s'étaitelle dissoute à l'approche des élections, ou bien M. Billault, en signalant le choix de Rome pour capitale de l'Italie comme un fait « en contradiction directe avec l'intérêt français », et en ajoutant que « jamais la France n'avait laissé espérer à qui que ce fût qu'elle sacrifierait cet intérêt », avait-il donné à la majorité plus ample satisfaction que par son langage des années précédentes? Il faut le croire. M. Billault, en résumé cependant, ne faisait que répéter l'éternelle déclaration de la séance du 10 février : « L'Empereur est profondément convaincu que c'est dans la « conciliation que se trouvent le véritable intérêt même de l'Italie, et celui « du Saint-Père et celui de la religion ; que c'est là le désir du monde « catholique tout entier, et surtout que c'est le vœu général de la « France. »

M. Darimon proposa la suppression de l'article du Code pénal interdisant les coalitions de patrons et d'ouvriers au nom des principes consacrés par le traité de commerce, qui ont pour conséquence le droit pour les ouvriers de débattre librement leurs intérêts. M. Nogent Saint-Laurens combattit l'amendement de M. Darimon, sous prétexte qu'il tendait à rétablir la corporation, qui n'était à ses yeux qu'une coalition permanente, comme si la corporation était autre chose qu'un monopole exploité en commun par des maîtres et par des ouvriers privilégiés !

Le gouvernement, qui n'admettait pas qu'on pût sans danger accorder à quelques personnes la liberté de se réunir pour discuter une question de charité, les moyens, par exemple, de secourir les ouvriers de la Seine-Inférieure, ne pouvait pas être partisan du droit de coalition, qui n'est qu'une conséquence du droit d'association. Vainement lui citait-on l'exemple de l'Angleterre ; c'est précisément de l'autre côté du détroit que M. Baroche allait chercher des fins de non-recevoir contre la liberté du travail. Le chômage, selon le président du Conseil d'État, est en permanence en Angleterre depuis 1825, époque où furent abolies toutes les restrictions qui pesaient sur le droit de réunion et d'association. Le bruit de la présentation au Conseil d'État d'un projet de loi sur les coalitions avait circulé cependant après la grève des typographes. M. Baroche profita de l'occasion pour le démentir : « Il n'y a pas de projet de loi « envoyé au Conseil d'État ; il n'y a pas même de projet en élaboration sur « cette matière ; la loi retouchée en 1849 est et demeure la loi du pays ; il « faut la respecter, et il y a danger, je crois, à l'attaquer dans une dis- « cussion publique. » Cette déclaration mit fin au débat le 11 février.

M. Hénon réclama une fois de plus, mais en vain, le rétablissement des franchises municipales de Paris et de Lyon.

Quelle est la base du suffrage universel ? la population ou l'inscription ? L'opposition résolut cette question dans l'amendement suivant :

« Le droit de déterminer les circonscriptions électorales n'autorise pas à réunir des cantons séparés par la distance, à morceler les arrondissements et les villes pour favoriser l'action administrative, et à modifier les circonscriptions établies, pour soustraire le département à ses juges naturels. Il n'appartient pas davantage aux maires d'élever ou d'abaisser, à leur gré, le chiffre des électeurs, en étendant les radiations et en limitant les additions de manière à créer, à côté du candidat du gouvernement, l'électeur du gouvernement. Nous demandons, en conséquence, qu'une révision soit faite du décret du 29 décembre 1852, et que, spécialement, au lieu de priver la ville de Paris d'un député, on lui en attribue un nombre en rapport avec l'accroissement de sa population. »

Le chiffre du recensement donnait, en vertu de ce décret, 283 députés à élire au lieu de 272, soit 11 de plus, et enlevait un député à deux départements, dont l'un était le département de la Seine; treize autres départements en gagnaient un. M. Jules Favre soutint que le nombre des électeurs devait être déterminé d'après le nombre des citoyens majeurs capables d'exercer leurs droits, et il arriva par ses calculs à démontrer que le chiffre de députés pour toute la France devait s'élever à 311. Comment le département de la Seine, dont la population s'était si fort accrue, avait-il un député de moins à élire qu'en 1857? Évidemment ce résultat était dû à la non-inscription, ou la radiation systématique des électeurs, là où le gouvernement jugeait ces moyens bons pour diminuer les chances des candidats de l'opposition.

M. Jules Favre, passant à la liberté électorale, prouva qu'elle n'existait nulle part en France; s'appuyant ensuite sur les assertions de M. Plichon, il établit que tout acte d'opposition était pris, par le pouvoir, comme un acte de rébellion, et que le gouvernement « avait la prétention d'exercer *un droit de suite* sur les députés élus par ses soins ». L'orateur finit ainsi son discours : « Nous avons connu la liberté sans limites ; « nous avons connu ensuite le despotisme sans frein (*vives rumeurs*). « Mais, messieurs, ce qui n'est douteux pour personne, c'est que, à « l'heure où je parle, ce n'est pas l'idée d'autorité qui a besoin d'être « fortifiée; si elle pouvait courir un danger, ce serait par son exagération « même; et, dès lors, ce qui pourrait lui donner une véritable solidité « dans le pays, ce serait le rappel à la jouissance des libertés tant de fois « promises. »

MM. E. Picard et Plichon complétèrent le discours de M. Jules Favre, l'un en revenant sur la question du nombre des députés de Paris, l'autre en signalant les fréquentes révocations de maires et l'abus des découpages de territoires, par lequel le ministre de l'intérieur créait des circonscriptions factices dans les départements où il voulait faire échouer certaines candidatures. M. Baroche répondit en niant les faits ou en les atténuant par des raisons parfois très burlesques. Il expliqua par exemple la destitution d'un maire qui avait soutenu le candidat indépendant, en disant que ce fonctionnaire, vieux et peu éclairé, vivait entièrement sous la tutelle d'un Prussien, chef de la musique municipale.

Le rejet de son amendement sur la liberté électorale n'empêcha pas l'opposition d'en présenter un autre portant : « La liberté et la sincérité « des élections seraient impossibles si le ministre de l'intérieur persistait

Fig. 16. — Les directeurs des journaux politiques étaient obligés, pour obtenir l'autorisation préalable, de signer en blanc leur démission.

« à exiger des gérants et des rédacteurs en chef de journaux des traités
« secrets et des démissions en blanc qui les mettent à la discrétion du
« gouvernement. »

L'administration prenait en effet toujours la sage précaution d'exiger
d'avance des directeurs des journaux qui entretenaient des relations avec
elle leur démission en blanc. M. d'Anchald, nommé à la gérance du *Constitutionnel* et du *Pays*, après la catastrophe de Mirès, avait dû se soumettre à cette précaution. Le gouvernement ayant, depuis cette époque,
changé de politique sur la question d'Italie, M. d'Anchald était bien obligé
d'en changer ; cependant, craignant que ses abonnés ne trouvassent
mauvais qu'il leur dît, du jour au lendemain, des choses absolument contraires, il ne crut pas devoir modifier la ligne de son journal. Aussitôt le
directeur de la presse au ministère de l'intérieur, de lui faire savoir par
lettre polie, qu'on acceptait la démission qu'il avait donnée. M. d'Anchald
eut la naïveté de répondre que, s'étant toujours conformé à la ligne politique du gouvernement, il se croyait à l'abri d'une démission à laquelle
il était complètement étranger, et qui, selon lui, devait être, entre les
mains du gouvernement, le garant de sa fidélité et non de sa versatilité.
Le ministre, craignant le scandale, fit proposer à M. d'Anchald une
transaction qui consistait à nommer M. Auguste Chevalier directeur politique et littéraire du *Constitutionnel*, et à lui en laisser la gérance.
De là une rivalité dont M. Picard raconta tous les incidents avec sa verve
accoutumée. Il profita de l'occasion pour signaler à la Chambre,
l'immixtion du gouvernement dans la rédaction des journaux, au moyen
de communications verbales dont le *Temps* venait de se plaindre,
en ajoutant qu'il s'y soumettrait, mais en le faisant connaître au
public.

M. Baroche ne vit dans l'affaire du *Constitutionnel* qu'une vétille
indigne d'occuper l'attention de la Chambre. Celle-ci partagea son avis,
et, le 12 février, l'adresse fut votée à l'unanimité moins 5 voix.

Les travaux de la Chambre, interrompus pendant quelques jours,
après la discussion de l'adresse, ne reprirent activement qu'au commencement d'avril par la discussion sur la réforme du Code pénal.

L'administration de la justice montrait depuis longtemps une tendance
marquée à transformer certains crimes en délits, et à les soustraire au
jury pour les déférer à la police correctionnelle. Le gouvernement avait
déjà présenté en 1862 un projet de loi destiné à modifier plusieurs articles du Code pénal dans le sens des tendances de la magistrature. Ce

projet fut retiré, en présence de certaines résistances de la commission. Le gouvernement, après l'avoir retouché, le présenta de nouveau. Il contenait trois sortes de modifications : 1° incrimination de faits nouveaux ; 2° déclassement d'un certain nombre de crimes et déclassement des peines ; 3° aggravation de pénalités. Le rapport, œuvre de pièces et de morceaux, fourmillait d'incohérences. Jamais on n'avait touché avec autant de précipitation et de légèreté à une des plus graves matières qui puissent être soumises à une assemblée : la législation criminelle. L'un des articles présentés au Corps législatif, après un an d'études (art. 308), était si mal rédigé, que sur une simple observation de M. Picard il fut renvoyé à la commission.

Un autre article modifiait le Code dans un sens si immoral, que M. Cordoën, commissaire du gouvernement, tomba d'accord avec M. Jules Favre pour le repousser. Les commissaires eux-mêmes, dans certains cas (art. 57 et 58), ne savaient pas quelles seraient les conséquences directes de l'innovation. M. Jules Favre s'éleva le premier contre une loi inopportune, dictée par des motifs politiques, défiante envers le jury, à qui elle enlevait certaines affaires, et envers la magistrature dont elle limitait l'indulgence.

L'article 222 était ainsi conçu :

« Lorsqu'un ou plusieurs magistrats de l'ordre administratif ou judiciaire, *lorsqu'un ou plusieurs jurés* auront reçu dans l'exercice de leurs fonctions quelque outrage par parole tendant à inculper leur honneur ou leur délicatesse, celui qui les aura ainsi outragés sera puni d'un emprisonnement d'un mois à deux ans.

« Si l'outrage a été commis à l'audience d'une cour ou d'un tribunal, l'emprisonnement sera de deux à cinq ans.

« Si l'outrage a été commis par écrit ou dessin, non rendu public, adressé directement ou *indirectement* à la personne qui en est l'objet, la peine de l'emprisonnement sera de quinze jours au moins et d'une année au plus. »

Cet article avait fort ému l'opinion publique. Il fut signalé comme un danger grave par MM. Jules Favre, Émile Ollivier, Ernest Picard et même par un membre de la majorité, M. Jules Segris. M. de Parieu, commissaire du gouvernement, en défendant ce fâcheux article, s'emporta jusqu'à accuser M. Segris de s'être jeté dans l'opposition et d'avoir fait cesser l'isolement des *Cinq*. Le projet de loi, quoique attaqué par les jurisconsultes les plus distingués de la Chambre, fut adopté dans son ensemble par 152 voix contre 48. Ce vote couronnait logiquement la carrière d'une législature qui avait débuté par la loi de sûreté générale.

M. Segris déposa, le 4 mai, au nom d'une commission du Corps législatif, son rapport sur le projet de loi destiné à faire face au découvert de 38 millions avoué par M. Fould. Sur cette somme 24 millions provenaient des dépenses de l'expédition mexicaine. Les organes du gouvernement, pour expliquer comment on n'avait pu faire face à ces dépenses, ni par des virements sur excédants, ni par des virements à titre provisoire, alléguèrent que la guerre est féconde en éventualités échappant complètement à la prévoyance humaine. M. Fould, dans son *Mémoire à l'Empereur*, disait cependant : « Les circonstances les plus graves et les « plus inattendues peuvent trouver des ressources dans notre vaste bud- « get et donner les moyens d'attendre la réunion du Corps législatif. » Or, si l'expédition du Mexique était un fait grave, ce fait n'avait rien d'inattendu, car non seulement, au moment de la séparation du Corps législatif, la rupture avec les Anglais et les Espagnols était accomplie, mais encore la guerre avait commencé. La guerre, en général, ne figurait-elle pas d'ailleurs au nombre de ces circonstances graves et imprévues dont M. Fould affirmait que le système des virements viendrait à bout? « Une « guerre devient-elle nécessaire? Le gouvernement peut concentrer sur « un seul service, les forces actives des ministères de la marine et de la « guerre, dont les ressources ne s'élèvent pas à moins de 5 à 600 millions « par an. »

Le rapport de M. Segris constatait que l'expérience n'avait pas tardé à prononcer sur le système de M. Fould. Une expédition qui avait déjà provoqué deux votes successifs — budget rectificatif, loi du 27 juin, total 59 millions — et qui, sans avoir été marquée par aucune de ces brusques péripéties dont la guerre est d'ordinaire prodigue, pouvait néanmoins donner naissance à des nécessités que le gouvernement classait parmi les faits « tout à fait exceptionnels », montrait bien que M. Fould était sous le coup d'une illusion bien profonde lorsqu'il disait que, grâce aux virements, « les circonstances les plus graves, les plus imprévues » trouveraient dans notre vaste budget le moyen d'attendre la réunion du Corps législatif.

Le rapporteur, même en mettant en ligne de compte les produits des impôts nouveaux pendant les six derniers mois de l'année, évaluait à 34 925 909 francs le découvert définitif de l'exercice.

« Si, reportant les regards en arrière, dit M. Segris, on apprécie dans ses développements successifs, le budget de l'exercice de 1862, on voit qu'il avait été primitivement réglé avec un excédant de recettes de plus de 4 millions ; qu'au moment du vote du budget rectificatif et des crédits spéciaux de 15 millions, pour l'expédition du Mexique, au mois de juin 1862, l'équilibre semblait assuré ; que les mêmes espérances persistaient au mois d'octobre dernier, pour aboutir enfin, en présence des nouveaux suppléments de crédit compris au projet de loi qui vous est soumis, à un découvert de plus de 34 millions que notre dette flottante peut assurément supporter. A quelle cause imputer un pareil résultat ? »

M. Segris, laissant cette interrogation sans réponse, se bornait à déclarer que « le régime financier du sénatus-consulte de 1861, n'en reste pas moins un progrès considérable sur le régime antérieur ». Les membres de l'opposition financière du Corps législatif avaient oublié leurs anciennes théories ; aucune voix ne s'élevait en faveur de la spécialité.

M. Picard s'étant autorisé des discours antérieurs de M. Devinck pour prouver que la réforme de 1861 n'avait nullement répondu aux espérances des commissions, ce député s'écria avec une énergie comique : « Je n'ai jamais été de votre avis, notez-le bien. » Et plus loin : « Je « n'étais point partisan de la réforme financière qui a été inaugurée ; « mais néanmoins, le fait étant accompli, je l'accepte, parce qu'il est « devenu la loi de mon pays, parce que je veux remplir mon devoir de « bon et loyal député. » Aux yeux de M. Devinck, c'était manquer aux devoirs du « bon député » que de dire à un gouvernement : Nous vous demandions la spécialisation du vote, vous nous avez donné la suppression des crédits extra-budgétaires et des virements ; votre système a grossi le budget régulier, sans nous épargner les grossissements irréguliers ; vous vous êtes trompés. Nous réclamons plus que jamais la spécialité.

Un incident inattendu permit d'apprécier à sa juste valeur le système de M. Fould.

La *Patrie*, dans le louable désir de rendre hommage au ministère régnant, s'avisa de dire que, grâce à la crainte salutaire inspirée à l'administration, par le sénatus-consulte de novembre, et malgré les difficultés de la guerre du Mexique, les crédits ajoutés au budget primitif ne s'étaient élevés qu'à 35 millions. Une somme relativement si faible, ajoutait ce journal, est un indice du *laisser-aller* des ministres ordonnateurs sous le régime financier précédent. La *Patrie* reçut aussitôt ce *Communiqué*.

« Cette appréciation n'est pas juste.

« L'épreuve de 1862 aura eu, au contraire, l'avantage de mettre en
« évidence la modération avec laquelle le souverain faisait usage de sa
« prérogative.

« Car voici les faits :

« L'ensemble des crédits extra-budgétaires s'était élevé en 1851,
« sous l'ancien système, à 352 millions ; en 1860, ils s'étaient élevés à
« 291 millions ; en 1862, sous l'empire du sénatus-consulte, leur chiffre
« total a été, non de 35 millions, mais de 300 millions. »

Le total des crédits ouverts en dehors des budgets avait été, d'après le *Communiqué*, le même, avant comme après « la réforme financière ». Cet incident instructif mit à nu les divergences qui séparaient M. Fould du ministre-orateur chargé de défendre ses actes devant le Corps législatif. M. Magne, quoique non responsable, n'en paya pas moins de sa place le *Communiqué* qu'il avait lancé en l'absence de celui dont, constitutionnellement, il ne devait être que l'écho docile.

M. Busson, chargé de rédiger le rapport de la commission du budget, parlait d'un style à faire croire qu'on avait enfin conquis et atteint l'équilibre rêvé. Voici comment les chiffres justifiaient la satisfaction de M. Busson :

Le budget des dépenses avait été préparé sous l'influence de la suppression des crédits extraordinaires, et, à cause de cela même, élargi dans tous ses cadres, dépassait de 91 millions celui de 1862 ; le budget de 1864, tel qu'il avait été *présenté* par le Conseil d'État, dépassait de 57 millions le budget *voté* pour 1863.

M. Busson n'en vantait pas moins « les améliorations incontestables et sérieuses, les progrès « réels » accomplis dans la situation financière :

« Votre commission a hâte de dire qu'elle a été puissamment aidée par
« l'esprit de sage entente et de conciliation, qui n'a cessé de présider aux
« rapports du gouvernement avec elle : tous les amendements qu'elle a
« proposés, ont été adoptés par le Conseil d'État... Ainsi, messieurs,
« se prouve une fois de plus votre communauté de pensées avec le gou-
« vernement. »

La somme des réductions obtenues par la commission du Corps législatif, de la bonne volonté du Conseil d'État, était de 1 500 000 francs.

La discussion générale du budget s'engagea le 23 avril ; elle fournit aux députés une nouvelle occasion de passer en revue les questions de politique intérieure et extérieure. M. Émile Ollivier fit une tentative pour obtenir du gouvernement, quelques explications sur son attitude, à l'égard de l'insurrection polonaise. M. Billault répondit en conseillant à l'opinion publique de se méfier des suppositions exagérées : « Le pays doit avoir « confiance dans la sagesse et la prudence de l'Empereur. » Un débat fort vif s'engagea ensuite sur la première section du ministère de l'intérieur. M. de Jouvenel, rédacteur du rapport contre la dotation Pali-kao, excommunié du patronage officiel, revendiqua la libre initiative des électeurs pour les prochains comices : « Si un peu plus de liberté, donnée au jeu « de nos institutions, introduisait dans cette Chambre quelques éléments « de plus de discussion, croyez-vous que ce fût un malheur? »

M. Lemercier, autre candidat en délicatesse avec M. de Persigny, remplaça M. de Jouvenel à la tribune. « Messieurs, dit-il, comme, pour « ma part, je blâme énergiquement la façon dont M. le ministre de l'inté- « rieur prépare les élections générales, je propose à la Chambre de « repousser la section première du ministère de l'intérieur. » Cette proposition fut accueillie par une hilarité prolongée, sur les bancs de la majorité. M. Thuillier, président de section au Conseil d'État, commissaire du gouvernement, mêla ses rires aux rires de la droite. M. Lemercier releva vivement cette inconvenance. M. de Pierre prit alors la parole. « Je viens, dit-il, approuver M. le ministre de l'intérieur dans toutes ses « pratiques, dans tous ses procédés. » L'Assemblée prêta l'oreille. « Le « ministre use de tous les moyens constitutionnels; je ne blâme pas les « changements de circonscription... A quoi sert de ronger son frein?... « (On rit.) Il n'est presque aucun de nous, et, grâce aux circonscri- « ptions, je pourrais dire aucun de nous, qui n'ait besoin de l'appui du « gouvernement pour entrer ici. » M. de Pierre expliqua ensuite que, contrairement à M. Lemercier, il désirait le succès du ministre de l'intérieur sur toute la ligne, afin qu'à l'avenir le Conseil ne fût pas troublé. Il rappela qu'il n'avait jamais demandé de réformes, mais qu'il avait pris au sérieux les invitations venues de l'Empereur ou des ministres, d'aimer et de pratiquer la liberté. Seulement, comment concilier la mise en œuvre de ces conseils avec le désir de rester toujours d'accord avec le gouvernement?

« Nous étions exposés à des contradictions qui exigeaient la plus grande souplesse. Fallait-il être Italien ou clérical, il y a deux ans? Oui, il fallait être Italien; cette année, il ne faut pas l'être. Faut-il être Polonais présentement? Mon Dieu ! il est possible que cela vous soit permis aujourd'hui, à condition que vous ne le serez plus demain. (*Réclamations bruyantes.*) Eh bien, c'est cette difficulté de me trouver chaque matin d'accord avec les exigences du gouvernement qui m'a constitué en faute probablement, mais qui n'a point altéré ma bonne volonté. »

Fig. 17. — Tout député qui avait cessé de plaire, se voyait retirer les privilèges de la candidature officielle. Il était mis en interdit par tous les fonctionnaires, réduit, comme le dernier des révolutionnaires, à l'impossibilité de distribuer ses bulletins.

M. de Morny interrompit l'orateur en déclarant que, pour « l'honneur de la Chambre et pour l'honneur du pays, il faudrait être sérieux. » M. de Pierre était beaucoup plus sérieux que ne le pensait le président du Corps législatif.

M. Picard, à propos des candidats officiels abandonnés pour de simples écarts de vote, s'apitoya spirituellement sur le sort de M. de Jouvenel, autrefois protégé du gouvernement, aujourd'hui combattu par lui à outrance, « mis en interdit par les fonctionnaires, réduit, comme le « dernier des révolutionnaires, à l'impossibilité de distribuer ses bulle-« tins. » M. Baroche s'écria qu'on attaquait en vain les candidatures officielles, que le patronage du gouvernement, chacun le savait bien, ne s'exerçait que dans « l'intérêt de la liberté et de la sincérité des élections ». M. Jules Favre n'eut pas de peine à démontrer que ce système, dans un pays centralisé, privé de journaux libres, devait s'appeler « absorption du suffrage universel par le gouvernement ».

M. de Morny clôtura, le 7 mai, la session par un discours contenant cette phrase : « Un pouvoir sans contrôle et sans critique est comme un « navire sans lest. L'absence de contradiction aveugle et égare quelque-« fois le pouvoir et ne rassure pas le pays. Nos discussions ont plus « affermi la sécurité que ne l'eût fait un silence trompeur. »

CHAPITRE II

SUITE DE LA GUERRE D'ITALIE

Réception du 1er janvier 1860. — La brochure Le pape et le Congrès. — Le programme du 5 janvier. — Le traité de commerce avec l'Angleterre. — Michel Chevalier et Richard Cobden. — Cession de Nice et de la Savoie à la France. — Dépêche de M. Thouvenel. — Lettre de Napoléon III à M. de Persigny. — Faiblesse de l'Empire dictatorial.

Le bruit que le nonce du pape déclinerait sous un prétexte quelconque, l'honneur qui lui revenait, en qualité de doyen du corps diplomatique, d'adresser les félicitations habituelles à l'Empereur à l'occasion du renouvellement de l'année, circula dans les derniers jours de décembre. Ce bruit était faux. Le nonce offrit, le 1er janvier 1860, à l'Empereur « les hommages et les vœux du corps diplomatique ». Napoléon III répondit « qu'il était heureux de rappeler que, depuis son entrée au pouvoir, il « avait toujours professé le plus profond respect pour les droits reconnus, « et que le but constant de ses efforts serait de rétablir partout, autant « qu'il dépendrait de lui, la confiance et la paix. » Ces assurances vagues agitèrent les esprits au lieu de les calmer. Le 4 janvier parut au *Moniteur* un décret nommant M. Thouvenel, ambassadeur à Constantinople, ministre des affaires étrangères, en remplacement de M. Walewski. Quelques journaux, oubliant qu'il n'y a aucune conclusion à tirer de l'opinion personnelle des ministres, sous un régime comme celui de l'Empire, virent dans le départ de M. Walewski un heureux augure pour la cause de l'Italie, presque abandonnée, à ce moment, par le gouvernement impérial. L'Autriche pressait ses armements en Vénétie. Le roi de Naples, comme si les batailles de Magenta et de Solferino n'avaient pas eu lieu, déclarait qu'il entendait rester complètement étranger à la confédération italienne; le pape en repoussait la présidence, et réclamait impérieusement la restitution des Romagnes. La situation du gouvernement impérial à l'extérieur, peu facile en tout temps, se compliquait encore des craintes de l'Allemagne, des susceptibilités de la Russie et des empiètements de Victor-Emmanuel, qui, sourd aux avertissements, aux notes, aux lettres de Napoléon III, continuait, encouragé par l'Angleterre, le cours de ses annexions.

Les embarras n'étaient pas moins nombreux à l'intérieur, grâce à l'ardeur pétulante avec laquelle les évêques se portaient à la défense du pouvoir temporel des papes. Leurs mandements irrités répondaient à l'auteur de la brochure *le Pape et le Congrès*, à ce « catholique sincère « qui, au milieu des supplications et des génuflexions les plus touchantes, « demande à Pie IX l'abdication de sa souveraineté temporelle. » Le parti clérical, excité par la prédication épiscopale, menaçait de rompre l'alliance avec l'Empire et se répandait en récriminations et en injures contre l'Empereur. Une vague inquiétude gagnait peu à peu tous les esprits ; l'expédition de Chine n'offrait, nous l'avons dit, qu'un dérivatif bien insuffisant ; le remède ordinaire, c'est-à-dire une grande guerre, était chose impossible pour le moment. L'Empereur eut recours à un petit coup de théâtre. Le *Moniteur* du 5 janvier publia la lettre suivante au ministre d'État :

« Monsieur le ministre,

« Malgré l'incertitude qui règne encore sur certains points de la politique étrangère, on peut prévoir avec confiance une solution pacifique. Le moment est donc venu de nous occuper des moyens d'imprimer un grand essort aux diverses branches de la richesse nationale.

« Je vous adresse, dans ce but, les bases d'un programme dont plusieurs parties devront recevoir l'approbation des Chambres, et sur lequel vous vous concerterez avec vos collègues, afin de préparer les mesures les plus propres à donner une vive impulsion à l'agriculture, à l'industrie et au commerce.

« Depuis longtemps, on proclame cette vérité qu'il faut multiplier les moyens d'échange pour rendre le commerce florissant ; que, sans concurrence, l'industrie reste stationnaire et conserve des prix élevés, qui s'opposent aux progrès de la consommation; que, sans une industrie prospère, qui développe les capitaux, l'agriculture elle-même demeure dans l'enfance. Tout s'enchaîne donc dans le développement successif des éléments de la prospérité publique ! Mais la question essentielle est de savoir, dans quelles limites l'Etat doit favoriser ces divers intérêts, et quel ordre de préférence il doit accorder à chacun d'eux.

« Ainsi, avant de développer notre commerce étranger par l'échange des produits, il faut améliorer notre agriculture, et affranchir notre industrie de toutes les entraves intérieures qui la placent dans des conditions d'infériorité. Aujourd'hui, non seulement nos grandes exploitations sont gênées par une foule de règlements restrictifs, mais encore le bien-être de ceux qui travaillent, est loin d'être arrivé au développement qu'il a atteint dans un pays voisin. Il n'y a donc qu'un système général de bonne économie politique qui puisse, en créant la richesse nationale, répandre l'aisance dans la classe ouvrière.

« En ce qui touche l'agriculture, il faut la faire participer aux bienfaits des institutions de crédit : défricher les forêts situées dans les plaines et reboiser les montagnes ; affecter tous les ans une somme considérable aux grands travaux de dessèchement, d'irrigation et de défrichement. Ces travaux, transformant les communaux incultes en terrains cultivés, enrichiront les communes sans appauvrir l'État, qui recouvrera ses avances par la vente d'une partie de ces terres rendues à l'agriculture.

« Pour encourager la production industrielle, il faut affranchir de tout droit les matières premières indispensables à l'industrie, et lui prêter exceptionnellement à un taux modéré, comme on l'a déjà fait à l'agriculture pour le drainage, les capitaux qui l'aideront à perfectionner son matériel.

« Un des plus grands services à rendre au pays est de faciliter le transport des matières de première nécessité pour l'agriculture et l'industrie ; à cet effet, le ministre des travaux publics fera exécuter le plus promptement possible les voies de communication, canaux, routes et chemins de fer, qui auront surtout pour but d'amener la houille et les engrais sur les lieux où les besoins de la production les réclament, et il s'efforcera de réduire les tarifs, en établissant une juste concurrence entre les canaux et les chemins de fer.

« L'encouragement au commerce par la multiplication des moyens d'échange viendra alors comme conséquence naturelle des mesures précédentes. L'abaissement successif de l'impôt sur les denrées de grande consommation sera donc une nécessité, ainsi que la substitution de droits protecteurs au système prohibitif qui limite nos relations commerciales.

« Par ces mesures, l'agriculture trouvera l'écoulement de ses produits ; l'industrie, affranchie d'entraves intérieures, aidée par le gouvernement, stimulée par la concurrence, luttera avantageusement avec les produits étrangers, et notre commerce, au lieu de languir, prendra un nouvel essor.

« Désirant avant tout que l'ordre soit maintenu dans nos finances, voici comment, sans en troubler l'équilibre, ces améliorations pourraient être obtenues :

« La conclusion de la paix a permis de ne pas épuiser le montant de l'emprunt. Il reste une somme considérable disponible qui, réunie à d'autres ressources, s'élève à environ 160 millions. En demandant au Corps législatif l'autorisation d'appliquer cette somme à de grands travaux publics et en la divisant en trois annuités, on aurait environ 50 millions par an à ajouter aux sommes considérables déjà portées annuellement au budget.

« Cette ressource extraordinaire nous facilitera non seulement le prompt achèvement des chemins de fer, des canaux, des voies de navigation, des routes, des ports, mais elle nous permettra de relever en moins de temps nos cathédrales, nos églises, et d'encourager dignement les sciences, les lettres et les arts.

« Pour compenser la perte qu'éprouvera momentanément le Trésor par la réduction des droits sur les matières premières et sur les denrées de grande consommation, notre budget offre la ressource de l'amortissement, qu'il suffit de suspendre jusqu'à ce que le revenu public, accru par l'augmentation du commerce, permette de faire fonctionner de nouveau l'amortissement.

« Ainsi, en résumé :
« Suppression des droits sur la laine et les cotons ;
« Réduction successive sur les sucres et les cafés ;
« Amélioration énergiquement poursuivie des voies de communication ;
« Réduction des droits sur les canaux et, par suite, abaissement général des frais de transport ;
« Prêts à l'agriculture et à l'industrie ;
« Travaux considérables d'utilité publique ;
« Suppression des prohibitions ;
« Traité de commerce avec les puissances étrangères.
« Telles sont les bases générales du programme sur lequel je vous prie d'attirer l'attention de vos collègues, qui devront préparer sans retard les projets de lois destinés à le réaliser. Il obtiendra, j'en ai la ferme conviction, l'appui patriotique du Sénat et du Corps législatif, jaloux d'inaugurer avec moi une nouvelle ère de paix et d'en assurer les bienfaits à la France.

« Sur ce, je prie Dieu qu'il vous ait en sa sainte garde.

« NAPOLÉON.

« Palais des Tuileries, le 5 janvier 1860. »

La France achevait à peine la lecture de ce programme féerique, lorsqu'elle apprit par le discours de la reine d'Angleterre au Parlement, qu'un traité de commerce venait d'être signé entre elle et l'Empereur des Français. Ce traité, sans l'annexion de la Savoie et de Nice, se serait vraisemblablement fait attendre longtemps encore ; mais la froideur des cabinets européens mettait Napoléon III dans la nécessité de se rapprocher de l'Angleterre. Si la brochure *Le pape et le Congrès* fut écrite en vue de flatter ses instincts et ses intérêts protestants, par une manifestation contre le pouvoir temporel, le traité de commerce eut pour origine le besoin de maintenir lord Palmerston au pouvoir. « A ce moment, « écrit l'un des hommes qui ont le plus contribué à ce traité [1], une négo-
« ciation entre la France et l'Angleterre pour le changement du tarif des
« douanes françaises, et la modification des articles du tarif anglais con-
« cernant certaines productions importantes de la France, se présentait
« comme ayant des chances favorables, par le concours qu'y donnait l'in-
« térêt politique des gouvernements. Le cabinet dirigé par lord Palmerston
« devait, s'il faisait un traité pareil, s'attacher les représentants des villes
« manufacturières et renforcer d'autant sa majorité, qui en avait grand
« besoin. De son côté, l'Empereur Napoléon III craignait le renverse-

1. M. Michel Chevalier, lettre à M. Bonamy Price.

« ment de lord Palmerston, chez lequel il trouvait, dans ce temps-là,
« des dispositions amicales, tandis que le parti tory lui montrait des sen-
« timents hostiles. Il devait donc être bien aise de donner des forces à
« lord Palmerston. »

M. Michel Chevalier avait traversé la Manche au mois d'octobre 1859, pour présider le Congrès international des poids et mesures réuni à Bradford, et surtout pour jeter les bases du traité de commerce [1]. Il arriva le 8 à Londres, et le lendemain même il eut une conférence avec Richard Cobden. M. de Persigny, alors ambassadeur en Angleterre, était dans la confidence des négociations. M. Michel Chevalier, admis le 15 au soir, après la réunion du cabinet, auprès de M. Gladstone, chancelier de l'Échiquier, lui fit connaître l'article de la Constitution de 1852, qui donnait à l'Empereur le droit de négocier les traités de commerce : « *En trois quarts d'heure*, tout fut convenu entre le chancelier de l'Échiquier et moi. Les dispositions sur lesquelles nous fûmes d'accord furent à peu près celles que porte le traité de commerce définitivement signé le 23 janvier 1860 [2]. »

MM. Michel Chevalier et Richard Cobden se retrouvèrent à Paris le 22 novembre. L'Empereur les reçut séparément à Saint-Cloud le 27 ; il leur fit part de son adhésion au traité, en leur recommandant le secret. Les négociations commencèrent à son retour de Compiègne. Les négociateurs du côté de la France étaient M. Rouher, ministre du commerce, et M. Baroche, ministre des affaires étrangères par intérim, en l'absence de M. Thouvenel ; du côté de l'Angleterre, Richard Cobden et lord Cowley. M. Michel Chevalier assistait aux conférences et y prenait part. M. Achille Fould, ministre d'État, s'y montrait favorable. M. Magne, ministre des finances, et M. Gréterin, directeur des douanes, partisans du système restrictif, n'étaient pas dans le secret.

M. Rouher se méfiait de ses bureaux, où la direction du commerce extérieur était confiée à un homme fort honorable, mais ami déclaré de la prohibition ; ils ignoraient donc complètement les négociations [3].

Les termes du traité à peu près réglés, le conseil des ministres en eut connaissance. L'Angleterre l'accepta, mais ne cessa pas de garder rancune à Napoléon III. On s'en aperçut bien le jour où lord Russell déclara dans la Chambre des communes que « l'Angleterre ne devait pas se

---

1. Lettre à M. Bonamy Price.
2. *Ibid.*
3. *Ibid.*

Fig. 18. — Le roi Jérôme, gouverneur des Invalides.

« séparer du reste des nations de l'Europe, qu'elle devait être toujours
« prête à agir avec les divers États, si elle voulait ne pas redouter
« aujourd'hui telle annexion, et demain entendre parler de telle autre. »

La signature du traité de cession de Nice et de la Savoie à la France eut lieu le 24 mars. Trois jours auparavant, une députation savoisienne, reçue aux Tuileries, avait exprimé ses vœux pour la réunion de la Savoie à la France. L'Empereur, pour les satisfaire, envoya MM. Laity et Pietri, sénateurs, à Chambéry et à Nice, pour procéder à la formalité du vote. Le *Moniteur*, en attendant, remplissait ses colonnes avec les adresses des corps constitués, des tribunaux, des hospices, des couvents, des confréries et des archiconfréries religieuses, en faveur de l'annexion, contre laquelle la Suisse protestait au nom d'une convention de 1564 et des traités de 1815, à cause de l'incorporation à la France de certains districts neutralisés de la Savoie. Napoléon III offrit à la Suisse de réunir une conférence à laquelle seraient invitées les puissances signataires des traités de 1815 pour les mettre en harmonie avec le traité du 24 mars; mais les formalités diplomatiques sont longues à remplir, et le sénatus-consulte du 13 juin eut le temps de réunir trois départements à l'Empire français avant que les puissances eussent pu se mettre d'accord. L'annexion supprima la conférence.

Quels changements la retraite de M. Walewski avait-elle apportés dans la politique impériale relativement au Saint-Siège? Aucun indice sérieux ne pouvait mettre les curieux sur la trace, lorsque, à la surprise générale, le *Siècle*, qui n'avait pas pour habitude de recevoir les communications officieuses du gouvernement, publia en tête de ses colonnes une dépêche du ministre des affaires étrangères à notre ambassadeur à Vienne en date du 31 janvier 1860. M. Thouvenel s'exprimait ainsi au sujet de l'Italie :

« Sans remonter plus loin dans le passé, je prends les faits à la date
« même de la signature des préliminaires de Villafranca. L'Empereur
« nourrissait l'espoir que l'organisation nouvelle de l'Italie pourrait se
« concilier avec la restauration, sous certaines conditions déterminées,
« des anciennes dynasties. Sa Majesté aimait surtout à penser que les
« chefs de ces dynasties iraient eux-mêmes, au-devant des difficultés qu'il
« leur fallait surmonter pour ramener les dispositions de leurs sujets, et
« qu'un temps précieux ne serait point perdu. Au contraire, que s'est-il
« passé? Les anciens gouvernements demeurés en possession de leurs
« États n'ont opéré aucune des réformes que l'Empereur avait en vue.

« Le Saint-Siège, tout en se montrant plus disposé à déférer sur ce point
« à nos conseils, a cru devoir ajourner indéfiniment la réalisation de ses
« promesses. »

M. Thouvenel constatait que « la situation générale se trouvait déjà
« gravement compromise lorsque les négociations s'étaient ouvertes à
« Zurich, et néanmoins le gouvernement de l'Empereur, fidèle à ses pro-
« messes, a hautement admis la réserve des droits dynastiques en Tos-
« cane, à Modène et même à Parme, bien que rien n'eût été convenu à
« Villafranca en faveur du duc Robert.

« Pendant que ce gage était donné par le gouvernement de l'Empereur
« dans les stipulations de Zurich, deux envoyés, M. le comte de Reiset
« d'abord, et un peu plus tard M. le prince Poniatowski, que ses relations
« anciennes en Toscane accréditaient particulièrement pour cette mission,
« étaient chargés de se rendre dans l'Italie centrale, afin d'y porter des
« conseils et d'y prodiguer des exhortations. Pénétré du vif désir non
« seulement de remplir ses promesses, mais de travailler efficacement au
« succès d'une combinaison, qui lui semblait propre à assurer la tranquil-
« lité et l'indépendance de l'Italie, le gouvernement de l'Empereur n'a
« pas hésité à compromettre sa popularité. Le langage qu'il tenait à la
« même époque à Turin était empreint d'une égale fermeté. Tous ses
« efforts ont échoué devant la résistance des populations.

« Après avoir ainsi multiplié ses démarches pour amener la réconci-
« liation des princes avec leurs peuples, le gouvernement de Sa Majesté,
« en présence de l'inefficacité de ses diverses tentatives, et voyant la
« combinaison qu'il avait promis de seconder plus vivement repoussée,
« en raison même de son insistance à la faire accepter, avait pensé que
« l'autorité de l'Europe assemblée aurait réalisé l'objet qu'il se proposait.
« Voulant, avant toute chose, accomplir ses engagements, et désespérant
« de triompher, sans le concours des autres cabinets, de l'opposition
« qu'il rencontrait dans l'Italie centrale, il avait donc provoqué la réunion
« d'un congrès.

« Mieux qu'aucune autre puissance, l'Autriche connaissait la persévé-
« rance avec laquelle l'Empereur a poursuivi ce plan de conduite, et les
« regrets que lui avaient causés les objections que la convocation des
« plénipotentiaires a soulevées. On ne se trouvait donc plus en face que
« d'une question, celle de l'emploi de la force pour imposer une solution.
« L'Autriche pourrait-elle être chargée de procéder elle-même à la res-
« tauration des dynasties dépossédées, sans que le résultat de la guerre

« fût anéanti et son but désavoué ? La France, à son tour, pourrait-elle,
« sans démentir ses principes, faire violence aux populations ? »

M. Thouvenel ajoutait :

« C'est ici le lieu, au surplus, de signaler un fait nouveau. On aurait
« pu croire, par le souvenir de ce qui s'est passé il y a dix ans, que
« l'anarchie déborderait dans l'Italie centrale et que l'esprit dissolvant
« de la démagogie ne tarderait pas à tout envahir. Ces appréhensions
« ne se sont pas encore vérifiées, et, à quelque influence que ce résultat,
« selon les opinions diverses, puisse être attribué, ce qui est certain, c'est
« que l'ordre, en définitive, a généralement régné nonobstant l'excita-
« tion des circonstances et l'irrégularité des pouvoirs.

« Le spectacle inattendu offert par l'Italie, en surprenant les uns, a
« inspiré aux autres des sympathies, et ce dernier sentiment s'est fait
« jour dans une partie de l'Europe avec une force qu'il n'y a pas à
« méconnaître. De là une situation que ni le gouvernement de l'Empe-
« reur ni l'Autriche, à raison des conséquences qui découleraient d'une
« appréciation erronée des dispositions de l'opinion publique, ne sau-
« raient ne pas prendre en très sérieuse considération.

« La France n'avait du reste promis que son concours moral, dont il
« lui faut bien, après six mois d'efforts, constater l'impuissance. Faut-il
« fermer les yeux sur les dangers que cet état d'incertitude fait peser sur
« l'Europe entière ? Faut-il laisser tout au hasard, au risque de voir des
« sentiments purement révolutionnaires se substituer à des sentiments
« qu'on ne peut demander à l'Autriche d'approuver, mais qu'elle ne sau-
« rait demander non plus à un gouvernement sorti du suffrage populaire
« de condamner d'une manière absolue. A ce jeu périlleux, les idées
« monarchiques qui n'ont cessé jusqu'ici de caractériser le mouvement
« italien feraient bientôt place à des idées d'une autre nature. Les popu-
« lations finiraient par s'habituer à un régime auquel il ne manquerait
« plus que son vrai nom, régime qui trouverait comme une raison d'être
« dans les traditions anciennes dont la trace n'est pas encore effacée
« dans certaines parties de la Péninsule. »

M. Thouvenel, après avoir ainsi évoqué le spectre de la République,
posait la véritable question :

« Je ne suppose pas, monsieur le marquis, que ces considérations ne
« se soient jamais présentées à l'esprit de l'empereur François-Joseph,
« et elles ne devaient pas échapper à celui de l'empereur Napoléon.

« Du moment où l'emploi d'une force étrangère est exclu de toutes les

« combinaisons, comment donc sortir de cette impasse? La conviction
« profonde du gouvernement de l'Empereur est que la dernière des
« quatre propositions anglaises peut servir à en indiquer le moyen. Il
« sait que, cette conviction fût-elle partagée par la cour de Vienne, elle
« ne saurait le proclamer. Ce qu'il espère de sa sagesse, c'est que si la
« différence des principes peut et quelquefois doit conduire à des appré-
« ciations différentes, il n'est pas nécessaire qu'il en résulte, lorsque
« l'honneur est sauf des deux parts, des conflits désastreux et si éloignés
« des intentions de la France et de l'Autriche. La France ne cherche
« pas à se substituer à l'Autriche en Italie; c'est l'Italie elle-même qu'il
« s'agit de constituer comme un intermédiaire, comme une sorte de ter-
« rain désormais impénétrable à l'action tour à tour prédominante et
« toujours précaire de l'une ou l'autre des deux puissances.

« En dehors d'une pareille solution, qui, je ne fais aucune difficulté
« d'en convenir, disait M. Thouvenel, n'est pas, sinon quant à son esprit,
« du moins quant à sa modalité, celle qui avait été prévue à Villafranca
« et à Zurich, j'en cherche vainement une autre qui ne contienne pas
« les éléments de nouveaux orages pour l'avenir. »

Jusqu'ici, M. Thouvenel n'a rien dit de la situation des Romagnes.

« C'est que cette question n'a pas été l'objet, comme celle des duchés,
« de stipulations expresses entre la France et l'Autriche. Je me réserve
« de la traiter dans une prochaine dépêche.

« Je n'hésite pas, toutefois, à vous dire, dès aujourd'hui, que si, en
« se reportant aux actes internationaux auxquels la cour de Vienne a
« pris part au même titre que nous, le gouvernement de l'Empereur ne
« peut considérer la possession des Légations par le Saint-Siège que
« sous un point de vue temporel, il n'en déplore pas moins amèrement
« que la cour de Rome, sourde à ses avis, et l'on peut même dire avec
« plus de raison indifférente au conseil unanime de l'Europe depuis
« 1831, comme à la leçon des événements, ait laissé les choses arriver
« au point où elles sont, et que nous nous prêterions encore, à la seule
« condition que le principe de non-intervention de la part des puissances
« étrangères fût maintenu, à tous les tempéraments et à toutes les com-
« binaisons qui seraient jugés propres à préparer une solution moins
« radicale que le démembrement. »

M. Thouvenel s'efforçait de prouver que Napoléon III ne s'était jamais
engagé à rétablir à tout prix les dynasties de Toscane, de Parme et de
Modène, ni à garantir l'intégrité du domaine temporel ; mais il est certain

que la menace de M. de Cavour était sur le point de se réaliser et que Napoléon III pourrait bien être obligé de se jeter à l'eau, et dans un moment peu favorable. La France seule, avait dit Napoléon III, combat pour une idée. Cette idée, pour le second Empire comme pour le premier, n'était-elle que l'augmentation de son territoire ? L'annexion de la Savoie et de Nice pouvait le faire craindre. Le second Empire, ayant repris possession de sa frontière naturelle du côté des Alpes, ne la réclamerait-il pas du côté du Rhin ? Le prétexte de la conquête sous le premier Empire, c'était le Code civil ; sous le second, le principe des nationalités. Hongrie, Pologne, Vénétie, tous ces pays n'avaient-ils pas aussi le droit de s'appartenir comme l'Italie ? Le *Moniteur* avait beau déclarer que l'Empereur était animé des intentions les plus pacifiques et faisait ses efforts pour rétablir en Europe la confiance ébranlée, ces déclarations du *Moniteur* ne faisaient plus d'effet. L'Empereur profita de la présence à Baden du prince-régent de Prusse, des rois de Wurtemberg, de Bavière et de Hanovre, de cinq ducs et grands-ducs, pour passer le Rhin le 15 juin et s'offrir lui-même, comme une note vivante, à l'Allemagne alarmée. Le *Moniteur* ne manqua pas d'appuyer sur cette visite et de proclamer qu'elle ne pouvait manquer de « faire cesser le concert unanime de bruits malveillants et de fausses appréciations » qui circulaient en Europe. Le bruit d'un nouvel emprunt fut la réponse à cette note. Il fallut recourir encore au *Moniteur* pour le démentir.

La froideur régnait plus que jamais entre les cabinets des Tuileries et de Windsor. La question d'Orient, comme si ce n'était pas assez de celle d'Italie, venait de surgir. Les Druses massacraient les Maronites, et la Porte était impuissante à réprimer ces massacres. Le président du Conseil d'État, interrogé par un membre du Corps législatif sur les mesures prises pour protéger la vie et les propriétés des chrétiens européens et maronites, répondit qu'il agirait, mais que, ne pouvant agir seul, il allait s'entendre avec les puissances. L'intervention française en Syrie était aussi impopulaire chez les Anglais que l'intervention à Naples. Les meetings se succédaient à Londres et retentissaient de menaces et d'injures contre l'Empereur ; même hostilité dans le langage des journaux. Les volontaires s'organisaient et s'exerçaient dans tous les comtés, le gouvernement armait les côtes, levait des marins, renforçait les escadres. La guerre entre l'Angleterre et la France allait-elle éclater ? L'Empereur comprit qu'il n'était pas assez fort pour imposer une pareille guerre à la France, et il écrivit le 1er août à M. de Persigny, son ambassadeur en Angleterre, une lettre sur laquelle nous reviendrons et où Napoléon III, après avoir désavoué toute idée de conquête, nié une prétendue augmentation de son armement, et protesté que l'humanité seule rendait nécessaire une expédition en Syrie, adjurait les ministres anglais « de laisser les jalousies mesquines et les défiances injustes », pour s'entendre loyalement avec lui. Le gouvernement anglais finit par se rendre et par signer le protocole relatif à l'expédition de Syrie le 3 août à Paris.

Les assurances pacifiques prodiguées par l'Empereur aux souverains allemands à Baden, et au gouvernement anglais dans sa lettre à M. de Persigny, n'avaient d'autre valeur à leurs yeux, que celle que l'intérêt personnel lui-même peut donner aux promesses de l'intérêt personnel. Réunir les puissances en congrès, afin d'agir plus aisément sur elles, c'était le désir obstiné de Napoléon III. On le trouve nettement exprimé dans ce passage de la note du 29 septembre, qui précède l'envoi de nouveaux renforts à Rome : « Il ne saurait appartenir qu'aux grandes puissances réunies en « congrès de prononcer un jour sur les questions posées en Italie par les « événements ; mais jusque-là le gouvernement de l'Empereur continuera « à remplir, conformément à la mission qu'il s'est donnée, les devoirs « que lui imposent ses sympathies pour le Saint-Père, et la présence de « notre drapeau dans la capitale de la catholicité. » L'empereur d'Autriche, l'empereur de Russie et le prince-régent de Prusse se chargèrent de dissiper ce rêve d'un congrès, en se donnant rendez-vous pour le mois d'octobre à Varsovie.

L'impression causée par cette nouvelle fut profonde. Est-ce le réveil de la Sainte-Alliance, le prélude d'une nouvelle coalition ? Que va-t-il se passer du 22 au 26 octobre dans cette réunion de souverains, où il sera probablement plus question de la France que de l'Italie? Nul moyen de s'en rendre compte. Un seul homme, maître de diriger les événements, en fait connaître ce qu'il veut au pays. La France, plongée depuis le coup d'État dans une apathie maladive, s'endort sans savoir si le lendemain lui apportera la paix ou la guerre. Triste et périlleuse situation pour le gouvernement lui-même. Cette nation endormie se réveillera-t-elle à l'heure d'un suprême danger pour l'Empire? Le gouvernement impérial se chargerait-il de faire une réponse satisfaisante à cette question ? Affaibli par ses tergiversations, par sa mauvaise foi, par la rupture presque complète de son alliance avec le clergé, par la force que les passions religieuses donnaient à la fraction du parti légitimiste qui ne s'était pas ralliée à lui, attaqué par l'argument, que le parti démocratique tirait de cette antithèse

Fig. 19. — Le réveil de la Sainte-Alliance.

de l'Italie rendue à l'indépendance et à la liberté politique par un gouvernement qui supprimait cette liberté à la France, le césarisme se sentait inquiet et troublé. La jeunesse, dans les lycées [1] et dans les écoles, symptôme significatif, montrait une haine de plus en plus vive contre le régime sorti du coup d'État. Le Corps législatif devenait lui-même un sujet de préoccupation pour le gouvernement. Les députés, pendant la session, avaient montré une certaine impatience de leur rôle, qui se bornait à sanctionner des textes élaborés sans leur concours, à légaliser les volontés ministérielles formulées en chapitres de budget, à souscrire sans les discuter aux traités de paix et de commerce signés par l'Empereur. L'Empire, déjà vieux au bout de quelques années d'existence, effrayé de sa faiblesse et de son isolement, se demanda où il pourrait trouver la force nécessaire pour durer. La réponse à cette question fut le décret du 24 novembre, dont nous avons déjà parlé et sur lequel nous reviendrons, après avoir suivi notre armée en Chine et en Syrie.

1. L'ancien roi de Westphalie étant mort cette année, M. Rouland donna pour matière de la composition en vers latins au concours général : *Le prince Jérôme Bonaparte*. Un des jeunes concurrents, enlevé quelques années plus tard aux lettres qu'il aurait cultivées avec succès, composa sur ce sujet une pièce de vers satiriques qui courut tout Paris en manuscrit et qu'on trouvera quelques pages plus loin.

CHAPITRE III

EXPÉDITIONS DE CHINE ET DE SYRIE

Expédition de Chine. — Ses causes. — Traité de Tien-tsin. — Retard éprouvé dans l'échange des ratifications. — L'Angleterre et la France décident l'envoi d'une expédition en Chine. — Lord Elgin et le baron Gros sont nommés envoyés extraordinaires des deux puissances. — Prise des forts du Pé-ho. — Négociations pour la paix. — Elles sont interrompues. — Les alliés marchent sur Pé-king. — Bataille de Pa-li-kao. — Fuite de l'empereur de la Chine en Mantchourie. — Prise et pillage du Palais d'Été. — Situation difficile des alliés. — Destruction du Palais d'Été. — Le prince Hong-kong et le général Ignatieff décident le gouvernement chinois à signer la paix. — L'armée rentre en France. — Préparatifs de l'expédition de Cochinchine. — Expédition de Syrie. — Le Liban. — État de l'Orient depuis la révolte des cipayes et la guerre de Crimée. — Les massacres du Liban et de Damas. — La nouvelle de ces événements parvient en France. — Napoléon III se prépare à secourir les chrétiens de Syrie. — Préliminaires diplomatiques de l'expédition. — Résistance de la Turquie. — Difficultés soulevées par l'Angleterre et par la Russie. — Le Piémont est exclu des négociations. — Proclamation de l'Empereur à l'armée. — Fuad-Pacha à Beyrouth et à Damas. — Lenteurs de la répression. — L'indemnité de guerre. — Exigences de l'Angleterre. — Résultat de l'expédition à la fin de l'année 1860.

La France et l'Angleterre avaient conclu avec la Chine, dans le courant du mois de juillet 1858, à Tien-tsin, un traité dont les ratifications devaient être échangées le 26 juin de l'année suivante à Pé-king.

M. Bruce, ministre d'Angleterre, M. de Bourboulou, ministre de France, M. Ward, ministre des Etats-Unis, se mirent donc en route, sous la protection d'une escadre commandée par l'amiral Hope. Les ministres, arrivés à l'embouchure du Pé-ho, furent arrêtés par les fortifications qui ferment l'entrée de ce fleuve, dont les Chinois avaient augmenté et perfectionné la défense. L'amiral Hope, dans une tentative de débarquement, fut repoussé avec de graves pertes. L'amiral Hope tomba frappé d'une balle. Il fallut se retirer.

L'annonce d'une nouvelle expédition en Chine pour réparer l'honneur du pavillon français fut assez mal accueillie par l'opinion. La France n'a, disait-on avec raison, aucun intérêt sérieux à défendre, aucune conquête utile à faire en Chine, les éléments d'un commerce permanent entre les deux nations manquant complètement. La France avait conclu en 1844 un traité avec la Chine, quel parti en tirait-elle? La Russie et les Etats-Unis, qui entretiennent des rapports bien autrement importants que les nôtres avec le Céleste-Empire, sont toujours en paix avec lui ; et s'il en est autrement de l'Angleterre, c'est qu'elle est obligée de vendre à la Chine son opium le pistolet au poing.

Cependant le gouvernement anglais, soit qu'il fût guidé par des motifs d'économie et d'intérêt commercial, soit par la crainte de se montrer trop souvent dans les mers de l'extrême Orient à côté de la France, paraissait peu disposé d'abord à recourir aux moyens extrêmes. Napoléon III, désireux au contraire de prouver à l'Europe que l'alliance anglo-française pouvait se renouer et jaloux de donner satisfaction aux intérêts religieux soutenus avec ardeur par l'Impératrice, parlait d'obtenir une réparation complète et voulait donner de grands développements à l'expédition de Chine. Il était même question de créer quatre nouveaux régiments de zouaves avec les volontaires qui ne manqueraient pas de se présenter et de leur adjoindre, sur la demande du ministre de Belgique, un millier de soldats belges formant un bataillon ; l'effectif des troupes de débarquement devait être de 15 à 18 000 hommes.

Le cabinet de Londres, enfin rallié aux idées de Napoléon III, ne pouvait ni envoyer en Chine des forces égales aux forces françaises, ni admettre que les forces françaises fussent supérieures aux siennes. Napoléon III réduisit donc son armée à des proportions plus modestes, quoique le quart de l'armée eût répondu à l'appel fait aux volontaires. Les avantages qu'on leur offrait étaient à la vérité fort grands : pour les soldats, la solde de Paris augmentée de 10 centimes ; pour les officiers subalternes, 9 francs de solde par journée passée à terre; pour les officiers supérieurs, 12 francs. Le général en chef pouvait doubler cette paye pour les officiers isolés ou en mission; un congé renouvelable d'une année leur était promis au retour. Le général en chef avait également le droit de nommer à tous les emplois vacants, sauf ratification de l'Empereur, les grades de colonel, de lieutenant-colonel et de sous-lieutenant exceptés. L'élan pour faire partie de l'expédition fut néanmoins beaucoup plus vif, chez les soldats que chez les officiers, surtout chez les officiers supérieurs. Un corps d'armée de deux brigades fut rapidement formé. Le général de division Cousin-Montauban en reçut le commandement : vieux soldat d'Afrique, ayant les qualités et les défauts que développe la guerre d'Afrique, et les défauts plus que les qualités; habile, spirituel, de manières faciles, ne dépassant pas dans ses mœurs militaires la limite des scrupules qu'on se trace habituellement dans les bureaux arabes; sachant prendre les gens et les temps comme ils viennent, nul n'avait un caractère mieux fait pour bien vivre avec des alliés susceptibles.

L'armée, moins un bataillon de chasseurs à pied et un régiment d'infanterie de marine, qui partirent des ports de l'Océan, s'embarqua le 5 décembre 1859 à Toulon et prit la route du Cap. Le général Cousin-Montauban ne quitta la France que le 12 janvier. Il apprit en arrivant en Chine que la flotte était placée sous les ordres de l'amiral Charner. La gravité de la situation avait en outre engagé les cabinets de Londres et de Paris à séparer les pouvoirs diplomatiques des pouvoirs militaires, et à confier leurs intérêts à des ambassadeurs extraordinaires, lord Elgin et le baron Gros, négociateurs et signataires des traités de 1858. L'amiral Charner prit son commandement le 19 avril à Shang-haï. M. Cousin-Montauban n'était plus que général d'armée.

L'armée anglaise s'organisait à Talicou-houan, pendant que l'armée française procédait à la même opération à Tché-fou, sur les deux côtés du golfe de Pé-tchi-li; débarquée dans les premiers jours de juin, elle se répandit aussitôt dans les villages voisins maraudant beaucoup, pillant un peu, forçant les gens du pays à prendre la fuite, ce qui rendait les vivres frais fort rares au camp, enfin se livrant à tous les désordres d'une troupe indisciplinée. Le 19 juillet, il fut décidé, dans un conseil composé des généraux, des amiraux et des ambassadeurs, que le 28 les flottes alliées se réuniraient dans le golfe de Pé-tchi-li, qu'on consacrerait la journée du 29 ou du 30 à faire une reconnaissance, puis qu'on attaquerait les forts de Pé-tang, d'où l'on se porterait, selon la tournure des événements, soit sur le Pé-ho soit sur la ville de Tien-tsin.

Les deux flottes étaient mouillées le 28 dans la baie de Cha-lui-tien, à six milles des forts du Pé-tang. Les colonnes de débarquement franchirent le 30 juillet la barre de Pé-tang, s'emparèrent du pont de Pé-tang et occupèrent ce village livré au pillage et à toutes les horreurs d'une ville prise d'assaut. Les Chinois, pour soustraire leurs femmes à la brutalité des soldats, les égorgeaient ou les jetaient dans les puits, d'où l'on essayait en vain de les retirer; elles repoussaient tout secours et préféraient la mort à l'idée de tomber entre les mains des barbares.

Les grandes opérations ne pouvaient commencer qu'après le débarquement du matériel de l'armée française; il avançait avec une telle lenteur que le général en chef anglais Hope crut devoir avertir le général Cousin-Montauban que, s'il ne terminait pas ses préparatifs, il agirait seul. La pluie le força d'attendre. Les deux armées marchèrent ensemble le 30 août sur les forts du Pé-ho, dont elles s'emparèrent presque sans coup férir. Le général Cousin-Mautauban aurait voulu opérer sur la rive droite du Pé-ho; le général Hope préférait attaquer les forts de la rive gauche et ne pas disséminer l'armée sur les deux rives.

Le gouverneur du Pé-tchi-li demanda une suspension des hostilités pour attendre de nouvelles instructions qui seraient demandées à Pé-king. Ces propositions, faites pour gagner du temps, donnèrent lieu à des allées et des venues qui révélèrent aux alliés l'existence à 1000 mètres en avant du village de Si-kon, résidence du gouverneur, d'un camp retranché contenant un nombre considérable de troupes. Tout retard dans l'offensive pouvait devenir dangereux; les alliés, après avoir relié les deux rives du fleuve par un pont de bateaux et fait des reconnaissances sur la rive gauche, attaquèrent le 21 les forts du Pé-ho sur la rive gauche; ils ne s'en rendirent maîtres qu'après un combat assez vif. Restait à prendre le fort en aval de la rive droite. Les mandarins intervinrent et parlèrent de nouveau de négociations, de lettres écrites à Pé-king, de réponses à recevoir, etc. On leur répondit en leur donnant une heure pour rendre le fort. Les Français, l'heure expirée, s'avancent au pas de course sur la position, qui d'un moment à l'autre pouvait les foudroyer; l'infanterie de marine franchit le premier fossé, l'infanterie de ligne le passe à quatre pattes sur une échelle tendue horizontalement; le second fossé est également franchi; on est devant le troisième. L'infanterie de ligne, au moment de le sauter, aperçoit entre les créneaux les baïonnettes de l'infanterie de marine, qui a pénétré dans le fort par les passages ouverts sur le fleuve. Les fantassins essayent vainement d'abaisser le pont-levis; ils se hissent aux cordages que leur tendent leurs camarades, au sommet des remparts, et ils se trouvent bientôt en présence de quatre mille Tartares qui leur demandent la vie à genoux.

Les troupes alliées avaient sans doute fait preuve d'un grand courage en se lançant sur les forts, et ce n'était pas leur faute si elles n'avaient pas trouvé une résistance plus acharnée; mais de tels exploits n'ont pas besoin d'être célébrés, et si cependant ils donnent lieu à des bulletins pompeux, où il est question de cinq forts, de deux camps retranchés, de cinq cent dix-huit canons pris, de deux ou trois mille ennemis tués, de quatre mille prisonniers, le devoir de l'historien est de rappeler que quarante hommes seulement ont été tués du côté des vainqueurs et de mesurer la valeur des résultats au chiffre des pertes.

Des officiers furent dépêchés au gouverneur de Pé-tchi-li; avec mission d'exiger l'abandon de toutes les défenses du Pé-ho. Ces officiers, en se rendant à Si-kon, où ils devaient rencontrer le gouverneur, essayèrent vainement d'intimider le mandarin tartare, qui commandait le grand fort de la rive droite. Ils furent plus heureux auprès du gouverneur, qui, après un long débat, consentit à la remise des forts et des camps de la rive droite avec leurs canons et munitions de guerre. Le 22 au matin, les flottilles entrèrent dans le Pé-ho, portant 2000 hommes à Tien-tsin, où ils s'établirent le 26, les Français sur la rive droite et les Anglais sur la rive gauche du fleuve.

Tien-tsin est le point où le grand canal conduisant à Pé-king se réunit au Pé-ho. C'est une ville fortifiée, centre d'un immense commerce d'entrepôt, et entrepôt général de sel. Un mandarin de première classe à globule rouge, se disant plénipotentiaire de l'empereur de la Chine, arriva le 31 août dans cette ville. Les ambassadeurs alliés engagèrent aussitôt avec lui des pourparlers qui aboutirent à la signature de préliminaires de paix. Ils songeaient déjà à former l'escorte qui devait les accompagner à Pé-king, où aurait lieu l'échange des ratifications du traité. Des écharpes bleu de ciel, des cravates, des burnous écarlates furent même distribués aux chasseurs d'Afrique et aux spahis, qui s'apprêtaient à parader dans les rues de Pé-king, lorsqu'on apprit que le plénipotentiaire chinois avait disparu.

Ces négociations n'étaient qu'une ruse de guerre, pour donner au général en chef, San-ko-li-tsin, le temps d'organiser la défense du pays.

Fig. 20. — Assaut du fort de Tang-Kou (lignes du Pei-Ho).

L'approche de l'hiver commandait aux alliés d'agir promptement. Les généraux se décidèrent à marcher sur Pé-king. Le trajet était long, le pays inconnu, les approvisionnements difficiles à réunir et à transporter par terre ; la difficulté était plus grande encore pour les malades et les écloppés. On résolut de marcher, malgré ces obstacles. L'armée partit le 9 septembre, sur trois colonnes échelonnées à un jour de distance, la première avec le général Grant et lord Elgin, la seconde avec le général Cousin-Montauban et le baron Gros.

La colonne française établit son premier bivouac au village de Pou-kao, après 17 kilomètres de marche. On s'aperçut là que les Chinois requis à Tien-tsin s'étaient sauvés avec leurs attelages. Impossible d'aller plus loin. Le canal impérial put heureusement être utilisé, grâce aux pontonniers. Les malades retournèrent à Tien-tsin dans les jonques qui devaient ramener les provisions et les munitions, pendant qu'une autre escadrille de jonques chargées de bagages et de vivres suivrait la marche des troupes. L'armée apprit, au moment de se remettre en route, que le prince Tsaï, membre de la famille impériale, et le ministre de la guerre Khou se rendaient au devant des alliés. Elle les rencontra en effet le 14 septembre à Rho-se-wou.

La leçon qu'ils venaient de recevoir n'empêcha pas pourtant les ambassadeurs alliés d'entrer en pourparlers avec ces prétendus plénipotentiaires, sans même demander à examiner leurs pouvoirs. Il fut convenu qu'une dernière entrevue aurait lieu à Toung-chao. Les Chinois ne cherchaient cette fois encore qu'à gagner du temps. Les approvisionnements, abondants jusqu'à ce jour, devenaient de plus en plus rares au camp des alliés. Deux interprètes anglais envoyés à Toung-chao pour acheter des denrées trouvèrent, chez les Chinois, une mauvaise volonté inaccoutumée. Divers endroits sur la route portaient des traces récentes de campements de cavalerie. L'armée continuait cependant à suivre avec confiance la route qui devait la conduire dans la capitale du Céleste Empire. Un messager partit même pour prévenir le général Collineau, resté à Tien-tsin, d'accourir au plus vite s'il voulait assister à l'entrée d'honneur qu'on devait faire à Pé-king.

La sécurité était telle qu'un certain nombre d'officiers, auxquels se joignirent diverses personnes qui suivaient l'expédition [1], se lancèrent en

---

1. Bawley, correspondant du *Times;* de Bastard, secrétaire d'ambassade ; d'Escayrac de Lauture ; Walker, lieutenant-colonel chef d'état-major de la cavalerie ; Anderson, lieutenant de dragons, avec un dragon et dix-neuf cavaliers indiens ; Parker et Locke, inter-

avant pour préparer les approvisionnements des deux armées et pour voir le pays. L'armée, se dirigeant le 17 sur Toung-Chao, s'arrêta, vers onze heures et demie du matin, à Ma-tao, village abandonné et offrant les traces encore fraîches d'un grand bivouac de cavalerie. On n'y prit pas garde. Les alliés, le lendemain à six heures du matin, quittent Ma-tao. Ils ont à peine fait une lieue que quatre mandarins, dont un à globule bleu d'un rang supérieur, se présentent soi-disant pour régler la question des vivres à fournir aux alliés. Une conférence en plein air venait de s'établir, lorsque la présence d'une force tartare fut signalée.

Le capitaine d'état-major Chanoine, qui venait de quitter la petite troupe chargée de réunir les approvisionnements, accourut pour prévenir les alliés que l'armée chinoise tout entière était échelonnée entre le point où ils se trouvaient et Toung-chao. Un officier d'administration, arrivé presque en même temps que le capitaine Chanoine, annonça que les alliés avaient devant eux plus de 15 000 cavaliers et de 20 000 fantassins armés de mousquets dont la mèche était allumée. La simple prudence ordonnait de retenir tout de suite les mandarins en otages; mais les rusés Chinois avaient pris les devants. Il était huit heures du matin. Attaquerait-on tout de suite? Le général Montauban était de cet avis, le général Grant voulait attendre, dans la crainte d'exposer la vie des officiers et de leurs compagnons partis pour Tang-chao. L'arrivée du lieutenant-colonel Walker et de cinq cavaliers qui, à travers une vive fusillade de l'ennemi, accouraient vers l'armée anglaise, décida la question; le combat s'engagea pour finir au bout de deux heures par la défaite complète de 50 000 Tartares. Les alliés n'éprouvèrent que des pertes insignifiantes.

Le sort des officiers partis en éclaireurs donnait toujours de vives inquiétudes; s'ils étaient prisonniers, le résultat de la bataille engagerait sans doute l'ennemi à les mettre en liberté, mais un interprète anglais envoyé pour les réclamer n'obtint qu'un refus. Les Chinois n'avaient rien perdu de leur confiance; pleins de mépris pour leur infanterie, à laquelle les alliés avaient eu principalement affaire jusqu'ici, ils comptaient, sur la cavalerie tartare, placée sous les ordres de l'invincible San-ko-li-tsing,

---

prètes de l'ambassade; Norman, attaché à la légation de Shangaï; Follon de Grandchamps, colonel d'artillerie; Chanoine, capitaine d'état-major; Caïd Osman, sous-lieutenant de spahis; Dubut, sous-intendant militaire; Oder et Gagey, comptables. Chaque officier avait son ordonnance. Ces malheureux, pris par les Chinois malgré la protection du drapeau de parlementaire, furent soumis tous à d'odieuses tortures; quelques-uns succombèrent à leurs souffrances; tous ceux qui revirent leurs compatriotes étaient dans un état à faire pitié.

qui, dégradé pour la reddition des forts du Pé-ho, commandait l'armée sous le nom d'emprunt de Sen-wang.

Les alliés sont le 21 septembre devant Toung-chao, dont les vastes faubourgs sont couverts par deux canaux, celui du Pé-ho et celui de Pé-king, que l'on passe sur deux ponts dont l'un pour les piétons seulement; l'autre, d'une plus grande largeur, appelé Pa-li-kao, avec ses

Fig. 21. — Fort du Nord (lignes du Pei-ho), vue intérieure de la Bréchu.

garde-fous ornés de statues de marbre d'animaux, placés sur des pieds-droits. La route de Toung-chao à Pé-king, dallée en énormes blocs de pierre, se relie au pont de Pa-li-kao. La cavalerie tartare campait échelonnée le long du canal du Pé-ho depuis Toung-chao jusqu'en face du pont à piétons : un corps d'infanterie avec du canon occupait le village de Oua-kaua-yé, qui, situé au milieu et un peu en avant de ces camps, formait une position très propre, en cas d'échec, à faciliter la retraite de la cavalerie. Les alliés, sans guides, ignoraient ces dispositions et marchaient au hasard, les Français vers le pont de Pa-li-kao, les Anglais reliés à la gauche des Français, vers l'autre pont.

La droite de l'armée alliée, tenue par les Français, aperçut bientôt la cavalerie tartare formant un immense demi-cercle et masquant ses manœuvres derrière de nombreux bouquets d'arbres. Les généraux en chef, comprenant la nécessité de rétrécir leur ligne de bataille, envoyèrent des renforts au général Collineau, pour lui permettre de communiquer plus facilement avec les Anglais en obliquant à gauche. Le général Montauban et le général Jamin gardèrent le reste des forces. Les deux colonnes françaises se trouvèrent bientôt au centre du demi-cercle formé par la ligne ennemie, avec une assez grande séparation entre elles.

Les Tartares firent aussitôt converger vers leur centre menacé les masses de cavalerie formant leurs ailes. Ce mouvement, opéré derrière la ligne de bataille, produisit sur les alliés l'effet d'une retraite à la droite et à l'extrême droite, mais bientôt ils reconnurent leur erreur, en voyant deux masses de cavalerie fondre sur eux au galop. La gauche reçut les Tartares à la pointe de la baïonnette; à la droite, les tirailleurs eurent à peine le temps de se replier et le 101ᵉ régiment de se former en carré. Les Tartares, accueillis par une vive fusillade, hésitent et se retirent au pas de leurs chevaux, sans abandonner ni un mort ni un blessé sur le terrain. La cavalerie tartare, repoussée par le général Collineau, menace cependant de le prendre à revers par un mouvement tournant. La cavalerie anglaise le dégage. Les Français enlèvent alors le village de Oua-kaua-yé, en chassant la masse ennemie, qui se retire en assez bon ordre. Le général Collineau marche pour réunir les deux ailes sur le pont de Pa-li-kao, couvert de fortifications et de canons dont, heureusement, les coups mal dirigés passent au-dessus de sa tête. Débouchant par la gauche, il bat le pont en écharpe par une batterie de 4 et de plein fouet par une batterie de 12. La prise du pont décidait du succès de la journée; il tombe entre les mains des Français; la bataille était finie; Chinois et Tartares avaient cette fois montré un égal courage; les soldats de la garde impériale, à la robe jaune bordée de noir, s'étaient fait tuer à leur poste. Le combat, commencé à sept heures du matin, finissait à onze heures, et les Français campaient à midi sous les tentes des vaincus, près du pont de Pa-li-kao. Les armées alliées eurent 6 hommes tués et 34 blessés : 2000 Chinois tués ou blessés restèrent sur le champ de bataille. Le chiffre de leur armée peut être évalué à 55 000 hommes, dont 30 000 de cavalerie.

La route de Pé-king était ouverte; mais les alliés manquaient de munitions et attendaient des renforts de Tien-tsin; il fallut s'arrêter à Toung-chao. Le prince Kong, frère puîné de l'empereur, chargé de reprendre les négociations, demanda la cessation des hostilités. Les alliés exigeaient avant tout la remise des prisonniers; les Chinois ne voulaient les rendre qu'après la paix et l'évacuation du Pé-ho. Les généraux de Montauban et Grant, résolus à ne point laisser à l'ennemi le temps de remonter son moral, se mirent en marche sur Pé-king, le 4 octobre, à dix heures du matin, et ils arrivèrent bientôt à un village entouré d'énormes fours à briques du haut desquels on apercevait parfaitement les murailles et les édifices de la capitale de la Chine. Un camp tartare était adossé aux murailles du nord. Le lendemain, les alliés quittèrent ce village, chaque soldat portant trois jours de vivre sur son dos, pour se diriger sur Pé-king, dont ils trouvèrent le rempart abandonné; l'armée chinoise s'était retirée sur le Palais d'Été (Yuen-min-yuen), situé à 10 kilomètres au nord-est de la capitale. Les alliés s'y portèrent sans délai.

Les Français, parvenus, à la nuit tombante, à l'entrée d'un village dont les habitants les regardaient passer avec plus de surprise que de crainte, n'étaient plus qu'à quelques kilomètres du Palais d'Eté; ils suivirent pour s'y rendre une route encaissée par de hautes murailles qui les conduisit à une vaste plaine plantée de grands arbres et bornée à gauche par un lac; à droite s'élevait la résidence impériale, défendue par une douzaine d'hommes armés d'arcs et de fusils à mèche, qui, à leur aspect, s'enfuirent en jetant leurs armes. Le palais fut fouillé, et l'on put se convaincre qu'il était abandonné complètement. La nuit ne permit pas de le visiter; mais le lendemain, à huit heures du matin, le général Cousin-Montauban et son état-major, ses chefs de service, et un brigadier anglais accompagné de ses officiers, pénétrèrent dans le palais d'été de l'empereur de la Chine. M. Cousin-Montauban avait autorisé chacun des membres du cortège à choisir un objet à sa convenance comme souvenir, ajoutant qu'il comptait sur l'honneur de tous pour respecter le reste jusqu'à l'arrivée de lord Elgin et du général Grant.

Le Palais d'Été, chef-d'œuvre de l'architecture chinoise, annonçait bien par son aspect extérieur les merveilles de l'ornementation intérieure. Sa porte, flanquée sur chacun de ses côtés d'un lion colossal de bronze, posé sur un piédestal de marbre blanc de plus de 3 mètres de hauteur, donnait sur une place dallée. Un bâtiment ayant la forme d'un parallélogramme s'offrait ensuite à la vue; on y pénétrait par un escalier de marbre blanc conduisant à une salle immense, à l'extrémité de laquelle s'élevait un trône de bois noir sculpté à jour du plus merveilleux travail; plusieurs degrés y menaient entre deux rangées de brûle-parfums en émail cloisonné et de gigantesques vases émaillés ornés de toutes sortes d'animaux. Un tableau peint sur soie et représentant des vues des palais impériaux couvrait le mur de gauche. Des étagères circulant autour de la salle supportaient des vases émaillés, sculptés, cloisonnés, d'une beauté sans pareille, des piles d'albums, des livres écrits de la main des empereurs, les trésors les plus précieux de l'art chinois, le plus raffiné de tous les arts.

Une seconde salle, moins riche, mais plus élégante que la première, était entourée d'appartements remplis de nouvelles merveilles : « armes damasquinées, coupe de jade vert et blanc; châsses d'or ou d'argent incrustées de turquoises verdies par le temps, de perles, de diamants, contenant des idoles d'or massif : fleurs, fruits de perles fines, petits palais, arbres où se tordaient et s'amalgamaient les matières les plus précieuses. Les yeux en étaient éblouis et les désirs comme saturés [1]. »

Les visiteurs, en sortant de ces appartements féeriques, se trouvèrent devant un lac artificiel entouré de rochers et de montagnes rapportés; un pont jeté sur un canal menait dans une troisième salle aussi élégante que les précédentes, mais d'une élégance plus intime. Le magasin de fourrures et de robes, les appartements de l'Empereur et de l'Impératrice venaient ensuite. Il faut renoncer à décrire ce qu'ils contenaient. Ce qu'on avait vu jusque-là n'était qu'un échantillon du spectacle qui s'offrit alors. C'était une vision des *Mille et une Nuits*, une féerie véritable [2]

L'admiration dans laquelle les visiteurs s'étaient renfermés jusqu'ici faisait place peu à peu dans leur âme à un sentiment plus vulgaire : l'envie de posséder les richesses qu'ils couvaient des yeux et qu'ils touchaient d'une main fiévreuse; sous l'influence de cette ardente convoitise, la parole donnée fut oubliée, et, sans qu'on puisse savoir qui donna l'exemple, Français et Anglais se livrèrent aux préliminaires de la grande opération qu'on appela plus tard le « Déménagement du Palais d'Été ». Les passions cupides de l'armée étaient déjà si fortement surexcitées, que les soldats menaçaient de faire irruption dans le palais à la suite du général en chef; la compagnie d'infanterie de marine, proposée à la garde de la porte n'était plus une protection suffisante, « la tentation était trop forte, elle avait gagné les officiers et les soldats de garde [3]. »

Les précautions nécessaires furent prises pour procéder à un pillage méthodique, qui commença le jour même, et qui ne laissa inexploré aucun

---

1. *Expédition de Chine*, par Paul Varin.
2. *Ibid.*
3. *Ibid.*

coin ni recoin du palais. « Un officier débouchant d'un couloir sombre
« dans un enfoncement plus sombre encore, et perdu dans ces ténèbres,
« recourut à la clarté fugitive d'une allumette chimique. Il était dans une
« salle qu'il inonda bientôt de lumières, grâce aux nombreux candélabres
« chargés de bougies dont elle était ornée. Alors surgit à ses yeux le plus
« splendide des spectacles. A gauche et à droite de cette salle s'élevaient

Fig. 22. — Les négociateurs du traité de commerce, MM. Cobden, Michel Chevalier, Rouher.

« deux autels merveilleusement parés, sur lesquels brillaient des brûle-
« parfums, des chandeliers et des vases d'or massif, ciselés et incrustés de
« perles et de pierres précieuses. Au centre d'un de ces autels, une petite
« châsse d'or, ornée de turquoises que l'antiquité avait verdies, renfer-
« mait une idole de pierre noire surmontée d'une tête d'animal, loup ou
« renard. La châsse portait quatre inscriptions; à droite et à gauche de
« la châsse étincelaient de pierreries deux crânes humains montés en
« forme de coupe. L'éclat de l'illumination attira bientôt du monde dans
« la salle, qui devint ce que devenaient à cette heure toutes choses dans
« le palais de l'empereur de la Chine. C'était sa chapelle particulière [1]. »
Un second lac, plus vaste que le premier, s'étendait derrière le palais.

1. *Expédition de Chine*, par Paul Varin.

Trois édifices : la chancellerie, contenant des monceaux d'écrits et de boîtes d'encre de Chine, le magasin des étoffes et le magasin des meubles, vastes amas de richesses, s'élevaient près d'une immense pagode formant à l'intérieur une infinité de petits temples remplis d'offrandes splendides. On y trouva une armure dont le casque portait au cimier une perle grosse comme un œuf de pigeon et du plus pur orient [1]. En face de la pagode, un palais transformé en magasin était encombré de pièces de soie, de velours, de satin brochées d'or, et ornées du dragon à cinq griffes. Le palais des concubines de l'empereur mirait dans les eaux d'un lac ses toits de laque et les fenêtres de ses appartements regorgeant de tout ce que la fantaisie et la délicatesse féminines peuvent rêver de plus admirable. Meubles, vases, bijoux, objets d'art, vases cloisonnés, craquelés, jades, laques rouges, on fit main basse sur les trésors accumulés d'une des plus anciennes civilisations du globe. Le déménagement dura jusqu'à l'arrivée du général Grant, à deux heures. Une commission composée d'un colonel et de deux officiers fut alors nommée dans chaque armée, pour procéder au choix, au classement et au partage des objets dignes d'être offerts à LL. MM. l'empereur des Français et la reine de la Grande-Bretagne, dont les palais allaient se parer des dépouilles d'un souverain auquel ils prétendaient apporter les lumières de la civilisation. Le produit de la vente qui eut lieu, après ce prélèvement, fut distribué aux troupes. La part de chaque soldat fut de 100 francs environ.

Les Français et les Anglais qui, depuis leur départ pour Tang-chao, n'avaient point encore rejoint l'armée, qu'étaient-ils devenus? Divers objets leur ayant appartenu et trouvés dans le palais permettaient d'espérer qu'ils étaient vivants ; mais on n'avait encore sur eux aucune nouvelle certaine au moment où l'armée française quitta cet étrange bivouac du Palais d'Été, où les chevaux avaient pour litière un demi-pied de soie jaune impériale, et où le soldat, après avoir dormi sur les étoffes les plus précieuses, à côté des plus admirables objets d'art, déchirait, brisait, foulait aux pieds tout ce qu'il ne pouvait pas emporter, jetant jusqu'à l'argent à cause de son poids. « Plus d'un soldat donna un lingot de 500 francs pour une bouteille d'eau-de-vie ou d'absinthe [2]. » Grenadiers, voltigeurs, soldats du centre, le képi entouré de soieries précieuses rouges, jaunes, bleues, marchaient suivis d'un Chinois chargé de leur butin et attaché à leur sac par sa longue queue en cheveux.

---
1. L'armure et le casque furent offerts à l'Empereur. On prétend que la perle se perdit en route.
2. *Expédition de Chine*, par Paul Varin.

Les alliés, pendant cette marche, apprirent enfin que les prisonniers ou du moins ceux qui survivaient allaient leur être rendus. Le récit des tortures subies par eux en présence et pour l'amusement de l'empereur et de la famille impériale adoucit, sans le justifier aux yeux des rares moralistes de l'armée, la tristesse du spectacle auquel ils venaient d'assister.

Les armées alliées campèrent le 9 octobre au soir sous les murs de Pé-king. Leur position n'était pas des plus brillantes. La cavalerie tartare pouvait, en se répandant sur les 140 kilomètres qui les séparaient de Tien-tsin, les couper de leur ligne d'approvisionnement et les mettre dans la nécessité de forcer l'entrée d'une ville immense, dont les murs seuls offrent une épaisseur plus forte que celle d'aucune forteresse européenne. Aussi les généraux, tout en continuant les opérations d'un siège qu'ils savaient bien ne pouvoir mener à bonne fin, attendaient avec impatience la réponse du gouvernement chinois aux propositions des ambassadeurs. Les mandarins heureusement cédèrent aux conseils du général Ignatieff, ministre de Russie, et se décidèrent à livrer une des portes de Pé-king aux alliés le 14 octobre à midi.

Les Anglais, arrivés avant l'heure convenue, pénétrèrent les premiers dans la ville, sans attendre leurs alliés, voulant sans doute accréditer le bruit déjà répandu par eux que l'armée française faisait la guerre sous leur direction et à leur solde. L'aigreur était donc assez grande entre les officiers des deux armées, mais le sentiment de leur isolement au bout du monde, maintenait entre eux une concorde apparente et d'autant plus nécessaire que les pourparlers entre les diplomates continuaient, mais avec une lenteur habituelle aux Chinois et très nuisible aux alliés. L'hiver, si dur dans ces climats, commençait à faire sentir ses rigueurs. Il fallait prendre une décision. Lord Elgin voulait que l'armée, bravant le danger de s'établir au milieu d'une population immense qui n'aurait qu'à se resserrer pour l'étouffer, prît ses quartiers d'hiver à Pé-king. Le général Cousin-Montauban se prononça pour la retraite sur Tien-tsin. Lord Elgin finit par y consentir; mais, avant de se décider au départ, il menaça de brûler le Palais d'Hiver si le traité n'était pas signé le 23, et, comme pour donner les arrhes de cette menace, il fit mettre le feu au Palais d'Été : bibliothèques pleines des produits littéraires de plus de quarante générations, pagodes deux ou trois fois plus vieilles que les plus anciens monuments de l'Europe, palais, kiosques, ponts pittoresques, terrasses, vases, statues de granit et de marbre, tout cela ne fut plus bientôt qu'un amas de décombres noirs tachés de marques sulfureuses, gardé par les deux énormes lions de bronze placés à l'entrée du palais détruit, qu'on n'a pas pu emporter à cause de leur dimension et de leur poids.

Les Anglais, auxquels on reproche cet acte de vandalisme, répondent que lord Elgin n'avait que trois moyens d'obtenir justice des traitements cruels infligés à ses compatriotes : payement d'une amende préalablement à toute signature de traité ; érection d'un monument aux dépens du gouvernement chinois, avec une inscription constatant les circonstances qui avaient accompagné l'arrestation et le meurtre des sujets anglais ; enfin destruction du Palais d'Été. Lord Elgin éprouvait une vive répugnance à admettre une compensation en argent pour un pareil crime. Il était impossible d'ailleurs, dans l'état de désorganisation où se trouvait le gouvernement chinois, d'obtenir de lui une indemnité pécuniaire, à moins de mettre la main sur les revenus des douanes, en lui laissant cependant une portion de ce revenu, suffisante pour qu'il s'intéressât à la continuation du commerce des indigènes avec les étrangers. Or la somme équivalant au chiffre de l'indemnité réclamée en ce moment au nom du gouvernement de la reine et du gouvernement impérial représentait déjà 40 pour 100 des recettes douanières.

Lord Elgin aurait pu, il est vrai, exiger que les individus coupables de cruautés envers les étrangers ou de violation du drapeau parlementaire lui fussent livrés ; mais quelques malheureux Chinois, au-dessous de la grâce comme du châtiment, n'étaient pas des victimes dignes de sa colère. En désignant spécialement San-ko-lin-tsin, dont la culpabilité en ce qui concerne la violation du drapeau parlementaire était suffisamment établie pour le faire condamner par un conseil de guerre, ne s'exposait-il pas à faire au gouvernement chinois une demande qu'il eût accordée peut-être, mais qu'il n'eût certainement pu mettre à exécution? La destruction du Yuen-ming-yuen était donc le seul châtiment possible ; c'était la résidence favorite de l'empereur ; l'orgueil de ce souverain ne pouvait manquer d'être profondément atteint par sa ruine. C'est là d'ailleurs que les malheureux Anglais avaient subi les plus affreuses tortures, qu'on avait trouvé les chevaux, les uniformes, les décorations arrachées de la poitrine des soldats. C'est là que devait avoir lieu l'expiation.

Les Anglais prétendent que la crainte de voir cette destruction se renouveler sur le Palais d'Hiver dans Pé-king même, rendit les Chinois plus traitables et contribua puissamment à tirer les alliés de la position critique dans laquelle ils se trouvaient. L'empereur de la Chine, en s'enfuyant dans la Mantchourie, leur enlevait en effet tout espoir de traiter.

L'influence du prince Kong, cousin de l'empereur, moins hostile aux Européens que les autres membres de la famille impériale, et l'entremise du général Ignatieff, ambassadeur de Russie, firent heureusement plus

Fig. 23. — Intérieur du fort du Nord (ligne du Peï-ho).

que les ruines du Palais d'Été pour changer la face des choses. La paix, grâce à leurs efforts communs, fut signée le 25 octobre 1860 par le baron Gros, lord Elgin et le prince chinois.

Résidence des ministres étrangers à Pé-king, ouverture de Tien-tsin au commerce, indemnité de huit millions de taëls, autorisation accordée à l'émigration chinoise, cession du territoire de Coa-loun à l'Angleterre; le prince Kong souscrivit sans hésiter à toutes les conditions qui lui furent imposées.

Les résultats de cette campagne, dans laquelle les alliés armés d'engins perfectionnés avaient détruit à distance, partout où elle osa se montrer, l'armée chinoise, qui comptait encore un grand nombre de soldats armés de fusils à mèche et d'arcs, qui ne savaient que se faire tuer avec le mépris ordinaire des Asiatiques pour la mort, se résumèrent dans quelques phrases de la presse officieuse française sur la bataille de Pa-li-kao, comparée à celle d'Héliopolis et d'Isly, et sur le drapeau tricolore déployé sur les murs de Pé-king. En admettant que les Tartares fussent aussi braves que les Mameluks ou les Arabes, il resterait toujours aux vainqueurs d'Héliopolis et d'Isly la gloire d'être rentrés pauvres dans leur pays et de n'avoir pas compromis, par le trafic public d'un butin conquis sans peine, la réputation de désintéressement de l'armée française [1]. La paix rendait disponibles la flotte et une partie du corps expéditionnaire. Le gouvernement français entreprit aussitôt une expédition en Cochinchine dont il

---

1. Voici quelques extraits du catalogue d'une vente dont l'annonce causa à Paris une vive sensation en 1862.

L'affiche en était ainsi conçue :

OBJETS D'ART ET DE CURIOSITÉ

Provenant en grande partie du

PALAIS D'ÉTÉ

De Yuen-Meng-Yuen

Et composant le musée japonais et chinois de

M. LE COLONEL DUPIN

Vente, rue Drouot, les 26, 27, 28 février et 1er mars 1862.

La préface du catalogue de la vente du colonel commençait ainsi :

Il a fallu que la diplomatie nous donnât accès au Japon (1858) et que l'épée nous ouvrit la route de Pékin (1860) pour nous faire connaître les richesses artistiques des deux grands empires de l'extrême Orient. Jusque-là, il n'en était venu en Europe que des spécimens secondaires, généralement modernes. Ceux que présente ce catalogue sont la plupart anciens et d'une perfection dont les artistes indigènes contemporains semblent avoir perdu le secret. On trouve ici des pièces qui remontent jusqu'au vi° siècle de notre ère; il en est même un certain nombre qui sont uniques.

Le catalogue comptait 331 numéros, et la deuxième section, allant du n° 282 au n° 331, était consacrée exclusivement aux objets provenant du Palais d'Été de l'empereur de la Chine.

On y remarquait :

N° 282. — *Une coupe en or massif*, ornée de grosses perles fines, rubis, saphirs, fabriquée dans la période *Kien-long*. Elle avait été *trouvée* dans la chapelle secrète de l'empereur.

N° 283. — *Une religieuse en or massif*, ornée de turquoises très anciennes (divinité protectrice du palais), « trouvée » également dans la chapelle secrète de l'empereur.

N° 290. — *Flacon-tabatière* de l'empereur, creusé dans un bloc de cristal de roche blanc.

N° 306. — *Deux robes de l'empereur*, en velours et soie brodée d'or fin, portant le dragon impérial à cinq griffes.

N° 326. — *Cachet* privé de l'empereur, « trouvé » dans son cabinet particulier.

L'inscription porte : « J'écoute; je reçois les avis; je regarde et j'examine avec soin l'homme qui les donne. »

N° 329. — *Grand album* représentant les 40 vues des palais de Yuen-Meng-Yuen, peintures sur soie; légendes en regard de chaque palais.

Et ce dernier article était suivi de la note que voici : « Pièces uniques et les seules qui nous conservent l'image des palais incendiés. »

confia le commandement au vice-amiral Charner, commandant en chef des forces navales de l'expédition de Chine.

Le traité de Paris avait placé les populations chrétiennes de l'empire turc sous la protection de l'Europe, grand mot qui cachait de très petits résultats. L'action de l'Europe, humiliante pour les musulmans, inefficace pour les chrétiens, mécontenta tout le monde et créa de nouveaux griefs au lieu d'apaiser les anciens. Les ambassadeurs des grandes puissances, satisfaits de l'exactitude affectée, avec laquelle la Porte tenait la main à l'exécution des réformes dans Constantinople, ne portaient pas leurs regards au delà des murs de la capitale, et, jaloux les uns des autres, ils se surveillaient au lieu de surveiller le gouvernement turc.

La révolte des cipayes avait produit une profonde émotion dans le monde de l'Islam ; les événements de l'Inde, traduits par l'imagination des populations si profondément ignorantes de l'Orient, prirent des proportions extraordinaires à leurs yeux. Les vrais croyants crurent que l'heure était venue d'exterminer les mécréants. Des émissaires venus de La Mecque prêchaient secrètement la guerre sainte dans les centres principaux où se trouvaient groupées les populations chrétiennes. Le patriotisme et le zèle religieux des Turcs, offensés par les concessions accordées aux chrétiens depuis la guerre de Crimée, n'attendaient qu'une étincelle pour faire explosion. Les autorités turques, qui connaissaient l'état des esprits, au lieu d'interdire aux populations du Liban de renouveler leurs munitions de guerre, laissèrent non seulement les Druses s'approvisionner de poudre et d'armes, mais encore elles retirèrent toutes les troupes régulières de Syrie, laissant Damas, la capitale de cette province, sous la garde de quelques centaines de soldats.

La route de Beyrouth à Damas divise le Liban en deux parties : les chrétiens occupent exclusivement les districts situés au nord ; les districts du sud sont habités par les Druses et les Maronites ; ces derniers y forment la majorité. Des cheicks et des émirs appartenant aux deux religions administraient les montagnards, sous l'autorité d'un chef héréditaire commun à tout le Liban, recevant l'investiture de la Porte et lui payant tribut. Le traité du 14 juillet 1840 replaça la Syrie et le Liban sous l'autorité directe de la Turquie, qui, après bien des tentatives pour réduire le Liban à l'état de simple pachalick, se contenta de le partager et de donner un chef aux districts chrétiens, et un chef druse aux districts druses, où cependant l'élément chrétien domine. Nulle combinaison n'était plus propre à susciter les rivalités de race et de religion.

La guerre, sous l'influence de ces causes diverses, ne pouvait pas manquer d'éclater dans le Liban. Les consuls de France, d'Angleterre, de Russie et des autres puissances demandèrent au début des hostilités, au pacha de Beyrouth et au vice-roi de Damas, des garanties pour la vie et les propriétés des chrétiens ; mais l'accord sur la nature des mesures à prendre ne régnait pas, malheureusement, dans le corps consulaire ; les Turcs avaient donc toute liberté pour laisser le feu s'éteindre ou pour l'attiser.

L'attaque par les Druses d'une troupe nombreuse de Maronites, le 20 mai 1860, donne le signal des meurtres et du pillage, qui couvrirent bientôt la contrée. Un chef puissant, Saïd Djemblat, pille et rançonne les chrétiens du district de Djezzin, qui se réfugient à Saïda sous la protection des Turcs. Les Musulmans et les Druses se portent au-devant des fugitifs, enfants, vieillards, femmes, prêtres, exténués, blessés, et les massacrent devant les soldats turcs, indifférents ou complices.

La révolte se propage ; les Druses du Hauram, district voisin de Damas, mettent le siège devant Hasbeya et Rascheya, où habitent les chrétiens du rite grec non soumis à l'organisation de la montagne, et où résident des gouverneurs ayant sous la main une assez forte garnison turque ; les chrétiens de Hasbeya se défendent, mais les vivres leur manquent, ils demandent protection aux Turcs. Le lieutenant-colonel Osman offre aux chrétiens de les accueillir s'ils déposent leurs armes. Ils acceptent et sont livrés aux Druses. Rascheya est le théâtre d'une semblable trahison.

Les chrétiens, après ce désastre, conservaient encore deux positions importantes : Deïr-el-Kamar et Zahlé. Les habitants de cette ville, assiégés par les Druses, refusent de laisser les Maronites, accourus à leur aide, entrer dans leur ville, sous prétexte que leur chef, Joseph Karam, veut s'en emparer. Les consuls demandent le 12 juin à Kurchid-Pacha d'envoyer des troupes à Zahlé. Il promet d'agir, à condition que les chefs chrétiens se tiendront en dehors de la lutte. Quelques centaines de soldats turcs et d'artilleurs, sous les ordres de Noury-Bey, marchent sur Zahlé. Les Druses n'en attaquent pas moins cette ville, qui succombe le 19 juin, sous le canon d'une batterie montée et servie par l'artillerie turque.

Des hordes sauvages portent le pillage, l'incendie et le massacre dans un rayon de six lieues autour de Zaïda. Les chrétiens sont livrés à la fureur des Druses à Hasbeya et à Deïr-el-Kamar, dans le palais même du sérail où ils s'étaient réfugiés. Le massacre a lieu en présence, sinon par

Fig. 24. — Bataille de Pali-kao.

les ordres du commandant de la garnison : églises dévastées, maisons pillées et incendiées, hommes sans défense assommés à coups de hache, femmes chrétiennes et sœurs de charité soumises aux derniers outrages, les mêmes excès se commettent partout. La terreur qui règne dans la montagne remplit Beyrouth et Damas de fugitifs. Chaque maison chrétienne accueille une ou deux familles : le patriarcat grec, les khans, les églises, peuvent à peine contenir ces malheureux ; les rues sont pleines de gens qui, riches hier, tendent la main aujourd'hui. Les vivres triplent et cependant la charité chrétienne s'exerce largement.

Les chrétiens de Damas, désarmés et parqués dans un quartier, ne pouvaient ni résister ni fuir et n'avaient pour protection que mille bachibouzouks, cinq cents hommes de troupes qu'on nomme régulières en Turquie, et les soldats qui avaient suivi Abd-el-Kader dans son exil. Ces Arabes arrachèrent aux assassins un grand nombre de victimes en ouvrant aux chrétiens un asile dans la maison de l'émir et dans la citadelle, où ils forcèrent le gouverneur Ahmet-Pacha, plongé dans une criminelle apathie, à les recevoir.

Napoléon III reçut la nouvelle de ces événements à Baden, où il s'était rendu pour rassurer le régent de Prusse et les souverains allemands sur les projets de guerre et de conquête qu'on lui prêtait. La pensée d'une expédition en Syrie se présenta tout de suite à son esprit ; il avait besoin pour la réaliser du consentement des puissances ; malheureusement des difficultés existaient depuis quelque temps entre les cabinets de Londres et de Paris au sujet de l'Italie. Napoléon III aurait voulu intervenir pour réconcilier le roi de Piémont et le roi de Naples. Le ministère anglais se prononçait énergiquement contre cette intervention. Ce n'était pas le moment d'en tenter une nouvelle en Syrie, au risque de réveiller la question d'Orient ; mais la pensée de déployer le drapeau tricolore sur le Liban devait d'autant plus tenter un souverain habitué à rechercher les effets de mise en scène, qu'il y était encouragé par le haut clergé, convaincu qu'il ne serait pas plus difficile de constituer un royaume chrétien s'étendant du Liban à Jérusalem et de la Méditerranée au Jourdain, qu'il ne l'avait été de former un royaume de Grèce [1].

Napoléon III commença par adresser le 6 juillet à ses représentants à Londres, Berlin, Saint-Pétersbourg et Vienne, une dépêche dans laquelle il insistait sur la nécessité de réprimer l'insurrection et de former une

---

1. Discours du cardinal Donnet au Sénat, séance du 14 mai.

commission des délégués des puissances et de la Porte, pour rechercher la cause des derniers conflits, indemniser les victimes et réorganiser le pays de façon à rendre de pareils malheurs impossibles à l'avenir. L'ordre fut donné en même temps d'augmenter les forces navales du littoral syrien et de les tenir à la disposition des consuls.

M. Thouvenel manda quelques jours plus tard à M. de Persigny, ambassadeur à Londres, que l'ordre donné aux commandants des escadres de mettre leurs équipages à la disposition des consuls ne permettait pas d'atteindre l'insurrection dans son foyer, et qu'un corps de troupes pouvait seul remplir cette tâche, d'accord avec la Porte et avec les puissances. Il le chargea en même temps de proposer au gouvernement anglais d'envoyer un corps de troupes anglo-françaises en Syrie.

L'Angleterre se résigna non sans peine à accepter cette proposition. Il fallut que Napoléon III, dans une lettre [1] à M. de Persigny, plaidât pour ainsi dire sa cause auprès de lord Palmerston. « Les choses, dit-il à son « ambassadeur, me semblent si embrouillées, grâce à la défiance semée par« tout depuis la guerre d'Italie, que je vous écris dans l'espoir qu'une con« versation à cœur ouvert avec lord Palmerston remédiera au mal actuel. « Lord Palmerston me connaît, et, quand j'affirme une chose, il me croira. » Sa pensée depuis Villafranca a été, assure-t-il, d'inaugurer une ère de paix avec tous ses voisins, surtout avec l'Angleterre. « J'avais même renoncé à la Savoie et à Nice ; l'accroissement du Piémont me fit seul revenir sur le désir de voir réunies à la France ces provinces essentiellement françaises. » Napoléon III, après avoir repoussé le reproche d'augmenter ses armements, ajoutait qu'il ne voulait faire des conquêtes qu'en France, que l'Algérie lui coûtait assez cher, et qu'il ne cherchait pas l'occasion de faire une petite guerre. Si les engagements pris à Villafranca l'avaient empêché de s'entendre avec l'Angleterre au sujet de l'Italie du centre, il ne demandait pas mieux que d'agir de concert avec elle dans l'Italie méridionale : « En résumé, voici le fond de ma pensée : Je désire que l'Italie se pacifie n'importe comment, mais sans intervention étrangère, et que mes troupes puissent quitter Rome sans compromettre la sécurité du pape. »

Le cabinet anglais accepta donc en principe la proposition de Napoléon III, en ajoutant que, ne pouvant fournir des soldats, il augmenterait la station navale des côtes de Syrie, et qu'il ne jugeait pas nécessaire l'adjonction à l'expédition des forces de la Russie et de la Prusse.

---

1. *Journal d'un diplomate en Italie*, par Henri d'Ideville (pièces justificatives).

Ces deux puissances accueillirent sans trop de répugnance la proposition d'intervention de la France. La Turquie s'y opposa très vivement « Le projet d'une expédition, disait-elle dans une note remise le 26 juillet au corps diplomatique à Constantinople, par l'impression qu'elle ne manquera pas de produire sur les musulmans et les chrétiens, aura des conséquences que nul ne peut prévoir, de telle sorte que, en voulant protéger les chrétiens dans une partie de l'empire, on provoquera dans d'autres une grande effusion de sang. » La Porte prétendait, d'ailleurs, avoir des forces suffisantes pour rétablir l'ordre en Syrie.

Le cabinet de Londres ne tarda pas, en voyant l'opposition de la Turquie, à modifier ses dispositions. Lord Russel, sans revenir sur son consentement, aurait voulu d'abord qu'on ne recourût à l'intervention des troupes étrangères que dans le cas où les troupes turques ne suffiraient pas à rétablir l'ordre, ensuite que le commandant de ces troupes fût seul juge de l'opportunité de l'intervention, et enfin que l'occupation européenne ne durât que six mois. Ces obstacles indirects élevés contre l'expédition ne pouvaient la retarder longtemps. M. Thouvenel n'eut pas de peine à démontrer que l'obligation de ne recourir à l'emploi de moyens militaires que sur le consentement de la Porte était une chose tout à fait incompatible avec la sûreté du corps expéditionnaire et l'indépendance du commandement.

La Russie prit à son tour une attitude moins bienveillante à l'égard du projet de Napoléon III; elle commença même à lui susciter des difficultés. Elle proposa d'ajouter à la convention un article dans lequel les puissances, « d'accord avec la Turquie, et conformément à ses engagements solennels, prendraient des mesures efficaces pour améliorer la situation des chrétiens dans tout l'empire, pour mettre un terme aux intolérables abus qu'on venait encore une fois de signaler, et pour en empêcher le retour par des mesures administratives énergiques. » Les puissances se seraient engagées de plus, si des troubles sanglants se reproduisaient ailleurs, à agir de concert avec la Turquie comme elles seraient convenues de le faire à l'égard de la Syrie.

La Russie, en généralisant ainsi la question, restait fidèle à la politique suivie par elle, non sans succès, depuis 1856, et qui consistait à reprendre son rôle de protectrice des chrétiens d'Orient. Le gouvernement français, malgré son penchant à seconder en toute circonstance les vues de la Russie, ne pouvait consentir à changer le sens restreint de son intervention en Syrie. Une sorte de satisfaction fut néanmoins donnée à la

Russie par un protocole additionnel dans lequel les puissances déclaraient qu'elles n'entendaient poursuivre aucun avantage territorial, aucune influence exclusive, ni aucune concession touchant le commerce de leurs sujets qui ne pourrait être accordée au commerce de toutes les autres nations. Les signataires de la convention ajoutaient en parlant d'eux-mêmes : « Ils ne peuvent s'empêcher, en rappelant ici les actes émanés de S. M. le Sultan, dont l'article 9 du traité du 30 mars 1856 a constaté la haute valeur, d'exprimer le prix que leurs cours respectives attachent à ce que, conformément aux promesses solennelles de la Sublime Porte, il soit adopté des mesures administratives sérieuses pour l'amélioration du sort des populations chrétiennes, de tout rite, de l'empire ottoman. »

Le Piémont, qui avait figuré au congrès de Paris, aurait voulu participer à ces arrangements. Les puissances répondirent à ses demandes par un refus motivé sur ce qu'il n'avait pris aucune part aux traités de 1840, de 1842 et de 1845.

Les puissances ayant enfin consenti à l'intervention française, les troupes formant l'expédition de Syrie, sous le commandement du général d'Hautpoul-Beaufort, quittèrent le camp de Châlons le 7 août. L'Empereur leur adressa cette proclamation, bien emphatique si on la compare aux résultats obtenus :

« Soldats,

« Vous partez pour la Syrie, et la France salue avec bonheur une expédition qui n'a qu'un but : celui de faire triompher les droits de la justice et de l'humanité.

« Vous n'allez point en effet faire la guerre à une puissance quelconque, mais vous allez aider le Sultan à faire rentrer dans l'obéissance des sujets aveuglés par le fanatisme d'un autre siècle.

« Sur cette terre lointaine, riche en grands souvenirs, vous ferez votre devoir et vous vous montrerez les dignes enfants de ces héros qui ont porté glorieusement dans ce pays la bannière du Christ.

« Vous ne partez pas en grand nombre, mais votre courage et votre prestige y suppléeront, car, partout aujourd'hui où l'on voit passer le drapeau de la France, il y a une grande cause qui le précède et un grand peuple qui le suit. »

L'armée française était suivie d'une commission internationale, chargée de rechercher les circonstances ayant amené les derniers conflits, de déterminer la part de responsabilité des chefs de l'insurrection et des agents de l'administration locale, les réparations dues aux victimes, et enfin d'étudier les dispositions qui pourraient être adoptées pour conjurer de nouveaux malheurs. Cette commission, intervention diplomatique de l'Europe à côté de l'intervention militaire, ne plaisait pas plus que celle-ci au gouvernement ottoman [1].

Le débarquement prochain de l'expédition décida la Turquie à envoyer en Syrie un représentant, Fuad-Pacha, muni de pleins pouvoirs, pour rétablir l'ordre. Il arriva le 17 juillet à Beyrouth, dont il destitua le gouverneur, Kurchid-Pacha ; Achmet-Pacha, gouverneur intérimaire de Damas, eut le même sort. Ces deux fonctionnaires furent dirigés sur Constantinople, où ils devaient être livrés à la justice turque, fort suspecte en pareille circonstance ; les réclamations de M. de Lavalette décidèrent enfin le gouvernement ottoman à les renvoyer en Syrie pour y être jugés par les soins de la commission européenne.

Fuad-Pacha fit le 29 juillet son entrée à Damas, à la tête de 3000 hommes de troupes régulières. Sept cents individus ayant figuré parmi les principaux auteurs des attentats dont la ville avait été le théâtre le mois précédent furent emprisonnés. Ils appartenaient aux dernières classes de la société. Les coupables d'un rang plus haut, vainement désignés par le consul de France, restèrent en liberté.

La répression ne data réellement que du débarquement des troupes françaises à Beyrouth, le 16 août ; cent cinquante-huit condamnations à mort furent exécutées quatre jours après, sans atteindre encore aucun des vrais instigateurs et complices des meurtres. Fuad-Pacha espérait satisfaire ainsi l'Europe, sans porter un coup trop sensible à l'influence du parti musulman en Syrie ; mais, sur l'insistance de la commission européenne, il dut se résigner à mettre en jugement les membres du grand conseil de Damas.

Les chefs druses, principaux auteurs des massacres, s'étaient réfugiés dans le Liban ; le général d'Hautpoul-Beaufort, décidé à s'emparer de leurs personnes, avait manifesté l'intention formelle de pénétrer dans la montagne ; l'occupation de Damas, la ville sainte, par les infidèles, devait être la suite de ce mouvement. Fuad-Pacha, pour l'empêcher, se résigna enfin à faire fusiller Achmet-Pacha, gouverneur intérimaire de Damas, le colonel Ali-Bey, qui avait livré au poignard des Druses les chrétiens qui s'étaient confiés à sa garde, le lieutenant-colonel Osman-Bey, gouverneur de Hasbeya, et le chef de bataillon chargé de défendre Rhasbeya. Le 18 septembre, huit misérables de la populace furent également exécutés, pendant que les membres du grand conseil comparaissaient devant leurs

---

1. *La Syrie en* 1861, par M. Saint-Marc Girardin.

juges. Le principal accusé fut condamné à une détention perpétuelle, et sa famille au bannissement. Des condamnations à dix, à cinq années de détention et à sept ans d'exil frappèrent douze de ses collègues. Les autres condamnés transportés à Beyrouth y restaient pendant ce temps-là en pleine liberté ; les énergiques réclamations de la commission internationale mirent un terme à ce scandale.

Le général d'Hautpoul, résolu malgré tout à poursuivre son expédition, se mit en marche à la tête d'une colonne à laquelle Fuad-Pacha fut obligé de joindre ses troupes. La petite armée partit dans les derniers jours du mois de septembre 1860. Le plan consistait à combiner les opérations militaires de façon à attaquer les Druses par Beyrouth et à intercepter en même temps leur retraite sur le Hauran. Le général d'Hautpoul eut l'imprudence de confier aux Turcs l'exécution du principal mouvement : les Druses passèrent entre leurs lignes complices, et l'expédition eut pour tout résultat la capture de quelques centaines d'individus obscurs, qui passèrent devant un tribunal spécial au nombre de 290, sur lesquels 20 furent condamnés à mort, les autres acquittés.

Les coupables de Damas étaient seuls punis ; encore des doutes subsistaient-ils sur l'exécution des plus importants d'entre eux ; beaucoup de gens niaient celle d'Achmet-Pacha [1].

La commission internationale demandait, comme indemnité pour les victimes, 40 millions de piastres ; mais la Porte, prétendant que le droit de fixer le montant des indemnités n'appartenait qu'à elle seule, ne voulait accorder que 10 millions de piastres payés par les habitants de Damas, et 10 millions payés par elle. Le gouvernement impérial repoussait cette offre, quoiqu'elle fût appuyée très vivement par l'Angleterre ; la commission, en attendant le règlement de l'indemnité pécuniaire, exigeait des Druses, dans le délai de cinq jours, une contribution en objets mobiliers et en grains au profit des chrétiens. L'Angleterre, non contente de s'y opposer, demandait que le corps d'occupation français quittât la montagne et se maintînt sur le littoral.

Tel était l'état des choses en Syrie à la fin de l'année 1860.

---

1. Discours de M. de La Rochejacquelein au Sénat, séance du 14 mai.

Fig. 25. — Pillage du Palais d'Été.

CHAPITRE IV

CASTELFIDARDO

Impuissance de la convention de Villafranca. — Ses causes. — Le gouvernement impérial modifie sa politique dans un sens favorable à l'Italie. — La brochure *Le Pape et le Congrès.* — Difficultés soulevées par la proposition du Congrès. — Les quatre propositions. — Annexion de la Savoie et de Nice à la France. — Expédition de Sicile, — Entrevue de Chambéry. — Préparatifs d'une guerre. — Les troupes piémontaises pénètrent sur le territoire Pontifical. — Bataille de Castelfidardo. — Le royaume de Naples. — Sa situation intérieure. — Tentatives pour amener une alliance entre Naples et le Piémont. — Garibaldi passe le détroit. — Conquête du royaume des Deux-Siciles par Garibaldi. — Entrée de Victor-Emmanuel à Naples. — François II à Gaëte. Il capitule et se retire à Rome.

La convention de Villafranca n'était qu'un expédient dont les événements démontrèrent bientôt la fragilité. Son exécution loyale exigeait que l'empereur d'Autriche fît de la Vénétie une province italienne et du quadrilatère un moyen d'attaque et de défense contre lui-même; que les princes absolus de l'Italie centrale consentissent à devenir des souverains constitutionnels et surtout des souverains italiens; que le roi de Naples leur donnât l'exemple de cette transformation, et enfin que le Pape se mît à la tête du mouvement libéral dans ses États et dans la Péninsule.

Les illusions sur la possibilité de tels changements se dissipèrent bientôt, et la question italienne resta posée de façon suivante : reconstituer l'Italie ancienne d'avant Magenta ou Solférino, ou permettre à l'Italie nouvelle de naître et de se développer. Les Italiens commençaient à désespérer de devoir jamais ce résultat à leur allié de Magenta et de Solférino, lorsque la politique de Napoléon III à l'égard de l'Italie subit un changement constaté par la brochure *Le Pape et le Congrès*. Le remplacement de M. Walewski par M. Thouvenel au ministère des affaires étrangères avait donné encore plus d'importance à ce revirement, qui eut pour première conséquence la rentrée de M. de Cavour aux affaires. La Chambre des députés italienne fut dissoute, et, pendant qu'on dressait les listes électorales dans le Piémont et dans la Lombardie, M. de Cavour hâtait l'annexion de l'Italie centrale.

L'Autriche pourtant ne perdait pas tout espoir de refaire l'Italie ancienne; elle avait un moment compté sur le congrès proposé par Napoléon III, mais la Russie et la Prusse ne consentaient à s'y faire représenter qu'à la condition de garder leur liberté d'action; l'Angleterre demandait qu'il fût convenu d'avance que les princes italiens dépossédés ne pourraient être rétablis par la force; tandis que la cour de Rome exigeait que les décisions du Congrès fussent exécutoires par les armes. Quelles illusions l'Autriche pouvait-elle se faire sur le résultat de cette réunion? Napoléon III, de son côté, sentait de plus en plus le poids des difficultés soulevées par sa proposition de congrès. L'Angleterre, pour le remercier de la signature du traité de commerce, lui était venue en aide, en soumettant à son acceptation et à celle du cabinet de Vienne les propositions suivantes : 1° renonciation de la France et de l'Autriche à toute intervention en Italie sans l'autorisation des puissances; 2° rappel de l'armée française du nord de l'Italie et de Rome dans un délai convenable; 3° organisation intérieure de la Vénétie, laissée en dehors des négociations entre les puissances; 4° invitation au roi de Sardaigne par l'intermédiaire de l'Angleterre et de la France de ne pas envoyer de troupes dans les États de l'Italie centrale, jusqu'au jour où les populations auraient fait connaître leurs vœux par un nouveau vote.

Le gouvernement impérial avait modifié ces propositions et réduit le nombre aux trois suivantes : « annexion des duchés de Parme et de Modène au Piémont; administration temporelle des légations, de Ferrare et de Bologne sous la forme d'un vicariat, exercé par le roi de Sardaigne au nom du Saint-Siège; rétablissement du grand-duché de Toscane dans son autonomie politique et territoriale. » Le gouvernement impérial s'était cru obligé en même temps de déclarer que, si la Sardaigne repoussait ces propositions, il revendiquerait l'indépendance de sa politique et la liberté de ses résolutions.

Un refus de Victor-Emmanuel pouvait lui enlever l'appui de Napoléon III, et le discours de ce dernier à l'ouverture des Chambres confirmait cette appréhension. M. de Cavour, persuadé que la politique secrète du gouvernement impérial était bien différente de celle que les circonstances lui commandaient de suivre publiquement, et qu'il ne méconnaîtrait pas les arrêts du suffrage universel, n'hésita pas à faire procéder au vote de l'Italie centrale. Quant au vicariat, il y consentit d'autant plus aisément qu'il était bien sûr du refus du Pape.

Le suffrage universel dans la Toscane et l'Émilie se prononça pour l'annexion à une immense majorité. Le Pape menaça Victor-Emmanuel d'excommunication; l'Autriche et les princes dépossédés protestèrent; la Russie et la Prusse témoignèrent leur mécontentement. L'Angleterre, qui avait paru tout approuver jusqu'alors, changea de langage le jour où Napoléon III vit dans l'annexion de l'Italie centrale au Piémont un prétexte à presser l'exécution des conventions relatives à l'annexion de Nice et de la Savoie à la France. Le gouvernement anglais éleva tout à coup des réclamations contre ces conventions, dont il connaissait cependant l'existence, et le mécontentement du Parlement alla jusqu'à menacer l'existence ministérielle de lord Palmerston.

Le parti révolutionnaire italien, de son côté, protestait avec indignation contre toute pensée de cession de territoire. M. de Cavour aurait voulu, pour lui donner une fiche de consolation, garder Nice. Il essaya de traîner les choses en longueur et d'amener le gouvernement impérial à soumettre la question des annexions aux puissances. Les Italiens crurent un moment que Napoléon III se contenterait de la Savoie. M. de Cavour, qui partageait cette illusion, fut désagréablement détrompé lorsque, en rentrant d'un bal offert au roi par les notables négociants de Milan, il reçut des mains mêmes de M. de Talleyrand, ministre du gouvernement impérial, un télégramme arrivé dans la nuit même avec l'ordre de le communiquer sans nul retard au chef du cabinet italien. Ce télégramme annonçait le rappel de l'armée d'occupation française et donnait l'ordre de reprendre tout de suite les négociations au sujet de la cession de Nice et de la Savoie. « Il tient donc beaucoup à la Savoie et à cette malheureuse ville de Nice », dit-il en froissant entre ses mains ce télégramme, qui contenait à la fois un ordre et une menace. M. de Cavour les braverait-il? On assure qu'il y songea un moment; mais il avait besoin d'un appui, et l'Angleterre, dont le ministre à Turin l'avait souvent encouragé dans ses velléités de résistance aux volontés de Napoléon III, n'était pas une alliée sur laquelle il pût sérieusement compter. L'intervention des puissances dans une question résolue d'avance n'était qu'un rêve. Il se résigna. Le traité dressé en quarante-huit heures, et signé le 24 mars dans le cabinet de M. de Cavour, ne porte pas les mots d'annexion ou de cession, mais celui de réunion de la Savoie et de Nice à la France. Ce fut la seule concession qu'il obtint.

Le plébiscite fut fixé au 15 avril pour Nice et au 22 pour la Savoie. M. Thouvenel se chargea d'en faire accepter le résultat aux puissances signataires des traités de 1815. La Suisse seule avait présenté des observations. Le Conseil fédéral soutint que les traités de 1815, en rendant la Savoie à la Sardaigne, avaient établi par une disposition spéciale que, en cas de guerre entre les puissances voisines, une portion du territoire de la Savoie, le Faucigny et le Chablais participeraient à la neutralité de la Suisse. Le traité de Turin du 24 mars constatait cette neutralité; mais le Conseil fédéral exigea qu'elle fût de nouveau sanctionnée par les puissances signataires des traités de 1815.

Le nouveau royaume d'Italie ne devait pas tarder à compenser par des annexions plus qu'équivalentes, la diminution du territoire qu'il subissait par suite de la perte de la Savoie et de Nice. Le gouvernement pontifical, craignant que ce ne fût à ses dépens, recrutait depuis longtemps des soldats en Autriche et se flattait d'avoir une armée. Il ne lui manquait plus qu'un chef capable de la conduire à la victoire. Le général Lamoricière avait, comme on l'a vu, accepté le commandement de l'armée pontificale, à condition qu'il n'aurait pas à solliciter lui-même, du gouvernement impérial, l'autorisation officielle qui seule pouvait lui permettre de l'exercer sans cesser d'appartenir à l'armée française. Le cardinal Antonelli, chargé de la demander, ne pouvait douter de l'empressement, du moins apparent, de Napoléon III à la donner; il délivra cependant la commission avant d'avoir reçu la réponse de Paris, comme pour indiquer qu'il saurait s'en passer au besoin. Le général Lamoricière, à peine en règle avec le gouvernement impérial, accourt à Rome, où sa présence devient le signal de bruyantes manifestations. Des députations légitimistes se font présenter avec pompe à Sa Sainteté. Leurs orateurs tiennent au pied du trône pontifical un langage empreint de la plus grande exaltation royaliste. « Hier, écrit le 11 avril M. de Gramont au ministre des affaires étrangères, un air de mystère régnait au Vatican : on arrêtait les visiteurs en leur demandant : « Êtes-vous Bretons ? » et on leur expliquait que les salles étaient momentanément fermées, parce que le Saint-Père y recevait l'hommage de la Bretagne, qui venait protester contre l'Empereur. Samedi dernier, c'était le tour des Lyonnais. Un Français, qui, bien que catholique fervent, n'a pas cru devoir répudier des sentiments conformes à sa nationalité, fut interpellé vivement en ces termes : « Monsieur, on est « sujet du pape avant d'être sujet de son souverain ; si vous n'êtes pas « dans ces idées, que venez-vous faire ici ? » — « Tout ce que je vois, « ajoutait M. de Gramont, ne fait que confirmer mon opinion sur l'op-« portunité du départ des troupes. »

Les amis les plus ardents du pape blâmaient sa conduite provocante. Ils comptaient sur le temps pour l'adoucir ; mais le temps et les changements qu'il apporte avec lui semblent ne pas exister pour la cour de Rome. On pouvait en dire autant de la cour de Naples. Le maintien des Bourbons sur le trône des Deux-Siciles était devenu de jour en jour plus difficile, au milieu des changements amenés par le triomphe de l'esprit libéral en Italie. Rien de plus affreux que la situation de ce royaume. 180 000 suspects (*attendibili*) inscrits sur les registres de la police, soumis à la surveillance, internés dans leur province ou dans leur commune et exclus des professions libérales, en donnaient une idée. L'autocratie bourbonnienne, brouillée avec presque toutes les puissances, voyait ses périls sans pouvoir et même sans vouloir les conjurer. L'état de trouble et d'anarchie dans lequel se débattait l'Italie depuis la paix de Villafranca ne pouvait se prolonger sans amener l'intervention de la révolution. La note suivante, publiée par la *Gazette de Milan* du 26 avril 1860, donna le signal de son entrée en scène : « Les volontaires désireux de se rendre en Sicile doivent s'adresser pour les instructions au bureau du journal. »

La Sicile, à peine remise des blessures reçues pendant son insurrection et la répression qui en avait été la suite, était-elle prête à s'insurger de nouveau ? Les chefs du parti révolutionnaire n'en doutaient pas. Garibaldi seul n'avait qu'une médiocre confiance dans le succès de la tentative à la tête de laquelle ses amis lui proposaient de se mettre et dont ils activaient les préparatifs sans que le gouvernement, qui ne pouvait les ignorer cependant, y mît obstacle. Garibaldi opposa une longue résistance au projet d'une expédition en Sicile. Il ne s'y prêta qu'après avoir décliné d'avance la responsabilité de l'insuccès qu'il redoutait, et dans la nuit du 5 au 6 mai un corps de 1000 volontaires partait de Gênes sur le *Lombardo* et le *Piemonte*, navires à vapeur enlevés à la compagnie Rubattino. Garibaldi, avant de s'embarquer, écrivit au roi Victor-Emmanuel :

« Sire,
« Le cri de détresse de la Sicile qui parvient à mes oreilles a ému mon cœur et celui de quelques centaines de mes vieux compagnons d'armes. Je n'ai pas conseillé le mou-

vement insurrectionnel de mes frères de la Sicile ; mais, du moment qu'ils se sont soulevés au nom de l'unité italienne dont Votre Majesté est la personnification, contre la plus infâme tyrannie de notre époque, je n'ai pas dû hésiter à me mettre à la tête de l'expédition. Je sais que je m'embarque dans une entreprise dangereuse ; mais je mets ma confiance en Dieu et dans le courage de mes compagnons.

« Notre cri de guerre sera toujours : Vive l'unité de l'Italie ! Vive Victor-Emmanuel, son premier et son plus brave soldat ! Si nous échouons, j'espère que l'Italie et l'Europe libérale n'oublieront pas que cette entreprise, décidée par des motifs purs de tout égoïsme, est entièrement patriotique. Si nous réussissons, je serai fier d'orner la couronne de Votre Majesté d'un nouveau et peut-être plus brillant fleuron, à la condition toutefois que Votre Majesté s'opposera à ce que ses conseillers cèdent cette province à l'étranger, ainsi qu'on l'a fait pour ma ville natale.

« Je n'ai pas communiqué mon projet à Votre Majesté ; je craignais en effet que, par suite de mon dévouement à sa personne, Votre Majesté ne réussît à me persuader de l'abandonner.

« De Votre Majesté, Sire, le plus dévoué sujet,

« GARIBALDI. »

L'Italie accueillit avec enthousiasme la nouvelle du départ de l'expédition. L'armée entière aurait voulu en faire partie. Le gouverneur de Gênes fut obligé de consigner la garnison. Le général Fanti, ministre de la guerre, prit des mesures sévères pour empêcher les désertions ; la brigade qui portait le nom de la ville de Gênes fut dissoute. Les corps constitués votaient, malgré le gouvernement, des fonds pour subvenir aux frais de la campagne ; les souscriptions destinées à payer les navires de la compagnie Rubattino affluaient de toutes parts ; les vœux et les espérances de la nation suivaient les hardis soldats de l'unité italienne.

Garibaldi, au lieu de se diriger directement sur la Sicile, fit escale à Talamone, petit port sur la côte toscane, aux environs d'Orbitella. Il y laissa environ 100 hommes chargés d'opérer une diversion dans les États romains. C'est de ce port qu'il data une proclamation aux sujets du pape. Le gouvernement intercepta la proclamation et fit désarmer tous les volontaires sur la frontière.

Garibaldi repartit le 8 mai, se dirigeant sur Marsala, son port de débarquement. Le *Piemonte* et le *Lombardo*, aperçus par les frégates napolitaines *Stromboli* et *Capri*, prirent chasse devant elles. Les paquebots garibaldiens avaient quatre heures d'avance sur les frégates, mais celles-ci gagnaient une lieue toutes les heures, elles n'étaient plus qu'à une demi-lieue du port lorsque le *Piemonte* et le *Lombardo* y entrèrent et se rangèrent derrière deux navires anglais, l'*Argus* et l'*Indépendance*. Les commandants des frégates sommèrent les capitaines des navires de se retirer ; ils répondirent qu'ils étaient obligés auparavant de rallier leurs

Fig. 26. — Monsieur, lui dit le cardinal, on est contre nous quand on n'accepte pas sans exception les principes que nous défendons.

marins descendus à terre; deux heures s'écoulèrent dans cette attente. Les volontaires purent débarquer en laissant leurs canons à bord.

Garibaldi se rendit sans retard de Marsala à Salemi. Les recrues lui arrivaient en foule de l'intérieur. Il avait au bout de trois jours plus de 4000 hommes sous ses ordres. Cette petite armée se mit en marche le 15 mai sur Palerme.

L'anxiété et le trouble pendant ce temps-là redoublaient à Naples. M. Carafa, ministre des affaires étrangères, convoqua le corps diplomatique pour lui offrir des concessions de la part de son maître en échange de garanties données par l'Europe, comme si les ambassadeurs des puissances étrangères étaient munis d'avance des pouvoirs indispensables pour prendre de tels arrangements. M. Carafa se rabattit à demander l'intervention des consuls étrangers pour conclure un armistice; mais Garibaldi, à la suite de plusieurs combats sanglants, étant entré à Palerme le 27 mai, François II se décida, dans les premiers jours de juin 1860, à invoquer la médiation de Napoléon III.

Le gouvernement impérial n'avait point cessé, depuis le départ de Garibaldi, d'adresser au cabinet de Turin des notes menaçantes au sujet de l'expédition de Sicile, et M. de Cavour ne se lassait pas de son côté de la désavouer, mais le ministre de Victor-Emmanuel l'avait dit au baron de Talleyrand en signant le traité de cession de la Savoie et de Nice : « Maintenant nous sommes complices. » Aussi s'inquiétait-il peu des représentations du cabinet des Tuileries [1]. Sa situation devenait cependant plus difficile, par suite du brusque changement survenu dans la politique du roi de Naples. François II accordait une constitution à ses sujets et offrait une alliance au Piémont. Les deux royaumes de l'Italie du Nord et de l'Italie du Sud auraient résolu la question romaine en se partageant le fidéicommis pontifical par un double vicariat. Le gouvernement français appuyait ces offres, et le gouvernement anglais, quoiqu'il eût refusé de se joindre à lui pour interdire à Garibaldi de franchir le détroit, ne dissimulait pas l'importance qu'il attachait à la conservation du royaume de Naples.

L'inaction du gouvernement italien, enchaîné par la diplomatie, formait un dangereux contraste avec l'activité déployée par la Révolution. Le roi n'avait d'autre alternative que d'abdiquer ou de se mettre à sa tête.

---

1. Napoléon III, causant à la suite d'un dîner de l'expédition de Sicile avec ses convives, s'approcha de l'un d'eux, qui le répéta le jour même, et à son grand étonnement il lui demanda s'il ne se chargerait pas de faire des articles pour soutenir cette expédition.

Victor-Emmanuel opta pour ce dernier parti; M. Farini et le général Cialdini portèrent à Napoléon III, alors à Chambéry, une lettre autographe du roi, délibérée en conseil, dans laquelle il lui exprimait les nécessités auxquelles il était forcé d'obéir. Les deux envoyés insistèrent sur les raisons qui forçaient le gouvernement d'agir. Napoléon III leur répondit : « Faites, mais faites vite. »

Jamais instructions ne furent plus vite comprises ni plus vite exécutées : concentration de l'armée depuis le lac de Garde jusqu'à Arezzo; mobilisation de la garde nationale; réunion d'un corps de troupes à Gênes prêt à être transporté par mer à Naples ou sur tout autre point; transfert du quartier général de Cialdini de Bologne à Forli, où se forma un corps de 30 000 hommes; appel de 15 000 volontaires à la frontière des Marches; toutes ces mesures prises, M. de Cavour adressait le 8 septembre au cardinal Antonelli une note demandant la dissolution immédiate des corps étrangers au service du Saint-Siège, et quatre jours après les troupes piémontaises passaient la frontière pontificale « pour rétablir l'ordre dans « les villes désolées, et pour donner aux peuples la liberté d'exposer leurs « vœux, non pour combattre des armées puissantes, mais pour délivrer « les malheureuses provinces italiennes de bandes d'aventuriers étran- « gers. »

La déclaration de guerre du Piémont, lancée le 10 septembre, avait trouvé le gouvernement pontifical rassuré au point que le général Lamoricière, faisant halte le 16 à Monte-Santo, entre Macerata et Spolète, reçut du ministre de la guerre à Rome communication de la dépêche suivante, adressée précédemment par le duc de Gramont au vice-consul de France à Ancône :

« L'Empereur a écrit de Marseille au roi de Sardaigne que, si les troupes piémontaises pénètrent sur le territoire pontifical, il sera forcé de s'y opposer ; des ordres sont déjà donnés pour embarquer des troupes à Toulon, et ces renforts doivent arriver sans retard. Le gouvernement de l'Empereur ne tolérera pas la coupable agression du gouvernement sarde. Comme vice-consul de France, vous devez régler votre conduite en conséquence.

« *Signé :* GRAMONT. »

Le général Lamoricière, se sentant appuyé, n'hésita plus à se porter en avant. Le consul de France lui confirma le jour même de son entrée à Ancône, le 18 septembre, la teneur de cette dépêche [1]. Il la transmit en

---

1. Note du général Lamoricière dans le *Journal de Rome* du 24 octobre 1860.

même temps au général Cialdini, en marche de Sinigaglia sur Ancône. Cialdini en accusa réception et continua sa marche [1].

Les ennemis cependant allaient se trouver en présence; le général Lamoricière descendit le 18 septembre, vers dix heures du matin, des hauteurs de Lorette, suivi des Franco-Belges, des Allemands, des Suisses et enfin des Romains; arrivé au rivage, il marcha parallèlement à la rencontre des Piémontais, qui, faibles sur ce point, se replièrent sur la colline de Castelfidardo. Les volontaires franco-belges, transformant en forteresses les fermes et les maisons de campagne voisines, y luttèrent vaillamment contre les Piémontais, revenus à la charge avec des renforts et de l'artillerie : les Italiens de l'armée pontificale commençaient à se débander lorsque le général de Pimodan tomba percé de trois balles. Le général Lamoricière, ne pouvant tenir en rase campagne, se retira suivi d'une faible colonne sur Ancône, où il espérait prolonger sa résistance. L'armée pontificale était détruite ou errait dans la campagne. Cialdini, laissant devant cette place les forces nécessaires pour en commencer le siège, rejoignit, le surlendemain de la bataille, Fanti, qui, de Lorette, se préparait à diriger les opérations contre Ancône. Le bombardement de cette ville commença le 19 ; le blocus fut déclaré le 22 ; le général Lamoricière demanda le 28 six jours d'armistice, qui lui furent refusés, et le 29 il se rendit à l'amiral Persano.

La dynastie de Naples ne pouvait être sauvée que par une alliance avec le Piémont, conseillée par toutes les cours d'Europe, excepté par l'Autriche; mais le gouvernement italien n'était plus maître de la situation; M. La Farina, chargé par M. de Cavour de prendre la direction du gouvernement à Palerme, en avait été en quelque sorte chassé. Garibaldi, homme de sentiment plus que de raison, poussé par son patriotisme vers M. de Cavour, éloigné de lui par ses amis, sujet loyal et rebelle à la fois, résistait aux demandes réitérées du roi d'évacuer la Sicile. « Sire, lui « écrivit-il, Votre Majesté sait de quel respect et de quel attachement je « suis pénétré pour sa personne et combien je désire lui obéir; mais « Votre Majesté doit bien comprendre dans quel embarras me placerait

---

1. M. de Gramont, obligé de donner plus tard des explications sur cette dépêche, a répondu en se plaignant de la falsification qu'elle avait subie de la main du proministre des armes, M. de Mérode, qui, à ces mots : « l'Empereur a écrit au roi de Piémont pour « lui déclarer que, s'il attaquait les États du pape, il s'y opposerait, » aurait ajouté : « par la force ». M. de Mérode, il faut en convenir cependant, s'il n'a pas respecté la lettre, est resté fidèle à l'esprit de cette dépêche, car il est difficile de s'imaginer que dans les circonstances où l'on était alors, le gouvernement impérial pût songer à s'opposer à l'invasion des États pontificaux par d'autres moyens que par la force.

« aujourd'hui une attitude passive en face de la population du continent « napolitain que je suis obligé de contenir depuis si longtemps et à qui « j'ai promis mon appui. L'Italie me demanderait compte de mon inac- « tion, et il en résulterait un mal immense. Au terme de ma mission, je « déposerai aux pieds de Votre Majesté l'autorité que les circonstances « m'ont conférée, et je serai bien heureux de lui obéir. »

L'anarchie, pendant ce temps-là, faisait chaque jour de nouveaux progrès dans le royaume de Naples. Les Sanfedistes s'étaient emportés jusqu'à frapper le ministre de France dans sa voiture. Le 15 juillet, une émeute militaire avait eu lieu aux cris de : *Vive le roi! A bas la constitution!* et le roi refusant au ministère la dissolution du régiment des grenadiers de la garde, principal acteur dans ces troubles, le cabinet en masse s'était retiré. Les désordres recommencèrent le 20 ; le renvoi des troupes mercenaires ayant été vainement demandé par le peuple et par la garde nationale, le général Nunziante, un des serviteurs les plus dévoués de la monarchie, envoya sa démission à François II.

La division régnait même parmi les membres de la famille royale ; le comte d'Aquila, oncle du roi, qui ne signait plus que « Louis-Marie Bourbon », accusait les nouveaux ministres de trahison ; les ministres l'accusaient à leur tour de viser à la royauté ; son neveu l'exila : les journaux furent suspendus, la ville subit de nouveau l'état de siège. Le gouvernement, aveuglé par le péril et cherchant tous les moyens de le détourner, imagina de proposer à Garibaldi de lui livrer passage par les Pouilles et les Abruzzes pour attaquer les Marches et l'Ombrie, et de lui fournir des transports, des vivres, des munitions. La flotte napolitaine et un corps de 50 000 hommes seraient ensuite mis à sa disposition pour délivrer Venise [1]. Rien n'indique mieux qu'un pareil projet le désarroi moral du gouvernement napolitain et l'imminence de sa chute. Garibaldi, en effet, n'attendait plus, pour passer sur le continent, que d'avoir réuni les barques nécessaires au transport des troupes.

Une armée comme la sienne, composée de soldats de toutes les nationalités, Italiens du Nord et du Midi, Français, Anglais, Polonais, Hongrois, brave mais indisciplinée, ne pouvait vivre qu'en agissant ; il fallait aller à Naples, puis à Rome, puis à Venise. Garibaldi, en attendant qu'il

---

1. M. La Cecilia, qui avait obtenu des ministres l'autorisation de faire ces propositions à Garibaldi, les a révélées dans une lettre reproduite le 10 septembre par le *Journal officiel* de Naples. MM. de Martino et Liborio Romano répondirent à cette lettre pour dégager leur responsabilité personnelle. M. Romano reconnaît en même temps la vérité des assertions de M. La Cecilia. Ce La Cecilia a joué un rôle dans la Commune de 1871.

pût réaliser ces rêves, pénétrait la nuit dans le port même de Castellamare et essayait d'enlever à l'abordage le *Monarca*, vaisseau de la marine royale. Les Napolitains vivaient dans les transes d'un bombardement semblable à celui que la flotte royale avait dirigé sur Palerme. Les légations, les consulats étaient assiégés par des gens qui venaient y chercher asile. Les garibaldiens débarquèrent dans les Calabres pendant la nuit du 8 au 9 août[1]. Garibaldi traversa le détroit le 18 et descendit à Mileto.

Le comte de Syracuse, oncle du roi de Naples, l'engagea, dans une lettre rendue publique, à suivre l'exemple de la duchesse de Parme et à préférer l'abdication au sang versé. François II aima mieux rassembler les troupes fidèles, surtout les régiments étrangers, et transporter la défense entre le Vulturne et le Garigliano. Il quitta Naples le 26, n'ayant à ses côtés que M. de Martino et le président du conseil Spinelli, que son père avait tenu deux ans en prison et douze ans en surveillance. Le corps diplomatique, moins les ministres de France et d'Angleterre, vint le rejoindre le lendemain à Gaëte, où il s'était réfugié.

Garibaldi fit son entrée à Naples, le 7 septembre vers le soir, dans une voiture de louage, accompagné de quelques officiers de son état-major. Le gouvernement révolutionnaire qui s'était formé, fut dissous et remplacé par une dictature confiée au chef de l'armée victorieuse; l'amiral Persano prit le commandement de la flotte napolitaine; les fonds montèrent de 88 à 93 francs.

Cette situation brillante ne pouvait pas être de longue durée : le dictateur, le ministère, les gouverneurs des provinces constituaient trois gouvernements, sans compter le gouvernement occulte de Mazzini, accouru à Naples en même temps que Garibaldi. Les bandes garibaldiennes se trouvaient en présence de l'armée napolitaine réduite à ses plus sérieux éléments, enfermée dans des lignes stratégiques et appuyée sur la forteresse de Gaëte. Les annexionistes demandaient, les uns l'annexion immédiate, les autres l'annexion après la conquête de Rome et de Venise; partisans de l'autonomie napolitaine, mazziniens, absolutistes attendant leur revanche de l'anarchie, trois ou quatre partis s'agitaient autour du dictateur, ardents à lui souffler leurs haines, leurs passions et leurs chimères. Garibaldi, assez fin pour démêler leurs projets, trop faible pour se soustraire à leur influence, passant de l'un à l'autre à chaque

---

1. L'ex-représentant du peuple de Flotte, ancien officier de marine, trouva la mort du soldat dans cette descente.

instant, dirigeait un de ces gouvernements d'incertitude et d'expédients qui fatiguent un peuple autant que la tyrannie elle-même, et qui vont quelquefois jusqu'à la lui faire regretter. Les troupes garibaldiennes s'épuisaient en faits d'armes brillants mais inutiles devant Capoue. L'armée de François II tenait ferme; les volontaires diminuaient tous les jours; l'importante position de Cajasso avait été reprise sur eux, après un combat meurtrier. François II, avec de l'audace, aurait pu marcher sur Naples; mais ses généraux ne se battaient que pour l'honneur militaire; les Piémontais d'ailleurs étaient à Ascoli, sur la frontière. La bataille livrée le 1er octobre sur le Vulture avait prouvé la bravoure des garibaldiens et l'impossibilité de prendre Capoue avec leurs seules forces. 8000 Piémontais débarquèrent le 9 octobre à Naples; 4000 allèrent renforcer les assiégeants.

Les Piémontaits coupèrent promptement les communications entre Gaëte et Capoue, qui se rendit le 1er novembre; maîtres alors de trois passages sur le Garigliano, ils obligèrent les forces de François II à se replier sur Gaëte en suivant les bords de la mer : l'amiral français Le Barbier de Tinan protégea leur retraite; mais un corps napolitain considérable n'en fut pas moins forcé de se réfugier sur le territoire pontifical. Victor-Emmanuel n'avait plus qu'à venir à Naples; il y entra le 7 novembre en voiture, ayant Garibaldi à son côté.

L'entente paraissait cordiale entre le roi et le conquérant des Deux-Siciles, mais au fond elle était rompue. Garibaldi, persuadé que sa présence à Naples avec le titre de lieutenant général et des pouvoirs illimités était nécessaire pendant un an encore, pour consolider la conquête, ne pouvait s'entendre avec les conseillers de Victor-Emmanuel, convaincus que la présence de Garibaldi ne servait qu'à perpétuer l'anarchie à Naples. Victor-Emmanuel offrit au dictateur, en échange de sa retraite volontaire, l'ordre de l'Annonciade, un des châteaux de la liste civile, le grade de général d'armée, une dotation princière pour son fils aîné et pour sa fille, le grade d'officier d'ordonnance du roi pour son fils cadet. C'était mal comprendre l'homme qui venait de conquérir la Sicile. Garibaldi n'était pas un grand général, quoiqu'il eût de sérieuses qualités militaires et qu'il eût mieux fait la guerre que bien des généraux sortis des écoles militaires, s'il est vrai que l'art de la guerre consiste à obtenir de grands résultats avec de petits moyens; il ne pouvait pas non plus passer pour un grand orateur, quoique personne ne remuât plus profondément les masses par sa parole; ni pour un grand homme d'État,

Fig. 27. — Abdel-Kader intervenant en Syrie pour arrêter les massacres des chrétiens.

quoiqu'aucun politique n'eût montré un plus sûr instinct pour choisir l'heure et le moment d'agir; mais, intrépide, généreux, patriote jusqu'au fanatisme, capable de communiquer ce fanatisme à un peuple et à une armée, Garibaldi, pour employer un mot qui trouvera de plus en plus rarement désormais son application, était un héros. L'argent et les honneurs le touchaient peu; il repoussa les offres du roi et partit pour Caprera avec 50 francs dans sa bourse.

L'artichaut italien n'avait plus que deux feuilles à détacher, les plus difficiles il est vrai, Rome et Venise. Victor-Emmanuel ne pouvait y porter la main sans l'autorisation de son fidèle allié Napoléon III; celui-ci, après avoir rappelé son ambassadeur au moment de l'invasion des États romains, refusait de reconnaître le blocus de Gaëte, déclaré par l'amiral Persano, et maintenait la flotte française devant les murs de cette ville. Cependant, comme il devenait chaque jour plus évident qu'il ne s'agissait plus seulement pour François II de sauver l'honneur militaire, mais encore d'attendre les événements, sa résistance prenait un caractère tout politique. Le gouvernement impérial vit bien qu'il n'en pouvait partager plus longtemps la responsabilité. Le *Moniteur* annonça donc que l'Empereur, placé entre le désir de donner un témoignage d'intérêt à un prince malheureux et d'observer le principe de non-intervention, était obligé de retirer sa flotte. François II comprit enfin qu'il fallait capituler. Les conditions les plus honorables lui furent accordées; il s'embarqua, le 23 février, sur le navire français la *Mouette*, qui le conduisit à Civita-Vecchia, d'où il se rendit à Rome.

CHAPITRE V

1860-1861

Le décret du 24 novembre. — Ses causes. — Réception du premier jour de l'an aux Tuileries. — Paroles de l'Empereur au Sénat. — Application du décret du 25 mars 1852 sur la décentralisation à la ville de Paris. — Bruits de dissolution du Corps législatif. — Rivalité de M. de Persigny et de M. Haussmann. — Ce dernier veut être ministre. — Embarras de la situation. — Réception du Père Lacordaire à l'Académie française. — L'Impératrice assiste à la séance. — Arrestation du financier Mirès. — Rapport de M. Delangle. — La brochure du duc d'Aumale : *Lettre sur l'histoire de France*, adressée au prince Napoléon. — Saisie, chez son auteur, de l'ouvrage *Vues sur le gouvernement de la France,* par le duc de Broglie. — Procès Blanqui. — Inauguration du boulevard Malesherbes. — Les 25 millions des chemins vicinaux. — La transformation de Paris. — Crise industrielle et financière. — Les obligations trentenaires. — Mémoire adressé à l'Empereur par M. Achille Fould, ministre des finances. — Les agents de change demandent l'autorisation de dresser une statue à l'Empereur dans la salle de la Bourse. — Procès Plassiart.

Le gouvernement impérial, entouré de gouvernements constitutionnels, venant en quelque sorte de jouer son existence pour assurer l'indépendance de l'Italie constitutionnelle, et restant confiné lui-même dans son organisation quasi despotique, il y avait dans ce contraste quelque chose qui blessait profondément le bon sens et la logique. La France et l'Europe le sentaient, l'Europe plus vivement encore que la France. Napoléon III, pressentant cet état général de l'opinion, s'appliquait, on a vu par quels moyens, à détourner les esprits des réflexions que leur suggérait la contradiction flagrante entre sa politique intérieure et sa politique extérieure. Il y était jusqu'ici à moitié parvenu ; mais la crainte rétrospective des résultats désastreux que pouvait avoir la guerre d'Italie, la réunion récente des empereurs de Russie, d'Autriche et du régent de Prusse à Varsovie, faisaient naître dans les esprits des inquiétudes et des préoccupations dont l'Empereur ne pouvait plus se flatter de triompher par les procédés ordinaires. M. de Morny lui fit entrevoir qu'un retour apparent aux formes des gouvernenents libres, mais ne changeant rien au fond même du gouvernement personnel, rassurerait l'opinion, très disposée à prendre le change. Napoléon III se rendit à ce conseil, et la France apprit brusquement par le *Moniteur* du 24 novembre que « l'Empereur, voulant donner aux grands corps de l'État une participation plus directe à la politique de son gouvernement, et un témoignage éclatant de sa confiance, » décrétait ce qui suit :

« ART. 1er. — Le Sénat et le Corps législatif voteront tous les ans à l'ouverture de la session une adresse en réponse à notre discours.

« ART. 2. — L'adresse sera discutée en présence des commissaires du gouvernement, qui donneront aux Chambres toutes les explications nécessaires sur la politique intérieure et extérieure de l'Empire.

« ART. 3. — Afin de faciliter au Corps législatif l'expression de son opinion dans la confection des lois et l'exercice du droit d'amendement, l'article 54 de notre décret du 22 mars 1852 est remis en vigueur et le règlement du Corps législatif est modifié de la manière suivante :

« Immédiatement après la distribution des projets de loi et au jour fixé par le président, le Corps législatif, avant de nommer sa commission, se réunit en comité secret ; une discussion sommaire est ouverte sur le projet de loi, et les commissaires du gouvernement y prennent part.

« La présente disposition n'est applicable ni aux projets de loi d'intérêt local ni dans le cas d'urgence. »

Les comptes rendus des séances du Sénat et du Corps législatif, rédigés par des secrétaires-rédacteurs placés sous l'autorité du président de chaque assemblée, devaient en outre être adressés chaque soir à tous les journaux. Les débats de chaque séance, reproduits par la sténographie, figureraient *in extenso* dans le *Journal officiel* du lendemain.

L'Empereur, pendant la durée des sessions, désignerait des ministres sans portefeuille pour défendre devant les Chambres, de concert avec le président et les membres du Conseil d'État, les projets de loi du gouvernement.

Le même décret supprimait le ministère de la maison de l'Empereur et le ministère de l'Algérie. M. de Chasseloup-Laubat passait à la marine, l'amiral Hamelin à la grande chancellerie de la Légion d'honneur; le maréchal Pélissier prenait le gouvernement de l'Algérie.

Les journaux officieux, qui, la veille encore, repoussaient avec indignation la pensée seule d'apporter la moindre modification à la Constitution, s'aperçurent tout à coup que l'action des grands corps de l'État ne se manifestait pas assez aux yeux du pays, que le gouvernement et la nation manquaient de moyens pour se mettre en communication, que les discussions de la Chambre étaient gênées par des restrictions si étroites, que la politique n'y entrait qu'en contrebande, et enfin que le Sénat, le Corps législatif, le gouvernement lui-même souffraient d'une situation à laquelle fort heureusement, selon le *Constitutionnel*, « l'Empereur, attentif à des symptômes qui pouvaient échapper à d'autres, » venait de porter remède.

Ce premier acte de la comédie de libéralisme que l'Empire essayait de jouer, réussit médiocrement auprès des vrais amis de la liberté. M. de Persigny écrivit en vain aux préfets : « Beaucoup d'hommes honorables et « distingués des anciens gouvernements, tout en rendant hommage à « l'Empereur pour les grandes choses qu'il a accomplies, se tiennent « encore à l'écart par un sentiment de dignité personnelle. Témoignez-« leur les égards qu'ils méritent; ne négligez aucune occasion de les « engager à faire profiter le pays de leurs lumières et de leur expérience, « et rappelez-leur que, s'il est noble de conserver le culte des souvenirs, il « est encore plus noble d'être utile à son pays. » Les hommes auxquels M. de Persigny s'adressait accueillirent le décret du 24 novembre avec indifférence. Le parti du 2 décembre s'en montra fort alarmé. Un maître et des esclaves, du pain et des spectacles, de l'argent et du silence, à quoi bon détourner les Français de ce régime, auquel ils étaient déjà faits?

Les deux derniers mois de l'année 1860 furent remplis de discussions, soulevées par le décret; elles étaient loin d'être calmées lorsque le jour de l'an amena le corps diplomatique aux Tuileries. Lord Cowley, ambassadeur d'Angleterre, adressa, en son nom, une allocution assez insignifiante à l'Empereur, qui lui répondit : « Je remercie le corps diplomatique « des souhaits qu'il vient de m'adresser. J'envisage l'avenir avec con-« fiance, persuadé que l'entente des grandes puissances amènera le main-« tien de la paix, qui est le but de tous mes désirs. »

L'Empereur, en recevant le même jour les grands corps de l'Etat, prononça, en se tournant vers le Sénat, ces mots, que le *Moniteur* ne jugea pas à propos de reproduire : « Messieurs, je compte sur vous pour préparer les réformes qui sont utiles à la France. »

De quelles réformes s'agissait-il? En attendant que l'avenir expliquât ce mystère, un décret rendit applicables à la ville de Paris les dispositions du décret du 25 mars 1852 sur la décentralisation. Ce décret, en remettant au préfet le contrôle de nombreux actes municipaux soumis jusqu'alors à la sanction du ministre, faisait une exception à l'égard de Paris, où le magistrat municipal et le préfet se confondent. La suppression de cette exception vint ajouter une anomalie aux particularités du régime municipal de la capitale. Le préfet de la Seine, n'étant plus soumis comme maire au contrôle supérieur du ministre, cessait d'être un préfet pour devenir presque un ministre.

Les vœux de M. Haussmann étaient à moitié remplis. Une rivalité des plus ardentes existait depuis longtemps entre M. de Persigny et lui. Le préfet de la Seine, las de la situation qu'une « ombrageuse susceptibilité »[1] s'obstinait à lui faire, avait adressé sa démission à l'Empereur, qui naturellement l'avait refusée. M. Haussmann, cherchant alors un moyen de mettre fin à ces tiraillements, crut l'avoir trouvé dans la combinaison suivante : comme maire de Paris et administrateur du département, il relèverait directement de l'Empereur; comme préfet, c'est-à-dire comme organe des intérêts généraux, il resterait dans les mêmes conditions que par le passé. Un projet de décret était joint à cette proposition [2]. Le titre de *ministre de Paris*, que M. Haussmann aurait voulu prendre, plus encore que le crédit de M. de Persigny, la fit repousser; M. Haussmann, obligé de rester préfet de la Seine, dut se contenter de la promesse que lui fit l'Empereur, et qu'il tenait en ce moment, de rendre sa position indépendante du ministre de l'intérieur.

Les événements extérieurs qui avaient marqué l'année précédente n'encourageaient pas les esprits à partager la confiance témoignée par

---

1. Lettre et note de M. Haussmann (*Papiers et correspondance de la famille impériale*, 18e livraison).

2. RÉDACTION PROPOSÉE. — Le baron Haussmann, préfet de la Seine, a rang de ministre et a séance, en cette qualité, dans nos conseils.

L'autorité ministérielle lui est dévolue dans son ressort, en matière d'administration départementale et communale.

Il continuera d'exercer, en matière d'administration générale, les attributions conférées au préfet de la Seine par les lois, décrets et règlements, et les affaires de cet ordre seront réglées et soumises à notre décision comme dans le passé par les ministres compétents.

Il prendra le titre de *ministre de Paris*.

l'Empereur dans sa réponse au corps diplomatique : expédition de Garibaldi en Sicile, invasion des Marches par Victor-Emmanuel, rappel de l'ambassadeur impérial près la cour de Turin, la politique de l'Empereur n'avait subi que des échecs; sa grande création de Villafranca, la Confédération italienne, était détruite. L'Autriche gardant la Vénétie, la France restant à Rome, faute de savoir comment en sortir, la politique impériale ne représentait plus que l'impuissance décorée pompeusement du nom de principe de non-intervention. Le prestige de Napoléon III s'affaiblissait.

Heureusement pour lui, les préoccupations politiques, plus vives que profondes en France dans tous les temps, firent bientôt place aux émotions littéraires, excitées au plus haut point par la prochaine réception du Père Lacordaire à l'Académie. M. Guizot devait répondre au récipiendaire. Un dominicain reçu académicien par le plus illustre représentant du protestantisme français, cela ajoutait un certain piquant à l'attrait d'une séance que devaient remplir deux des plus grands orateurs de l'époque, chargés pour ainsi dire de conclure enfin devant l'Académie cette alliance entre la foi et la raison que les plus nobles apôtres de l'une et de l'autre avaient si souvent et si inutilement tentée.

L'Impératrice, qui jusqu'alors n'avait pas montré un goût bien vif pour les séances académiques, voulut assister à celle-ci. Le bureau, composé de MM. Guizot, directeur, Villemain, secrétaire perpétuel, de Laprade, chancelier, vint la recevoir selon le cérémonial accoutumé. L'auditoire regarda la jolie femme avec curiosité et accueillit l'Impératrice avec froideur.

Le Père Lacordaire succédait à M. de Tocqueville ; il avait dans son prédécesseur un beau portrait d'homme et d'écrivain à tracer. Le célèbre dominicain se tira faiblement de sa tâche. L'analyse du plus important ouvrage de M. de Tocqueville ne fournit au récipiendaire qu'une comparaison déclamatoire entre la démocratie aux États-Unis, et cette démocratie européenne dont « les disciples, idolâtres de ce qu'ils appellent l'État,
« prennent l'homme dès son berceau pour l'offrir en holocauste à la toute-
« puissance publique, professant que l'enfant, avant d'être la chose de
« la famille, est la chose de la cité, et que la cité, c'est-à-dire le peuple
« représenté par ceux qui le gouvernent, a le droit de former son
« intelligence sur un modèle uniforme et légal; ces démocrates pensent
« que la commune, la province et toute association, même la plus indif-
« férente, dépendent de l'État et ne peuvent ni agir, ni parler, ni vendre,
« ni acheter, ni exister enfin sans l'intervention de l'État, et dans la

Fig. 28. — Le roi de Naples quitte Gaëte et s'embarque sur le navire français la *Mouette*, qui le conduit à Civita-Vecchia.

« mesure déterminée par lui, faisant ainsi de la servitude civile la plus
« absolue, le vestibule et le fondement de la liberté politique. » La démocratie que le Père Lacordaire définissait ainsi, c'est le communisme, c'est-à-dire une secte qui ne saurait passer pour la véritable démocratie qu'à l'aide d'une équivoque volontaire. Le récipiendaire ne serra pas les choses de plus près dans le reste de son discours : catholique ou protestant, juif ou musulman, il suffit d'appartenir à l'une des nombreuses religions qui reconnaissent un Dieu unique, pour avouer hautement les idées exprimées dans le discours du Père Lacordaire sur la divinité et la nécessité des croyances religieuses. La partie politique de ce discours se ressentit un peu de cette tolérance qui touchait au scepticisme. L'orateur, en regrettant la légitimité, déclara que la monarchie de Juillet aurait mérité de réussir; quant à la République, pour rester en paix avec ses souvenirs personnels, il n'en dit pas de mal, mais il termina son discours par un dithyrambe en l'honneur de l'expédition de Rome.

M. Guizot, en s'adressant au récipiendaire, l'appellerait-il « mon Père » ou « monsieur »? M. Guizot, suivant les traditions de l'Académie, n'employa que ce dernier mot, formant un assez singulier contraste avec la robe du Père Lacordaire. La séance ne tint pas tout ce qu'elle promettait. « Le nouvel élu semblait avoir quelque crainte d'être lui-même, et il ne l'a pas été assez. » Cette phrase d'un journal ami de l'orateur résuma fort bien l'impression générale. C'était la dernière fois que le Père Lacordaire faisait entendre sa voix éloquente à un grand auditoire. Il mourut dix mois après à Sorèze, le 25 novembre, laissant le souvenir d'un puissant orateur, d'un cœur généreux, d'un esprit élevé mais inconséquent, d'une forte imagination mais usée dans la vaine recherche de ce problème d'alchimie religieuse qui consiste à extraire la liberté du creuset de la théocratie.

Caussidière, ancien préfet de police, membre de la Constituante de 1848, mourut deux jours après la réception du Père Lacordaire à l'Académie. Mêlé à toutes les sociétés politiques secrètes, organisées sous le règne de Louis-Philippe, il tenta, en 1848, de les neutraliser l'une par l'autre au profit de la République et de la société qu'elles menaçaient; s'il ne réussit pas toujours dans cette politique si scabreuse qui consiste à faire de l'ordre avec le désordre, il préserva du moins pendant un certain temps Paris de très grands périls. Caussidière avait repris dans l'exil d'où il rentrait à peine, son ancien commerce de commis-voyageur en vins. Le gouvernement, craignant une manifestation populaire, fit enlever le corps et changer l'heure du convoi. Quelques amis seulement purent l'accompagner au cimetière.

Le second Empire, comme la Régence, avait fait surgir, des bas-fonds de l'agiotage, une nouvelle couche de financiers cherchant à dissimuler, comme leurs prédécesseurs de la rue Quincampoix, sous un vernis menteur de politesse, leur grossièreté native; usés, quoique jeunes encore, par les hasards d'une vie d'aventures, ils étalaient sans vergogne la honte de leurs commencements, afin qu'on pût mesurer la hauteur où ils étaient parvenus à la bassesse de leur point de départ. Insoucieux d'être malhonnêtes, à la condition de passer pour habiles, cherchant l'esprit et ne trouvant que le cynisme, leurs bons mots, leurs dîners, leurs bals remplissaient tous les jours les journaux à chroniques; sans amis honorables, ils avaient des associés haut placés; tel gentilhomme, tel grand personnage qui ne les eût pas reçus à sa table, ne dédaignait pas de mettre son nom à côté de leur nom sur des prospectus d'entreprises véreuses tirés à des milliers d'exemplaires.

L'un des plus connus de ces financiers était un juif bordelais nommé Jules Mirès. Le coup d'État le trouva dans les coulisses de la Bourse, vivotant moitié de courtage, moitié de jeu. Soutenu par l'instinct et le pressentiment des grands jours qui allaient naître pour la spéculation, voyant dans la publicité un levier capable de soulever le monde, il profita de quelques coups heureux à la Bourse pour fonder un journal; il cherchait une enseigne à y mettre. Lamartine était là. Mirès créa pour lui le *Conseiller du peuple* et le *Civilisateur*. Devenu bientôt millionnaire, pressé de s'assurer la tolérance et presque la complicité du gouvernement dans ses incessantes spéculations, et apprenant que ce dernier serait charmé d'avoir un journal qui servît d'interprète voilé à sa pensée, d'avocat discret à ses projets, sans cesser de paraître indépendant et de parler en son propre nom, Mirès achète le *Constitutionnel* et l'offre au ministère, qui l'accepte; le voilà de la maison. Les affaires naissent sous ses pas; journaux, emprunts, mines, ports, chemins de fer, il entreprend tout. Un jour, il crée les chemins de fer romains et reçoit les félicitations des cardinaux et du pape; vingt agents de change exécutent ses ordres à la Bourse, dont il est l'arbitre; sénateurs, chambellans, membres de la plus haute noblesse, anciens préfets, figurent dans ses conseils d'administration des entreprises qu'il ne cesse de fonder. Les actions de ses plus hasardeuses spéculations industrielles sont recherchées avec un empressement fébrile surtout par le public, qui, commençant au petit rentier et finissant au concierge, comprend cette masse ignorante, économe, un peu cupide, dont le besoin de bien-être est surexcité par la vue du luxe déployé autour d'elle.

Mirès avait vu pendant longtemps le succès couronner ses entreprises; les jours difficiles étaient venus. L'année 1861 s'annonçait mal au point de vue des intérêts matériels; la crise des États-Unis menaçait de fermer un des principaux débouchés de la fabrique française; le coton allait manquer par suite du blocus des ports du Sud; la spéculation à la Bourse faiblissait; le mauvais état des affaires rendait le public irritable et soupçonneux. Mirès était à la tête d'un établissement de crédit, la *Caisse des chemins de fer*, qui recevait en dépôt des valeurs. Le bruit se répandit tout à coup parmi les dépositaires qu'il avait mis la main sur cette caisse pour s'en faire des ressources à la Bourse. Une sorte de panique s'empara d'eux. Ils coururent déposer une plainte au parquet.

La passion du lucre ne souffre guère de rivale dans le cœur de l'homme; Mirès et les financiers fournissaient un aliment à cette passion; le gouvernement leur savait gré de ce service; mais, rempli pour eux dans l'intimité de complaisances secrètes, il affectait de les traiter de haut en public. Les financiers étaient sûrs d'obtenir de lui aujourd'hui tout ce qu'ils voulaient, à la condition de se résigner à être sacrifiés demain si la politique l'exigeait. Mirès fut donc arrêté le 17 février, et la justice mit les scellés sur sa caisse et sur ses livres.

Des doutes s'élevaient néanmoins sur les conséquences plus ou moins sérieuses de cette arrestation. Le gouvernement, sommé par l'opinion publique de s'expliquer, répondit par l'insertion au *Moniteur* du rapport de M. Delangle, ministre de la justice, sur l'emprisonnement de Mirès :

« Cette mesure, que réclamaient la gravité des inculpations et l'importance des intérêts compromis, a eu un grand retentissement. Elle a été l'objet de jugements divers, et, comme toujours, en pareil cas, la calomnie s'est efforcée d'en grossir les proportions.

« On répand que, par des faits d'une générosité suspecte, Mirès a su se créer des protecteurs assez puissants pour le soustraire, si les accusations dirigées contre lui se vérifient, aux châtiments de la justice; que des tiers à qui leur position interdit non seulement de toucher à des gains qu'on ne peut avouer, mais de se mêler aux opérations légitimes du commerce et de l'industrie, se sont clandestinement associés à sa destinée; que le mal est si général, si grand, qu'au risque de sauver des coupables, le gouvernement a résolu d'étouffer l'affaire, aimant mieux éviter un scandale dont les résultats sont incalculables que de mettre à nu les plaies qu'a faites la corruption.

« Ces assertions impliquent tellement l'honneur de la justice et du gouvernement que je crois nécessaire de les signaler immédiatement à l'Empereur, non que je sente le besoin de défendre la magistrature contre des soupçons de connivence et de faiblesse; la conscience publique désavoue cette injure.

« Tout le monde, en France, amis, ennemis, indifférents, tout le monde sait et proclame qu'aucune considération ne détourne le magistrat de son devoir ; que devant lui, comme devant la loi, tous les citoyens sont égaux, et qu'il exerce avec modération et réserve son redoutable ministère ; les coupables jamais n'échappent à son action. La magistrature est pénétrée de cette salutaire pensée, que si les nécessités de cette répression sont parfois douloureuses, l'impunité des fautes reconnues est un déshonneur pour la justice, un danger pour la société.

« Mais ce qui ne peut être toléré, c'est qu'on prête à un gouvernement honnête le dessein de jeter un voile sur des actes auxquels sont réservées les sévérités de la loi pénale. Je me bornerai, si l'opinion publique avait besoin d'être rassurée contre de telles suppositions, à rappeler en quels termes, au moment où le procès éclatait, Votre Majesté a tracé la conduite de la magistrature :

« Je veux que, dans cette triste affaire, la justice aille jusqu'au fond des choses,
« résolument et sans aucune considération personnelle. Le soupçon planant aujourd'hui
« sur tout le monde, les innocents sont compromis dans une accusation générale qui
« ne désigne pas les coupables. Il est indispensable que le jour se fasse. »

« Sire, les magistrats se conforment à ces intentions. L'instruction se fait avec un soin scrupuleux, avec une patience que ne déconcertent pas les obstacles. Tous les éléments de la comptabilité, tous les papiers sont soumis à un examen sévère. Rien n'échappe aux investigations de la justice ; le jour se fera, et si, contre mon attente, les accusations que l'esprit de parti a soulevées et que propagent l'irréflexion et la malignité ne tombent pas devant les informations commencées, la justice ne manquera pas à sa mission [1]. »

La sensation produite par l'arrestation du financier Mirès venait à peine de se calmer, lorsque la publication d'une brochure : *Lettre sur l'histoire de France* adressée au prince Napoléon, fit naître une émotion d'un autre genre.

Le prince Napoléon, dans un discours prononcé le 1ᵉʳ mars au Sénat, avait mêlé des attaques très vives contre les princes de la maison de Bourbon, et surtout contre les princes d'Orléans, à ses arguments pour justifier la politique de Napoléon III et de Victor-Emmanuel dans la question de la fondation de l'unité italienne. Quelques mots prononcés par un des membres du Sénat avaient fourni au prince Napoléon l'occasion de son inconvenante sortie contre des exilés :

« Il y a quelques paroles dont je tiens à remercier M. le sénateur de Heeckeren : ce sont celles par lesquelles il a justement flétri ces membres des familles royales qui,

---

[1]. Les suites de cette affaire si féconde en péripéties appartiennent bien plus à la chronique judiciaire qu'à l'histoire. Il suffit de dire ici que le Tribunal correctionnel de Paris prononça, le 11 juillet 1861, un jugement condamnant Mirès et Solar, son associé, à cinq ans d'emprisonnement. Le jugement portait que le sénateur Siméon, président du conseil d'administration de la *Caisse des chemins de fer*, payerait les dépens, comme civilement responsable avec les condamnés. Le baron de Pontalba, le comte de Chassepot, le comte de Porret, membres de ce conseil, furent renvoyés des fins de la plainte. Le jugement du Tribunal correctionnel de Paris fut cassé, le 21 avril, par la Cour de Douai, après vingt audiences. La Cour de cassation, statuant sur le pourvoi formé dans l'intérêt de la loi, cassa l'arrêt de la Cour de Douai, où Mirès fut acquitté.

voulant se faire une situation anormale, injuste, immorale, trahissent leur drapeau, leur cause et leur prince, pour se faire une fallacieuse popularité personnelle.

« Il a eu parfaitement raison, et j'approuve ses paroles. Je ne suis pas étonné que cette observation soit venue à son esprit en parlant de la famille des Bourbons, car cette famille, *partout et toujours dans tous les pays où elle a régné*, nous a donné ce scandaleux exemple de luttes et de trahisons intérieures. En France, rappelez-vous Philippe-Égalité ; en Espagne, les affaires de Bayonne et Ferdinand VII invoquant le secours de l'étranger contre son père Charles IV, et, en dernier lieu, le comte de Monte-molin luttant contre la reine d'Espagne. »

Le ministre de l'intérieur avait fait afficher le discours du prince Napoléon dans toutes les communes de France, après l'avoir signalé aux préfets par la dépêche suivante :

« Un magnifique discours vient d'être prononcé au Sénat par S. A. I. le prince Napoléon. Il a occupé toute la séance et produit une immense sensation. »

Le duc d'Aumale répondit au cousin de l'Empereur par une brochure intitulée : *Lettre sur l'histoire de France adressée au prince Napoléon*. Il commençait par se demander :

« L'exil m'a-t-il fait perdre le droit le plus naturel, le plus sacré de tous, celui de défendre ma famille publiquement outragée, et, avec elle, le passé de la France ? Cette attaque injurieuse qu'un pouvoir si fort et qui vous inspire tant de confiance a endossée, propagée, affichée sur tous les murs, ma réponse peut-elle la suivre et se produire, en se conformant aux lois, sur le sol même de la patrie ? J'en veux faire l'expérience ; si elle tourne contre mes vœux, et si, au mépris des plus simples notions de la justice et de l'honneur, vous étouffez ma voix en France, dans une cause si légitime, elle aura du moins quelque écho en Europe et ira, en tout pays, au cœur des honnêtes gens. »

L'auteur de la lettre ne reculait pas devant des représailles justement méritées d'ailleurs en soulevant le voile qui couvrait l'histoire de la famille Bonaparte pendant le règne de Louis-Philippe ; aussi les révélations suivantes produisirent-elles un très grand effet :

« Ah ! quand vous pensez à la Révolution de février, je conçois votre colère. Si elle eût éclaté quelques mois plus tard, elle eût trouvé votre père à la Chambre des pairs, pourvu d'une bonne dotation réversible sur votre tête. Auriez-vous, par hasard, oublié les démarches faites par le roi Jérôme et par vous, leur heureux succès en 1847, la faveur qui vous fut accordée de rentrer en France, d'où la loi vous bannissait, et l'accueil plein de bienveillance qui vous fut fait à Saint-Cloud ? Mais, parmi les huissiers qui remplissent l'antichambre de l'Empereur, vous pourriez reconnaître celui qui vous introduisit dans le cabinet de Louis-Philippe, lorsque vous veniez le remercier de ses bontés et en solliciter de nouvelles.

« Ouvrez l'*Annuaire militaire*, regardez la liste des généraux en retraite. Vous y trouverez le nom de l'aide de camp de ce même roi qui, en 1830, fut chargé de recevoir à Paris la reine Hortense et son fils, aujourd'hui votre Empereur. Le roi avait violé la loi en permettant à votre tante d'entrer en France, et, qui pis est, il l'avait fait à l'insu de ses ministres : c'est, je crois, le seul acte inconstitutionnel qu'on puisse lui reprocher. Mais il y a dans cette aventure quelques détails qui méritent de vous être rapportés.

« Le lendemain du jour où le roi des Français avait donné audience à la reine Hortense, il y avait conseil des ministres. « Quoi de nouveau, messieurs ? dit le roi en « s'asseyant. — Une nouvelle fort grave, Sire, reprit le maréchal Soult ; je sais, à n'en « plus douter, par les rapports de la gendarmerie, que la duchesse de Saint-Leu et son « fils ont traversé le midi de la France. » Le roi souriait. « Sire, dit alors M. Casimir « Périer, je puis compléter les renseignements que le maréchal vient de vous fournir. « Non seulement la reine Hortense a traversé le midi de la France, mais elle est à « Paris : Votre Majesté l'a reçue hier. — Vous êtes si bien informé, mon cher ministre, « reprit le roi, que vous ne me laissez pas le temps de vous rien apprendre. — Mais « moi, Sire, j'ai quelque chose à vous apprendre. La duchesse de Saint-Leu ne vous a-« t-elle pas présenté les excuses de son fils retenu dans sa chambre par une indispo-« sition ? — En effet. — Eh bien ! rassurez-vous, il n'est pas malade : à l'heure même « où Votre Majesté recevait la mère, le fils était en conférence avec les principaux chefs « du parti républicain et cherchait avec eux le moyen de renverser plus sûrement « votre trône. » Louis-Philippe ne tint pas compte de cet avis ; mais, les menées continuant, le ministre, un peu plus indépendant que ceux qui exposent aujourd'hui si clairement aux Chambres les intensions de votre cousin, prit sur lui de mettre fin au séjour de la reine Hortense et de son fils. »

Ce passage frappait plus haut que le prince Napoléon :

« A mesure que j'écris, vos griefs contre la maison d'Orléans me reviennent à la mémoire. Il y a une de vos maximes de gouvernement, maxime essentielle, que Louis-Philippe, trop débonnaire à votre gré, a négligé d'appliquer : « Que des légitimistes, « avez-vous dit, ou des républicains exaltés venant d'Angleterre (vous oubliez les « orléanistes ; mais je vous fais grâce de l'omission ; que je tiens pour purement acci-« dentelle), essayent donc de faire avec mille ou quinze cents hommes une descente sur « nos côtes, nous les ferions bel et bien fusiller. » Or, sous le gouvernement de Juillet, il y a eu une incursion à Strasbourg et une descente à Boulogne, et il n'y a eu personne de fusillé ! Grave faute sans doute ! Eh bien, ces d'Orléans sont incorrigibles, et ce serait à recommencer que je crois vraiment qu'ils seraient aussi cléments que par le passé ! Mais pour les Bonaparte, quand il s'agit de faire fusiller, leur parole est bonne. Et tenez, prince, de toutes les promesses que vous et les vôtres avez faites ou pouvez faire, celle-là est la seule sur l'exécution de laquelle je compterais. »

La brochure du duc d'Aumale se trouva bientôt dans toutes les mains. Comment y était-elle parvenue, dans ce temps où la police exerçait une surveillance si sévère sur toutes les publications ? Par une suite de calculs fort problématiques que la fortune prit soin de vérifier. Les personnes chargées de remplir les formalités ordinaires du dépôt s'en étaient acquittées à Versailles le vendredi 12 avril et non à Paris ; elles présumèrent que le procureur impérial et les substituts, trompés par le titre de la brochure, ne prendraient pas la peine de la lire, et que le parquet de Paris s'en rapporterait au parquet de Versailles. Les choses se passèrent ainsi. L'éditeur chargé de la vente à Paris, ne recevant le lendemain

Fig. 29. — Les ambassadeurs siamois à Fontainebleau.

aucun de ces avis officieux devant lesquels s'arrêtait toute publication, mit la brochure en vente à une heure après midi : l'édition tout entière fut enlevée en deux heures. Lorsque la police, enfin avertie, se présenta chez l'éditeur pour opérer la saisie, elle n'y trouva plus un seul exemplaire de la brochure.

Le *Moniteur* publia, le lendemain, ces deux seules lignes :

« Une brochure ayant pour titre : Lettre sur l'histoire de France, et pour éditeur M. Dumineray, a été saisie. »

Les préfets furent immédiatement avertis de faire, sans retard, annoncer la saisie de la brochure du duc d'Aumale dans les mêmes termes que le *Moniteur*, et d'empêcher l'insertion dans les journaux de tout extrait ou commentaire de la publication séditieuse. La direction de la presse avait pris ses précautions avec les journaux de Paris ; ils se bornèrent à reproduire la première note du *Moniteur*. Une seconde note parut le 20 avril :

« Dans son numéro du 15 avril, le *Moniteur* a annoncé la saisie d'une brochure intitulée : Lettre sur l'histoire de France, qui contenait une attaque personnelle contre le prince Napoléon. Dès que Son Altesse impériale a su qu'une instruction était dirigée contre l'éditeur de cette brochure, elle s'est empressée d'écrire à l'Empereur pour demander qu'il ne fût pas donné suite à la saisie. Il n'a pas paru possible d'accéder au vœu du prince et d'interrompre le cours de la justice. »

Le *Siècle* publiait le même jour la lettre suivante :

« Sire,

« Le duc d'Aumale a publié une brochure en réponse à un discours que j'ai prononcé au Sénat, il y a quelques semaines.

« Le parquet y a vu un délit contre les lois de l'Empire et une attaque à votre gouvernement. Ne s'inspirant que du droit commun, il a saisi et déféré cette publication aux tribunaux.

« C'était son devoir.

« J'ai vu hier M. le ministre de l'intérieur pour le prier de trancher par une mesure exceptionnelle une situation exceptionnelle.

« Je suis attaqué dans l'écrit du prince d'Orléans, c'est un motif de plus d'insister auprès de Votre Majesté afin d'arrêter les poursuites.

« Étouffer n'est pas répondre. Je vous supplie, Sire, de laisser circuler librement la réponse de M. le duc d'Aumale, certain que le patriotisme de la France jugera ce pamphlet comme il mérite de l'être, et que le bon sens du peuple fera justice de cette soi-disant leçon d'histoire qui n'est qu'un *manifeste orléaniste*.

« Veuillez agréer, Sire, etc.

« NAPOLÉON JÉRÔME. »

Le prince Napoléon, en traitant la lettre du duc d'Aumale de manifeste orléaniste, obligeait le gouvernement à le poursuivre. M. Dumineray, libraire-éditeur à Paris, et M. Beau, imprimeur à Saint-Germain-en-Laye, furent en effet traduits devant la police correctionnelle, et condamnés, malgré les efforts de M. Dufaure et de M. Hébert, leurs défenseurs, le premier à une année d'emprisonnement et 5000 francs d'amende, le second à six mois d'emprisonnement et 5000 francs d'amende.

Le bruit courut que le prince Napoléon, provoqué en duel par le duc d'Aumale, avait refusé de se battre ; c'était le témoignage des dispositions fâcheuses de l'opinion publique à son égard. Le prince Napoléon, malgré l'esprit et l'intelligence que ses amis lui prêtaient, ne savait ni se faire aimer, ni se faire craindre, ni se faire estimer. Républicain rallié à l'Empire, il vivait de l'Empire en l'attaquant sans cesse ; César en disponibilité, il se croyait à la tête d'un parti parce qu'il vivait entouré d'une cour d'artistes et de gens de lettres sans opinion, et de quelques démocrates convertis ; il rêvait la dictature en émargeant au budget. La cour impériale, perpétuellement en proie à ses mauvais propos, se réjouit de sa mésaventure, car c'en était une véritable pour lui que la lettre du duc d'Aumale. L'Impératrice affectait de montrer cette brochure ouverte sur sa table à tous ceux qui entraient chez elle. Il fut de bon ton d'avoir lu la lettre, mais au bout de huit jours on n'en parla plus, et cette publication, dont le parti orléaniste considéra le succès comme une grande victoire et comme la preuve d'un grand retour de popularité pour lui, ne fut bientôt plus qu'un incident grossi par la curiosité d'une époque cancanière et désœuvrée.

Le gouvernement impérial affichait la prétention de décentraliser l'administration. Le ministre de l'intérieur décida par un arrêté que les affaires locales, dont l'examen était renvoyé à l'administration centrale, seraient soustraites aux interminables longueurs nécessitées par leur renvoi forcé des bureaux du préfet à ceux du ministre de l'intérieur, et qu'elles auraient désormais les préfets pour juges en dernier ressort ; ces fonctionnaires nommeraient en outre directement les commissaires de police dans les villes de six mille âmes et au-dessous, les surnuméraires des contributions directes et indirectes, les employés des maisons d'arrêt, de justice et de correction, les titulaires des débits de tabac. Ils auraient également la faculté de donner une infinité d'autorisations, de certificats, sans être astreints, comme autrefois, à l'obligation de consulter le ministre de l'intérieur et de lui transmettre une multitude de relevés, de rapports périodiques, d'avis, d'états annuels, trimestriels, numériques, statistiques ou nominatifs. L'expédition des affaires gagnait certainement à ces changements, mais il aurait fallu bien d'autres conditions pour donner à ces mesures un véritable caractère de décentralisation. La décentralisation ne pouvait s'opérer réellement que par l'extension des attributions des corps électifs qui concourent, avec les préfets, à l'administration des départements et des communes, et par un accroissement de garanties, du droit de discussion et de contrôle proportionné à l'augmentation des attributions des préfets.

M. de Persigny, fort préoccupé du léger mouvement d'opinion excité par la brochure du duc d'Aumale, avait adressé, le 13 mai, une circulaire aux préfets pour les inviter à surveiller toutes les tentatives de correspondance faites au nom de personnes bannies ou exilées du territoire. « De quelque nature que puissent être ces publications, sous quelque « forme qu'elles se produisent, livres, journaux, brochures, vous devez « procéder sur-le-champ à une saisie administrative, m'en référer et « attendre mes instructions. » Le ministre de l'intérieur ne s'en tint pas là. Le duc de Broglie n'était ni proscrit ni exilé du territoire ; retiré depuis longtemps de la vie politique, il avait consacré ses loisirs à la composition d'un ouvrage intitulé : *Vues sur le gouvernement de la France*. L'existence de cet ouvrage non imprimé, non publié, lithographié et tiré à un petit nombre d'exemplaires communiqués à quelques amis particuliers de l'auteur, parut un danger public au gouvernement. Un commissaire de police opéra une descente chez le duc de Broglie et s'empara de son manuscrit. Peut-être lui aurait-on fait un procès s'il n'eût invoqué l'article de la Constitution qui soumettait les grands-croix de la Légion d'honneur à la juridiction du Sénat.

Cet excès de rigueur ne se comprenait guère, car les anciens partis, divisés sur presque toutes les questions politiques et religieuses, ne pouvaient inspirer aucune crainte au gouvernement ; le parti révolutionnaire donnait à peine de temps en temps signe de vie. Un maniaque de conspiration, dont la vie presque tout entière s'était passée en prison, Blanqui, reparut devant la police correctionnelle. La police avait saisi, le 19 juillet, 900 enveloppes de lettres chez sa sœur et chez une femme de ses amies, des listes sur lesquelles se trouvaient à côté des noms de plusieurs personnes, les mots : *bon à affilier*....., *actif*....., *homme de bataille*, etc. Blanqui, traduit en police correctionnelle, avec quelques individus obscurs, fut condamné à quatre ans de prison. Les débats du procès avaient prouvé son peu d'importance, mais l'imagination soupçonneuse de M. de Persigny lui inspirait des terreurs qui se firent jour dans les circulaires suivantes :

« MINISTÈRE DE L'INTÉRIEUR

« (Très confidentielle et pour le préfet seul.)

« *Le ministre de l'intérieur.*

« Paris, 26 septembre 1861.

« Monsieur le préfet,

« Par une circulaire en date du 6 juin 1859, mon prédécesseur, M. le duc de Padoue, vous a prescrit les mesures à prendre dans le cas où un évènement grave et imprévu amènerait la transmission du pouvoir au prince impérial sous le nom de Napoléon IV.

« En vous confirmant ces instructions, dont je vous envoie une copie, je crois devoir les compléter par les suivantes :

« Aussitôt après la réception de cette lettre, vous établirez une liste de tous les hommes dangereux, quelles que soient leurs opinions et leur position sociale.

« Après avoir étudié avec soin cette liste, vous y désignerez les hommes qui, ayant une valeur quelconque, soit pour la délibération, soit pour l'action, pourraient, à un moment donné, se faire le centre d'une résistance ou se mettre à la tête d'une insurrection.

« Vous formulerez personnellement, et vous signerez *des mandats d'arrêt pour chacun des hommes annotés sur votre liste, afin que, au premier ordre qui vous serait donné, leur arrestation ait lieu immédiatement et sans perdre une minute.*

« Vous me donnerez communication de la liste dressée par vous. Tous les mois, vous réviserez cette liste, ainsi que les mandats d'arrêt qui s'y rapportent.

« *Le ministre secrétaire d'État*
au département de l'intérieur,

« F. DE PERSIGNY. »

« MINISTÈRE DE L'INTÉRIEUR

« (Très confidentielle.)

« *Note annexée à la circulaire n° 2.*

« 1° Les listes comprendront tous les hommes dangereux, *républicains, orléanistes, légitimistes, par catégorie d'opinions.*

« 2° Elles seront tenues exactement à jour, au fur et à mesure que quelque fait nouveau parviendrait à la connaissance du préfet; les personnes inscrites sur ces listes devront, du reste, être l'objet d'une certaine surveillance.

« 3° Les formules de mandat seront imprimées à Paris et remises à MM. les préfets, qui n'auront qu'à les remplir de leur main et à les signer.

« 4° Les préfets conserveront ces mandats par devers eux, en les divisant par circonscriptions de commissaires de police.

« 5° Les préfets, dans leurs réunions, détermineront le mode qui sera employé pour faire opérer, sans perte de temps, les *arrestations dans les divers arrondissements.*

« 6° *Prévoir,* pour chaque département, *les lieux où seraient transférées les personnes arrêtées.* »

L'Empire, toujours sur le qui-vive et prévoyant de nouveaux dangers, organisant à la fois la proscription et les fêtes, donnait une part égale à la persécution et au plaisir.

Les fêtes de la cour excitaient plus vivement que jamais la curiosité publique. Les journaux officieux, toujours empressés à lui fournir des aliments, avaient rempli leurs pages des détails de la réception solennelle faite le 18 juin aux ambassadeurs siamois à Fontainebleau. Deux trônes, occupés l'un par l'Empereur, l'autre par l'Impératrice, parée des diamants de la couronne, avaient été dressés dans la galerie de Henri III. La cour ayant pris place sur les bancs qui lui étaient réservés, on vit entrer, au signal du maître des cérémonies, six hommes vêtus de pantalons et de casaques de brocart d'or, coiffés d'un immense chapeau conique, qui, se jetant à quatre pattes, s'avancèrent vers les trônes en rampant sur les coudes et les genoux. L'ambassadeur en chef tenait dans chaque main une coupe avec les lettres de son souverain, ce qui augmentait singulièrement pour lui les difficultés de l'ascension de l'estrade impériale, au sommet de laquelle il parvint cependant tenant toujours ses coupes, après des prodiges d'équilibre. La peinture a conservé à l'histoire le spectacle de cette triste cérémonie, dans laquelle une cour désœuvrée sacrifiait si tristement les droits de la dignité humaine au besoin de se distraire et de passer le temps.

Les mêmes journaux ne tardèrent pas à publier le programme d'une nouvelle cérémonie : l'inauguration du boulevard Malesherbes, destiné à mettre en communication le nouveau quartier Monceau avec la Madeleine. Il y eut à cette occasion, entre l'Empereur et le préfet de la Seine, un échange de discours où ils se congratulèrent de l'accomplissement progressif de cette œuvre de la transformation de Paris, qui fut la grande pensée du règne et dont les conséquences politiques et sociales apparaissaient déjà aux observateurs clairvoyants, en attendant qu'elles fussent visibles aux yeux de tous: les départements se plaignaient d'être obligés de payer les frais de ce changement de décor. L'Empereur, pour calmer leurs plaintes et pour prouver que sa sollicitude providentielle s'étendait sur tous ses sujets, ouvrit, sans s'arrêter aux règles de la législation financière, en l'absence du Corps législatif, un premier crédit sur les 25 millions qu'il accordait aux chemins vicinaux. Cette décision devint pour les conseils généraux, dont la session s'ouvrit quelques jours après, le signal de l'explosion de l'enthousiasme dynastique le plus ardent. Leurs adresses enflammées remplirent pendant un mois les colonnes du

Moniteur. L'argent manquait cependant pour continuer les travaux innombrables entrepris sur tout le territoire. L'insuffisance de la récolte des céréales rendait 300 millions de francs nécessaires pour payer les 10 millions d'hectolitres de blé formant le déficit. L'absence d'une somme aussi considérable ne pouvait manquer de se faire sentir dans les transactions usuelles, surtout au moment où les dernières barrières de la prohibition pour les fils et les tissus étaient à la veille de tomber, au grand effroi des fabricants. Il fallait donc emprunter en rouvrant le grand livre, ou trouver un autre moyen. Le gouvernement eut recours à l'émission d'obligations spéciales, offertes en souscription publique. Il demanda 132 millions, représentés par 300 000 obligations, émises à 440 francs, remboursables en trente ans à 500 francs et recevant 25 francs d'intérêt. Le ministère des finances, à la nouvelle de cette émission, est aussitôt assiégé par un ramassis de gens de bas étage et de vagabonds qui se chargent de souscrire au profit des spéculateurs. La porte des bureaux est encombrée par une foule bruyante et obscène; le jour, c'est une queue comme celle des théâtres du boulevard; la nuit, un camp de bohémiens installé sous les arcades de la rue de Rivoli. Jour et nuit, les bulletins de versement se cotent dans cette bourse du ruisseau. Près de 4 700 000 titres, soit en valeur près de 2 milliards, furent souscrits. Le ministre vit, « dans l'abondance des capitaux offerts, une manifestation imposante de la puissance financière du pays et une preuve nouvelle de la confiance qu'inspirait le gouvernement ». Les apparences étaient brillantes, mais en réalité il n'y avait pas là de quoi tant se vanter; les désastres et les faillites ne tardèrent pas à le prouver.

Ces mesures financières avaient le grand inconvénient de paralyser l'initiative privée. Le public prenait l'habitude de confier son épargne à l'État au lieu de la faire fructifier lui-même. Elle servait, il est vrai, à l'État pour pousser à la construction des chemins de fer; mais, si l'initiative privée continuait à faiblir, ces chemins ne finiraient-ils pas par n'avoir plus rien à transporter? L'empressement des souscripteurs, dont le gouvernement se montrait si fier, était dû d'ailleurs à l'appât de la prime. Le ministre des finances pouvait y compter toutes les fois qu'il offrirait aux souscripteurs des obligations ou de la rente au-dessous du cours. Un autre résultat non moins fâcheux de l'émission des obligations trentenaires fut l'inauguration d'une nouvelle forme d'emprunt remboursable et d'une nouvelle nature de titres négociables à terme, quoique la loi ne reconnût pas les marchés à terme.

Fig. 30. — Débarquement des troupes de Garibaldi à Caprera.

L'État avait obtenu 400 millions environ destinés à la continuation de ses travaux. Une somme de 300 millions pour les blés, sans compter les sommes nécessaires pour payer les expéditions de Chine, de Syrie, de Cochinchine et l'expédition du Mexique, dont les préparatifs se poursuivaient en secret, manquait encore au trésor. L'accroissement des recettes ne compensait pas l'accroissement des dépenses ; aussi les esprits attentifs et prudents commençaient-ils à concevoir des alarmes sérieuses, qui se firent jour dans un article de la *Revue des Deux-Mondes*. Le ministre des finances, M. Forcade de La Roquette, donna un avertissement à ce recueil, « qui s'efforçait, par les assertions les plus mensongères, de propager l'alarme dans le pays, » sans se douter que, au moment où il fulminait cet arrêté, l'Empereur, au fond de son château de Compiègne, où s'éteignait à peine le bruit des fêtes données en l'honneur du prince-régent de Prusse et du roi de Hollande, lisait un mémoire que son fidèle serviteur M. Fould lui avait fait parvenir secrètement, dès le mois de septembre, sur les dangers de la situation financière.

M. Fould demandait que d'importantes modifications fussent apportées au sénatus-consulte du 26 décembre 1852; il démontrait que le droit du Corps législatif à voter l'impôt restait un droit illusoire et qu'un contrôle s'exerçant dix-huit mois après qu'une dépense a été faite n'était qu'une pure fiction. On en peut dire autant, ajoutait-il, de la discussion du budget au Conseil d'État et au Corps législatif, si, en dépit des réductions consenties ou imposées, le gouvernement augmente les dépenses après la session. M. Achille Fould appuyait ses observations des calculs suivants : 2 milliards 400 millions de crédits extraordinaires ont été ouverts de 1854 à 1858 ; la dette publique et les découverts du trésor se sont accrus de 400 millions de crédits extraordinaires pour les trois dernières années ; le crédit sous toutes ses formes, les ressources des établissements spéciaux sous la direction de l'État, les emprunts en rente, atteignent au moins le chiffre de deux milliards. Le trésor a absorbé les 100 millions d'augmentation de capital, imposés à la Banque lors du renouvellement de son privilège et 135 millions de la caisse de dotation de l'armée, sans compter les 132 millions des obligations trentenaires ; il était d'autant plus urgent de s'arrêter, que le découvert à la fin de l'année s'élèverait à près d'un milliard, et que, pour conjurer une crise imminente, il fallait supprimer les crédits extraordinaires et supplémentaires. L'Empereur, en renonçant à la faculté de les ouvrir, coupera court, disait M. Fould, aux demandes sans cesse renaissantes des communes et des particuliers ; il calmera les inquiétudes des puissances, qui se croient obligées à des armements coûteux pour être toujours prêtes à se défendre contre un souverain, maître de disposer à chaque instant, et sans intermédiaire, des ressources d'une grande nation. « En rendant au « Corps législatif ses attributions les plus inconstestables, l'Empereur le « solidariserait avec son gouvernement ; il obtiendrait, pour prix de cette « concession, un budget où les allocations seraient plus en rapport avec « les besoins réels. En un mot, il réaliserait de la manière la plus « certaine la pensée pleine de prévoyance qui a inspiré le décret du « 24 novembre. »

L'Empereur, jugeant qu'un homme aussi intéressé que M. Fould au maintien de l'Empire ne pouvait lui donner que de bons conseils, lui écrivit que les conclusions de son mémoire étaient les siennes et que son intention était de réunir le Sénat le 2 décembre pour formuler ses résolutions en sénatus-consulte ; il l'invitait en même temps à passer du ministère d'État au ministère des finances. M. Forcade de La Roquette, nommé sénateur, dut être tenté, en se rendant au Luxembourg, de s'arrêter au bureau de la *Revue des Deux-Mondes* pour lui offrir ses excuses au sujet de l'avertissement qu'il lui avait infligé.

L'auteur du mémoire apparut un instant aux yeux des populations le front orné du nimbe de premier ministre : « Aucun décret, autorisant « ou ordonnant des travaux ou des mesures quelconques pouvant avoir « pour effet d'ajouter aux charges budgétaires, ne sera soumis à la « signature de l'Empereur qu'accompagné de l'avis du ministre des « finances. » Les autres ministres, réduits à l'emploi de commis, n'auraient pas manqué, au temps des « cabinets », de donner leur démission collective ; mais les conseillers de l'Empire, n'ayant de responsabilité que devant la personne impériale, pouvaient très bien se prêter à l'exécution de tous les systèmes financiers ou politiques qu'il lui plairait d'adopter. Ils se résignèrent donc à l'élévation de l'homme qui venait de leur donner une si verte leçon, et ils consentirent à tous les changements d'attributions jugés nécessaires par M. Fould, pour les surveiller de plus près.

La réforme financière ne pouvait être sérieuse qu'à la condition de supprimer la faculté d'ouvrir des crédits supplémentaires et extraordinaires en l'absence des Chambres, et d'opérer des virements de fonds d'un chapitre à l'autre, et d'une section à l'autre de chaque budget ministériel. Il n'y a pas en effet de bonne administration des finances publiques sans la spécialité des crédits. La faculté des virements laissée au gouvernement, c'est-à-dire à l'Empereur, équivalait à celle des crédits extraordinaires et supplémentaires.

Une autre réforme, due aussi à l'influence de M. Fould, eut lieu presque en même temps. Le préfet de la Seine, toujours en quête de ressources, avait fait placer à l'entrée de la Bourse des tourniquets qu'on ne franchissait qu'en payant un droit d'entrée. Les agents de change se lamentaient sans cesse sur cet impôt, gênant pour le public, offrant une cause de plus au malaise des affaires et produisant à peine 800 000 francs à la ville. Napoléon III, cédant tout à coup à ces doléances, supprima les tourniquets. Les agents de change lui adressèrent une lettre de remerciements dans laquelle ils signalèrent cette suppression comme « un véritable bienfait pour le crédit de la France », comme « le prélude d'une grande période nouvelle d'activité et de richesse pour le pays », comme l'une des conséquences de ce nouveau programme financier si « noblement » adopté dans la lettre du 12 novembre au ministre d'Etat. « Votre Majesté, ajoutaient-ils, a su en dix ans de « règne pacifier les esprits, relever le crédit public et inscrire de nouvelles « victoires sur notre drapeau. Il n'appartenait qu'au génie de l'Empereur « d'accomplir cette tâche si difficile, de donner en même temps satis- « faction à l'amour-propre du pays pour la gloire et à ses intérêts « légitimes. Nous avons, Sire, naguère applaudi avec la France entière « à votre grandeur dans la guerre, applaudissons aujourd'hui à votre « grandeur dans la paix. » Ces burlesques flagorneries se terminaient ainsi : « Permettez-nous d'élever un monument de notre reconnaissance, « en plaçant Votre Majesté dans l'enceinte du palais de la Bourse. Le « guerrier aura sur la voie publique ses colonnes triomphales, la statue « du prince pacificateur dans le palais de la Bourse protégera ces négo- « ciations qui fécondent le travail des peuples et proclament la sagesse « des souverains. » Tant de gloire à propos de tourniquets ! L'Empereur refusa, « quelque flatteuse que fût la proposition ». Il songeait sans doute déjà que sa statue équestre en costume d'apothéose serait mieux placée au fronton du Louvre.

Les élections pour les conseils généraux avaient eu lieu dans le courant de l'été et s'étaient terminées de la façon la plus favorable au gouvernement. Il devait bien s'y attendre, quoique certains préfets fissent tous leurs efforts pour faire croire à un réveil terrible de l'opposition. « La Ré- « volution relève la tête, disait le préfet de la Dordogne, et c'est le canton

« de Chabeuil qu'elle a choisi pour tenter l'essai de sa résurrection; il
« importe que ce canton, qui fut toujours si dévoué à l'ordre, donne une
« sévère leçon aux révolutionnaires, et que les candidats qu'ils opposent
« aux candidats de l'administration soient repoussés de l'urne d'une
« façon si éclatante, qu'ils soient à tout jamais dégoûtés, et qu'ils com-
« prennent enfin que le peuple n'est pas disposé à se placer sous leur
« joug. » Le canton de Chabeuil obéit à l'appel de son préfet. La Révolution fut terrassée dans ce canton, comme dans tous les cantons de France. Sa défaite fut d'autant plus complète que le gouvernement aux forces écrasantes de la centralisation administrative avait pu joindre celles de la centralisation religieuse. L'évêque auxiliaire de Marseille et ses deux vicaires capitulaires adressèrent aux curés une circulaire pour les exhorter à voter et à faire voter leurs paroissiens en faveur des candidats officiels, quoiqu'ils eussent pour concurrents les chefs du parti royaliste dévoué aux intérêts temporels et spirituels de la papauté. L'exemple du clergé de Marseille fut suivi dans les autres diocèses; aussi l'opposition réussit-elle à peine à faire passer deux ou trois de ses candidats. Les protestations cependant furent nombreuses; l'une d'elles donna lieu à un procès célèbre.

MM. Plassiart et de La Bigotterie avaient sollicité les suffrages des électeurs de Coulonges[1]. M. Plassiart fut nommé; le conseil de préfecture cassa l'élection sur la demande de M. de La Bigotterie, par le motif que l'élu avait porté atteinte à la sincérité des opérations électorales; mais M. de La Bigotterie ne s'était pas contenté d'une annulation : il avait déposé une plainte devant l'autorité judiciaire contre M. Plassiart, pour fraude en matière électorale et pour diffamation. Une longue instruction eut lieu, dans laquelle plus de cent cinquante personnes furent entendues; M. Plassiart, son fils, la directrice des postes de Coulonges, le garde champêtre de la commune et un maire des environs comparurent en police correctionnelle. Le procès Migeon avait déjà montré en gros ce que c'était que le régime électoral de l'Empire, le procès Plassiart fit pénétrer dans tous les détails; il mit complètement à nu la tyrannie d'un maire de village, usant effrontément de tous les pouvoirs dans l'intérêt de son ambition, promettant à l'un de réparer son chemin, à l'autre d'obtenir le maintien de son fils dans ses foyers à l'expiration de son congé, menaçant des rigueurs administratives celui qui refusait de voter

---

1. Département des Deux-Sèvres.

pour lui, permettant tout à celui qui lui donne sa voix, ayant pour agent impitoyable un garde champêtre, cafetier, entrepositaire de bière pour tout le canton, crieur public, agent de la Société d'assurance contre la mortalité des animaux, trésorier de la société de Secours mutuels, distinguant avec soin quand il s'agissait de verbaliser entre « les poules des amis de l'administration » et celles des électeurs de l'opposition. Jamais garde champêtre ne fut plus selon le cœur de son maire ; Plassiart, non content d'envoyer aux électeurs des cartes avec son bulletin collé par pain à cacheter dont l'adhérence devait lui permettre quand il présiderait le bureau de connaître les votes, lisait au besoin son nom à la place d'un autre, et il ne craignait pas de violer le secret des lettres pour surveiller les démarches des électeurs. Plassiart avait été nommé chevalier de la Légion d'honneur, pour le récompenser des services rendus par lui au canton de Coulonges. Des condamnations sévères le frappèrent ainsi que ses complices ; mais combien de maires presque aussi coupables que lui restaient impunis !

CHAPITRE VI

LA QUESTION DES DUCHÉS

Maladie du roi de Prusse. — Son frère, héritier présomptif de la couronne, prend la régence. — Entrevue de Napoléon III et du régent de Prusse à Baden. — M. de Bismarck est nommé ambassadeur de Prusse à Saint-Pétersbourg. — Avènement de Guillaume Ier au trône de Prusse. — La réforme de l'armée. — Réveil de l'esprit unitaire. — La politique du nouveau règne. — Attentat de Bœcker. — Influence de cet attentat sur le roi. — Guillaume Ier à Compiègne. — Couronnement du roi de Prusse. — État de l'opinion publique en Allemagne. — Le principe des nationalités. — La question des duchés. — Effets de la révolution de Février sur l'Allemagne. — La campagne des corps francs. — Conférence de Londres. — La question des duchés s'assoupit. — Le prince-régent de Prusse la réveille en 1859. — Menace d'exécution fédérale. — Le Danemark compte sur la France et sur l'Angleterre. — Napoléon III et Alexandre II. — Situation de la Pologne. — Troubles à Varsovie. — Adresse à l'Empereur. — Dissolution de la Société d'agriculture. — Mort du prince Adam Czartoriski. — L'insurrection et les puissances. — L'Angleterre, l'Autriche, la Prusse, la France. — Discours du prince Napoléon.

La maladie mentale dont les symptômes s'étaient manifestés chez le roi de Prusse, Frédéric-Guillaume IV, dans le courant du mois d'octobre 1857, avait obligé son frère Guillaume-Louis, héritier présomptif de la couronne, à prendre la régence. Son premier acte fut le remplacement du ministère Manteuffel, qui pesait depuis dix ans sur la Prusse, par un ministère plus libéral, présidé par le prince Charles-Antoine de Hohenzol-

Fig. 31. — Enterrement de Caussidière. Deux ou trois amis obtiennent seuls la permission d'assister à la cérémonie.

lern. La politique prussienne ne cessa pas cependant de tendre à rapprocher de plus en plus la Prusse de l'Autriche. L'attitude menaçante que le prince-régent fit prendre à l'Allemagne au moment de la guerre d'Italie contribua à décider Napoléon III à signer les préliminaires de Villafranca ; si l'Autriche avait consenti à cesser de faire partie de la Confédération germanique, la Prusse aurait certainement porté ses forces et celles de l'Allemagne sur le Rhin ; le régent de Prusse essaya plus tard, dans l'entrevue qu'il eut à Varsovie avec l'empereur d'Autriche et l'empereur de Russie, d'établir entre les trois puissances, une entente contre le nouvel ordre de choses qui se fondait en Italie ; mais la Russie était entrée dans la phase du recueillement, l'Autriche se voyait obligée d'en faire autant, pour le moment ; la triple alliance ne put se former. La Prusse n'en était pas moins la puissance avec laquelle il semblait à Napoléon III qu'il pouvait le mieux s'entendre pour opérer sur la carte de l'Europe les changements dont le rêve ne cessait de hanter son cerveau. Il songeait donc aux moyens de la rattacher étroitement à ses vues. Le régent de Prusse se trouvait justement à Baden dans l'été de 1860, en compagnie de la plupart des petits princes allemands, au moment où Napoléon III assistait aux manœuvres du camp de Châlons. L'Empereur, prétextant que le séjour du futur roi de Prusse, si près de la frontière de France, lui imposait l'obligation de lui offrir ses félicitations, se rendit, comme on l'a vu, à Baden, où M. de Bismarck, ambassadeur à Saint-Pétersbourg, soit hasard, soit préméditation, était venu passer son temps de congé. Le prince de Hohenzollern avait cru devoir se priver des services de quelques fonctionnaires dont les opinions trop absolutistes pouvaient nuire au vernis de libéralisme qu'il voulait se donner. M. de Bismarck, représentant de la Prusse près la Diète germanique, se trouvait au nombre de ces fonctionnaires sacrifiés, mais sa disgrâce n'avait pas été de longue durée. Il apprit en mars 1859 sa nomination au poste d'ambassadeur près la cour de Russie de la bouche même du prince-régent, qui eut la gracieuseté d'ajouter que ce poste était le premier de tous dans la diplomatie prussienne. Un grand changement s'était opéré dans les sentiments de l'ancien membre du Parlement de Francfort relativement à l'Autriche ; il en a lui-même quelques années plus tard fait la confidence : « Je vivais
« en gentilhomme campagnard, lorsque la volonté souveraine me dé-
« signa comme envoyé à la Diète de Francfort. J'avais été élevé dans le
« culte de la politique autrichienne. Il ne me fallut pas beaucoup de temps
« pour perdre mes illusions de jeunesse à l'endroit de l'Autriche et pour

« devenir son adversaire déclaré. L'abaissement de mon pays, l'Allemagne
« sacrifiée à des intérêts étrangers, une politique cauteleuse et perfide,
« tout cela n'était pas fait pour me plaire. J'ignorais que l'avenir dût
« m'appeler à jouer un rôle; mais je conçus, dès cette époque, l'idée dont
« je poursuis la réalisation aujourd'hui, celle de soustraire l'Allemagne à
« la pression autrichienne, du moins cette partie de l'Allemagne unie par
« son esprit, sa religion, ses mœurs et ses intérêts, aux destinées de la
« Prusse, l'Allemagne du Nord [1]. »

La présence de M. de Bismarck à Baden au moment de la visite de Napoléon III donnait fort à penser aux princes allemands, qui n'ignoraient ni le langage tenu par lui contre la Diète alors qu'il représentait la Prusse à Francfort, ni le conseil, donné à son maître, d'en finir avec cette vieille institution, ni le mirage de la couronne d'Allemagne qu'il faisait luire à ses yeux en échange d'une Savoie quelconque à trouver sur le Rhin ou ailleurs. Mais le régent de Prusse était loin encore d'avoir subi la même transformation que M. de Bismarck; conservateur respectueux des institutions existantes, il s'indignait à l'idée seule qu'on pût le croire capable de vouloir les modifier, et, pour couper court aux soupçons que des entretiens particuliers avec Napoléon III auraient pu faire naître dans l'esprit des souverains allemands, il affecta de ne jamais le voir seul.

Frédéric-Guillaume IV mourut à Sans-Souci le 27 janvier 1861. La Prusse, qui sous son règne n'avait joué qu'un rôle effacé, quelquefois humiliant pour l'amour-propre national, espéra que de l'avènement de Guillaume Ier daterait une ère nouvelle, qu'elle cesserait de graviter comme un humble satellite dans l'orbite de l'Autriche, et qu'elle marcherait d'un pas ferme dans la voie du progrès libéral.

Le passé du nouveau souverain ne justifiait pas trop de semblables espérances. Le prince de Prusse, frère du roi, obligé, à cause de l'impopularité que lui avaient value ses opinions rétrogrades ouvertement affichées, de se retirer en Angleterre à la suite du triomphe passager de la révolution de 1848, en était revenu sans que le spectacle de la vie d'un peuple libre eût exercé sur lui la moindre influence. La réaction en 1849 n'eut rien de plus pressé que de lui confier la tâche d'en finir avec les révolutionnaires allemands. Les insurgés des provinces rhénanes et du pays de Baden trouvèrent en lui un ennemi cruel pendant la lutte, et impitoyable après. Défenseur ardent et convaincu des idées absolutistes alors

---

1. *L'œuvre de M. de Bismarck*, par Vilbort.

qu'il était éloigné du pouvoir, c'est à peine si, depuis que la maladie de son frère l'avait mis à la tête des affaires, il consentait parfois à atténuer vaguement ses opinions, de les voiler sous les formules de ce libéralisme de convention dont les pouvoirs nouveaux affectent volontiers de se parer.

La proclamation adressée par Guillaume Ier au peuple prussien le lendemain de son avènement ne sortait pas du cadre ordinaire des documents de ce genre. Son discours à l'ouverture des Chambres fut plus significatif. L'augmentation toujours croissante du budget de l'armée était l'objet des vives critiques de la part d'un grand nombre de députés. Guillaume Ier, comme s'il eût tenu à prouver sans retard que ces critiques le trouveraient toujours insensible, s'empressa de déclarer que, le principal devoir de la Prusse consistant à sauvegarder l'intégrité du tertoire allemand, ce devoir exigeait une armée fortement organisée. La réforme de l'armée était donc la pensée dominante du roi. Cette armée se divise en trois catégories : troupes de ligne ou armée permanente, landwehr et landsturm. Le service est obligatoire, le remplacement interdit. L'effectif de l'armée permanente était encore fixé de 120 à 130 000 hommes, chiffre qui, en 1815, où il fut établi, correspondait au total du contingent que pouvait fournir la population, laquelle ne dépassait pas dix millions d'habitants. La Prusse, au bout de cinquante ans, ayant atteint le chiffre de dix-sept millions, et comptant plus de conscrits que n'en comportaient les cadres, se trouvait dans la nécessité d'augmenter l'effectif de l'armée régulière ou de diminuer le temps de service. La routine protégeait le *statu quo;* la faveur le transformait en abus contre lequel les palliatifs restaient impuissants. Une réforme était devenue nécessaire dans la constitution même de l'armée. Elle devait consister à prolonger le service dans la ligne, à l'abréger dans la landwehr, à fournir à celle-ci des cadres permanents et à élever la levée annuelle jusqu'à 60 ou 80 000 hommes, ce qui nécessitait une augmentation de subsides à demander aux Chambres.

Le roi n'avouait pas ouvertement les motifs qui lui faisaient tant souhaiter la réforme de l'armée ; mais ils se faisaient jour dans tous ses discours, surtout dans ceux où il s'adressait à des militaires. « J'ai été appelé au « trône, dit-il dans son discours aux généraux présents à Berlin le lende- « main de l'ouverture des Chambres, à une époque pleine de dangers et « avec la perspective de combats dans lesquels j'aurai besoin de tout votre « dévouement. » Le langage mystérieux et belliqueux du roi, ses allusions fréquentes à l'intégrité du territoire germanique, exaltaient les imaginations et réveillaient les espérances du parti unitaire, dont les regards, par une sorte d'attrait magnétique, se portèrent de nouveau sur ces rives de l'Eyder que l'Allemagne n'avait pas pu franchir en 1848 et qu'elle ne cessait pas de convoiter.

L'assemblée du *Nationalverein*, tenue le 25 janvier à Berlin, se prononça par acclamation en faveur de l'unité de l'armée allemande sous le commandement de la Prusse et de l'occupation du Sleswig par les troupes fédérales.

La discussion de l'adresse de la Chambre des députés donna lieu également à des manifestations unitaires qui n'avaient pas l'air de déplaire au gouvernement, ardent lui-même à saisir toutes les occasions de témoigner de son patriotisme allemand. Le parti libéral avait présenté un amendement à l'adresse dans lequel, après avoir félicité le roi de sa résolution de maintenir l'intégrité du territoire allemand, il l'engageait cependant à ne point considérer la consolidation du royaume d'Italie, comme opposée à l'intérêt de la Prusse ni de l'Allemagne. M. de Schleinitz, ministre des affaires étrangères, répondit vertement à M. de Wincke, chargé de soutenir cet amendement, que la possession de la Vénétie par l'Autriche était indispensable, au point de vue stratégique, non seulement à la sûreté de cette puissance, mais encore à celle de l'Allemagne.

L'opinion publique, sensible aux efforts du roi pour relever le sentiment national, s'alarmait de son penchant à maintenir et à ressusciter les traditions féodales. Guillaume Ier, non content de rétablir la vieille cérémonie du couronnement, étala dans son manifeste un absolutisme dogmatique et un mysticisme légitimiste vraiment singuliers dans la bouche du petit-neveu de Frédéric II et du représentant d'une des plus jeunes monarchies de l'Europe. Ces tendances rétrogrades auraient eu besoin d'être compensées par une marche plus ferme et plus rapide vers le but qui intéressait le plus l'opinion publique, c'est-à-dire la fondation de l'unité allemande; mais les lenteurs et les incertitudes de la politique royale sur ce point avaient fait naître dans les esprits un malaise, un trouble, une effervescence, qui n'étaient point sans danger pour le roi lui-même. Guillaume se trouvait alors à Baden-Baden; le 14 juillet, entre huit et neuf heures du matin, il faisait, suivi d'un aide de camp, sa promenade habituelle dans l'allée de Lichtenthal à Baden, quand un jeune homme passa près de lui en le saluant respectueusement. Un coup de feu retentit presque en même temps. L'aide de camp accourt et saisit le jeune homme, qui, après avoir tiré, restait immobile à une distance de quatre ou cinq pas. Le roi avait le collet de la redingote traversé par une balle qui, après avoir frôlé la cravate, avait occasionné une légère contusion au cou. L'auteur de l'attentat était un étudiant de Leipzig nommé Oscar Bœcker.

Bœcker avait remis à l'aide de camp un portefeuille en ajoutant qu'il y trouverait une déclaration expliquant les motifs de son crime. Elle était ainsi conçue : « J'ai résolu l'action que je vais commettre, parce que je « suis d'avis que Sa Majesté le roi de Prusse, malgré de nombreux et « louables efforts, n'est pas capable de vaincre les obstacles qui s'opposent « à l'accomplissement de la mission qu'en sa qualité de roi de « Prusse il doit remplir pour l'unification de l'Allemagne. Je le sais, « beaucoup méconnaîtront mon action, d'autres la réprouveront et même « la trouveront ridicule ; je connais les suites qu'elle aura pour ma personne ; « mais je reste dans l'espoir qu'elle aura une heureuse influence « pour l'avenir de l'Allemagne. Puissent enfin les Allemands sortir de « leurs inutiles discussions et passer à l'action ! »

Cette tentative d'assassinat fit sur le roi de Prusse une impression aussi forte que celle que la tentative d'Orsini avait produite sur l'empereur des Français. La reine Augusta exerçait sur l'esprit de son mari une influence qui en augmentait encore l'incertitude naturelle. Depuis cet événement, elle cessa d'être consultée par lui sur les affaires, et M. de Bismarck put s'apercevoir que le germe des résolutions qu'il avait déposé dans la tête de son maître commençait à fermenter.

Napoléon III, à la première nouvelle de l'attentat de Bœcker, s'empressa d'envoyer son aide de camp, le prince de la Moskowa, pour féliciter le roi de Prusse d'avoir échappé au danger. Guillaume Ier se trouva d'autant plus engagé à rendre à Napoléon III la visite qu'il en avait reçue l'année précédente à Baden. L'entrevue des deux souverains, fixée d'abord aux premiers jours de septembre au camp de Châlons, n'eut lieu que le 6 octobre à Compiègne.

Le récit des fêtes et des chasses dont la résidence impériale devint le théâtre amusa le public, sans tromper les hommes politiques. La conversation entre deux souverains, l'un à peine monté sur un trône où tant de raisons le sollicitaient de prendre une attitude nouvelle, l'autre toujours en quête de combinaisons pour se maintenir sur le sien, ne pouvait se passer en lieux communs de vénerie. Ne suffisait-il pas d'ailleurs de se rappeler avec quel sans-gêne M. de Bismarck parlait à Francfort de réorganiser l'Allemagne aux dépens de la maison de Habsbourg, pour supposer que le roi de Prusse venait chercher un allié en France contre l'Autriche. Les journaux anglais s'alarmaient déjà pour la vieille alliée de leur pays. Le *Times*, comparant les avantages que la Prusse avait tirés de son alliance avec l'Angleterre à ceux qu'elle pouvait attendre de son alliance avec la France, essayait de démontrer qu'aucune rivalité n'existait entre la Prusse et l'Angleterre ; en était-il de même entre la Prusse et la France ? Si la Prusse a besoin d'un appui, Napoléon III lui fera payer le sien de l'abandon des Provinces rhénanes, comme il a déjà fait payer son concours à son allié sarde de l'abandon du versant occidental des Alpes. Si la Prusse s'alliait avec la France, il ne resterait plus aux petits princes allemands qu'à se jeter dans les bras de l'Autriche. Le *Daily News*, insistant sur cette éventualité, faisait en outre remarquer qu'en gardant ses anciennes alliances la Prusse était sûre de se trouver bientôt à la tête de l'Allemagne du Nord, tandis que l'Autriche serait obligée de descendre vers le Danube.

Le langage de la presse allemande aurait dû cependant rassurer les journaux anglais. Les feuilles absolutistes de l'autre côté du Rhin repoussaient toute alliance avec un gouvernement comme celui de Napoléon III, issu du suffrage universel ; les journaux démocratiques, toujours un peu gallophobes, regardaient presque comme une humiliation la visite de Guillaume Ier à Napoléon III. Le roi de Prusse, seul au milieu de cette cour impériale, leur semblait venu là pour trafiquer des destinées de l'Allemagne. Guillaume Ier, désireux de ne pas compromettre sa popularité et pressé par l'approche de son couronnement, hâta son retour dans ses États.

Cette cérémonie, instituée par l'électeur de Brandebourg Frédéric III, monté le premier sur le trône de Prusse, n'avait plus été célébrée depuis 1701. Guillaume Ier, non content de la renouveler comme un jubilé centenaire, voulait qu'elle fût précédée de la prestation de foi et hommage à sa personne. Les représentations des ministres l'amenèrent, non sans peine, à renoncer à cette réminiscence trop féodale ; mais on ne put l'empêcher, deux jours avant le couronnement, qui devait avoir lieu le 18 octobre, à Kœnigsberg, de réunir les généraux et les colonels de son armée pour leur rappeler qu'il tenait la couronne des mains de Dieu et qu'il comptait sur la fidélité de son armée pour la défendre contre ses ennemis, « de quelque côté qu'ils puissent venir. » Le lendemain, du haut du grand escalier de l'hôtel de ville de Kœnigsberg, il répondit aux discours des présidents des deux Chambres et des représentants des Etats provinciaux :

Fig. 32. — La Révolution fut terrassée dans le canton (page 232).

« Par la grâce de Dieu, les rois de Prusse portent depuis cent soixante-
« dix ans la couronne. Je suis le premier qui soit monté sur le trône de-
« puis qu'il a été entouré d'institutions conformes à l'esprit du temps,
« mais la couronne vient de Dieu. L'union doit subsister entre le roi et le
« peuple. Placés sur la voie du droit juré, nous pouvons résister aux dan-
« gers d'un temps agité. »

L'affirmation affectée du droit divin, la préoccupation visible chez le roi de se réserver, en ce qui concerne les affaires publiques, un pouvoir distinct du pouvoir des Chambres, menaçaient de porter le trouble dans les relations entre le gouvernement et la représentation nationale ; mais le dissentiment, on le sentait bien, ne pouvait prendre un caractère alarmant que dans le cas où la politique extérieure du roi froisserait le sentiment de la nation possédée par une idée fixe, l'unité de l'Allemagne, et prête à tout pardonner à celui qui la réaliserait. Le gouvernement prussien, voulant profiter de cette disposition des esprits, leur fournit un nouveau motif d'excitation et d'espérance par le réveil de la question des duchés danois, dont il allait disputer la possession au Danemark au nom du principe des nationalités, au moment où Napoléon III manifestait la prétention de fonder le droit européen nouveau sur ce principe obscur, compliqué, fertile en conséquences dangereuses et contradictoires. Le prétexte employé par la Prusse pour s'immiscer dans les affaires du Danemark était la conformité d'origine avec les Allemands, de quelques milliers d'individus soumis à la domination du roi de Danemark et habitant le Sleswig, se composant du duché proprement dit, qui ne fit jamais partie de l'empire d'Allemagne, et du margraviat, qui en fut séparé dès l'année 1026. Le Sleswig, isolé des États formant la monarchie danoise, n'ayant d'autres rapports avec elle que ceux d'un fief héréditaire de la maison royale, servit d'apanage à ses cadets.

Les comtes de Holstein reçurent en 1375 l'investiture du duché, par suite du manque d'héritiers mâles dans la lignée de Sleswig. Le Holstein et le Sleswig vécurent ainsi sous le sceptre des mêmes princes jusqu'au jour où, le duc de Sleswig-Holstein étant mort sans postérité en 1454, les États de Sleswig-Holstein se placèrent sous la suzeraineté de Christian Ier, roi de Danemark, qui reconnut par lettre patente l'autonomie du Sleswig-Holstein et qui confirma l'union des deux pays fondée sur une constitution et sur une diète communes. Le Sleswig cependant restait un duché souverain, tandis que le Holstein faisait partie de l'empire germanique.

Le duché de Lauenbourg, autre possession du Danemark, moitié autonome, moitié dépendant du Holstein par le contingent militaire, se rattachait par ce lien à la Confédération germanique. La monarchie danoise était donc formée du royaume de Danemark proprement dit, du duché de Sleswig indépendant en droit et uni en fait au Holstein, du duché de Holstein rattaché par des liens de suzeraineté au Danemark et par des liens politiques à la Confédération germanique, et enfin du Lauenbourg dont les rapports avec le royaume de Danemark, le Holstein et la Confédération germanique viennent d'être expliqués. Le roi de Danemark était membre de cette assemblée comme suzerain des duchés de Holstein et de Lauenbourg.

Les enchevêtrements politiques et administratifs de cette organisation offraient de trop grands inconvénients pour que le Danemark n'essayât pas de séparer le Sleswig du Holstein afin de pouvoir se l'incorporer plus tard. L'Allemagne sentit le danger ; ses savants n'eurent pas de peine à extraire des vieux parchemins une théorie historique démontrant l'existence d'une solidarité (*nexus socialis*) entre les institutions du Holstein et du Slewig qui ne pouvait être rompue sans briser la constitution du pays. C'était la pierre d'attente sur laquelle l'Allemagne devait élever plus tard ses prétentions.

Les guerres du premier Empire ajournèrent la lutte entre l'élément allemand et l'élément danois ; elle devint très vive à dater de 1816, et, quatre ans après la révolution de Juillet, elle faisait prévoir un prochain conflit. Frédéric VI crut le prévenir par la Constitution de 1834 ; mais la théorie du *nexus socialis* entre les deux duchés, très répandue dans le Holstein, avait fait de grands progrès dans le Sleswig. Un parti du Sleswig-Holsteinisme se forma et trouva des appuis secrets jusque sur les marches du trône dans le duc Christian-Auguste d'Augustenbourg, beau-frère du roi régnant Frédéric VI, et dans le prince de Roër, frère du duc Christian. Ces deux princes, comblés de marques de faveur et de confiance de leur souverain, se firent les agents de la propagande germanique sous son règne et sous celui de son successeur Christian VIII, monté sur le trône en 1839.

L'année 1840 est la première étape de l'Allemagne vers l'unité. C'est alors que, se croyant à la veille d'être attaquée par la France, elle entonna la chanson de Becker, *le Rhin allemand*. L'orage de 1840 s'apaisa ; l'Allemagne cessa ses chants belliqueux, mais les rêves de conquêtes qui se mêlent souvent aux pensées de défense ne s'effacèrent pas de son esprit; sentant sa faiblesse du côté de la mer, elle ne perdit plus de vue les ports du Holstein et du Sleswig, objet de sa longue convoitise.

Christian VIII avait adopté, à l'égard du Sleswig-Holsteinisme, la politique de ménagement de son prédécesseur. Ce parti, enhardi par cette modération, poussait à une révolution. Le roi de Danemark, réveillé par le danger, maintint, par sa lettre patente du 8 juillet 1846, ses droits incontestables sur le Sleswig, et tenta d'unir toutes les parties de la monarchie danoise par une constitution unique. L'Allemagne tout entière, chambres, universités, réunions publiques, retentit de protestations violentes. La Diète, dans une résolution du 17 septembre 1846, prise avec éclat, réserva « les droits de tous et de chacun, spécialement de la Confédération germanique et des agnats ». Lorsque la révolution de Février éclata en Danemark et vint encore compliquer les difficultés de la situation, le Holstein s'insurgea. Les princes d'Augustenbourg levèrent le masque; un gouvernement provisoire s'installa sous leur direction à Rendsbourg, et les volontaires allemands, formés en corps francs, pénétrèrent dans le Sleswig pour délivrer leurs compatriotes, victimes, assuraient-ils, de l'oppression danoise. Les corps francs ne tinrent pas devant l'armée de Frédéric VII. La Prusse se hâta de venir à leur secours, et, sans même attendre l'appel de la Diète, elle s'empressa de donner au feld-maréchal Wrangel l'ordre d'occuper les duchés.

Le Parlement de Francfort siégeait à cette époque; mais, si les unitaires favorisaient le mouvement révolutionnaire qui poussait les volontaires sur le Danemark, les conservateurs étaient loin de s'y associer. Un député de la Marche de Brandebourg, M. de Bismark, allait jusqu'à qualifier la guerre, dans les duchés, d'expédition inique, entreprise au profit de la révolution contre un souverain légitime auquel on cherchait querelle sans motif. La guerre n'en aurait pas moins continué contre le Danemark, si la Russie, peu disposée alors à seconder l'Allemagne dans ses tentatives unitaires, n'avait provoqué une entente entre elle et les cabinets de Paris et de Londres. Les représentants des trois puissances se réunirent à Londres, signèrent dans cette ville, le 4 juillet 1850, un protocole qui établissait en principe, pour l'avenir, « l'intégrité de la monarchie danoise », et qui réglait l'ordre éventuel de succession. Le prince Christian de Glucksbourg fut reconnu comme héritier légitime de tous les États du Danemark. Le czar renonça en sa faveur à ses droits comme représentant la branche aînée des Holstein-Gottorp; les autres branches agnatiques ou cognatiques (le landgrave de Hesse, le prince Frédéric de Hesse, la princesse Marie d'Anhalt) suivirent son exemple. Le duc Christian-Auguste d'Augustenbourg, qui avait également des titres à faire valoir, vivait retiré et besogneux à Francfort. M. de Bismark, alors représentant de la Prusse à la Diète, se chargea d'obtenir sa renonciation en échange d'une forte somme.

Le traité de 1850 ne mettait pas un terme aux difficultés de la situation. La position du roi de Danemark, en face de la Diète germanique comme suzerain du Holstein, et en face du Sleswig à la fois autonome et partie intégrante de la monarchie danoise, était la source d'embarras incessants. Le traité de 1850 aurait dû séparer le Holstein du Danemark et rendre au Danemark la liberté de ses mouvements en lui permettant de rompre ses liens avec la Confédération germanique. Il eût été sage, du moins, à défaut de cette mesure radicale, de définir le *statu quo* de façon à constater que le roi de Danemark était souverain du duché allemand de Holstein, comme le roi de Hollande l'était également du duché de Luxembourg, et que les provinces extra-fédérales du Danemark restaient aussi étrangères à la Confédération germanique que les provinces extra-fédérales de la Néerlande.

Les Prussiens, entrés dans les duchés en 1848, les occupaient encore pendant que la diplomatie négociait cet insuffisant traité. La Prusse consentait cependant à retirer ses troupes, mais elle tenait auparavant à connaître l'organisation nouvelle que le roi de Danemark donnerait à la monarchie. Les explications entre les cabinets de Copenhague et de Berlin amenèrent des négociations qui se prolongèrent jusqu'à l'époque de la guerre d'Italie. La régence du prince de Prusse fournit bientôt aux esprits, de jour en jour plus susceptibles sur la question des nationalités, de nouveaux éléments d'excitation. Le prince de Prusse, dans son discours d'ouverture des Chambres, le 17 janvier 1859, fit entendre quelques paroles qui réveillèrent les échos au delà de l'Eyder. Le 3 mai suivant, un membre de la Chambre des députés exhortait le gouvernement prussien à prendre en main la cause du Sleswig, « indignement opprimé par le Danemark ». Le ministre des affaires étrangères répondit qu'il avait cette affaire fort à cœur et qu'il ne laisserait échapper aucune occasion de le prouver. Les relations s'aigrirent entre les cabinets de Berlin et de Copenhague; la Diète soutint que le duché de Holstein ne devait avoir d'autres lois que celles consenties par ses États, quoiqu'il eût avec le Danemark des institutions communes, telles que l'armée et la marine. La Confédération germanique, dont le Holstein faisait partie, aurait donc pu, en vertu de ce principe, se mêler indirectement du règlement des questions relatives à l'organisation des forces danoises. La Diète ne reculait pas devant cette conséquence. Les associations nationales soutenaient ses prétentions. L'Autriche, poussée par le désir de ne pas paraître, aux yeux de la population, moins ardente pour une cause si chaleureusement embrassée par la puissance qui lui disputait la suprématie en Allemagne, parla très haut au Danemark. Ce dernier, comptant sur son droit, sur l'opinion publique en Europe, sur la France qui, croyait-il, ne pouvait l'abandonner, sur l'Angleterre qui ne consentirait sans doute jamais à voir les ports du Sleswig-Holstein aux mains d'une autre puissance que le Danemark, et enfin sur la rivalité de la Prusse et de l'Autriche, attendait sans trop y croire l'exécution fédérale dont la Diète le menaçait.

Napoléon III était à la veille de se jeter dans l'aventure du Mexique; préoccupé d'assurer la prépondérance de la race latine dans le nouveau monde, il ne la croyait nullement menacée dans l'ancien par la question des duchés. L'appui de l'Angleterre et de la Russie, si elle devenait plus grave, ne lui permettait-il pas de la résoudre? Ces deux puissances n'avaient en effet aucun intérêt à s'associer aux prétentions de l'Allemagne, bien au contraire. Une entente cordiale régnait d'ailleurs entre Paris et Saint-Pétersbourg. Napoléon III croyait donc pouvoir librement porter ses vue du côté de l'Amérique, lorsque l'insurrection Polonaise changea la situation.

La prise de Sébastopol n'avait pas semblé d'abord devoir mettre fin à la guerre. La Pologne pouvait donc fournir un second champ de bataille aux alliés. Le gouvernement impérial, bien loin de professer en 1855, pour les traités de 1815, l'hostilité qu'il témoigna plus tard contre eux, sonda l'Angleterre sur la possibilité de rappeler aux souverains de la Russie les stipulations de Vienne relatives au royaume de Pologne. L'Angleterre montra une très grande froideur à le seconder. C'est alors que Napoléon III, pressé par le besoin d'agir, prépara les évènements d'Italie. Il hâta donc la paix et montra dans le congrès les dispositions les plus bienveillantes pour la Russie. L'Angleterre voulut alors remettre la Pologne sur le tapis; mais Napoléon III, soit qu'il ne vît dans la conduite de son ancienne alliée qu'une tactique, soit qu'il se considérât comme engagé avec la Russie, ferma l'oreille à son tour à ces ouvertures. Le consentement donné à l'union des principautés danubiennes fut la première marque de reconnaissance d'Alexandre II à Napoléon III ; la seconde, plus significative encore, consista, au moment de l'annexion de Nice et de la Savoie au territoire français, à ne pas joindre ses observations à celles des autres puissances, et à considérer cette annexion comme « une transaction très régulière ».

L'année 1860 fut une époque de transes et d'appréhensions pour les puissances grandes et petites. On ne parlait que de prochains remaniements de la carte de l'Europe. Ces bruits étaient accueillis partout avec une telle facilité que le bruit se répandit à Madrid que Napoléon III allait annexer à son empire les provinces du nord de l'Espagne, jusqu'à l'Èbre. Ces bruits avaient-ils fait naître dans l'esprit de l'empereur d'Autriche et du régent de Prusse des craintes sérieuses ? C'est fort possible : en tout cas, le désir leur vint de consulter l'empereur de Russie. C'est alors qu'eut lieu l'entrevue de Varsovie, dont nous avons parlé plusieurs fois. Napoléon III, craignant de voir se nouer une nouvelle coalition, demanda des explications à son ami le czar, qui protesta contre une pareille pensée. Alexandre II ne s'était rendu, s'il fallait l'en croire, à Varsovie qu'avec la ferme intention de faire de la conciliation ; il priait seulement Napoléon III de vouloir bien, pour faciliter sa mission, lui faire connaître dans quelle mesure il croirait pouvoir seconder les efforts qu'allait tenter la Russie « pour conjurer la crise dont l'Europe était menacée ». Les puissances ne demandaient à Napoléon III qu'un seul engagement, celui de ne point secourir le Piémont s'il attaquait l'Autriche dans la Vénétie. L'Autriche et la Prusse, en échange de cet engagement, accepteraient l'annexion de la Savoie et de Nice. Napoléon III s'empressa de prendre cet engagement ; Alexandre II, de son côté, reconnut le royaume d'Italie et décida la Prusse à suivre son exemple. L'empereur de Russie et l'empereur des Français, étroitement unis, semblaient devoir désormais marcher à la tête de l'Europe, lorsque le grand obstacle qui s'était toujours opposé à la formation d'une alliance véritable entre la France et la Russie surgit de nouveau.

La Pologne, depuis 1831, travaillait à se reconstituer par l'effort incessant d'un travail intérieur. L'émancipation des paysans et leur avènement à la propriété, étaient nécessaires pour intéresser la masse de la nation à l'œuvre de la résurrection nationale. Le parti aristocratique et le parti démocratique dirigeaient de ce côté les efforts d'une propagande, différente dans les moyens, semblable dans les résultats. L'Autriche, comprenant le danger, suscita la guerre sociale et les mas-

Fig. 33. — Tentative d'assassinat commise par Bœcker sur la personne du roi de Prusse. (page 230).

sacres de Galicie. Le travail de vingt années fut perdu. La révolution de Février, qui semblait devoir être si favorable à la Pologne, lui enleva la sympathie d'une grande partie de la bourgeoisie française, indignée de voir le drapeau polonais flotter à côté de celui des agitateurs du 15 mai 1848.

La nationalité polonaise, abandonnée par l'opinion, au moment même du réveil de toutes les nationalités, trouva cependant en elle-même assez de force, pour survivre à l'indifférence et à l'oubli et pour chercher les éléments d'une reconstitution. Manin, à Venise, en quittant le terrain politique pour transporter la lutte sur le terrain des affaires et de l'administration, avait donné un exemple suivi à Varsovie par le comte André Zamoyski, ministre de l'intérieur pendant la révolution de 1831. Le comte Zamoyski, resté en Pologne après la défaite de l'insurrection, s'était adonné à l'industrie et à l'agriculture; créateur de la Compagnie de navigation de la Vistule, du Crédit foncier, des haras, du journal *les Annales d'agriculture*, fondateur de la Société agricole, qui joua un rôle si important au début de l'insurrection de 1861, il se servit de ces entreprises, en guise d'armes de guerre contre la Russie. La poésie vint également en aide à la Pologne. Le fils d'un général qui s'était séparé de la cause nationale en 1831, Sigismond Krasinski, le *poète anonyme*, promenait son désespoir dans un exil volontaire, cachant son nom à ceux dont ses vers consolaient l'infortune et ranimaient l'espoir; un recueil de vers publié par lui avait ranimé le patriotisme polonais. Les intérêts matériels et la poésie s'unissaient donc pour rendre ses forces à la Pologne, lorsqu'Alexandre II signala son avènement au trône, par une amnistie qui rouvrit les portes de la patrie à un grand nombre d'exilés qui revenaient de France, d'Allemagne, d'Angleterre, de Sibérie et du Caucase, enflammés des passions et des idées de l'Europe. La Pologne vivait ainsi dans l'attente d'une explosion dont l'heure seule était inconnue. La froide réception faite aux souverains réunis à Varsovie, le service commémoratif pour les morts de la bataille de Grochow [1], furent le prélude d'une suite de manifestations qui devaient se terminer par une insurrection plus ou moins éloignée, mais certaine.

Le service pour les morts de Grochow eut lieu le 25 février 1863. Le peuple, réuni dans les églises et sur la place de la Vieille-Ville à Varsovie, entonna des cantiques en l'honneur des héros tombés dans cette journée.

---

1. Livrée par les Polonais aux Russes en 1831. Elle dura trois jours.

La police essaya de faire évacuer la place; les chanteurs repoussèrent les soldats. Des blessés nombreux et quelques morts restèrent sur le carreau. L'enterrement des victimes de cette manifestation devint l'occasion d'un nouveau conflit. La Société agricole s'était entremise pour rétablir l'ordre; elle délibérait sur les moyens d'y parvenir, au moment où le convoi passa devant le lieu de ses réunions. Les membres de la Société interrompent leur séance et sortent pour le saluer. Une décharge de mousqueterie les accueille; six d'entre eux tombent mortellement frappés. Le peuple enlève les cadavres et les présente à la porte du consulat de France en criant : Justice !

Les principaux citoyens de Varsovie, en tête desquels figuraient l'archevêque et presque tous les fonctionnaires, se rendirent le lendemain chez le prince Gortschakoff et lui remirent une adresse à l'empereur dans laquelle, après avoir exposé les douloureux événements des jours précédents, ils ajoutaient : « Notre nation, qui pendant des siècles a été régie
« par des institutions libérales, endure depuis plus de soixante ans les
« plus cruelles souffrances; privée de tout organe légal pour faire
« parvenir au trône les doléances et l'expression de ses besoins, elle est
« forcément réduite à ne faire entendre sa voix que par le cri des
« martyrs que chaque jour elle offre en holocauste. Au fond de l'âme
« de chaque Polonais brûle un sentiment indestructible de nationalité;
« ce sentiment résiste au temps et à toutes les épreuves; le malheur,
« loin de l'affaiblir, ne fait que le fortifier; tout ce qui le blesse ou le
« menace, bouleverse et inquiète les esprits. » (28 février.)

La réponse de l'empereur ne se fit pas attendre. Il chargea le prince Gortschakoff de préparer une nouvelle organisation du royaume sur les dispositions suivantes : Conseil d'État, mi-parti de fonctionnaires et de membres libres; conseils municipaux électifs dans toutes les villes du royaume; conseil d'éducation chargé de la réorganisation complète de l'instruction publique. Le prince Gortschakoff devait en outre s'entourer de personnes recommandables par leur caractère et par leurs lumières, afin de se concerter avec elles sur les autres réformes nécessaires dans l'administration du pays.

La Société agricole, qui possédait la confiance du peuple, n'en fut pas moins dissoute, malgré ces belles promesses. Cette nouvelle à peine connue, de nombreux rassemblements se forment devant le palais du prince Gortschakoff. La foule, sommée de se disperser, refuse d'obéir; la cavalerie charge, l'infanterie tire, des centaines de victimes tombent, et la ville est occupée militairement. Tout signe de deuil est interdit par un arrêté du prince Gortschakoff, qui remercie, au nom de l'empereur, le général Chrulew et ses troupes d'avoir rétabli l'ordre à Varsovie.

L'opinion publique s'émut tout de suite en France de ces rigueurs, mais le gouvernement impérial se hâta de publier dans le *Moniteur* une note peu encourageante pour la Pologne et pour ses amis. Les Polonais se réunirent cependant le 3 mai à Paris pour célébrer l'anniversaire de la proclamation de la constitution de 1791. Le prince Czartoriski prononça un discours sur les derniers évènements de Varsovie et sur l'avenir de la Pologne. Ce fut son dernier acte politique; il mourut le 15 juillet suivant.

Le prince Adam Czartoriski était né deux ans avant le partage de la Pologne; conduit dès son enfance à Saint-Pétersbourg pour servir d'otage à l'impératrice Catherine II, il fut élevé avec le grand-duc Alexandre. La faveur du prince fit naître en lui le rêve qu'il devait poursuivre toute sa vie, la reconstitution de la nationalité polonaise par les mains de ceux-là mêmes qui l'avaient détruite.

Le prince Adam Czartoriski, appelé aux affaires par l'insurrection de Varsovie en 1830, investi même un moment de l'autorité suprême, se berçait encore de l'espoir d'une transaction et d'un retour aux stipulations des traités de 1815. Un mouvement populaire l'avait porté au pouvoir, un mouvement populaire l'en fit descendre. L'ancien ministre d'Alexandre, l'ancien sénateur voïvode du royaume de Pologne, âgé de soixante et un ans, prit le fusil et combattit comme simple soldat; obligé de s'enfuir après la chute de Varsovie, il devint dans l'exil le représentant naturel de la Pologne dans les hautes régions de la diplomatie européenne, et le doyen de l'émigration; sa mort fut une perte pour elle.

Le prince Gortschakoff ne tarda pas à suivre le prince Czartoriski dans la tombe. Le général Suchozanet, son successeur, crut donner satisfaction aux plaintes de la Pologne en installant le nouveau Conseil d'État; mais l'agitation ne fit que s'accroître, et le 4 octobre le royaume fut mis en état de siège. Le lendemain même, un service funèbre pour l'anniversaire de la mort de Kosciusko devait avoir lieu dans toutes les églises de Varsovie. Les patriotes s'y étaient donné rendez-vous. Les troupes russes envahirent la cathédrale et les arrêtèrent jusqu'au pied des autels. L'archevêque Bialobrzeski ordonna la fermeture des églises profanées. Le général Luders le fit arrêter à son tour et conduire, quoique malade, à la citadelle.

Les événements de Varsovie éveillaient chez les puissances des sentiments de nature diverse. L'Angleterre, mécontente de l'intimité qui régnait entre le cabinet de Paris et celui de Saint-Pétersbourg, n'était pas avare de témoignages de sympathie à la Pologne ; lord Russel, au mois de mai 1861, ne craignait pas de présager dans la Chambre des lords « un avenir glorieux et libre à une nation qui, malgré tant de vicissitudes, tant de calamités, tant de persécutions, a su conserver intact le sentiment de la patrie. » L'Autriche ne pouvait voir avec déplaisir les faits justifier, aux dépens de la Russie, les alarmes que le principe des nationalités lui inspirait. Les premières agitations du mois de mars à Varsovie furent signalées par le premier ministre autrichien, M. de Rechberg, comme de nature à exercer une immense influence sur la politique générale de l'Europe et à ébranler tous les pays compris entre la Baltique et la mer Noire. Cet ébranlement, en donnant de l'occupation à la Russie, aurait fait le compte de l'Autriche. La Prusse, identifiée pour ainsi dire avec la Russie, s'apprêtait à seconder aveuglément sa politique ; quant à Napoléon III, lié par les souvenirs de l'Empire, par le principe des nationalités dont il se posait comme le représentant, il maudissait intérieurement une insurrection, qui pouvait l'obliger à rompre son alliance avec la Russie, dont il se promettait de merveilleux effets. La note publiée le 23 avril 1861, dans le *Moniteur*, pour mettre la presse et l'opinion publique « en garde contre la supposition que le gouvernement « de l'Empereur encourageait des espérances qu'il ne pouvait satisfaire, » et pour déclarer que, « les idées généreuses du czar étant un gage certain « de son désir de réaliser les améliorations que comporte l'état de la « Pologne, il fallait faire des vœux pour qu'il n'en fût pas empêché par « des manifestations irritantes, » fut bientôt suivie par l'envoi au consul de France à Varsovie d'instructions pour amener les Polonais à des idées de conciliation. L'opinion publique semblait convaincue néanmoins que le gouvernement impérial ne persévérerait pas dans ce système favorable à la Russie. Le prince Napoléon avait dit au Sénat le 19 mars : « Soyez « sûrs que l'Empereur fera quelque chose pour la Pologne..... Comment? « Par quels moyens? Je ne saurais vous le dire, je n'ai pas devant moi « le portefeuille du prince de Metternich ; mais l'Empereur fera quelque « chose pour la Pologne. »

CHAPITRE VII

MORT DE CAVOUR

Rome est déclarée capitale de l'Italie. — Maladie de M. de Cavour. — Sa mort. — L'Italie est reconnue par Napoléon III. — M. Ricasoli succède à M. de Cavour. — États-Unis. — La question de l'Esclavage aux États-Unis. — Élection d'Abraham Lincoln. — La guerre de Sécession. — Fin de l'expédition de Syrie. — Ses résultats.

Les difficultés qui venaient de surgir au nord de l'Europe n'étaient pas les seules. L'Italie causait aussi de graves embarras à Napoléon III. L'ouverture du premier parlement italien eut lieu le 18 février 1861. L'Angleterre reconnut deux mois après le royaume d'Italie. Les États-Unis, la Belgique, la Hollande suivirent son exemple. La situation intérieure de la Péninsule s'améliorait, quoique le parti d'action ne cessât de parler de marcher sur Rome et sur Venise. M. de Cavour n'ignorait point l'engagement formel pris par Napoléon III d'abandonner le Piémont s'il attaquait l'Autriche en Vénétie ; mais il savait aussi que les manifestations morales ne lui seraient pas interdites. Le Parlement déclara donc solennellement le 27 mars Rome capitale de l'Italie. Le nouveau royaume avait plus que jamais besoin d'un guide habile et ferme pour surmonter les obstacles de la route périlleuse où il était engagé; malheureusement M. de Cavour, trois mois après ce vote important, avait cessé d'exister.

Le premier ministre de Victor-Emmanuel rentrant chez lui, le 29 mai, préoccupé et fatigué après un long et orageux débat à la Chambre des députés, répondit à son domestique qui l'engageait à prendre quelques jours de repos : « Je n'en peux plus, mais il faut travailler quand même, peut-être cet été pourrai-je aller me reposer en Suisse. » Il dîna, selon son habitude, avec son frère et son neveu, s'entretint d'affaires de famille et engagea vivement son frère à restaurer le château de Santena. « C'est là, ajouta-t-il, que j'entends reposer un jour auprès des miens. » Le dîné fini, il alla fumer son cigare sur le balcon ; mais de légers frissons l'obligèrent à rentrer dans son appartement pour s'y livrer à sa sieste accoutumée; son réveil fut pénible et suivi de violents vomissements; l'état de malaise indéfinissable dans lequel il se trouvait, l'engagea à se mettre au lit. La nuit fut assez bonne, la fièvre disparut au bout de deux jours.

M. de Cavour, le vendredi 31 mai, malgré les recommandations de son médecin, tint un conseil des ministres qui dura près de deux heures et travailla pendant le reste de la matinée avec ses secrétaires. Il se sentait parfaitement guéri; « si l'on ne m'avait pas saigné trois fois, disait-il, j'aurais fait une maladie de quinze jours, et je n'ai pas le temps d'être malade. » Ceci se passait le samedi 1ᵉʳ juin. Le lendemain matin dimanche, le docteur, trouvant le malade sans fièvre, lui permit de lire; M. de Cavour demanda le dernier volume de l'*Histoire du Consulat et de l'Empire*, qui venait de paraître, mais bientôt il le rendit à son domestique en disant : « C'est extraordinaire, je ne sais plus lire. »

La nuit fut si mauvaise que le lundi matin le docteur Rossi demanda une consultation. L'état du malade s'aggravait, l'agitation augmentait, la respiration devenait de plus en plus courte et plus intense. « Ma tête, dit-il à son médecin ordinaire, s'embrouille, et j'ai besoin de toutes mes facultés pour traiter de graves affaires ; faites-moi saigner encore, une saignée peut seule me sauver. » La saignée fut pratiquée, mais le sang ne jaillit pas.

Le prince de Carignan se rendit à neuf heures du soir chez M. de Cavour. La visite du prince dura un quart d'heure environ. Le malade, pendant le reste de la soirée, fut assez calme; il parlait en termes très nets de la reconnaissance de l'Italie par la France, de la nécessité de créer une flotte et d'unir la marine napolitaine à la marine piémontaise;

Fig. 34. — Insurrection polonaise.

mais, à une heure, il tomba dans le délire. Le matin, le calme étant revenu, il dit à son valet de chambre : « Il faut nous quitter; quand il sera temps, tu enverras appeler le frère Giacomo, curé de la Madone des Anges. »

M. de Cavour, témoin de l'esclandre religieux qui attrista les derniers moments de Santa-Rosa, et craignant que le clergé n'en fît naître un semblable à son occasion, avait depuis longtemps pris les précautions nécessaires pour l'éviter. Santa-Rosa faisait partie du cabinet présidé par M. Siccardi, auteur de la loi soumettant les ecclésiastiques à la juridiction commune pour les délits communs. Ce ministre, sur le point de mourir, réclama les secours de l'Église. L'archevêque de Turin les lui refusa, à moins qu'il ne désavouât la part prise par lui à la loi Siccardi. Cette nouvelle, répandue aussitôt dans Turin, y excita la plus vive émotion. La foule accourut devant la maison de Santa-Rosa, auquel ses parents s'efforçaient en vain d'arracher un consentement aux conditions de L'archevêque. Le peuple suivait avec anxiété les péripéties de ce drame Le moribond tient ferme, disait-on; mais, affaibli de minute en minute par la maladie, on se demandait s'il résisterait jusqu'au bout aux larmes et aux prières de sa famille. Les uns disaient oui, les autres disaient non, des paris allaient s'ouvrir, lorsqu'on apprit que Santa-Rosa était mort sans se rétracter. M. de Cavour, recevant le même jour un prêtre intermédiaire habituel de ses aumônes, lui dit : « Ce n'est pas vous, frère Giacomo, qui refuseriez de m'assister à mes derniers moments? » La réponse de ce prêtre permettait à M. de Cavour de s'adresser à lui en toute sûreté. Le père Giacomo accourut à son appel; quand il se présenta, la nièce de M. de Cavour, désolée, tremblante, eut à peine la force de dire à son oncle : « Le frère Giacomo est venu prendre de vos nouvelles; voulez-vous le recevoir un instant? » Il répondit : « Qu'il entre. » Le frère Giacomo entra et se retira au bout d'une demi-heure.

Victor-Emmanuel avait voulu voir une dernière fois son ministre. Le roi, vers neuf heures, entra chez M. de Cavour par un escalier dérobé pour éviter la foule qui encombrait la maison. Le moribond le reconnu. « Sire, lui dit-il, j'aurais bien des choses à vous communiquer, mais je suis trop malade, je vous enverrai Farini demain, il vous parlera de tout en détail. Votre Majesté n'a-t-elle pas reçu de Paris la lettre qu'il attendait? L'Empereur est mieux pour nous maintenant, bien mieux. Et nos pauvres Napolitains si intelligents? Il y en a qui ont beaucoup de talent, il y en a aussi qui sont corrompus. Ceux-ci, il faut les laver,

Sire, oui, *si lavi, si lavi.* » Le roi pressa la main de son ministre mourant et partit; M. de Cavour continua comme s'il se parlait à lui-même :

« L'Italie du Nord est faite, il n'y a plus ni Lombards, ni Piémon-
« tais, ni Toscans, ni Romagnols ; nous sommes tous Italiens ; mais il y
« a encore les Napolitains. Oh ! il y a beaucoup de corruption dans leur
« pays. Pauvres gens ! ils ont été si mal gouvernés. Non, non, un pareil
« gouvernement ne peut être restauré, la Providence ne le permettra pas.
« Pas d'état de siège, pas de ces moyens des gouvernements absolus. Tout
« le monde sait gouverner avec l'état de siège. Je les gouvernerai avec la
« liberté et je montrerai ce que peuvent faire de ces belles contrées dix
« années de liberté. Garibaldi, poursuivit-il, est un galant homme. Il
« veut aller à Rome et à Venise, et moi aussi ; personne n'est plus pressé
« que moi ; quant à l'Istrie et au Tyrol, ce sera pour une autre généra-
« tion. Nous avons bien assez fait, nous autres, nous avons fait l'Italie.
« Puis cette Confédération germanique est une anomalie, elle se dissou-
« dra, et l'unité allemande sera fondée ; mais la maison de Hapsbourg ne
« saurait se modifier. Que feront les Prussiens ? Ils mettront cinquante
« ans à faire ce que nous avons fait en trois ans. Tandis que la fièvre
« d'unité s'empare de l'Europe, ne voilà-t-il pas que l'Amérique s'avise
« de se diviser ! Y comprenez-vous quelque chose, vous autres, à ces
« querelles intestines des États-Unis ? »

Le malade, oubliant la politique, dit tendrement adieu aux siens et sembla prendre un moment de repos, mais le pouls baissait. Le frère Giacomo était debout près du moribond, qui après un moment de silence murmura en lui serrant la main : *Frère ! frère ! l'Église libre dans l'État libre*[1]*!* Ce furent ses dernières paroles.

La mort de M. de Cavour eut lieu le 6 juin 1861, elle jeta la consternation dans Turin, où tout le monde le connaissait et l'aimait, où chacun saluait dans le trajet de son hôtel au ministère ce petit homme rond, vêtu d'une redingote étroite, d'un gilet et d'un pantalon toujours un peu courts, et dont le cou était emprisonné dans un de ces cols de satin noir depuis longtemps répudiés par la mode ; lui, les yeux pétillant derrière le verre de ses lunettes, riant d'un rire franc qui faisait tressaillir ses joues rubicondes et animait son front intelligent, surmonté de cheveux courts,

---

1. « *Frate ! Frate ! libera chiesa, in libero stato.* » (*Récit des derniers moments du comte de Cavour*, par la comtesse Alfieri, sa nièce ; publié à la suite du *Comte de Cavour*, par de La Rive.)

rendait gaiement leur salut à ses compatriotes et continuait son chemin au pas accéléré. Il était impossible à l'étranger de ne pas s'arrêter pour voir passer cet homme à l'air si simple, si intelligent, qui réunissait dans sa personne les caractères principaux de la physionomie du militaire et du paysan.

Le père de Cavour, homme d'administration plutôt que de politique, joignait à une instruction solide un jugement très sûr; sa mère, Genevoise et protestante convertie, femme d'un naturel excellent, eut deux sœurs qui partagèrent la tendresse et les soins dont elle entoura son fils. L'une était mariée à un gentilhomme d'Auvergne, directeur de la police dans les départements au delà des Alpes, sous l'Empire, et fixé après la Restauration à Turin, où il joua un rôle important dans le parti absolutiste. C'est lui, dit-on, qui parvint à décider le prince de Carignan à rompre avec la révolution. Cet oncle, très instruit, grand causeur, ayant l'art et le goût de la discussion, contribua beaucoup à façonner, à aiguiser l'intelligence du jeune Camille de Cavour. Mis à l'âge de dix ans à l'École militaire, et inscrit en 1820 sur la liste des pages du prince de Carignan, titre fort peu en harmonie avec son caractère, il saisit avec empressement la première occasion de renvoyer ses aiguillettes. « Enfin, s'écria-t-il, en déposant l'habit brodé, je quitte le bât. » Camille de Cavour, nommé lieutenant du génie, était en garnison à Gênes lorsque la révolution de Juillet éclata. Sans s'associer directement aux efforts du parti libéral en train de se réorganiser, il allait partout disant son avis sur le gouvernement despotique et sur la nécessité d'affranchir l'Italie; si bien qu'il reçut l'ordre d'aller voir, au milieu des neiges et des glaces des Alpes, si les réparations de la citadelle de Bard étaient en bon train d'exécution. Le poste n'avait rien d'agréable, aussi le jeune lieutenant donna-t-il sa démission en 1831. Ses relations étroites avec la société genevoise, où il se trouvait naturellement introduit par ses alliances maternelles, datent de cette époque; admis malgré sa jeunesse à l'intimité des Sismondi, des Rossi, des Candolle, il quitta Genève pour Londres; il rapporta de son séjour de cette capitale une très vive admiration pour les institutions de l'Angleterre et pour l'aristocratie de ce pays, si empressée à seconder le mouvement des esprits et des intérêts, et si jalouse de marcher à la tête du pays. M. de Cavour, désireux de suivre l'exemple de ses membres, ne cessa de s'occuper de la prospérité matérielle du Piémont; fondateur de la Société d'agriculture de Turin, introducteur du drainage, dont il fit dans ses propriétés les premiers essais, créateur d'une compagnie des bateaux à vapeur sur le lac Majeur, d'une banque, et de la Société pour construire le chemin de fer d'Alexandrie, il profita de quelques concessions accordées à la Presse par le gouvernement pour publier en 1847 le journal *Il Resorgimento.*

M. de Cavour, comme beaucoup d'hommes marquant de son temps, entra donc dans la carrière politique par le journalisme ; mais, plus fidèle que beaucoup d'entre eux à son origine, il a toujours respecté la liberté d'écrire : *Non si tocchi alla stampa!* ne touchez pas à la Presse ! s'écria-t-il en 1851, au moment où l'on pouvait craindre en Piémont le contre-coup de la réaction qui se produisait en France ; et depuis lors il est toujours resté fidèle à ce sentiment.

Les hommes illustres ont parfois un pressentiment de leur destinée. Cavour, dans ses rêves de jeunesse, se voyait déjà ministre du roi d'Italie. De là le peu d'influence qu'ont exercé sur lui les opinions politiques de ses parents. Du jour où il quitte sa livrée de page, il devient un homme tout à fait moderne ; rédigeant le *Resorgimento*, surveillant ses plantations, ou cherchant à maintenir ses asperges de Santena en possession de la renommée dont elles jouissent auprès des gastronomes piémontais, ce grand seigneur bat en brèche les traditions : « La noblesse « s'écroule de toutes parts, écrit-il, les princes comme les peuples tendent « également à la détruire ; le patriciat, pouvoir municipal et restreint, « n'a plus de place dans l'organisation sociale actuelle. Est-ce un bien, « est-ce un mal ? Je n'en sais rien, mais c'est, à mon avis, l'inévitable « avenir de l'humanité. Préparons-nous-y, ou du moins préparons-y nos « descendants. »

M. de Cavour fut proposé au roi par M. d'Azeglio pour occuper le ministère de l'instruction publique, devenu vacant par la mort de M. Santa-Rosa ; Victor-Emmanuel répondit assez brusquement : « Quant à moi, je le veux bien, mais rappelez-vous qu'il prendra non seulement votre portefeuille, mais encore celui de tous vos collègues. » Cette prédiction devait en effet se réaliser en 1859, époque où l'on vit Cavour, tout à la fois président du conseil, ministre de la marine, des affaires étrangères, de l'intérieur et de la guerre ; il avait élu domicile dans un des bureaux de ce dernier ministère, où il passait le jour et la nuit à donner tour à tour des ordres relatifs à l'artillerie à la police, ou aux affaires diplomatiques. Au milieu d'une de ces veilles fiévreuses, au moment où il allait prendre un peu de repos, son valet de chambre vint une nuit lui dire : « Il y a un homme qui demande à voir monsieur le comte. Il n'a pas voulu donner son nom ; il s'appuie sur un gros bâton, et ses traits sont cachés sous un grand chapeau ; il prétend que monsieur le comte l'attend. — Ah ! reprit Cavour en se levant, faites entrer. » Cet homme au gros bâton et au grand chapeau, c'était Garibaldi.

Cavour et Garibaldi ne devaient plus se trouver en face l'un de l'autre qu'au parlement italien, dans la mémorable séance du 21 avril 1860, où une lutte terrible s'engagea entre un homme d'État façonné à toutes les exigences de la politique et un soldat qui n'écoute que sa passion. L'homme d'État, dans sa réponse au soldat, s'éleva jusqu'à ces hautes régions de l'émotion qui semblaient lui être interdites. M. de Cavour avait une grande qualité : il savait rendre justice à ses adversaires. Il répondait toujours à ceux de ses amis qui lui reprochaient d'avoir associé Garibaldi à son action politique, qu'il ne s'en repentait pas. Un jour, dans son salon de la *Casa Cavour*, au sortir de table, debout contre la cheminée, les mains dans les poches, une cigarette à la bouche, causant avec des Français venus à Turin pour assister à l'inauguration de la statue de Manin, il leur disait : « Il ne faut comparer Garibaldi à personne ; Garibaldi est lui, ses moyens sont à lui ; les autres ne feraient pas ce qu'il fait, et il ne pourrait pas faire ce que font les autres. Garibaldi est plus qu'un général : c'est un drapeau ! Nous nous sommes compris un moment, et je suis sûr que, si personne n'était entre nous deux, nous nous comprendrions encore. »

M. de Cavour à la tribune ne visait pas aux grands effets de l'éloquence ; il cherchait à réunir les qualités nécessaires à ce que les Anglais appellent un bon *debatter*. Heureusement, il était plus que cela, car un simple *debatter* n'aurait pas suffi à porter le poids de la discussion dans un parlement comme celui de Piémont, qui représentait toutes les passions d'un pays en révolution, et auquel il s'agissait non seulement de faire accepter les mesures les plus opposées à ses sentiments et à ses instincts, la cession de Nice et de la Savoie, par exemple, ou le projet de loi relatif aux conspirations contre les souverains étrangers, mais encore les résolutions les plus audacieuses, comme l'envoi d'une armée en Crimée. M. de Cavour alla même jusqu'à lui demander sa propre abdication, le jour où il lui proposa de conférer au roi les pleins pouvoirs.

Si l'éloquence de M. de Cavour se montrait à la hauteur du sujet dans ces graves circonstances, il savait, dans les occasions ordinaires, aborder la discussion sans prétention, sans emphase, y mêler hardiment certains traits d'imprévu et de gaieté, interpréter les faits avec un tact merveilleux et tirer un excellent parti de l'histoire.

Mme de Cavour, parlant dans une lettre de son fils encore enfant, le représente comme un « bon luron, fort tapageur, toujours en train de s'amuser, et ayant peu de goût pour l'étude ». Il était resté quelque chose à M. de Cavour du bon luron en politique; quant à son éloignement pour l'étude, il disparut de bonne heure, car jamais homme ne fit preuve d'une ardeur aussi vive à s'instruire en toute matière ; il étudiait sans cesse et lisait tous les livres, même les romans. Il fallait un aliment perpétuel à son activité. Après les émotions de la politique, celles du whist à 500 francs la fiche [1]. Cavour, au milieu de ce débordement de vie, avait des accès de mélancolie et songeait souvent à la mort. Un jour, se trouvant avec M. de Rothschild au moment où les intérêts alarmés voyaient en lui la cause principale des prochains bouleversements de l'Europe, il lui demanda si sa mort ferait baisser la rente d'un franc. « Vous valez mieux que cela, lui répondit le financier ; elle baisserait de 3 francs au moins. » Il revenait une autre fois de l'une de ces courses rapides qui interrompaient à de rares intervalles ses travaux. A quelques milles de Turin, il regarda à travers la vitre de la portière et dit à son secrétaire : « Voyez-vous là-bas cette flèche à demi cachée dans les arbres? C'est le clocher de l'église de Santena; là est le château héréditaire de ma famille; c'est là que je veux reposer. » Il y repose, en effet ; l'Italie, pour laquelle il est mort épuisé de travail et de fatigue, lui doit en grande partie son indépendance, et le monde l'exemple d'une grande révolution accomplie sans avoir rien coûté à la liberté.

Napoléon III, dans l'entrevue de Plombières, avait dit à Cavour : « Il n'y a en Europe que trois hommes : moi, vous et un troisième que je ne nommerai pas. » Il se trompait sur lui-même, mais il rendait justice à Cavour; il le regretta beaucoup, car il le savait assez rompu aux allures de sa politique ambiguë pour ne point s'en trop alarmer, assez souple pour s'accommoder aux nécessités du présent en vue de l'avenir, assez habile pour ne pas lui créer des périls et encore moins des embarras. Le choix de son remplaçant était pour lui un grave sujet de préoccupation. Cavour n'avait que deux successeurs possibles : M. Ratazzi, homme fin, orateur distingué, investi de la confiance et de l'amitié particulière du roi, et le baron Ricasoli, grand propriétaire, ex-dictateur de la Toscane, annexée

---

1. *Le comte de Cavour*, par W. de La Rive.

Fig. 35. — M. de Cavour prend un livre, mais le rejette aussitôt en disant : « Je ne sais plus lire » (page 248).

par ses soins, et passant pour avoir des vues encore plus nettes que M. de Cavour sur la question romaine. Sa fermeté en Toscane avait fait échouer les restaurations décidées en principe à Villafranca. Si le parti d'action lui savait gré de sa conduite, il n'en pouvait être de même de l'empereur des Français. Ce dernier, comme Victor-Emmanuel, préférait Ratazzi au baron Ricasoli. Mais la majorité de la nation appelait au pouvoir le gentilhomme toscan, et le baron Risacoli fut nommé le 11 juin président du Conseil des ministres. Cependant Napoléon III, pour compenser la perte que venait de faire son allié Victor-Emmanuel dans la personne de M. de Cavour, reconnut le 25 juin le royaume d'Italie, d'assez mauvaise grâce, il est vrai, et en protestant d'avance contre « toute solidarité avec des entreprises de nature à troubler l'Europe ». Le Saint-Siège, loin de lui savoir le moindre gré de ces réserves, remit aux ministres de Belgique, de Bavière et d'Autriche une protestation dans laquelle il accusait formellement Napoléon III d'avoir envoyé son armée à Rome, non pour protéger le trône de saint Pierre, mais pour le livrer à ses ennemis. Napoléon III aurait bien voulu rappeler de Rome les troupes qui l'occupaient, malgré le principe de non-intervention et le principe des nationalités dont il se disait le représentant ; mais la crainte de se brouiller en France avec le parti catholique le retenait. Il voyait le danger de sa politique en Italie sans oser la modifier ; il laissait aller les choses, comptant sur le temps et sur le hasard pour le tirer d'une situation difficile. Si l'ancien monde n'ouvrait que des perspectives peu rassurantes à la politique de Napoléon III, il crut apercevoir dans le nouveau monde des horizons plus brillants et plus favorables à certains projets qu'il caressait. Pendant que le gouvernement de Victor-Emmanuel avait en janvier 1862 raison, dans l'Italie méridionale, de bandits comme Chiavone et d'aventuriers politiques comme Borgès ; pendant que le brigandage essayait vainement de prolonger sa résistance dans les montagnes, et que les derniers soldats bourbonniens occupant les citadelles de Messine et de Civitella-del-Tronto les remettaient aux chefs de l'armée nationale en mars et avril 1861 et que l'œuvre de M. de Cavour se consolidait, celle de Washington semblait près de périr sous les coups de la guerre civile.

La conquête a formé les États de l'Europe et le consentement mutuel des parties les Etats-Unis d'Amérique. Le lien qui les unissait, quoique assez léger, avait été respecté, malgré la divergence des intérêts entre le nord manufacturier et le sud agricole, rivalité, qui remontant presque à l'origine de la république, avait abouti peu à peu à une véritable prépondérance du Sud sur la direction des affaires de l'Union ; on était si bien habitué depuis longues années à voir les présidents élus représenter les idées et les intérêts du Sud, que quand le Nord se fut décidé, en 1860, à soutenir un candidat à la présidence, personne ne voulut d'abord y croire, car les hommes du Sud, effrayés du progrès des idées abolitionnistes, répétaient hautement que la nomination d'un candidat non désigné par eux serait le signal de leur sortie de l'Union.

Les représentants des colonies anglaises, devenues des États en signant la constitution des États-Unis, avaient cependant bien la conscience qu'ils créaient une nation, si l'on en juge par la déclaration des membres de la convention réunie pour préparer la Constitution ; ces membres déclarent : « Dans toutes nos délibérations, nous avons eu constamment en vue la consolidation de notre union, gage de notre prospérité, de notre sécurité, de notre existence nationale. » La Constitution elle-même dit : « Nous, le peuple des États-Unis, pour assurer une union plus parfaite et pour assurer les bienfaits de la liberté à nous-mêmes et à notre postérité, nous ordonnons et établissons cette Constitution. »

Elle fut donc adoptée, non par des citoyens de tel ou tel État, mais par un peuple ; on commit la faute d'y insérer un article consacrant l'esclavage, mais on crut que le Congrès, investi du droit de refuser ou d'admettre les territoires au rang des États, pourrait lui imposer des limites ; malheureusement le compromis du Missouri ouvrit toute la portion des territoires cédés par la France au sud du 36° degré de latitude au travail servile. Le bill de Nebraska amena bientôt après la suppression de toute barrière géographique entre le domaine du travail libre et celui du travail servile. Les adversaires de l'esclavage, renonçant à le supprimer, bornèrent leur ambition à rétablir dans toute sa force l'autorité du Congrès sur les territoires. Le colonel Frémont, qui le premier au nom du parti républicain sollicita la présidence, inscrivit sur son programme la prohibition de l'esclavage dans les territoires.

Le candidat du parti républicain, en 1860, Lincoln, alla plus loin : il manifesta l'intention de limiter le domaine de l'esclavage dans les États. Le Sud annonça dès lors sa révolte et s'y prépara. La conscience publique ne s'émut pas de ce qu'elle considérait comme une vaine menace, et Abraham Lincoln fut élu le 6 novembre. Son grand-père, l'un de ces hardis pionniers qui payèrent de leur vie la conquête du

Kentucky, avait été tué par les Indiens. Son père était mort prématurément en 1815, laissant une veuve sans fortune et plusieurs enfants, dont l'aîné, qui devait devenir président de la république, reçut la simple éducation des pionniers : la lecture, l'écriture, un peu d'arithmétique et le maniement du mousquet, de la hache et de la charrue. Lincoln, tour à tour pâtre, apprenti scieur, conducteur de trains, et batelier sur le Wabash et le Mississipi, poseur de rails, était à l'âge de vingt et un ans garçon de ferme à Springfield; l'année suivante commis marchand, puis capitaine d'une compagnie de volontaires enrégimentés contre les Indiens de la tribu des Faucons-Noirs; mais, garçon de ferme, commis, chef de partisans, pâtre, scieur de planches ou batelier, Lincoln avait toujours su trouver, au milieu de ces occupations diverses, du temps pour s'instruire, même dans la science du droit, si bien qu'il put débuter avec succès au barreau.

Elu représentant de l'Illinois en 1845, il se refusa en 1846 à une réélection, pour se livrer à l'exercice de sa profession d'avocat et à l'éducation de ses enfants. Les républicains l'opposèrent comme gouverneur de l'Illinois à M. Douglas, l'un des grands orateurs de l'Amérique. Les deux rivaux parcoururent cet État pendant deux mois, prononçant chaque jour au moins un discours et se prenant quelquefois corps à corps. Lincoln eut plus de voix que son rival, mais l'inégale répartition des districts électoraux donna l'avantage à son rival; cette brillante campagne attira sur lui l'attention. La Convention de Chicago le choisit en 1860 comme candidat à la présidence. Il fut élu, et son élection, considérée par les États du Sud comme une menace, donna le signal de la guerre civile.

Le président Buchanan ne devait quitter la Maison-Blanche que le 4 mars 1861. Complice du Sud, il profita de ce délai pour dégarnir les arsenaux dans tous les États libres et pour disséminer les navires de la marine fédérale dans toutes les mers. Il ordonnait pendant ce temps-là des prières et des jeûnes pour apaiser la colère céleste appesantie sur la république. Le président Lincoln fut installé le 4 mars 1861. Jefferson Davis, chef des États rebelles, avait déjà pris le 18 février les rênes de la Confédération du Sud à Richmond.

Les partisans du césarisme, ravis de voir la grande République en proie à la guerre civile, en saluaient d'avance le dénouement. Ils voyaient déjà la Maison-Blanche transformée en palais et une députation du Congrès traversant l'Atlantique pour offrir la couronne d'Amérique à quelque prince en disponibilité. L'État, en Amérique, remplacerait désormais les États ; la bureaucratie s'emparerait du plus vaste théâtre ouvert à l'activité humaine ; la tutelle du gouvernement remplacerait l'essor de l'énergie individuelle, et l'Amérique échapperait à l'anarchie par une centralisation copiée sur la centralisation impériale. Les journaux officieux, enflammés par ce beau rêve, se firent les défenseurs ardents de la cause des États du Sud. Que voulaient-ils ? Porter à son gré l'esclavage dans les vastes territoires destinés à augmenter le nombre des États ; forcer le Nord à exécuter la loi qui prescrit la restitution des esclaves fugitifs et mettre un terme aux prédications contre l'esclavage. Le Nord ne demandait pas la suppression de l'esclavage, mais sa limitation. M. Lincoln, dans le discours d'inauguration qu'il prononça sur les marches du Capitole, fit appel à la Constitution et déclara qu'il n'avait nulle intention de détruire l'esclavage là où il existait, qu'il considérait l'Union comme durant toujours en droit, qu'il ferait exécuter les lois fédérales, et qu'il se bornerait pour le moment à reprendre les forts et les propriétés fédérales dont le Sud s'était emparé. Il était résolu d'ailleurs à attendre le premier acte d'agression. Il n'attendit pas longtemps.

Le fort Sumter, attaqué le 12 avril 1861 par le général séparatiste Beauregard, fut rendu le même jour par le major Anderson privé de secours et de munitions. Les forts et arsenaux de l'Union situés dans les États rebelles avaient été livrés presque tous à la nouvelle confédération par les officiers appartenant généralement au Sud. Le gouvernement fédéral n'avait, lorsqu'il connut la prise du fort Sumter, que 15 000 hommes de troupes régulières éparpillées sur tous les points de l'immense territoire de la république. Lincoln appela le 15 avril 75 000 miliciens. Le général Scott, quoique Virginien de naissance, avait refusé le commandement de l'armée sécessionniste, dont le colonel Lee, son chef d'état-major, s'était chargé à sa place. Le général Scott déploya l'activité d'un jeune homme, malgré ses soixante-quinze ans, l'absence d'administration militaire, le dénuement des arsenaux et des magasins, le manque d'états-majors par suite de la désertion des officiers du Sud, et il parvint à organiser les forces nationales et à fortifier Washington.

La première bataille entre les deux armées du Nord et du Sud fut livrée sur les bords d'un torrent nommé *Bull's run*, le 21 juillet 1861. Le général sudiste Beauregard remporta la victoire. Lincoln, un peu irrésolu jusqu'alors, comprit que tout arrangement était devenu impossible et prit toutes les mesures nécessaires afin de poursuivre la guerre à outrance.

La marine militaire et la marine marchande des États-Unis se recrutaient presque entièrement dans le Nord. Les États du Sud, plus particulièrement agricoles, étaient loin d'avoir une force maritime suffisante à opposer à leurs adversaires. Les côtes du Sud se trouvèrent bientôt bloquées depuis le Chesapeake jusqu'à la frontière du Mexique ; le gouvernement fédéral chercha ensuite à occuper les points importants près des rades et des mouillages et à empêcher le Sud d'exporter son coton, et d'importer des armes et des munitions. Il s'agissait donc outre la guerre terrestre de faire la guerre de blocus.

Cette guerre soulevait de grandes questions relatives à l'application du droit maritime, si compliqué et si mal défini. Le blocus, d'après l'ancienne doctrine anglaise, pouvait être fictif, c'est-à-dire exister par suite d'un simple décret ; la déclaration du Congrès de Paris exigeait la présence de forces suffisantes pour en garantir l'efficacité. Les États-Unis avaient toujours professé cette dernière opinion contre l'Angleterre, dans les guerres de la fin du xviiie siècle, et sous l'Empire le cabinet britannique, ne pouvant le contester, s'avisa tout à coup de prétendre que les flottes du Nord ne fermaient pas réellement les ports du Sud. La preuve cependant que le blocus était effectif, c'est qu'aucune balle de coton, aucune lettre n'arrivait des États du Sud en Europe.

Au moment où la question du blocus des ports du Sud préoccupait le plus vivement les puissances maritimes, le paquebot anglais *Trent*, parti de la Havane pour l'Europe, fut arrêté le 8 novembre 1861 en pleine mer par la corvette fédérale *San-Jacinto*, commandée par le capitaine Wilkes. M. Slidell, ancien sénateur pour la Louisiane, et M. Masson, ancien ministre plénipotentiaire des États-Unis en France, se rendant le premier à Paris et le second à Londres en qualité de chargés d'affaires de la Confédération du Sud, étaient à bord. Le commandant Wilkes les arrêta comme « contrebande de guerre ». Le gouvernement approuva la conduite du commandant Wilkes ; il fut élevé au grade de commodore à la grande satisfaction des journaux et des meetings.

Les annales maritimes de l'Angleterre comptaient plus d'un acte analogue à celui du *San-Jacinto*. La Grande-Bretagne, en vertu de ce principe abusif, que l'intérêt des belligérants devait être la mesure du droit des neutres, avait exercé un véritable despotisme sur toutes les nations maritimes. Elle éleva néanmoins les plus vives plaintes contre la conduite du commandant du *San-Jacinto*, et elle les appuya par des préparatifs de guerre dont on peut mesurer l'étendue en songeant qu'ils lui coûtèrent 300 millions en deux mois. Le Sud, plein d'espérance, s'attendait à une rupture immédiate entre l'Angleterre et les États-Unis, et à une guerre terrible à laquelle le gouvernement impérial de France ne pouvait manquer de prendre part à côté de son ancienne alliée de Crimée.

L'opinion, en France, n'était pas sans s'alarmer à la perspective d'une lutte dont les conséquences pouvaient être si fatales à la fortune publique; aussi le message du président Lincoln, qui devait contenir la réponse du gouvernement fédéral aux réclamations des puissances, était-il attendu avec une vive impatience. Ce document trompa l'attente générale. Le président Lincoln, muet sur l'affaire du *Trent*, ne s'occupait que des affaires intérieures de la république; il reprochait aux confédérés de rompre violemment l'admirable faisceau de l'Union américaine, de nier le suffrage universel, les droits du peuple, les principes sur lesquels l'Amérique avait si rapidement élevé l'édifice de sa prospérité. « Dévorés « par une plaie intérieure, par un fléau social qui est une offense à votre « foi, une offense à votre Dieu, vous n'osez pas, ajoutait-il, prononcer « ce mot d'esclavage, qui est pourtant la seule cause du dissentiment « qui vous sépare de vos frères et afflige toutes les démocraties de « l'Europe. »

Le président, envisageant ensuite avec fermeté la tâche immense qu'il avait à remplir, se montrait prêt à tous les sacrifices pour maintenir les institutions qui avaient fait la grandeur de l'Amérique. « Nous « voyons d'un coup d'œil, disait-il, ce qu'a produit dans un temps donné « le principe populaire appliqué au gouvernement par le mécanisme « des États et de l'Union ; nous voyons aussi ce que ce principe, s'il est « fermement maintenu, promet pour l'avenir. Il y a déjà parmi nous des « hommes qui, si l'Union est conservée, vivront assez pour y compter « 250 millions d'âmes. La lutte que nous soutenons n'est donc pas pour « aujourd'hui seulement, elle est pour un vaste avenir. Confiants dans « la Providence, et d'autant plus fermes et déterminés, travaillons à la « grande tâche que les événements nous ont dévolue. » Le président demandait en finissant 400 000 soldats et 400 millions de dollars. Ce n'était que le dixième du nombre d'hommes en état de porter les armes dans les États fidèles, et à peine la vingt-troisième partie des valeurs

Fig. 36. — La nièce de M. de Cavour s'approche de lui, désolée, et lui dit : « Le frère Giacomo est venu prendre de vos nouvelles ; voulez-vous le recevoir un instant ? » (page 251).

possédées par les citoyens décidés à les sacrifier pour sauver l'Union. Le Congrès lui donna le 3 décembre 100 000 hommes et 400 millions de dollars de plus.

Le gouvernement impérial, assez fortement engagé déjà dans l'expédition du Mexique, dont nous parlerons tout à l'heure, ne pouvait voir sans un certain plaisir les Etats-Unis occupés d'une guerre qui laissait toute liberté à l'action qu'il rêvait d'exercer sur le nouveau monde. Les journaux officieux s'efforçaient de prouver qu'il fallait admettre les sudistes comme belligérants, en attendant qu'on reconnût la république du Sud elle-même. Le gouvernement impérial, quelque envie qu'il eût de suivre ces conseils, comprit qu'il fallait attendre, et que le rôle de conciliateur était celui qui lui convenait le mieux en ce moment. Il s'entremit donc entre l'Angleterre et les États-Unis pour amener ces deux puissances à s'entendre sur l'affaire du *Trent*. Une dépêche de M. Thouvenel, corroborée de l'adhésion de l'Autriche et de la Prusse, ne fut pas étrangère à la décision que prit le gouvernement américain de faire des concessions approuvées par tous ses amis en Europe.

Que devenait pendant ce temps-là l'expédition française en Syrie ?

L'Angleterre, qui supportait avec impatience la présence des Français en Orient, avait demandé dans les derniers jours de l'année précédente à Napoléon III de concentrer ses troupes sur le littoral de la Syrie. M. Thouvenel lui répondit par un refus, motivé sur cette raison que le séjour des forces françaises dans la montagne était indispensable à la sécurité des chrétiens, et que d'ailleurs le général en chef devait seul fixer la position de ses détachements.

Le gouvernement impérial, voyant cependant la méfiance croissante et le mauvais vouloir de plus en plus marqué, de l'Angleterre contre l'expédition de Syrie, adressa le 18 janvier 1861 une circulaire aux puissances dans laquelle M. Thouvenel leur demandait si, conformément au traité de l'année dernière, les troupes françaises devaient quitter ce pays le 5 mars 1861, ou bien si l'humanité et la prudence ne conseillaient pas d'attendre pour l'évacuation, non pas le terme du traité, mais le moment où la répression des troubles serait complète et où des garanties d'ordre et de pacification auraient été données par la Porte. Le ministre des affaires étrangères ne faisait point d'ailleurs une question de la prolongation du séjour des soldats français en Syrie, et il se déclarait prêt à exécuter le traité si toutes les puissances ne se mettaient pas d'accord sur la nécessité de prolonger l'occupation ; dans le cas contraire, il se montrait tout disposé à faire participer leurs troupes à la protection des chrétiens.

L'Autriche, la Russie, la Prusse dissimulaient sous un vernis d'impartialité leur peu d'empressement à soutenir les demandes du gouvernement impérial; la Prusse marchait à la suite de la Russie. La Porte, convaincue, comme de raison, de l'inutilité de l'occupation, consentait néanmoins, pour prouver ses bonnes intentions, à la prolonger pendant le temps à peu près nécessaire pour préparer l'évacuation, c'est-à-dire jusqu'au 5 mai.

La conférence décida pourtant, le 25 février 1861, que l'occupation serait prolongée dans les mêmes conditions jusqu'au 5 juin suivant. La concession était mince, et le gouvernement impérial avait d'autant moins à s'en glorifier que la Porte, secondée par l'Angleterre, quelquefois par la Russie et par l'Autriche, ne perdait aucune occasion de faire échec à sa politique, mettant surtout son habileté la plus persévérante à éluder les arrêts de ses propres tribunaux contre les auteurs des massacres du Liban et à reculer le payement des indemnités. Le féroce Saïd-Bey Djemblalt aurait probablement échappé au châtiment, si la maladie ne l'avait frappé dans la prison de Beyrouth. La peine de mort prononcée contre les Druses à Beyrouth et à Moktara fut commuée en déportation. Quant aux indemnités et aux amendes dues par eux, la Porte mit tant de lenteur et souleva tant d'obstacles pour en fixer le chiffre que la commission internationale souscrivit, de guerre lasse, à un arrangement en vertu duquel une somme totale de 75 millions de piastres turques serait payée aux victimes des troubles du Liban; une commission mixte en cas de désaccord réglerait le différend. C'était mettre les réclamants à la merci des fonctionnaires turcs.

Plusieurs plans furent proposés pour la réorganisation du Liban : division de la montagne en plusieurs caïmacanies, administration du Liban par un fonctionnaire turc, maintien des immunités des chrétiens de la montagne. Le premier de ces plans était présenté par la Turquie, le second par l'Angleterre, le troisième par la France. La discussion entre les représentants de ces puissances était vive et menaçait de s'éterniser. Le ministre de Prusse, en se prononçant pour un gouvernement unique, proposa de ne pas spécifier si le gouverneur serait indigène ou non. Cette transaction fut acceptée. L'Autriche s'était dès le commencement de la discussion ralliée au plan de Napoléon III. La Russie se contenta de demander avec l'appui de l'Angleterre l'établissement dans la ville de Zahlé d'un régime spécial en faveur des Grecs non unis. Le règlement accorda simplement aux Maronites chrétiens, sept fois plus nombreux que les Druses, huit fois plus que les Grecs schismatiques, douze fois plus que les Grecs catholiques, vingt fois plus que les Métualis et trente fois plus que les Musulmans, le sixième des voix dans les assemblées du Liban, c'est-à-dire l'égalité [1]. Les soldats turcs restaient chargés le 9 juin de la police du Liban, en attendant la formation d'une force indigène.

L'Europe, qui ne s'était associée à l'expédition française que pour la faire avorter, pouvait s'applaudir du succès de son plan : il fallait l'impudence habituelle des journaux officieux du gouvernement impérial pour donner comme un triomphe de sa politique les minces résultats de cette expédition, entreprise avec tant de fracas « pour une grande idée au nom d'un grand peuple ».

1. *La Syrie en 1861*, par M. Saint-Marc Girardin.

CHAPITRE VIII

L'ANNÉE 1862

Réception du jour de l'an aux Tuileries. — Programme financier de M. Fould. — Procès et arrestations. — Société du Prince impérial. — Lettre de l'Empereur sur la question romaine. — Voyage de l'Empereur et de l'Impératrice dans le centre de la France. — M. de Morny est nommé duc. — Revirement de la politique impériale dans la question romaine. — M. Thouvenel donne sa démission. — M. Drouyn de Lhuys le remplace. — Napoléon III et la médiation aux États-Unis. — Interdiction des conférences de la rue de la Paix. — Polémique au sujet du *Fils de Giboyer*. — Inauguration du boulevard du Prince-Eugène. — M. Budberg, ambassadeur de Russie, remet à l'Empereur ses lettres de créance. — Discours de l'Empereur. — Souscription en faveur des ouvriers cotonniers. — Résurrection du titre de chevalier.

Les réceptions du 1er janvier 1862 eurent lieu, aux Tuileries, avec le cérémonial accoutumé. L'Empereur répondit au doyen du corps diplomatique :

« Je remercie le corps diplomatique des vœux qu'il veut bien m'exprimer. L'année qui vient de s'écouler a été tristement marquée par de nombreuses agitations sur divers points du monde et par des pertes cruelles dans les familles royales.

« J'espère que l'année qui commence sera plus heureuse pour les rois « comme pour les peuples. »

Ces paroles parurent de favorable augure pour le maintien de la Paix. La fin de la réponse de l'Empereur au président du Sénat : « Je

« compte sur vous pour m'aider à perfectionner la constitution tout en
« maintenant intactes les bases fondamentales sur lesquelles elle repose, »
fut également acceptée comme un heureux présage pour le développement de la liberté.

M. Fould publia, le 22 janvier, un grand programme financier sous forme d'un rapport adressé à l'Empereur. Distinguer les dépenses ordinaires et les dépenses extraordinaires, comprendre ces dernières dans une loi spéciale ouvrant en même temps les ressources destinées à y faire face, puiser dans une augmentation d'impôts les moyens de combler le déficit de 75 millions du budget de 1863 : tel était le plan du ministre des finances. M. Fould demandait en outre la création d'un impôt sur les voitures de luxe, l'augmentation de certaines taxes d'enregistrement et de timbre ; quant au budget extraordinaire dont la dotation intéressait à un si haut degré les grands travaux publics, il proposait d'y affecter la somme de 130 à 150 millions, produite jusqu'à concurrence de 67 millions par l'émission du solde des obligations trentenaires, et par une annuité de l'indemnité chinoise ; l'établissement d'une surtaxe temporaire sur le sel et sur le sucre fournirait le reste de la somme.

Le chiffre des découverts atteignait un milliard. Il était possible, selon M. Fould, de les ramener à des proportions moins considérables sans recourir à un emprunt, en procédant à la conversion facultative de la rente 4 1/2 en 3 pour 100, au moyen d'une combinaison qui laisserait aux mains du Trésor le produit de la soulte formant la différence de valeur entre le capital des deux fonds.

Le gouvernement avait fort à cœur le succès de cette conversion. Le ministre de l'intérieur adressa donc le 17 février 1862, aux préfets, une circulaire pour les engager à expliquer cette mesure à leurs administrés, leur en exposer les avantages et à « les faire pénétrer dans
« l'esprit des masses trop souvent victimes dans des circonstances ana-
« logues de l'esprit de parti ou de conseils intéressés ».

La conversion du 4 1/2 en 3 pour 100 à peine commencée, le Conseil d'État fut saisi d'un projet de loi aux termes duquel une rente serait inscrite au grand livre de la dette publique et affectée à récompenser par des pensions ou dotations les actions d'éclat des généraux, officiers et soldats des armées de terre et de mer et les services exceptionnels qu'ils auraient rendus en temps de guerre. Des décrets impériaux constitueraient ces pensions et dotations, en détermineraient les conditions de jouissance et, s'il y avait lieu, de réversibilité.

La France aime, sans doute, la gloire militaire, mais elle ne pouvait admettre que dans un ensemble de mesures destinées à récompenser les services éclatants rendus à l'État, les services rendus par les lettres, les sciences et les arts ne prissent point place à côté des services de guerre. Elle accueillit donc avec méfiance un projet de loi qui mettait à la disposition de l'État une sorte de budget supplémentaire dans lequel il pourrait puiser au profit de ses favoris. On ne s'expliquait guère d'ailleurs la nécessité d'un tel projet de loi, au moment où un guerrier plus ou moins illustre pouvait cumuler les traitements de maréchal, de ministre, de sénateur, de dignitaire de la couronne, s'élevant au chiffre de plus de 150 000 francs.

L'énormité de ces traitements indignait la grande majorité du pays et fournissait aux partis une arme facile à manier et pouvant faire de dangereuses blessures. La police impériale, incapable de s'opposer à cette propagande, se vengeait de son impuissance en entourant les républicains d'une surveillance incessante, minutieuse, et par cela même ridicule. M. Ferdinand Taule, étudiant en médecine et rédacteur d'un journal intitulé *le Travail*, désireux d'en envoyer un exemplaire à M. Ledru-Rollin, à Londres, avait demandé son adresse à M. Martin-Bernard, ancien représentant du peuple, qui la lui donna. Traduits, le 4 avril, devant le tribunal correctionnel, sous la prévention de manœuvres pratiquées à l'étranger dans le but de troubler la paix publique en France et d'exciter à la haine et au mépris du gouvernement de l'Empereur, l'un, M. Taule, fut condamné à six mois de prison et 200 francs d'amende, l'autre, M. Martin-Bernard, fut acquitté. Deux anciens représentants du peuple, MM. Greppo et Miot, également arrêtés un mois après et mis au secret, sortirent de prison sans avoir pu deviner quel motif les y avait fait mettre.

Le gouvernement avait déclaré aux sociétés religieuses de bienfaisance une guerre dont on trouvera le récit complet plus loin; il s'agissait d'absorber leur influence à son profit ou de les remplacer par des institutions créées par lui. Le refus formel opposé par la Société de Saint-Vincent de Paul à la proposition d'accepter un directeur suprême de sa main lui fournit l'occasion d'opposer à la Société récalcitrante la *Société du Prince impérial* ou *des prêts de l'enfance au travail*, créée sous le patronage de l'Impératrice sur le modèle exact de la Société de Saint-Vincent de Paul, dont le gouvernement demandait lui-même à modifier l'organisation comme contraire à la loi. Les journaux prirent une part très vive à la lutte engagée entre le gouver-

Fig. 37. — Le vaisseau *Trent*, ayant à son bord MM. Masson et Slidell, envoyés de la Confédération du Sud, est arrêté en pleine mer par un vaisseau américain.

nement et la Société de Saint-Vincent de Paul ; la curiosité publique, aussi prompte à s'éveiller qu'à se lasser, aurait fini par trouver qu'elle se prolongeait un peu trop, lors même qu'une de ces lettres que l'Empereur lançait de temps en temps comme des coups de foudre ne l'eût pas détournée sur un autre sujet. L'Empereur, dans cette lettre, en date du 20 mai, déclarait à M. Thouvenel qu'il y avait urgence à résoudre la question romaine et conviait Pie IX et Victor-Emmanuel à s'entendre sur les conditions d'une transaction « qui, en maintenant le pape libre chez lui, abaisserait les barrières qui séparent aujourd'hui ses États du reste de l'Italie. » M. Thouvenel précisa les choses dans une lettre du 30 mai à M. de Lavalette, ambassadeur du gouvernement impérial à Rome : *statu quo* territorial, renonciation de l'Italie à Rome, engagement de l'Italie de respecter le territoire pontifical et de se charger de la dette romaine ; telles étaient les bases de l'entente proposée par le ministre des affaires étrangères. L'Empereur proposait en outre aux États catholiques de s'entendre pour faire au souverain pontife une sorte de liste civile. Il offrait, pour la part de la France, 3 000 000 de francs, dont les titres, inscrits sur le grand livre de la dette publique, seraient remis entre les mains du pape. Pie IX répondit qu'il ne savait pas ce que c'était que le grand livre, et qu'il n'accepterait, en cas de transaction, que la restitution du revenu des *Annates*, mais que d'ailleurs il n'était nullement disposé à transiger.

Cet échec des propositions faites au pape, en amenant un nouveau revirement de la politique impériale dans la question romaine, rendit le remplacement de M. Thouvenel nécessaire : M. Drouyn de Lhuys redevint pour la troisième fois ministre des affaires étrangères. On se souvient qu'au moment de la guerre de Crimée, croyant encore à la paix et convaincu que sa présence à la conférence de Vienne empêcherait la guerre d'éclater, il se rendit dans cette ville au mois d'avril 1855 ; l'inutilité de cette démarche le mit dans l'obligation de donner sa démission. L'année suivante, il quitta sans motif apparent le Sénat, à la suite du message de l'Empereur destiné à réveiller l'esprit d'initiative de ce corps. M. Thouvenel apprit son remplacement par cette lettre assez énigmatique :

« Saint-Cloud, 15 octobre 1862.

« Mon cher monsieur Thouvenel,

« Dans l'intérêt même de la politique de conciliation que vous avez loyalement servie, j'ai dû vous remplacer au ministère des affaires étrangères ; mais, en me décidant à me séparer d'un homme qui m'a donné tant de preuves de son dévouement, je tiens à lui dire que mon estime et ma confiance en lui ne sont nullement altérées.

« Je suis persuadé que, dans toutes les positions que vous occuperez, je pourrai compter sur vos lumières comme sur votre attachement, et je vous prie, de votre côté, de croire toujours à ma sincère amitié.

« NAPOLÉON. »

La circulaire de M. Drouyn de Lhuys aux agents diplomatiques de l'Empire ne suppléait guère à l'obscurité de cette lettre. Le nouveau ministre disait tout simplement : « Le gouvernement, invariablement « fidèle aux principes qui l'ont guidé jusqu'ici, continuera de consacrer « tous ses efforts à l'œuvre de conciliation qu'il a entreprise en Italie. » La circulaire du ministre de l'intérieur aux préfets résumait ainsi l'état des choses : « La politique de l'Empereur reste la même, mais elle subit un temps d'arrêt. » Un journal récemment fondé par des sénateurs et qui passait pour avoir des rapports très intimes avec plusieurs membres du gouvernement, *la France,* crut devoir à son tour éclaircir la situation par cette déclaration singulière : « La politique de l'Empereur n'a pas changé, mais la direction de cette politique s'est profondément modifiée. »

Le second acte diplomatique de M. Drouyn de Lhuys fut une note adressée le 30 octobre 1856 aux cours d'Angleterre et de Russie, pour leur proposer d'offrir en commun leurs bons offices aux belligérants des États-Unis, afin d'amener une suspension d'armes de six mois. C'était l'intervention et la médiation déguisées. L'Angleterre et la Russie refusèrent d'accéder à cette proposition. Presque au même moment, M. de Bismark, ambassadeur de Prusse auprès de Napoléon III, nommé récemment président provisoire du conseil des ministres, vint à Paris pour remettre ses lettres de rappel. Sa présence n'y passa point inaperçue. Un article du *Journal des Débats* apprit au public « que le ministre prussien s'était rendu à Paris non seulement pour y remplir une formalité diplomatique, mais encore pour compléter sur place l'étude de nos institutions politiques, de notre administration civile, de notre organisation militaire et de notre situation financière. » Le journal ajoutait : « M. de Bismark a beaucoup appris pendant le peu de jours qu'il a passés parmi nous, et il est reparti de Paris très satisfait de ce qu'il y a vu et entendu. »

L'Empereur et l'Impératrice, qui avaient le goût et le besoin des voyages, quittèrent le 5 juillet Fontainebleau pour visiter l'Auvergne. Le prince Louis-Napoléon trouvait autrefois « aussi illogique de créer des ducs sans duchés que de nommer des colonels sans régiments, car, si la noblesse avec privilège est opposée à nos idées, sans privilège elle devient un ridicule [1]. » L'Empereur Napoléon III conféra cependant en passant à Clermont le titre de duc à M. de Morny. Le couple impérial fit ensuite une visite à M. de Persigy dans son château de Chamarande. L'Empereur, après être passé de l'Auvergne à Vichy, de Vichy à Biarritz, de Biarritz aux haras du Pin, termina ses pérégrinations par un court séjour au château de Ferrières, chez M. de Rothschild, où eurent lieu de grandes chasses en son honneur.

La réforme financière avait fait espérer que le gouvernement ne tarderait pas à entrer dans la voie des réformes politiques. On s'aperçut bientôt qu'il n'entendait se relâcher en rien de la surveillance jalouse qu'il exerçait sur les esprits. Cent cinquante ou deux cents personnes des deux sexes se réunissaient trois fois par semaine dans un rez-de-chaussée de la rue de la Paix pour entendre des discours et des lectures sur divers sujets d'histoire, de littérature, de poésie, de géographie. Le gouvernement décida qu'il était temps de soustraire le public à l'influence funeste que pouvaient avoir sur lui les doctrines subversives de M. Deschanel sur Corneille et sur Molière, et de fermer le salon de la rue de la Paix. Il défendit également la représentation d'un drame tiré du roman de Victor Hugo, *les Misérables*.

Une de ces cérémonies théâtrales dont le retour fréquent émoussait l'intérêt, l'inauguration du boulevard du Prince-Eugène, fournit à l'Empereur, entouré de ses maréchaux, ayant à ses côtés le prince Napoléon et le prince Murat et en face de lui l'Impératrice assise sur une estrade, l'occasion de prononcer un de ces discours vides et pompeux dont il était si prodigue et dans lequel se trouvaient mêlées, à l'éloge fort exagéré du prince Eugène, des digressions sur la boulangerie, l'assistance publique et le prêt d'honneur, l'œuvre de l'Impératrice qui, mettant des capitaux à la portée des artisans honnêtes et laborieux, fera mentir le vieux proverbe *qu'on ne prête qu'au riche*.

Le conseil municipal avait donné le nom de la reine Hortense à l'un des boulevards voisins de celui que l'Empereur inaugurait. Napoléon III, après avoir exprimé combien il était touché de « ce mouvement spontané de la population », ajouta d'un ton de modestie préméditée : « Les noms à inscrire sur le marbre ne doivent pas être le privilège de ma famille. »

---

[1]. *Progrès du Pas-de-Calais*, 1844.

La nouvelle voie de communication destinée à remplacer le canal Saint-Martin, au lieu de porter le nom de la reine Hortense, devait donc prendre celui de Richard Lenoir, « qui de simple ouvrier devint l'un des « premiers manufacturiers de France, que l'Empereur décora de sa « main, et qui employa une fortune noblement acquise à soutenir ses « ouvriers pendant les mauvais jours et à les armer lorsqu'il fallut « repousser l'invasion étrangère. »

Le soir, une brillante illumination appela la foule sur le parcours de ce nouveau boulevard, dont les maisons n'attendaient plus que des locataires. M. Haussmann, préfet de la Seine, partagea les honneurs de la fête avec le prince Eugène. L'Empereur le félicita surtout d'ouvrir des rues spacieuses, des jardins, des monuments, en développant l'assistance publique, en multipliant les édifices religieux et les bâtiments scolaires, « sans compromettre en rien l'état prospère des finances de la Ville ».

La réception de M. de Budberg pour remettre à l'Empereur les lettres qui l'accréditaient en qualité d'ambassadeur extraordinaire et plénipotentiaire de l'empereur de Russie eut lieu aux Tuileries quelques jours après l'inauguration du boulevard du prince Eugène. Les discours prononcés à cette occasion tranquillisèrent un peu les esprits, alarmés cette fois par les événements de Pologne. La situation intérieure n'était pas sans leur causer aussi quelque inquiétude; le coton américain n'arrivait plus en Europe, par suite de la guerre entre les États du Nord et ceux du Sud; les souffrances des ouvriers cotonniers devenaient chaque jour plus poignantes. Le *Siècle* ouvrit en leur faveur une souscription dont le produit dépassa 100 000 francs. Un comité se forma d'un autre côté pour recueillir les dons. Le pape et le comte de Chambord lui envoyèrent chacun la somme de 10 000 francs. Le chef de la branche aînée de la maison de Bourbon semblait chercher depuis quelque temps à attirer sur lui l'attention publique. Il figura parmi les nombreux curieux que l'exposition de l'industrie attirait à Londres, et les journaux annoncèrent que, pendant son séjour dans cette ville, il avait fait une visite à la reine Marie-Amélie. On crut cette fois que la fusion allait enfin réussir, mais on sut bientôt, que tout s'était borné entre la tante et le neveu à une entrevue personnelle à laquelle les fils de Louis-Philippe n'assistaient pas. Le duc de Montpensier et le comte de Chambord se rencontrèrent à l'exposition sans se reconnaître. Les journaux légitimistes affectèrent d'attacher une grande importance au voyage du chef des Bourbons de la branche aînée à Londres. L'un d'eux s'applaudissait de ce que le comte de Chambord s'était « mis en communication intime avec l'esprit commercial, industriel et artistique de la France »; un autre s'écriait, en parlant de la présence du royal voyageur en Angleterre : « Son séjour « à Londres est un fait mémorable dans la vie de l'auguste prince ; il y « puisera de nouvelles espérances et de nouvelles forces pour accomplir « ses destinées. »

L'année 1862 vit non seulement la résurrection officielle du titre de duc décerné, comme on l'a vu, à M. de Morny, mais encore celle du titre de chevalier. Le nombre des demandes pour obtenir le titre de chevalier héréditaire de l'Empire adressées au conseil des sceaux était si considérable que, cédant à l'empressement des solliciteurs, Napoléon III donna l'ordre de faire droit à celles qui se trouvaient dans les conditions voulues. Il ne fut cependant pas donné suite à ce projet. Les mesures de ce genre, qu'un ridicule mérité aurait dû atteindre, n'arrivaient même pas à la connaissance du public. Les journaux les passaient sous silence, ne pouvant les critiquer par crainte des avertissements ; le gouvernement en effet profitait de toutes les occasions et de tous les prétextes pour appesantir son bras sur eux avec une rigueur qui, loin de fléchir, redoublait avec le temps.

CHAPITRE IX

LA PRESSE ET LE CLERGÉ (1860-1862)

Expulsion de M. Ganesco, rédacteur du *Courrier du dimanche*. — Difficulté au sujet du compte rendu des débats judiciaires. — Obscurité du sénatus-consulte. — Le *Courrier de Paris* veut s'associer au *Messager*, propriété de M. Achille Jubinal. — Le gouvernement repousse la demande de ce député bonapartiste. — M. Leymarie achète le *Courrier de Paris*. — Tentatives pour obtenir du gouvernement de ratifier cet achat. — M. Billault et M. d'Haussonville. — Le conseil des ministres refuse à M. Leymarie l'autorisation d'acheter le *Courrier de Paris*. — M. Hippolyte Castille est choisi comme rédacteur en chef de ce journal. — M. Clément Duvernois ne tarde pas à l'y remplacer. — M. de Persigny et la presse. — Une brochure de M. Léon Masson ne trouve pas d'imprimeur. — Les *Muses d'État*. — Destitution de M. Victor de Laprade. — Achat de la *Presse* par le financier Millaud. — Démission en masse des rédacteurs. — Le clergé et le roi Jérôme. — Mandements et cérémonies funèbres. — Oraison funèbre du zouave Gicquel. — *La France, Rome et l'Italie*, par M. de La Guéronnière. — L'évêque de Poitiers déféré comme d'abus au Conseil d'État. — Le prosélytisme religieux. — Procès devant la Cour de Lille. — Le clergé soumis à la juridiction administrative. — Circulaire de M. Delangle. — La Société de Saint-Vincent de Paul. — Conférence de Lusignan. — Le gouvernement et la Société de Saint-Vincent de Paul. — Circulaire de M. de Persigny. — Le gouvernement veut accaparer la direction de la Société. — Le *Siècle* et la Société de Saint-Vincent de Paul. — Procès de Riom. — Encore le prosélytisme religieux. — Circulaire de M. Rouland. — Suppression de quelques maisons religieuses. — Les évêques et la canonisation des martyrs du Japon. — M. Renan nommé à la chaire d'hébreu du Collège de France. — Sa destitution. — Le jubilé de Toulouse.

L'histoire de la presse, depuis le coup d'État jusqu'à la fin de 1860, n'est, comme on l'a vu, qu'un long martyrologe. La persécution recommence le 29 janvier 1861, par un avertissement donné au *Courrier du*

Fig. 38. — L'esclavage aux États-Unis.

dimanche et par l'expulsion hors du territoire français de M. Ganesco, signataire de l'article qui a motivé la mesure de rigueur prise contre le journal.

Le sénatus-consulte relatif à la publicité des séances du Sénat et du Corps législatif au moyen de la reproduction du compte rendu sténographique officiel avait créé une nouvelle cause de conflits entre le gouvernement et la presse et une nouvelle cause d'alarmes pour elle. Tout était ténèbres dans l'interprétation de ce sénatus-consulte. Une circulaire de M. de Persigny permettait toute discussion, à l'exception de celles qui touchent au principe du gouvernement; mais le décret du 17 février 1852 n'interdisait pas non plus formellement l'appréciation, le jugement des débats du Corps législatif, et cependant, peu de temps après la promulgation de ce décret, un journal qui s'était cru le droit d'apprécier une séance, reçut un avertissement; aucune feuille n'avait osé depuis se risquer sur ce terrain. Les journaux étaient-ils privés du droit, dont ils jouissaient sous les régimes antérieurs, de recueillir par un sténographe les débats législatifs, de restreindre telle portion de ces débats et d'en développer telle partie? ou bien seraient-ils obligés d'emprunter la sténographie du *Moniteur* en totalité? Le sénatus-consulte ne contenait aucune disposition formelle à ce sujet; M. Troplong se contentait de dire que les journaux conservaient la faculté de reproduire, d'après le compte rendu officiel exclusivement, la partie des débats qui leur semblerait la plus utile à communiquer à leurs lecteurs, avec l'obligation de la publier textuellement, ainsi que les parties du compte rendu des séances ultérieures qui s'y rattachaient. C'était rendre cette reproduction impossible. Quant à l'appréciation des débats, elle était libre, selon le président du Sénat, à la condition de ne pas tomber dans le compte rendu. Mais comment établir la distinction entre l'appréciation et le compte rendu? Le gouvernement refusait de s'expliquer, afin de créer une équivoque qui lui permît de tenir la menace d'un avertissement ou d'un procès suspendue sur la tête du journaliste, et de l'empêcher de donner aux séances de la Chambre cette forme saisissante et dramatique qui en doublait l'importance sous les précédents régimes parlementaires. Le gouvernement comptait bien d'ailleurs que le public, fort affairé de nos jours, ne lirait pas des comptes rendus d'une longueur considérable comme ceux que ses sténographes allaient rédiger à l'usage des journaux, et que ces derniers, réduits pendant six mois à remplir leurs colonnes avec ces interminables débats, perdraient une partie de leur attrait et par conséquent de leurs abonnés. La politique du gouvernement à l'égard de la presse consistait à la déconsidérer, l'intimider et la transformer en simple rouage de la machine administrative. Aussi suivait-il d'un œil vigilant tous les détails de l'existence des journaux ; le moindre changement dans la propriété ou dans la rédaction ne pouvait s'effectuer sans qu'il intervînt pour le sanctionner ou pour y mettre obstacle. Un certain Prost, bien et dûment autorisé par le ministère, avait acheté en 1860 de l'abbé Migne le journal *la Vérité*, dont il changea le titre en celui de *Courrier de Paris*. Ce journal, bientôt réduit aux expédients pour vivre, voulut s'associer au *Messager*, appartenant à M. Achille Jubinal, député au Corps législatif, bien connu par son dévouement à l'Empereur ; les frais des deux journaux, n'ayant qu'une composition et une rédaction, auraient diminué de moitié. Le bureau de la presse ayant repoussé cette combinaison, le propriétaire du *Courrier de Paris* fut obligé de le mettre en vente.

M. Leymarie, rédacteur en chef du *Courrier du dimanche*, croyant acheter non pas un journal sans abonnés, mais l'autorisation en vertu de laquelle ce journal existait et dont il espérait se servir pour fonder une nouvelle entreprise, se rendit acquéreur du *Courrier de Paris* au prix de 100 000 francs. M. Arthur de La Guéronnière, chef de la division de la presse au ministère de l'intérieur, après avoir promis cette autorisation, montrait de jour en jour plus d'hésitation à tenir sa promesse et répondait aux instances de M. Leymarie par des demandes réitérées sur l'origine et sur le chiffre capital du journal ainsi que sur le nom des écrivains qui devaient composer la rédaction.

Un homme que l'Empire avait, dès son origine, trouvé au nombre de ses adversaires les plus résolus, M. d'Haussonville, se proposait, d'après la rumeur publique, de prendre une part active à la rédaction du journal de M. Leymarie, et de là venaient les lenteurs et les hésitations du chef de la division de la presse. M. de La Guéronnière finit par déclarer que, dans une aussi grave affaire, il ne pouvait rien prendre sur lui, et qu'il en remettait la décision au ministre de l'intérieur. M. d'Haussonville obtint de lui une audience dans laquelle M. Billault voulut bien convenir que sa prétention d'user du droit d'exprimer sa pensée sur les affaires publiques par la voie des journaux, était fort légitime sans doute, mais que le gouvernement avait le droit de se tenir sur la défensive contre une opposition qui pourrait lui créer des embarras [1]. M. d'Haussonville

---

1. *Histoire d'une demande en autorisation de journal*. Paris, 1860.

ayant tout de suite donné à son interlocuteur l'assurance que le *Courrier de Paris* ne sortirait jamais du terrain constitutionnel, M. Billault lui répondit en lui rappelant l'exemple de l'opposition constitutionnelle, mais fort vive, du *Courrier du dimanche*. Il ajouta que la loyauté de M. d'Haussonville restait au-dessus du soupçon, et que d'ailleurs la constitution l'armait d'un pouvoir discrétionnaire suffisant pour réprimer les écarts de la polémique, mais qu'il était toujours désagréable pour un gouvernement d'être obligé de recourir aux moyens extrêmes. La question lui semblait du reste trop délicate pour ne pas être soumise aux ministres en conseil. M. Leymarie, n'obtenant pas son autorisation, crut pouvoir rétrocéder le *Courrier de Paris* à un acheteur qui offrait de prendre l'engagement de ne donner aucune part dans la propriété ni dans la rédaction à M. d'Haussonville. Nouveau refus de M. Billault d'autoriser la mutation. La propriété d'un journal cessait ainsi d'être une propriété, puisque le propriétaire n'était pas libre d'en disposer à son gré. Le *Courrier de Paris* resta donc par force dans les mains de ses premiers propriétaires, et M. Hippolyte Castille, ancien rédacteur de la *Révolution démocratique et sociale*, reçut du ministre l'investiture de sa rédaction en chef. Il ne resta pas longtemps à ce poste; les principaux articles du *Courrier de Paris* portèrent bientôt la signature de M. Clément Duvernois, ancien gérant de l'*Algérie nouvelle*, journal qui venait d'être l'objet du rapport suivant du ministre de l'Algérie :

« Sire,

« Je viens demander à Votre Majesté de vouloir bien, par application de l'article 32 du décret organique du 17 février 1852, ordonner la suppression du journal publié à Alger sous le titre de l'*Algérie nouvelle*.

« Méconnaître tous les services rendus; répandre contre l'armée des attaques aussi injustes que violentes; chercher à jeter entre elle et les fonctionnaires de l'ordre civil les excitations d'une rivalité qu'heureusement le bon sens et le dévouement surent toujours repousser; faire naître dans l'esprit des colons la méfiance qui produit le découragement; représenter l'état de la colonie sous un aspect qui devait en éloigner ceux qui pourraient y porter leur industrie, leurs capitaux; exposer le pays à d'incessantes agitations par une polémique menaçante pour bien des intérêts, et peut-être paralyser ainsi tous les efforts du gouvernement : telle semble être la tâche que l'*Algérie nouvelle* s'est imposée. Et je pourrais pourtant ajouter encore que ce journal ne suffisait pas aux passions des hommes qui le dirigeaient, car ils voulurent recourir à d'autres modes de publicité pour outrager, sans exception, tous les fonctionnaires les plus élevés, et descendre dans une autre publication aux plus grossières et aux plus mensongères allusions contre les dépositaires du pouvoir dans la colonie.

« Ni la longanimité de l'administration, qui entendait laisser à la discussion de ses actes la plus entière liberté, ni ses avis officieux n'avaient pu prémunir ces excès; ses avertissements, ainsi que ceux de la justice, n'ont pu les faire cesser.

« Ces excès, Sire, qui déjà avaient amené de déplorables scènes dans la ville d'Alger, ont de nouveau menacé d'avoir des conséquences qu'il a fallu toute la fermeté de l'autorité pour empêcher de dégénérer en véritable trouble apporté à l'ordre public.

« En France, de semblables écarts ne sauraient être tolérés ; encore moins le peuvent-ils être dans cette colonie nouvelle, qui, pour grandir et profiter des bienfaits que votre sollicitude ne cesse de répandre sur elle, a besoin de travail, qui ne peut exister sans la confiance et le calme.

« J'ai donc la conviction, Sire, de donner satisfaction à tous les hommes sincèrement attachés à la prospérité de l'Algérie, à tous ceux qui veulent réellement le progrès de ses institutions civiles, et qui ont accueilli avec tant de gratitude tout ce que l'Empereur a fait dans cet intérêt, lorsque je viens demander à Votre Majesté d'approuver le décret qui prononce la suppression du journal *l'Algérie nouvelle*.

« Je suis, etc.

« *Le ministre de l'Algérie et des colonies,*
« Comte DE CHASSELOUP-LAUBAT. »

M. Delangle avait succédé à M. Billault ; M. de Persigny, pour la seconde fois ministre de l'intérieur, remplaça M. Delangle et vécut en paix avec les journaux jusqu'au 11 juillet 1861. Un article intitulé : *Le budget et le Corps législatif*, valut ce jour-là un avertissement au journal bordelais *la Gironde*. Cet article, qui contenait une appréciation de notre situation financière bien moins alarmante que le mémoire de M. Fould, fut considéré par M. de Persigny non seulement comme « une attaque », mais encore comme « un outrage aux institutions que la France s'est données ».

Le préfet de Maine-et-Loire inflige le 22 juillet un avertissement à l'*Ami du peuple* d'Angers, pour un article concernant Oscar Bœcker et sa tentative d'assassinat sur le roi de Prusse ; l'*Écho d'Oran* est averti, le 16 août, pour s'être permis des attaques contre le gouvernement espagnol ; *la Seybouse*, de Bône, est frappée le 26 ; l'*Écho de l'Aveyron*, le 19 septembre ; la *France centrale*, de Blois, le 14 octobre ; la *Revue des Deux-Mondes*, le 16, pour un article sur les finances. Un résumé de la quinzaine attire le 30 novembre un avertissement au *Propagateur* de la Martinique ; l'*Ami de la religion* est averti le 10 décembre pour un article portant ce titre : *Premier pas en Russie vers la responsabilité ministérielle*.

Les brochures n'étaient pas mieux traitées que les journaux. M. le duc d'Aumale, nommé président de la Société des antiquaires à Londres, avait porté deux toasts suivis de deux discours au banquet annuel de cette Société. M. Léon Masson eut l'idée de les publier. M. Dumineray, libraire, se chargea d'éditer la brochure et M. Wittersheim de l'imprimer. Elle allait paraître lorsque la circulaire de M. de Persigny du

13 mai 1861 ordonna la saisie de toutes les publications faites au nom des personnes bannies ou exilées du territoire, « de quelque nature que puissent être ces publications, sous quelque forme qu'elles se produisent, livres, journaux, brochures. » M. Wittersheim refusa immédiatement d'exécuter ses conventions verbales avec M. Dumineray, et il lui fit part de son refus dans une lettre qui peut donner une idée des périls journaliers que créait aux imprimeurs la loi sur l'imprimerie et la librairie :
« Une seule fois j'ai été, par suite d'un brusque événement, dans une « fausse position ; mais, grâce à un haut et puissant personnage, je m'en « suis heureusement tiré. Je redouble de surveillance depuis, car c'est « jouer trop gros jeu, et le bénéfice n'est rien en comparaison des risques « que l'on court. Je préfère ne pas gagner que de gagner avec de telles « chances, qui vous font toujours mal noter. La circulaire du 13 mai est à « mes yeux la plus formelle défense d'imprimer qui puisse être formulée ; « ne s'agirait-il que d'un simple calendrier, dès qu'il serait signé de per- « sonnes bannies et exilées, je refuse et refuserai toujours mon concours. « Je ne veux pas tomber sous le coup d'une saisie administrative. Ma « fortune et mon avenir dépendent de l'administration : elle tient entre « ses mains mon brevet ; or il se commet tous les jours des infractions « dans les maisons les mieux tenues auxquelles je ne saurais échapper, « alors elle a le droit de nous saisir légalement. Si elle ne procède pas « rigoureusement, c'est qu'elle est bienveillante ; mais, pour ne pas « craindre ses rigueurs et mériter sa bienveillance, dont j'ai toujours « besoin, le simple bon sens me conseille de ne pas la braver... »

Le titre d'organe officieux du gouvernement ne portait pas bonheur aux journaux qui en étaient décorés. Le *Constitutionnel* notamment voyait chaque jour diminuer le nombre de ses abonnés. Le conseil de surveillance de ce journal pensa que la meilleure manière de le relever était d'en confier de nouveau la direction au docteur Véron. Deux lettres insérées en tête du *Constitutionnel* du 22 octobre 1861 annoncèrent solennellement cette nouvelle au public. Le docteur Véron déclarait que le *Constitutionnel* saurait allier désormais l'indépendance la plus complète au plus sincère dévouement.

La *Patrie*, craignant la concurrence, se hâta d'annoncer elle aussi qu'elle entrait dans la double voie de l'indépendance et du dévouement, en s'autorisant de l'exemple de Chateaubriand, que sa fidélité à la Restauration n'avait pas, disait-elle, empêché, dans certaines circonstances, de se séparer de ce gouvernement. Le *Constitutionnel* aussitôt d'avertir la *Patrie* avec terreur de bien se garder de confondre l'indépendance avec l'opposition « terrible, effrénée, impitoyable » de l'adversaire de M. de Villèle. Querelles de boutique et luttes d'influence! Chaque journal officieux avait alors son « inspirateur », ministre, candidat ministre ou sénateur; et ces hommes d'État, cachés derrière les journaux, se battaient comme les dieux d'Homère, cachés derrière les nuages.

L'année 1861 touchait à sa fin, lorsque M. Victor de Laprade, membre de l'Académie française, professeur de littérature française à la Faculté des lettres de Lyon, poète de talent et homme de cœur, voyant l'empressement avec lequel certains écrivains venaient en aide à l'Empire dans son œuvre de démoralisation des esprits et des caractères, exprima son indignation dans une éloquente pièce de vers intitulée : *Les Muses d'État*. M. Rouland, ministre de l'instruction publique, se hâta, dans un rapport adressé à l'Empereur, de proposer la destitution de l'auteur de ces vers, remplis « d'allusions injurieuses envers le souverain issu du suffrage universel et envers la nation qu'il gouverne glorieusement ». Le *Correspondant*, qui avait publié la satire, en fut quitte pour un avertissement.

Le rapport de M. Rouland articulait contre M. de Laprade le délit d'excitation à la haine et au mépris du gouvernement. Simple citoyen, il eût été traduit devant les tribunaux, et par conséquent il eût couru les chances d'un acquittement; journaliste, on se serait contenté de l'avertir; professeur, on le frappait le 14 décembre, sans débat contradictoire, de la peine la plus rigoureuse. Cette disproportion dans la pénalité montra combien il était nécessaire de rétablir la justice spéciale devant le conseil de l'instruction publique, qui existait sous la Restauration, à l'usage des membres de l'Université. Les évêques n'avaient-ils pas gardé le privilège d'être soumis à la juridiction spéciale du Conseil d'État ?

M. Saint-Marc Girardin clôt la liste des journalistes avertis en 1861. Il est piquant de voir cet écrivain, d'une expérience si consommée et d'une si parfaite modération, accusé par M. de Persigny d'avoir, dans un article du *Journal des Débats*, « porté atteinte à la foi dans la force et dans la durée de nos institutions ».

L'*Orléanais* ouvre la marche funèbre des victimes de l'administration pendant l'année 1862. Il est frappé le 10 janvier d'un premier avertissement pour avoir commenté un décret de l'Empereur en termes injurieux; il s'attire un second avertissement le 13 juillet, parce que sa revue politique « contient un article relatif à la reconnaissance du

Fig. 39. — Les souffrances des ouvriers cotonniers deviennent telles, qu'ils sont forcés d'avoir recours à la mendicité.

« royaume d'Italie par la Russie, qui, en outrageant un souverain ami de
« la France, attaque indirectement le gouvernement de l'Empereur. »
M. Rouland, chargé de l'intérim du ministère de l'intérieur, signale en
même temps à l'Empereur ce journal qui, averti deux fois pour excitation à la haine et au mépris du gouvernement, « continue un système
d'attaques violentes et d'opposition déloyale ». L'*Orléanais*, en effet, ne
s'est-il pas permis de soutenir que l'état de l'industrie des couvertures
est déplorable dans le département du Loiret. Un décret de suppression,
daté de Vichy 25 juillet, ne tarda pas à réprimer la dangereuse assertion de l'*Orléanais*.

L'*Opinion nationale*, qui « se livre à des appréciations injurieuses et
déverse l'outrage sur un des grands corps de l'État », est avertie le
27 février. Un second avertissement ne tarde pas à punir sa persistance
« à dénaturer les intentions libérales de l'Empereur, en les attribuant à
des influences que ce journal appelle cléricales ».

Les correspondances adressées de Paris aux journaux des départements
étaient l'objet de la surveillance la plus active du bureau de la presse.
La correspondance parisienne de la *France centrale* de Blois vaut,
le 27 février, à ce journal un deuxième avertissement, pour excitation à
la haine et au mépris du gouvernement. La correspondance de l'*Espérance du peuple*, « conçue dans une pensée factieuse », lui en attire
deux consécutifs du 1ᵉʳ au 4 mars. Les débats de la Chambre ne cessent
pas d'être un grave sujet d'inquiétude pour les journaux. Le compte
rendu officiel des séances des Chambres donnait lieu à de graves reproches
d'inexactitude. M. Ernest Picard avait signalé le 19 mars, à la tribune du
Corps législatif, une différence notable entre le texte des débats du Sénat
inséré au *Moniteur* et celui que le président de cette assemblée faisait
rédiger pour les journaux. Les journaux pouvaient-ils se permettre des
réflexions sur ce changement, sans s'exposer à les voir transformées en
compte rendu « injurieux et infidèle » aux yeux de M. de Persigny?
L'avertissement donné à la *Presse* le 22 mars prouva qu'elle avait eu tort
de le croire.

Un avertissement au sujet de quelques lignes vives et spirituelles sur
le général de Goyon, commandant en chef de l'armée d'occupation à
Rome, prévint le *Charivari* que l'Empire ne permettait pas aux petits
journaux, la piquante et inoffensive raillerie, tolérée par tous les gouvernements précédents; le *Progrès de Lyon*, le *Mémorial des Deux-Sèvres*, la *Guienne*, la *Gironde* sont, après le *Charivari*, les seuls

journaux avertis, du mois de juin au mois de septembre; le *Progrès de Lyon* et la *Gironde* reçoivent deux avertissement dans ce court espace de temps. La *Chronique de l'Ouest*, l'*Opinion du Midi*, coupables de prétendre que les catholiques « ont besoin de se coaliser pour se procurer une protection qu'ils ne trouvent pas auprès du gouvernement », sont frappées dans le courant de septembre.

Le *Siècle* est également atteint, le 14 novembre, des foudres ministérielles, dans la personne de son directeur politique, M. Havin, signataire d'un article sur la fixation du nombre des députés, considéré par l'administration comme « une atteinte au respect dû à la Constitution et aux lois ». L'auteur de la correspondance parisienne du *Phare de la Loire* excite à « la haine et au mépris du gouvernement, en excitant une catégorie de citoyens à prendre contre lui la défense des libertés publiques »; le gouvernement le rappelle au sentiment de ses devoirs et termine l'année par la suppression du *Propagateur de la Martinique*, coupable de la publication de mauvaises nouvelles du Mexique.

La presse avait à se défendre non seulement contre les rigueurs du gouvernement, mais encore contre les tentatives des hommes d'affaires, ne reculant devant aucun sacrifice d'argent pour s'assurer la possession d'un journal capable de servir de véhicule et d'auxiliaire à leurs tripotages financiers. C'est ainsi qu'on vit à la fin de cette année M. Millaud, banquier, ancien associé de Mirès, devenir propriétaire de la *Presse*. Les rédacteurs de ce journal adressèrent la lettre suivante au gérant :

« Monsieur,

« Nous vous prions de bien vouloir annoncer que nous sommes à dater d'aujourd'hui étrangers à la rédaction de la *Presse*.

« Agréez, etc.

« A. PEYRAT, ELIAS REGNAULT, E. D. FORGUES,
JULES JUIF, GUSTAVE HÉQUET, AD. GAIFFE. »

Le gouvernement et le clergé continuaient à offrir le spectable de deux puissances qui, en restant d'accord sur l'ensemble et sur le fond des choses, se disputent sur certains détails. La vivacité de la lutte n'empêchait pas le clergé de prêter son appui au gouvernement, et de déployer dans certaines circonstances un très grand zèle courtisanesque auprès de l'Empereur et des membres de la famille impériale, si l'on en juge par ce passage d'une lettre de condoléance écrit à Napoléon III par le cardinal Donnet, archevêque de Bordeaux, à l'occasion de la mort du

prince Jérôme, son oncle [1] : « La mort de S. A. I. le prince Jérôme,
« en affligeant le cœur de Votre Majesté, a excité de douloureuses sym-
« pathies dans la France entière. Vos sujets, qui ont toujours été si
« heureux de vos prospérités, ont été atteints dans le plus intime de leur
« âme par ce cruel événement. » Le prélat terminait sa lettre en joignant
ses regrets « à ceux de l'Empereur et de l'Impératrice, dont l'âme si sen-
« sible a dû particulièrement souffrir de la perte d'un oncle qu'elle a tou-
« jours entouré de son pieux respect et de sa filiale affection ».

Quelques évêques cherchaient, il est vrai, à faire acte d'opposition au gouvernement, en célébrant en grande pompe des services funèbres pour le repos de l'âme des défenseurs du pape, morts à Castelfidardo, obscurs ou illustres, roturiers ou nobles. Mgr Pie, évêque de Poitiers, quelques jours après avoir prononcé l'oraison funèbre du général de Pimodan, rendit le même honneur à un simple zouave nommé Louis Gicquel, qui, « avant de voler au secours du Saint-Siège », était venu lui demander sa bénédiction. « Je n'oublierai jamais, dit l'orateur sacré, l'impression de bonheur qui brillait sur son visage quand il se releva. » Cette oraison funèbre émut profondément l'auditoire ; elle se terminait ainsi : « Notre héroïne vendéenne n'a-t-elle pas raconté dans des pages
« immortelles la courageuse hospitalité que les soldats de nos armées
« catholiques du Poitou recevaient des soldats bretons? Hélas! tu ne
« rencontrerais plus au pays natal ni père, ni mère, ni sœur pour pleurer
« ta mort; mais Poitiers, ta ville adoptive, te donne en ce moment des
« larmes; ma parole en fait couler dans bien des yeux, mais ce n'est pas
« assez; nous voulons qu'aux flancs de cette colline de Tibur où tu es
« couché, non pas sur le frais gazon et dans la molle attitude du poète :
« *Udum Tibur, supinum Tibur*, mais dans ton linceul de sang, dans
« ton suaire de martyr, nous voulons qu'un modeste monument recouvre
« ta tombe. On y lira ces mots : « A Louis Gicquel, mort pour la défense
« des États de l'Église, ses frères d'armes partis comme lui de Poi-
« tiers. » Et sur ce marbre, les noms les plus nobles de notre province
« mêlés à ceux de plusieurs enfants du peuple viendront faire cortège
« au tien [2]. »

Ces cérémonies funèbres, où les légitimistes se rendaient en foule, n'étaient pas sans porter ombrage au gouvernement, dont le mécontente-

---

1. Mort le 25 juin 1860 dans sa terre de Villegénis (Seine-et-Oise).
2. Les antécédents de Gicquel que l'on connaîtra bientôt donnent un caractère particulier à cette péroraison.

ment se trahit bientôt par le langage de ses journaux. Le *Journal d'Arras* fit un rapprochement entre la pompe bruyante des funérailles des victimes de Castelfidardo et l'oubli dans lequel le clergé laissait les soldats morts dans la récente expédition de Chine et de Cochinchine ; les feuilles cléricales ont pourtant salué de leurs acclamations le départ des troupes pour l'extrême Orient. « La France reprend, disaient-elles, ses glorieuses traditions : son épée sort du fourreau pour protéger le catholicisme. » Et maintenant l'Église n'a pas de prières pour ceux qui étaient morts pour défendre ces traditions.

Mgr Parisis répondit au journal officieux de sa métropole par d'amères récriminations contre des guerres qui n'avaient servi, selon lui, qu'à fournir à leurs persécuteurs en Chine, des prétextes spécieux qu'ils n'avaient pas jusque-là : les chrétiens, pourchassés non seulement comme chrétiens, mais comme Français ou comme alliés de la France, les chrétientés autrefois florissantes, errant maintenant comme des troupeaux sans pasteur à la merci des loups, les rebelles détruisant les églises ; tels étaient les résultats de ces « lamentables expéditions ». Le prélat ajoutait : « Et c'est dans ces circonstances que l'on vient nous inviter, presque officiellement, à célébrer le triomphe de la vraie foi en Chine ! »

L'allocution du pape du 17 décembre 1860 tomba précisément en France dans ce moment d'effervescence. Le langage de Sa Sainteté n'était point fait pour la calmer : « La perfidie, la trahison règnent main-
« tenant partout, et notre âme est fortement attristée de voir que l'Église
« est persécutée, même en France, où le chef du gouvernement s'était
« montré si bienveillant pour nous et avait feint d'être notre protecteur
« (*si era finto nostro protettore*). Maintenant, ajoutait Pie IX, il
« nous est difficile de savoir si nous sommes protégés par des amis, ou si
« nous sommes mis en prison par des ennemis : *Petrus est in vinculis*. »
Les évêques français ne pouvaient manquer de répondre à ce cri de douleur du Saint-Père. Les mandements et les lettres pastorales devenant chaque jour plus nombreux et plus violents, le gouvernement crut devoir leur imposer les formalités du dépôt et du timbre. M. de La Guéronnière, conseiller d'État, directeur de l'imprimerie et de la librairie, venait de publier sa brochure : *la France, Rome et l'Italie*, inspirée par l'Empereur et reproduite *in extenso* dans le *Siècle*. M. de La Guéronnière attaquait sans ménagement le parti catholique, « ce parti qui a exploité la charité elle-même, qui s'est servi de vastes associations, qui a transformé de sublimes textes de l'Évangile en sophismes de son ambition,

et qui a fait de la charité un piège tendu aux âmes généreuses, » et dirigeaient contre MM. de Falloux et de Montalembert les insinuations les plus perfides. Mgr Dupanloup lui répondit, dans une brochure (16 février 1861), que ces deux hommes étaient précisément ceux qui depuis dix ans avaient eu le moins d'influence sur le Saint-Siège, auquel ils ne cessaient de conseiller des réformes, tandis « qu'une autre école s'était formée parmi les catholiques pour les humilier, eux, et qui fut à l'Empire, tout à l'Empire. »

L'évêque de Poitiers, Mgr Pie, suivant son collègue d'Orléans dans l'arène, salua l'avènement de la brochure dans un mandement qui n'était lui-même qu'une brochure politique : « S'agit-il de populariser « une idée quelconque, une entreprise quelconque, les tuteurs d'office « et les conseillers établis de la multitude s'avancent sur la scène... La « brochure est annoncée plusieurs jours à l'avance; les mieux instruits « ont chuchoté à demi-voix des confidences mystérieuses; au signal « donné, toutes les trompettes de la renommée sonnent à la fois, l'or- « chestre est au grand complet, l'écrit fait fureur : il circule en France, « à l'étranger, non sans quelques privilèges; une entente habile s'est « établie entre la presse dite conservatrice et la presse dite de l'opposi- « tion, entre la presse de la capitale et des provinces et la presse étran- « gère; quelques critiques timides, quelques réserves calculées se mêlent « à l'éloge, le concert n'a qu'à gagner à cette variété de tons et de mo- « dulations. En définitive, le tour est fait. »

Ces derniers mots, d'un style un peu familier, étaient suivis d'une comparaison assez juste entre ces brochures et le chloroforme : « C'est « à l'aide du vaste appareil de la presse périodique, moyennant l'inhala- « tion artistement pratiquée de certaines vapeurs éthérées et stupé- « fiantes, qu'on parvient à se rendre maître du cerveau d'une nation « entière et qu'on parvient à l'endormissement si complet de ses facultés, « qu'elle ne verra qu'images heureuses, que rêves dorés, tandis qu'on « lui amputera sa religion, sa foi, son honneur. » Si le prélat eût ajouté le mot de liberté, sa comparaison eût été plus vraie.

Mgr Pie, après avoir refait dans son mandement l'histoire de Pilate, « qui pouvait tout empêcher et qui laissa tout faire, » s'écriait : « Lave « tes mains, ô Pilate! la postérité repousse ta justification, un homme « figure cloué au pilori du symbole catholique, marqué du stigmate déi- « cide; ce n'est ni Hérode, ni Caïphe, ni Judas : c'est Ponce-Pilate, et « cela est justice ; Hérode, Caïphe, Judas ont eu leur part dans le

« crime, mais enfin rien n'eût abouti sans Pilate. Pilate pouvait sauver le
« Christ, et sans Pilate on ne pouvait pas mettre le Christ à mort. Le
« signal ne pouvait venir que de lui : *Nobis non licet interficere,*
« disaient les Juifs. » Mgr Pie n'avait besoin d'apprendre à ses lecteurs
à qui faisait allusion cette réminiscence de Pilate.

L'allusion était flagrante, et la publicité de ce mandement sous forme
de brochure ainsi que sa reproduction dans les journaux auraient pu,
selon M. de Persigny, donner lieu à une répression judiciaire, et son
intention, écrit-il aux préfets, était de la demander aux tribunaux; mais il
avait pensé « qu'il serait contraire aux intérêts du gouvernement de dérober
de pareils excès au jugement de l'opinion publique ». La lettre du ministre
de l'intérieur se terminait ainsi : « Je n'ai donc voulu prendre aucune
« mesure pour empêcher la publication d'un document où se révèle avec
« tant d'audace la pensée d'un parti qui, sous le voile de la religion, n'a
« d'autre but que de s'attaquer à l'élu du peuple français. » Le ministre
des cultes, pour rester d'accord avec son collègue de l'intérieur, aurait
dû se dispenser de déférer l'évêque de Poitiers comme d'abus au Conseil
d'État, juridiction impuissante, qu'il était ridicule d'invoquer contre l'auteur d'un mandement dans lequel le ministre relevait les délits suivants :
« ingérence dans la critique des actes du gouvernement, offenses à la
personne de l'Empereur, contravention aux lois de l'Empire, procédés
pouvant alarmer la conscience des citoyens. »

Un procès destiné à jeter une lueur alarmante sur les procédés du
prosélytisme religieux détourna un moment l'attention publique de ces
querelles entre l'épiscopat et le gouvernement.

Un instituteur israélite, Jacob Bluth, et sa femme avaient huit enfants,
dont cinq filles; l'aînée, née en 1825, vint à Paris pour se placer comme
institutrice. Un de ses compatriotes à qui elle était recommandée la mit
en communication avec l'abbé Ratisbonne, israélite converti, directeur de
la maison de Sion, destinée à recevoir les néophytes israélites. La jeune
fille, admise dans cette maison et catéchisée avec persévérance, finit par
abjurer le judaïsme et par recevoir le baptême chrétien sous le nom de
Marie Sionna. La nouvelle convertie attira successivement dans la maison
de Sion une de ses sœurs et son père, et plus tard trois autres de ses
sœurs; tous reçurent le baptême des mains de l'abbé Ratisbonne.

Sionna, placée après sa conversion comme institutrice dans une maison
de Cambrai, y fit la connaissance d'un chanoine de l'église métropolitaine
nommé Mallet. Sionna avait un frère qu'elle tenait à convertir : ses efforts

Fig. 40. — L'Empire sévit de la façon la plus odieuse contre la presse même la plus modérée.

et ceux du chanoine triomphèrent de la résistance de celui-ci ; restaient la mère et les jeunes sœurs de Sionna ; Mme Bluth, pour se soustraire aux obsessions de sa fille aînée, partit pour Londres. Mais bientôt, lasse de sa solitude, elle revint à Cambrai, où elle trouva Sionna installée chez le chanoine avec une de ses sœurs, et ses autres filles placées dans divers couvents. L'une d'elles, cachée successivement dans diverses maisons religieuses de Douai et d'Ams en Belgique, sous un faux nom, y recevait les visites fréquentes du chanoine Mallet qui, pour dépister les recherches de Mme Bluth, dictait à sa fille des lettres destinées à lui faire croire qu'elle était à Jérusalem. L'abbé Ratisbonne, complice de ces manœuvres, se chargeait de faire mettre ces lettres à la poste à Alexandrie. La justice, sur la plainte de Mme Bluth, ne put se refuser, dans l'intérêt des familles et de la morale publique, à des investigations dont le résultat fut la comparution de Mallet devant la cour d'assises du Nord, sous l'accusation de détournement de mineures.

Les débats du procès produisirent une très vive impression sur l'opinion publique, en lui révélant les tristes pratiques du prosélytisme religieux tel que le clergé semblait le comprendre et le pratiquer. Si l'homme qui croit avoir la vérité a le droit et le devoir de l'exposer publiquement, le prosélytisme, au delà de cette limite, devient un attentat à la liberté de conscience, et une excitation à l'oubli de toute morale. Le prosélytisme s'excuse quand il est ennobli par le danger ; mais ce cauteleux prosélytisme, qui s'insinue dans les familles, qui s'adresse surtout aux femmes, qui ne craint pas d'exciter les instincts de cupidité et qui, en un mot, achète des âmes, mérite le mépris des honnêtes gens : L'abbé Ratisbonne, qui avait joué un rôle important dans cette triste affaire, parut devant la Cour en témoin, mais en témoin moralement incriminé. Il ne sembla nullement embarrassé de sa situation, et il soutint que le prosélytisme est un droit supérieur à la justice et que la loi humaine doit céder à la loi religieuse. Cette doctrine, en vertu de laquelle le pape avait baptisé le jeune Mortara, parut d'autant plus menaçante que, de l'aveu d'un témoin, il existait en France une association de conversion possédant 130 maisons et comptant 30 000 mères de familles parmi ses affiliées. Le prosélytisme s'opérait donc sur la plus vaste échelle et se dérobait à toute surveillance en faisant passer les enfants convertis de l'une à l'autre de ces mystérieuses maisons. Mallet fut condamné le 3 mars[1] à six années

---

[1]. La Cour de cassation ayant admis le pourvoi de l'abbé Mallet, la Cour d'assises de la Somme réduisit sa peine à cinq années d'emprisonnement.

de réclusion, maximum de la peine portée par la loi. La foule, indignée, le poursuivit de ses huées quand il passa pour retourner en prison.

Le nombre de plus en plus grand des mandements, qui n'étaient que des pamphlets politiques, obligea le garde des sceaux, M. Delangle, à lancer le 10 avril 1861 une circulaire pour rappeler aux membres du clergé catholique, qui verbalement ou par écrit traitent, publiquement et dans l'exercice de leurs fonctions, de matières que la loi leur interdit de discuter, que ces abus sont prévus par les lois et qu'il les réprimera. « S'il ne l'a pas fait jusqu'ici, c'est que l'attitude du clergé a été jusqu'à « présent respectueuse et réservée, et que le gouvernement, dans son « indulgence, a mieux aimé tolérer des écarts isolés que de poursuivre « devant les tribunaux, au détriment peut-être de la religion elle-même, « des prêtres imprudents. »

Le cardinal Mathieu protesta dans la séance du Sénat du 31 mai 1861 contre cette circulaire; mais ce qui toucha l'épiscopat bien plus que les menaces de M. Delangle, ce fut de voir des ecclésiastiques cités directement à la barre de l'administration, sans informations préalables auprès de leurs supérieurs, en vertu de ce qu'on appelle en langage canonique un *veniat ad audiendum verbum,* et soumis comme de simples journalistes à la discipline secrète des préfets. Le pire, c'est que l'administration se permettait de suspendre les traitements. L'épiscopat fit entendre à ce sujet des plaintes fort vives, que les cardinaux portèrent au Sénat. L'orateur du gouvernement leur répondit que, du mois de janvier au mois de mai 1861, les procureurs généraux avaient pu constater plus de cent faits pouvant donner lieu à des poursuites contre des prêtres, que les évêques comparaient le souverain qui a le plus comblé l'Église de bienfaits à Pilate et à Judas, et que par conséquent le clergé opposant était mal fondé à se plaindre de ce que le gouvernement aime mieux agir sur lui « par la voie des conversations amicales que par la voie judiciaire [1]. »

L'hostilité de l'épiscopat était si vive que le gouvernement en vint à se demander s'il pouvait compter sur le dévouement des fonctionnaires qui entretenaient des rapports étroits avec certains évêques. Les préfets furent chargés de les mettre en demeure d'opter entre ces relations et leurs places. Le préfet du Loiret écrivit à ce sujet cette lettre curieuse aux fonctionnaires de son département :

---

1. Billault, séance du Sénat du 13 juin 1861.

« Monsieur X...,

« J'ai l'honneur d'appeler confidentiellement votre attention sur la nature des relations des fonctionnaires publics avec le chef du diocèse de ce département.

« Pour quiconque s'inspire, dans l'observation des faits, d'un réel dévouement à l'Empereur, l'attitude de l'évêque d'Orléans apparaît avec les caractères de la plus claire évidence comme empreinte d'une hostilité politique qui ne laisse plus aucune trace aux illusions pouvant naître de la complexité des questions où ce prélat a cru devoir intervenir.

« S'il s'agissait simplement de discussions religieuses, tout le monde sait de quelle entière liberté de publicité elles sont entourées et de quelle indépendance d'appréciation chacun jouit à leur égard.

« Mais lorsque, se plaçant sur le terrain des questions politiques, un évêque offre un drapeau aux ennemis du gouvernement auquel il doit son siège et toutes les prérogatives qui s'y rattachent, le sentiment du devoir l'emporte pour nous sur toute autre considération et nous dicte une attitude nouvelle.

« Je sais, monsieur X..., que la plupart des fonctionnaires ont déjà compris ainsi leur ligne de conduite en présence des démarches et des invitations dont ils ont été l'objet de la part de l'évêché. Mais je crois savoir aussi que quelques-uns ayant d'anciens rapports avec le prélat hésitent à se séparer de lui.

« S'il en est ainsi, il nous appartient de leur rappeler que le gouvernement de l'Empereur compte sur leur dévouement exclusif et ne saurait dans le cas actuel admettre de semblables hésitations, jusqu'au jour où l'évêque d'Orléans, en cessant ses hostilités, nous aura permis de reprendre des rapports dont ses actes seuls ont amené la rupture.

« Je vous prie, monsieur X..., d'assurer, en ce qui vous concerne, l'exécution de la présente dépêche et de m'en accuser réception.

« Agréez, etc.

« *Le préfet du Loiret,*
« Le Provost de Launay. »

Le gouvernement, malgré son apparente sévérité, n'en cherchait pas moins à adoucir le clergé par des concessions secrètes. Une actrice du Théâtre-Français, de passage à Lyon, crut qu'il lui serait permis de se faire applaudir du parterre de cette ville dans le rôle d'Elmire de *Tartufe*. La représentation, plusieurs fois annoncée et sans cesse remise, ne devait pas avoir lieu par suite, assuraient plusieurs personnes, des sollicitations du cardinal-archevêque de Lyon auprès du ministre d'État. Les journaux demandèrent une explication. Le *Moniteur* leur répondit par cette note ambiguë : « Un journal de Lyon a prétendu, et plusieurs journaux de « Paris l'ont répété, que la représentation de *Tartufe* avait été interdite « à Lyon par le ministre d'État. Cette nouvelle est dénuée de fondement. « Le ministre d'État n'a pris à cet égard aucune disposition. »

Une brochure sortie, comme *le Pape et le Congrès*, du cabinet de l'Empereur, *la France, Rome et l'Italie*, contenait contre les associations religieuses de bienfaisance, des insinuations que les journaux anticléricaux ne tardèrent pas à préciser. Les ennemis de la révolution cherchaient depuis longtemps quelle forme ils donneraient à la réaction. Prendrait-elle son point d'appui dans la noblesse? Elle n'existe que de nom. Dans la bourgeoisie? Elle est encore trop voltairienne. Dans le peuple? Il redoute trop l'ancien régime. Il ne restait donc plus que cette force qui s'exerce sur toutes les classes de la société sans les dominer exclusivement, qui agit sur celui-ci par le sentiment, sur celui-là par l'intérêt, sur un autre par le préjugé, un peu sur tout le monde par l'habitude, la force religieuse en un mot. C'est donc Rome qui fait mouvoir les ressorts de ces innombrables associations religieuses qui forment la milice de la contre-révolution. En vertu de quel droit ces diverses Sociétés existent-elles, surtout une Société comme celle de Saint-Vincent de Paul, couvrant la France du réseau le plus puissant qu'on ait vu depuis la Ligue, la Société des Jacobins et la fameuse association connue sous la Restauration sous le nom de *congrégation?*

Les cléricaux répondaient que lorsqu'Ozanam fonda, en 1833, la Société de Saint-Vincent de Paul, sa pensée consistait non pas seulement à soulager les pauvres par des aumônes, mais encore à créer entre les personnes charitables et les malheureux ces rapports qui doublent l'efficacité de l'aumône en soignant l'âme avec le corps. Empêcher la Société de Saint-Vincent de Paul de remplir cette mission, n'est-ce point méconnaître le plus sacré des devoirs, celui de secourir ses semblables?

Les journaux libres penseurs étaient loin de contester aux catholiques le droit de s'associer pour remplir ce devoir; ils demandaient seulement à le partager avec eux. S'il existait, disaient-ils, en France une société de bienfaisance placée sous l'invocation de Voltaire, ayant partout un comité, se réunissant à la mairie, présidée par le maire, investie du droit de faire des quêtes, d'avoir des caisses particulières et une caisse centrale, de tenir des conférences, les catholiques ne s'empresseraient-ils pas de solliciter l'autorisation de fonder une société pareille? Les libres penseurs ne demandaient pas autre chose; le droit commun, voilà ce qu'ils réclamaient. Qu'il nous soit permis, ajoutaient-ils, de nous associer, ou qu'on le défende à tout le monde. — Mais, se hâtaient de répliquer leurs adversaires, les loges maçonniques, les journaux existent, comme les sociétés religieuses, en vertu d'un privilège; trouveriez-vous bon qu'on exigeât leur suppression? — Non, ripostaient les libres penseurs à leur tour; l'action de chaque loge et de chaque journal reste isolée, et le gouvernement ne tolérerait pas qu'une vingtaine de loges maçonniques et les représentants d'une vingtaine de journaux se réunissent pour s'occuper de matières relatives à la franc-maçonnerie ou pour faire entendre de menaçantes plaintes sur l'esclavage de la presse. Les journaux, cela est triste, existent en vertu d'un privilège dont il faut demander la suppression ; mais le gouvernement, en attendant, n'accorde pas à tel journal, au *Siècle* par exemple, la liberté de ne pas payer l'impôt du timbre acquitté par les autres journaux. Quand la liberté pour tous n'existe pas, la liberté de quelques-uns est la pire des tyrannies. »

Le gouvernement, en lutte ouverte avec une partie du clergé, s'alarmait, surtout en prévision du renouvellement prochain du Corps législatif, du succès des associations religieuses de bienfaisance, de l'organisation habile de ces sociétés, du nombre de jour en jour plus considérable de leurs adhérents : il y avait là une force qu'il fallait non seulement empêcher de tourner contre soi, mais encore s'approprier, si c'était possible. Il cherchait donc depuis longtemps un prétexte pour intervenir dans l'administration des sociétés de bienfaisance ; il le trouva dans la réunion générale des conférences de la Société de Saint-Vincent de Paul de la région de l'Ouest, qui eut lieu, le 22 septembre 1861, à Lusignan, et où l'on prononça des discours qui témoignent d'une grande exaltation des esprits. « Ne craignez pas d'avouer que vous êtes enfants de Dieu, s'écriait l'évê-
« que d'Angoulême ; nous ne devons pas craindre Judas, mais nous
« devons craindre Jésus-Christ. Et vous, vaillants soldats de Saint-Vin-
« cent de Paul, serrez vos bataillons... » Le curé de Coulommiers terminait ainsi son discours : « On nous dit : Mais la religion n'est point me-
« nacée. Et moi, je soutiens que la religion est menacée, elle est en danger
« de périr, et c'est vous, vaillants soldats de Saint-Vincent de Paul, qui
« avez reçu mission de la secourir et de l'empêcher de crouler, noble et
« sainte mission remplie de dangers dans ce temps de persécution. »

Les journaux relevèrent avec vivacité ces paroles imprudentes, et M. de Persigny, se sentant soutenu, jugea le moment favorable pour adresser, le 16 octobre, aux préfets, une circulaire sur la « nécessité de faire rentrer
« dans les conditions de la loi les associations de bienfaisance dont l'exis-
« tence et l'action n'ont point été régulièrement autorisées, et de mettre
« un terme à une situation dont le temps n'a fait qu'aggraver les inconvé-
« nients. » M. de Persigny voulait bien cependant reconnaître que ces sociétés de bienfaisance, autorisées ou non, méritaient l'intérêt du gouvernement par les bienfaits qu'elles répandent sur le pays, « soit qu'elles
« revêtent un caractère religieux, comme les sociétés de Saint-Vincent de

« Paul, de Saint-François Régis, de Saint-François de Sales, soit qu'elles
« aient une organisation purement philanthropique, comme la franc-ma-
« çonnerie. » La circulaire, non contente d'assimiler, au grand scandale
des catholiques, Saint-Vincent de Paul au Grand-Orient, faisait un grand
éloge de la charité et du patriotisme des quatre cent soixante-dix groupes
ou ateliers de la franc-maçonnerie, et déclarait qu'il ne « pouvait être
qu'avantageux d'autoriser et de reconnaître son existence ».

Le ministre ne s'attaquait pas directement à la Société de Saint-Vincent
de Paul et aux autres sociétés du même genre, dont « l'esprit paraît en
« lui-même étranger aux préoccupations politiques, — car, formées
« d'hommes religieux appartenant indistinctement à toutes les opinions,
« elles comptent dans leur sein un grand nombre de fonctionnaires et
« d'amis du gouvernement; » mais il s'élevait contre « ces conseils ou
« comités provinciaux qui, sous l'apparence d'encourager les efforts par-
« ticuliers des diverses conférences, s'emparent chaque jour davantage
« de leur direction, les dépouillent du droit de choisir elles-mêmes leurs
« présidents et leurs dignitaires, et s'imposent ainsi à toutes les sociétés
« d'une province comme pour les faire servir d'instrument à une pensée
« étrangère à la bienfaisance. » Le ministre terminait sa circulaire en
déclarant que le gouvernement ne pouvait plus longtemps tolérer l'existence, à Paris, d'un conseil supérieur « qui, sans être nommé par les
« sociétés locales, se recrutant de lui-même, s'arroge le droit de les gou-
« verner pour en faire une sorte d'association occulte dont il étend les
« ramifications au delà des frontières de la France, et qui prélève sur les
« conférences un budget dont l'emploi reste inconnu. »

La circulaire, ne pouvant expliquer une telle organisation par l'intérêt
seul de la charité, se demandait quel besoin les personnes charitables de
Lyon, de Marseille, de Bordeaux, avaient d'être dirigées par un comité
de Paris, et s'il était nécessaire que la charité chrétienne, pour s'exercer,
prît la forme d'une société secrète. La loi interdit ces associations. Les
préfets n'autoriseront en conséquence que les sociétés religieuses de bienfaisance et de maçonnerie, en général, qui auront rempli les formalités
légales. Quant à la Société de Saint-Vincent de Paul en particulier, si
les délégués des conférences d'une seule ville veulent se réunir, le préfet
leur en donnera la permission, et, si ces conférences expriment le désir
d'avoir à Paris une représentation centrale, le préfet transmettra l'expression de leurs vœux au ministre, qui, après avoir pris les ordres de
l'Empereur, décidera d'après quels principes et sur quelles bases aura

Fig. 41. — Le journal l'*Orléanais* est la première victime de l'administration en 1862.

lieu l'organisation de cette représentation centrale. Les réunions de tout conseil supérieur central ou provincial étaient interdites jusque-là.

Organiser la représentation centrale de la Société de Saint-Vincent de Paul, c'était s'emparer de la direction de la Société elle-même. Les membres du comité supérieur et les journaux religieux ne s'y trompèrent pas et firent entendre les protestations les plus vives. M. de La Rochejacquelein voulut s'interposer entre les deux partis ; mais, sous le voile de la conciliation, il cachait une proposition dont l'adoption eût été la consécration des projets d'envahissement du gouvernement et qui consistait à déclarer que l'Empereur était désormais le « protecteur » de toutes les sociétés de bienfaisance. Le projet du gouvernement, beaucoup plus simple, consistait à s'attribuer le droit de désigner le président de la Société de Saint-Vincent de Paul.

Deux procès où l'intérêt religieux était en jeu éclatèrent au moment le plus vif de cette discussion, dont on lira bientôt le dénouement. Le Tribunal correctionnal de Laval condamna Louis Gicquel, le prétendu mort de Castelfidardo dont l'évêque de Poitiers avait si éloquemment célébré le dévouement et la fin héroïque, à quinze mois de prison pour diverses escroqueries. Le ministère public opposa sa biographie véritable à son oraison funèbre avec une malice qui ne dut point échapper à Mgr Pie. L'autre procès, d'une nature plus grave, fut jugé devant les assises de la Cour de Riom et ranima les alarmes publiques sur les dangers du prosélytisme religieux.

Il s'agissait encore d'une jeune juive orpheline, Sarah Mayer, que ses parents s'efforçaient vainement de tirer du couvent des Carmélites de Riom ; où des amis à qui ils l'avaient confiée, enflammés du désir de la convertir au catholicisme, l'avaient fait entrer. Le dépôt était dangereux à garder. La sous-prieure des Carmélites avait sa mère à Tours (Puy-de-Dôme) ; elle lui adressa l'orpheline vêtue en veuve, la chargeant de la garder chez elle jusqu'à ce qu'on lui eût trouvé un autre asile chez les dames de Bon-Secours à Riom, où on lui accorda l'hospitalité comme à une jeune fille malade et abandonnée par ses parents. Elle était déguisée cette fois en bergère.

Les parents de Sarah Mayer se livraient cependant à d'actives recherches, et, pour les déjouer, les convertisseurs avaient recours à des manœuvres auxquelles se trouvaient mêlés plusieurs ecclésiastiques. Des lettres mises à la poste par des complices dans des localités diverses servaient à dépister les parents. La justice, saisie de leurs plaintes, fit enfin commencer les perquisitions : le couvent de Bon-Secours fut fouillé, mais inutilement ; la néophyte était cachée dans un placard. Les recherches pouvaient se renouveler, et, la supérieure ne voulant pas garder plus longtemps une hôtesse dangereuse, celle-ci court de cachette en cachette, déguisée tantôt en vieille, tantôt en homme un cigare à la bouche, jusqu'à ce qu'elle trouve un refuge chez une carmélite du tiers-ordre. Là, elle écrit sous sa dictée une lettre au procureur impérial, pour lui déclarer sa résolution irrévocable de se faire chrétienne et de ne plus revoir des parents qui, « après l'avoir abandonnée, la réservaient à la prostitution ».

Une dame d'origine anglaise, connue par sa piété et par sa fortune, consentit à se charger de l'orpheline ; elle la mit au couvent de Combronde sous un faux nom, puis à Paris, au couvent de Sainte-Marie de Sion, dirigé, comme on l'a vu, par l'abbé Ratisbonne ; Sarah Mayer y prit le nom de Marie de la Croix. Son séjour n'y fut pas cependant de longue durée ; l'abbé Ratisbonne, averti par l'affaire du chanoine Mallet, fit mander à la dame anglaise d'avoir à retirer la juive compromettante ; elle fut remise à ses parents à Auxerre. Les convertisseurs n'en furent pas moins traduits devant la Cour d'assises de Riom.

L'abbé Ratisbonne comparut de nouveau comme témoin à Riom et développa avec la même assurance les arguments exposés par lui à Cambrai pour justifier sa conduite. Il prétendit en outre avoir toujours été dans l'ignorance la plus complète relativement aux recherches de la justice ; le président lui en ayant témoigné sa surprise, attendu qu'un abbé, son secrétaire, lui avait fait remarquer que l'admission de la néophyte était contraire à la loi, l'abbé Ratisbonne répondit fièrement que ce prêtre, étant son inférieur, ne se serait pas permis de lui faire la moindre observation. Si, ajouta-t-il, Sarah Mayer était restée pendant cinq mois à Sainte-Marie de Sion, quoiqu'il n'eût, dit-il, aucune confiance dans son caractère, c'était par pure charité ; le président lui ayant fait remarquer que ses appréciations sur la jeune fille étaient en contradiction avec celles d'autres témoins, l'abbé Ratisbonne répliqua d'un ton dégagé qu'elles étaient superficielles en effet et qu'il n'y tenait pas autrement. Ainsi un prêtre certifiait la conversion d'une jeune fille dont le caractère ne lui inspirait aucune confiance ou dont il n'avait même pas étudié le caractère. Une triste dispute s'éleva entre l'abbé Ratisbonne et le frère de la juive, qu'il accusa d'avoir voulu spéculer sur le scandale en lui demandant sa sœur. Les accusés ne craignirent pas d'ajouter que la sœur était la complice du frère. Telle est, en effet, la tactique ordinaire de ces convertisseurs : après avoir cherché à excuser l'ardeur de leur prosélytisme par la ferveur et la bonne foi du prosélyte lui-même, ils n'hésitent pas, si le prosélyte faiblit et si leur intérêt l'exige, à l'accuser de mensonge et de duplicité. La justice acquitta les accusés, en accordant 3000 francs de dommages-intérêts à la partie civile.

Les craintes des amis de la liberté de conscience, déjà fort excitées par le procès du chanoine Mallet, s'accrurent encore par les débats de cette affaire. La persistance mise à soustraire une mineure aux recherches de ses parents, et la facilité à la cacher, grâce à la complicité des prêtres et des supérieures du couvent, n'avaient rien en effet de rassurant pour les familles. Le ministre des cultes, voulant calmer l'opinion publique, adressa une circulaire aux préfets pour les engager à surveiller rigoureusement le prosélytisme religieux à l'égard des enfants mineurs ; il fit même fermer quelques maisons religieuses, malgré les protestations des évêques diocésains.

L'agitation religieuse du XVI° siècle agrandit les esprits, régénéra les cœurs et prépara les fortes croyances du siècle suivant ; les querelles incessantes entre le clergé et le gouvernement, tantôt sur la question de savoir si les filles du Saint-Esprit ou de tout autre ordre du même genre avaient le droit de distribuer des préparations pharmaceutiques aux malades pauvres et d'en vendre aux autres, tantôt sur l'oubli dans lequel tombaient fréquemment certains prêtres au sujet du *Domine salvum fac Imperatorem,* abaissaient les questions religieuses au niveau de vulgaires taquineries. Mgr Dupanloup, évêque d'Orléans, avait beau s'écrier, dans sa réponse à la brochure de M. de La Guéronnière : « Cinq cents évêques qui dans le monde entier hier ont fait entendre leur voix pour le pape recueilleraient encore au besoin l'antique denier de Saint-Pierre, et le monde catholique lui donnerait même des soldats s'il le fallait. » Ou bien : « Croyez-vous donc que le sang chrétien ait oublié de couler dans nos veines, et que nos cœurs ne battent plus dans nos poitrines? Prenez-y-garde, vous finiriez par nous blesser. » On sentait qu'en s'efforçant de paraître menaçant il n'était que fanfaron. Le temps des grandes luttes religieuses était passé. Des querelles administratives comme celle que vint raviver une lettre de M. Baudon, président général de la Société de Saint-Vincent de Paul, les remplaçaient depuis longtemps. M. Baudon avait adressé, dans les premiers jours de l'année 1862, aux présidents des conférences, une lettre pour leur annoncer que le conseil se trouvant empêché, et l'unité de la Société ne reposant plus que sur sa tête, il se voyait obligé de prendre des précautions pour le cas où, soit par force majeure, soit par maladie ou mort, cette unité n'existerait plus, et de déléguer ses pouvoirs aux trois présidents de Bruxelles, de La Haye et de Cologne, qui, s'il venait à mourir, feraient élire un président général. « Une telle mesure, ajoutait-il, aura pour effet, j'espère, de sauvegarder l'unité de la Société. S'il plaît à Dieu de lui faire subir une crise nouvelle, elle doit rassurer les conférences hors de France, puisqu'elle leur prouve que, si je meurs, l'unité et la direction de la Société ne doivent pas souffrir. »

Les conférences consultées, suivant les prescriptions de la circulaire de M. de Persigny, pour savoir si elles voulaient être reliées entre elles par un conseil central ayant pour président un haut dignitaire de l'Église nommé par l'Empereur [1], ou si elles aimaient mieux fonctionner isolément, repoussèrent, à la majorité de 770 contre 88, la création d'un conseil central présidé par un prélat qui ne serait en réalité qu'un fonctionnaire de l'Empire. Restait la triple présidence organisée par M. Baudon. M. de Persigny s'était empressé de mander aux préfets que les conférences, en se soumettant au comité de trois membres étrangers institué par M. Baudon, commettraient une infraction aux lois du pays que le gouvernement ne saurait tolérer. M. Baudon finit par déclarer que sa lettre concernait uniquement les conférences étrangères, et que les conférences françaises étaient résignées à remplir isolément leur mission de charité. Ainsi se termina cette lutte, dans laquelle la Société de Saint-Vincent de Paul expia le tort d'avoir à sa tête les notabilités du parti légitimiste et clérical, dont le gouvernement se méfiait et dont il redoutait l'action sur les populations.

Le gouvernement ne tarda pas à être en proie à d'autres alarmes. Le cardinal Caterini, préfet de la congrégation du concile, avait engagé, dans une lettre écrite le 29 mars au nom du Saint-Père, les évêques de la catholicité à se rendre à Rome le jour de la Pentecôte pour assister à la canonisation des martyrs du Japon. Cette lettre, publiée en France sans avoir été communiquée au ministre des cultes, devint le sujet d'une demande d'explication à laquelle le secrétaire d'État du Saint-Siège répondit qu'il ne s'agissait que d'une simple invitation sans caractère

---

[1]. Le cardinal Donnet, archevêque de Bordeaux, était désigné d'avance pour remplir ces fonctions.

obligatoire, n'entraînant pas l'observation des formalités ordinaires. Le gouvernement n'en témoigna pas moins son mécontentement public aux évêques, qui ne devraient, dit le ministre des cultes, quitter leur diocèse et s'éloigner du territoire que dans le cas où de graves intérêts les appelleraient à Rome. Ces intérêts existaient aux yeux d'un grand nombre de catholiques, surtout de ceux qui se flattaient de l'espoir que la convocation des évêques n'était que le prélude de la convocation d'un concile œcuménique pour régler les affaires de l'Église, satisfaire à des besoins nouveaux, modifier la discipline dans ce qui peut être modifié, et promulguer des règlements en harmonie avec les nécessités présentes. La papauté, selon ces catholiques, a un caractère trop italien et pas assez universel; ses conseillers sont tous ou presque tous Italiens; le moment ne serait-il pas venu de faire, dans le sacré collège et dans les congrégations chargées de régler les affaires ecclésiastiques, une plus large part aux autres pays? Un gouvernement trop personnel est aussi nuisible aux intérêts religieux qu'aux intérêts politiques. La convocation d'un concile œcuménique était en effet dans la volonté du pape : il l'annonça officiellement aux évêques réunis à Rome le 9 juin. Mais la pensée qui devait y présider s'éloignait singulièrement des espérances dont se berçaient certains catholiques de France.

L'État doit-il, comme le veulent les ultramontains, renoncer à tout enseignement et se borner à garantir la liberté des citoyens, qui n'ont rien à lui demander de plus que le plein et libre exercice de leurs forces et de leurs facultés; ou bien usera-t-il de la faculté que les gallicans lui laissent d'enseigner, à la condition que son enseignement soit rigoureusement orthodoxe? L'Église, dans ses rapports avec l'État, a toujours flotté jusqu'ici entre ces deux systèmes, et l'État, en n'osant ni affirmer son indépendance ni se résigner au joug, penche tantôt d'un côté, tantôt de l'autre, au gré de ses intérêts; les deux puissances s'observent donc sans cesse sur ce terrain, et l'enseignement est l'objet de la surveillance incessante des journaux religieux, quelle que soit leur nuance. L'*Ami de la religion*, ayant lu dans une feuille de Bruxelles que « l'antique chaire d'hébreu du Collège de France » allait être transformée en une chaire de linguistique comparée, jeta le cri d'alarme. « L'État, qui doit professer le respect de la religion, peut-il accréditer, par la mesure projetée, des théories subversives de toutes les religions? » La grammaire comparée effrayait moins l'*Ami de la religion* que le nom du savant chargé de la professer. M. Renan en effet, destiné d'abord à l'éclat ecclésiastique, qu'il avait abandonné pour se livrer tout entier à la science, ne se recommandait guère par ses antécédents à la confiance des catholiques, et, comme il avait suffi plus d'une fois de quelques mots de blâme d'un journal religieux pour faire annuler une mesure du gouvernement, le public se demandait si la presse cléricale serait assez forte cette fois pour empêcher la nomination du professeur de linguistique comparée. Un décret du 10 janvier, précédé d'un rapport de M. Rouland, prouva le contraire. Les catholiques furieux se rendirent le 24 février à l'ouverture du cours de M. Renan, dans l'espoir de trouver dans son discours quelque passage sentant l'hérésie; leur espoir ne fut pas tout à fait trompé. Le professeur sembla trahir une espèce d'arianisme dans un passage de son discours où il désignait Jésus-Christ par ces mots : « Un homme incomparable, si grand que, bien qu'ici tout doive être jugé au point de vue de la science positive, je ne voudrais pas contredire ceux qui, frappés du caractère exceptionnel de son œuvre, l'appellent *Dieu*. » Les catholiques, indignés, protestèrent aussitôt contre l'expression un *homme incomparable*, dont pourtant les apôtres se servent eux-mêmes pour désigner Jésus-Christ. M. Rouland, cédant à leurs clameurs appuyées par l'Impératrice, suspendit, le 26 février, le cours de M. Renan, par un arrêt motivé sur le discours d'ouverture dans lequel « le professeur « a exposé des doctrines qui blessent les croyances chrétiennes et qui « peuvent entraîner des agitations regrettables ».

Les journaux libéraux s'élevèrent à leur tour avec beaucoup de force contre cette suspension. Le *Constitutionnel*, pour la justifier, laissait entrevoir que le gouvernement n'avait consenti à la nomination du professeur suspendu qu'en échange de certains engagements pris par lui. M. Renan répondit nettement à ces insinuations : « M. le ministre de l'instruction publique connaissait trop bien mon caractère pour croire que je pusse accepter aucune condition. »

Le gouvernement au fond n'était pas fâché de ces querelles, qui détournaient les esprits de préoccupations plus graves, et malheureusement le clergé semblait rechercher avec avidité toutes les occasions de renouveler ces petites agitations.

Le parlement et les capitouls de Toulouse, désirant perpétuer la mémoire de la lutte sanglante engagée entre les catholiques et les protestants, le 16 mai 1562, et terminée par le massacre de ces derniers, avaient institué une procession annuelle, connue sous le nom de *délivrance de la ville*; un jubilé séculaire fondé par le pape augmentait

Fig. 42. — Louis Gicquel, le prétendu martyr de Castelfidardo, lit son oraison funèbre prononcé par Mgr Pie (page 293).

l'importance de cette commémoration. L'archevêque de Toulouse annonça l'intention de célébrer avec éclat, l'anniversaire séculaire d'un jour « qui rappelle en même temps la bonté de Dieu et l'intercession de ses saints. Toulouse ne saurait manquer au devoir que lui impose son histoire. »

Les catholiques modérés ne voyaient pas sans tristesse et sans inquiétude, le clergé faire appel à ces vieux souvenirs des guerres religieuses, dont les ultramontains semblaient parfois appeler le retour. Le mandement de l'archevêque de Toulouse sur le jubilé de 1562, fut considéré par les feuilles anti-cléricales comme un défi. L'autorité civile n'a point, disaient-elles avec raison, à intervenir dans l'établissement de nouvelles fêtes religieuses; mais l'autorité ecclésiastique doit se concerter avec elle, toutes les fois qu'il s'agit d'organiser une cérémonie publique. Si l'archevêque de Toulouse avait proposé au préfet de la Haute-Garonne et au maire de Toulouse de s'entendre avec lui au sujet de la procession, ces fonctionnaires n'auraient pas manqué de lui rappeler l'article 45 de la loi du 18 germinal an X, portant qu'aucune cérémonie religieuse n'aura lieu hors des édifices du culte catholique dans les villes où il y a des temples destinés aux différents cultes. Est-il bon d'ailleurs de perpétuer la tradition des guerres religieuses qui ont ensanglanté notre pays, et le véritable sentiment chrétien ne les condamne-t-il pas à l'oubli? Le gouvernement se prononça en faveur de cette opinion, en interdisant toutes les processions ou cérémonies extérieures relatives à la célébration du jubilé toulousain.

Le cardinal Morlot, archevêque de Paris, sénateur, membre du conseil privé, grand aumônier de l'Empereur, primicier du chapitre impérial de Saint-Denis, était mort le 29 décembre 1862[1]. Il laissait une succession difficile à remplir, car il fallait un prêtre dévoué et exempt des passions ultramontaines, un prêtre « sachant », selon l'expression de M. Rouland, « être fidèle à Dieu, au Saint-Père et à l'Empereur ». Le pape ne montrait pas une bien grande tendresse à cette sorte de prêtre respectueux des libertés de l'Église gallicane et des droits du pouvoir civil; l'abbé Maret, doyen de la Faculté de théologie et connu comme gallican, avait été nommé évêque de Vannes; Rome éleva tant de difficultés pour confirmer cette nomination, qu'il dut se contenter d'un évêché *in partibus;* c'est tout ce que le gouvernement put obtenir pour lui. Rome cependant

---

1. Un décret du 10 janvier de l'année suivante appela Mgr Darboy, évêque de Nancy, au siège de Paris.

se montrait quelquefois moins sévère ou plus facile à tromper, si l'on en juge par ce passage d'une lettre de l'évêque de Saint-Brieuc à l'Empereur, pour le remercier de sa nomination : « Les exagérations d'un parti extrême, qui n'a jamais compris ni la France ni la religion, ont fait un mal profond en divisant les esprits et en pervertissant la notion des rapports de l'Église et de l'État, tels que nos grands évêques les ont toujours compris. » Le prélat heureusement « avait foi depuis longtemps en la mission providentielle de l'Empereur, qui a produit de si grandes choses et qui en prépare de non moins grandes pour l'avenir. »

L'Empire et le Sacerdoce, malgré les querelles que nous venons de raconter, vivaient extérieurement en bonne intelligence. C'est à peine si les rapports de la gendarmerie signalaient çà et là quelques propos hostiles et malsonnants tenus par des prêtres en chaire, quelques *Domine salvum fac imperatorem* oubliés, quelques lis en papier blanc glissés parmi les fleurs ornant les reposoirs des processions ou les autels des chapelles de séminaire. Les petits désagréments que ces taquineries pouvaient causer au gouvernement étaient bien compensés par l'avantage qu'il retirait de la division entretenue parmi les amis de la liberté en France à propos de la question romaine. Le gouvernement, trop maître du clergé pour en craindre quelque chose de sérieux, profitait d'une rupture qui rendait impossible l'alliance entre les partis libéraux dans le présent et difficile dans l'avenir. La question du pouvoir temporel, visiblement insoluble dans les circonstances présentes, prolongeait l'existence de l'Empire en détournant les esprits passionnés pour ou contre le maintien de ce pouvoir contraire aux principes de 89, et par cela même condamné à périr dans un avenir plus ou moins prochain, de la revendication de la liberté.

CHAPITRE X

EXPÉDITION DU MEXIQUE (1858-1861)

Le Mexique sous la domination espagnole. — Guerre de l'indépendance. — Défaite des Espagnols. — Empire d'Iturbide. — Sa chute. — Effet des *pronunciamentos*. — Formation du parti libéral. — Lutte entre le parti libéral et le parti clérical. — L'emprunt Jecker. — Le Mexique et Santa-Anna. — Triomphe du parti libéral. — Présidence de Benito Juarez. — La république du Mexique et les puissances. — Le parti monarchique mexicain à l'étranger. — Il entoure l'Empereur et l'Impératrice. — Causes de son succès. — Appui que lui donne M. de Morny. — Les bons Jecker. — M. Dubois de Saligny remplace M. de Gabriac. — Il commence par présenter la réclamation Jecker. — Juarez est obligé de suspendre le payement des recettes des douanes. — L'Espagne, l'Angleterre, la France. — Les États-Unis.

Le Mexique se compose de vingt-quatre États, du district fédéral et d'un territoire, la basse Californie, le tout représentant une superficie cinq fois plus grande que la France. Le plateau que forme la majeure partie du pays s'appuie sur des rochers traversés par de riches filons d'argent, de cuivre, de fer, et n'est exposé qu'à des chaleurs modérées, quoique placé sous la zone torride. Les climats les plus divers, la terre chaude, *tierra caliente*, le pays froid, *tierra fria*, et la terre tempérée, *tierra templada*, se succèdent sur ses pentes. La population du Mexique, qui à la fin du siècle dernier s'élevait à peine à 5 millions d'habitants, est aujourd'hui de 8 millions, sur lesquels les Indiens comptent 4 millions, les métis 3 millions, et les blancs 1 million.

Le Mexique, conquis par Fernand Cortez en 1521, devint une colonie de l'Espagne, c'est-à-dire, selon l'économie politique d'alors, un marché pour les produits de la métropole et un lieu de production réglé sur ses besoins. L'Espagne est de toutes les nations celle qui a usé de l'ancien système colonial avec le plus de rigueur : elle ne voyait dans le Mexique qu'une mine et dans les Mexicains que des mineurs; elle leur laissait à peine cultiver la terre. L'ordre d'arracher la vigne, dont la culture commençait à se répandre, donna le signal de la révolte qui devait rendre le Mexique indépendant.

Les nobles ruinés que l'Espagne envoyait au Mexique pour y refaire leur fortune n'avaient que trois soucis : diriger la production et la consommation dans un sens favorable aux intérêts de la métropole; inventer de nouveaux impôts, maintenir la séparation et l'antagonisme des classes, sans lesquels leur tyrannie n'eût pas été possible. Les Espagnols investis de tous les emplois, les créoles exclus du gouvernement même alors qu'ils étaient nés de parents espagnols, les métis, les Indiens jaloux les uns des autres, tour à tour protégés ou négligés par l'administration, rendaient sa tâche facile par leurs divisions. Nulle liberté de la presse, nulle liberté individuelle; interdiction aux villes de plus 40 000 âmes d'avoir une imprimerie. A quoi d'ailleurs l'imprimerie pouvait-elle servir dans un pays où l'on traitait ceux qui savaient lire, comme des ennemis de l'ordre social?

La domination espagnole a laissé au Mexique des traces qui subsistent encore aujourd'hui, entre autres l'esclavage, sous le nom de *péonage*. Un pauvre mexicain reçoit d'un prêteur une avance de quelques piastres, qu'il s'engage par corps à lui rembourser en travail, à défaut d'argent. Le voilà passé à l'état de *péon* [1]; il appartient à son créancier, jusqu'à ce qu'il se soit acquitté envers lui ou bien qu'il ait trouvé, pendant les quelques jours de liberté que la loi lui accorde chaque année pour chercher, un autre maître qui se charge de payer sa dette, trouvaille impossible pour les péons relégués dans des fermes éloignées, instruits d'ailleurs par l'expérience que leur sort est le même partout, que l'intérêt

---

1. *Peon*, mot espagnol signifiant dans l'origine piéton, homme qui va à pied, et employé depuis dans le sens de manœuvre, journalier.

des maîtres est de ne point faciliter leur changement, et qu'un traitement plus dur les attend après l'insuccès de leur tentative.

Le Mexicain, imprévoyant par nature, a un penchant à s'endetter; l'institution du péonage se maintient donc facilement par l'effet du caractère national, et elle se fortifie par l'héritage, car la famille du péon qui meurt sans acquitter sa dette reste engagée envers le créancier. Il est rare que le Mexicain né ou devenu péon ne reste pas péon toute sa vie. Les moyens pour le retenir dans les liens du péonage, outre son insouciance naturelle, ne manquent pas à des maîtres peu scrupuleux. Le péon reçoit d'ailleurs un salaire trop minime pour faire la moindre économie, surtout s'il a une femme et des enfants, et ce salaire même est fictif : il est inscrit sur le registre du créancier, le péon n'en touche rien; il reçoit en échange les denrées alimentaires que son maître lui vend au prix fixé par lui-même. Le péon, libre constitutionnellement, n'en est pas moins la propriété du créancier, pour lequel il travaille sans espoir de s'acquitter, aussi méprisé et plus maltraité que l'esclave; il est, comme l'esclave, une cause d'impuissance et de ruine pour le pays où il existe; il avilit les maîtres autant que les esclaves; il voue les premiers à la routine, les seconds à la paresse, et la nation où il existe, à un état complet d'infériorité morale et matérielle à l'égard des autres nations. L'esclavage n'est pas incompatible avec la grandeur, même passagère, d'une société; le péonage la rend impossible.

Les conquérants du Mexique en partagèrent les terres avec la couronne d'Espagne et avec le clergé. La part faite à ce dernier représentait le cinquième environ de la propriété foncière. Cette part s'accrut de concessions gratuites de terres et de dons considérables en argent, faits par le domaine royal et par les vice-rois, et destinés à favoriser l'établissement des couvents dans un pays qu'on voulait conquérir par la religion et par la force. Les donations entre-vifs et par testament, la dîme prélevée d'abord en nature sur tous les produits agricoles et plus tard convertie en une somme d'argent, les prémices (*premicias*) exigées jusqu'en 1833 sur les bénéfices commerciaux, industriels, gains de toute nature, les droits paroissiaux, le casuel, les droits et frais prélevés par les membres du clergé chargés de l'état civil sur les actes de naissance, mariages et décès, étaient pour l'Eglise la source de revenus immenses, qu'elle employa en prêts sur hypothèques au taux de 5 et de 6 pour 100, et qui firent de la caisse du clergé, à peu près l'unique établissement de crédit au Mexique. La fortune du clergé fut portée en trois siècles à un chiffre qu'un historien du Mexique [1] évalue au quart et même au tiers de celle du Mexique tout entier. La nécessité de veiller à la conservation de ces biens immenses ne permettait pas au clergé de se désintéresser des affaires temporelles et de se soustraire à l'influence qu'exerce la trop grande richesse sur les corps constitués aussi bien que sur les individus. Le clergé prêtait donc son appui à l'État en façonnant les esprits à l'obéissance passive; l'État, de son côté, laissait le clergé maître de s'enrichir et d'agrandir son immense domaine.

L'exemple de l'Amérique du Nord secouant le joug de la mère patrie, et de la France accomplissant sa grande Révolution, ne passa point cependant inaperçu au Mexique; l'Inquisition et le pouvoir des vice-rois en reçurent un ébranlement dont les effets se manifestèrent au début de la guerre entreprise par Napoléon Ier contre l'Espagne. L'*ayuntamiento* de Mexico, à cette époque, demanda quelques réformes au vice-roi. L'aristocratie espagnole, craignant que celui-ci ne faiblît, le fit enfermer dans les cachots de l'Inquisition, prononça la dissolution de l'*ayuntamiento*, et signifia aux partisans des réformes que, « tant qu'il y aurait au Mexique un mulet de Castille, c'est à lui que le pouvoir appartiendrait, et non à un Mexicain. »

La révolution couvait cependant dans les rangs du bas clergé, composé de créoles, de métis et d'Indiens, repoussés de toutes les dignités ecclésiastiques. Le curé Hidalgo, arrivé à l'âge de soixante ans, leva l'étendard de la révolte, le 10 septembre 1810, remporta de nombreux succès et menaça même Mexico; mais, livré par un de ses officiers aux Espagnols, il fut passé par les armes le 27 juillet 1811. Le curé Morales continua la lutte et tomba comme Hidalgo sous les balles espagnoles. Deux choses manquaient à l'insurrection : un chef capable de réunir les guérillas éparses, et l'appui des créoles, encore unis aux Espagnols. Iturbide lui apporta cette double force. Créole lui-même, officier de l'armée espagnole, il avait fait jusque-là une guerre impitoyable aux insurgés. Depuis l'acceptation de la constitution par Ferdinand VII, le clergé mexicain, se sentant indirectement menacé par les lois des Cortès pour la sécularisation des biens de l'Église, crut devoir favoriser la cause de l'indépendance avec l'arrière-pensée de faire tourner son triomphe au profit de ses intérêts. Iturbide devint son homme, et, sous sa direction, le mouvement insurrectionnel, inspiré jusqu'alors par l'exemple des

---

1. Savala

Fig. 43. — Le gouvernement espagnol signifie aux Mexicains qui demandaient des réformes, que « tant qu'il y « aurait au Mexique un mulet de Castille, c'est à lui que le pouvoir appartiendrait et non à un Mexicain. »

États-Unis et de la France, cessa d'être national et républicain pour devenir monarchiste et semi-espagnol; car le *plan d'Iguala,* dans lequel Iturbide formula le 24 février 1821 les articles de l'organisation future du Mexique, tout en proclamant sa séparation avec l'Espagne, offrait la couronne à Ferdinand VII ou à un infant. Iturbide entra à Mexico le 24 septembre 1821 et signa avec le vice-roi O'Donoju le traité de Cordova, par lequel l'indépendance du Mexique était reconnue. Le refus des Cortès de ratifier ce traité, rompit les derniers liens entre l'Espagne et son ancienne colonie. Les évêques et les généraux mexicains déclarèrent que le salut de la patrie exigeait la création immédiate d'un monarque. Ils improvisèrent Iturbide empereur, et les habitants de Mexico eurent le 18 mai 1822 le spectacle d'un sacre imité de celui de Napoléon Ier, en attendant celui d'une cour avec sa hiérarchie et son étiquette.

Le haut clergé et l'armée, ralliés à la cause de l'insurrection, lorsque son triomphe n'était plus qu'une question de temps, recueillirent, par la réalisation du *plan d'Iguala,* les fruits d'une révolution qu'ils avaient combattue; l'élément civil ou républicain, l'élément clérical, l'élément militaire, réunis un moment, ne tardèrent pas à se séparer et à entamer la lutte qui explique seule l'histoire du Mexique depuis la guerre de l'indépendance. Le nouvel empereur s'aperçut promptement qu'en croyant fonder une monarchie il n'avait fait qu'ouvrir l'ère des *pronunciamientos* militaires. Les frères d'armes d'Iturbide, jaloux de sa fortune, se réunirent pour le renverser. Le général Santa-Anna et Guadalupe Vittoria, l'un des chefs des vieilles guérillas, chassèrent Iturbide, et l'empire fit place à une république dont Guadalupe Vittoria fut élu président en 1823. Iturbide, exilé, rentra bientôt au Mexique pour tenter une restauration; il y trouva la mort le 10 juillet 1824.

Un *pronunciamiento* avait fondé l'empire, un *pronunciamiento* fonda la république. Le Mexique, devenu dès lors le théâtre permanent de conspirations de caserne, n'eut plus pour régime qu'une dictature, tantôt absolutiste, tantôt libérale, selon le caractère ou les intérêts du dictateur. Le clergé et l'armée jetaient périodiquement, par leurs divisions, le trouble dans la République. Les chefs de bande surgissaient et trouvaient aisément des soldats, dans une population ignorante et ruinée. Le clergé leur fournissait au besoin des subsides pour entretenir la guerre civile, favorable à son influence. Le parti clérical, devenu républicain par nécessité, travaillait à faire prévaloir la forme centraliste; tandis que le parti libéral restait fidèle à la forme fédérative et cherchait à la défendre avec ses faibles ressources contre les attaques d'un clergé appuyé sur l'armée et maître de toutes les richesses du pays.

L'histoire du Mexique, depuis 1824 jusqu'en 1855, n'est en quelque sorte que l'histoire de Santa-Anna. Nous n'avons point à la raconter dans tous ses détails; et nous l'interrompons pour la reprendre au moment où il s'adjuge la dictature à vie et le titre d'Altesse sérénissime; c'était un pas vers le rétablissement de la monarchie. M. Gutierrez de Estrada, chargé par lui à cette époque, c'est-à-dire en 1853, au moment où l'Empire s'établissait en France, de se rendre en Europe et de colporter le sceptre du Mexique de cour en cour, n'en trouve pour le moment aucune disposée à l'acheter. Son Altesse sérénissime était-elle de bonne foi dans ses propositions, ou Santa-Anna, alléché plutôt qu'effrayé par le sort d'Iturbide, cherchait-il à créer un courant de sentiments monarchiques qui le porterait plus tard lui-même au trône? C'est un point resté douteux; ce qui est certain, c'est que, pendant qu'il intriguait en Europe par l'intermédiaire de Gutierrez de Estrada, les libéraux gagnaient chaque jour du terrain sous le commandement d'Alvarez et de Comonfort, qui l'obligèrent, le 9 août 1855, à s'enfuir de Mexico, où il ne devait plus rentrer.

La chute définitive de Santa-Anna avait été le point de départ d'une situation nouvelle. Le parti républicain fédéraliste était entré en scène dans la personne d'un avocat indien, M. Benito Juarez, né en 1809 dans le petit village de San-Pablo Guelatao, près de Oajaca, d'un père et d'une mère de pure race indienne, et nommé en 1845 membre du congrès. Il perdit ses parents fort jeune. L'orphelin, recueilli et maltraité par un oncle, s'enfuit à Oajaca chez sa sœur, qui le plaça dans la maison d'un carme déchaussé. Ce moine le mit au séminaire, après lui avoir appris à lire et à écrire. Il voulait le faire prêtre; mais l'enfant, préférant le droit à la théologie, quitta le séminaire pour l'école de droit.

Juarez prit une grande part aux débats du Congrès constituant. Les progressistes l'opposèrent à Comonfort, aux élections présidentielles. Celui-ci l'ayant emporté, Juarez fut nommé président de la Cour suprême, titre auquel est attaché, en vertu de la constitution, la fonction de vice-président de la République.

La nouvelle constitution établissait l'égalité des cultes, l'état civil et la suppression des juridictions exceptionnelles. Il n'en fallait pas davantage au clergé pour recommencer la guerre civile. Le général Zuloaga se souleva, le 17 décembre 1857, au cri de : Abrogation de la constitution, dictature de Comonfort! Ce dernier se laissa entraîner, sous la double influence de l'armée et du clergé, à renverser, le 17 décembre 1857, la Constitution à laquelle il avait prêté serment seize jours auparavant. Comprenant bientôt qu'il n'était qu'un instrument aux mains de la réaction, il voulut résister; mais, n'ayant pour lui ni le droit ni la force, il partit pour l'Europe, et Zuloaga fut proclamé président à Mexico par une assemblée de trente notables; mais la possession de la capitale n'est pas tout dans une république fédérative. L'assemblée s'était retirée à Guanajuato ; le président de la Cour suprême de justice, Benito Juarez, était devenu président de la République en vertu de l'article 7 de la Constitution.

Le gouvernement légal n'était donc plus à Mexico, mais là où se trouvait l'assemblée. Zuloaga, installé à Mexico, s'empressa d'abolir de sa propre autorité la loi de *desamortizacion*, força les acquéreurs des biens du clergé à les restituer, et rétablit les juridictions exceptionnelles. La guerre civile recommença; les anciens partisans de Zuloaga se divisèrent, et abandonné par les uns, mal défendu par les autres, il fut renversé ; une assemblée, composée cette fois de dix-sept notables, proclama président un jeune chef de bandes nommé Miramon, lequel, de détrousseur de voyageurs et de voleur de diligences, était devenu pillard de fermes, de pillard de fermes chef de guérillas, et qui, une fois chef de guérillas, s'était nommé général. Les deux actes les plus importants de sa présidence furent deux traités signés l'un avec l'Espagne, l'autre avec la maison de banque Jecker. Ces deux traités méritent qu'on s'y arrête un moment.

Le Mexique a deux sortes de dettes, la dette extérieure et la dette intérieure, représentées par des bons. La dette intérieure, soumise à tous les hasards de la spéculation et des événements, était par conséquent tenue presque toujours dans des cours très bas. Les bons de cette dette se trouvaient en grand nombre entre les mains des spéculateurs espagnols, qui prétendaient que l'Espagne les fît figurer dans le total des dettes reconnues dans un projet de convention entre l'Espagne et le président Comonfort. Le gouvernement espagnol, désespérant d'obtenir la signature de Comonfort, toujours promise et jamais donnée, rompit les relations diplomatiques avec le Mexique. La rupture dura jusqu'à l'avènement de Miramon, époque à laquelle le cabinet de Madrid s'entendit avec lui dans l'espoir qu'il se montrerait plus accommodant que son prédécesseur à l'égard des porteurs de bons espagnols.

Le général Almonte, représentant de Miramon à Paris, signa en effet le 28 septembre 1859, avec M. Mon, ambassadeur d'Espagne, un traité en vertu duquel les bons de la dette intérieure étaient compris dans la convention enfin conclue, mais qui ne reçut pas d'exécution, Juarez, de retour à Mexico seize mois après, ayant refusé de la reconnaître à cause de son caractère inconstitutionnel.

Les bons de la dette intérieure formaient deux catégories : l'une portant la signature du gouvernement antérieur au coup d'État de Comonfort, l'autre celle de Zuloaga et Miramon. Les premiers circulaient assez facilement; les seconds étaient tombés de 30 pour 100 au-dessous de leur valeur nominale. Le banquier suisse Jecker fit à Miramon la proposition de retirer de la circulation tous ces bons, en les remplaçant par d'autres titres s'élevant à la somme de 75 000 000 de francs, dont l'émission lui serait exclusivement confiée. Les détenteurs des anciens bons les échangeraient contre des nouveaux, moyennant une soulte de 25 pour 100, soit 25 piastres pour chaque bon de 100 piastres. Le gouvernement toucherait 10 piastres sur les 25; les 15 autres resteraient dans la caisse du banquier Jecker, qui garantirait pendant cinq années aux détenteurs des bons nouveaux un intérêt de 3 pour 100 par an. L'opération était plus avantageuse au banquier qu'au public. Le banquier, détenteur de 15 piastres sur chaque bon, en rendait en effet au propriétaire 3 la première année, 3 sur 12 la seconde année, 3 sur 9 la troisième année, 3 sur 6 la quatrième année, et au bout de la cinquième année il restituait les 3 dernières au prêteur, qui devait se contenter de 3 pour 100 d'intérêt, chiffre dérisoire dans un pays où l'argent est si cher. Miramon, pressé par d'incessants besoins, conclut avec le banquier Jecker cet arrangement, qui, par l'appât des bénéfices énormes qu'il pouvait procurer, devint une des causes de l'expédition contre le Mexique décidée le 29 octobre.

Pendant que Miramon en était réduit au vol et au pillage pour se procurer de l'argent, l'autorité de Juarez était reconnue par 21 États sur 24. Le clergé, décidé à empêcher le triomphe d'un gouvernement qui avait supprimé la main-morte, établi le mariage civil et enlevé les registres de l'état civil aux prêtres, donna l'ordre de livrer à Miramon l'or, l'argent et les objets précieux qui se trouvaient dans les églises. Il obtint, sur ces gages, l'argent nécessaire pour équiper une dernière armée, à la tête de laquelle il se fit battre par le général Ortega, une première fois le 9 août et une seconde fois le 22 décembre. Juarez entra dans Mexico, et quelques jours après, son gouvernement était reconnu dans toute l'étendue des États mexicains.

Le parti libéral, enfin vainqueur du cléricalisme et du militarisme, avait besoin d'appui pour consolider sa victoire ; mais à qui le demander? L'Espagne, espérant toujours reprendre son empire au Mexique, n'avait aucun intérêt à mettre fin aux troubles qui le désolaient ; indulgente aux gouvernements cléricaux, de qui elle avait reçu toutes les offenses dont elle se plaignait, elle s'apprêtait à en demander satisfaction au gouvernement libéral ; les États-Unis, où dominait la politique sudiste, ne pouvaient être que satisfaits d'un état de trouble favorable aux annexions ; l'Angleterre, uniquement attentive aux intérêts de son commerce, était restée neutre entre les deux partis en lutte jusqu'alors, pour la prédominance au Mexique ; mais la nécessité où se trouvait Juarez de chercher une alliance aux États-Unis la rapprochait elle-même du parti clérical. La France aurait pu exercer une heureuse influence sur l'établissement d'un ordre de choses régulier au Mexique. Les Français établis dans ce pays appartenaient en majorité au parti libéral ; ce parti était soutenu par la presse française de Mexico, bien rédigée et très influente ; mais les représentants officiels du gouvernement marchaient dans un sens opposé, non point à coup sûr par des raisons tirées de l'intérêt de leurs compatriotes, car jamais les Français ne furent plus maltraités que sous les gouvernements cléricaux, mais par le besoin de réunir dans leurs salons les membres de la haute société, qui, au Mexique pas plus qu'en France, ne séparait ses intérêts de ceux du parti clérical. Le parti libéral avait en outre un adversaire obscur, mais redoutable, dans le parti monarchique, qui depuis la chute d'Iturbide n'avait pas renoncé à ses projets de restauration. M. Gutierrez de Estrada, l'ami particulier et le commis voyageur de Santa-Anna, avait même publié en 1840 une brochure sur la nécessité de rétablir la royauté au Mexique. Les protestations s'élevèrent de tous côtés contre cette idée. La plus ferme fut celle du général Almonte, ministre de la guerre, qui se montra très républicain, quitte à changer d'opinion plus tard :

« Si par impossible nous venions à ressentir les effets d'un projet
« antinational, tendant à établir dans notre pays une monarchie gou-
« vernée par un prince étranger arrivant appuyé par une armée étran-
« gère, et si nous étions forcés de combattre de nouveau pour l'indé-
« pendance nationale, le résultat de la lutte est certain, car si le héros
« d'*Igualada*, avec tous ses titres à la gratitude nationale, a couru à

« une catastrophe, quel sort n'est-il pas réservé à tout autre ! Jamais le
« Mexique ne supportera la domination d'un roi et d'un roi étranger ;
« les républicains du Mexique et ceux du continent tout entier se ligue-
« raient contre lui. »

M. Gutierrez de Estrada et quelques rares amis parcouraient en attendant les diverses cours de l'Europe, pour y prêcher la résurrection de la monarchie au Mexique et n'obtenaient pas un grand succès, lorsque le prince Louis Bonaparte fut nommé président de la République française. L'Amérique était un des sujets sur lesquels ce prince aimait à promener sa pensée nuageuse et ses obscures rêveries. Il avait occupé ses loisirs, dans sa prison de Ham, à combiner un plan de percement de l'isthme de Panama qu'il se proposait de diriger lui-même lorsque la liberté lui aurait été rendue. Les hommes politiques qui l'approchèrent dans les premiers temps de sa puissance, étonnés que les rares paroles échappées à sa taciturnité se rapportassent moins à la France et à l'Europe qu'à l'Amérique, attribuèrent complaisamment ses phrases prophétiques sur l'avenir des races latines dans le nouveau monde à la profondeur d'un homme d'État qui se prodigue en conversations vagues et en projets fantastiques pour ne pas livrer ses véritables desseins ; ses confidents intimes n'ignoraient pas cependant la place considérable que ces chimères tenaient dans son esprit, et le plus habile de tous, M. de Morny, s'apprêtait à les exploiter. Il n'était pas seul. Les émissaires royalistes mexicains, obéissant à ce besoin qui pousse les partisans des causes désespérées à se rapprocher des aventuriers heureux, et à ce secret instinct qui leur fait deviner les hommes capables de s'associer à leurs chimères, étaient les visiteurs les plus assidus de l'Élysée. Gutierrez de Estrada voyait le prince-président presque tous les jours ; l'attention publique à cette époque était vivement excitée par le prochain départ de M. de Raousset-Boulbon pour le Mexique, où il se rendait en apparence pour organiser l'exploitation d'une mine sous la raison sociale Jecker, Torre et Cie, mais en réalité pour réaliser certains projets sur lesquels il ne s'expliquait pas clairement, mais qui avaient, disait-il à l'oreille de ses amis, l'approbation des plus hauts personnages.

Raousset-Boulbon, à peine arrivé au Mexique, fut l'objet des avances du dictateur Santa-Anna, qui lui proposa le grade de général, offre peu séduisante, il est vrai, dans un pays où tout le monde porte ce titre ou celui de colonel ; Alvarez, qui commençait sa campagne contre Santa-Anna, lui fit également des propositions brillantes ; le chef de flibustiers,

Fig. 44. — Le général Miramon qui, de détrousseur de voyageurs et de voleur de diligences, était devenu chef de guérillas, puis s'était nommé général. Il devait entrer triomphalement à Mexico à côté de Maximilien et tomber à côté de lui dans les fossés de Queretaro.

Walker et une de ces compagnies de capitalistes américains toujours prêtes à commanditer les aventuriers audacieux tentèrent vainement d'entrer en arrangement avec lui. Raousset-Boulbon voulait rester seul. Avait-il des prétentions personnelles ou agissait-il dans l'intérêt d'un prétendant inconnu? Les cinq balles qui lui trouèrent la poitrine, après sa défaite de Goyacos dans la Sonora, le 12 août 1854, ont rendu désormais son secret impénétrable, et, si l'appui qu'il trouva tout de suite chez les agents du gouvernement impérial au Mexique, semble donner une haute importance à sa mission, l'indifférence qu'ils lui témoignèrent lorsqu'il fut mis en jugement semble le reléguer au rang de ces aventuriers qu'on renie ou qu'on récompense selon leur fortune [1].

Le prince Louis-Napoléon, devenu empereur, se trouva en relations encore plus étroites avec les monarchistes mexicains. Paris, rendez-vous de tous ceux dont l'unique occupation est de dépenser leur argent dans les amusements d'une ville de plaisir, était le séjour de prédilection d'un grand nombre de familles mexicaines soupirant après le rétablissement dans leur patrie d'un ordre de choses où l'ancienne noblesse espagnole, dont elles prétendaient descendre, retrouverait quelques-uns de ses privilèges. Les dames mexicaines, ornements de la nouvelle cour impériale, sollicitaient l'appui de l'impératrice Eugénie en invoquant la communauté d'origine et en flattant sa vanité de l'idée de rétablir la religion et la monarchie au Mexique. L'Impératrice contribuait donc à entretenir son mari dans ses rêveries sur les races latines; mais son influence n'aurait peut-être pas suffi à le jeter dans l'expédition du Mexique, si M. de Morny n'avait triomphé de ses incertitudes.

Le banquier Jecker s'était rendu à Paris après la chute de Miramon pour y chercher des influences capables de l'aider à obtenir de Juarez l'exécution du traité des *bons*, conclu avec son prédécesseur. Le nom de M. de Morny se présenta le premier à sa pensée. Il parvint à lui être présenté, et il lui soumit son affaire.

L'histoire ne saurait, sans se transformer en chronique scandaleuse, remonter trop haut dans les origines de l'association entre M. de Morny et le banquier Jecker; elle doit se borner à en constater l'existence. Les deux lettres suivantes publiées par ordre du président Juarez dans *el Monitor*, journal officiel de la République mexicaine, le démontrent suffisamment :

---

1. L'auteur a eu sous les yeux un grand nombre de pétitions adressées à Napoléon III, dont les signataires invoquaient, à l'appui de leur demande, des services rendus à Raousset-Boulbon. En marge de presque toutes ces pétitions, on lit : *Accordé*.

NOUVELLE CORRESPONDANCE INTERCEPTÉE

« Légalement autorisés par le citoyen ministre de l'intérieur et de l'extérieur, nous publions la correspondance suivante, adressée à Jecker et interceptée par le quartier général de l'armée d'Orient, qui l'a adressée audit citoyen ministre. (Rédaction du *Monitor*.)

« Paris, 14 septembre.

« Cher oncle,

« L'arrivée du vapeur apportant la malle du Mexique à Saint-Nazaire n'est pas encore signalée, et il sera impossible, pour cette fois, de répondre courrier par courrier. Ma lettre ne sera guère que le complément des nouvelles que je vous mandais par le dernier du 1er septembre. Je n'ai pu avoir, depuis cette époque, de conversation particulière avec monsieur le receveur, et par conséquent de certitude sur le rôle qu'il destine à M. de Ch..., retenu qu'il est, depuis une vingtaine de jours, au Puy, par la réunion des conseils généraux. Néanmoins, il a pu s'y occuper très utilement de vos affaires, car votre lettre a dû aller l'y trouver au moment même où il recevait sous son toit son ami, qui s'était rendu dans son département à l'occasion de son nouveau titre. M. de Ch... a trouvé celle que vous écriviez à papa et dont je lui ai lu un extrait, il y a quelques jours, assez important par l'opposition que vous y faites de la conduite de Prim à celle de Saligny, pour aller la communiquer à M. le duc, jugeant qu'il pouvait en tirer un parti avantageux pour asseoir davantage le crédit de monsieur de Saligny, en la faisant voir à Sa Majesté. Je n'ai pas su le résultat de l'audience, car tous ces messieurs étaient sur le point de partir, les uns allant à Biarritz où se rend l'Empereur, les autres allant à la campagne.

« Je crois néanmoins, d'après les conversations que j'ai eues avec M. de Ch..., que l'intention de ces messieurs, comme je vous l'ai déjà dit, est d'attendre les premières dépêches de Forey à Sa Majesté, pour pénétrer la direction qu'il donnera à sa politique, voir ses appréciations sur la conduite de M. de Saligny, sur les affaires qu'il a soutenues et l'impression qu'elles produiront sur l'esprit de Sa Majesté, si elles sont défavorables au ministre. Dans cette hypothèse et si les choses en viennent au point de forcer M. de Saligny à se démettre de ses fonctions, on enverra M. de Ch..., qui, libre alors de ses actions et n'étant plus dépendant de personne, comme il l'aurait été de M. de Saligny, à cause des liens d'amitié qui les unissaient, pourra protéger la maison dans ses affaires secondaires en utilisant la puissante influence qu'il représentera. Quant à l'affaire des bons, on la fera alors de suite passer ici (comme Billault l'a dit aux Chambres) au comité des contentieux, qui rendra alors un jugement sans appel et de suite exécutoire s'il est favorable, comme tout le fait supposer. Il y aurait des lenteurs, de la publicité peut-être, et ces messieurs, je crois, le craindraient, malgré l'éclatant démenti jeté aux calomnies par un jugement favorable des contentieux; depuis quelque temps, en effet, les mêmes bruits qui s'affichent si ouvertement au Mexique commencent à circuler sourdement à Paris, et ils auraient hâte de voir l'affaire vidée et oubliée, avant que ces rumeurs prennent trop de consistance. Mais, en admettant que les appréciations de Forey soient favorables à M. de Saligny, et que celui-ci sache marcher d'accord avec lui, ils laisseront l'affaire suivre son cours à Mexico, et, comme ils connaissent le zèle du ministre, ils l'appuieront; et en peu de temps, sans rien laisser paraître, ils lui feront rendre sa liberté d'action et ses pouvoirs, que l'arrivée de Forey suspendra peut-être momentanément; car, si ce dernier est chargé de soumettre le pays, sa mission est aussi d'apprécier les choses accomplies dès le début de l'expédition, et Sa Majesté attend son opinion pour élucider la sienne. Mais Forey aspire au maréchalat, et il a les meilleures raisons de se ménager des protections, si tant est qu'il soit quelque chose, car on a longtemps hésité à s'ouvrir même à M. de Ch.... Ce monsieur ne partirait alors pas, car monsieur le receveur juge que, dans cette éventualité, sa présence ne serait utile que pour presser l'accomplissement de vos engagements, dans le cas (et il ne l'admet pas) où vous ne vous empresseriez pas de le faire vous-même. L'individu dont je vous ai parlé dans ma dernière lettre, l'attaché d'Almonte, leur suffirait probablement, quoiqu'il sache peu de choses et qu'on se soit fort peu avancé avec lui; aussi est-il peu à considérer; c'est un personnage d'intrigue; au commencement de l'expédition, Jurien de La Gravière lui payait déjà mensuellement 500 francs de la part du ministère des affaires étrangères, je ne sais à quel titre.

« J'ai bien fait comprendre à M. de Ch..., dans la dernière entrevue que j'ai eue avec lui, qu'il fallait se hâter vers une solution de l'affaire des bons, et, lui résumant à peu près l'impression générale qui ressort de toute votre correspondance, je lui ai dit que tous les renseignements donnés sur la maison de divers côtés à ces messieurs étaient réels; qu'il y avait en effet des ressources immenses, mais qu'il fallait d'abord rendre à la maison sa liberté d'action par la reconnaissance des *bons,* qui la dégageait rapidement vis-à-vis de ses créanciers, soit par le crédit qu'elle lui procurerait, et que, semblable à un char momentanément embourbé, elle ne tarderait pas à reprendre son cours.

« Il m'a paru convaincu; et, comme il se rendait immédiatement chez monsieur le duc, il m'a bien promis de s'employer de toutes ses forces à lui persuader que le doute et la stagnation, indéfiniment continus, seraient la ruine de la maison. Ce monsieur est en rapports presque aussi intimes avec M. le duc que le receveur ou monsieur de G...; il a été au collège avec lui et a chez lui ses entrées à toute heure. Il a une certaine fortune, est marié et a malheureusement maintenant des affaires particulières qui l'occupent; avant que monsieur le receveur prît la résolution soudaine de retarder son départ, il n'avait renoué aucune relation, et pour tout le monde il était encore au Mexique; depuis, il a repris ses occupations, et je ne pourrais plus en tirer le même profit qu'auparavant. Il a des appointements fixes et un 2 1/2 pour 100 dans les bénéfices définitifs, à ce qu'il m'a dit. Ces messieurs ont des projets de diverse nature, quelques-uns fort ingénieux ; en voici un qu'il m'a communiqué en grand secret et dont vous pourriez peut-être en tirer avantage dans la suite.

« Quand l'armée française sera à Mexico, il y aura un grand va-et-vient de convois entre Vera-Cruz et Mexico. Les chariots viendront pleins et s'en retourneront à vide. Des personnes, soutenues par une grande influence et recommandées près des chefs militaires, pourraient, à titre de concession gratuite ou peu onéreuse, obtenir une certaine charge dans les convois de retour, 300 kilogrammes par chariot, par exemple. Vous pénétrez facilement le reste : la charge serait faite en piastres; on pourrait ainsi, moyennant une faible remise, entreprendre en grand l'expédition en Europe des conduites d'argent, puisque les steamers anglais et de Saint-Nazaire prendraient les conduites à leur arrivée à Vera-Cruz : tout serait gratuit, les mules, les chariots, l'escorte; et tout serait profit.

« C'est votre lettre du 28 juillet qui, la première, a apporté à Paris la nouvelle de la non-ratification du traité de Prim-Doblado; j'ai de suite fait un article destiné à mettre en vue l'habile conduite de M. de Saligny opposée à celle de Prim, et à relever autant qu'il était en moi, dans l'opinion publique, ce ministre, si utile à la maison. La *Patrie* l'a inséré le soir même; la nouvelle, en l'absence de toute autre, a fait grand effet; les journaux espagnols ont voulu la démentir, mais peu à peu les renseignements sont arrivés de tous côtés, et il y a eu dans toute la presse, surtout espagnole, un *tolle* général sur l'incapacité de Prim. Le crédit de Saligny en a haussé d'autant; il est du reste à remarquer que l'opinion publique se modifie beaucoup à son égard, car, en voyant la manière dont Juarez a joué ses collègues, on rend justice à son habileté.

« Il existe à Londres, d'après ce que m'a dit M. de Ch..., une compagnie qui s'organise pour exécuter le passage à travers les lacs de Nicaragua et de Léon; vous le savez sans doute. Il n'a pu me donner des renseignements très étendus; il le sait seulement parce qu'il y a deux mois on a fait des ouvertures à son ami, le prince Lucien Murat, pour lui en offrir la présidence. Celui-ci consulta l'Empereur et crut devoir refuser. Monsieur le receveur, qui est un peu léger, avait confondu avec Tehuantepec et induit en erreur M. de Ch.... Je lui en parlerai quand je pourrai l'aborder et rassemblerai tous les renseigements qui pourront vous intéresser sur ce sujet.

« Papa combat le projet du Nicaragua, dans le mémoire qu'il a remis à monsieur le duc sur la Tehuantepec, par tous les arguments fournis par vous, par Baiss, Reichtoffen, Humbold, Sassey et par son imagination; mais je crois que l'Empereur y est attaché; quand il était au fort de Ham, en 1842, il s'occupa de ce projet par le Nicaragua, et il y a même de lui une étude imprimée qu'on trouve encore. A cette époque aussi, M. Castellon, envoyé par les États de Panama et Honduras pour réclamer la protection de Louis-Philippe, s'aboucha avec Louis-Napoléon et, rentré dans son pays plus tard, entretint avec lui une correspondance (également imprimée) où l'on voit que le prince fut sur le point de partir pour mettre ce projet, qui avait l'assentiment des autorités du pays, à exécution.

« Rien n'a paru et rien ne paraîtra, j'en suis sûr, du mémoire Payno. Don Ramon Pacheco est enfin arrivé à Londres, le 12 septembre, après un voyage plein de péripéties; il s'y repose et s'y reposera Dieu sait combien de temps, laissant Juarez crouler tout à son aise. M. de G... s'est fait fort de changer ses opinions et de le rendre tout à fait inoffensif, pourvu qu'il ait avec lui une conversation avant qu'il ait entrepris ses démarches. J'ai prié M. Maguin, qui sait tout et entend tout comme le solitaire, de surveiller son arrivée ; j'ai ajouté qu'il y allait de son intérêt, de sorte que don Ramon Pacheco ne sera pas deux heures à Paris avant de recevoir la visite de M. G...; et, s'il apporte le mémoire Payno, on aura soin qu'il le laisse dormir; du reste, le directeur de la presse ne le laisserait pas paraître. Ces messieurs jugent toujours, comme je vous l'ai dit, qu'il serait imprudent de rien publier sur l'affaire des bons avant qu'elle soit reconnue, surtout si personne ne l'attaque, comme maintenant : la presse libérale est trop puissante et trop avide de scandale; ce serait un débordement de calomnies.

« Votre acte de naturalisation doit être entre les mains de M. de Saligny ; il a été envoyé à M. Delon, son secrétaire, après l'inventaire des papiers de M. de P... à Vera-Cruz et non remporté ici ; en attendant, je vous envoie un nouvel exemplaire du *Bulletin des lois*, pensant qu'il pourra vous être utile.

« Papa ne vous écrit pas par ce courrier, n'ayant aucune nouvelle importante à vous mander ; il me charge de vous assurer de ses sentiments affectueux et de vous prier de lui envoyer le détail de vos réclamations autres que les bons, qu'il vous a déjà demandé une fois.

« Ces messieurs n'ont pas abandonné le projet de faire escompter par la maison les traités sur l'armée, mais ils attendent que la situation se débrouille un peu, que la maison se dégage et soit en mesure d'avoir un certain roulement de fonds.

« Adieu, cher oncle, j'espère que ma lettre suivra et ne précédera pas les Français à Mexico. Disposez de moi pour tout.

« Votre neveu tout dévoué,
« LOUIS ELSSESER.

« Dont copie conforme.
« JUAN DE DIOS ARIAS.

« Porentruy, 3 septembre 1862.

« Mon cher X...,

« Nos amis tiennent à ce que tout ce qu'on envoie à notre maison lui parvienne sous ton couvert; tu auras donc à renseigner ton oncle oralement, en même temps que tu l'instruiras sur nos affaires et les siennes. Malgré qu'aucune de nos lettres n'ait fait le sujet des publications du XIX° *Siècle* à Mexico, on n'est jamais trop prudent. Tes lettres du 28 juillet et celles de ton oncle nous sont parvenues; c'est Louis, qui seul est à Paris, qui a pu y répondre par le même courrier et a donné de sérieux renseignements à M. J....

Je crois t'avoir dit que, de tous ces projets dont on s'est entretenu, il n'y en aurait pour le moment qu'un seul exécutable, à savoir : de fournir des traites sur Paris pour l'armée, contre les espèces qu'on lui livrerait là-bas ; il y aurait le change à gagner et à partager en deux pour le gain. Je prie Louis d'en parler, et moi-même je m'en occupe, d'autant plus qu'on me dit qu'il ne faut pas grandes sommes pour cela ; je pense que si, à l'entrée des Français, la maison recouvre du crédit, cela pourra se faire. Quant à tous les autres projets dont faute de mieux nous nous sommes entretenus depuis longtemps, je ne trouve pas à propos de m'y arrêter pour le moment, et j'en ai déduit les raisons ; car, dans l'état de souffrance où gémissent nos créanciers, on ne doit viser qu'à liquider pour les satisfaire. M. Jecker me parle de ses mines, de l'avenir réservé à Catorce, Tasco et, je crois, Santa-Anna. Dieu veuille qu'on y rencontre une veine grande !

. . . .

« Je puis te dire que, si la maison a acquis pour un demi-million de francs et cinquante mille francs d'épingles l'immeuble de M. Dar..., sa situation près de Chapultepec nous permettra de nous en défaire sans grande perte. Louis travaille beaucoup pour la maison et avec succès ; je ne pense pas qu'il y ait eu d'indiscrétion... On a dès l'origine, comme le dit le mémoire d'Ozeguera, dû rechercher les causes d'une si grande protection pour un Suisse, et, comme au Mexique tout se fait avec de l'argent, on s'est épuisé en conjectures.... Quand l'armée, à laquelle les gens de Juarez ont persuadé que notre maison était cause de la guerre, verra le drapeau tricolore sur les dômes de Mexico, elle ne nous en voudra plus, car le pays est beau et riche, et elle a dû souffrir en restant confinée à Orizaba.

« Si M. de Saligny sait s'entendre avec Forey, qui est un peu ours, tout ira bien ; mais je crains des froissements, et c'est pourquoi je désire que l'affaire se termine vite, si c'est possible, quand même *pro forma* on devrait faire quelques concessions.

« C'est l'avis de M. de Ch..., qui n'est pas retourné là-bas, mais qui pourrait bien y retourner le 15 octobre par Saint-Nazaire.

« Louis vous a donné le portrait de Forey, qui sera une sorte de dictateur ; si M. Jecker a de l'empire, il faut qu'il l'engage à être modéré, à tâcher de ramener Forey à son opinion, à lui céder au besoin ; car cet homme sera imbu des préjugés qui ont cours contre nous dans l'armée. En effet, Juarez n'est pas si benêt que le croyait notre parent ; il a fait usage d'un grand levier, la presse, et s'est servi de Wyke ; il a entretenu des agents à Paris, dans l'armée, etc., avec le produit de ses exactions, et tout cela pour nous perdre. Son intérêt lui ordonnait de feindre que tout convergeait autour de nous, que sans nous tout s'arrangerait.... et on l'a cru.... Maintenant 45 000 hommes, 30 vaisseaux de guerre doivent faire comprendre que nous ne sommes plus même un prétexte plausible.... On doit penser aux États-Unis, au protectorat du Mexique, à la colonisation... Vraiment Wyke par ses intrigues a amené un terrible déluge sur ce pays. S'il avait pu le prévoir... à mon sens, il a dépassé le but en congédiant Prim.... C'est un fin diplomate, mais pas si roué que Juarez. Cela fera bien plaisir au duc. Qu'on ne vous inquiète pas, il m'a toujours paru le craindre pour les intérêts français qui se lient à la maison, à cause de M. J... des amis !.... Mais je pensais à ton oncle et à toi tout simplement.... Remercions la Providence, l'heure de la solution a frappé : bonne ou mauvaise, cela vaut mieux que l'attente ; donc encore, du courage, donnez-en à Eugène, et ne gronde pas trop, sans toutefois partager l'optimisme de ton autre cousin.

« Ces messieurs pensent encore qu'il ne faut faire en ce moment aucune publication !....

« Mille choses affectueuses de toute notre famille et de ton frère.

« Dont copie conforme :
« Juan de D. Arias.

Le banquier Jecker apportait donc sa créance sur le gouvernement mexicain, et M. de Morny s'engageait à la faire figurer au premier rang des réclamations pécuniaires adressées par le gouvernement impérial au Mexique. Le payement de la créance effectué, le total devait en être partagé entre les deux principaux associés et les autres intéressés, car cette affaire avait besoin d'auxiliaires pour être menée à bonne fin. Ces lettres, bien qu'elles devancent de deux années les événements, jettent une lumière qui en dissipe en partie les obscurités et permet de se rendre compte des influences qui, jointes à ses propres penchants pour les aventures, jetèrent Napoléon III dans l'entreprise du Mexique.

M. Gutierrez de Estrada nourrissait, en bon catholique qu'il était, le désir et l'espoir de restaurer la monarchie au Mexique au profit d'un prince de la maison essentiellement catholique d'Autriche. Ce prince, déjà choisi par lui, était l'archiduc Maximilien, frère de l'empereur. Au moment de sonder les cours de Paris et de Madrid, il ne pouvait se défendre de la crainte de voir Napoléon III mettre en avant le prince Napoléon, son cousin; mais il fut bientôt rassuré en apprenant de la bouche même de l'Empereur qu'il n'avait pas de candidat. La reine d'Espagne avait, il est vrai, son cousin, l'infant don Juan de Bourbon, et son oncle, l'infant don Sébastien, à pourvoir; mais l'option entre les deux était difficile. Les princes espagnols étaient d'ailleurs fort inconnus, tandis que l'archiduc Maximilien d'Autriche venait de se créer une sorte de popularité par la façon dont il venait de diriger l'administration du royaume lombardo-vénitien. La perte de la haute position qu'il occupait à Milan, l'ennui d'une longue retraite à Miramar dans une espèce de disgrâce, permettaient d'espérer qu'il ne serait pas insensible à l'idée d'exercer son activité sur le vaste théâtre qu'on montrait à son intelligence et à son ambition. Des ouvertures lui furent faites. La chute de Santa-Anna les rendit inutiles pour le moment; mais M. Gutierrez de Estrada, loin de renoncer à son projet, parvint à y associer Miramon et Zuloaga, les deux auteurs du coup d'État de 1857. La défaite de Miramon redoubla le zèle des royalistes, au lieu de l'abattre. Il fallait empêcher à tout prix la consolidation du gouvernement libéral de Juarez. Gutierrez de Estrada et Almonte, représentant du gouvernement de Miramon à Paris et converti récemment à la monarchie, s'étaient mis en rapport avec l'archiduc Maximilien et avaient sondé la cour de Vienne, dans le courant de l'automne de l'année 1861, pour savoir si l'on devait s'attendre à un refus dans le cas où, sur l'initiative de Napoléon III et avec le consentement de l'Angleterre, l'archiduc Ferdinand-Maximilien serait appelé au trône du Mexique. La cour de Vienne faisait comprendre que de

Fig. 45. — M. Gutierrez de Estrada demande à Napoléon III de restaurer la monarchie au Mexique et lui parle de l'archiduc Maximilien, frère de l'empereur d'Autriche.

pareilles ouvertures ne pouvaient avoir de suite que si elles étaient accompagnées de garanties de nature à sauvegarder la dignité de l'archiduc et de son auguste maison. Ces garanties devaient être explicitement formulées au moment où le projet prendrait lui-même une allure plus déterminée. Il était bien convenu d'ailleurs que le gouvernement autrichien attendrait le jour où une offre formelle lui serait faite, pour s'occuper de l'examen à fond de la proposition et fixer les conditions définitives de l'acceptation [1].

D'obscures négociations ne tardèrent pas à se nouer entre la cour des Tuileries et celle de Schœnbrunn, impatientes toutes les deux d'arriver au dénouement. François-Joseph et Maximilien vivaient depuis longtemps en mauvaise intelligence; le départ de l'archiduc ne devait pas causer une vive peine à son frère. Napoléon III, poursuivi par sa chimère des races latines, poussé par sa femme et par ses intimes, se hâta de faire les propositions demandées. François-Joseph, avant de répondre, chargea le comte de Rechberg, ministre des affaires étrangères, de se rendre à Miramar pour faire connaître à l'archiduc (depuis longtemps il savait à quoi s'en tenir là-dessus) la haute situation à laquelle les sympathies personnelles de Napoléon III se réservaient de l'appeler, et pour lui déclarer que l'empereur François-Joseph, comme chef de la famille impériale, lui laissait liberté pleine et entière de prendre un parti.

Le Mexique, pendant ce temps-là, sans se douter des destinées qu'on lui préparait en Europe, continuait à faire ses efforts pour se soustraire à celles que la guerre civile lui imposait depuis si longtemps. Il y serait parvenu avec un peu d'aide, mais il ne trouvait partout que des hostilités. M. Dubois de Saligny, ministre du gouvernement impérial, arrivé le 12 décembre 1860 à Mexico, successeur de M. de Gabriac, que son dévouement absolu au parti clérical avait rendu aussi impopulaire parmi les Mexicains que parmi les Français, se montra tout de suite disposé à suivre les traces de son prédécesseur. Il refusa de reconnaître le gouvernement légal, même après que Juarez eut été installé à Mexico, le 4 janvier 1861; mais le ministre de la justice, ayant ordonné des perquisitions dans la maison mère des sœurs de charité, où il soupçonnait la supérieure du couvent de la Conception d'avoir caché des valeurs appartenant à son monastère et destinées à fournir des ressources à Miramon et à Zuloaga, unis de nouveau pour continuer la guerre civile,

---

1. *Gazette de Vienne*, organe semi-officiel.

M. de Saligny s'empressa d'écrire à M. E. Zarco, ministre des affaires étrangères du Mexique : « Votre gouvernement a-t-il donc résolu de « me pousser à bout et de se brouiller avec la France? Je dois le croire « en le voyant persister dans les déplorables outrages dont le couvent de « la Charité est le théâtre depuis trente-six heures... Je n'assisterai pas « plus longtemps à un pareil spectacle, qui est une offense directe et « préméditée envers le gouvernement de l'Empereur, sous la protection « duquel ces saintes femmes sont placées dans le monde entier. » Il menaçait en finissant M. Zarco, s'il ne faisait cesser immédiatement les perquisitions, de renoncer à nouer toute espèce de relations avec un gouvernement « pour lequel il n'y avait rien de sacré ». M. de Saligny justifiait son intervention dans cette affaire par cette raison que, la communauté mère des sœurs de charité étant établie à Paris, l'empereur des Français avait le droit de prendre les succursales sous sa protection ; comme si le fait d'appartenir à une communauté religieuse conférait à ses membres la nationalité du pays où la maison-mère de l'ordre est établie. M. de Saligny ne pouvait prendre son raisonnement au sérieux ; mais une rupture était indispensable à ses vues, et tous les moyens lui paraissaient bons pour arriver à ce but. Le gouvernement mexicain crut devoir céder à ses prétentions, dans l'espoir de l'amener à présenter ses lettres de créance : il s'était décidé enfin à remplir cette formalité le 18 mars 1861.

M. de Saligny ne prenait pas seulement à cœur les intérêts des religieuses ; ceux des porteurs des bons Jecker étaient de sa part l'objet d'une sollicitude non moins vive, comme on le verra par cette lettre :

« Mexico, 2 mai 1862.

« Monsieur le Ministre,

« J'ai eu l'honneur d'entretenir *fréquemment* [1] Votre Éminence, *depuis trois mois*, d'une question importante, dans laquelle les intérêts et l'honneur de la France se trouvent gravement impliqués : *je veux parler de la question relative aux bons Jecker*.

« Après les conversations échangées entre Votre Éminence et moi, je crois pouvoir me dispenser d'entrer, pour le moment, dans les détails de cette affaire. Il me paraît également superflu de discuter ici un principe incontestable, incontesté, qui préside au rapport de toutes les nations civilisées, et que Votre Éminence elle-même n'a pu se refuser à admettre : *le principe de la solidarité, au point de vue des engagements internationaux, des divers gouvernements qui se succèdent dans un pays*. Ce principe, la France, au milieu des différentes phases qu'elles a traversées dans les cinquante dernières

---

[1]. M. Rouher a déclaré plus tard au Corps législatif que l'affaire Jecker n'avait été considérée que comme une affaire française, et que M. de Saligny n'en avait jamais entretenu le ministre Zarco.

années, l'a toujours respecté, quelquefois au prix de douloureux sacrifices présents encore aujourd'hui à la mémoire de tous. Elle a donc le droit et le devoir d'exiger qu'il soit respecté par les autres nations ; et quelle que soit d'ailleurs la bienveillance très sincère et très vive dont le gouvernement de l'Empereur soit animé à l'endroit du gouvernement mexicain, il ne saurait reconnaître à celui-ci la faculté de s'affranchir de ce principe et *de créer, à son profit, un nouveau droit des gens en opposition formelle à celui qui a servi de règle jusqu'ici à toutes les relations internationales.*

« Ainsi que je vous l'ai fait pressentir et que je ne vous l'ai pas laissé ignorer, j'ai reçu, d'abord, il y a douze jours, par le *Tenessee*, puis, par le dernier packet anglais, *des ordres précis et péremptoires de mon gouvernement sur cette question.*

« J'avais espéré qu'éclairé par vous sur les *nécessités* et les *périls* de la situation, ainsi que sur les incontestables obligations qui lui incombent, le gouvernement de S. Exc. le Président se serait hâté de terminer cette affaire, *la seule qui puisse susciter de graves difficultés entre les deux pays et empêcher la France de donner un libre cours à ses intentions amicales envers le Mexique.* Mon espoir a été malheureusement trompé. Je ne saurais prendre sur moi de différer plus longtemps l'exécution des ordres du gouvernement de l'Empereur. Toutefois, avant de vous les notifier d'une manière officielle, j'ai tenu à vous donner une nouvelle preuve de l'esprit de conciliation dont je suis personnellement animé, et je viens, guidé par un sentiment que vous voudrez bien apprécier, je l'espère, vous prier de me faire savoir, sans le moindre retard, les intentions définitives de votre gouvernement....

« Je pris Votre Éminence, etc.

« *Signé* : A. DE SALIGNY. »

Le congrès avait procédé, le 18 juillet 1861, à l'élection du président de la République, et les suffrages de la majorité s'étaient portés sur Juarez. Le parti réactionnaire, vaincu sur le champ de bataille, reprit la lutte sur le terrain législatif et administratif, sans négliger d'entretenir çà et là de petites bandes dans les lieux où il était difficile de les atteindre et où elles se livraient aux plus graves excès contre les personnes et contre les propriétés. Juarez, loin d'être en mesure de payer les dettes contestables du gouvernement révolutionnaire auquel il succédait, n'avait pas même les ressources suffisantes pour faire face aux plus pressants besoins de l'État. Les revenus des douanes, affectés au payement des dettes extérieures du Mexique en vertu des conventions conclues entre les puissances, étaient l'unique ressource du gouvernement. Il en fut réduit à soumettre, le 17 juillet 1861, au congrès une loi qui suspendait pendant deux ans l'exécution des conventions financières.

M. de Saligny répondit à cette suspension par un ultimatum dans lequel il donnait au gouvernement mexicain vingt-quatre heures pour opter entre la reprise des payements et une rupture de relations avec la France. Juarez ne pouvant revenir sur cette mesure, M. Dubois de Saligny réalisa sa menace; mais il resta cependant à Mexico, où il ne cessait d'encourager les conspirateurs contre la république. Son hôtel était même devenu l'asile de plusieurs d'entre eux.

M. Thouvenel avait prescrit à M. de Saligny d'exiger le retrait de la loi du 17 juillet et d'imposer au Mexique l'installation, dans les ports de Vera-Cruz et de Tampico, de commissaires chargés d'assurer la remise entre les mains des puissances des fonds qui devaient être prélevés à leur profit. M. de Saligny devait sortir de Mexico si ces conditions n'étaient pas acceptées. Il n'avait pas attendu ces ordres pour rompre ses relations avec le gouvernement mexicain; il quitta Mexico le 6 décembre. Le comte Russell avait fait récemment, à une députation de négociants anglais chargée de le prier d'intervenir en leur faveur, une réponse qui permettait au Mexique d'espérer qu'il pourrait s'entendre avec l'Angleterre; mais sir Charles Wike, son représentant, reçut l'ordre de se rendre à la Jamaïque.

Des difficultés existaient entre l'Espagne et le Mexique, au moment de la promulgation de la loi du 17 juillet; elles avaient trait à l'expulsion de M. Pacheco, ministre d'Isabelle, à la ratification du traité Mon-Almonte et enfin à une indemnité pour la capture pendant la guerre civile du bâtiment marchand *la Concepcion*. L'expulsion de M. Pacheco, causée par sa conduite personnelle, n'était qu'un prétexte de rupture avidement saisi par l'Espagne; M. Zarco, le ministre des affaires étrangères du Mexique, se flattant d'arranger directement cette affaire avec M. Pacheco, lui avait demandé une entrevue avant son départ. M. Pacheco répondit : Il est trop tard!

M. Antonio de la Fuente, ministre de la république du Mexique à Paris, avait reçu l'ordre de se mettre en rapport avec le cabinet de Madrid pour régler le différend, en le soumettant à l'arbitrage de Napoléon III, offre que l'Espagne s'était hâtée de repousser. Elle donnait en même temps une nouvelle preuve de sa mauvaise volonté à rendre une entente possible en exigeant le payement d'une indemnité aux propriétaires de *la Concepcion* et l'exécution du traité Mon-Almonte. Le négociateur de ce traité, M. Mon, en avait lui-même condamné les exigences, en stipulant [1] que « cet acte ne pourrait jamais servir de base ni de précédent, dans des cas de même nature, pour obtenir de semblables concessions. » Le gouvernement actuel du Mexique, en reconnaissant à M. Almonte, représentant d'un gouvernement sorti d'un coup d'État, le droit de l'engager par un traité, aurait admis par cela même la légitimité de ce gouvernement. Le payement de l'indemnité aux propriétaires du navire

---

1. Article 4.

la Concepcion, capturé au moment où il essaya d'introduire dans Vera-Cruz un chargement d'armes et de munitions de guerre pour le compte de l'insurrection, aurait entraîné la même conséquence. Le gouvernement d'Isabelle II se serait-il donc cru obligé de céder aux exigences d'une puissance lui réclamant la reconnaissance d'un traité signé avec don Carlos, et le payement d'armes fournies aux carlistes?

Le gouvernement impérial profitait, comme le gouvernement espagnol, de la loi du 17 juillet pour demander le redressement de ses griefs contre le Mexique. Ils consistaient, à l'en croire, surtout en violences commises contre la personne des résidents français, « obligés de chercher leur salut dans la fuite après le pillage et l'incendie de leurs propriétés [1]. » Ces violences avaient eu lieu sous le gouvernement insurrectionnel, qu'il s'était empressé de reconnaître contrairement aux principes du droit international. Par quel singulier mépris de la justice et de l'équité un pouvoir régulier, réduit à lutter pendant trois ans contre un pouvoir révolutionnaire, devenait-il responsable d'excès commis par ce pouvoir?

Aux ennemis du Mexique il faut joindre le Saint-Siège, dont le nonce avait été expulsé, « son séjour au Mexique n'étant plus convenable après tant de sang versé dans une guerre civile excitée par le clergé. »

Les États-Unis seuls de toutes les grandes puissances en relation avec le Mexique ne lui montraient pas d'hostilité. Ils ne manquaient cependant pas de griefs contre lui, mais ils en ajournaient le redressement. « Malgré les sujets de plaintes des États-Unis contre le Mexique, écrivait « M. Seward le 6 avril 1861 à M. Carwin, son représentant à Mexico, le « président attendra pour les faire valoir que le gouvernement actuel ait « eu le temps de remonter son autorité. »

1. Note du *Moniteur*, novembre 1861.

CHAPITRE XI

LES FRANÇAIS AU MEXIQUE

Négociations diplomatiques. — La convention de Londres. — Les Espagnols devancent les Anglais et les Français au Mexique. — Ils occupent Vera-Cruz. — Manifeste des commissaires alliés. — Préliminaires de La Soledad. — Leur rupture. — Conférence d'Orizaba. — La Conférence se sépare brusquement. — Dénonciation de la rupture des préliminaires. — Attaque d'Orizaba par le général Lorencez. — Pronunciamento de cette ville en faveur d'Almonte. — Marche sur Puebla. — Échec de l'armée française. — Suite des affaires de l'intervention. — Période Lorencez. — Envoi de nouvelles troupes au Mexique. — Le général Forey remplace le général Lorencez. — L'opinion publique et le Mexique à la fin de l'année 1862.

Les royalistes mexicains, soutenus par le clergé espagnol, avaient trouvé auprès de la reine Isabelle II le même accueil qu'auprès de l'impératrice Eugénie. D'obscures intrigues relatives à une candidature espagnole au trône futur du Mexique s'étaient nouées à Londres dans le courant du mois de juillet. La perspective d'une couronne éblouissait plus d'un personnage, en Espagne, en dehors même de la famille royale. Quant à Napoléon III, il obéissait non seulement à ses mobiles personnels, haine du césarisme contre la république, amour-propre de distributeur de couronnes, besoin d'occuper les esprits, de satisfaire l'activité et l'ambition de l'armée, mirage de l'or, appât des richesses à extraire du

Fig. 46. — Maximilien vivait tristement à Miramar, dans une complète oisiveté et ne pouvant se consoler de la perte de la brillante position qu'il occupait à Milan.

sol le plus riche en métaux précieux et en diamants, mais encore il suivait l'impulsion secrète communiquée par M. de Morny à lui et à ceux qui l'approchaient.

La promulgation de la loi du 17 juillet, suspendant la remise des recettes des douanes aux puissances, permit à ces causes diverses et puissantes de produire leurs effets, et fournit aux gouvernements de Madrid et de Paris un prétexte pour donner le change à l'opinion. Le parti conservateur en Espagne et une notable fraction du parti libéral demandaient à grands cris que le gouvernement agît contre le Mexique, dût-il agir seul. Le gouvernement ne demandait pas mieux, mais il n'aurait pas été fâché cependant d'échanger quelques idées à ce sujet avec les cabinets de Paris et de Londres. Le ministre d'État espagnol, M. Calderon Collantès, écrivait au ministre de la reine à Londres : « Si l'Angle-« terre et la France conviennent d'agir d'accord avec l'Espagne, les « forces des trois puissances se réuniront tant pour obtenir la réparation « de leurs injures que pour *établir un ordre régulier et stable au* « *Mexique*. Si elles se séparent de l'Espagne, le gouvernement de la « reine obtiendra les satisfactions qu'il est en droit de demander en em-« ployant ses propres forces. » Le ministre d'État, conformément à cette dépêche, donna au capitaine général de Cuba, le 11 septembre, l'ordre de faire les préparatifs pour diriger des forces sur le Mexique, et, par une autre dépêche du 16, il chargea son représentant à Washington d'informer le secrétaire d'État, M. Seward, de la résolution prise par le gouvernement de la reine.

Le gouvernement anglais, prévoyant les complications de l'avenir, fit demander à Madrid « si le gouvernement de la reine Isabelle voyait un inconvénient à compter avec les États-Unis pour combiner une action collective au Mexique ». Le ministre d'État répondit qu'il n'avait pas d'objection à faire contre cette proposition, en ajoutant cependant, comme si l'on eût été encore au temps de Charles-Quint : « que l'Espagne ne renoncerait jamais à sa pleine liberté d'action, pour traiter en la forme convenable les questions avec cette république. »

Le gouvernement espagnol ainsi lancé ne pouvait plus reculer ; mais, ne voulant pas non plus renoncer à l'accord avec l'Angleterre et avec Napoléon III, il cherchait à « couper court à la lutte barbare engagée au Mexique », pour la prompte conclusion d'une convention entre les trois puissances, qui, après l'avoir signée, dirigeraient leurs forces vers le Mexique sans attendre la décision des États-Unis. Napoléon III ne répugnait nullement à l'idée d'une convention, mais sans s'obliger d'avance, « ignorant l'avenir » ; les mois de septembre et d'octobre furent remplis par les négociations relatives à cette convention, négociations d'autant plus délicates et d'autant plus difficiles que l'une des parties contractantes ne voulait pas aller trop loin dans ses engagements, et que les deux autres, poursuivant un but semblable au fond, mais fort différent dans la forme, cherchaient à se tromper mutuellement sur leurs intentions, quoiqu'elles les connussent fort bien.

Le gouvernement anglais ne se dissimulait point les difficultés de l'entreprise à laquelle on lui proposait de s'associer. Le comte Russell déclarait encore le 27 septembre 1861, au ministre des États-Unis à Londres, qu'il « craignait autant que lui de voir s'élever, sur la base des sommes « dues et des dommages causés, la prétention d'organiser un nouveau « gouvernement au Mexique ; qu'il était convaincu que ce dernier était « de tous les pays, celui où une intervention dans les affaires intérieures « causerait le désappointement le plus vif à ses auteurs. » Le comte Russell, dans d'autres circonstances, avait exprimé la même opinion. Les cours des Tuileries et de Madrid, sentant la nécessité de le rassurer en lui laissant la faculté de poser lui-même la limite de ses engagements, le chargèrent de rédiger le projet de la convention qui devait lier les trois puissances.

L'Espagne n'avait pas obtenu sans peine d'être admise à ces négociations. L'impression produite par ses prétentions sur le gouvernement impérial et sur le gouvernement anglais est visible dans la réponse adressée par M. Thouvenel à la commission des porteurs de bons mexicains, qui s'était depuis quelque temps mise en campagne et qui poussait vivement à l'intervention. L'Espagne, payant d'audace, parla d'agir seule. Le ministre du Mexique près les cours des Tuileries et de Saint-James et le ministre des États-Unis à Paris n'ignoraient pas — ce dernier en avait été prévenu par son collègue de Madrid — que le plan des Espagnols était de se faire demander par leurs amis du Mexique un prince de la famille royale pour roi, et d'envoyer au Mexique un corps de troupes pour soutenir la nouvelle monarchie. Les États-Unis, informés de cette intention et connaissant l'accord existant entre la France et l'Angleterre, offraient aux puissances de garantir pendant cinq ans l'intérêt des dettes contractées envers elles par le Mexique. Le représentant de ce pays à Londres espérait que lord Russell accepterait cette offre et que l'Angleterre ne refuserait pas au Mexique le temps nécessaire pour se constituer en gouvernement régulier; mais lord Russell lui répondit, avec une sévérité inattendue, que le Mexique avait manqué à toutes ses obligations, qu'il ne pouvait se contenter de la garantie des Etats-Unis pour la dette extérieure, attendu qu'il avait d'autres revendications à exercer ; la France, ajouta-t-il, la refuse également; l'Espagne et l'Angleterre vont s'unir pour présenter au Mexique leurs conditions, et il espère que celui-ci les acceptera. Lord Russell avertit en outre le représentant du Mexique que, chargé de la rédaction de ces conditions, il examinerait, après en avoir arrêté les termes, s'il devait s'entendre à leur sujet avec lui.

Le comte Russell rédigea en effet un projet de convention qu'il est bon de placer en regard de la convention définitive, afin que l'on puisse se rendre compte du sens et de l'importance des changements qu'on lui fit subir :

Projet primitif de la convention.	Convention du 31 octobre 1861.
S. M., etc. . . . . se considérant obligées par la violation de toutes les lois et l'abominable conduite des autorités de la République mexicaine, d'exiger de celle-ci protection pour les personnes et les propriétés de leurs sujets, ainsi que l'exécution de tous les traités contractés entre LL. MM. et ladite République, ont résolu d'établir entre elles une Convention afin de combiner leurs moyens d'action à l'égard du but précité, et ont nommé à cet effet, en qualité de leurs plénipotentiaires, savoir : S. M. la Reine du Royaume-Uni, etc.; S. M. la Reine d'Espagne, etc.; Et S. M. l'Empereur des Français, etc.; Lesquels, après s'être mutuellement communiqué leurs pleins pouvoirs, ont arrêté en commun les articles suivants : Art. 1er. — S. M. la Reine du Royaume-Uni de la Grande-Bretagne et l'Irlande, S. M. la Reine d'Espagne et S. M. l'Empereur des Français s'engagent à faire, immédiatement après la signature de la présente Convention, les préparatifs nécessaires pour envoyer sur les côtes du Mexique, dans l'océan Atlantique, une expédition combinée, militaire et navale, dont la force totale devra cependant être suffisante pour	S. M. la Reine du Royaume-Uni de la Grande-Bretagne et d'Irlande, S. M. la Reine d'Espagne et S. M. l'Empereur des Français, se trouvant placées par la conduite arbitraire et vexatoire de la République du Mexique dans la nécessité d'exiger de ces autorités une protection plus efficace pour les personnes et les propriétés de leurs sujets, ainsi que l'exécution des obligations contractées envers elles par la République du Mexique, se sont entendues pour conclure entre elles une Convention dans le but de combiner leur action commune, et, à cet effet, ont nommé pour leurs plénipotentiaires, savoir : S. M. la Reine du Royaume-Uni de la Grande-Bretagne et d'Irlande, le Très-Honorable Jean, comte Russell, vicomte Amberley de Amberley et Ardsalla, pair du Royaume-Uni, conseiller de S. M. Britannique en son conseil privé, principal secrétaire d'État de S. M. pour les affaires étrangères; S. M. la Reine d'Espagne, don Xavier de Isturitz y Montero, chevalier de l'ordre insigne de la Toison d'or, grand croix de l'ordre royal et distingué de Charles III et de l'ordre impérial de la Légion d'honneur de France, chevalier des ordres de la Concepcion de Villaviciosa et du Christ du Portugal, sénateur du royaume, ancien pré-

s'emparer des différentes forteresses et points militaires de toute la côte du Mexique; pour les occuper, les conserver et établir un rigoureux blocus des villes, des ports et des baies de cette côte.

La susdite occupation devra se faire au nom et en faveur des hautes puissances contractantes, sans qu'il soit nécessaire de prendre en considération la nationalité des forces qui seront chargées de l'occupation.

ART. 2. — Immédiatement après l'occupation de Vera-Cruz et des forts adjacents, *les chefs des forces alliées adresseront une note collective aux autorités établies dans la République du Mexique*, afin de leur faire connaître les motifs pour lesquels les puissances alliées ont recours aux moyens coercitifs, *et les inviter à entrer immédiatement en négociation*, en donnant des garanties suffisantes pour l'exécution des conventions à intervenir à l'égard des réparations des injures faites et des préjudices causés aux sujets des hautes parties contractantes, et pour l'accomplissement des obligations antérieures contractées par ladite République envers les puissances dont il s'agit.

Les chefs ci-dessus nommés déclareront aux autorités de la République que les mesures de coaction seront maintenues, et même, s'il le faut, augmentées, jusqu'au jour où les arrangements pris avec elles auront été approuvés par les gouvernements des hautes parties contractantes, lesquels se réservent en outre le droit de prendre les mesures qu'ils jugeront convenables pour veiller à l'exécution des nouvelles conventions et les rendre effectives.

ART. 3. — Les hautes parties contractantes s'engagent mutuellement à ne pas distraire les forces dont elles vont faire usage en vertu de la présente Convention, pour les employer à un objet, quel qu'il soit, différent de ceux qui sont spécifiés dans son préambule, et s'interdisent *spécialement* d'intervenir dans les affaires intérieures de la République.

ART. 4. — Les hautes parties contractantes s'engagent également, en faisant usage des moyens de coaction prévus dans la présente Convention, à ne chercher pour elles-mêmes aucune acquisition de territoire ni aucun avantage spécial, à n'exercer aucune influence dans les affaires intérieures

.sident du Conseil des ministres, premier secrétaire d'État de S. M. Catholique et son envoyé extraordinaire et ministre plénipotentiaire près S. M. Britannique;

Et S. M. l'empereur des Français, S. E. le comte de Flahault de La Billarderie, sénateur, grand'croix de la Légion d'honneur, ambassadeur extraordinaire de S. M. Impériale près S. M. Britannique;

Lesquels, après s'être mutuellement communiqué leurs pleins pouvoirs respectifs, qui ont été trouvés en bonne et due forme, ont arrêté en commun les articles suivants :

ART. 1er. — S. M. la Reine du Royaume-Uni de la Grande-Bretagne et d'Irlande, S. M. la Reine d'Espagne et S. M. l'Empereur des Français s'engagent à faire, aussitôt après la signature de la présente Convention, les dispositions nécessaires pour envoyer sur les côtes du Mexique des forces de terre et de mer combinées dont l'effectif sera déterminé par un échange ultérieur de communications entre leurs gouvernements, mais dont l'ensemble devra être suffisant pour pouvoir saisir et occuper les différentes forteresses et positions du littoral mexicain.

Les commandants des forces alliées seront, en outre, autorisés à entreprendre et à poursuivre toutes les opérations militaires qu'ils jugeront nécessaires pour assurer la réussite de l'expédition, conformément au but indiqué dans le préambule de la présente Convention, et particulièrement à prendre les mesures nécessaires pour garantir la vie et assurer les propriétés des sujets alliés résidant au Mexique.

Toutes les mesures dont il s'agit dans cet article seront prises au nom et pour le compte des hautes parties contractantes, sans acception de la nationalité particulière des forces employées à les exécuter.

ART. 2. — Les hautes parties contractantes s'engagent à ne rechercher pour elles-mêmes, dans l'emploi des mesures coercitives prévues par la présente Convention, aucune acquisition de territoire ni aucun avantage particulier, et à n'exercer dans les affaires du Mexique aucune influence de nature à porter atteinte au droit de la nation mexicaine de choisir et de constituer librement la forme de son gouvernement.

ART. 3. — Une commission composée de

de la République, et à ne point restreindre le droit qui appartient à la nation mexicaine de choisir la forme de gouvernement qu'elle veut se donner et de la maintenir [1].

Art. 3. — Les hautes parties contractantes désirant, en outre, que les moyens qu'elles veulent adopter n'aient aucun caractère d'exclusion, et sachant que le gouvernement des États-Unis a, comme elles-mêmes, des réclamations à exercer contre la République mexicaine, s'engagent, immédiatement après la signature de la présente Convention, à en envoyer une copie au gouvernement des États-Unis en l'invitant à s'unir à elles; et, dans le cas où ce gouvernement y consentirait, les hautes parties contractantes autorisent d'avance leurs ministres à Washington à conclure et à signer, séparément ou collectivement, avec le plénipotentiaire que le Président nommera à cet effet, une convention ayant le même but et rédigée dans les mêmes termes (mais en supprimant le présent article) que celle qui se signe en ce moment au nom des susdites hautes parties contractantes par leurs plénipotentiaires respectifs.

Toutefois, comme un retard quelconque dans l'accomplissement des stipulations qui font l'objet des articles I, II, III et IV de la présente Convention pourrait compromettre les espérances qui animent les hautes parties contractantes, elles déclarent que le désir d'obtenir la coopération du gouvernement des États-Unis ne retardera pas le commencement des opérations qui font l'objet de la *présente Convention*, au delà du terme nécessaire pour réunir dans les environs de Vera-Cruz les forces des hautes parties contractantes.

Art. 6. — La présente convention, etc.

trois commissaires, un nommé par chacune des puissances contractantes, sera établie avec plein pouvoir de statuer sur toutes les questions que pourrait soulever l'emploi ou la distribution des sommes d'argent qui seront recouvrées au Mexique, en ayant égard aux droits respectifs des parties contractantes.

Art. 4. — Les hautes parties contractantes désirent, en outre, que les mesures qu'elles ont l'intention d'adopter n'aient pas un caractère exclusif, et sachant que le gouvernement des États-Unis a, de con côté, des réclamations à faire valoir contre la République mexicaine, s'engagent, d'un commun accord, à communiquer une copie de la présente Convention au gouvernement des États-Unis immédiatement après qu'elle aura été signée, en l'invitant à y accéder; et, en prévision de cette accession, leurs ministres respectifs à Washington seront investis de pleins pouvoirs à l'effet de conclure et de signer, collectivement ou séparément, avec le plénipotentiaire désigné par le Président des Etats-Unis, une convention identique, sauf suppression du présent article, à celles qu'elles signent à la date de ce jour.

Mais, comme un retard quelconque dans l'accomplissement des stipulations qui font l'objet des articles I et II de la présente Convention pourrait compromettre le succès de l'expédition, les hautes parties contractantes sont tombées d'accord pour ne pas différer, dans le but d'obtenir l'accession du gouvernement des Etats-Unis, le commencement des opérations ci-dessus mentionnées au delà du moment où leurs forces combinées pourront être réunies dans le voisinage de Vera-Cruz.

Art. 5. — La présente Convention sera ratifiée et les ratifications en seront échangées à Londres, dans les quinze jours qui suivront sa signature.

En foi de quoi les plénipotentiaires susnommés l'ont signée et y ont apposé le sceau de leurs armes.

Fait triple à Londres, le 31 octobre de l'an de grâce 1861.

Signé : Russell,
Xavier de Isturitz,
Flahault.

---

[1]. Cet article a été reproduit presque littéralement dans l'article 2 de la convention définitive.

Le projet, rédigé par le comte Russell, définit de la manière la plus claire le but de l'expédition : « obtenir protection en faveur des per-
« sonnes et des propriétés des sujets étrangers ». Il affirme, ainsi que M. Billault lui-même l'a reconnu devant le Corps législatif, « que les
« hautes parties contractantes s'engageaient d'avance à ne point faire
« usage des forces qu'elles allaient employer en vertu de cette conven-
« tion pour des objets autres que ceux qui étaient spécifiés dans son
« préambule, et, *spécialement*, à ne point s'en servir pour intervenir
« dans les affaires intérieures de la République ; » il ajoute : « Immédia-
« tement après l'occupation de Vera-Cruz et des ports adjacents, les
« chefs des forces alliées devront adresser une note collective *aux auto-*
« *rités établies par la République*, afin de faire connaître les motifs
« pour lesquels les alliés avaient recours aux moyens coercitifs et *les*
« *inviter à entrer immédiatement en négociation.* »

Les plénipotentiaires des gouvernements français et espagnol acceptèrent sans observation le projet du comte Russell pour ne pas exciter sa méfiance ; mais, au moment de le convertir en acte public, M. Calderon Collantès chargea les représentants accrédités d'Isabelle II près les cours de Saint-James et des Tuileries, de communiquer aux ministres de ces cours, les observations que le projet du comte Russell lui suggérait, et les modifications qu'il jugeait convenable d'y introduire [1].

Le préambule de la convention, disait le ministre d'État, détermine avec clarté le motif de l'action commune des trois puissances et exprime en termes énergiques les causes qui l'ont rendue nécessaire. Il mérite, ainsi que l'article 2, l'approbation la plus complète du gouvernement de Sa Majesté, « bien que les dispositions contenues dans ce dernier pourraient peut-être se réserver, afin de les consigner dans les instructions qui doivent se remettre au chef des forces unies. » M. Calderon Collantès jugeait néanmoins nécessaire de définir exactement dans la convention quelle devait être la conduite des généraux alliés à partir du moment où ils se présenteraient sur les côtes du Mexique, et bien plus encore après l'occupation de Vera-Cruz et des points importants dont ils devaient s'emparer sur cette côte.

L'article 3 du projet était entièrement conforme aux idées constamment manifestées par le gouvernement de la Reine. Ce dernier avait toujours pensé en effet qu'on devait laisser aux Mexicains, liberté entière

---

1. Dépêche du 22 octobre 1861.

Fig. 47. — La porte Antonio à Mexico.

pour constituer leur gouvernement de la manière la plus conforme à leurs intérêts, à leurs coutumes, à leurs croyances. Mais le ministre d'Etat ajoutait que, si le gouvernement de la reine a cru et croit encore que les Mexicains doivent être les arbitres de leurs destinées, il pense également « qu'il est nécessaire de les mettre en état de pouvoir examiner sans pas- « sion et sans égarement la situation où les ont conduits leurs erreurs, afin « qu'ils puissent adopter les moyens les plus convenables pour l'amélio- « rer. » Un armistice conclu entre le gouvernement mexicain et les chefs des forces belligérantes permettrait, selon M. Calderon Collantès, de discuter et de résoudre pacifiquement les questions intérieures, et la présence des forces alliées suffirait pour mettre fin à la guerre civile; mais dans le cas cependant où « les horreurs dont la République a été le « théâtre pendant si longtemps prendraient, au contraire, plus d'exten- « sion encore, il serait imprudent de renoncer d'une manière absolue, et « par anticipation, à une action qui pourrait être nécessitée plus tard par « des événements imprévus. »

M. Calderon Collantès se demandait ensuite si l'article 3 ne paraîtrait pas aussi précis et aussi clair si le gouvernement de Sa Majesté Britannique consentait à en supprimer la dernière période et à le terminer au mot *préambule*, de façon à ne point laisser planer d'obscurité sur le but de la convention et à ne point limiter d'avance l'action des alliés « dans les choses que les circonstances peuvent exiger ». Il proposait donc de rédiger l'article 3 de la manière suivante : « Les hautes parties contrac- « tantes s'engagent mutuellement à ne pas distraire les forces dont elles « vont faire usage en vertu de la présente convention, pour les employer « à un objet, quel qu'il soit, différent de ceux qui sont spécifiés dans son « *préambule*. »

L'article 4 pouvait sans inconvénient être refondu avec le premier, selon le ministre d'Etat ; mais, comme l'Espagne avait constamment protesté de son désintéressement et qu'elle n'aspirait à aucun avantage matériel en dehors de ceux que peuvent obtenir les deux nations amies, M. Calderon Collantès invitait ses représentants à Londres et à Paris à signaler seulement les inconvénients de la répétition d'une même idée qu'on pourrait interpréter comme l'expression d'une méfiance sans motifs, ou comme « la déclaration formelle de la volonté irrévocable de laisser le peuple mexicain, abandonné à ses déplorables habitudes, car le découragement que la crainte d'un pareil abandon pourrait produire sur les caractères droits et sur les personnes bien intentionnées rendrait impos-

sible l'organisation d'un gouvernement raisonnable ». M. Calderon Collantès déclarait du reste, que lors même que cet article conserverait la rédaction qu'on lui avait donnée, et ne s'arrêterait pas au mot d'*avantage spécial*, « ce qui, dans l'opinion du gouvernement de la Reine, serait tout ce qu'il devrait contenir », ses intentions et ses désirs n'en seraient encore nullement contrariés. « Il est inutile de dire, continuait-
« il, que le gouvernement de la Reine considère la forme monarchique
« comme préférable à toutes les autres formes du gouvernement; mais
« il ne mettra pas en avant son opinion sur l'intérêt qu'aurait le peuple
« mexicain à se constituer définitivement sous cette forme de gouverne-
« ment. Si pourtant il se décidait à choisir un souverain, l'Espagne ne
« pourrait demeurer indifférente dans une question aussi grave, surtout
« si un candidat quelconque était désigné au choix des Mexicains par
« l'un ou l'autre des gouvernements amis. Sur ce point, le gouvernement
« de la Reine croit fermement que si l'on veut faire quelque bien au Mexi-
« que, si l'on veut éviter des complications qui pourraient amener, sinon
« des périls, du moins de grands embarras aux trois gouvernements, ils
« doivent tous garder la plus grande réserve et laisser au peuple mexicain
« la liberté la plus ample, la plus absolue, pour se prononcer à cet égard
« de la manière qui lui conviendra le mieux. »

M. Calderon Collantès se berçait encore de l'espoir de placer un infant sur le trône du Mexique, et, tout en protestant de son respect pour la souveraineté du peuple mexicain, il visait à l'escamoter sous prétexte qu'il était nécessaire de le mettre « en état d'examiner sans passion et sans égarement la situation où l'ont conduit ses erreurs et d'adopter les moyens les plus convenables pour l'améliorer ». La phrase par laquelle il insinue « qu'il serait imprudent de renoncer d'une manière absolue, et par anticipation, à une action qui pourrait être nécessitée plus tard par des événements imprévus », et l'insistance avec laquelle il demande la suppression de la dernière partie de l'article 3, indiquent d'ailleurs très clairement chez le gouvernement espagnol, l'intention préméditée de recourir aux moyens coercitifs pour amener la nation mexicaine à ses vues.

Le gouvernement impérial n'avait aucune objection à faire contre les changements demandés par le gouvernement espagnol; le comte Russell y consentit, soit par légèreté, soit qu'il n'attachât pas grande importance aux suites d'une expédition à laquelle l'Angleterre ne devait en tout cas prendre qu'une part restreinte, et le projet que l'on a lu plus haut devint la convention du 31 octobre 1861.

Pendant que les négociateurs des trois puissances cherchaient à Londres à introduire dans la convention les moyens de l'éluder plus tard ou de l'interpréter selon leurs intérêts, M. Thouvenel, fidèle au système d'ambiguïté qui n'avait cessé de régner dans ces négociations, s'efforçait d'établir la ligne de démarcation qui existe entre une intervention par la force et « une incitation indirecte ayant pour but d'engager les Mexicains à profiter de la présence des alliés pour secouer le joug de la tyrannie ». Lord Russell déclarait à ce sujet que, « dans le cas où les Mexicains, comme les grenouilles de la fable, demanderaient un roi, il ne voyait pas de motif de les empêcher de se passer cette fantaisie ». L'Espagne, de son côté, insinuait au ministre d'Angleterre à Madrid une théorie assez semblable à celle de M. Thouvenel. Mais le gouvernement anglais ne répondait pas assez nettement à ces insinuations, au gré de Napoléon III et du cabinet espagnol ; ce dernier avait, comme on l'a vu, déjà donné ses ordres au gouverneur de Cuba, où depuis près de deux mois la flotte, ayant à son bord 5600 hommes de troupes de toutes armes, n'attendait que le signal de lever l'ancre et de se diriger vers les parages du Mexique. Elle partit le 29 novembre 1861, et, après une heureuse traversée, elle arriva dans les eaux de Vera-Cruz le 8 décembre suivant.

Le commandant des forces espagnoles, embossé en face de cette ville, adressa une sommation au gouverneur, contenant une récapitulation insultante des griefs de son gouvernement contre celui du Mexique. Le gouverneur de Vera-Cruz, après avoir dans sa réponse présenté comme preuve de l'exagération de ces griefs, la sécurité dans laquelle les Espagnols vivaient même dans ce moment au Mexique, ajouta que, conformément aux ordres de son gouvernement, il allait abandonner la ville, en y laissant seulement l'ayuntamiento ; mais toute la population le suivit, hormis les gens trop pauvres pour quitter leurs foyers. Les anciens conquérants du Mexique débarquèrent donc le 15 décembre comme la première fois sur cette terre, en violant le droit des gens et avant toute déclaration de guerre.

La nouvelle de ce débarquement parvint dans les premiers jours du mois de janvier en Europe. Lord Russell manifesta en termes énergiques l'étonnement que lui causait cette violation de la convention de Londres ; le gouvernement impérial en profita pour déclarer que, la conduite de l'Espagne étant de nature à accroître les difficultés de l'entreprise, il se trouvait dans la nécessité d'augmenter de 3 à 4000 hommes le chiffre de ses troupes déjà envoyées au Mexique. Lord Russell, en « regrettant

cette mesure », ne s'y opposait pas. « Il paraissait inévitable *mainte-*
« *nant*, disait-il, que les troupes alliées s'avançassent dans l'intérieur du
« Mexique ; et non seulement la force convenue serait insuffisante, mais
« l'opération elle-même devrait prendre un caractère tel que l'Empereur
« ne pourrait pas permettre que l'armée française se trouvât dans une
« position d'infériorité vis-à-vis de l'armée espagnole, ni que celle-ci cou-
« rût le risque d'être compromise[1]. »

Lord Russell ne prenait pas la peine de dire pourquoi le caractère de l'intervention était changé et pourquoi une marche à l'*intérieur* était devenue nécessaire. Il se contentait d'exprimer de simples regrets sur des changements qui équivalaient à l'abandon de la convention du 31 octobre. Lord Russell se méfiait surtout de l'ambition du gouvernement espagnol ; il écrivit à son représentant à Madrid pour lui expliquer « le genre d'intervention qu'il appuyait et celui qu'il n'appuyait pas ». Il le chargeait, en outre, de faire remarquer aux ministres d'Isabelle que « les
« troupes alliées ne doivent pas être employées à priver les Mexicains de
« leur droit incontestable de choisir la forme de gouvernement qui leur
« convient ». Le comte Russell ajoutait que, si l'on essayait d'agir dans le sens contraire, « la discorde et le désappointement seraient les seuls ré-
« sultats de cette tentative, et que les gouvernements alliés n'auraient
« qu'à choisir entre une retraite honteuse et l'extension de leur interven-
« tion au delà des limites et de l'objet de la triple convention signée à
« Londres le 19 janvier 1862. »

Le bruit se répandit à cette époque dans Paris que le général Lorencez, commandant les renforts envoyés au Mexique, avait reçu l'ordre de ne tenir aucun compte des engagements que les commissaires alliés auraient pu prendre avec le gouvernement mexicain, et de préparer le pays à l'érection d'une monarchie à la tête de laquelle serait placé l'archiduc Maximilien. Lord Cowley fit part de ces bruits au comte Russell, qui les transmit à sir Charles Wike, ministre d'Angleterre au Mexique, en l'informant le 27 janvier de l'envoi des renforts : « On suppose que ces forces
« marcheront sur Mexico avec les troupes françaises et espagnoles déjà
« réunies au Mexique ; on dit même que l'Archiduc Maximilien sera invité
« par un grand nombre de Mexicains à monter sur le trône de ce pays,
« et que le peuple acceptera ce changement de gouvernement avec plai-
« sir. J'ai peu de chose à ajouter à mes instructions à ce sujet. Si le

---

1. Le comte Russell au comte Cowley, 20 janvier 1862 (livre bleu).

« peuple mexicain, par un mouvement spontané, place l'Archiduc sur le
« trône, nous n'avons pas d'intérêt à l'empêcher ; mais nous ne pouvons
« pas prendre part à une intervention armée dans ce but. »

L'une des trois puissances signataires de la convention de Londres en prévoyait déjà les conséquences et se préparait à la rompre ; l'Espagne, par des motifs différents, ne devait pas tarder à en faire autant. Le Mexique, en attendant, fort effrayé de la coalition qui le menaçait, montrait un très grand désir de conciliation, surtout à l'égard du gouvernement impérial et de l'Angleterre ; une guerre avec l'Espagne, au contraire, ne lui paraissait pas au-dessus de ses forces. Le ministère venait d'être renversé, et le général Doblado n'avait consenti à se charger de la formation du cabinet et de la direction des affaires étrangères qu'à la condition d'être investi par le Congrès de pleins pouvoirs pour terminer le différend entre le Mexique et les puissances.

M. Dubois de Saligny, arrivé à Vera-Cruz le jour même de la prise de possession de cette ville par les Espagnols, en fut surpris et inquiet. Le général Uraga, commandant des forces mexicaines, et Doblado arrivèrent à la Téjeria, aux environs de Vera-Cruz. Le général Uraga invita les ministres étrangers à se rendre à son quartier général. M. Dubois de Saligny accepta l'invitation et n'épargna aucune promesse pour engager le général mexicain à s'associer aux projets du gouvernement impérial. Il alla même jusqu'à lui déclarer d'avance qu'on ne traiterait pas avec Juarez, mais tous ses efforts pour entraîner Uraga restèrent impuissants.

Les forces réunies de France et d'Angleterre arrivèrent à Vera-Cruz le 7 janvier 1862. Les trois contingents s'élevaient ensemble à 10 000 hommes, dans lesquels la France avait fourni 3000 hommes, l'Espagne 6000 et l'Angleterre 1000 environ. La direction de l'expédition était confiée au commissaire espagnol, le général Prim.

MM. de Saligny et Jurien de La Gravière, commissaires français ; Dunlop et sir Charles Wike, commissaires anglais ; le général Prim, commissaire espagnol, adressèrent le 10 janvier, à la nation mexicaine, un manifeste dont voici les principaux passages :

« ... Ils vous trompent ceux qui prétendent que, derrière de justes réclamations, les alliés cachent des plans de conquête, de restauration ou d'intervention dans votre administration.

« Trois nations qui acceptent loyalement, et qui reconnaissent votre indépendance, méritent qu'on les croie animées de sentiments nobles et généreux, et non de pensées qui ne sont pas de notre époque. . . . . .

« Telle est la vérité... Et nous ne vous la disons pas en vous déclarant la guerre. Il vous appartient à vous, uniquement à vous, sans aucune intervention étrangère, de vous constituer d'une façon durable et solide... »

Les représentants des puissances alliées se réunirent le lendemain de leur arrivée. Les deux premières conférences se passèrent à merveille. Le général Prim exprima, dans la seconde, l'opinion qu'il serait bon de savoir à quoi chaque commissaire s'engageait en appuyant les réclamations de ses collègues. La conférence du 13 fut tout entière consacrée à la lecture de ces réclamations.

Le gouvernement impérial avait formulé les siennes dans la note suivante, adressée sous forme d'ultimatum au gouvernement mexicain :

« Les soussignés, représentants de la France, ont l'honneur, conformément à ce qui est dit dans la note collective adressée sous cette date au gouvernement mexicain par les plénipotentiaires de France, d'Angleterre et d'Espagne, de formuler ainsi qu'il suit l'*ultimatum* dont ils ont l'ordre, au nom du gouvernement français, d'exiger l'acceptation *simple et complète* de celui du Mexique.

« Art. 1er. — Le Mexique s'obligera à payer à la France la somme de *douze millions de piastres* (60 000 000 de francs), à laquelle est évalué le total des réclamations françaises pour les faits commis jusqu'au 31 juillet dernier, sauf les exceptions comprises dans les articles 2 et 4, et dont il sera parlé ci-après.

« Quant aux faits qui ont eu lieu depuis le 31 juillet dernier, faits pour lesquels ils introduisent une réserve expresse, le montant des réclamations auxquelles ils pourront donner lieu *sera fixé ultérieurement par les plénipotentiaires français*.

« Art. 2. — Le reliquat des sommes dues en vertu de la convention de 1853, reliquat qui n'a point été compris dans l'article 1er ci-dessus, devra être payé aux ayants droit, conformément aux obligations stipulées dans la susdite convention de 1853.

« Art. 3. — *Le Mexique s'obligera à l'exécution* PLEINE, LOYALE ET IMMÉDIATE *du contrat passé, au mois de février 1859, entre le gouvernement mexicain et la maison Jœcker*.

« Art. 4. — Le Mexique s'obligera au payement immédiat de 11 000 piastres (55 000 francs), reste de l'indemnité stipulée en faveur de la veuve et des enfants de M. Riche, vice-consul de France à Tepic, assassiné au mois d'octobre 1859.

« Le gouvernement mexicain devra en outre, ainsi qu'il s'y est déjà engagé, destituer de ses grades et emplois et punir d'une manière exemplaire le colonel Rojas, un des assassins de M. Riche, avec la condition expresse que le susdit Rojas ne pourra, dans l'avenir, exercer aucun emploi, aucun commandement, aucune fonction publique.

« Art. 5. — Le gouvernemnt mexicain s'obligera également à rechercher les nombreux assassinats commis contre les Français, spécialement contre M. Davesne, et à punir les assassins [1].

« Art. 6. — Les auteurs des attentats commis le 14 août dernier contre le ministre de l'Empereur et des insultes adressées au représentant de la France dans les premiers

---

1. M. de Saligny a tenu depuis sous sa main le chef bien connu d'une de ces bandes, Marquez. Non seulement ce dernier n'a pas été puni en vertu de cet *ultimatum*, mais encore il a reçu la croix de commandeur de la Légion d'honneur.

Fig. 48. — La ville de Vera-Cruz et ses environs.

jours du mois de novembre 1861 seront soumis à un châtiment exemplaire, et le gouvernement mexicain devra donner à la France et à son représentant toutes les réparations et satisfactions dues pour de pareils excès [1].

« ART. 7. — Pour assurer l'exécution des articles 5 et 6 relatés ci-dessus et le châtiment de tous les attentats qui ont été commis ou qui pourraient être commis dans la suite contre les Français qui résident dans la République, le ministre de France aura toujours le droit d'assister *personnellement ou par l'intermédiaire d'un délégué qu'il désignera à cet effet*, à toutes les instructions qui seront faites par la justice criminelle du pays.

« *Il sera investi du même droit dans toutes les instructions criminelles intentées contre les nationaux.*

« ART. 8. — Les indemnités stipulées dans le présent *ultimatum* bénéficieront, depuis le 17 juillet dernier et jusqu'à leur payement intégral, d'un intérêt annuel de 6 pour 100.

« ART. 9. — Pour garantir l'accomplissement des conditions pécuniaires et autres énoncées dans le présent *ultimatum*, la France aura le droit d'occuper les ports de Vera-Cruz et de Tampico, ainsi que tous ceux qu'elle croira nécessaire, et d'y établir des commissaires nommés par le gouvernement impérial. La mission de ces derniers sera *d'assurer aux puissances qui y auront droit la dévolution des fonds qui devront être séparés à leur profit sur tous les revenus des douanes maritimes, conformément aux conventions, et la remise aux agents français des sommes dues à la France.*

« Les commissaires dont il est ici question auront en outre le droit de *réduire de moitié, ou en moindre proportion, selon qu'ils le jugeront convenable, les droits que la loi perçoit actuellement dans les ports de la République.*

« Il sera établi d'une manière expresse que les marchandises qui auront déjà payé les droits d'importation ne pourront, en aucun cas ni sous aucun prétexte, être soumises par le gouvernement suprême ou par les autorités des États à des charges additionnelles excédant de 15 pour 100 le montant des sommes payées pour droits d'importation.

« ART. 10. — Toutes les mesures qui seront jugées nécessaires pour régler la répartition entre les parties intéressées des sommes prélevées sur le produit des douanes, définir le mode et les termes des payements et garantir l'exécution des clauses contenues dans le présent *ultimatum*, seront arrêtées de concert entre les plénipotentaires de France, d'Angleterre et d'Espagne.

« *Signé* : E. JURIEN, A. DE SALIGNY.

« Vera-Cruz, 12 janvier 1862. »

La lecture de cet *ultimatum* excita l'étonnement des plénipotentiaires ; sir Charles Wike témoigna très vivement sa désapprobation de l'article relatif à la créance Jecker. Il connaissait, en sa qualité de résident à Mexico, tous les détails de cette affaire, dans laquelle 750 000 piastres avaient été échangées contre 14 millions en bons du trésor. M. Dubois de Saligny n'assistait pas à la réunion. L'amiral Jurien de La Gravière, fort embarrassé, demanda l'ajournement de la discussion au lendemain ; M. de Saligny était présent cette fois. Les plénipotentiaires anglais et

---

[1]. Les recherches avaient été faites en présence de M. de Saligny lui-même et avaient abouti à une ordonnance de non-lieu.

espagnols lui ayant demandé communication des titres sur lesquels reposait sa réclamation, il reconnut qu'il n'avait pas de pièces justificatives à produire et qu'il avait fixé à 60 millions de francs le montant des sommes dues aux sujets de l'empire, parce que ce chiffre lui semblait le plus voisin de la vérité ; personne, ajouta-t-il, n'avait d'ailleurs le droit d'examiner le plus ou moins de valeur de sa réclamation. Les plénipotentiaires, ne pouvant admettre une si étrange façon d'agir dans une entreprise commune, décidèrent que chaque commissaire ferait valoir isolément les réclamations de son gouvernement, sans engager l'action de ses collègues. C'était ce que voulait M. Dubois de Saligny. Il connaissait trop bien le Mexique pour le croire en état de satisfaire à ses exigences ; mais il voulait, en le forçant à les repousser, rendre la guerre inévitable.

Les plénipotentiaires avaient formé une commission chargée de porter à Mexico la note collective contenant les explications demandées par le gouvernement mexicain, et de le prévenir que pendant les négociations les troupes alliées, pour échapper à l'influence meurtrière du climat du littoral, s'installeraient à l'intérieur dans des campements sains. La commission partit le 14 avec la note dont voici le résumé :

« Les plénipotentiaires sont chargés d'exiger pleine réparation des
« griefs et préjudices soufferts, mais en déclarant que la première chose
« à faire est de procurer à la République les moyens de se constituer
« d'une manière stable et qui la mette dans la possibilité de remplir ses
« engagements. »

La cinquième conférence eut lieu le 25. Les représentants de l'Angleterre déclarèrent à leurs collègues que, ayant appris l'arrivée prochaine de Miramon à Vera-Cruz, ils étaient décidés à s'opposer au débarquement de celui qui avait pillé la caisse de la légation anglaise. Une discussion très vive eut lieu entre sir Charles Wike et M. Dubois de Saligny, protecteur de Miramon, qui ne put cependant pas débarquer.

Les membres de la commission revinrent le 29 janvier de Mexico, très satisfaits de l'accueil qui leur avait été fait partout et des dispositions du gouvernement mexicain, qui paraissait prêt à donner toutes les satisfactions demandées. M. Zacomana, ministre de Juarez, les accompagnait, portant une dépêche du général Doblado, invitant les plénipotentiaires à se rendre avec une garde d'honneur de 2000 hommes à Orizaba, où des commissaires mexicains les attendaient pour entamer des négociations, pendant lesquelles le restant des forces étrangères seraient embarquées pour que rien ne parût gêner la liberté des délibérations. Les alliés répondirent par l'avertissement que les troupes allaient faire un pas en avant vers une zone plus salubre et qu'elles se mettraient en marche, du 18 au 20 février, sur Orizaba ou Jalapa. L'annonce anticipée de ce départ inquiétait Juarez, qui chargea le général Doblado de demander aux représentants des puissances de vouloir bien préciser l'objet de leur mission. Le général Doblado adressa donc, le 6 février 1862, aux plénipotentiaires une lettre qui se terminait ainsi :

« ..... Comme le gouvernement de la République ignore quelle peut être la mission qui conduit au Mexique les commissaires des puissances alliées, d'autant plus que, jusqu'à présent, les commissaires n'ont donné que des assurances amicales, mais vagues, dont rien ne fait connaître l'objet réel, il ne peut permettre aux forces envahissantes d'avancer, à moins que l'on ne fixe d'une façon précise les intentions des alliés, par suite desquelles des négociations ultérieures pourront avoir lieu avec la garantie due aux intérêts importants qui doivent être discutés.
« Le citoyen président me donne l'ordre de fournir, de plus, à Vos Excellences l'explication que si Vos Excellences envoient promptement un commissaire à Cordova pour discuter avec un autre commissaire du gouvernement mexicain les bases ci-dessus mentionnées, avant le présent mois de février, l'ordre sera donné à ces forces d'avancer vers les points sur lesquels on sera tombé d'accord. »

Cette lettre contenait une véritable injonction aux alliés de ne pas faire un pas en avant. Il fallait s'y soumettre, faute de forces suffisantes pour la braver. Les plénipotentiaires décidèrent donc, le 9 février, que des pleins pouvoirs seraient donnés au comte de Reuss pour s'entendre avec le commissaire mexicain. Un incident faillit le lendemain rendre toute négociation inutile. Le général Zaragoza venait de remplacer le général Uraga dans le commandement de l'armée; jeune, ardent, ignorant les négociations engagées entre son gouvernement et les plénipotentiaires, et entendant parler d'un mouvement en avant des alliés, il n'hésita pas à signifier aux plénipotentiaires qu'il considérait ce mouvement comme une déclaration de guerre. Les plénipotentiaires, dans l'impuissance où ils se trouvaient de recourir aux armes, se plaignirent au gouvernement, qui donna des instructions pacifiques au général Zaragoza. Il ne restait plus qu'à fixer le jour et le lieu d'une entrevue. Ce double choix ne souleva point de difficultés, et le 19 février le comte de Reuss et le général Doblado se réunirent dans une maison du village de La Soledad. Le général Prim, mari d'une Mexicaine, était arrivé au Mexique avec les projets que la situation de ce pays pouvait faire naître dans l'âme ardente et inquiète d'un ambitieux comme lui. La volonté secrète de Napoléon III, en s'opposant à la haute fortune qu'il rêvait, le désintéressement forcé auquel il était réduit lui rendirent son impartialité. Il fut frappé de l'unanimité avec laquelle, dans chaque État, on obéissait aux autorités établie par la constitution; si quelques bandes de dissidents survivaient à trois ans de guerre civile, elles étaient commandées par des bandits avérés comme Marquez ou par des Espagnols. Le gouvernement espagnol n'avait plus de son côté aucun intérêt à s'associer à une guerre pour installer un archiduc sur le trône d'un pays dont il regrettait la possession. Le général Prim était donc résolu à borner le résultat de l'intervention à la réparation des offenses faites aux puissances et au payement des dommages causés à leurs nationaux. Le gouvernement mexicain se montrait très disposé à donner toutes les satisfactions désirables pour les outrages, les exactions, les actes arbitraires dont se plaignaient avec raison les étrangers et dont la fin de la guerre civile et la pacification de la République par la consolidation de l'œuvre constitutionelle, élevée avec tant de peine sur les débris du passé, pouvaient seules empêcher le retour.

Le général Prim et le général Doblado se réunirent, le 19 février 1862, à La Soledad et signèrent ces préliminaires de paix.

PRÉLIMINAIRES DONT SONT CONVENUS M. LE COMTE DE REUSS ET LE MINISTRE
DES RELATIONS EXTÉRIEURES DE LA RÉPUBLIQUE DU MEXIQUE.

« Attendu que le gouvernement constitutionnel qui régit actuellement la République mexicaine a manifesté aux commissaires des puissances alliées qu'il n'a pas besoin des secours qu'ont offerts ces derniers avec tant de bienveillance au peuple mexicain, et *qu'il possède en lui-même les éléments de force et d'opinion nécessaire pour se maintenir contre toute révolte intestine*, les alliés entrent de suite sur le terrain des traités et sont prêts à formuler toutes les réclamations qu'ils ont à faire au nom de leurs nations respectives.

« I. A cet effet, les représentants des puissances alliées protestant, comme ils protestent, qu'ils n'ont l'intention de rien intenter contre l'indépendance, la souveraineté et l'intégrité du territoire de la République, les négociations s'ouvriront à Orizaba, ville dans laquelle se rendront les commissaires et deux ministres du gouvernement de la République, sauf le cas où, d'un commun accord, on conviendrait de nommer des représentants délégués par les deux parties.

« II. Pendant les négociations, les forces des puissances alliées occuperont les trois centres de population de Cordova, Orizaba et Tehuacan, avec leurs rayons naturels.

« III. Pour qu'on ne puisse supposer, même d'une manière éloignée, que les alliés ont signé ces préliminaires pour se procurer le passage des positions fortifiées qu'occupe l'armée mexicaine, il est stipulé que, au cas malheureux où les négociations viendraient à se rompre, *les forces des alliés abandonneront les centres de population ci-dessus mentionnés* et retourneront se placer sur la ligne qui est en avant de ces fortifications dans la direction de Vera-Cruz, en désignant comme points extrêmes principaux celui de Paso Ancho, sur la route de Cordova, et celui de Pasto de Ovejas, sur celle de Jalapa.

« IV. Si le cas malheureux de la rupture des hostilités venait à se présenter, et si les troupes alliées se retiraient sur la ligne indiquée dans l'article qui précède, les hôpitaux alliés dans ces trois villes seraient sous la sauvegarde de la nation mexicaine.

« V. Le jour où les troupes alliées entreprendront leur marche pour occuper les points désignés dans l'article deuxième, on arborera le drapeau mexicain sur la ville de Vera-Cruz et sur le château de Saint-Jean-d'Ulloa.

« *Signé* : Le COMTE DE REUSS, MANUEL DOBLADO.

« Approuvé :
« *Signé* : CH. LENNOX WIKE, HUGH DUNLOP.

« Approuvé les préliminaires ci-dessus :
« *Signé* : A. DE SALIGNY, E. JURIEN.

« La Soledad, 19 février 1862.

« J'approuve ces préliminaires en vertu des amples facultés dont je suis investi.
« *Signé* : BENITO JUAREZ.

« Mexico, 23 février 1862. »

Les plénipotentiaires avaient informé leurs gouvernements respectifs du désaccord survenu entre eux dans la quatrième conférence et de la décision qui en avait été la suite. M. Thouvenel fit connaître au cabinet de Saint-James la surprise que lui causait la conduite de sir Charles Wike. Il n'admettait pas que chaque plénipotentiaire exerçât un contrôle sur les demandes de ses collègues et qu'on réglât les réclamations en vertu de traités ou de conventions. Lord Russell, quoiqu'il reconnût que son représentant s'était écarté des prescriptions de la convention de Londres, n'en approuva pas moins sa conduite. Il ne crut pas devoir cacher au ministre de Napoléon III qu'il était de l'avis de sir Charles Wike ; « que « l'affaire Jecker ne devait pas donner lieu à une protection telle qu'on « pût en faire l'objet d'un *ultimatum*, et qu'il comprenait que sir « Charles Wike eût trouvé cette réclamation extravagante. »

La nouvelle de la signature des préliminaires de La Soledad, arrivée sur ces entrefaites, fit éprouver au gouvernement impérial une irritation qu'il ne put cacher et dont la note insérée au *Moniteur* du 8 avril porte les traces :

« Les journaux espagnols prétendent que le gouvernement de l'Empereur a demandé au cabinet de Madrid le rappel du général Prim. Cette demande est entièrement controuvée. Le gouvernement de l'Empereur s'est borné à désapprouver la convention conclue avec le général Doblado par le général Prim, et acceptée ensuite par les plénipotentiaires des puissances alliées, parce que cette convention lui a semblé contraire à la dignité de la France.

« En conséquence, M. de Saligny a été seul chargé des pleins pouvoirs politiques dont le vice-amiral Jurien de La Gravière était revêtu, et cet officier général a reçu l'ordre de reprendre simplement le commandement de la division navale. »

M. Billault vint encore aggraver cette note en la commentant devant le Corps législatif : « Il est, messieurs, dans la vie des nations, comme « dans celle des hommes, des situations impérieuses, où, quoi qu'il « arrive, il ne faut transiger ni avec l'honneur ni avec le devoir. » M. Jurien de La Gravière avait donc forfait à tous les deux ?

L'Angleterre et l'Espagne, sauf quelques détails de forme, approuvèrent leurs représentants.

Le général Lorencez, accompagné par Almonte, cet ancien républicain devenu l'agent principal des intrigues monarchiques à Paris, à Madrid et à Miramar, débarqua le 1er mars à Vera-Cruz, suivi du Père Miranda, de plusieurs émigrés royalistes, et précédé des articles de la presse officieuse impériale, annonçant ouvertement que le but de l'expédition était le renversement de Juarez et l'élévation de Maximilien au trône du Mexique. Le gouvernement mexicain adressa, le 3 avril, une note aux plénipotentiaires alliés pour les prier « de donner l'ordre que ces per« sonnes soient réembarquées et transportées sans retard hors de la « République ».

La mésintelligence entre les commissaires des trois puissances alliées née dès le lendemain de leur réunion, à la suite du refus de M. de Saligny de communiquer à ses collègues des renseignements précis au sujet de la créance introduite au nom de la France contre le Mexique, parut un instant se calmer ; mais l'arrivée du général Almonte, ses menées et la protection dont il était l'objet de la part des commissaires impériaux, la ravivèrent au point qu'il devint désormais impossible aux commissaires alliés de poursuivre en commun le but de l'expédition. Chacun d'eux le comprenait, mais personne n'avait encore osé l'avouer franchement. Il fallait pourtant sortir de cette étrange situation avant le 15 avril, jour fixé pour l'ouverture des négociations avec les plénipotentiaires mexicains.

Les commissaires se réunirent le 9 du mois susdit, à Orizaba. La discussion s'engagea entre les commissaires des gouvernements d'Angleterre et d'Espagne, et les commissaires du gouvernement français. Les premiers, le général Prim surtout, s'efforcèrent de démontrer que la convention de Londres n'autorisait pas l'attitude prise, depuis l'arrivée du général Almonte, par les commissaires du gouvernement français ;

Fig. 49. — Le commandant des forces espagnoles, embossé en face de Vera-Cruz, adresse au gouverneur une sommation contenant une récapitulation des griefs de son gouvernement contre celui du Mexique.

que les alliés ne pouvaient imposer aux Mexicains une forme de gouvernement sans abandonner la pensée primitive de l'expédition et sans violer les préliminaires conclus avec le gouvernement de la République ; pour rester fidèles à ces préliminaires, il ne fallait pas seulement se maintenir dans les termes de la convention, mais s'abstenir rigoureusement de protéger les enfants perdus d'un pays qui venaient conspirer, à l'ombre des drapeaux alliés, contre l'ordre de choses actuellement existant. Le général Prim raconta ensuite comment Almonte, dans une entrevue qu'ils eurent ensemble quelques jours après son arrivée, lui avait dévoilé ses plans.

« Dans une visite que me fit le général Almonte peu de jours après son arrivée, il m'a déclaré franchement *qu'il comptait sur l'appui des trois puissances alliées pour opérer un changement radical dans le gouvernement du Mexique, y remplacer la République par la monarchie et appeler au trône l'archiduc Maximilien d'Autriche.* Puis il a ajouté qu'il avait des motifs pour croire que son projet serait favorablement accueilli par les Mexicains eux-mêmes, et qu'avant deux mois il serait peut-être réalisé.

« Je lui ai répondu que mon opinion à cet égard était diamétralement opposée à la sienne, et que, pour l'exécution de ce plan, il ne devait pas compter sur l'appui des forces espagnoles, parce que le Mexique, constitué en République depuis quarante ans, repousserait la forme monarchique et refuserait des institutions si différentes de celles qui l'ont régi jusqu'à notre époque.

« Le général Almonte m'a confessé de plus *qu'il comptait sur l'appui des troupes françaises*, et je ne lui ai pas caché que je regrettais de voir le gouvernement français adopter au Mexique une politique si différente de celle que l'Empereur avait suivie dans plusieurs occasions. Je lui ai même dit que, dans le cas, pour moi peu probable, où les forces de la France se compromettraient dans une pareille entreprise, s'il leur arrivait un échec, je regretterais autant ce malheur que s'il m'était arrivé à moi-même ou à mon pays. J'ai fini par l'engager à ne pas persévérer dans une conduite où, s'il agissait seul, il trouverait infailliblement sa ruine, tandis que, s'il comptait sur l'appui de quelques-unes des forces alliées, il ferait naître dans le pays des susceptibilités qui pourraient compromettre l'avenir des négociations pendantes, dont la politique toute conciliante suivie jusqu'à ce jour par les commissaires alliés espérait, non sans raison, obtenir un bon résultat. »

Les représentants français répondirent en termes clairs et explicites qu'ils étaient résolus à ne pas traiter avec le gouvernement de la République ; que, loin de retirer leur protection aux émigrés mexicains qui l'avaient invoquée, ils continueraient, au contraire, à la leur accorder. « La protection accordée au général Almonte, dit l'amiral de La Gra-
« vière, ne diffère en rien de celle que la France accorde aux proscrits de
« tous les pays ; elle n'implique par elle-même aucune intervention dans
« les affaires intérieures de la République, et, une fois concédée, il n'y a
« pas d'exemple qu'elle ait jamais été retirée. »

Le commissaire espagnol fit observer que cette protection s'accordait ordinairement aux vaincus dont l'existence était en péril, et non aux individus qui venaient tout exprès de l'étranger avec des intentions hostiles contre un gouvernement établi, *surtout contre un gouvernement avec lequel les alliés avaient déjà ouvert des négociations.*

L'amiral Jurien lui répondit :

« Le général Almonte, de même que tout le monde en Europe, *croyait la guerre inévitable*, et, loin d'être animé de sentiments hostiles envers son pays, il arrive au contraire avec une *mission* — on ne disait pas de qui — *pacifique et conciliatrice*, afin de rétablir la concorde entre les différents partis; — il est digne, par ses antécédents, d'être écouté par ses compatriotes, et c'est à lui, en rectifiant les erreurs répandues à ce sujet, qu'il appartient de leur faire comprendre les intentions bienfaisantes des gouvernements européens à l'égard du Mexique ; — ce général est le plus capable de remplir cette *mission*, tant à cause des emplois honorables qu'il avait si dignement remplis dans son pays, *que par l'estime de l'Empereur pour sa personne et l'influence dont il jouissait auprès de lui*; les raisons données par le comte de Reuss pour justifier son opinion relativement à l'impossibilité d'établir une monarchie au Mexique ne lui paraissent pas concluantes; et, du moment où il est prouvé que les institutions sous lesquelles le pays a vécu pendant quarante ans n'ont produit que des révolutions et amené la situation déplorable où il est aujourd'hui, il est probable qu'un changement radical dans ses institutions sera reçu favorablement par tous les habitants de la République. »

Sir Charles Wike fit remarquer qu'à son arrivée à Vera-Cruz Almonte s'était donné publiquement comme le fondé de pouvoirs des trois gouvernements alliés, quand il était évident qu'il n'avait reçu aucune mission, ni de l'Angleterre, ni de l'Espagne, au nom desquelles cependant il prétendait interpréter à sa manière la convention de Londres; l'amiral Jurien se contenta de répondre « qu'il ne croyait pas que le général Almonte eût jamais manifesté de semblables prétentions ». Puis, sur une affirmation nouvelle du général Prim et du commodore Dunlop, M. de Saligny se hâta de couper court à l'incident en passant à une autre question.

« Il dit que le but véritable de l'acte de Londres était d'obtenir satisfaction des outrages commis par le gouvernement mexicain contre les étrangers, et que le système de temporisation et de conciliation suivi jusqu'à ce jour était condamné par l'épreuve qu'on en avait faite, puisqu'il recevait à chaque instant des lettres dans lesquelles les signataires se plaignaient à lui de la lenteur des alliés et lui disaient que cette attitude avait eu pour conséquence naturelle d'augmenter l'audace du gouvernement mexicain; — que, quant à lui, *il déclarait formellement qu'il ne traiterait jamais avec ce gouvernement*, et que, après avoir mûrement réfléchi sur la détermination qu'il convenait d'adopter, il croyait nécessaire de marcher immédiatement sur la capitale. »

Le commissaire anglais demanda à M. de Saligny s'il était vrai, comme on le répétait de tous côtés, *qu'il n'attachât aucune valeur aux préliminaires de La Soledad*. M. de Saligny déclara « qu'il n'avait « jamais eu la moindre confiance dans aucun des actes du gouvernement « mexicain, et que cette opinion s'appliquait non seulement aux préli- « minaires dont on parlait, mais à toutes les conventions qu'on pourrait « dans la suite conclure avec lui... »

A cette interpellation du commodore Dunlop : Pourquoi, s'il n'avait aucune confiance dans la parole du gouvernement mexicain, il avait signé les préliminaires en question? — et pourquoi, après les avoir volontairement signés, il ne se croyait pas lié par sa signature? M. de Saligny répondit « qu'il ne devait compte à personne des motifs qui l'avaient engagé à signer ces préliminaires ». Mais, s'apercevant aussitôt de l'effet produit par ces paroles brutales, il ajouta d'un ton un peu radouci « que néanmoins, si le gouvernement mexicain ne les avait pas lui-même enfreints de mille manières, il se serait cru compromis par sa signature. »

Les représentants anglais allaient sommer M. de Saligny de fournir les preuves de ce qu'il avançait, quand le général Prim fit lire par son secrétaire la note dans laquelle le ministre des affaires étrangères du Mexique réclamait au nom de son gouvernement l'expulsion du général Almonte et de ses compagnons. Les commissaires français se refusèrent l'un et l'autre, de la manière la plus positive, à cette demande. L'amiral Jurien, pour donner un semblant de justice à ce refus, déclara que dans aucun pays il n'avait vu inaugurer un système de terreur pareil à celui qui pesait en ce moment sur les populations du Mexique.

M. de Saligny appuya fortement l'opinion de son collègue, et sir Charles Wike la combattit en déclarant que, selon lui, la grande majorité du peuple mexicain soutiendrait le gouvernement actuel, tandis qu'au contraire la monarchie rencontrerait peu de partisans.

M. Jurien répliqua « que la partie intelligente et modérée de la nation était aussi la seule qui méritât les sympathies des puissances alliées; que cette fraction désirait sincèrement le retour à l'ordre et à la tranquillité ; qu'elle souhaitait surtout l'appui des alliés, et qu'elle prouverait elle-même ses sentiments le jour où, libre enfin de toute oppression, elle pourrait formuler son opinion. » Il termina en disant « qu'il fallait marcher immédiatement sur Mexico ». M. de Saligny ajouta « que ses compatriotes gémissaient sous la plus atroce tyrannie; qu'il avait reçu un grand nombre de pétitions dans lesquelles on lui demandait que les troupes françaises marchassent sur la capitale, seul moyen de les préserver d'une ruine complète. »

Ces pétitions existaient. Mais ce que M. de Saligny ne disait pas, c'est la manière dont s'y était prise la légation de France pour les obtenir.

La population française de Mexico s'était trouvée compromise, pour une somme assez ronde, dans le passif du bilan que le banquier Jecker avait été obligé de déposer huit mois avant la rentrée du gouvernement constitutionnel dans la capitale de la République, et M. de Saligny avait profité de cette circonstance pour poser cette alternative aux intéressés : « Si l'intervention a lieu, M. Jecker sera payé, et vous le serez également ; dans le cas contraire, il est probable que vous perdrez tout. Choisissez maintenant. » Les négociants, placés ainsi entre leurs intérêts et leur conscience qui leur disait que l'intervention serait une faute irréparable, signèrent les pétitions dictées par M. de Saligny.

L'amiral Jurien dit qu'il n'éprouvait aucune sympathie pour un gouvernement à qui l'on avait offert la paix et la réconciliation des partis et qui avait répondu à cette offre en ordonnant des supplices [1].

Les commissaires des gouvernements d'Angleterre et d'Espagne déclarèrent, après avoir entendu les plénipotentiaires français, qu'ils ne trouvaient aucun motif qui pût justifier leur résolution de rompre avec le gouvernement mexicain ; qu'ils ne pouvaient approuver ni signer la réponse que les susdits plénipotentiaires voulaient faire à la note de M. Doblado ; et que, dans le cas où ils continueraient à s'opposer au rembarquement du sieur Almonte et de ses compagnons et où ils se refuseraient à prendre part aux conférences qui devaient s'ouvrir six jours plus tard, dans cette même ville d'Orizaba, avec les plénipotentiaires du gouvernement local, ils se retireraient du territoire du Mexique avec leurs troupes et regarderaient la conduite des commissaires français comme une violation de l'acte de Londres et des préliminaires de La Soledad.

---

1. L'amiral Jurien faisait ici allusion à la mort du général Robles Pezuela.
M. Robles, compromis dans les événements qui s'étaient passés depuis trois ans, s'était tenu caché pendant plusieurs mois, après la prise de Mexico, dans l'hôtel même de M. de Saligny. De là, il s'était rendu à Guanaguato, où il vivait tranquillement sous la protection de M. Doblado, gouverneur constitutionnel de cet État. Quand M. Doblado fut nommé ministre des affaires étrangères, Robles obtint de lui l'autorisation de revenir à Mexico, sous la condition expresse de ne s'y point mêler de politique. Malheureusement il se mit en relation avec Almonte et le Père Miranda, et on lui ordonna de se rendre, *sur parole*, à Sombrerete, dans l'État de Zacatecas. Robles, au lieu de prendre la route du nord, prit celle de l'ouest, qui conduisait au camp des alliés. Il fut arrêté près d'Orizaba, traduit en jugement pour crime de *trahison*, condamné et passé par les armes, le 23 mars 1862.

Les commissaires alliés, avant de se séparer définitivement, rédigèrent une note collective adressée au gouvernement mexicain, pour lui annoncer « qu'ils s'étaient trouvés dans l'impossibilité de se mettre d'accord sur l'interprétation de la convention du 31 octobre 1861 ».

Les commissaires français, s'empressant de profiter de la liberté d'allure que leur laissait le départ des commissaires anglais et espagnols, firent parvenir le 9 avril, par un message particulier au gouvernement mexicain, leur refus à la demande d'expulsion d'Almonte et de ses agents. Il était impossible, disaient-ils, d'acquiescer à cette demande relative à un homme « étranger aux passions des partis et investi de la confiance du gouvernement de l'Empereur ».

M. Billault, défendant Almonte devant le Corps législatif, a soutenu que ce dernier n'étant ni *proscrit ni condamné*, se trouvait placé sous la protection du droit commun. M. Billault savait mieux que personne que le titre de proscrit ne défend pas toujours contre les demandes d'expulsion ou d'internement de la part du gouvernement proscripteur; était-il possible d'ailleurs d'invoquer le droit commun en faveur d'un homme qui, après avoir prêté serment à la Constitution de 1857, en qualité de ministre du Mexique à Paris, nommé par Comonfort, avait violé son serment pour servir la réaction, et qui, destitué par Juarez, non content de se faire l'agent actif des intrigues destinées à appeler l'étranger dans son pays, y nouait, à peine débarqué, de nouvelles intrigues pour renverser le gouvernement?

Le comte Russell était loin de partager l'opinion de M. Billault sur Almonte, car le 21 avril 1862, à ces trois questions posées par son représentant au Mexique : 1° M. de Saligny a-t-il eu raison de permettre à des émigrés tels que le général Almonte et le Père Miranda de pénétrer à l'intérieur sous le pavillon français, ou bien le général Prim et le représentant de S. M. Britannique ont-ils eu raison de protester contre cet acte? 2° Le général Prim a-t-il eu raison, dans le cas où le commissaire français persisterait dans ses exigences, de se décider à retirer ses troupes du territoire mexicain? 3° Dans le cas également où le commissaire français persisterait dans ses exigences, la convention du 31 octobre doit-elle être considérée comme rompue ou seulement comme suspendue? Le ministre anglais répondit que le général Prim et le représentant du gouvernement britannique étaient parfaitement fondés à protester contre le sauf-conduit donné par M. Dubois de Saligny au général Almonte et au Père Miranda pour pénétrer dans l'intérieur du Mexique sous la protection du pavillon français, que *le général Prim avait eu grandement raison de se décider à retirer ses troupes pour le cas où le représentant français persisterait dans ses exigences,* enfin que dans ce cas la convention du 31 octobre ne devrait pas pour cela être considérée comme *rompue* ou *terminée,* mais seulement comme *suspendue.*

Le message des commissaires français ne permettait pas au gouvernement mexicain de se faire illusion sur la situation, et, quoiqu'il n'eût reçu encore aucune déclaration de guerre, il comprenait que la paix était impossible. Le mouvement des troupes françaises cantonnées à Orizaba et à Cordova pour reprendre leurs anciennes positions devait commencer le 20 avril. On annonça que la brigade française laissait 500 hommes à Orizaba, dans l'intention apparente de protéger ses malades; le général Zaragoza écrivit au général Lorencez pour lui demander ce qu'il devait penser de cette nouvelle; le général Lorencez la démentit le 19. Sur le bruit d'un pronunciamiento préparé à Orizaba en faveur d'Almonte, le général Zaragoza se rendit dans cette ville pour surveiller les agents de la réaction. Le médecin en chef de l'armée expéditionnaire lui fit demander une entrevue sur laquelle on n'a jamais eu de détails officiels [1]; ce qu'il y a de certain, c'est que ce jour-là, 27 avril, le général Lorencez marcha sur Orizaba, qu'il occupa le lendemain, après avoir battu une petite armée mexicaine commandée par Porfirio Diaz. Là, pendant que le pronunciamiento en faveur d'Almonte s'accomplissait, il voulut justifier la violation de l'article 4 des préliminaires de La Soledad par cette proclamation :

« Mexicains !

« Malgré les assassinats commis contre nos soldats et les proclamations du gouvernement de Juarez, excitant à ces attentats, je voulais remplir avec fidélité, jusqu'au dernier moment, les obligations contractées par nos plénipotentiaires des trois puissances alliées. Mais j'ai reçu du général Zaragoza une lettre [2] par laquelle *la sûreté de mes malades,* laissés à Orizaba sous la foi de la convention, *était indignement menacée.*

« En présence de pareils faits, il n'y avait pas à hésiter : je dus marcher sur Orizaba *pour protéger mes malades menacés par un aussi vil attentat.*

« La nation mexicaine ne devra pas s'en inquiéter, car la guerre n'a été déclarée qu'à un *gouvernement inique* qui a commis contre mes compatriotes des outrages inouïs, dont, croyez-moi, je saurai obtenir la réparation convenable.

« *Le général en chef du corps expéditionnaire au Mexique.*
« *Signé :* LE COMTE DE LORENCEZ.

« Orizaba, 20 avril 1862. »

1. Le général Zaragoza mourut quelques jours après.
2. Cette lettre n'a jamais été publiée.

Fig. 50. — Le général Robles Pezuela est passé par les armes le 23 mars 1862 (page 374).

Juárez avait de son côté lancé, le 12 avril 1862, une proclamation que M. Billault a signalée au Corps législatif comme le monument de la plus hideuse barbarie et qui ne contenait que les prescriptions usitées en pareil cas, telles que la mise en état de siège du pays, l'appel aux armes de tous les Mexicains de trente à soixante ans et l'exécution de tout individu convaincu d'avoir fourni à l'étranger des armes, des vivres ou des informations.

Pendant que Juarez prenait les précautions que les circonstances lui imposaient, Almonte s'intitulait chef *suprême intérimaire de la nation*, en vertu d'un pronunciamiento qui dans une ville de plus de 25 000 habitants n'avait pas réuni plus de cent adhésions. Le pronunciamiento qui le portait au pouvoir par un acte public, était déjà désavoué par plusieurs des prétendus adhérents dont « la signature, disent-ils, n'y figure que par supposition »; quelques-uns même des signataires étaient absents au moment du pronunciamiento. Le total des adhésions supposées ou non n'arrivait d'ailleurs pas à *cent*, dans une ville de plus de 25 000 habitants.

Le général Lorencez, croyant à la réalité du gouvernement d'Almonte et à l'enthousiasme avec lequel le Mexique s'apprêtait à l'accueillir, marcha sur Puebla, capitale de l'État de ce nom, après avoir délogé, le 28 avril, Zaragoza des positions qu'il occupait dans les montagnes de Cumbres. M. Dubois de Saligny, muni des pleins pouvoirs de l'Empereur, marchait avec l'état-major. Le gouvernement impérial, s'imaginant qu'au Mexique, comme en Chine, il suffirait de l'entrain de quelques bataillons pour surmonter tous les obstacles, n'avait fourni au commandant de l'expédition qu'un effectif insuffisant. Le général Lorencez, trompé d'ailleurs par M. de Saligny et convaincu qu'on l'attendait comme un libérateur, négligea d'éclairer sa marche et fut accueilli devant Puebla par un feu des plus vifs. Il s'agissait ensuite de passer sur le corps du général Zaragoza, qui défendait les hauteurs de Lorette et de Guadalupe. Le général Lorencez ne put franchir ce passage. Obligé d'opérer le 5 mai sa retraite sur Orizaba, il accomplit, en traversant trente lieues de pays coupé de ravins et de bois, inondé sur plusieurs points, propre à toutes les embuscades, une opération qui fait le plus grand honneur à son courage et à son sang-froid et à ceux de sa petite colonne. Il ramena le 17 mai ses blessés et son matériel, sans perdre un homme ni un canon, à Orizaba, où Marquez arriva le lendemain avec un corps auxiliaire mexicain de 4000 hommes.

Les troupes françaises établirent leur campement entre Orizaba et Vera-Cruz ; mais l'installation était si défectueuse et les services de l'administration si mal organisés, que la faim et la maladie firent parmi elles de cruels ravages. Le voisinage des Français donna courage aux royalistes de Vera-Cruz. Un pronunciamiento dans le genre de celui d'Orizaba s'effectua le 18 mai dans cette dernière ville. L'acte du pronunciamiento recueillit 140 signatures. Almonte, à peu près maître de deux villes, jugea que le moment était venu de fonder un gouvernement. Comme il ne lui manquait que de l'argent et des fonctionnaires, il commença par rendre le 4 juin deux décrets : l'un, créant une série de valeurs en billets pour la somme de 500 000 piastres, soit environ deux millions et demi, avec cours forcé ; l'autre, obligeant « tous les Mexicains jouissant de leurs « droits de citoyens à accepter et à remplir les emplois et les fonctions « qui pourront leur être confiés par le chef suprême de la nation ou par « les gouverneurs des départements..... sous peine de bannissement pen- « dant un intervalle de six mois à deux ans... »

Les réclamations contre ces mesures partirent précisément des deux villes qui s'étaient prononcées pour Almonte, Orizaba et Vera-Cruz. Une junte composée des principaux négociants de Vera-Cruz adressa une protestation au ministre anglais à Mexico, qui le 9 juin lui répondit :

> « Que le général Almonte, non plus que ceux qui commandent en son nom, n'ont reçu le pouvoir qu'ils exercent d'aucune autorité légalement constituée dans le pays, et que, par conséquent, les Français étaient indirectement responsables des abus dont les négociants se plaignaient, tant pour soutenir les prétentions absurdes du susdit Almonte, que pour avoir livré à ses partisans la douane de Vera-Cruz. Dans cet état de choses, il les invitait à s'adresser à la principale autorité française, afin qu'elle retirât sa protection à une *faction* qui, livrée à ses seules forces, ne pourrait soutenir un seul jour un gouvernement dont l'existence était ignorée dans la majeure partie de la République ; que l'opinion publique repoussait partout où cette existence était connue, et qui ne commandait que dans deux villes sous la protection des baïonnettes françaises. »

La république mexicaine, malgré l'appui prêté par les Français à ses ennemis, ne cessait de leur témoigner sa vieille sympathie. Des soldats français, blessés dans la journée du 5 mai, avaient été transportés dans l'hôpital de Puebla. Leurs compatriotes habitants de cette ville, témoins des soins prodigués à ces militaires, adressèrent, par l'intermédiaire de leur consul, une lettre de remerciement au commandant mexicain, à laquelle il répondit :

> « Cette adresse prouve, à la face du monde civilisé, que, même dans les circonstances actuelles et lorsqu'il se voit obligé de repousser par la force une agression que rien ne

justice, *le Mexique n'a rien perdu de ses sympathies pour la nation française*, et qu'il déplore, au contraire, l'erreur gratuite de ses ennemis, erreur qui a contraint la République à défendre, les armes à la main, son honneur et son indépendance.

La conduite des autorités mexicaines contrastait singulièrement avec celle du clergé de Puebla, qui refusait l'absolution aux soldats mexicains blessés en combattant contre les Français, sous prétexte que, ces derniers étant les alliés de l'Église, ceux qui les attaquaient se trouvaient par cela même hors de son giron [1].

Le gouvernement républicain avait, on le voit, affaire à des ennemis résolus à employer contre lui les moyens les plus extrêmes et de nature à justifier contre eux et contre leurs auxiliaires les représailles les plus dures; cependant, non content de montrer son humanité à l'égard des Français, il témoignait à ceux-ci sa considération en leur faisant remettre les décorations recueillies sur le champ de bataille de Loretto. « Ceux « qui les avaient méritées, dit le ministre de la guerre dans sa lettre du « 10 mai, par leur bravoure n'ont rien perdu de leurs titres, parce que, « soumis aux ordres de leurs chefs, ils sont venus porter une guerre

---

[1]. Ce fait incroyable est attesté par la correspondance suivante, échangée entre le gouverneur de l'État et un aumônier de l'armée :

« Citoyen gouverneur,

« Le prêtre soussigné, aumônier de l'armée, a l'honneur de porter à votre connaissance le fait suivant :

« Aujourd'hui même, en se rendant à l'hôpital, il a rencontré M. le gouverneur de la mitre qui l'a arrêté et lui a défendu d'administrer les secours spirituels aux moribonds, parce que dans l'état d'excommunication où ils se trouvaient, leurs confessions n'auraient aucune valeur.

« Le soussigné est prêt à servir son pays, surtout en présence de la guerre étrangère qui le menace ; mais il désirerait qu'on fît disparaître la difficulté qui l'empêche d'exercer son ministère auprès des soldats mexicains, et c'est pour cela qu'il vous prie de prendre les mesures que vous croirez convenables dans une pareille circonstance.

« *Signé* : Vicente Guevara.

« Puebla, 10 mai 1862. »

RÉPONSE DU GOUVERNEUR.

« *Gouvernement et commandance militaire de Puebla.*

« Le chef de cet État a pris connaissance de la communication que vous lui avez adressée, hier, pour lui faire savoir que M. le gouverneur de la mitre de ce diocèse vous avait défendu de porter les secours spirituels aux soldats mexicains qui se trouvent dans les hôpitaux de la ville.

« En réponse, M. le gouverneur de l'État me charge de vous dire que vous pouvez sans crainte continuer à exercer votre ministère d'aumônier de l'armée, si toutefois le témoignage de votre conscience ne s'y oppose pas.

« Liberté et Réforme.

« *Signé* : Joaquin Tellès, secrétaire.

« Puebla, 11 mai 1862. »

« inique et folle dont seront responsables ceux-là seuls qui l'ont pré-
« parée. » Les prisonniers et les blessés français furent renvoyés, et les
frais de leur voyage pris dans la caisse de l'armée mexicaine.

Napoléon III, avant la rupture d'Orizaba, avait manifesté l'intention
de renforcer l'armée française au Mexique. Les troupes anglaises et espagnoles s'étaient rembarquées, et les troupes françaises, décimées par
les maladies, par la faim et par les combats, subissaient dans Orizaba
toutes les souffrances et les privations d'un cruel hivernage et presque
d'un blocus ; heureusement le général Forey, à la tête de renforts considérables (27 000 hommes et 5000 chevaux), arriva dans le courant du
mois de septembre 1862 au Mexique. Officier médiocre, son titre principal au poste qui lui était confié était la part prise par lui au coup
d'État du 2 décembre ; à peine débarqué, le 25 septembre, de Vera-Cruz,
il lança une proclamation pour protester de ses intentions bienveillantes
pour le Mexique, de son respect pour l'indépendance du pays.

« ..... Ce n'est point, disait-il, au peuple mexicain que nous venons faire la guerre,
mais seulement à une poignée d'hommes sans scrupules et sans conscience, qui ont
foulé aux pieds le droit des gens, en gouvernant de la façon la plus sanguinaire et qui,
pour se soutenir, n'ont pas eu honte de vendre le territoire de leur pays à l'étranger.

« On a cherché à exciter contre nous le sentiment national en prétendant que nous
venons vous imposer un gouvernement à notre guise. Loin de là ; aussitôt que le peuple
mexicain aura été délivré par nos armes, il élira le gouvernement qui lui conviendra le
mieux. J'ai reçu l'ordre exprès de vous le déclarer. »

Le général Forey, marchant ensuite en avant, arriva le 22 octobre à
Cordova, dans un pays occupé depuis huit mois par les troupes françaises
et où l'intervention avait eu le temps de se créer des sympathies. La méfiance dont il se sentit entouré l'obligea cependant à publier une nouvelle
proclamation dans le même esprit que la précédente, en termes encore
plus vifs : « On prétend, dit-il, que nous venons attenter à votre indé-
« pendance ! Ceux qui vous le disent vous trompent ; ne les croyez pas.
« Nous désirons seulement connaître quel est le gouvernement qui vous
« convient, et, quand la nation aura librement manifesté ses intentions,
« la France le reconnaîtra et unira ses efforts aux vôtres pour faire du
« Mexique une nation libre. »

Ces belles phrases, démenties par des actes tels que le décret qui dé-
portait les prisonniers de guerre à la Martinique, ne rassuraient guère les
Mexicains. La dissolution du gouvernement d'Almonte n'avait d'ailleurs
produit qu'un médiocre effet, faute de n'avoir pas été suivie du rappel de

M. de Saligny, son fondateur et son soutien. Le conseil municipal d'Orizaba s'était dissous quelques jours avant l'arrivée du commandant en chef de l'armée d'intervention, et il refusait de se reconstituer, dans la crainte que la présence des troupes étrangères n'enlevât aux électeurs toute garantie d'indépendance. Le général Forey le remplaça aussitôt par une commission municipale qu'il fit installer par un colonel; ce n'était pas son unique maladresse. Le général Gonzalez Ortega avait remplacé dans le commandement de l'armée mexicaine le général Zaragoza, mort à la suite de ses blessures, reçues en défendant Puebla. Il avait chargé un des blessés français qu'il faisait mettre en liberté d'une lettre pour le général Forey, qui, dans sa réponse inconvenante, mêla fort impolitiquement des attaques violentes contre le gouvernement mexicain à des éloges pour Ortega et à des regrets « de ce que sa vaillante épée n'était pas au service d'une meilleure cause ». Le général Forey, en ajoutant qu'il lui répugnerait, « pour cause d'humanité », d'entrer en relation avec le gouvernement du Mexique, s'attira cette prophétique réplique du 16 novembre :

« Je ne comprends pas les motifs de cette répugnance. Je crois qu'elle provient des calomnies de quelques transfuges mexicains qui, pour satisfaire leurs haines personnelles, se sont étudiés à défigurer les actes du président de la République et à le présenter comme animé de la plus violente haine contre les Français. Pour donner à Votre Excellence une preuve du contraire, je lui dirai *que tous les prisonniers français mis en liberté par le général Zaragoza et par moi l'ont été en vertu des ordres du président de la République, le C. Benito Juarez*, c'est-à-dire *de l'homme qui ne respecte pas même*, dit-on, *les éléments les plus clairs et les plus simples du droit naturel.*

« Quel que soit donc le terrain sur lequel se place en ce moment la diplomatie à l'égard de ce qui peut résulter de la guerre actuelle, la personne qui représentera la France au Mexique *devra tôt ou tard entrer en arrangement avec ce gouvernement*, parce qu'il n'y a que lui qui a reçu de la nation le pouvoir de traiter en son nom.

« Que dirait le général Forey si, en lui adressant une lettre, pleine d'estime et de respect pour sa personne, je profitais de la circonstance pour insulter Napoléon III? — Lirait-il mes phrases avec une indifférence impassible? — Et cependant j'en aurais en quelque sorte le droit, en présence de l'invasion par les troupes françaises du sol où je suis né. — J'adjure Votre Excellence de répondre à cette question ; *je l'adjure d'y répondre comme homme d'honneur, comme soldat et comme Français.*

L'armée d'intervention, à la fin de 1862, restait dans l'inaction, en proie aux mêmes privations et aux mêmes souffrances; sa présence sur le sol mexicain, qui, selon M. de Saligny, devait suffire pour provoquer la chute du gouvernement de Juarez, n'empêchait pas ce dernier de remplir régulièrement à Mexico ses fonctions de président de la République. Une inquiétude vague pendant ce temps-là commençait à se répandre en France. Les négociations relatives à la convention du 31 octobre avaient été connues, le 24 septembre, seulement par un article du *Morning-Post*. La *Patrie* déclara que les renseignements du journal anglais manquaient d'exactitude, et que le gouvernement n'avait pas encore pris aucune décision sur la façon de régler son différend avec le Mexique. Les autres journaux lui demandèrent timidement de s'expliquer. Une note insérée dans le *Moniteur* ne leur apprit pas grand'chose. L'opinion publique s'était sentie soulagée en apprenant la signature des préliminaires de La Soledad. On crut généralement que les renforts en route pour le Mexique ne débarqueraient pas; mais on apprit bientôt que le gouvernement impérial désavouait cette convention et qu'il allait continuer seul l'œuvre commencée à trois. Le sénateur Michel Chevalier, en annonçant, dans un recueil important, que l'archiduc Maximilien était « désigné pour la lourde tâche d'inaugurer la couronne mexicaine », ajoutait que l'expédition du Mexique avait pour but d'assurer la prépondérance de la France sur les races latines et d'augmenter l'influence de ces dernières en Amérique. La grandeur d'un tel but et les efforts qu'il exigeait n'avaient rien de rassurant. Mais, si la pensée de protéger sur le continent américain l'existence et les intérêts des populations de race latine pouvait paraître déjà difficile et périlleuse à exécuter, que dire de celle de s'opposer à l'extension de la République des États-Unis, bruyamment étalée dans les journaux du gouvernement, sans souci de faire peser sur l'expédition du Mexique la menace d'un conflit plus ou moins lointain avec la grande république américaine. Cela redoublait les alarmes causées par cette expédition. Vainement la presse impérialiste essayait-elle de la justifier par la nécessité de défendre les intérêts du commerce et l'honneur du drapeau français. Pourquoi les associer à une tentative de restauration monarchique? S'imagine-t-on qu'il soit aisé de trouver dans une mauvaise république les éléments d'une bonne monarchie? L'état de ses finances permet-il d'ailleurs à l'Empire de tenter des essais de ce genre? La France a-t-elle de l'argent de reste pour subventionner une monarchie mexicaine et pour entretenir un archiduc sur le trône? Voilà ce qu'on répétait de toutes parts. Les serviteurs les plus compromis de l'Empire déploraient eux-mêmes dans l'intimité cette funeste guerre. M. Rouher, qui ne devait pas tarder à la présenter comme une des conceptions les plus hautes du génie de l'Empereur, s'en indignait presque comme d'un crime. Les journaux officieux, il est vrai, la présentaient comme une grande idée et comme le seul moyen d'offrir à

Fig. 51. — Le clergé de Puebla refuse l'absolution aux soldats mexicains blessés en combattant les Français, sous prétexte que ces derniers sont les alliés de l'Église (page 381).

l'Autriche, en échange de la cession volontaire de la Vénétie, des dédommagements territoriaux satisfaisants. Les journaux allemands avaient-ils l'air de mettre en doute la candidature de l'archiduc Maximilien au trône du Mexique, aussitôt les journaux bonapartistes de Paris déclaraient qu'elle avait l'adhésion de vingt et un États, — le Mexique en compte vingt-deux en tout, — que l'enthousiasme monarchique des Mexicains à la vue des troupes françaises tenait du délire. Les plus brillants récits de leur marche à travers le Mexique suivaient ces nouvelles fantastiques. Le voisinage des Anglais, disait un journal officieux de Paris, leur avait un peu nui dans les premiers moments; mais, depuis qu'on savait que les Français ne sont pas hérétiques, le Mexique appelait de tous ses vœux le maître que Napoléon III lui avait choisi. Les journaux démocratiques, peu convaincus de l'intention du gouvernement, d'aller chercher au Mexique la solution de la question d'Italie, projet dont on essayait de les leurrer, montraient une vive répugnance pour une expédition qui ne causait que des appréhensions ouvertes ou cachées à tous les hommes de bon sens.

Les élections dans les départements.

CHAPITRE XII

LES ÉLECTIONS DANS LES DÉPARTEMENTS

Débuts de l'année 1863. — La crise cotonnière. — Distribution des récompenses aux exposants français à Londres. — Interdiction des lectures publiques au bénéfice des ouvriers de la Seine-Inférieure. — Saisie de l'*Histoire de la maison de Condé*. — Note du *Moniteur* sur le compte rendu des Chambres. — Élection à l'Académie. — Mgr Dupanloup, évêque d'Orléans, et M. Littré. — Les élections de 1863 dans les départements. — Préparatifs pour les élections de 1863. — Voyage de M. Garnier-Pagès dans les départements. — L'abstention. — État de l'opinion dans les grandes villes. — Formation de quelques comités. — Candidature de M. Thiers. — Question du serment. — L'*Union libérale*. — Difficulté qu'elle éprouve à se former. — Le parti catholique. — La légitimité. — L'orléanisme. — Le suffrage universel et l'administration. — Résultat des élections dans les départements.

Pendant que Napoléon III s'amusait à courir l'aventure du Mexique, le coton n'arrivait plus en Europe depuis la guerre d'Amérique, et les ouvriers de la Seine-Inférieure enduraient, par suite de cette disette, des souffrances qui exigeaient un prompt soulagement. Les journaux firent un pressant appel à la charité publique ; le *Siècle* proposa que chaque citoyen leur consacrât le produit d'une journée de son travail, de sa solde, de son traitement ou de son revenu. Une souscription ouverte dans ses bureaux produisit une somme de deux cent mille francs ; Mgr l'évêque d'Orléans, bientôt imité par ses collègues de l'épiscopat, sollicita, dans un mandement éloquent, la charité publique. M. Émile Ollivier demanda, sans l'obtenir, l'autorisation de convoquer une réunion publique consacrée à recueillir des offrandes ; l'élan charitable était unanime, mais il s'agissait de nourrir trois cent mille êtres humains. La charité privée n'y pouvait suffire, car, même en tenant compte des secours du gouvernement et des travaux publics organisés dans la Seine-Inférieure, elle aurait eu à fournir des millions, et c'est à peine si, en dehors de ce département, où le spectacle de tant de misères stimulait la bienfaisance, on recueillit quelques centaines de mille francs.

Les produits si abondants de la quête pour le denier de Saint-Pierre, mis en regard des maigres résultats de la souscription pour les ouvriers cotonniers, donnaient lieu à des discussions d'autant plus déplorables entre les journaux, que les circonstances rendaient l'entente entre eux plus nécessaire, puisqu'il s'agissait de soulager l'infortune d'un si grand nombre de Français. C'est au milieu de ces discussions bruyantes que disparut de la scène du monde qu'il avait longtemps occupée avec éclat un peintre dont le talent, inférieur peut-être à la renommée, ne contribua pas moins que celui de Casimir Delavigne et de Béranger à relever la popularité du premier Empire, pour lequel il avait combattu à la barrière de Clichy. Horace Vernet mourut le 17 janvier, à l'âge de soixante-quatorze ans, presque oublié de la génération qu'il avait charmée par son esprit, quelques jours avant la distribution des récompenses accordées aux fabricants dont les produits avaient figuré avec le plus d'éclat à l'Exposition de Londres en 1862.

Cette cérémonie eut lieu le 25 janvier avec une très grande solennité dans la salle des États au Louvre. L'Empereur prit la parole après avoir entendu le rapport du prince Napoléon et développa un programme répondant à certaines préoccupations politiques entrées, depuis quelque temps, dans beaucoup d'esprits.

« Si les étrangers, dit-il, peuvent nous envier bien des choses utiles, nous avons aussi beaucoup à apprendre chez eux. Vous avez dû, en effet, être frappés en Angleterre de cette liberté sans restriction laissée à la manifestation de toutes les opinions, comme au développement de tous les intérêts. Vous avez remarqué l'ordre parfait maintenu au milieu de la vivacité des discussions et des périls de la concurrence. C'est que la liberté anglaise respecte toujours les bases sur lesquelles reposent la société et le pouvoir. Par cela même, elle ne détruit pas, elle améliore ; elle porte à la main non la torche qui incendie, mais le flambeau qui éclaire, et, dans les entreprises particulières, l'initiative individuelle, s'exerçant avec une infatigable ardeur, dispense le gouvernement d'être le seul promoteur des forces vitales d'une nation ; aussi, au lieu de tout régler, laisse-t-il à chacun la responsabilité de ses actes.

« Voilà à quelles conditions existe en Angleterre cette merveilleuse activité, cette indépendance absolue. La France y parviendra aussi le jour où nous aurons consolidé les bases indispensables à l'établissement d'une entière liberté. Travaillons donc à imiter de si profitables exemples ; pénétrez-vous sans cesse des saines doctrines politiques et commerciales, unissez-vous dans une même pensée de conversion, et stimulez chez les individus une spontanéité énergique pour tout ce qui est beau et utile. Telle est votre tâche. La mienne sera constamment de prendre le sage progrès de l'opinion publique pour mesure des améliorations et de débarrasser des entraves administratives le chemin que vous devez parcourir. »

M. Ferdinand de Lasteyrie, trois semaines après ce discours où l'Empereur disait : « Stimulez chez les individus une spontanéité énergique pour ce qui est beau et utile, » ayant eu l'idée de réunir un certain nombre de gens de lettres et d'organiser avec leur concours des lectures publiques au profit des ouvriers de la Seine-Inférieure, dans le genre de celles que le romancier anglais, Charles Dickens, avait faites à Londres au bénéfice des ouvriers du Lancashire, le préfet de police trouva dangereux pour le gouvernement d'autoriser des professeurs du Collège de France, des académiciens, des journalistes, à communiquer au public, entre deux bougies et à côté d'un verre d'eau sucrée, leurs impressions de voyage, ou leurs vues sur la littérature et les arts, voire même d'analyser une scène du *Tartufe* ou du *Misanthrope*.

La saisie du livre du duc d'Aumale, l'*Histoire de la maison de Condé*, au moment de sa mise en vente chez l'éditeur Michel Lévy, et la note du *Moniteur* du 9 février, pouvaient donner à réfléchir sur le libéralisme du gouvernement. Cette note rappelait avec menace aux journaux qu'en vertu de la Constitution, les comptes rendus des séances du Sénat et du Corps législatif ne pouvaient consister que dans la reproduction des débats *in extenso* dans le *Journal officiel* ou du compte rendu rédigé sous l'autorité du Président. Le public semblait prendre à la lecture des débats des Chambres un goût de plus en plus vif, que le gouvernement ne jugeait pas prudent de favoriser en aucun temps, et surtout à la veille des élections. La note du *Moniteur* répondait à cette intention.

La Pologne avait de nouveau engagé la lutte avec la Russie : son sort touchait fort la jeunesse française. Le 13 février, douze ou quinze cents étudiants en droit et en médecine, au sortir du cours de littérature de M. Saint-Marc Girardin à la Sorbonne, se dirigèrent vers l'hôtel du prince Czartoriski au cri de : Vive la Pologne ! Les sergents de ville dispersèrent ces jeunes gens et en arrêtèrent même quelques-uns.

La passion religieuse, chose étrange dans un temps d'incrédulité ou de scepticisme comme le nôtre, se mêlait chaque jour davantage aux manifestations de la vie sociale. Le Théâtre-Français avait représenté une comédie [1], dont le principal personnage était copié, disait-on, comme *Tartufe*, sur un personnage réel, et rappelait un des principaux écrivains de la presse religieuse. La première représentation de cette pièce avait soulevé au parterre du Théâtre-Français quelques protestations. Cette comédie, jouée en province, amena dans certains départements des conflits qui obligèrent les maires à l'interdire. Le Théâtre-Français étant devenu un foyer d'agitation religieuse, comment l'Académie française ne l'aurait-elle pas été également? Chaque élection était une affaire de religion. La salle du palais des Quatre-Nations s'était ouverte deux fois au public, le 26 février et le 2 avril, depuis le commencement de l'année, pour la réception de deux académiciens, MM. Albert de Broglie et Octave Feuillet, tous les deux catholiques dévoués. L'Académie avait deux membres à remplacer, MM. Biot et le duc Pasquier : quels seraient leurs successeurs? L'élection du Père Lacordaire ayant été saluée comme le triomphe de l'esprit de liberté et la preuve de l'alliance définitive entre la religion et la philosophie, des académiciens crurent qu'il convenait de sceller cette alliance par l'élection du représentant le plus connu de la philosophie positiviste en France. Ils pensaient que Mgr Dupanloup, sans s'associer à l'élection de M. Littré, ne ferait rien cependant pour la combattre; mais ils furent bien vite détrompés. « J'ai parmi vous un titre que je porte seul : je suis prêtre. Je ne puis pas plus quitter ma mission que mon titre, et vous m'avez nommé tout entier. » Tel fut le langage tenu par Mgr Dupanloup à ses collègues de l'Académie dans l'avant-propos d'un *Avertissement à la jeunesse et aux pères de famille*, véritable déclaration de guerre aux académiciens dont « les théories détruisent Dieu, l'âme, la vie future ».

L'Académie avait toujours admis parmi ses membres des hommes d'opinions et de croyances diverses. Mgr Dupanloup le savait bien; il connaissait les ouvrages de ceux qu'il poursuivait de ses invectives après avoir sollicité leurs voix. « Sans doute, disait-il, ils sont mes confrères, mais je suis le leur ; et, si cette qualité ne les a pas empêchés d'attaquer mes croyances, elle ne saurait m'empêcher de les défendre contre eux. » L'Académie consentirait-elle à accepter des mains de Mgr l'évêque d'Or-

---

1. *Le fils de Giboyer*, par Emile Augier.

léans un *Credo* qui l'eût rendue impossible dans le passé et qui la transformait dans l'avenir en une assemblée religieuse imposant l'orthodoxie à la littérature ? La question se vida le 23 avril. M. Littré fut battu, après trois tours de scrutin, par M. de Carné. L'orthodoxie triomphait à l'Académie, plus d'un siècle après qu'elle avait nommé Voltaire et choisi d'Alembert pour secrétaire perpétuel. M. Dufaure remplaça M. Pasquier sans lutte.

Cependant, au milieu de cette agitation académique, les avertissements, chaque jour plus nombreux, donnés aux journaux de l'opposition, les attaques directes des journaux officieux contre certains hommes politiques, l'activité des préfets, annonçaient l'approche des élections. Le décret de convocation des électeurs parut le 7 mai dans le *Moniteur*.

Les chefs du parti républicain avaient depuis longtemps résolu de faire un grand effort pour amener le parti tout entier à renoncer à l'abstention. M. Garnier-Pagès parcourut la France depuis le nord jusqu'aux Alpes maritimes, s'arrêtant dans plus de soixante villes. Il trouva le parti républicain encore sous le coup de la seconde transportation opérée par le général Espinasse. Prévenant d'avance ses amis de son arrivée, il trouvait ordinairement une ou deux personnes à la gare ou au bureau de la diligence; cinq ou six autres personnes, s'enhardissant, arrivaient à l'heure du déjeuner ; au moment du dîner, il y en avait une vingtaine ; la réunion se doublait presque dans la soirée ; le lendemain, on le priait de rester un jour de plus ; et, quand il pouvait se rendre à ce désir, il ne tardait pas à voir tous les principaux chefs du parti, rassurés les uns par les autres, se grouper autour de lui. Les plus courageux étaient toujours ceux qui avaient le plus souffert. Trente-cinq personnes se trouvaient réunies à Toulouse sous la présidence de M. Garnier-Pagès. « Mon cher ancien collègue, lui dit le républicain chez qui la réunion « avait lieu, vous voyez ces fenêtres en face des miennes, elles sont pres- « que toujours occupées par des mouchards qui, cachés derrière les ri- « deaux, surveillent tout ce qui se passe ici, et j'offre mon appartement à « des gens qui ne sont pas moins surveillés que moi-même, car nous « sommes tous ici d'anciens transportés. »

Les abstentionnistes cependant étaient encore nombreux et tenaces parmi les républicains. Ce ne fut pas sans peine que M. Garnier-Pagès parvint à les tirer de leur inaction ; à Saint-Quentin, à Dijon, à Bordeaux, à Lyon, dans beaucoup d'autres villes importantes. M. Hénon, député de Lyon, était parvenu à réunir dans cette ville soixante-quatre

Fig. 52. — Chômage de l'industrie cotonnière et détresse des ouvriers de Rouen.

contre-maîtres autour de M. Garnier-Pagès ; on ne s'occupa pas seulement des élections dans cette réunion, la politique générale y tint une grande place. M. Garnier-Pagès parla de l'affaire du *Trent* et du conseil qu'il avait donné au nom de tous les républicains à M. Bigelow, ministre des États-Unis, d'engager son gouvernement à la terminer. « Puisque
« vous connaissez le ministre américain, s'écria un des contre-maîtres
« en s'adressant à Garnier-Pagès, dites-lui que la crise cotonnière nous
« fait cruellement souffrir, mais que nous sommes prêts à souffrir jus-
« qu'à ce que nos frères de l'Amérique aient détruit l'esclavage. »

Marseille était la ville où le système de l'abstention avait fait le moins de prosélytes. Les républicains marseillais s'étaient jetés dans l'action politique dès 1857. La terreur régnait encore à cette époque : aucune réunion n'était tolérée; tous les journaux républicains avaient été supprimés. Ils présentèrent cependant un candidat[1] qui obtint près de six mille voix, chiffre considérable si l'on se reporte au temps et aux circonstances. Les Marseillais étaient donc d'avance disposés à agir lorsque M. Garnier-Pagès arriva à Marseille. Une députation d'une trentaine d'ouvriers se rendit dans la soirée à son hôtel. « Vous voyez ici, lui dit l'un de ces
« ouvriers, d'anciens amis qui ne se saluent plus depuis plusieurs années
« parce qu'ils sont divisés sur trois questions. Les uns, fidèles aux tradi-
« tions de l'alliance carlo-républicaine du temps de la monarchie de Juil-
« let, veulent s'unir aux légitimistes et aux cléricaux contre l'Empire ; les
« autres seraient plutôt disposés à voter pour les candidats bonapartistes
« contre les candidats légitimistes et cléricaux ; les derniers enfin de-
« mandent qu'on relève le drapeau républicain et que le parti se reforme
« sur le champ de bataille. Vous nous mettrez d'accord. » M. Garnier-Pagès prêcha l'union et la concorde à ces trois fractions, et le résultat de la réunion fut que le parti républicain essayerait ses forces et soutiendrait des candidats républicains. M. Garnier-Pagès continua son voyage dans le Var, et, à son retour, on peut dire que le parti de l'abstention avait perdu la plus grande partie de ses adhérents.

Une question importante avait été posée dans le *Siècle* par M. André-Pasquet. Le nombre des députés à élire, conformément au décret organique du 2 février 1852, doit-il être calculé d'après le nombre des électeurs inscrits sur les listes électorales, comme le veut le gouvernement, ou d'après le chiffre des électeurs dont l'existence est constatée par le

---

1. L'auteur de ce livre.

dernier recensement quinquennal? La question fut résolue dans ce dernier sens par les membres les plus importants du barreau de Paris, dans une consultation fortement motivée ; le gouvernement crut devoir couper court à toute polémique à ce sujet par un avertissement ministériel donné au *Siècle :* « Attendu qu'en persévérant avec une obstination « systématique dans des attaques dénuées de fondement, et malgré les « rectifications officielles, il porte atteinte au respect qui est dû à la Con- « stitution et aux lois. »

Les listes électorales, révisées d'après le principe repoussé par la consultation, furent affichées le 15 janvier, conformément à la loi, dans toutes les mairies de l'Empire. Les électeurs avaient dix jours pour les vérifier. De jeunes jurisconsultes, MM. Jules Ferry, Maillard, Puthod, Charles Floquet, Spuller, Émile Durier, Hérold, Ernest Hamel, Rousselle, Golfavru, Laurier, Delorme, Gustave Chaudey, Hérisson, Léon Renault, Audoy, de Barthélemy, Delprat, Delestre, Gambetta, Clamageran, André-Pasquet, Albert Fermé, se mirent à la disposition des citoyens pour leur indiquer la marche à suivre dans le cas où ils auraient à réclamer leur inscription.

L'administration multiplia les obstacles autour de cette formalité : les listes électorales n'étaient communiquées qu'après sommation d'huissier; encore les maires ne cédaient-ils pas toujours. MM. Léon Gambetta et Emmanuel Durand se virent obligés de se munir d'une ordonnance de M. Benoît-Champy, président du tribunal civil, pour traduire en justice le maire du XIII° arrondissement, afin d'obtenir communication de la liste électorale. MM. Jules Grévy et Clément Laurier plaidèrent sans succès pour les demandeurs.

L'état des esprits présageait une lutte beaucoup plus vive qu'en 1857. Les citoyens semblaient peu à peu reprendre courage. Les comités électoraux essayaient de se former ; dès le mois de mars, on mettait même déjà quelques noms célèbres en avant comme candidats dans diverses circonscriptions. Un membre du conseil général du Nord fut chargé par ses collègues de demander à M. Thiers s'il accepterait la candidature dans la circonscription de Valenciennes. M. Thiers répondit, que « sous « toutes les formes de gouvernement, les bons citoyens ont à remplir des « devoirs auxquels il ne leur est pas permis de se soustraire, et que « depuis le décret du 24 novembre, la Constitution ayant été modifiée « et reconnue modifiable, le serment n'était plus en contradiction avec « les convictions des amis de la liberté. » M. Thiers déclara que sa vie entière défendait qu'on lui demandât rien au delà du serment.

La question du serment touchait beaucoup le gouvernement. Le *Journal des Débats* ne tarda pas à recevoir un avertissement pour s'être permis de soutenir « que le serment politique ne réclame d'autre « engagement, n'impose d'autre devoir que de ne pas entrer dans la « voie douteuse et obscure des conspirations et d'observer le respect de « la loi recommandé par la morale à tous les citoyens. » M. de Persigny s'empressa de protester contre cette définition. Penser ainsi, c'était, selon lui, « chercher à tromper la conscience publique sur la portée d'un « acte solennel qui forme un lien d'honneur entre celui qui le prête et « celui qui le reçoit, entre l'Empereur et le candidat ».

Une candidature, à cette époque où les difficultés pour se mettre en communication avec le suffrage universel rendaient les chances de succès si faibles, pouvait passer pour un acte de dévouement. Les candidats n'avaient rien à espérer que de leur propre énergie et de l'appui incertain de quelques journaux timides. La formation des comités n'avait jamais été plus nécessaire; tous les journaux libéraux y poussaient, sauf la *Presse*, dont le directeur, M. Émile de Girardin, après avoir demandé la formation d'une sorte de directoire électoral destiné à concentrer l'action des partis, avait fini par trouver plus ingénieux de réclamer une neutralité absolue de la part du gouvernement et de ceux « qui prétendaient avoir le droit de diriger l'opinion », comme si le travail préparatoire des élections, si difficile et si entravé, n'exigeait pas le concours de tous, et comme si l'on pouvait élire quelqu'un sans une entente préalable au sujet de son élection. Le *Siècle*, toujours fidèle à sa répugnance pour l'abstention sous toutes ses formes et sous tous ses déguisements, poussa très vivement au mouvement électoral en publiant, dès le 16 mars, un manifeste contenant son programme politique, et se terminant ainsi :

« A l'œuvre donc, électeurs et candidats! Que les comités se forment, que les éléments du grand verdict électoral s'élaborent. Le *Siècle*, quant à lui, ne faillira pas à son devoir. Au lendemain du 2 décembre 1851, il présentait au suffrage des électeurs de Paris les Cavaignac, les Goudchaux, les Carnot, et contribuait à obtenir pour eux la victoire. Cette fois, comme toujours, il restera fidèle à son drapeau.

« Le *Siècle* s'est déjà mis à la disposition des électeurs pour tout ce qui concerne l'inscription des citoyens sur les listes électorales; il leur offre de nouveau son concours pour tout ce qui pourra assurer la sécurité des élections.

« Et maintenant, candidats et électeurs, oublions tous les dissentiments puérils, toutes les mesquines querelles; ne soyons animés que du noble désir de faire triompher la cause démocratique et libérale. Aidons-nous, et le suffrage universel nous aidera. »

La lutte était donc engagée de fait, bien avant l'ouverture de la période électorale, et le gouvernement prenait pour la soutenir un luxe de précautions qui prouvait quelle importance il attachait à son résultat. M. de Persigny, ministre de l'intérieur, ne voulant laisser prise à l'ennemi par aucun côté, fit insérer dans le *Moniteur* du 23 avril une note ainsi conçue : « Plusieurs journaux affectent de désigner les candidats de « l'opposition par l'expression de *candidats indépendants*, comme « si l'indépendance était uniquement acquise aux candidats patronnés « par certains partis et déniée d'avance aux candidats qui seraient « agréés du gouvernement. Une pareille désignation n'est pas seulement « une intrigue électorale, elle est une injure pour les hommes honorables « qui ont tout à la fois les sympathies du pays et la confiance du gouver- « nement. L'administration prévient ces journaux qu'elle réprimera « sévèrement de pareilles manœuvres. » En transformant en délit une épithète passée dans le langage parlementaire et qui, depuis l'adoption des candidatures officielles, n'était d'ailleurs que la constatation d'un fait, puisque le gouvernement, en déclarant que tel candidat n'a pas son patronage, prouvait du moins qu'il était indépendant de lui, M. de Persigny se plaçait sur une pente qui pouvait le conduire jusqu'au refus de tolérer qu'un journal de l'opposition accolât une épithète louangeuse au nom de son candidat, à moins de l'accorder en même temps au candidat du gouvernement.

L'opposition ne se laissa pas intimider ; la circulaire suivante, lancée dans les départements en même temps qu'à Paris, servit en quelque sorte de réponse à la note du *Moniteur* :

Paris, le 28 avril 1863.

« Monsieur et cher concitoyen,

« Le moment des élections approche. Nous devons redoubler de soins, de dévouement, d'activité. Chacun, dans la limite de ses facultés, a mission de faire triompher la sainte cause de la Liberté et du Progrès, et d'aplanir les obstacles pour parvenir au but. Ces obstacles sont multiples. L'application du suffrage universel est difficile, sa légalité incertaine. Déjà, pour éclairer la situation, les avocats du barreau de Paris ont rédigé un *Manuel électoral*; mais des circonstances spéciales peuvent motiver de nouvelles instructions.

« En conséquence, tandis qu'un certain nombre de citoyens s'occupe de former un comité pour les élections de Paris, nous avons organisé un comité consultatif de correspondance électorale pour les départements. Ce comité est composé de MM. Clamageran, Dréo, Durier, Ferry, Floquet, Hérold, Hérisson, Marie, etc.

« Dans une seconde lettre, nous vous donnerons les noms des anciens représentants qui voudront bien joindre leurs efforts à nos efforts pour seconder le mouvement électoral, et nous vous indiquerons les relations que nous aurons établies avec les journaux de Paris.

« Vos dévoués concitoyens, » GARNIER-PAGÈS, A. DRÉO.

« Ne pas publier. »

Les premiers actes du pouvoir indiquaient de sa part un parti pris de rigueur et de violence contre lequel plusieurs journaux, entre autres le *Temps* et le *Courrier du dimanche*, étaient d'avis qu'on ne pouvait lutter que par une coalition. « Gardons en poche nos formulaires, dit le « premier de ces journaux, ne soulevons pas de questions irritantes, « oublions ce qui nous divise et ne songeons qu'à ce qui nous unit. » Le *Courrier du dimanche* simplifiait les choses en supprimant les partis [1] : « Avec le temps, on peut passer d'une nuance à l'autre : être « indifféremment légitimiste comme M. Berryer, orléaniste comme « M. Thiers, républicain comme le général Cavaignac. » Le *Temps* ajoutait : « Supposez qu'il prenne fantaisie à lord Palmerston de sup- « primer la liberté de la presse et la liberté de réunion, pensez-vous que « tories et radicaux ne se sentiraient pas également lésés et ne se réuni- « raient pas dans une poursuite commune des libertés perdues ? »

Le parti tory français s'était, au mois de décembre 1851, divisé malheureusement au sujet de ces libertés, et la majorité du parti, qui s'était rangée du côté de ceux qui voulaient les supprimer, ne paraissait pas vouloir se rallier à la minorité. La cause qui s'opposait à l'alliance proposée par le *Temps* et par le *Courrier du dimanche* entre toutes les fractions du parti libéral tenait au passé par le Deux-Décembre et au présent par la question romaine, nœud de l'alliance entre le parti tory français et l'Empire. Les feuilles cléricales le proclamaient hautement. « En face des programmes de la trempe de celui du *Siècle*, s'écriait l'*Union*, nous sommes l'ennemi. » La *Gazette de France* n'admettait l'action commune qu'avec ceux qui « se présenteraient hautement et « publiquement comme dévoués à la cause de l'Église et aux droits du « saint-siège ».

Le gouvernement, par son attitude pour le moins passive en présence des empiètements du Piémont en Italie, par son hostilité contre les associations de charité, par le retrait de la candidature officielle aux députés qui s'étaient le plus énergiquement prononcés en faveur du saint-siège, avait, il est vrai, donné au parti catholique de grands sujets de mécontentement ; mais il lui offrait des compensations par sa persistance à maintenir son armée à Rome et par sa récente tendance à se rapprocher plus intimement du Pape. Ce parti éprouvait donc une hésitation qui se serait peut-être traduite en abstention chez beaucoup de ses membres,

---

1. Article de M. Prévost-Paradol.

si un mémoire ¹ signé par les archevêques de Cambrai, de Tours et de Rennes, et par les évêques de Metz, d'Orléans, de Nantes et de Chartres, n'était venu répondre à cette double question : Faut-il voter? Pour qui faut-il voter?

La réponse, très affirmative sur le premier point, n'était pas aussi nette sur le second. Les évêques déclaraient même qu'ils n'avaient pas le droit de se prononcer à ce sujet. Ce mémoire, au milieu des nuages dont il s'enveloppait, n'en était pas moins un acte d'opposition. Le ministre des cultes écrivit à ceux qui l'avaient signé une lettre pour leur dénier le droit de donner des consultations politiques ou autres en dehors de leur diocèse, et pour les avertir qu'il serait désormais interdit au journaux de publier des délibérations d'évêques réunis sans autorisation ².

Le parti catholique, poussé au vote par les évêques, se partageait en deux camps : le parti catholique pur, n'attachant aucune importance à la forme du gouvernement et ne reconnaissant d'autres principes et d'autres intérêts que ceux de l'Église romaine; le parti catholique légitimiste, se subdivisant lui-même en deux fractions, l'une, la plus considérable, rattachée à la présidence de Louis Bonaparte, puis au coup d'État de décembre, enfin à l'Empire par l'influence qu'il lui assurait, par l'exemple du clergé, par la haine de la démocratie, par le soin de ses intérêts, par la possession des emplois; l'autre, composée surtout d'individualités remarquables, ne séparant pas les intérêts de la liberté de ceux de la monarchie et de l'Église, mais convaincue de la nécessité de reconstituer la royauté en l'entourant de certaines garanties en dehors desquelles un gouvernement n'est jamais qu'une variété du despotisme. »

Les catholiques purs ne pouvaient manquer de voter pour les candidats du gouvernement, ainsi que les catholiques légitimistes; les catholiques-libéraux-légitimistes, unis aux orléanistes désireux d'expier par la réunion des deux branches de la maison de Bourbon l'hérésie de juillet, se présentaient seuls pour entrer dans la coalition rêvée par le *Temps* et le *Courrier du dimanche*. Quant aux orléanistes de 1830, partisans de la monarchie constitutionnelle librement acceptée par la nation, ils étaient trop peu nombreux pour jouer un rôle distinct dans les élections.

Le gouvernement impérial, par le décret du 24 novembre, était entré

---

1. *Réponse de plusieurs évêques aux consultations qui leur ont été adressées relativement aux élections prochaines.*
2. Lettre de M. Rouland, publiée le 31 mai.

Fig. 53. — Surveillance des cafés et des débitants de tabac en province, pendant la période électorale.

dans une voie plus favorable à la discussion. La libre expression de la pensée parlementaire aurait dû avoir pour conséquence la libre expression de la pensée électorale. L'opinion publique comptait donc que les élections seraient dirigées dans un sens conforme à l'esprit du décret du 24 novembre. Les premiers actes de M. de Persigny démentirent bientôt ces espérances. L'Empereur n'avait voulu confier qu'à un serviteur éprouvé la direction des opérations de la campagne électorale. M. de Persigny convenait peu à cette tâche. Parvenu, non de la politique, mais de la conspiration et du complot, sectaire du bonapartisme plutôt que bonapartiste, il se consolait et même il était fier de passer pour mauvais administrateur par l'illusion de se croire un homme d'État; M. de Persigny, n'apercevant que le détail des choses, et croyant les diriger dans leur ensemble, cassant lorsqu'il s'imaginait être habile, pédant quand il croyait être profond, avait en outre la manie d'appuyer ses actes sur des exemples tirés de l'histoire d'Angleterre. Il emprunta donc à cette source les arguments développés en faveur des candidatures officielles dans la circulaire adressée le 8 mai aux préfets pour leur tracer la conduite à suivre pendant les élections.

M. de Persigny, après avoir tracé le brillant tableau de la situation de la France tirée par l'Empereur de « l'état d'anarchie, de misère et d'abaissement où le régime des rhéteurs l'avait laissée, » expliquait comment, dans un pays « constitué depuis dix ans seulement après tant de convulsions », le gouvernement ne pouvait, « sans prolonger la révolution », se borner dans les élections à assister à la lutte des opinions diverses. « Les partis n'étant point divisés en France, comme en Angleterre, uni-
« quement sur la conduite des affaires, mais encore sur le principe même
« du gouvernement, forment nécessairement des factions. » Ces factions, composées des débris des gouvernements déchus, « bien qu'affaiblies
« chaque jour par le temps qui seul peut les faire disparaître, ne cher-
« chent à pénétrer au cœur de nos institutions que pour en altérer le
« principe et n'invoquent la liberté que pour la tourner contre l'État ».

Les partis, aux yeux de M. de Persigny, n'étaient d'ailleurs « qu'une coalition d'hostilités, de rancunes, de dépits opposée aux grandes choses de l'Empire ». Ils ne voulaient la liberté que « pour la tourner contre l'État et contre l'Empereur »; mais il ne les craint pas, car « l'élu du
« peuple, fort de son origine providentielle, a réalisé toutes les espérances
« de la France. Cette France qu'il avait trouvée dans l'anarchie, dans la
« misère et l'abaissement où le régime des rhéteurs l'avait plongée, il lui

« a suffi de quelques années pour l'élever au plus haut degré de richesse
« et de grandeur. »

M. de Persigny affirmait que les élections seraient libres, et que les préfets ne devaient s'adresser qu'à la raison et au cœur des électeurs ; mais, « afin que la bonne foi des populations ne puisse être trompée par « des habiletés de langage ou par des professions de foi équivoques », il disait à ses fonctionnaires : « Désignez hautement, comme dans les élec« tions précédentes, les candidats qui inspirent le plus de confiance au « gouvernement. Que les populations sachent quels sont les amis ou les « adversaires plus ou moins déguisés de l'Empire ; et qu'elles se pronon« cent en toute liberté, mais en toute connaissance de cause. »

Il n'y a certainement rien d'illogique, de la part d'un gouvernement qui désigne les députés, à repousser ceux qui, même sur un seul point, refusent de s'associer à sa politique ; mais il y avait de l'imprudence à transformer ces séparations accidentelles en ruptures définitives. M. de Persigny ne craignit pas cependant de déclarer, dans le passage de sa circulaire relative aux membres de l'ancienne majorité auxquels le gouvernement croyait devoir retirer son patronage, que ce n'était pas « pour de simples dissidences d'opinion » que cette mesure a été prise, car, s'il respecte l'indépendance des députés, « il ne peut appuyer auprès des élec« teurs que des hommes dévoués sans réserve et sans arrière-pensée à la « dynastie impériale et à nos institutions. »

La situation des partis, les dispositions du gouvernement au moment des élections sont maintenant connues. Quel était l'état réel de l'opinion publique? On peut déjà se faire une idée de la soumission et de l'abaissement du suffrage universel devant le pouvoir administratif par ces deux faits : L'*Echo de Vesoul* du mois d'août 1862 contenait une lettre dans laquelle les électeurs de la circonscription demandaient au ministre de l'intérieur de vouloir bien désigner à leurs suffrages la candidature de M. de La Valette, fils de l'ambassadeur à Rome. Il eût été bien plus simple, semble-t-il, pour les électeurs de le nommer eux-mêmes ; mais, si l'administration n'approuvait pas ce choix, il aurait fallu lutter contre elle, et la pensée de l'inutilité de leurs efforts décourageait d'avance les partisans de M. de La Valette. Le préfet de la Haute-Loire proclamait à la même date la déchéance, en quelque sorte, du suffrage universel dans un discours adressé aux électeurs de son département :

« Sous le dernier gouvernement, les électeurs, pour suppléer à la direction qui leur manquait, avaient imaginé les réunions préparatoires où les candidats venaient exposer leurs principes et se soumettre à une décision première d'admission ou de rejet. Mais ces réunions étaient souvent tumultueuses et la plupart du temps inefficaces. L'administration remplit aujourd'hui pour ainsi dire l'office des réunions préparatoires. Nous autres, administrateurs désintéressés dans la question et qui ne représentons en définitive que la collection de vos intérêts, nous examinons, nous apprécions, nous jugeons les candidatures qui se produisent, et, après un mûr examen, avec l'agrément du gouvernement, nous vous présentons celle qui nous paraît la meilleure et qui réunit le plus de sympathies, non pas comme le résultat de notre volonté et encore moins d'un caprice, mais comme l'expression de vos propres suffrages et le résultat de vos sympathies [1]. »

Le jugement, l'observation, la réflexion du préfet remplacent le jugement, l'observation, la réflexion de ses administrés; il est la conscience de son département. L'Empereur choisit son préfet, le préfet désigne son candidat, lequel devient ainsi consubstantiel à l'Empereur et au préfet par une sorte d'hypostase qui constitue le dogme de la candidature officielle. L'Empereur, le préfet, le candidat, voilà les trois personnes de la trinité électorale. Quiconque tentera en dehors d'elle de capter le suffrage des électeurs sera considéré comme sacrilège.

La France, en très grande majorité, était, il faut en convenir, faiblement choquée, au mois de mai 1863, de l'application de ces théories; elle s'y pliait docilement. Il s'agissait donc de la tirer de son affaissement par les efforts épars de quelques hommes courageux luttant seuls contre toutes les forces du gouvernement le plus centralisé qui fût au monde.

La décentralisation administrative en effet, telle que la comprenait l'Empire, consistait à fortifier, à étendre l'action du pouvoir central par l'intermédiaire du préfet. L'influence de ce fonctionnaire en tout ce qui concerne les affaires, les places, les faveurs, devenait chaque jour plus grande. Rien ne le gênait : la candidature officielle remplissait les conseils généraux de surveillants bénévoles; les journaux de l'opposition avaient été supprimés presque partout; il ne restait guère plus que des journaux entretenus par le gouvernement au moyen des subventions secrètes et des annonces judiciaires. Le clergé était l'auxiliaire du préfet; et, s'il arrivait parfois que la lutte s'engageât entre eux, le préfet opposait les maires aux curés, les gardes champêtres aux bedeaux, et, grâce à ces derniers, il assurait presque toujours le triomphe du candidat de l'État sur celui de l'Église.

Le clergé seul cependant était organisé de façon à lutter, quand cela lui convenait, contre l'administration. L'opposition libérale et démocratique, privée de ses moyens d'action légitimes, la presse et le droit de

---

1. Cité par Jules Ferry dans la *Lutte électorale en 1863*.

réunion, se faisait difficilement jour dans les villes, à plus forte raison dans les campagnes. La Révolution française, en émancipant le paysan par la propriété, n'a point changé ses habitudes morales; son éducation et son instruction en sont restées à peu près au point où elles étaient en 89. La Révolution est pour lui un fait vague et lointain dont il n'entrevoit que fort obscurément les causes et les conséquences. Le morceau de terre qu'il cultive encore, a été acheté par son grand-père à la nation, qui l'avait enlevé aux nobles et aux prêtres; ceux-ci ont voulu le lui reprendre; un homme qui s'appelait Napoléon a préservé son héritage; voilà tout ce qu'il sait de la Révolution. On ne lui a pas enseigné autre chose depuis cinquante ans. La révolution de Février, en le conviant à la vie politique, n'avait pas eu le temps de lui en apprendre les devoirs, et l'Empire jugeait plus commode de les exercer pour lui. Ce bulletin de vote que le garde champêtre lui remettait en ajoutant : « C'est ce papier-là qu'il faut apporter au maire le jour de l'élection, » n'était pas une grande conquête à ses yeux; il se disait : « Puisqu'on n'est pas libre d'y « inscrire qui l'on veut, le maire aurait mieux fait de le garder tout de « suite, puisqu'il faut qu'on le lui rapporte[1]. »

Le paysan, en général timide, tremble quand il se sent surveillé de près : maires, juges de paix, curés, gardes champêtres, brigadiers de gendarmerie, avant, pendant et après l'élection, avaient les yeux sur lui. Ces surveillants étaient à leur tour surveillés par le commissaire de police cantonal chargé de stimuler le zèle du monde officiel du village. Il ne se contentait pas d'entrer dans la maison du paysan, il pénétrait même dans la salle des délibérations du Conseil municipal et tançait vertement ses membres, si leur zèle lui semblait faiblir. — Le commissaire de police agissait sur les populations par la terreur. Un électeur de l'opposition traversait un village de la Gironde entre deux gendarmes, et le commissaire de police criait, en le montrant à la foule : « C'est un partisan de M. De-« cazes, voilà comment on les traite. »

Le commissaire d'une ville du département de Vaucluse [2], escorté de gendarmes, de gardes champêtres, tambours et drapeau en tête, annonçait pendant le scrutin à la population, sur les places et carrefours, que, si le candidat de l'opposition était nommé, les cochons se vendraient à douze sous, comme en 1848. L'administration, au lieu de ses agents, faisait intervenir quelquefois des personnages de fantaisie. C'est ainsi que dans le

---

1. *Mémorial des Deux-Sèvres* (lettre de M. G. Bordillon, 23 mai 1863).
2. Cavaillon.

Doubs « quelques amis du peuple des campagnes » menaçaient les électeurs de voir tomber les fromages à 5 francs le cent, et le sel monter à 5 sols si M. de Montalembert était nommé.

Gardes champêtres, gardes-canaux, gardes forestiers, cantonniers, recevaient le mot d'ordre du commissaire de police. Les gardes champêtres, dans le département de Seine-et-Marne, répandirent le bruit que le candidat de l'opposition était un accapareur ; les cantonniers ajoutèrent que les pauvres gens qui voteraient pour lui ne pourraient plus aller au bois faire des balais. Il ne faut pas oublier que ce personnel d'agents verbalisait toute l'année et que, s'il y a quelque chose au monde que le paysan redoute, c'est le procès-verbal, auquel il est sans cesse exposé. La méfiance de la justice est enracinée de longue date chez lui ; il ne croit qu'à la faveur, et il est disposé à s'incliner devant les plus humbles agents de celui de qui toute faveur émane, c'est-à-dire du préfet.

La circonscription aurait dû former une association géographique de localités groupées d'après les conditions du sol et les précédents de l'histoire ; mais la circonscription ainsi fixée aurait créé des influences locales difficiles à dominer par l'administration. Le législateur impérial s'était donc réservé le droit de morceler, de dépecer des arrondissements au gré de ses intérêts électoraux. L'administration, à chaque époque de réélection, remaniait le cadastre électoral. Le député brouillé avec le gouvernement cherchait sa circonscription, et il ne la retrouvait plus. L'administration, ne pouvant escamoter le candidat, escamotait la circonscription. Une ville inspirait-elle des craintes pour son vote, on le noyait dans celui des campagnes.

L'accès même de la circonscription était difficile au candidat indépendant. Il y était à peine entré qu'on cherchait à lui en rendre le séjour impossible par une surveillance qui s'étendait jusqu'à sa famille et par les attaques du journal officieux de la localité. Le candidat de l'opposition éprouvait naturellement le besoin de répondre à ses détracteurs. Il cherchait donc un imprimeur. S'il y a deux imprimeries dans une petite ville, presque toujours l'une dépend du préfet, et l'autre de l'évêque. L'imprimeur, en admettant qu'il soit indépendant du préfet et de l'évêque, n'est pas indépendant de la législation sur la presse, immense filet dans lequel il peut être pris à chaque instant. Le candidat cependant a triomphé de cet obstacle ; sa circulaire encore humide des presses est là. Comment la fera-t-il parvenir aux électeurs ? Trois moyens s'offrent pour cela : l'affichage, la poste, la distribution libre après dépôt préalable ; mais l'afficheur et le distributeur restent à trouver. L'afficheur, dans une petite ville, est ordinairement un personnage officiel qui n'ira pas jouer sa place contre le plaisir de servir la liberté. L'afficheur libre a besoin de tout son courage civique pour placarder son affiche à côté de celle de l'Empereur. La voirie est pleine d'embûches pour lui ; elle a ses règlements comme l'imprimerie, et qui sait ce que ces règlements réservent à son échelle citoyenne? Le candidat, faute d'afficheur, était réduit parfois à s'armer du pinceau et du pot à colle [1]. Dans les villages, c'était la nuit, à la faveur des ténèbres, que l'afficheur volontaire et ses complices se glissaient le long des murs et disparaissaient, laissant comme trace de leur passage l'inutile affiche que le maire ou le garde champêtre déchirait le lendemain d'une main indignée, à moins que, dans un accès de gaieté facétieuse, il ne la cachât sous celle du candidat de la préfecture [2].

La lacération des affiches apposées dans l'intérêt d'un candidat ne constituait aucune infraction pénale aux yeux des magistrats du parquet. Le candidat qui se plaignait à eux de ce délit, commis par un fonctionnaire, avait pour toute ressource « de provoquer, de la part de l'administration, un blâme contre le coupable [3] ».

Restait la poste ; mais comment se fier à elle? On n'entendait parler de tous côtés dans les temps d'élection, que de bulletins en retard, de circulaires égarées, voire même d'écrits électoraux jetés dans les égouts. Les paquets arrivaient quelquefois; mais, par un prodige singulier, entre chaque circulaire du candidat indépendant, s'était glissée une circulaire du candidat officiel; et entre chaque bulletin libre, un bulletin estampillé [4].

Le préfet, s'il le jugeait nécessaire, interrompait les fonctions ordinaires de la poste. Le préfet de l'Isère obligea, le 30 mai, les facteurs à partir à cinq heures du matin au lieu de onze heures, pour porter les affiches officielles dans toutes les communes de leur circonscription, et rien que ces affiches, attendu qu'à cette heure aucun courrier n'était arrivé. La banlieue de Grenoble, qui comprend 25 000 habitants, resta privée, pendant vingt-quatre heures, de communications postales, d'où pouvaient dépendre l'honneur, la vie, la fortune de bien des gens, uniquement

---

[1]. M. Clapier, dans les Bouches-du-Rhône, en 1859. En 1863, les affiches de M. Thiers à Paris furent placardées à Paris rue de Rivoli par un membre de son comité, M. Ferdinand Duval, devenu depuis préfet de la Seine.
[2]. A Meaux et dans d'autres localités.
[3]. Réponse du procureur impérial de Nyons à M. Aristide Dumont.
[4]. Lettre de M. Bordillon adressée à l'inspecteur des postes à Angers, 30 mai 1863.

Fig. 54. — Le *Siècle* recommandait avec instance de renoncer à toute abstention dans la lutte électorale.

pour attaquer un candidat et au moment où il ne pouvait plus se défendre [1].

Le distributeur libre devait avoir l'âme d'un héros et le courage d'un martyr pour résister aux exhortations, aux menaces, et quelquefois aux coups des commissaires, des maires, des gendarmes, des gardes champêtres et des cantonniers ; les héros et les martyrs sont rares dans les campagnes. Il s'en était, par hasard, trouvé un à Guéret, dans la personne d'un jeune soldat en congé renouvelable ; un autre à Lannion, sous les traits d'un porcher. Le premier reçut immédiatement l'ordre de rejoindre son corps, le second fut emprisonné sous la prévention du délit de fausse nouvelle, et acquitté plus tard. Un homme fut également assez hardi pour accepter la mission de distributeur libre dans le département de Seine-et-Oise ; le maire de la commune déclara formellement à ce pauvre diable que, s'il avait besoin de quelque secours, il ne devait plus compter sur le bureau de bienfaisance.

Le candidat officiel n'est pas soumis à ces tribulations ; il se promène tranquillement pendant que le sergent de ville, le garde champêtre portent ses bulletins et placardent majestueusement ses affiches sur tous les murs, les troncs des arbres et jusque sur les piédestaux des croix de grands chemins. La poste prend toutes ses précautions pour ne pas égarer ses circulaires ; l'électricité n'a pas pour lui les distractions et les lenteurs, qu'elle montre pour le candidat de l'opposition, toujours incertain du sort de ses dépêches.

Le gouvernement, outre son armée de fonctionnaires actifs, peut mettre en ligne dans les cas graves une landwehr de fonctionnaires officieux, dont il se garde bien de négliger le concours ; l'inspecteur des écoles de l'académie de la Côte-d'Or écrit à ses subordonnés pour leur demander les noms et les adresses de tous les anciens militaires habitant la commune et électeurs, des médaillés de Sainte-Hélène, des décorés de la Légion d'honneur, des retraités de toutes les administrations, des débitants de tabac, des cabaretiers, des personnes chargées d'un service public à quelque titre que ce soit, maçons, architectes, des pères (électeurs) d'enfants devant tirer au sort l'année suivante, des pères d'enfants au service ou en réserve ; l'inspecteur des écoles de Cambrai demande de son côté « les noms des pères d'employés, de fonctionnaires, « de jeunes gens qui sont commis aux chemins de fer ou dans les mines. » Autant d'auxiliaires de la candidature officielle.

1. Élection de M. Casimir Périer.

Les instituteurs doivent, du reste, prendre eux-mêmes part à la bataille sous peine de passer pour des lâches aux yeux de leurs chefs. L'inspecteur de l'académie de la Côte-d'Or leur écrit : « Combattre les « candidatures administratives, c'est combattre l'Empereur lui-même. « En adopter et en patronner d'autres, c'est également servir et recruter « contre lui... Ne pas les combattre, mais aussi ne pas les soutenir, c'est « l'abandonner, c'est rester l'arme au pied dans la bataille. Votre indif- « férence me causerait de la surprise et du regret, votre hostilité serait à « mes yeux une lâcheté coupable et sans excuse ; » l'inspecteur de l'académie des Vosges avertit les instituteurs qu'il n'est ni l'ami ni le parent du candidat indépendant (M. Buffet), ainsi que les malveillants en ont fait courir le bruit, et qu'il les engage à se montrer dévoués à la candidature officielle.

Le modeste débitant de tabac doit, lui aussi, mettre son influence à la disposition de la candidature officielle. Le directeur des contributions indirectes les engage, « comme leur conscience l'a déjà fait, à se servir de « leur position pour assurer, dans la limite de leurs moyens, le succès du « gouvernement ». Le débitant de tabac, en temps d'élection, devient l'objet d'une surveillance incessante, dans les plus humbles villages.

Le candidat officiel communique directement ses instructions à l'armée administrative, il la fait mouvoir. Le candidat officiel, dans la Manche, prévient les juges de paix de sa prochaine arrivée, et les avertit de se tenir prêts à le conduire chez les maires de toutes les communes de leur canton.

La centralisation a été comparée à un polype aux tentacules innombrables ; le tentacule administratif commence au préfet et finit au cantonnier ; le tentacule judiciaire va du procureur général au sergent de ville ; le tentacule financier s'étend du receveur général au porteur de contraintes, sans compter vingt autres appareils : octrois, douanes, droits-réunis, ponts et chaussées, avec lesquels le polype enlace le candidat de l'opposition, l'étreint et l'étouffe ; la centralisation est aussi une machine savante, compliquée, merveilleusement obéissante à la main qui la dirige. Il n'est pas une seule fonction touchant, même de loin, au gouvernement qui ne puisse être prise dans ses engrenages : notaires, avoués, huissiers, recors y sont soumis. La centralisation, si elle ne peut obtenir d'eux un appui formel, leur impose du moins la neutralité.

Le candidat officiel, en retour de ces avantages, donne son adhésion formelle, éclatante à la politique du gouvernement ; il faut qu'il se déclare son adhérent, son défenseur, qu'il rompe toutes relations avec ses adversaires. Aucun doute ne doit subsister sur son orthodoxie. M. Gouin, candidat officiel dans le département d'Indre-et-Loire et suspect de favoriser dans ce même département la candidature de son ex-collègue M. de Flavigny, auquel le patronage de l'administration a été retiré, reçoit du préfet Podevin l'avis que le ministre, mécontent de son attitude, le charge de l'avertir que, s'il n'en change pas, il considérera sa conduite comme un acte d'hostilité et qu'il proposera un autre candidat à sa place. M. Gouin « doit faire connaître exactement sa réponse par l'ordonnance qui lui remettra ce pli ».

Toutes les forces de l'autorité publique en temps d'élection agissent sous l'impulsion du préfet. La justice elle-même devient sa docile servante. Un électeur fait-il contre le candidat officiel une propagande gênante, le commissaire de police le fait arrêter. Il reste enfermé dans la prison de la commune, avec un forçat libéré, jusqu'au moment où on le conduit entre deux gendarmes au chef-lieu d'arrondissement. Sa fille et le bâtonnier des avocats ne peuvent le voir en prison. Il est au secret. Le candidat non officiel, la cause innocente de cette arrestation, parvient cependant à obtenir une audience du procureur impérial. Ce dernier n'hésite pas à déclarer que le prisonnier lui est depuis longtemps signalé par l'ardeur et l'activité de sa propagande, qu'il a publiquement et avec malveillance relevé des affirmations contradictoires entre une dépêche du préfet de la Gironde et celle du préfet de la Dordogne, relative à un tracé du chemin de fer ; qu'il est allé jusqu'à s'écrier : « On ne se f... pas ainsi du peuple, » et que le commissaire a dû exécuter l'ordre donné par le parquet de l'arrêter dans le cas où il dépasserait les bornes de la légalité.

Le candidat non officiel offre en vain une caution pour obtenir la liberté du prisonnier, et sa garantie qu'il se représentera à première réquisition de la justice ; le procureur impérial refuse. Le candidat atteste qu'il ne réclame nullement l'élargissement du prisonnier dans son intérêt, et que celui-ci ne rentrera dans la commune qu'après la clôture du scrutin ; le procureur impérial s'adoucit alors et ordonne la mise en liberté à cette condition [1].

Le maire, simple agent du préfet, mais reflet de sa puissance, sorte d'émanation du pouvoir souverain, occupait une position très enviée et très redoutée. L'amour de l'écharpe était une passion fort générale et fort vive sous l'Empire, qui l'exploitait avec une grande habileté. L'écharpe

---

1. Arrestation de M. Delmas, conseiller municipal à Sainte-Foix (Gironde).

servait dans les communes rurales à remplacer les partis par les coteries municipales et à contenir ces dernières les unes par les autres. Le sentiment politique n'existant que très peu dans les campagnes, les paysans passaient du camp de l'opposition dans celui du gouvernement, et réciproquement, selon que l'écharpe du maire passait de celui-ci à celui-là ; l'heureux élu du préfet, instrument docile entre ses mains, savait qu'il devait obéir passivement ou être brisé.

La tournée annuelle des conseils de révision coïncidait par un heureux hasard, en 1863, avec l'époque des élections. Les préfets en profitèrent pour exhiber les candidats officiels aux populations, pour les présenter aux juges de paix et aux maires, et pour tracer à ces derniers, la ligne de conduite qu'ils devaient suivre sous peine de destitution. « Messieurs, « disait le préfet de la Manche aux maires, après leur avoir fait former le « cercle autour de lui, à la façon militaire, si vous ne devez pas voter pour « le candidat officiel, déposez votre écharpe la veille, pour ne pas vous la « faire retirer le lendemain. »

Menace inutile. Les maires n'étaient que trop disposés à se conformer à la doctrine de l'obéissance passive et à se faire les agents dévoués des candidatures officielles. La période électorale à peine ouverte, ils donnèrent des preuves de leur zèle ; le maire de Chauffailles (Saône-et-Loire) invite ses administrés à nommer le candidat officiel, « afin que l'Empe-« reur puisse mener à bonne fin les grandes choses qu'il a commencées « pour la France, et lui, celles qu'il a commencées pour Chauffailles. »

Le maire d'Ouistreham prémunit ainsi ses concitoyens contre les menées de l'opposition :

Habitants d'Ouistreham [1], des agents plus ou moins payés se vantent de vous faire voter contre le candidat du gouvernement. Je connais trop votre fierté pour croire que vous vous laisserez influencer par qui que ce soit. Ici, vous n'avez qu'un ami sincère, c'est moi ! Et quand je vous dis : Votez pour M. Bertrand, c'est que ce vote est dans vos intérêts les plus chers !!!

Le maire de Jonvelle signale aux électeurs M. d'Andelarre comme :

Le protecteur du parti de la noblesse et du clergé ; qui voudrait voir revenir l'époque où nos aïeux étaient conviés à tour de rôle pour battre l'eau et imposer silence aux grenouilles dans le but de laisser dormir paisiblement M. le marquis ou Mme la marquise, ou messieurs les prieurs de tel ou tel village.

Électeurs, ajoute le maire de Jonvelle, sachez qu'en votant pour M. Galmiche vous votez pour vous, pour votre bonheur, pour le progrès, pour l'Empereur qui vous aime; aimez-le aussi. Vive la France régénérée ! Vive l'Empereur !

1. Calvados.

Le maire de Saint-Thibéry, voyant une certaine incertitude régner dans l'esprit public de la commune, menace ses administrés de les abandonner :

« Si, entraînés par les belles promesses prodiguées par des mains impuissantes, par ces grands mots dont vous jouissez déjà de la signification, affichés sur votre place comme un appât funeste à votre prospérité par des agitateurs inconnus, sans aucune garantie pour vous du passé ni de l'avenir, vous méconnaissez les avis paternels du maire que vous avez enlevé à ses habitudes solitaires et tranquilles pour le combler de toutes sortes de soucis, n'en doutez pas, sa démission de maire de Saint-Thibéry accompagnerait le procès-verbal qui doit constater le résultat de vos suffrages... » Ce magistrat continue : « Vous avez le maire que vous désirez, vous possédez tout ce qui est pratiquement possible d'obtenir. Vous devez être satisfaits, et c'est à l'Empereur que vous devez votre satisfaction..... Prouvez à votre maire que vous avez confiance en lui, et à la France entière que les habitants de Saint-Thibéry ne sont pas tels qu'on s'ingénie à le faire croire, mais bien d'honnêtes citoyens dévoués à l'Empereur, à l'Impératrice et au Prince impérial. »

Le maire de Plombières ne veut pas exercer de pression sur ses administrés, mais il les prévient que « si à Plombières, qui a été comblé de bienfaits par l'Empereur, la majorité n'était pas acquise à M. Le Bourcier, ce serait une faute et une maladresse. » Il engage les habitants de Plombières, « dans l'intérêt de la France et dans leur intérêt particulier, à voter pour le candidat de l'Empereur. » Le maire de Gonsans invite les électeurs à voter pour M. Latour du Moulin : « C'est l'ami de l'Empereur, c'est lui qui a empêché l'impôt du sel. » Le maire de Gonsans apprend à ses concitoyens que le même candidat a fait obtenir 400 francs aux pauvres de la commune, qui par reconnaissance voteront certainement pour lui. La corruption par voie administrative commence ici à se montrer. Nous allons la voir peu à peu se dévoiler tout entière. Le maire de Soulaines soumet à ses administrés cette simple réflexion : « Il est grandement de notre intérêt de remplir fidèlement les intentions de M. le préfet, qui, chaque jour, nous a favorisés dans nos entreprises par les fonds du gouvernement qu'il a accordés, » et, par conséquent, de nommer M. Segris, « afin que M. le préfet nous vienne encore en aide pour la confection de nos routes. » Le maire de Martigues M. Bournat[1] fait afficher dans sa commune la lettre suivante du candidat officiel :

« Monsieur le maire,

« Par ordre de M. le sénateur, je suis très heureux de vous annoncer qu'il vient d'être fait droit à la demande des pêcheurs de Martigues; vous pouvez leur annoncer que la vente facultative à la criée est rétablie. C'est le premier service qu'il m'est permis

---

[1]. Capitaine de frégate en retraite, membre de la Légion d'honneur.

de rendre à la population si intéressante de votre commune ; j'espère, monsieur le maire, que ce ne sera pas le dernier.

« Je n'ai pas oublié votre demande d'une garnison à Martigues ; je crois pouvoir vous annoncer que cette demande, accueillie déjà par M. le sénateur, le sera aussi par M. le ministre de la guerre dès que la commune aura les dispositions nécessaires d'un local pouvant servir de caserne.

« *Fait en Préfecture*, le 26 mai 1863.

« C. BOURNAT. »

Les chemins de fer ne pouvaient manquer de jouer un rôle important dans les élections. Le maire de Sainte-Foy se hâte d'apprendre à ses administrés, trois jours avant l'élection, que le chemin de fer de Libourne à Bergerac *passera en principe sur la rive gauche*, avec un pont à Bergerac, et qu'on va procéder aux formalités ordinaires en faveur du nouveau projet ; une affiche qui se termine par le cri de : Vive l'Empereur ! est placardée. La rive gauche est dans la joie, la rive droite dans la douleur ; les habitants de la Gironde sont enchantés, ceux de la Dordogne gémissent ; mais voilà que tout à coup le préfet de la Dordogne dément la nouvelle du tracé par la rive gauche ; le préfet de la Gironde la maintient. Le candidat officiel rive droite et le candidat officiel rive gauche tremblent pendant ce temps-là. Les deux rives, heureusement dociles, ne les repoussent ni l'un ni l'autre.

Le maire de Kermaria va plus loin que tous ses collègues ; il monte en chaire le dimanche à la place du curé et prêche en faveur du candidat de la préfecture. Le maire de Rinstenhart fait proclamer sur la place du village, que les bulletins du candidat de l'opposition apportés par la poste ne valent rien et que lui seul connaît les bons. Le maire de Saint-Christophe-sur-Avre, prévenu « que certaines personnes connues par leurs idées perverses » se proposent d'agir sur ses administrés, a recours à la poésie pour les garantir contre ces périls :

> Soyez fermes dans votre devoir,
> Ne soyez pas de ces machines sans vouloir,
> Que la main des hommes par ressort fait mouvoir.

Le maire, dans toutes les communes, se tient sur la place le jour du vote et surveille ses administrés. Quelques-uns auraient bien envie de voter pour l'opposition en s'en rapportant au secret du vote garanti par la loi ; mais le candidat du gouvernement a écrit son nom sur du papier transparent, et, pour plus de précaution, le maire a envoyé aux électeurs dont il se méfie le bulletin officiel piqué ou collé sur leur carte d'électeur.

Fig. 55. — Les gardes champêtres remettent aux habitants des villages les bulletins de vote des candidats officiels.

Les électeurs de la campagne, pour se rendre dans la salle du scrutin, sont obligés de traverser une sorte de couloir où secrétaire de la mairie, officiers de pompiers, brigadiers de gendarmerie, fourriers de ville, gardes champêtres, cantonniers, sont en permanence et demandent à chaque électeur son bulletin, qu'ils remplacent par le bulletin du candidat officiel si celui qu'ils ont porte le nom du candidat de l'opposition [1].

Le maire de Caudebroude (Aude) avait fait placer, au sommet de l'escalier qui conduit à la salle du vote, le buste de l'Empereur entouré de l'écharpe du maire lui-même qui contenait les bulletins du candidat officiel. On lisait au-dessous du buste : « Venez me défendre à l'arme « blanche..... avec des bulletins. » Un garde champêtre orné de sa plaque distribuait les bulletins.

Un grand nombre de maires ouvrent les bulletins et déchirent ceux des opposants, affirmant d'ailleurs que, quel que soit le nombre de suffrages obtenu par le candidat de l'opposition, le candidat du gouvernement sera élu, et, comme pour donner plus de poids à leur affirmation, ils offrent de parier cent contre un que les choses se passeront ainsi.

L'apposition des scellés sur la boîte du scrutin ne préoccupait guère ces fonctionnaires. Ils laissaient au brigadier de gendarmerie ou au maître d'école le soin de se conformer à cette prescription de la loi, assez difficile, du reste, à remplir avec un matériel électoral tellement incomplet que dans un grand nombre de communes, on votait soit dans un chapeau, soit dans un saladier, soit dans une soupière et, à défaut de ces récipients, dans la poche du maire tenue entrebâillée par lui et par l'adjoint ou par le garde champêtre.

Les préfets inventaient des chemins de fer au profit de la candidature officielle. Deux tracés sont en présence, de Vesoul à Besançon, l'un par la vallée de la Linotte, l'autre par Rioz. Ce dernier tracé n'a aucune chance d'être adopté; mais, comme la décision officielle n'est pas encore rendue, le préfet, par le fallacieux appât de l'incertain, ne pourrait-il pas enlever les électeurs de Rioz à M. d'Andelarre? Il l'essayera du moins. Les employés de la compagnie concessionnaire vont donc, suivant ses instructions, flâner du côté de Rioz, pendant que les agents voyers classent les chemins vicinaux qui doivent relier des gares du côté de la Linotte. M. d'Andelarre, candidat libre, dans une lettre aux électeurs de Rioz, les avertit de nouveau qu'ils n'ont rien à espérer du tracé définitivement

---

1. A Cavaillon, à Milhau, à Reilhac.

adopté. Le préfet fait afficher qu'il n'y a pas de détermination prise. M. d'Andelarre explique que, sauf cette dernière formalité, tout est réglé, et que le tracé passera par la Linotte. Les réponses se croisent : ministre, ingénieur des mines, tous les fonctionnaires se mêlent à la discussion. Le papier timbré s'échange. Un placard préfectoral annonce que « le marquis d'Andelarre est poursuivi, par ordre du gouvernement de l'Empereur, pour outrage public au préfet ». M. d'Andelarre attaque à son tour le préfet en calomnie; il est débouté et condamné aux dépens, le 30 au soir. Condamné... ce mot suffit, et le lendemain il s'étale en gros caractères sur la dernière affiche que le préfet lance contre le candidat indépendant.

Tous les préfets signalent à l'envi la grande coalition des partis. M. Feard, préfet d'Ille-et-Vilaine, chargé de soutenir la candidature de M. de Dalmas contre celle de M. de Kerdrel, écrit le 12 mai aux maires que « tous les ennemis de l'Empire et de son administration se préparent à combattre de concert les candidats du gouvernement : « Une associa« tion aussi anormale entre des partis qui, jusqu'à ce jour, n'ont pas « cessé de lutter les uns contre les autres, nous indique jusqu'à quelles « extrémités se laissent entraîner les ennemis de l'Empire dans la voie « de l'hostilité et de l'ingratitude! Les populations feront justice d'une « manœuvre si peu conforme au caractère et aux sentiments du pays « breton. » Il ajoute que les partis hostiles ne se feront pas scrupule de répandre dans le pays « les plus odieuses calomnies » contre le gouvernement, contre l'administration préfectorale et contre le candidat; aussi compte-t-il sur le concours des maires, « conformément au serment qu'ils ont prêté à l'Empire », pour faire connaître à leurs administrés l'importance que le gouvernement attache à la candidature de M. de Dalmas, employé au cabinet particulier de Napoléon III.

M. Audren de Kerdrel, son concurrent, représentait l'élément légitimiste et catholique, et ses partisans soutenaient qu'il défendrait plus sincèrement que M. de Dalmas les intérêts religieux. Le préfet d'Illeet-Vilaine proteste contre cette assertion. « M. de Dalmas, s'écrie-t-il, a voté les dépenses si nombreuses et si importantes qui ont pour principe et pour but la protection du Saint-Père; il s'est associé aux demandes du *parti catholique* toutes les fois qu'il a pu le faire sans ingratitude pour l'Empereur. »

Le préfet s'indigne en voyant M. de Kerdrel, « candidat de l'opposition et de la coalition des partis extrêmes », adresser aux curés et aux desservants les imprimés qu'il destine aux électeurs, et il signale particulièrement aux maires ce fait, en les invitant « à se mettre en mesure de signaler et même de neutraliser l'illégitime pression que le clergé se propose d'exercer avant et pendant le scrutin ; quant aux instituteurs, le préfet les invite « à aller de hameau en hameau, de maison en maison », pour obtenir des voix au candidat du gouvernement : « Leur devoir en ce moment est de seconder l'administration de tous leurs efforts, de travailler sans relâche au triomphe de la candidature qu'elle recommande. » Le préfet est informé, en outre, que les ecclésiastiques se proposent de se rendre en grand nombre dans la salle du scrutin au moment de l'élection afin d'influencer les électeurs. Les maires, dans ce cas, ne doivent pas hésiter à requérir en son nom tous les fonctionnaires et employés en résidence dans leur commune et dans leur canton d'avoir à leur prêter leur concours « pour assurer la liberté du vote ». Que les maires ne s'effrayent d'aucune menace. « Le gouvernement connaît ses amis et ses « ennemis. Vous serez soutenu dans l'accomplissement de vos devoirs de « loyal fonctionnaire. L'appui du gouvernement ne fera défaut à aucun « des amis de l'Empire. Le temps n'est plus où les fonctionnaires dévoués « à leurs devoirs pouvaient être exposés à la persécution des ennemis « du gouvernement. »

Le préfet de Seine-et-Oise avait reçu l'ordre de désigner le général Mellinet aux électeurs de ce département. « Devant un nom si éminent, dit-il, « je devais croire que toute candidature s'effacerait ; j'apprends cependant que M. Ernest Baroche, donnant pour raison que le gouvernement aurait paru agréer sa candidature, refuse de se désister. M. Ernest « Baroche se trompe. Le gouvernement, plein de sympathie pour le caractère élevé et les services éminents de son père, s'était montré disposé à « adopter, sur sa demande, la neutralité dans cette circonscription, mais « à une condition expresse. Après les circonstances pénibles qui avaient « amené la résignation de ses fonctions au ministère du commerce, « M. Ernest Baroche ne devait se présenter devant les électeurs qu'en « expliquant publiquement sa conduite. » C'était porter un coup sensible à une famille tout entière, et à la famille d'un serviteur de l'Empire ; mais les préfets, quand il s'agissait de combattre un candidat non officiel, fût-il bonapartiste, ne reculaient devant rien. Heureux celui que ces messieurs se contentaient de signaler à tous les maires comme « étranger « à la circonscription électorale, n'ayant pas le titre pour prétendre à « l'honneur de la représenter et faisant partie du petit nombre de ceux

« qui, regrettant une dynastie déchue, recherchent le mandat de député,
« non pour perfectionner nos institutions, mais pour les renverser, et pour
« nous livrer de nouveau à tous les hasards des révolutions. » Les hommes
les plus modérés sont attaqués avec une violence qui frise le ridicule.
« Toute proportion gardée, s'écrie le préfet de la Manche, la candidature de M. Havin, ancien commissaire de la République, directeur politique du *Siècle*, et celle d'un homme d'État, éminent historien [1], offrent le même caractère d'hostilité. »

Le préfet de la Lozère avait à lutter contre un candidat dégradé de la candidature officielle, mais qui, ancien préfet de ce département, y avait conservé une grande influence. Le préfet actuel, convoquant tous les maires et tous les instituteurs du canton pour leur présenter M. Joseph Barrot, candidat officiel, commence par leur dire : « Je dois vous prémunir contre les démarches que fait M. de Chambrun pour obtenir
« de nouveau votre mandat. M. de Chambrun n'a rien pu obtenir du
« gouvernement. Il a perdu sa confiance dont il n'était pas digne. S'il était
« renommé, rien ne lui serait accordé ; la Lozère n'aurait aucune part aux
« libéralités du gouvernement, aux distributions de fonds dont il dispose
« pour secours de toute nature. Si vous éprouviez des pertes de bestiaux, si la gelée endommageait vos récoltes, vous ne pourriez plus
« prétendre à aucune indemnité. Le département de la Lozère et ses habitants seraient délaissés, abandonnés par le gouvernement, si vous
« nommiez le candidat qu'il repousse. »

C'était s'exprimer nettement. Les partisans de M. de Chambrun n'en tenaient pas moins à lui, et M. Joseph Barrot risquait fort d'échouer, malgré les maires qui signalaient M. de Chambrun comme un « ennemi acharné du gouvernement ». L'un d'eux, le maire de Nasbinals, avertit ses administrés qu'il fera enlever le fumier des électeurs qui voteront pour M. Joseph Barrot et laissera le fumier de ceux qui voteront contre. Tous les maires ne montrèrent pas la même vigueur, si l'on en juge par les mesures prises par le préfet après le scrutin, qui fut entièrement favorable à M. de Chambrun. Vingt-huit maires et adjoints payèrent cette défaite de leur écharpe.

Le préfet de la Haute-Saône, qui combat la candidature de M. d'Andelarre, rappelle aux anciens militaires, légionnaires, médaillés de Sainte-Hélène, de Crimée, d'Italie, que Napoléon Ier a dit : Les blancs seront tou-

---

1. M. Thiers.

jours les blancs! et que le candidat du gouvernement est M. Galmiche, qui est bleu.

La magistrature ne craignait pas de se compromettre dans les élections. Le chef du parquet de Grenoble saisit la correspondance de M. Casimir Périer, candidat dans le département de l'Isère, et trouve dans une de ses lettres le délit d'excitation à la haine et au mépris du gouvernement; le préfet, averti par le procureur général, fait imprimer dans la nuit une immense affiche qui est placardée le lendemain matin, jour du vote, à son de trompe et de tambour. M. Casimir Périer y est traité de faussaire. Des poursuites vont, disent les agents de l'autorité, être intentées contre lui; le bruit court même déjà qu'il est arrêté.

M. Dufaure, candidat dans la Gironde, n'est guère moins maltraité. Le *Courrier de la Gironde* ayant demandé pourquoi cette candidature était combattue avec tant d'ardeur par le gouvernement, M. Piétri, sénateur, chargé de l'administration de la Gironde, répond qu'il combat M. Dufaure parce qu'il « est à ce point aveuglé qu'il croit qu'il n'y a en France ni liberté de la presse, ni liberté de parole, ni de tribune », et parce que « s'il ne sait pas voir que, devançant l'opinion publique, l'Em-
« pereur a pris et prendra l'initiative de toutes les réformes libérales,
« et que lui seul peut couronner son œuvre par la liberté dont les fac-
« tions coalisées retarderont l'avènement, M. Dufaure est *suspect* ou
« *ennemi.* »

Le préfet de Lot-et-Garonne avertit les électeurs que le succès de la candidature de M. Baze « serait la condamnation du régime qui a tiré la France de l'abîme où l'avaient jetée d'incorrigibles rhéteurs ». Le préfet de la Corrèze voyait avec terreur la circonscription de Tulle résister à toutes les menaces et à toutes les avances et rester inébranlable dans sa résolution de réélire M. de Jouvenel, l'auteur du rapport contre la proposition de la dotation Pa-li-kao. Comment empêcher un si grand scandale?

Le gouvernement pensa que, là où un préfet était impuissant, un ministre pouvait réussir. M. Rouher avait justement des relations de parenté dans le département de la Corrèze. Il s'y rend en toute hâte, suivi de M. de Franqueville, sous-directeur des chemins de fer, la valise pleine de décrets, d'ordonnances pour l'étude, le commencement et l'achèvement de toutes sortes de travaux destinés à embellir et à enrichir les villes et les campagnes corréziennes. Il arrive à Brives, où l'attendent à la gare préfet, sous-préfets, conseillers de préfecture, ingénieurs, chevaliers de la Légion d'honneur, médaillés de Sainte-Hélène, sapeurs-pompiers, corps de musique, orphéon, et M. Mathieu, avocat à la Cour impériale, candidat de l'Empereur dans la circonscription. M. Rouher écoute sous un arc de triomphe l'énumération des grands travaux que projette la cité de Brives. Ils seront tous exécutés, M. Rouher le promet, et M. de Franqueville est là pour enregistrer ses promesses. Brives ne sera pas la seule ville favorisée, Tulle, Ussel, Uzerche en reçoivent l'assurance de la bouche « du Colbert du xixᵉ siècle »[1], qui, toujours suivi du directeur Franqueville et du candidat Mathieu, parcourt au bruit des boîtes, des pétards, des cloches, des tambours, des trombones, les villes, bourgs, villages et hameaux du département, semant partout les ponts, les écoles, les canaux, et plus de chemins de fer qu'il n'en fallait pour faire dérailler une candidature dix fois mieux lancée que celle de M. de Jouvenel.

Le département de la Corrèze obtenait, comme on le voit, tous les chemins de fer qu'il pouvait souhaiter, grâce à la crainte qu'inspirait le succès possible de la candidature de M. de Jouvenel. M. Thiers vient à peine d'accepter la candidature à Aix, que la population apprend que l'eau, si impatiemment attendue, ne tardera pas à couler dans le canal du Verdon. Le désir de faire échouer la candidature de M. Thiers à Valenciennes fut pour les industriels du Nord la source de bien plus grands avantages. La législation sucrière exigeait une réforme; le drawback, sollicité par la fabrique indigène, repoussé par les colonies et par les ports, attendait la décision du ministre. Ce dernier, hésitant, s'était pourtant engagé à ne présenter qu'à la session prochaine la loi sur le droit de sortie du sucre de betteraves. Les chambres de commerce des ports, les délégués des colonies étaient dans l'enchantement. Le Conseil d'État, saisi d'une loi sur le rendement de la raffinerie, l'avait renvoyée à la commission des douanes. Le Conseil des ministres prévient tout à coup l'Empereur que, si les travaux du Conseil d'État et de la Commission des douanes ne sont pas abandonnés, l'élection de M. Thiers, à Valenciennes, est certaine. L'abandon eut lieu aussitôt [2].

Quand on voit les départements si avides des faveurs de l'administration, on excuse la docilité des communes si besogneuses quand elles ne sont pas réduites pour vivre à la pure mendicité; elles n'ont plus besoin du moins de tendre la main pendant la période électorale. Le préfet verse sur elles la corne d'abondance administrative : chemins vicinaux, fontaines, lavoirs, écoles, rien ne leur est refusé, en paroles du moins. Le

---

[1]. C'est ainsi que M. Rouher est désigné par le journal de la préfecture.
[2]. On revint plus tard sur cette décision.

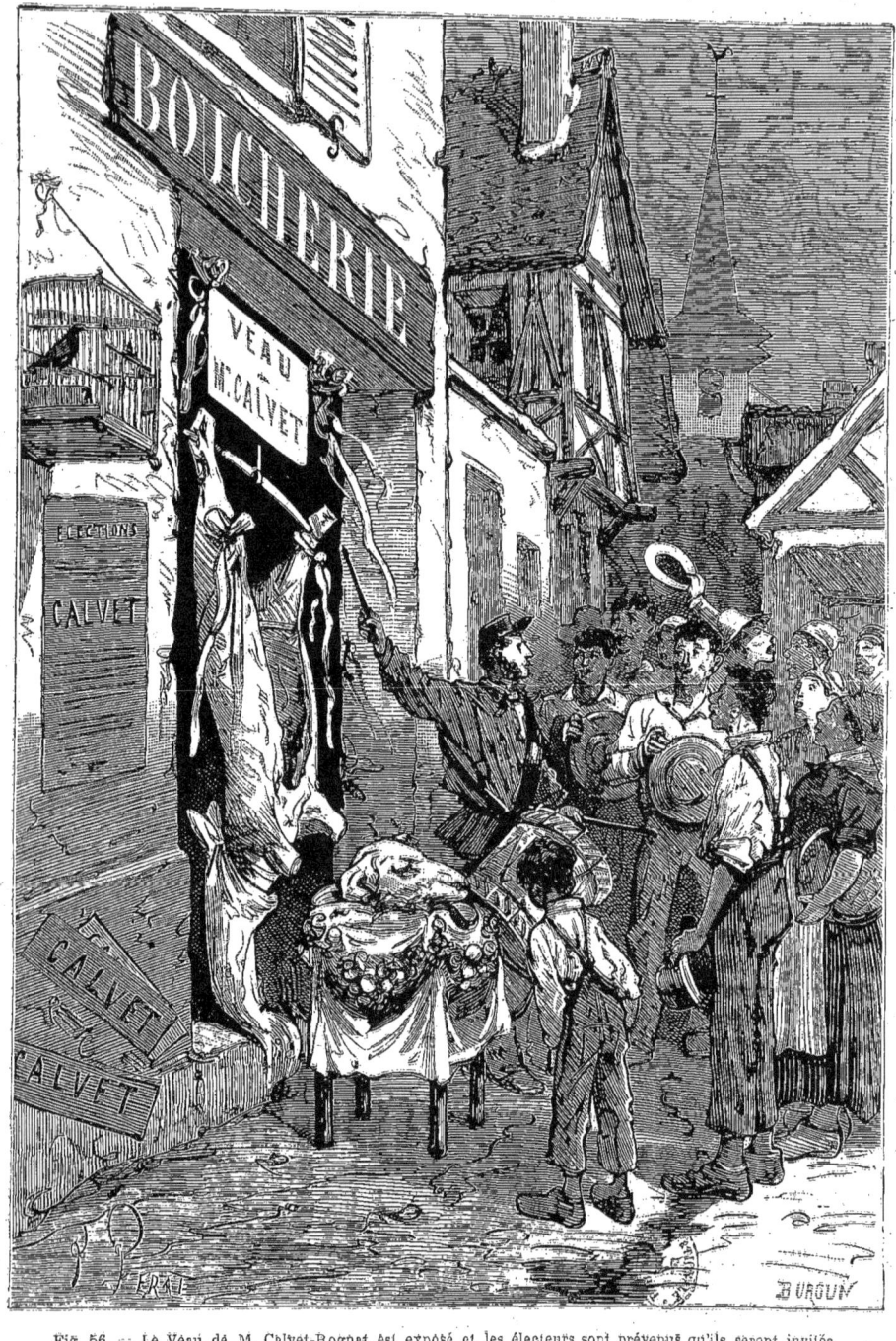

Fig. 56. — Le Veau de M. Calvet-Rognat est exposé et les électeurs sont prévenus qu'ils seront invités à en prendre leur part, pour fêter l'élection du candidat.

candidat officiel, d'un autre côté, armé de son talisman, fait surgir à volonté les allocations et les subventions : partage des communaux, droit de pâture, distraction du régime forestier, tout ce qu'une commune enfin peut désirer, y compris un embranchement ou un tronçon de chemin de fer, le candidat officiel est autorisé à le promettre, et, s'il s'agit de route, de canal, de chemin de fer, à annoncer le commencement des études; M. de Campaigno, candidat à Toulouse, avait même obtenu l'autorisation de faire commencer immédiatement les travaux : les jalons sont plantés, les géomètres tendent leurs chaînes, la tranchée va s'ouvrir. Le lendemain des élections, plus de chaînes, plus de jalons, le chemin de fer était rentré dans ses cartons.

L'exemple donné par les départements et par les communes ne pouvait manquer d'être suivi par les particuliers. Pourquoi les électeurs ne retireraient-ils pas quelque agrément ou quelque avantage de l'élection? C'était aussi la question que leur adressaient les candidats officiels, riches en général et fertiles en libéralités culinaires et sonnantes. Les ménagères de Mostejoulx, réunies devant l'étalage du boucher, le jour de l'élection, contemplaient avec admiration un veau portant cette étiquette : « Veau de M. Calvet-Rognat. » Les électeurs le mangeront demain pour fêter le triomphe de ce candidat. Le garde de la commune de Coussagne proclame au son de la caisse le nom de l'auberge où les électeurs trouveront l'hospitalité après le scrutin. Les plus influents savent le nom du notaire chez lequel ils ont un « bon d'un franc » à toucher. Le candidat officiel dans les Pyrénées-Orientales nourrit les électeurs de pain blanc et de viande, dote les orphéons, les transporte gratis, subventionne les confréries, quoique israélite, et répare les églises.

Le gouvernement, grâce à tous les moyens d'influence qu'il possédait et à ceux dont disposaient ses candidats, obtint la majorité dans la plupart des communes rurales, mais il fut battu dans presque tous les grands centres de population et dans un grand nombre de villes moins importantes.

CHAPITRE XIII

LES ÉLECTIONS A PARIS

Le parti républicain à Paris. — Ses divisions. — L'abstention. — Les assermentés et les réfractaires. — Le parti du *Siècle*. — Le parti de 1848. — Le parti des hommes nouveaux. — Le parti des *Cinq*. — Rivalités entre les candidats de la 5e circonscription. — M. Havin et M. Ernest Picard. — Le comité central. — Réunion chez M. Carnot. — Le comité central ne parvient pas à se fonder. — Le gouvernement s'oppose aux réunions. — Note du *Moniteur*. — La candidature de M. Thiers. — Le *Siècle* ne l'accepte pas. — Première liste des candidats de l'opposition. — M. Havin. — M. Édouard Laboulaye. — M. Émile Ollivier. — M. Ernest Picard. — M. Jules Favre. — M. Adolphe Guéroult. — M. Alfred Darimon. — M. Jules Simon. — M. Eugène Pelletan. — M. Édouard Laboulaye se désiste en faveur de M. Thiers. — Le *Siècle* se décide à soutenir M. Thiers. — Maladresse de M. de Persigny à combattre cette candidature. — Sa circulaire aux préfets. — Sa lettre au préfet de la Seine. — Paris nomme tous les candidats de l'opposition. — Effet du vote du 31 mai sur l'Europe. — M. de Persigny est obligé de donner sa démission. — Changement de ministère. — M. Billault, ministre d'État. — Sa mort. — Il est remplacé par M. Rouher. — Voyage de l'Impératrice en Espagne. — Napoléon III propose un Congrès aux puissances. — Emprunt de 300 millions. — Avortement du Congrès. — Fin de l'année 1863.

Les républicains qui continuaient à vivre dans l'exil, et qui considéraient comme un crime de haute trahison à l'égard de la République la pensée seule de se mêler à la vie politique, prêchaient l'abstention et trouvaient de l'écho, sinon dans les masses, du moins parmi les membres toujours assez nombreux du parti républicain qui sont plus accessibles aux raisons de sentiment qu'aux calculs politiques. Un écrivain, ami de la contradiction éloquente et de l'isolement orgueilleux, fertile en thèses paradoxales qu'il défendait avec la passion du jour, quitte à les laisser tomber dans l'oubli le lendemain, se donna le plaisir de déclarer dans une brochure ou plutôt dans un livre, car toute idée devenait bientôt livre sous sa plume ardente mais prolixe, qu'un démocrate ne pouvait entrer au Corps législatif sans commettre un parjure. Après avoir soutenu la nécessité du serment, Proudhon partagea donc les démocrates en deux catégories : les assermentés et les réfractaires, les uns consentant à choisir des députés, et au besoin à l'être, les autres résolus à attendre pour voter d'avoir toutes les garanties qui rendent le suffrage universel libre. Proudhon avait inventé à l'usage de ces derniers une sorte d'abstention constitutionnelle qui n'était « ni une déclaration de « guerre, ni une sécession, ni un défi, ni un acte hostile, mais une pro-« testation respectueuse par laquelle le pouvoir est informé de l'impuis-« sance morale où le peuple est de voter, et mis en demeure d'y pourvoir. »

A l'esprit de personnalité et d'indiscipline représenté par Proudhon venait se joindre l'esprit de pessimisme non moins répandu dans le parti républicain. « A quoi bon, disaient les pessimistes, tenter la lutte contre « un ennemi sûr d'avance de la victoire? Paris n'est plus Paris, mais un « amalgame de quartiers inconnus les uns aux autres, formant des cir-« conscriptions fantastiques où Picpus vote avec Clamart, Belleville avec « Puteaux, le faubourg Saint-Denis avec le faubourg Saint-Germain. La « loi veut que chaque département nomme un nombre de députés pro-« portionnel au chiffre de sa population; or, tandis que la population du « département de la Seine a augmenté de six cent mille âmes depuis la « dernière élection du Corps législatif, le nombre des électeurs a diminué « de telle façon que ce département élira un député de moins à la pro-« chaine législature. Restons donc chez nous, et ne devenons pas les dupes « du gouvernement en nous faisant ses complices. »

Paris, en somme, tenait peu compte de ces plaintes, et il s'apprêtait à marcher au scrutin formé en trois corps d'armée principaux : le corps d'armée du *Siècle*, composé de cette masse qui a surtout l'instinct de l'action et qui ne s'arrête pas aux scrupules et aux finesses de la politique individuelle ; le corps d'armée de 1848, avec son état-major d'anciens membres du gouvernement provisoire, d'anciens ministres, commissaires, fonctionnaires de la République ; le corps d'armée des hommes nouveaux, comptant dans ses rangs des avocats, des écrivains, journalistes, professeurs déjà connus du public et désireux de compléter leur renommée à la tribune. Les *Cinq* formaient un bataillon ayant ses intérêts à part et manœuvrant avec une habile vigilance pour les défendre.

L'armée électorale parisienne n'était malheureusement pas aussi unie qu'on aurait pu le souhaiter au moment d'une entrée en campagne. Le *Siècle*, dans un article sur les élections, avait déjà signalé l'existence de dissentiments « puérils » entre les candidats ; il faisait allusion à une question qui, malheureusement, portait en effet déjà le trouble dans les rangs du parti démocratique. M. Havin, décidé cette fois à tenter les chances de la lutte électorale, avait pensé que la 5ᵉ circonscription, dans laquelle le *Siècle* était établi et qui se composait en majorité de négociants depuis longtemps attachés à sa politique, lui offrirait plus de chances qu'une autre ; mais la 5ᵉ circonscription était celle qui avait nommé M. Ernest Picard. Ce jeune orateur, alors dans toute la fleur de sa popularité, se voyait soutenu non seulement par la *Presse*, qui ne s'était décidée à se mêler des affaires électorales que pour appuyer la réélection des députés de Paris, mais encore par une notable fraction du parti démocratique, qui subissait impatiemment la direction du *Siècle*, et surtout par un groupe de ses jeunes confrères du barreau dévoués au succès de sa candidature et de celle de M. Émile Ollivier. M. Léon Gambetta, l'un d'eux, dans une réunion chez M. Carnot, avait élevé à la hauteur d'un principe et presque d'un dogme la réélection des *Cinq* et leur droit imprescriptible à rester les représentants perpétuels de la circonscription qui les avait élus une première fois.

Les amis de M. Havin, sans contester ni les services rendus par les députés de Paris ni la nécessité de les récompenser en les réélisant, demandaient si cette réélection admise en principe ne pouvait pas s'accommoder aux nécessités et aux convenances de fait, et si MM. Picard, Ollivier et Darimon avaient reçu du suffrage universel l'investiture de la circonscription dans laquelle ils avaient été nommés, comme on reçoit l'investiture d'un fief. Ils ajoutaient plus sérieusement que, par suite du remaniement des circonscriptions de Paris, il restait si peu de l'ancienne circonscription de M. Ernest Picard, qu'il devait lui être indifférent de se présenter dans celle-ci ou dans une autre. Si M. Picard, disaient-ils, prétend retrouver ses anciens électeurs, c'est dans trois ou quatre circonscriptions qu'il doit se présenter, car les électeurs de l'ancienne 5ᵉ circonscription ont été répartis en trois ou quatre lots. Sera-t-il donc désormais interdit de se présenter dans une circonscription de 35000 électeurs parce qu'il y reste 2 ou 3000 électeurs qui ont pu voter pour un candidat aux élections précédentes?

M. Ernest Picard n'en persistait pas moins à réclamer ce qu'il appelait son droit, vivement appuyé par le rédacteur en chef de la *Presse*, M. Émile de Girardin, ardent à représenter les comités comme des foyers d'ambition personnelle et allant jusqu'à menacer le directeur politique du *Siècle* de publier tous les jours un article contre lui s'il maintenait sa candidature dans la 5ᵉ circonscription ; M. Havin lui répondit qu'il ne se laisserait pas intimider et qu'on essayerait en vain de dissoudre les comités par la discorde. « Les *Cinq*, qui ne sont que trois, « écrit-il à un de ses amis, font un tas d'intrigues que la publicité et le « grand jour vont déjouer. Ce que je n'admettrai jamais, c'est cette « outrecuidance qui fait des électeurs et d'une portion du territoire élec-« toral la propriété d'un député ; ce que je n'admettrai jamais, c'est le « défi qui nous est porté par une solidarité qui prétend s'imposer des-« potiquement à tout un parti et à toutes les fractions d'un parti[1]. » Ces compétitions, au moment où le parti démocratique allait livrer une grande bataille, pouvaient cependant lui porter un coup funeste. M. Havin le comprit, et le 17 mars on lut en tête du *Siècle* les deux notes suivantes :

« En réponse aux attaques dont le *Siècle* a été l'objet, je déclare que jamais mon vieux patriotisme ne s'exposera à rendre douteux le succès de notre cause par une prétention personnelle ou par une compétition de circonscription.

« L. Havin. »

« Cher directeur,

« Vous renoncez, pour faire cesser toute division, à vous présenter dans une circonscription où tant d'électeurs vous avaient offert leur concours ; la rédaction du *Siècle* comprend et approuve la résolution qui vous est dictée par votre dévouement à la démocratie. Nous sommes persuadés d'avance que les électeurs vous en tiendront compte ; aussi persistons-nous à vous demander de rester un de leurs candidats à Paris. C'est votre devoir, et le *Siècle* a bien le droit aussi de faire juger sa politique par le suffrage universel.

« Pour tous les rédacteurs.
« *Le secrétaire de la direction politique,*
« Léon Plée. »

Ces discussions n'avaient pas empêché les républicains de s'occuper avec activité de la formation d'un comité central. Les membres de ce comité seraient-ils nommés au scrutin, ou bien chacun d'eux prendrait-il en lui-même son mandat comme on assume une dictature ? Les partisans de l'élection l'emportèrent. Les commissaires devaient être au nombre de vingt-cinq, malgré les prescriptions de l'article 291 du Code pénal, qu'on déclara de nul effet pendant la période électorale.

1. Lettre à M. Corbon.

Les orléanistes, les légitimistes et quelques républicains se réunirent à la même époque chez le duc de Broglie pour fonder cette *Union libérale* dont nous avons parlé dans le chapitre précédent. MM. Thiers, Berryer, Changarnier, le duc de Broglie, le prince de Broglie, Prévost-Paradol, Cochin, Mortimer-Ternaux, d'Haussonville, Jules Simon, Jules Bastide et Carnot assistaient à la réunion. Les premières paroles échangées entre les assistants laissèrent voir dans quelles illusions le plus grand nombre d'entre eux étaient plongés. Les orléanistes et les légitimistes se croyaient en droit, par le nombre et par l'influence, de se partager à part égale, avec les républicains, les circonscriptions de Paris. M. Jules Simon demanda la parole au moment où la réunion allait se séparer, et, dans un discours très écouté, il essaya de rappeler la majorité de ses membres au sentiment de la réalité. Mais il dut bien vite s'apercevoir qu'on ne leur ferait pas facilement admettre que l'union libérale dût se fonder sur d'autres bases que celles qu'ils avaient rêvées.

La période pendant laquelle les comités pouvaient fonctionner était si courte, que, si les premiers jours en étaient employés à leur formation, il resterait à peine le temps nécessaire pour choisir les candidats. Aussi le parti républicain songeait-il à désigner d'avance les vingt-cinq membres de son comité. M. Carnot, chez qui se tenaient les conférences préparatoires, avait déclaré qu'il ne consentirait à faire partie du comité que s'il s'y trouvait à côté de plusieurs de ses collègues des assemblées de la seconde république; le dépouillement du vote n'ayant pas réalisé ce vœu, il se retira, et le comité, grâce aux menées des abstentionnistes et aux rivalités dont aucun parti et surtout le parti républicain n'est exempt, ne se forma pas, à la grande satisfaction de quelques brouillons exaltés. Il convient d'ailleurs d'ajouter que, en dehors même des divisions intestines qui le firent échouer, les mesures prises par le gouvernement rendaient sa formation bien difficile. M. de Persigny, en effet, voyant l'agitation électorale gagner du terrain, voulut y couper court par la note suivante insérée le 3 mai au *Moniteur* :

« Plusieurs journaux annoncent que les représentants de sous-comités électoraux doivent se réunir prochainement pour nommer un comité central. A cette occasion, le gouvernement croit devoir rappeler que la loi interdisant les associations de plus de vingt personnes qui se réuniraient sans l'agrément de l'autorité publique, alors même que ces associations seraient partagées en sections d'un nombre moindre, les journaux s'exposeraient à la répression légale s'ils publiaient tous actes ou manifestes de pareilles associations. »

Fig. 57. — Une réunion de républicains a lieu chez M. Hérold, afin de se concerter sur la formation du Comité, qui doit choisir les candidats de l'opposition à

Il fallait répondre à ces menaces. Une réunion eut lieu aussitôt chez M. Hérold. On y lut la lettre suivante de M. Marie, qui résume fort bien toutes les difficultés de la situation :

« Évidemment la note du *Moniteur* est une machine de guerre destinée à jeter la terreur et à faire taire ainsi les journaux qui seraient tentés de publier vos actes. Contre ces violences je ne connais qu'un remède : le courage qui conseille, le dévouement qui va jusqu'au sacrifice. Or ce courage, les journaux l'auront-ils? Oui, je l'espère, si les directeurs politiques ont le droit de décider; mais en cela, comme en toutes choses, hélas! la puissance morale, qui voudra agir quand même, ne sera-t-elle pas dominée et vaincue par les intérêts matériels toujours prêts à céder?

« Que faire donc? Une consultation? Je viens d'en lire une. Est-elle bien rassurante, bien décisive? ou n'est-elle pas plutôt à côté de la question que sur la question?

« Le gouvernement est despotique, la législation est despotique, et ces deux forces ont si bien les mêmes origines, le même esprit, les mêmes allures pour enchaîner ou opprimer toutes les libertés, qu'elles ne seront jamais embarrassées pour se prêter un mutuel appui, selon les circonstances.

« Ainsi, par exemple, dans la situation où les comités se trouvent placés, êtes-vous bien sûrs que, les textes à la main, le gouvernement ne puisse pas dire que, en les constituant comme on les a constitués, la loi a été méconnue? En tout cas, les journaux seront-ils assez rassurés à cet égard pour y prêter appui en publiant vos actes? Et, s'ils consentaient à le faire, un premier avertissement ne leur imposerait-il pas silence?

« Des consultations? Quand la justice n'aura pas à dire un mot dans le débat, que le ministre seul soulèvera et jugera, c'est un bien petit remède. Ne nous faisons point illusion, la lutte qui va s'ouvrir est une lutte grave dans laquelle la légalité, pour peu qu'elle protège encore, par quelques côtés, une liberté ou un droit, sera comptée pour rien. Nous avons affaire à un gouvernement très résolu et très peu scrupuleux dans ses audaces. Or je me demande si, dans de telles circonstances, c'est le cas de procéder comme on a fait, en s'entourant en quelque sorte de toutes les formes d'une action représentative.

« A mon sens, il faut mettre ces formes de côté. Ou notre parti veut l'action, ou il veut l'abstention. Il faut choisir résolument et marcher sans équivoque dans un sens ou dans l'autre, mais non dans les deux à la fois. L'action décidée, et, dans mon sens, il doit en être ainsi, alors qu'un comité se forme, se constitue, se proclame dictatorialement pour ainsi dire (le mot est bien gros, mais il rend bien ma pensée), qu'on prenne pour le former les noms les plus populaires auprès des diverses classes de la société, afin que tous les intérêts, tous les sentiments, toutes les idées soient représentés, et puis marchons. Nous irons ainsi plus vite et plus sûrement. Si, pour livrer bataille, il n'y a pas de chefs, ou si, sur le plan de campagne, ceux-ci doivent, avant tout, consulter l'armée, alors il n'y a rien à faire; je le dis avec désespoir, mais je le dis comme je le sens : tout le monde ne peut pas commander, et tout est perdu s'il n'y a parmi nous personne qui puisse et ose prendre le commandement et imposer l'obéissance.

« Tout à vous.

« MARIE.

Le 3 mai 1863. »

Quelques citoyens se mirent en avant et lancèrent ce manifeste :

« Paris, le 8 mai 1863.

« Monsieur et cher concitoyen,

« Sans autre droit que notre dévouement à la chose publique, sans autre prétention que le désir d'être utiles, sans autre but que le progrès dans la liberté, par la liberté, ne relevant que de notre bonne volonté, nous nous sommes groupés quelques-uns pour former un comité consultatif pour les élections, ainsi que nous l'avons écrit par notre lettre du 28 avril.

« Aux avocats qui ont rédigé le *Manuel électoral* ou qui y ont adhéré, MM. Clamageran, Dréo, Durier, Ferry, Floquet, Hérisson, Hérold, se sont joints des anciens représentants et des publicistes : MM. Marie, Carnot, Jules Simon, Corbon, Crémieux, Charton, Henri Martin, Garnier-Pagès.

« Nous comptons sur le concours des journaux de l'opposition.

« Un grand nombre de nos amis viendront nous aider de leurs lumières.

« Les circonstances sont difficiles, l'inexpérience dans la pratique du suffrage universel est grande, la jurisprudence est douteuse, l'intervention de l'autorité mal définie, les abus de pouvoir faciles. Nous venons vous offrir nos services pour vous aider à surmonter les obstacles qui pourraient entraver vos votes.

« Nous n'avons nullement l'intention de peser sur les décisions ou sur le choix des électeurs, nous n'avons donc à désigner aucune candidature. Inspirés seulement d'un sentiment profond de conciliation indispensable au développement de nos principes, nous nous efforcerons, si nous sommes consultés, de mettre en harmonie les prétentions diverses, d'adoucir les rivalités, de rapprocher les esprits, de recommander l'union de tous ceux qui veulent sincèrement la liberté.

« Nous ne nous dissimulons ni la faiblesse de nos moyens d'action ni la force d'une autorité qui a tout concentré dans ses mains. Mais, loin de nous décourager, cette comparaison nous excite : nous ne songeons point, dans la lutte légale, à nous, mais à la patrie, et moindre est la liberté, plus énergique doit être notre volonté pour la recouvrer.

« Dans la pensée que vous partagerez nos convictions, nous faisons un appel incessant à votre dévouement, et si vous voulez bien nous aider à donner une impulsion de plus en plus vive au mouvement qui commence, quel que soit le résultat, vous aurez rempli votre devoir.

« Vos dévoués concitoyens,

« Garnier-Pagès, Hérold, Clamageran, Jules Simon. »

Aux vieilles causes de dissentiment entre les fractions du parti républicain la candidature de M. Thiers en ajouta une nouvelle. M. Thiers, rentré en France après son court exil à la suite du coup d'État du 2 décembre, consacrait son temps à l'achèvement de l'*Histoire du Consulat et de l'Empire*. Sans se désintéresser complètement de la politique, il ne cherchait pas à prendre dans les événements un autre rôle que celui d'un spectateur désintéressé qui voit les choses de haut, qui juge les hommes sans passion, et qui suit avec tristesse et anxiété les phases d'une expérience tentée sur son pays et qu'il juge d'avance funeste. Napoléon III lui avait fait cependant dans une circonstance récente une politesse qui pouvait passer pour une avance. L'Empereur n'avait pas même lu l'*Histoire du Consulat et de l'Empire*, lorsqu'un volume de cet ouvrage étant tombé entre ses mains, il en fut si content qu'il manifesta tout haut l'intention de chercher à donner à l'auteur un témoignage public de sa satisfaction. M. Thiers, averti par un ami commun de ces intentions, ne fut point sans en ressentir quelque inquiétude ; il se voyait exposé à une de ces marques de bienveillance, venant d'un souverain dont il était l'adversaire, qu'un honnête homme redoute de recevoir, mais qu'il trouve au-dessous de lui de repousser avec un dédain affecté. Une promotion isolée et subite à la plus haute dignité de la Légion d'honneur n'était pas à craindre pour M. Thiers, puisqu'il en portait le grand cordon. Quel témoignage de satisfaction, Napoléon III pouvait-il donc lui donner? Le premier discours d'ouverture des Chambres le tira d'inquiétude; il en était quitte pour le titre « d'historien national ».

Le régime parlementaire sous lequel la France avait vécu depuis 1830 jusqu'en 1848 s'était si bien incarné dans M. Thiers, que le jour où par le décret de novembre les institutions de l'Empire semblèrent s'en rapprocher, et où un peu plus de lumière pénétra dans le Corps législatif, la place de M. Thiers y fut marquée d'avance. Rien ne s'opposait à ce qu'il l'occupât, car il conseillait lui-même à ses amis de renoncer à l'abstention et de reprendre légalement leur part d'action politique en prêtant un serment qui obligeait leur conscience sans les empêcher de travailler au rétablissement de la liberté. Il avait, on l'a vu, répondu dans ce sens dès le mois de mars aux électeurs de divers départements qui lui offraient la candidature. C'est dans ce sens qu'il répondit aux électeurs de la 2ᵉ circonscription de Paris.

La candidature de M. Thiers, accueillie avec faveur par le parti libéral et même par un certain nombre de bonapartistes qui s'en applaudissaient comme d'une adhésion indirecte à l'Empire, qui obligerait le gouvernement à marcher de plus en plus dans la voie du libéralisme, ne pouvait se passer entièrement du concours du parti démocratique. Malheureusement, l'attitude politique de M. Thiers après la révolution de Février et son alliance avec les légitimistes avaient laissé dans le cœur de beaucoup de républicains un vif sentiment de rancune. Les démocrates de la 2ᵉ circonscription, où se présentait M. Thiers en concurrence avec M. Devinck, homme modéré et négociant estimé, parlaient de s'abstenir. Le *Siècle*, sans se ranger ouvertement à cette opinion, que son ardente polémique contre toute espèce d'abstention lui défendait d'adopter, la combattait avec une certaine mollesse. Ce n'est pas que son directeur, ancien lieutenant de M. Odilon-Barrot, nourrît la moindre hostilité contre M. Thiers, qui, dans les dernières années du règne de Louis-Philippe, s'était fort rapproché de la gauche; M. Havin partageait au contraire l'admiration qu'ont pour M. Thiers ceux qui l'ont vu manœuvrer sur le terrain parlementaire, et il ne méconnaissait pas l'utilité d'un pareil auxiliaire ; mais, dominé par les préoccupations de la polémique quotidienne, il hésitait à soutenir un adversaire de l'unité de l'Italie, un défenseur du pouvoir temporel du pape.

La liste des candidats de l'opposition, qui parut le 10 mai, jour de l'ouverture de la période électorale, dans les journaux *le Siècle*, *l'Opinion nationale*, était ainsi formée :

ÉLECTIONS DU 31 MAI ET DU 1er JUIN 1863.

Candidats de l'opposition :

« 1re circonscription : L. Havin, directeur politique du *Siècle*.
« 2e circonscription : Ed. Laboulaye, membre de l'Institut.
« 3e circonscription : Emile Ollivier, député sortant.
« 4e circonscription : Ernest Picard, député sortant.
« 5e circonscription : Jules Favre, député sortant.
« 6e circonscription : Adolphe Guéroult, rédacteur en chef de l'*Opinion nationale*.
« 7e circonscription : Alfred Darimon, député sortant.
« 8e circonscription : Jules Simon, membre de l'Institut.
« 9e circonscription : Eugène Pelletan, publiciste.

« D'autres candidats se produisirent en dehors de ceux-ci.

« 1re circonscription : Jules de Lasteyrie, Ranc. — 3e circonscription : Docteur Dupont. — 6e circonscription : De Jouvencel, Cochin, Prévost-Paradol, Dupuis, avocat. — 7e circonscription : J. J. Weiss, Philippe Doré, Cantagrel. — 8e circonscription : Jules Mahias, de Milly. — 9e circonscription : Thayer. »

La liste des journaux ne contenait pas le nom de M. Thiers. Ce n'est point qu'il renonçât à se présenter. MM. Target, Mortimer-Ternaux et Ferdinand Duval lui ayant remis, le 14 mai, une adresse signée de plusieurs électeurs de la 2e circonscription pour lui offrir la candidature, il l'accepta. Ces électeurs se formèrent en comité sous la présidence de M. Dufaure. Le lendemain, le *Journal des Débats*, qui jusqu'alors s'était tenu en dehors du mouvement électoral, annonça la candidature de M. Thiers.

« Alors même que le pays eût manqué de mémoire, l'historien eût empêché d'oublier
« l'orateur ; mais un respect universel et tranquille entourait ce nom enlevé aux luttes
« quotidiennes des partis, et M. Thiers trouvait dans la justice bienveillante dont il est
« entouré comme un avant-goût du jugement de la postérité. C'est de ce repos animé
« par le travail, par l'amitié, par les plus élevées et les plus douces jouissances de
« l'esprit, que M. Thiers va sortir pour unir sa voix à celle des hommes qui pensent
« encore que la liberté n'est pas moins nécessaire que l'ordre, et que sans elle les plus
« grands intérêts du pays peuvent se trouver en péril. Tous les vœux des amis d'une
« sage liberté le suivront dans cette tentative, qui, heureuse ou non, n'en sera pas
« moins un des actes les plus honorables de sa carrière politique. »

M. Laboulaye, en apprenant la décision de M. Thiers, s'empressa de se désister de sa candidature en sa faveur. Le *Siècle* comprit qu'il ne pouvait plus hésiter, et le nom de M. Thiers remplaça celui de M. Laboulaye sur la liste de l'opposition. Le *Siècle* expliqua ainsi sa résolution :

> « Dans le cours de sa carrière politique, l'illustre historien nous a eu plusieurs fois pour adversaire, et nous craignons bien d'être aujourd'hui encore en désaccord avec lui sur un grand nombre de points.
> « Nous n'hésitons pas néanmoins à mettre son nom sur la liste à la place de celui de M. Laboulaye. M. Thiers est une des grandes individualités de notre époque, et, s'il arrive au Corps législatif, il pourra jeter une vive lumière sur la discussion des questions de politique et de finance qu'il a si souvent traitées avec tant de lucidité et de talent. »

Il ne manquait qu'un légitimiste comme Berryer à cette liste, où figuraient un orléaniste comme M. Thiers, un bonapartiste comme M. Guéroult, et des républicains, pour représenter l'union libérale. Elle était en réalité une espèce de coalition. C'est peut-être à cela qu'elle dut son succès complet.

Le nom de M. Adolphe Guéroult n'avait pas non plus été accepté sans murmures par tous les démocrates. Tour à tour rédacteur du *Temps* et du *Journal des Débats*, fonctionnaire de Louis-Philippe, rédacteur de la *République* le lendemain de la révolution de Février, maintenant directeur d'un journal bonapartiste, M. Guéroult appartenait à l'école saint-simonienne. Le progrès, selon les saint-simoniens, n'étant que la série des idées à travers lesquelles passe une nation pour arriver à son complet développement, chaque homme est libre de s'associer à toutes les opinions, selon que le temps, les circonstances et son caractère personnel le lui conseillent. Les disciples les plus éminents de Saint-Simon avaient pris une grande part au mouvement de reconstruction de l'Empire. Napoléon Ier, oubliant à Sainte-Hélène ce qu'il avait fait et songeant à ce qu'il aurait pu faire, avait en effet laissé à ses héritiers ce fameux programme dont l'exécution devait coûter, disait-il, un demi-siècle de batailles : triomphe de la démocratie sur le libéralisme parlementaire, soumission de l'Eglise à l'État, constitution de grandes nationalités sur les débris des États factices formés par des traités menteurs, la démocratie universelle fondée sur le suffrage universel et soutenue par la main puissante des Césars français, tel était ce programme qu'un nombre infini de Français croyaient destiné à être réalisé par Napoléon III. Les gens profondément convaincus que Napoléon Ier était la révolution armée soutenaient de la meilleure foi du monde que, s'il avait été obligé un moment de supprimer la liberté pour sauver la révolution, il s'était hâté, dès que les circonstances l'avaient permis, de reconnaître ses droits par l'acte additionnel, léguant ainsi à Napoléon III un exemple que ce dernier ne pouvait pas tarder à suivre. M. Guéroult comprit qu'un journal qui servirait d'organe au bonapartisme de l'acte additionnel aurait de grandes chances de succès. L'apôtre de Ménilmontant remania le programme de Sainte-Hélène à l'usage des abonnés de l'*Opinion nationale* et prêta au césarisme libéral l'appui d'une intelligence exercée, ne s'intimidant pas devant les idées et sachant les traduire d'une plume nette, élégante, vraiment française. L'*Opinion nationale*, à peine fondée, atteignit un chiffre considérable d'abonnés. M. Guéroult, maître d'un journal avec lequel il fallait compter et voulant faire consacrer son succès par le suffrage universel, imposa lui-même à tous les partis sa candidature.

M. Eugène Pelletan avait été, lui aussi, quelque peu saint-simonien à ses débuts, du temps qu'il étudiait le droit à Paris avant de devenir collaborateur à plusieurs revues, à la *Presse* et au *Bien public* fondé par Lamartine en 1850. Après avoir longtemps promené d'un journal à l'autre un talent qui attendait encore la popularité, il entra au *Siècle*, après le coup d'État. Les lecteurs de ce journal ne paraissaient pas devoir être très sensibles au souffle de philosophie mystique qui animait les articles de M. Pelletan, mais ils étaient une foule, et la foule se laisse facilement aller au charme des grands sentiments exprimés en langage poétique. La popularité de M. Pelletan était faite lorsqu'il quitta ce journal par des motifs qui ne pouvaient que l'accroître. Il renonçait en effet à une collaboration lucrative, pour n'avoir pas réussi à amener dans la rédaction du *Siècle* des changements de personnes dont les intérêts du parti démocratique devaient, selon lui, se ressentir dans un sens favorable. M. Eugène Pelletan fit dès lors la guerre en partisan courageux, mais un peu fantasque, publiant des brochures contre l'unité italienne et en faveur de l'unité polonaise, donnant la main d'un côté aux jacobins et de l'autre aux libéraux, mais jetant un vif éclat littéraire sur ces contradictions, luttant d'ailleurs avec courage contre le gouvernement, se faisant condamner à l'amende et à la prison, obligé de vendre sa bibliothèque pour payer le fisc ; il faisait du bruit sans charlatanisme, et il appelait sur lui l'attention publique sans la violenter.

M. Jules Simon représentait sur la liste de l'opposition la partie avancée du parti républicain avec M. Carnot et M. Eugène Pelletan. Il n'était pas

Fig. 58. — Le maire de Kermaria monte en chaire après la messe, et adresse une allocution aux paroissiens, dans laquelle il leur recommande de voter pour le candidat officiel.

plus que ce dernier cependant un républicain de la veille. M. Jules Simon, élève de l'École normale en 1832, agrégé de philosophie en 1835, professeur de philosophie à Caen et à Versailles, maître de conférences à l'École normale, suppléant de M. Cousin à la Sorbonne, avait été en 1847 candidat de l'opposition modérée dans les Côtes-du-Nord. Le clergé, qui, à cette époque, fit manquer son élection, ne put l'empêcher l'année suivante d'être élu à l'Assemblée constituante, où il fit partie du comité de l'organisation du travail. Président de la commission chargée de visiter les blessés de Juin, secrétaire de la commission d'enseignement primaire, rapporteur de la loi organique de l'enseignement que la Constituante n'eut pas le temps de voter, il donna sa démission de représentant du peuple pour entrer dans la commission du Conseil d'État, où il présida le comité des recours en grâce ; quoique professeur de philosophie, il avait fait preuve cependant d'une connaissance réelle des affaires, et d'un esprit aussi pratique qu'élevé ; il ne tarda cependant pas à être exclu du Conseil d'État par la majorité réactionnaire de l'Assemblée législative et de l'enseignement public par le coup d'État, qui suspendit son cours pour punir en lui le rédacteur du *National*, le fondateur et le collaborateur assidu de la *Liberté de penser*.

M. Jules Simon, rentré dans la vie privée, après avoir refusé le serment à l'Empire, reprit la plume et publia successivement *le Devoir*, *la Religion naturelle*, *la Liberté de conscience*, n'interrompant ses travaux, dit un de ses biographes, que pour donner de temps en temps dans les principales villes de la Belgique des conférences sur les grandes questions de philosophie et d'organisation sociale. La position prise par lui à l'avant-garde du parti démocratique l'exposait parfois aux attaques de ses membres les plus ombrageux, qui voyaient avec méfiance ses relations d'ancienne date et plus littéraires encore que politiques avec des hommes qu'ils étaient habitués à considérer comme des ennemis. Les notabilités de la monarchie de Louis-Philippe, ministres, fonctionnaires, pairs de France, députés, journalistes, se rencontraient en effet dans son petit salon au cinquième étage de la place de la Madeleine avec les plus ardents champions de la république militante, dans tous les pays, non point tout à fait comme sur un terrain neutre, car ces derniers y étaient les plus nombreux, mais comme dans un refuge où les vaincus du 2 décembre pouvaient causer ensemble, un moment, en oubliant leurs griefs mutuels, consolation bien rare dans les temps de solitude et d'amertume qui suivent les grandes catastrophes politiques, tristes temps où les hommes ont plus de penchant à se fuir qu'à se chercher, et où un certain courage est nécessaire à ceux qui bravent à la fois pour les réunir leurs méfiances réciproques et la rancune redoutable du gouvernement absolu.

Le Corps législatif, de vaste conseil général qu'il était, venait de se transformer en assemblée politique ; ses orateurs, entendus désormais de toutes les parties du pays, pouvaient prétendre à occuper dans ses sympathies une place proportionnée à leur talent. M. Jules Favre avait gagné plus que tout autre à ce changement ; continuateur des orateurs de nos grandes époques parlementaires, il commençait à prendre possession de cette dictature majestueuse de l'opposition, qu'il devait garder pendant si longtemps. M. Emile Ollivier, en cherchant à se faire une place à côté de lui, ne réussissait qu'à marquer davantage l'espace qui existe entre le talent et le génie oratoire ; son discours pendant la discussion de l'adresse, avait justement froissé les susceptibilités du parti républicain. Ce discours appelait des explications que l'interdiction des réunions publiques empêcha de lui demander. Les journaux auraient pu suppléer à ce silence ; mais, par une indulgence fatale à la dignité des mœurs politiques, ils prolongèrent un malentendu dont il était aisé de prévoir les conséquences. Quant à M. E. Picard, la vivacité, la hardiesse, le bon sens, la raillerie piquante, la répartie prompte, toutes ces qualités de l'esprit parisien qu'il apportait à la tribune, l'avaient fait adopter par Paris comme son véritable représentant. C'était à lui qu'il tenait le plus ; on le vit bien lors de la compétition pour le choix des circonscriptions entre le *Siècle* et lui. Le *Siècle*, qui était cependant la grande force du moment, fut obligé par l'opinion publique de céder et baisser pavillon.

Une assez longue collaboration au journal de Proudhon avait valu à M. Darimon l'honneur de figurer en 1857 sur la liste des candidats de l'opposition. Le principe de la solidarité des *Cinq* l'y fit maintenir en 1863, malgré le doute qui planait déjà sur ses opinions comme sur celles de M. Émile Ollivier.

Le candidat le plus attaqué de tous ceux qui figuraient sur la liste de l'opposition était M. Havin, directeur du *Siècle*, dont la politique déplaisait à la fois au parti libéral non ennemi du clergé, et à la fraction ardente du parti démocratique dont elle ne servait pas toutes les impatiences : l'un ne lui pardonnait pas d'avoir soutenu le gouvernement dans sa campagne contre les associations religieuses de bienfaisance ; l'autre se plaignait de la prudence et des réserves dont s'entourait son opposition. Les journaux cléricaux et les journaux libéraux reprochaient en outre à M. Havin, candidat au conseil général à Torigny-sur-Vire, d'avoir adressé à ses électeurs une circulaire contenant ce passage : « Le ministre de l'intérieur m'a offert spontanément de m'appuyer à Torigny-sur-Vire ; l'Empereur a bien voulu me faire écrire par M. Mocquart qu'il voyait avec plaisir ma candidature et qu'il avait apprécié mon concours loyal et patriotique lors des guerres de Crimée et d'Italie. Enfin, M. le préfet a recommandé à MM. les maires de se montrer bienveillants pour ma candidature. » Une correspondance politique, envoyée de Paris aux feuilles légitimistes des départements, ne craignit pas d'annoncer que M. Havin était à la fois candidat du gouvernement dans la Manche et candidat de l'opposition à Paris. Le *Courrier du dimanche* ouvrit dans ses bureaux une souscription pour faire imprimer et afficher sa circulaire. Cette pièce, qui contenait implicitement l'acceptation de l'appui du gouvernement, prêtait, il est vrai, à la critique, quoiqu'il ne s'agit pas d'une élection politique; mais la correspondance légitimiste se donnait le tort grave de la présenter comme écrite à propos des élections qui allaient avoir lieu.

Une autre manœuvre consista bientôt à opposer à la candidature de M. Havin une candidature d'ouvrier. L'idée de donner place sur la liste des candidats de l'opposition à un représentant de la classe vouée au travail manuel, connaissant bien ses besoins, et capable de défendre ses intérêts, n'avait en elle-même rien de déraisonnable. Le principe de cette candidature était admis par tous ; on n'en contestait que l'opportunité. Il semblait aux ouvriers eux-mêmes que le moment de s'occuper de leurs intérêts spéciaux n'était pas venu, et que leur unique intérêt à eux, comme à toutes les classes de la société, consistait à rendre à la France la liberté. Des ouvriers sentaient aussi que la composition de l'assemblée devant laquelle leur député serait appelé à prendre la parole lui imposait une habileté de langage et des précautions de forme dont son éducation incomplète le rendrait incapable.

Le candidat opposé à M. Havin dans la deuxième circonscription était M. Blanc, ouvrier typographe. Les ouvriers de plusieurs grands ateliers de Paris et de Lyon, ceux de l'usine Cail entre autres, lui écrivirent pour l'engager à renoncer à la candidature ; mais il persista dans sa résolution.

Le gouvernement n'avait trouvé pour opposer aux illustrations de la liste libérale que des notabilités de quartier.

LA LISTE OFFICIELLE

La liste officielle était ainsi composée :

« ÉDOUARD DELESSERT, propriétaire à Passy. — 1re circonscription.

« DEVINCK, député sortant, ancien président du tribunal de commerce. — 2e circonscription.

« VARIN, ancien négociant, maire du 4e arrondissement de Paris. — 3e circonscription.

« LE GÉNÉRAL DE DIVISION PERROT, député sortant, ancien commandant supérieur des gardes nationales de la Seine, grand-officier de la Légion d'honneur. — 4e circonscription.

« FRÉDÉRIC LÉVY, maire du 11e arrondissement de Paris, ancien juge, président de section du tribunal de commerce. — 5e circonscription.

« FOUCHÉ-LEPELLETIER, député sortant. — 6e circonscription.

« CONSTANT SAY, raffineur, membre de la chambre de commerce. — 7e circonscription.

« KŒNIGSWARTER, député sortant. — 8e circonscription.

« PICARD, ancien maire d'Ivry, conseiller général de la Seine. — 9e circonscription. »

Le moment de la lutte approchait. Il était urgent de mettre un terme à toutes les divisions. Le comité des candidats de l'opposition adressa le 20 mai aux électeurs cette proclamation, qui lui parut propre à produire un rapprochement général :

« Paris, le 20 mai 1863.

« Monsieur et cher concitoyen,

« Liberté! c'est le vœu de tous, le cri de tous, le cri des consciences, le besoin du présent, l'espoir de l'avenir.

« Liberté, on trouve ce mot inscrit sur tous les programmes, sur toutes les professions de foi, sur toutes les bannières. Il retentit partout, dans les villes, dans les campagnes; les uns l'acclament comme la vérité, les autres s'en couvrent comme d'un voile; c'est de la part de tous un éclatant hommage à notre immortelle révolution.

« Si du scrutin électoral, au lieu de noms d'hommes, devait sortir un principe, un vote presque unanime proclamerait la liberté.

« En ce moment solennel, où le peuple est appelé à faire acte de souveraineté, l'expression suprême de sa volonté, hautement et incontestablement manifestée, c'est la liberté!

« La liberté est donc le but posé : pour y parvenir, l'union nous est prescrite comme un devoir. Laissons les polémiques fâcheuses! Écartons les divisions funestes! Élevons la lutte électorale en tolérant nos dissidents, en respectant nos adversaires. Prouvons, par notre dignité dans l'action, que nous sommes toujours la nation généreuse et puissante, dont l'initiative vigoureuse a donné l'impulsion au mouvement qui entraîne le monde.

« Serrons donc nos rangs! Marchons dans la voie ouverte à l'humanité, la main dans la main, le front haut, certains de notre droit, fiers de notre force. Notre cause est sainte. Le dieu de la justice est avec nous. Marchons! l'inaction, c'est le suicide; l'action, c'est la liberté.

« Vos dévoués concitoyens,

« CARNOT, ED. CHARTON, J. J. CLAMAGERAN, B. CORBON, A. DRÉO, E. DURIER, GARNIER-PAGÈS, J. FERRY, CH. FLOQUET, CH. HÉRISSON, F. HÉROLD, MARIE, HENRI MARTIN, JULES SIMON. »

La candidature la plus antipathique au gouvernement était celle de M. Thiers. Le meilleur moyen de la combattre eût été de s'effacer devant elle. L'abstention de l'administration entre M. Thiers et M. Devinck aurait peut-être compromis M. Thiers et empêché beaucoup de républicains de voter pour lui. M. de Persigny aima mieux adresser, le 21 mai, au préfet de la Seine, une lettre qui se terminait ainsi : « M. Thiers est « trop honnête homme pour que personne puisse l'accuser de prêter un « serment qu'il n'aurait pas l'intention de tenir ; mais ce que veut « M. Thiers, c'est le rétablissement d'un régime qui a été fatal à la « France et à lui-même, d'un régime flatteur pour la vanité de quelques- « uns et funeste au bien de tous, qui déplace l'autorité de sa base natu- « relle pour la jeter en pâture aux passions de la tribune, qui remplace « le mouvement par l'agitation stérile de la parole, qui, pendant dix-huit « ans, n'a produit que l'impuissance au dedans, de la faiblesse au dehors, « et qui, commencé dans l'émeute, continué au bruit de l'émeute, a fini « par l'émeute. »

Cette mercuriale, adressée à un homme comme M. Thiers par un homme comme M. de Persigny, se terminait ainsi : « Non, monsieur le « préfet, en face de la France agrandie, de cette France qui n'est deve- « nue si prospère et si glorieuse que depuis que M. Thiers et les siens « ne sont plus aux affaires, au sein de cette grande cité, aujourd'hui la « plus tranquille, la plus riche et la plus belle de l'univers, non, le suf- « frage universel n'opposera point au gouvernement qui a tiré le pays « de l'abîme, ceux qui l'y avaient laissé tomber. »

Cette lettre, tirée à profusion et affichée sur les murs de Paris, ne servit qu'à rallier les démocrates hésitants autour de la candidature de M. Thiers.

Le parti abstentionniste démocratique, auquel s'était joint un certain nombre d'abstentionnistes légitimistes dont le manifeste avait paru dans le *Gazette de France*, redoublait d'activité au moment où l'on touchait au dénouement et menaçait de compromettre le succès de l'élection. Le comité des candidats de l'opposition eut recours, le 15 mai, à une nouvelle proclamation pour démontrer la nullité absolue des bulletins blancs, même comme protestation :

« Aux arguments légaux, nous croyons devoir ajouter quelques considérations politiques.

« Nous respectons profondément les opinions divergentes, et nous avons la conviction qu'elles sont sincères. Nous nous croyons en droit de réclamer une juste réciprocité, car nous ne cherchons pas la lutte, mais la lumière.

« Revêtus pour peu de jours d'une mission conciliatrice, nous n'avons dans le cœur aucune pensée hostile.

« Nous élevant au-dessus des questions de personnes, nous voyons, dans le suffrage universel, plus encore que l'élection des représentants; nous y voyons la manifestation éclatante de la volonté souveraine du peuple. N'est-il pas évident que cette manifestation sera d'autant plus importante que le chiffre des citoyens qui la feront sera plus considérable. Ne serait-ce pas une faute grave, un crime d'État, que de rétrécir ce chiffre et amoindrir ainsi l'explosion du sentiment national?

« Depuis la fondation du suffrage universel, le peuple n'a jamais cessé de vouloir user de son droit. C'est lui qui a, maintes fois, imposé son vote à ses élus. Il a compris qu'il ne devait, qu'il ne pouvait jamais abdiquer. Nous ne sommes donc que l'interprète de ses intentions, lorsque nous venons vous inviter à vous présenter à cette vaste communion, où, sous la forme d'un bulletin, chacun, faible ou fort, pauvre ou riche, vient déposer sa protestation ou son affirmation.

« Mais, parce que des nuances plus ou moins diverses existent entre les opinions de l'électeur et du candidat, faut-il renoncer à exprimer sa pensée? S'il en était ainsi, aucune élection ne serait possible, car on ne pourrait donner son vote qu'à soi-même. Il faut donc choisir celui qui s'éloigne le moins du but qu'on se propose, et considérer autant celui contre lequel on vote que celui pour qui l'on vote. »

« N'est-il pas aussi des moments solennels où l'on se trouve dans la nécessité de regarder non plus le passé, mais l'avenir. En face d'une situation nouvelle et exceptionnelle, ne sommes-nous pas tous des hommes nouveaux? »

« Non point qu'il faille oublier ou les fautes ou les services rendus; mais ne devons-nous pas en ce moment, pour la liberté, proclamer la trêve de Dieu?

« Et, lorsque le gouvernement fait ses choix lui-même et désigne ses candidats, n'a-t-il pas par cela même créé une grande catégorie : celle des exclus? »

« Et si les exclus se rallient autour d'un drapeau qui est le nôtre, l'ordre par la liberté, ne devons-nous pas tous courir ensemble au scrutin pour élever haut notre glorieux drapeau et le faire briller au soleil? »

« Ainsi donc, monsieur et cher concitoyen, pas de découragement; pas d'abstention! »

Le comité du *Manuel électoral* répondit en même temps à la *Gazette de France* :

« La *Gazette de France* du 20 mai a publié une sorte de manifeste signé de diverses personnes qui conseillent aux électeurs de Paris le vote à bulletin blanc.

« Cette note repose sur une erreur de droit évidente.

« Il n'est point exact de dire que le bulletin blanc est un vote parfaitement légal, qu'il change les conditions de la majorité, qu'il compte par sa nullité même, etc. L'article 30 du décret du 2 février 1852 dit précisément le contraire.

» Il n'est pas vrai que, en conseillant aux citoyens le vote à bulletin blanc, on les convie à une action légale et régulière; on ne fait que leur indiquer une forme nouvelle et plus raffinée d'abstention.

» Les auteurs du *Manuel électoral*,
» CLAMAGERAN, DRÉO, DURIER, FERRY, FLOQUET, HÉROLD. »

Les *Cinq* crurent devoir à leur tour élever la voix. Ils publièrent une courte proclamation dans le *Siècle* du 30 mai :

« Électeurs,

« Quelques-uns d'entre vous demandent notre opinion sur le vote à bulletin blanc.

« Le vote à bulletin blanc, c'est l'abstention puérile.

Fig. 59. — De tous côtés, les citoyens sont invités à se rendre aux urnes, et à renoncer à toute velléité d'abstention.

« Or s'abstenir aujourd'hui, sous quelque forme que ce soit, c'est voter pour le candidat du gouvernement. « Quant à nous, nous ne cesserons de vous répéter jusqu'au dernier moment : Au vote !

« Au vote avec union, au vote avec un seul mot de ralliement : Liberté !

« Jules Favre, Emile Ollivier, Ernest Picard, Darimon. »

Le jour de l'ouverture du scrutin approchait. M. de Persigny jugea que le moment était venu de porter un dernier coup aux candidatures de l'opposition. Les préfets reçurent donc, le 28 mai, une circulaire dans laquelle le ministre de l'intérieur leur confiait la mission de signaler aux populations la coalition « des hommes de 1815, de 1830, de 1848, qui « essayaient sur plusieurs points de surprendre la bonne foi du pays pour « tourner contre l'Empereur les libertés mêmes qu'il a données récem- « ment, et qui tous, obéissant au même mot d'ordre, ne pouvant nier les « grandes choses faites par l'Empereur, s'attaquent aux moyens qui ont « servi à les accomplir, c'est-à-dire aux finances de l'État, parce que, « peu de personnes étant versées dans les questions de ce genre, ils « espèrent pouvoir plus impunément répandre le mensonge et l'erreur. » M. de Persigny affirmait que, si la dette avait été augmentée, le revenu public s'était accru en proportion ; que le budget n'atteignait pas, comme on le prétendait, le chiffre de 2 milliards, et que d'ailleurs ce budget, « noblement dépensé », produisait d'énormes richesses dans le pays.

La candidature de M. Thiers continuait à être l'objet des plus vives préoccupations du gouvernement. Le préfet de la Seine, trompé par le langage de certaines feuilles qui traduisaient les impressions du public épris des plaisirs et des jouissances, qu'offrait à leur oisiveté opulente, la capitale remaniée à leur profit, se croyait entouré d'une immense popularité et seul capable d'avoir raison du candidat libéral de la 2ᵉ circonscription. M. Haussmann lança donc une proclamation aux électeurs de Paris d'un ton plus cassant encore que celui du ministre de l'intérieur, dont il ne fit guère que reproduire les arguments sur la coalition des partis, assaisonnant la rhétorique de M. de Persigny de la menace d'émeutes prochaines qui feraient couler le sang dans les rues, suspendraient les affaires et mettraient les étrangers en fuite. Le bourgeois parisien est sujet à la fois à s'effrayer de ces perspectives et à s'en moquer ; cela dépend des circonstances. Il faut connaître son tempérament et leur parler selon qu'il est dans une de ses crises de peur ou dans un de ses moments de confiance. M. Haussmann ne savait pas tâter le pouls à ses administrés, car personne n'a été moins Parisien que ce préfet qui se vantait d'avoir renouvelé Paris.

Le 31 mai, jour du vote, le soleil brillait au milieu du ciel printanier ; il y avait dans tous les cœurs une grande attente et une émotion véritable. C'était la résurrection ou la mort de la France qui allait sortir du scrutin. La foule, vers le soir, remplissait les boulevards et assiégeait la porte de tous les journaux. Pas de cri, pas de tumulte ; quelques exclamations de joie, quelques serrements de main à la vue des premiers résultats de l'élection. A dix heures, il y eut comme une explosion : « Toute la liste de l'opposition a passé ! » Toute la liste avait passé, en effet, à l'exception de la 6ᵉ circonscription ; mais là aussi cependant M. Eugène Pelletan avait eu la majorité.

La foule se retira calme et silencieuse. Ce soir-là, Paris avait pris sa revanche du 2 décembre.

M. de Persigny n'ayant sans doute point usé toute son éloquence pendant la lutte, crut devoir expliquer aux préfets, par une proclamation solennelle, le sens des dernières élections, et les engager à s'inspirer de plus en plus « des sentiments de modération qui sont le propre d'un « gouvernement fort et d'une administration paternelle. La coalition a « pu réussir dans les grands centres de population, plus habituellement « accessibles à l'influence de la presse, à surprendre le suffrage universel, « mais le gouvernement peut compter sur l'immense majorité du pays. « Les dernières élections ont constitué définitivement, dans la Chambre « comme dans la nation, le parti du gouvernement, et réduit à néant les « illusions de ceux qui supposaient à la France la pensée de renverser « les bases du plébiscite de 1851, soit pour copier les institutions aristo- « cratiques de l'Angleterre, soit pour faire tomber le pouvoir des mains « de la royauté dans celles des orateurs. »

La rupture de Paris avec l'Empire, l'opposition manifestée contre lui dans les grandes villes, étaient cependant des symptômes graves. Les classes populaires, en conservant le culte de la mémoire de Napoléon Iᵉʳ, avaient rendu possible la restauration de sa dynastie ; mais les dernières élections constataient que, depuis les plébiscites de 1851 et de 1852, un changement s'était opéré en elles. Les ouvriers se séparaient des paysans, restés plus fidèles à la légende napoléonienne. C'était là le sens du grand mouvement électoral auquel la France et l'Europe venaient d'assister.

La Chambre ne comptait que trente-cinq députés non officiels en tout, chiffre peu considérable en apparence, mais très important en réalité, si l'on tient compte des forces immenses dont disposait le gouvernement. L'Europe considéra ce résultat comme un échec pour l'Empire.

CHAPITRE XIV

LE NOUVEAU CABINET

M. de Persigny est obligé de donner sa démission. — Un nouveau ministère se forme. — MM. Billault, Boudet, Duruy, Behic, Rouher en font partie. — Lettre de M. de Morny. — Mort de M. Billault. — Difficultés pour lui trouver un successeur. — Deux hommes seuls sont possibles, MM. Rouher et Baroche. — M. Rouher. — Ses débuts. — Il devient ministre du Président. — Sa conduite pendant le coup d'État. — Il donne sa démission de garde des sceaux en présence des décrets du 22 janvier. — Le 25, il est président de section au conseil d'État. — Il entre en 1855 dans le cabinet comme ministre de l'agriculture, du commerce et des travaux publics. — Il remplace M. Billault au ministère d'État.

Le résultat des élections amena la démission de M. de Persigny. Son départ donna lieu à de grandes modifications dans le cabinet.

M. Walewski quitta le ministère d'État, dont les attributions administratives furent partagées entre les ministères de la maison de l'Empereur et de l'instruction publique. M. Billault, en prenant le poste de M. Walewski, y joignit les fonctions attribuées aux ministres sans portefeuille par le décret du 24 novembre 1860 et devint le ministre le plus important du cabinet ; désireux d'avoir au ministère de l'intérieur un homme de sa confiance, il proposa au choix de l'Empereur son ami,

M. Boudet, président de section au Conseil d'État, qui passait pour être assez hostile au parti clérical. M. Baroche échangea contre le ministère de la justice, vacant par la retraite de M. Delangle, la présidence du Conseil d'Etat, dont fut chargé M. Rouher, remplacé au ministère des travaux publics et du commerce par M. Béhic. M. Duruy prit, au ministère de l'instruction publique, la place de M. Rouland, qui reçut comme dédommagement la sinécure lucrative de gouverneur de la Banque de France.

La Constitution interdisait aux ministres de prendre la parole devant les Chambres; le changement introduit dans les attributions du ministère d'Etat portait atteinte à ce principe. Le *Moniteur* avait beau prétendre que ce n'était là qu'une mesure toute simple pour « organiser plus solidement la représentation de la pensée gouvernementale devant les Chambres », il était difficile de n'y pas voir, sinon un pas vers la responsabilité ministérielle ou vers le gouvernement parlementaire, du moins une dérogation indirecte aux principes de la Constitution. Les conseils de M. de Morny, d'après plusieurs journaux, n'étaient pas étrangers à ces changements. Le président du Corps législatif crut devoir démentir ces bruits par la lettre suivante, adressée au *Constitutionnel* :

« Plusieurs journaux me font intervenir dans la formation du ministère dans des termes qui sembleraient indiquer qu'ils y sont autorisés par moi. Le fait est inexact, et le peu de convenance de pareilles suppositions me fait vaincre ma répugnance habituelle à m'occuper de ce qui se publie sur mon compte. »

Le nouveau ministre de l'instruction publique n'appartenait pas à ce qu'on pourrait appeler le haut état-major universitaire. Il n'avait jamais fait partie du conseil supérieur de l'instruction publique ni professé à la Sorbonne ou au Collège de France. Il avait eu quelques rapports avec l'Empereur au sujet de l'*Histoire de Jules César*, et il lui avait plu. Simple inspecteur général, c'est pendant sa tournée d'inspection qu'il reçut la nouvelle de son élévation au ministère. Il s'appliqua tout de suite à la justifier, et il inaugura le 27 juin son avènement, en rétablissant l'enseignement de la philosophie dans les lycées. Six semaines plus tard, le 10 août, dans son discours à la distribution des prix du concours général, il annonça deux autres mesures excellentes : la suppression de la bifurcation et la création d'un enseignement professionnel; l'introduction de l'enseignement de l'histoire contemporaine dans la classe de philosophie trouva moins d'approbateurs. Beaucoup de bons esprits, convaincus de l'existence d'une conscience politique comme d'une conscience religieuse, et de la nécessité de respecter l'une autant que l'autre, pensaient en effet que l'histoire contemporaine n'est pas, à proprement parler, de l'histoire, qu'elle n'est pas faite, et par conséquent qu'elle ne peut être enseignée. Les partisans de la mesure répondaient que l'histoire n'est jamais faite, que nos passions la refont chaque jour, et que l'étude du passé se ressent inévitablement des émotions du présent ; supprimez donc aussi l'enseignement de l'histoire ancienne, car vous ne l'empêcherez pas, ajoutaient-ils, de s'imprégner plus ou moins des sentiments contemporains, à moins que les actes de la conscience politique des ancêtres ne cessent par un miracle d'affecter la conscience politique de leurs descendants.

Le cabinet était formé ; mais la mort de M. Billault lui enleva brusquement son principal représentant. C'était une grande perte pour l'Empire, si pauvre en hommes ; non pas qu'il fût un grand génie, mais il avait une expérience des affaires, une mesure dans le langage qui le rendaient plus que tout autre propre au rôle que l'Empereur assignait au ministre d'État. Entré dans la carrière parlementaire dans un moment où les chambres et le gouvernement comptaient tant d'hommes supérieurs, on peut croire qu'il prendrait place à côté d'eux ; mais, resté dans le rang des individualités brillantes, sans pouvoir s'élever à celui d'homme d'État, rien ne semblait devoir le pousser vers l'Empire, si ce n'est le secret mécontentement de sa place au second rang, et la rancune qu'il en gardait au régime parlementaire. Il mourut avant soixante ans. Ses funérailles eurent lieu le 13 octobre aux frais du Trésor public, et une souscription officieuse fut ouverte pour lui dresser une statue à Nantes, son pays natal. Il fallait lui chercher un successeur. Où? Au Sénat, personne, si ce n'est quelques vieux administrateurs cantonnés dans leur spécialité, ou quelques nullités plus jeunes dont le dévouement et la paresse se contentaient d'une grasse dotation. Au Corps législatif? personne non plus. D'ailleurs, prendre un ministre d'État sur les bancs de l'Assemblée élective eût paru un retour trop direct au régime parlementaire. Même disette d'hommes au Conseil d'État. M. Vuitry ne manquait sans doute pas de mérite, mais il avait faibli au moment de la confiscation des biens d'Orléans ; rentré en grâce depuis, et toujours un peu suspect, on ne pouvait le choisir comme principal avocat de l'Empire. Les présidents de section, gens fort dévoués, n'étaient pas cependant, au 2 décembre, dans le cheval de Troie ; ils n'avaient pas participé au coup d'État.

Deux hommes, parmi les membres du cabinet, pouvaient prétendre à la succession de M. Billault : MM. Baroche et Rouher ; le premier, usé sans gloire dans le huis clos des sessions de l'ancien Corps législatif, ne pouvait être qu'une doublure utile, et son dévouement se contentait de ce rôle.

M. Rouher, né à Riom le 30 novembre 1813, était l'un des quatre enfants d'un avoué de cette ville. Le jeune Eugène Rouher, après avoir dirigé d'abord ses études vers l'École navale, se décida à entrer au barreau. Il vint à Paris suivre les cours de l'École de droit, et il y resta, après avoir été reçu avocat, occupé à faire de la procédure dans une étude d'avoué, jusqu'au jour où il revint à Riom remplacer un de ses frères que des raisons de santé obligeaient de quitter le barreau. Il trouva dans sa ville natale une position toute faite, qu'il occupa pendant douze ans, de 1836 à 1848, plaidant avec succès les procès civils, les procès criminels, et, lorsque l'occasion s'en présentait, les procès de presse. M. Rouher, parvenu au point culminant de sa carrière d'avocat, voulut entrer dans la magistrature. Un poste d'avocat général lui aurait assez convenu. M. Hébert, alors garde des sceaux, le lui refusa. L'idée lui vint d'essayer de la vie politique ; il sollicita la députation en concurrence avec M. Combarel de Leyval, candidat ministériel aux élections de 1846, qui ne l'emporta sur lui qu'à 20 voix de majorité. Deux ans après, le suffrage universel le vengeait du dédain des censitaires. Il est vrai que M. Rouher, s'élançant au lendemain de la révolution de Février à la tribune du club de Riom, avait déclaré aux électeurs républicains que « sa « vie a été jusqu'ici toute judiciaire, qu'il n'est ainsi que républicain du « lendemain ; mais, convaincu que les idées nouvelles peuvent seules « faire le bonheur de son pays, il s'y dévoue avec énergie. Il veut la « liberté de réunion pleine et entière. Les clubs doivent être les organes « de la volonté du peuple. Ils sont chargés de son instruction, ils sont « indispensables. Il veut l'impôt mieux réparti, l'abolition des droits « réunis, l'impôt progressif, mais avec des conditions qui ne mènent pas « au communisme ; il veut que cet impôt atteigne aussi les professions, « que le travail soit organisé, que l'agriculteur ait des ressources assu-« rées contre les malheurs qu'il ne peut prévoir, que l'Etat soit assu-« reur..... Tout pour le peuple, tout par le peuple ! »

Eloquente préface à la non moins éloquente circulaire qui se termine ainsi : « ..... Républicains éprouvés par la lutte, républicains du lende-« main qui n'ont autorisé personne à douter de la sincérité de leur lan-

Fig. 60. — A dix heures du soir, la nouvelle se répand dans Paris que toute la liste de l'opposition a passé; les journaux passent de mains en mains; la foule acclame le résultat; Paris venait de prendre sa revanche du 2 décembre.

« gage, tous ont le droit et le devoir de concourir à cet édifice gigan-
« tesque destiné à devenir, s'il est bien construit, l'arche sainte des
« générations futures. Il suffit d'avoir écouté un instant la voix des peu-
« ples pour proclamer la suppression immédiate d'impôts vexatoires,
« plus particulièrement onéreux à la classe ouvrière. »

Cet édifice transformé en arche charma les électeurs du Puy-de-Dôme. M. Rouher, élu l'avant-dernier sur une liste de quinze représentants, accourut à Paris et s'empressa de visiter divers clubs républicains, où il fit entendre, dit un de ses biographes, « des paroles énergiques dignes du « démocrate le plus avancé. »

Le représentant du Puy-de-Dôme, toujours vêtu de noir, cravaté de blanc, rasé de près, assidu dans les bureaux, le premier à son banc, attirait les regards par l'air de régularité répandu sur toute sa personne. Il prit part aux débats relatifs à la Constitution, et dans cette grande question le hasard, par une de ces ironies qui lui sont familières, le mit aux prises avec Lamartime. Il s'agissait de l'élection du président de la République. Serait-il élu par l'Assemblée nationale ou par le suffrage universel? M. Rouher hésitait entre les deux systèmes. « Si le chef du pou- voir exécutif est faible, disait-il, l'Assemblée ne va-t-elle pas l'absorber? et si, au contraire, le chef élu par le suffrage universel est un homme éminent, peut-être même de génie, ne résistera-t-il pas au pouvoir légis- latif? » M. Rouher était déjà convaincu qu'il résisterait, car « la rési- gnation n'est pas la vertu favorite des grands hommes ».

M. Rouher avait présenté, de concert avec MM. Duvergier de Hauranne et Créton, un amendement en faveur du système des deux Chambres, seul capable, selon lui, de « ne pas compromettre les conquêtes de Fé- vrier ». Il ne paraissait pas, à cette époque, avoir aperçu encore claire- ment son avenir politique; car, à propos des mesures proposées par la droite après les journées de Juin, il flétrit les lois exceptionnelles : « Le « législateur peut devenir passionné, violent; il peut chercher la pré- « somption de la condamnation au lieu de la présomption de la vérité ; il « peut vouloir priver la justice de ses ressources, et l'accusé de ses « moyens de défense. Il suit alors une route désastreuse et aboutit au « tribunal révolutionnaire, aux cours prévôtales. Voilà pourquoi de cette « législation *fétide*, s'est élevé un nuage sanglant qui nous empêche de « voir les vérités contenues dans la Révolution. »

Pierre Leroux demandait que les femmes et les enfants des transportés fussent admis à partager le sort de leur mari ou de leur père. M. Rouher

s'y oppose : « Il peut y avoir *d'imprudents dévouements*, il peut y
« avoir des *mouvements irréfléchis*. Une jeune femme dont le mari
« est transporté peut avoir d'autres devoirs à remplir sur le continent,
« une mère à soigner et qui, elle, n'a pas de culpabilité à se reprocher.
« Elle peut avoir des enfants en bas âge de l'avenir desquels elle ne peut
« pas disposer..... Toutes ces situations comportent l'*intervention pa-
« ternelle*, bienveillante du gouvernement. »

A ces mots d'*intervention paternelle*, Lamartine se leva. « Toute
« législation, dit-il, qui, dans des matières aussi délicates sous le rapport
« du cœur humain et des liens sacrés de la famille, se prétend plus sage
« que la nature, court le risque de devenir une législation contre nature. »

M. Rouher se tut.

Le représentant du Puy-de-Dôme, sortant un jour de quelque club,
était entré dans la réunion de la rue de Poitiers. Il fit partie de son comité
électoral. Le département du Puy-de-Dôme le plaça, en 1849, sur la
liste de sa députation, le deuxième cette fois. Travailleur infatigable,
parleur facile, mais sans littérature, sans imagination, sans sensibilité,
il était devenu presque un personnage. M. de Morny, que d'importants
intérêts industriels rattachaient au département du Puy-de-Dôme, le
désigna au choix du prince-président, pour entrer, avec MM. Ferdinand
Barrot, Fould, de Rayneval, d'Hautpoul, de Parieu, Dumas, Bineau,
dans ce ministère de commis qui succéda, le 30 octobre 1849, au premier
cabinet du prince Louis Bonaparte. Les sceaux lui furent confiés.

Le nouveau garde des sceaux avait eu l'honneur d'être réfuté par
Lamartine; l'affaire de la Plata lui fournit une occasion de répondre à
M. Thiers. On le trouva faible. Peu de jours après, il prit part à la
discussion de la loi sur la presse. Son premier soin fut de déclarer que
la juridiction du jury, en matière de presse, était « une juridiction défectueuse, faible, impuissante, » et d'en demander la suppression. C'était
enlever aux « conquêtes de Février » un de leurs meilleurs résultats; mais
les événements avaient marché depuis un an. On n'était plus, comme le
dit très bien M. Rouher, au « lendemain de ce grand ébranlement
« produit par la révolution de Février que je considérai toujours, *moi*,
« comme une véritable catastrophe. » La gauche tout entière se lève à
ces mots pour protester. M. Bancel s'écrie : « Qui étiez-vous avant
le 24 février, et que seriez-vous sans la République? » M. Émile de
Girardin lui-même s'indigne sur son banc; mais le club d'Issoire tout
entier se dresserait devant M. Rouher pour lui demander compte de ce

mot, qu'il ne le retirerait pas. Un mot en France, c'est toujours quelque chose, et ce mot « la révolution de Février est une catastrophe » ne devait pas peu contribuer à la future grandeur de M. Rouher.

Il n'en défendait pas moins à l'occasion la Constitution née de cette catastrophe. M. Larrabit, pendant la discussion sur la destitution du général Changarnier, ose l'accuser de violer le pacte national...

> « Le cabinet, répond-il avec indignation, est convaincu de la loyauté de mes intentions, de mon *désir profond de respecter la Constitution* à laquelle on me rappelait il y a un instant.
> «..... En ces temps plus qu'en tout autre, il faut veiller à la loi fondamentale de son pays..... Je la respecterai toujours *avec scrupule*. Je désire qu'elle soit respectée et défendue par tous les pouvoirs qui émanent d'elle. Ne craignez donc pas du gouvernement actuel ces rêves dont on a prononcé les noms, il y a quelques instants, *ces rêves de coup d'Etat*, ces attaques incessantes, continues contre le pouvoir parlementaire, attaques qui auraient pour but de le ravaler, de l'avilir, de le détruire dans l'opinion avant de le détruire dans son existence. De pareils rêves seraient complètement insensés, et le pouvoir qui obtiendrait un pareil triomphe aurait tristement à le regretter, car le lendemain il n'existerait plus. »

M. Rouher n'en croyait pas un mot; mais il fallait bien amuser le tapis. Le 18 janvier 1851, il n'était plus ministre, le cabinet tout entier ayant donné sa démission à la suite du blâme que lui infligeait l'Assemblée. Six jours après, il rentre au ministère avec MM. Baroche et Fould pour en sortir de nouveau le 26 octobre, quelque temps avant le coup de balai.

S'il est vrai que M. de Morny, comme l'a dit M. Rouher sur sa tombe, ait accepté « avec une sorte de gaieté et de courageux empressement la redoutable responsabilité » du coup d'Etat, il n'en fut pas de même de son panégyriste, si l'on s'en rapporte à la lettre adressée par lui le 3 décembre au directeur de l'imprimerie nationale :

> « J'apprends par voie indirecte que des documents portant ma signature vous sont transmis pour être envoyés en province. Je suis entièrement étranger à ces actes et vous prie de ne pas y maintenir ma signature.
> « Votre dévoué,
> « *Signé* : Rouher [1]. »

M. Rouher repoussait la responsabilité publique du crime; mais on le vit, tremblant proscripteur, se glisser au milieu des ténèbres de la nuit

---

[1]. Plus bas cette ligne :
« Je fais la même déclaration et la même prière. — *Signé* : A. Fould. »
A l'angle gauche de la lettre :
« Reçu le 2 décembre 1851, à cinq heures du soir.
« *Le secrétaire de la direction.* »
(Timbre de l'imprimerie.)

du 2 décembre dans le palais où se dressaient les listes des victimes qu'il devait le lendemain livrer, comme ministre de la justice, aux lois exceptionnelles flétries naguère par lui. Les républicains sont emprisonnés, ruinés, dépossédés de leurs offices sous ses yeux, il ne sourcille pas. La confiscation des biens de la famille d'Orléans est prononcée, il a peur, et il quitte le ministère le 21 janvier sous prétexte de scrupule de conscience. Scrupules bien éphémères, car, le 25 du même mois, il reprend du service en qualité de président de la section de législation, justice et affaires étrangères au Conseil d'État. C'était déchoir pour un ministre, mais le dévouement n'y regarde pas de si près.

Il reconquit d'ailleurs sa place dans le cabinet en février 1855, et, depuis cette époque jusqu'au 23 juin 1863, il garda le portefeuille de l'agriculture, du commerce et des travaux publics. Il venait de remplacer M. Baroche à la présidence du Conseil d'État lorsque M. Billault mourut. M. Rouher brillait alors d'un éclat particulier, grâce à l'auréole du traité de commerce et du libre échange. Homme de conseil et de main, ministre à tout faire, il était capable de résoudre avec la même facilité une question de tarif et d'enlever une élection difficile. Les habitants de la Corrèze venaient de le voir en grand uniforme brodé d'or, tricorne en tête, épée au côté, la poitrine chamarrée de décorations, débitant l'orviétan électoral du haut de sa calèche ministérielle sur toutes les places publiques de leur département. Ministre d'État à la place de M. Billault, il va maintenant placer ses gobelets sur la tribune. Que de muscades à escamoter, sans compter celle de l'expédition du Mexique! La majorité du Corps législatif ressemble fort heureusement pour lui au public des théâtres de prestidigitation, d'autant plus enthousiaste pour qui le trompe, que son plaisir consiste à être trompé.

M. Billault accompagnait son jeu de prestidigitateur politique d'une conversation sobre, correcte, discrète, comme celle d'un homme qui a travaillé devant les auditoires les plus distingués et tenu son rang à côté des célébrités du régime parlementaire. Il connaissait le langage dans lequel on doit traiter les questions politiques; il les avait même apprises dans le temps. M. Rouher croyait suppléer à tout par sa faconde provinciale. On n'avait qu'à lui remettre les dossiers de son prédécesseur, il était prêt à les plaider.

Aurait-il la flexibilité, la souplesse nécessaires pour suivre, comme son prédécesseur, les méandres et les faux fuyants de la pensée impériale, pour la montrer en la cachant? Napoléon III en était réduit à l'essayer ; car ce gouvernement, qui se vantait d'avoir mis fin au règne des rhéteurs, n'avait pas même de rhéteur pour le défendre ; il était obligé de se contenter d'un avocat. M. Rouher fut nommé ministre d'État et commença le 18 octobre ce ministère de sept ans, qui devait être presque un règne.

Un décret du même jour fixait à quatre, le nombre des vice-présidents du Conseil d'État. Ils devaient exercer auprès du Sénat et du Corps législatif les attributions déterminées par l'article 51 de la constitution, relatif à la discussion des projets de loi présentés par le gouvernement. M. Forcade de La Roquette, ancien ministre des finances, et M. Chaix d'Est-Ange, procureur général à la Cour impériale de Paris, étaient nommés vice-présidents du Conseil d'État.

L'impératrice Eugénie avait voulu revoir son pays dans tout l'éclat de son rang et de sa fortune; elle rentra le 30 octobre à Saint-Cloud de retour de son voyage en Espagne pour assister à l'ouverture des Chambres, fixée au 5 novembre. Deux jours avant eut lieu une cérémonie d'un autre genre. La statue de Napoléon Ier en petit chapeau et en redingote fut descendue de la colonne Vendôme et remplacée par une statue en costume d'empereur romain. Napoléon III adressait le lendemain même aux souverains de l'Europe une lettre pour leur proposer de régler le présent et d'assurer l'avenir dans un congrès. « Si l'on considère « attentivement la situation des divers pays, il est impossible de ne pas « reconnaître que sur presque tous les points les traités de Vienne sont « détruits, modifiés ou menacés. De là des devoirs sans règle, des droits « sans titres et des prétentions sans frein. » Le congrès chargé de mettre un terme à cette anarchie morale devait naturellement se tenir à Paris, et l'Empereur ajoutait : « Dans le cas où les princes alliés et amis de la France jugeraient convenable de rehausser par leur présence l'autorité des délibérations, je serais fier de leur offrir une cordiale hospitalité. » Napoléon III résuma sa lettre le lendemain dans cette phrase du discours d'ouverture de la session de 1864 : « Les traités de 1815 ont cessé d'exister. »

La carte de l'Europe allait donc subir une nouvelle transformation. Les anciens dynastes napoléoniens se crurent à la veille de remonter sur leur trône. Le prince Lucien Murat écrivit à ses amis de Naples « de rester en paix, qu'il compte sur la justice du monarque français, pour faire valoir ses droits au congrès ». L'agitation qu'avait fait naître le discours de l'Empereur dans les esprits s'accrut encore par la publication d'un rapport en date du 1ᵉʳ décembre dans lequel le ministre des finances, Fould, annonçait que les déficits des années 1851 à 1863 seraient de 75 millions. « Ces déficits ajoutés à nos anciens découverts en portent « l'ensemble à 972 millions. Ce chiffre excède la limite que la prudence « impose, et il est nécessaire de le ramener par la consolidation d'une « partie de la dette flottante à des proportions normales. » M. Fould proposait l'émission d'un emprunt de 300 millions.

Napoléon III avait reçu les réponses des puissances à sa lettre du 4 novembre. Elles lui enlevaient toute illusion sur la possibilité de réunir un congrès.

CHAPITRE XV

NAPOLÉON III ET L'EUROPE

Affaires de Pologne. — Le grand-duc Constantin est nommé vice-roi de Pologne. — Attentats sur la personne du marquis Wielopolski et du grand-duc. — Napoléon III et l'insurrection. — L'embarras qu'elle lui cause. — Le recrutement en Pologne. — Le commencement de l'insurrection. — Répression de Mouraview. — Les cabinets des Tuileries, de Londres et de Vienne, dans la question polonaise. — Négociations avec la Russie. — Le prince Gortschakoff y met fin cavalièrement. — La journée des princes à Francfort. — Son influence sur la question polonaise et sur celle des duchés. — Situation du Danemark en 1862. — Dépêche de Gotha. — Négociations diplomatiques. — Un nouveau prétendant. — Concessions de Christian VIII. — La Prusse et l'Autriche les repoussent. — Causes de ce refus. — Imprudence de certains passages du discours d'ouverture du Sénat et du Corps législatif. — Le Congrès rendu impossible par l'Angleterre. — M. de Bismarck et l'Angleterre. — L'Europe et le Danemark. — Démembrement de la monarchie danoise. — Traité de Vienne.

Mgr Felinski, archevêque de Varsovie, rouvrit en personne les églises le 13 février 1862 ; il exhorta les fidèles à ne point chanter les hymnes prohibées et à respecter l'ordre. Ses exhortations restèrent sans effet ; la police, assaillie à coups de pierres, appela les soldats à son aide. La terreur régna de nouveau dans Varsovie.

Le marquis Wielopolski, appelé à la direction du gouvernement civil et à la vice-présidence du Conseil d'État, s'était rallié à la Russie à l'époque des massacres de la Gallicie pour punir l'Autriche de sa conduite à cette époque. Représentant le parti de la soumission à la Russie, mais protégée par un régime légal, suspect par cela même à ses compatriotes et incapable d'exercer une influence utile, il conseilla bientôt au gouvernement russe de nommer le grand-duc Constantin vice-roi de Pologne ; un ukase de l'empereur en date du 26 mai confère à son frère cette dignité.

Le grand-duc Constantin, arrivé le 2 juillet à Varsovie, est dès le lendemain l'objet d'une tentative d'assassinat. Un individu tire sur lui un coup de pistolet sans l'atteindre, au moment où il sortait du théâtre. Un autre, ouvrier lithographe, nommé Jean Rzontsa, âgé de dix-neuf ans, tira sans succès sur Wielopolski. Les deux meurtriers furent exécutés dans la citadelle de Varsovie.

La situation de la Pologne excitait partout le plus vif intérêt. Le Parlement anglais s'en était occupé le 4 avril. Les orateurs qui prirent la parole à la Chambre des communes firent entendre les plus chaleureuses protestations en faveur de la Pologne. Le comte Russel en vint jusqu'à déclarer que l'Angleterre se sentait atteinte et blessée par la violation des traités à l'égard de cette nation. Napoléon III, en coquetterie réglée avec la Russie, ne pouvait voir de bon œil la continuation des troubles ; sa mauvaise humeur était déjà très visible dans la note du *Moniteur* du 23 avril 1861, publiée à la demande pressante de M. de Kiseleff, ambassadeur de Russie à Paris, et destinée à mettre la presse et l'opinion publique en garde contre « la supposition que le gouvernement « de l'Empereur encouragerait des espérances qu'il ne pourrait satisfaire. « Les idées généreuses du czar sont un gage certain de son désir de réa- « liser les améliorations que comporte l'état actuel de la Pologne, et il « faut faire des vœux pour qu'il n'en soit pas empêché par des manifes- « tations irritantes. » Elle s'était accrue au point que le consul de France à Varsovie avait, de son côté, reçu l'ordre formel de décourager les Polonais de toute idée de résistance ; les discours des ministres et des membres de la Chambre des communes n'étaient suivis d'aucun effet, et lord Napier, ambassadeur britannique à Saint-Pétersbourg, disait ouvertement que les affaires polonaises *l'ennuyaient* [1]. Si l'Angleterre et la

---

[1]. *Études de diplomatie étrangère*, par Julian Kladsko.

France étaient indifférentes, la Prusse n'avait cessé, dès le début du mouvement polonais, de donner à la Russie des conseils de rigueur et de répression. L'entrée de M. de Bismarck aux affaires eut lieu le 24 septembre 1862, quelques mois avant l'exécution de la terrible mesure du recrutement à laquelle ses conseils ne furent pas étrangers. La Pologne n'y avait pas été soumise depuis plusieurs années ; les autorités de Varsovie firent tout à coup procéder, dans la nuit du 14 au 15 janvier 1863, à l'enlèvement des jeunes gens par les soldats et par les agents de la police, et le lendemain le *Journal de Varsovie* déclara que le recrutement s'était opéré « dans un ordre parfait ; les conscrits mon-
« traient même de la satisfaction et de la gaieté, d'aller se former à l'école
« que leur fournit le service militaire. »

Le Comité national polonais lança son appel aux armes quinze jours après le recrutement, c'est-à-dire le 6 février : la Russie et la Prusse conclurent presque en même temps une convention en vertu de laquelle, sous prétexte de protéger le commerce et les recettes des douanes, les troupes des deux puissances pouvaient pénétrer dans l'intérieur des deux pays. Les libéraux, en Prusse, s'indignèrent à l'idée que la royauté prussienne allait se charger de faire la police pour la Russie, mais les libéraux avaient peu d'influence. L'Autriche repoussa la proposition d'accéder à la convention. L'Angleterre et la France n'ayant pas pu s'entendre pour faire des représentations collectives à son sujet, en firent d'isolées, auxquelles la Russie et la Prusse répondirent de façon à permettre de considérer la convention presque comme une lettre morte.

Les insurgés inaugurèrent par des succès, la lutte contre les troupes russes. La division ne tarda pas, malheureusement, à se mettre dans leurs rangs. Langiewicz, qui avait dirigé avec bonheur les premières opérations militaires, fut bientôt en lutte avec Mierolawski. Convaincu que « la Pologne ressent douloureusement l'absence d'un pouvoir central
« non occulte, capable de donner une direction aux forces engagées, et
« d'en appeler de nouveau à la lutte [1], » Langiewicz prit la dictature, après s'être concerté avec le gouvernement provisoire, entre les mains de qui il devait remettre le pouvoir aussitôt que la nation aurait secoué le joug moscovite. Il rendit, en même temps, un décret par lequel il instituait un gouvernement civil, composé de quatre directeurs pour la guerre, l'intérieur, l'extérieur, les finances. Tous les pouvoirs occultes

---

1. Proclamation du 10 mai.

étaient dissous. Mierolawski publia contre ces actes une protestation dans laquelle, après avoir rappelé que le gouvernement national avait remis la dictature entre ses mains, il repoussait la dictature de Langiewicz comme un odieux défi à la guerre civile.

Mgr Felinski, pendant que ces compétitions menaçaient de compromettre le succès de la cause nationale, adressa une lettre à l'empereur Alexandre II. « Le sang, dit-il, coule à grands flots, la répression
« ne fait qu'augmenter l'exaspération des esprits ; que l'empereur prenne
« d'une main forte l'initiative dans la question polonaise, et qu'il constitue
« une nation indépendante, unie seulement à la Russie par le lien dynas-
« tique. C'est la seule solution qui soit capable d'arrêter l'effusion du
« sang et de poser une base solide à la pacification définitive. » L'archevêque de Varsovie se trompait : la Pologne, à ces conditions, ne se serait pas tenue pour satisfaite. C'est pour un résultat plus complet que les Polonais, commandés par Langiewicz, livraient, cinq jours après l'envoi de cette lettre, le 17 mars, une bataille à la suite de laquelle, accablés par des forces supérieures, ils se trouvèrent dans la nécessité de se disperser. Langiewicz, arrêté le 20 mars sur le territoire autrichien, fut interné et laissé libre sur parole.

Le czar Alexandre II avait promis une amnistie à tous les insurgés polonais qui, du 12 avril au 1er mai, auraient déposé les armes. Il s'était engagé en même temps à maintenir les institutions accordées au royaume de Pologne et « à les développer selon les besoins du temps et du pays ». Le Comité secret national de Varsovie, reprenant ses pouvoirs pour recommencer la lutte, lui répondit : « Nous avons engagé la lutte, non
« pour des institutions libres qui, sous le gouvernement russe, ne sont
« que des mensonges, mais pour nous affranchir d'un joug odieux, pour
« reconquérir une indépendance et une liberté complètes. Qu'on sache
« enfin, et qu'on ne l'oublie jamais, que nous préférons la Sibérie, le
« gibet, à l'insulte d'une amnistie. »

Les hostilités recommencent avec plus de vivacité que jamais. Le Comité national prend un arrêté, par lequel il est défendu aux citoyens de quitter le royaume ; les personnes résidant à l'étranger sont, en outre, invitées à rentrer dans leur pays pour concourir à sa délivrance. Le 13 mai, il constate que le délai fixé par le czar pour déposer les armes est expiré, et que pas un homme ne s'est soumis aux autorités moscovites.

Un comité spécial, à Paris, était chargé de correspondre avec les

Fig. 61. — M. Rouher, en sortant d'une réunion publique, se décide à se rendre au comité de la rue de Poitiers.

sociétés formées sur divers points de l'Europe pour venir en aide aux insurgés. Le clergé catholique dans tous les pays secondait ses efforts ; en Pologne même, il se mêlait à l'insurrection ; Mouraview, nommé gouverneur général de la Lithuanie, signale son entrée en fonctions en faisant fusiller deux prêtres ; le 8 juin, il met la Lithuanie en état de siège et prononce la confiscation des biens de tous ceux qui viendraient en aide aux insurgés. Le comte Léon Plater, grand propriétaire du gouvernement de Witezk, accusé d'avoir commandé les Polonais à l'attaque d'un convoi d'armes, est fusillé le même jour sur les glacis de la forteresse de Dynaburg. L'abbé Agrypin Konarski est pendu le 12 juin devant la citadelle de Varsovie. Mouraview interdit, le 13, de porter des vêtements de deuil. Mgr Felinski est enlevé, le 16, et conduit à Saint-Pétersbourg.

Le gouvernement national polonais, en dénonçant à l'Europe les actes iniques et barbares des autorités moscovites, déclarait que les réformes partielles ne suffisaient pas à la Pologne ; « ce qu'elle réclame au prix de « son sang, c'est l'indépendance complète ; elle n'y renoncera jamais. »

L'insurrection, en effet, durait encore au mois d'octobre. Une dépêche du gouvernement national de Lithuanie au prince Ladislas Czartoriski, son représentant à l'étranger, constatait que toutes les classes de la population, y compris les paysans, lui fournissaient des recrues.

Le grand-duc Constantin ne pouvait rester à la tête d'une administration décidée à pousser la répression jusqu'aux dernières rigueurs. Il fut relevé de ses fonctions de vice-roi de Pologne, le 13 octobre.

Dans quelle situation les cabinets européens se trouvaient-ils pendant ce temps-là à l'égard de la Russie ?

La Prusse, en signant la convention avec la Russie, espérait bien que l'Autriche s'y rallierait et que l'alliance des trois puissances, rompue par la guerre de Crimée, pourrait se rétablir. L'union entre la Prusse et la Russie restait, en attendant, une tradition de famille qui n'empêchait point M. de Bismarck de trouver que les frontières de la Prusse étaient mal tracées, et de chercher si par hasard l'insurrection polonaise ne lui fournirait pas l'occasion de les rectifier. Le czar était las du royaume, disait-on autour de M. de Bismark ; rien, par conséquent, de plus facile que de s'entendre avec lui et de l'occuper. Quelques années suffiraient pour le germaniser. La grande Allemagne ne doit-elle pas aller jusqu'à la Vistule ? M. de Bismarck, jusqu'au dernier moment de la lutte, fit des efforts secrets pour rallier les Polonais à la Prusse, et, à la fin de l'insurrection, ses agents à Varsovie engagèrent les insurgés à s'adresser à elle pour obtenir de meilleures conditions de la Russie [1].

L'Autriche, qui avait incorporé Cracovie à son empire, contrairement aux traités de 1815, paraissait vouloir rester neutre. Quant à la France, M. Billault, non content de dire au Corps législatif : « Le gouvernement impérial était trop sensé et trop jaloux de sa dignité et de celle de la France, pour laisser répéter pendant quinze ans, dans une adresse, des paroles inutiles et des protestations vaines, » n'avait pas craint plus tard de présenter le mouvement polonais comme « l'œuvre des passions révolutionnaires ». La Pologne n'avait donc pas grand'chose à espérer, au fond, de la bonne volonté de Napoléon III. Voulant cependant avoir l'air de tenter quelque chose, il fit adresser par M. Drouyn de Lhuys, le 10 avril 1863, une dépêche à toutes les puissances européennes avec prière de lui faire connaître leur sentiment. Cette dépêche constatait que les agitations de la Pologne n'étaient point des crises passagères dues à des causes accidentelles, que leur périodicité attestait l'impuissance des combinaisons adoptées pour les conjurer ; il espérait d'ailleurs que l'empereur de Russie, toujours animé des mêmes intentions libérales, « reconnaîtrait dans sa sagesse l'opportunité d'aviser aux moyens de placer la Pologne dans une paix durable ». L'Autriche répondit qu'elle partageait l'avis et l'espoir de l'auteur de la dépêche ; l'Angleterre en fit autant, et la Russie se garda bien de repousser brutalement ces ouvertures indirectes.

On était au printemps, et des mesures militaires graves pouvaient encore être prises.

La croyance à l'existence d'un parti libéral en Russie, qui forcerait le gouvernement à des concessions à la Pologne, rassurait d'avance Napoléon III sur l'issue de ces négociations. L'armée russe était, croyait-il, l'objet d'une propagande qui inclinerait forcément le czar aux idées libérales. Les paroles de M. Billault au Sénat, dans la séance du 19 mars, témoignent des illusions du gouvernement impérial à cet égard :

« Est-ce que vous croyez qu'il n'y a point pour la Pologne de très légitimes espérances à attendre de ce qui se passe aujourd'hui en Russie? Est-ce que vous croyez que ce gouvernement, lancé dans une voie nouvelle par la volonté de son souverain, sera assez aveugle, assez peu intelligent de ses intérêts, pour risquer une complication d'agitations intérieures, contre des solutions qui lui assurent, au contraire, le calme et la paix?

» ..... Cette grande puissance est la plus intéressée, pour sa force, pour son repos,

---

1. *Études de diplomatie étrangère*, par Julian Kladsko.

Fig. 62. — Les membres du comité polonais posent partout des affiches, par lesquelles ils appellent aux armes leurs concitoyens. (Page 467.)

pour la facilité de son action dans le monde, à résoudre cette question convulsive de la Pologne.

» Quelle conduite peut lui inspirer la juste explication de ces événements? Je ne me prononce en aucune façon sur cette éventualité, non plus que sur les puissants avis appuyés sur de si pressantes considérations. Je me borne à constater qu'il y a des intérêts évidents, offrant un point d'action sérieux.... »

Ce point d'action, c'était le rétablissement de la Pologne de 1815 sous le sceptre du grand-duc Constantin. Napoléon III finit par en faire la proposition dans une lettre autographe adressée à Alexandre II. La réponse fut un refus des plus nets et des plus formels.

Un agent obscur [1], gérant du journal le *Mémorial diplomatique*, dont Napoléon III s'était servi dans les négociations relatives à l'acceptation par Maximilien de la couronne du Mexique, avait été envoyé à Vienne vers le milieu de mars pour sonder le terrain. Le prince de Metternich, ambassadeur d'Autriche à Paris, se rendit bientôt auprès de son souverain pour lui soumettre les nouveaux plans sortis du cerveau de Napoléon III : la Silésie en échange de la Gallicie, l'appui du gouvernement impérial dans les tentatives de François-Joseph pour prendre l'hégémonie de l'Allemagne, et, pour rançon de la Vénétie, les Principautés danubiennes ainsi que le littoral oriental de l'Adriatique que la Porte aurait échangé contre la Circassie, telles étaient les offres de l'empereur des Français à l'empereur d'Autriche pour l'engager à se joindre à lui dans une guerre pour forcer la Russie à rétablir la nationalité polonaise.

En marchant le premier, peut-être aurait-il entraîné l'Autriche ; mais il demandait que, plus voisine du champ de bataille, elle entamât la guerre sans être sûre d'avoir à ses côtés l'Angleterre ; celle-ci, ne voulant pas contribuer à l'amoindrissement de la Prusse protestante, se garda bien de se prêter aux vues de Napoléon III. L'Angleterre, d'ailleurs, se croyait toujours obligée, par tradition et par intérêt, à respecter les traités de 1815 et à empêcher qu'aucune puissance sur le continent ne grandît aux dépens des autres. Le comte Russell aurait été charmé, en restant dans les limites des traités de 1815, de procurer quelque soulagement à la Pologne et d'amener une trêve entre les belligérants ; mais voilà tout. En résumé, les grandes puissances s'étaient bornées jusqu'ici à adresser de vagues reproches à la Russie ; quant aux puissances secondaires, telles que le Danemark, la Suède et l'Italie, invitées

---

1. Debrauz de Saldapenne.

à joindre leurs remontrances à celles de l'Angleterre et de la France, elles n'avaient pu s'en acquitter qu'avec mollesse et froideur.

Les trois cours, continuant cependant leur action diplomatique, avaient fini par tomber d'accord sur ce programme à présenter à la Russie le 17 juin :

« 1° Amnistie complète et générale ;
» 2° Représentation nationale avec des pouvoirs semblables à ceux qui sont fixés par la charte de 1815 ;
» 3° Nomination des Polonais aux fonctions publiques, de manière à former une administration nationale ;
» 4° Liberté de conscience pleine et entière, et suppression de toutes les restrictions apportées au culte catholique ;
» 5° Usage exclusif de la langue polonaise dans l'administration de la justice et dans l'enseignement ;
» 6° Recrutement légal et régulier. »

Ces points devaient être discutés dans une conférence à défaut d'un congrès ; mais, tandis que l'Autriche et l'Angleterre se bornaient à appliquer ce programme au royaume, le cabinet des Tuileries parlait des anciennes provinces polonaises. La divergence était grande, surtout au moment où Napoléon III proposait à l'Angleterre et à l'Autriche de prendre l'engagement, sous la forme d'une convention ou d'un protocole, de poursuivre de concert le règlement de l'affaire de Pologne par les voies diplomatiques « ou autrement, s'il était nécessaire ». L'Angleterre était loin de prêter l'oreille à une pareille proposition ; elle voulait exercer l'intervention comme un droit, mais non comme une obligation. Ministres, membres des Communes, lords, journalistes, déclaraient d'ailleurs qu'ils n'iraient pas jusqu'à la guerre ; l'Autriche, tremblant pour la Gallicie, pour la Vénétie et même pour la Hongrie, s'engagerait encore bien moins à la faire. La saison, pendant ce temps-là, s'était assez avancée pour empêcher un coup hardi d'être tenté ; le prince Gortschakoff refusa toute amnistie, tant que l'insurrection ne serait pas réprimée, repoussa la conférence comme bonne uniquement à encourager les insurgés, nia la compétence des signataires des traités de Vienne, et signifia le 13 juillet qu'il n'entamerait de négociations qu'avec les puissances copartageantes.

L'Autriche était une de ces puissances. Le cabinet de Vienne repoussa l'ouverture de la Russie le 19 juillet et l'annonça tout de suite aux cabinets de Londres et de Paris. Ce dernier aurait voulu s'entendre avec les deux autres cabinets sur une réponse identique à faire à la Russie. Il espérait donner ainsi à l'Autriche la garantie d'une solidarité qu'elle avait toujours réclamée; l'Angleterre refusa. Il y eut trois notes dictinctes. La note des Tuileries constatait un peu tard, il est vrai, que l'insurrection polonaise n'était point l'œuvre d'une démagogie cosmopolite, mais qu'elle avait pour base des principes de patrie, de religion, de justice; Napoléon III se décidait enfin à parler des traités de 1815, en leur restituant cette fois leur signification faussée et en étendant leur application à la Lithuanie, à la Volhynie, à la Podolie, à l'Ukraine, à la Posnanie et à la Gallicie. La note se terminait ainsi : « La Russie est responsable des « graves conséquences que la prolongation des troubles de Pologne pour- « rait entraîner. »

L'été finissait, la Baltique allait être gelée. Gortschakoff répondit par la terrible répression de Mourawiew à Wilna, et par une note dans laquelle il exclut de tout échange d'idées amical entre la Russie et les puissances, la moindre allusion aux parties de l'empire qui n'étaient pas l'ancien duché. Il accepta la responsabilité dont on le menaçait et mit fin le 7 septembre à « une discussion évidemment sans but ».

Un Polonais qui occupait un rang élevé dans la société européenne, le général Zamoïski, se trouvait en ce moment à Londres ; prévoyant que la voie où la diplomatie s'était engagée la conduirait à la défaite, il avait proposé au comte Russell de déclarer le czar déchu des droits que lui donnait le traité de Vienne sur la Pologne, attendu qu'il n'avait jamais rempli les conditions auxquelles ces droits étaient liés. Cette déclaration aurait été suivie de la proclamation d'un archiduc autrichien, comme roi de Pologne. L'Autriche tire cent mille soldats de la Gallicie ; le nouveau roi, à la tête de ces troupes, chassait les Russes et rétablissait le royaume des Jagellons.

Lord Russell laissa voir, le 26 septembre 1863, au banquet de Blairgowrie, que cette idée de déchéance ne lui déplaisait pas absolument : « En reconnaissant la domination russe en Pologne, les puissances de « l'Europe ont stipulé certaines conditions pour ce pays ; mais la Russie « ne les a pas tenues. Avertie aujourd'hui par les remontrances de l'Eu- « rope, elle persévère dans la violation de ses engagements. » Le comte Russell finissait ainsi son discours : « Les conditions en vertu desquelles la Russie a obtenu la Pologne n'étant pas remplies, le titre même peut être difficilement maintenu... » Le cabinet de Saint-James s'apprêtait à donner à cette pensée la forme d'un acte international ; le cabinet des Tuileries y adhérait ; l'Autriche, limitrophe de la Russie, demandait

comme toujours des garanties avant de s'engager. Napoléon III lui offrait toutes celles qu'elle pouvait souhaiter. Il avait donné pour instruction à M. de Montebello, son représentant à Saint-Pétersbourg, d'agir comme le représentant de l'Angleterre, lord Napier. M. de Montebello, le jour où lord Napier remettrait au prince Gortschakoff une note dans le sens du discours de Blairgowrie, avait reçu l'ordre d'en présenter une pareille. Lord Napier avait déjà prévenu le prince Gortschakoff qu'il était chargé de lui faire une communication importante. La signification de déchéance était en route ; un coup de télégraphe arrêta le courrier. M. de Bismarck, par une habile diversion au profit de la Russie, menaçait à son tour de déclarer le roi de Danemark déchu de sa souveraineté sur le pays de l'Eider pour n'avoir pas rempli les engagements du traité de Londres. Lord Russell se hâta d'écrire à lord Napier que « le gouvernement de Sa
« Majesté n'a pas le désir de prolonger la correspondance au sujet de la
« Pologne, pour le simple plaisir de la controverse. Le gouvernement de
« Sa Majesté reçoit avec satisfaction l'assurance que l'empereur de Russie
« continue à être animé d'intentions pleines de bienveillance vis-à-vis
« de la Pologne, et de conciliation vis-à-vis des puissances étrangères. »

La cour de Vienne, jusqu'au milieu du mois d'octobre 1863, attendit les événements. Napoléon III avait demandé au pape d'user de son influence sur l'empereur d'Autriche, en faveur de la Pologne. Le cardinal de Reisach remit, vers le milieu de juillet 1863, une lettre autographe de Pie IX à François-Joseph, dont il parut fort touché. Mais des soins non moins importants le préoccupaient alors. L'empereur d'Autriche avait adressé le 31 juillet à tous les souverains allemands une lettre pour les convier à se rendre à Francfort, où ils aviseraient ensemble aux moyens d'accomplir la réforme fédérale. L'adhésion de la Prusse à cette réunion était capitale. Guillaume Ier prenait justement les eaux à Gastein, dans le Tyrol. François-Joseph s'y rendit ; les deux souverains eurent, le 2 août, une entrevue dans laquelle il fut question de la Pologne. M. de Bismarck, qui avait rejoint son maître, rappela les engagements pris par les trois souverains, en 1860, à Varsovie. François-Joseph, dont toutes les vues se portaient sur l'Allemagne, sacrifia la Pologne.

La presse allemande voyait déjà, dans la convocation des princes à Francfort, le germe de l'unité militaire, douanière et judiciaire de l'Allemagne. Le défaut d'accord préalable entre le cabinet de Vienne et le cabinet de Berlin ne lui semblait pas une raison suffisante pour douter de l'importance des résultats de la réunion du Rœmer. Qu'importait que tel ou tel prince refuse d'y assister, pourvu que l'Autriche proposât une réforme qui répondît au sentiment national et libéral de l'Allemagne ? La question tout entière était là. La grande patrie allemande allait enfin surgir à la voix du César germanique remplissant sa mission historique et reformant la vieille constitution avec l'appui des souverains. N'avait-il pas, d'ailleurs, fait de l'Autriche le foyer du libéralisme allemand ? L'Autriche n'avait-elle pas un vrai parlement, et ne montrait-elle pas sa sympathie à la Pologne, tandis que la Prusse, gouvernée par les hobereaux, renonçait à guider l'Allemagne dans la voie de l'unité et de la liberté ? C'est au milieu de ce concert d'enthousiasmes que l'empereur arriva le 15 août à Francfort ; il fut reçu à la gare par les autorités civiles et militaires et par le Sénat *in corpore*. Il put bientôt voir autour de lui le roi de Bavière, le roi de Saxe, le roi de Hanovre, le prince royal de Wurtemberg, le grand-duc de Baden, le grand-duc de Hesse, le duc de Brunswick, le duc de Mecklembourg-Schwerin, sans compter dix-huit autres grands-ducs, ducs, princes et bourgmestres. Ces hauts personnages chargèrent le roi de Saxe de porter au roi de Prusse, à Baden, l'invitation pressante de se joindre à eux. Guillaume Ier persista dans un isolement partagé par les principautés de Anhalt-Bernbourg, Saxe-Altenbourg, Hesse-Hombourg, Lippe, Lippe-Schauenbourg, Reuss branche aînée.

Napoléon III, quoiqu'il eût promis son aide aux tentatives de François-Joseph pour prendre l'hégémonie de l'Allemagne, s'étonna du mystère et de la promptitude d'exécution déployés dans cette circonstance, par une cour ordinairement très lente, et surtout de l'appui que l'Angleterre, unie par de si intimes liens à la Prusse, semblait donner à l'Autriche. Lord Clarendon se trouvait en effet à Francfort au moment de la journée des Princes, et il était bien difficile de croire que le hasard l'y eût amené. Le langage tenu par lui à François-Joseph était des plus encourageants. Une Allemagne forte, avait-il dit à François-Joseph, est une garantie contre l'ambition de la France. Napoléon III se résignerait-il à sanctionner l'unité de l'Allemagne sans recevoir, en échange, une compensation quelconque sur le Rhin ou sur la Vistule ? Personne ne le croyait, et M. de Bismarck lui-même voyait dans l'attitude de l'Autriche une menace pour l'Empire français et pour l'Europe. Heureusement, l'Autriche, malgré son désir de se rajeunir, était toujours la vieille Autriche. Il lui aurait fallu plus de jeunesse, de décision, pour pouvoir fonder l'unité allemande, sans parler de la ferme volonté de pousser jusqu'à la guerre avec la Prusse.

Le premier résultat de la journée des Princes fut donc de donner des soupçons à Napoléon III ; il se demanda si l'Autriche, en songeant à l'Allemagne, n'aurait point par hasard la Vénétie en vue, et si lui-même ne ferait pas bien de se rejeter du côté de la Russie ; M. de Bismarck saisit l'occasion de lui faire quelques avances, gages certains de celles de la Russie. Napoléon III crut qu'il n'avait désormais qu'à choisir entre les alliances. Ses journaux gagés, couvrant leur abandon du prétexte de prétendues concessions libérales du czar à la Pologne, juste au moment où Mourawiew commettait ses plus atroces violences, trouvaient tout simple que le gouvernement impérial enterrât la question polonaise et lâchât, pour employer une expression vulgaire, ses alliés de la veille.

Le projet de réforme fédérale, présenté par François-Joseph aux princes allemands, bouleversait les résultats du congrès de Vienne. Si les hommes d'Etat de 1815 étaient revenus à la vie, que diraient-ils en voyant les successeurs de M. de Metternich porter une main sacrilège sur son œuvre et ébranler dans ses fondements la vieille constitution germanique ? La machine politique construite avec tant de difficulté après les guerres du premier Empire avait fait son temps, il fallait pourtant bien en changer les rouages. On l'avait tenté déjà en 1848 ; mais le Parlement de Francfort, la Prusse, le parti national, avaient tour à tour échoué dans leur tentative de réforme. L'Autriche reprenait leur œuvre sans le concours de l'esprit libéral. Ce qu'on voyait de plus clair dans sa réforme, c'est qu'elle maintenait la vieille suprématie du *Kaiser* autrichien, et que la nouvelle constitution ne serait pas moins compliquée que l'ancienne : Directoire, Conseil fédéral, Chambre des députés, Chambre des princes, que de complications ! l'Assemblée populaire n'était là simplement que pour la forme, puisque ses délibérations n'avaient force de loi qu'après l'approbation formelle de la Chambre des seigneurs.

Le roi de Prusse, en répondant à l'invitation collective des souverains allemands par un refus catégorique, s'était réservé d'examiner toute communication que ses confédérés pourraient lui adresser, « avec la sollicitude empressée qu'il avait vouée aux intérêts communs de la patrie. » M. de Bismarck ne tarda pas à expliquer très sommairement les motifs qui avaient déterminé le roi de Prusse à ne pas se rendre au congrès de Francfort : « Pour le moment, je me contenterai de déclarer que les projets de réforme ne répondent, à notre avis, ni à la position légitime de la monarchie prussienne, ni aux intérêts légitimes du peuple allemand [1]. »

---

1. Dépêche de M. de Bismark à l'envoyé prussien près la Diète germanique en date du 21 août 1863.

Fig. 63. — Le comte Léon Plater, grand propriétaire du gouvernement de Witesk, accusé d'avoir aidé les Polonais dans l'attaque d'un convoi d'armes russe est fusillé le même jour sur les glacis de la forteresse de Dynaburg. (Page 471).

M. de Bismarck, dans un rapport solennel au roi de Prusse, trouvait la réforme de l'Autriche trop peu libérale. Il voulait, au lieu de l'assemblée de délégués des diverses Chambres que François-Joseph parlait d'instituer à Francfort, une représentation véritable, élue par le suffrage universel. L'Allemagne, au lieu de s'unifier, se divisait chaque jour davantage, malgré les efforts tentés par les ministres des divers Etats assemblés en conférence à Nuremberg, lorsqu'une nouvelle cause d'agitation fit oublier la journée des Princes. Le discours de Napoléon III le 5 novembre 1863, à l'ouverture de la session législative, contenait un programme qui changeait complètement la situation en posant de nouveau la question polonaise. L'entente la plus cordiale n'avait pas, à l'entendre, cessé d'exister entre son gouvernement et celui de la Russie, depuis la guerre de 1856. Jamais il n'aurait compromis cette entente, si les droits de la Pologne ne lui avaient paru inscrits à la fois dans les traités et dans l'histoire. Les conseils désintéressés donnés par lui au czar avaient été, malheureusement, pris pour des menaces de sa part, et de celle de l'Angleterre et de l'Autriche. Ces trois puissances en étaient-elles réduites à la guerre ou au silence ? Non, répondait Napoléon III, il leur reste un moyen ; c'est de soumettre la cause polonaise à un tribunal européen : « La Russie l'a déjà déclaré : des conférences où toutes les autres ques« tions qui agitent l'Europe seraient débattues ne blesseraient en rien sa « dignité. Prenons acte de cette déclaration ; qu'elle nous serve à éteindre « les ferments de discorde prêts à éclater de tous les côtés, et que du ma« laise même de l'Europe naisse une ère nouvelle d'ordre et d'apaise« ment. » Napoléon III ajoutait malheureusement : « *Les traités de 1815 ont cessé d'exister*, » déclaration qui devait d'autant moins être du goût de l'Angleterre et de l'Autriche, que la proposition du congrès était d'origine russe ; elle avait en effet été suggérée au comte Pepoli, ambassadeur d'Italie en Russie, par le prince Gortschakoff.

Le discours du 5 novembre, sous sa phraséologie pompeuse, cachait l'arrêt de mort de la Pologne, personne ne s'y trompa, si ce n'est la Pologne elle-même. En lui signifiant la sentence, on lui eût épargné les inutiles efforts de ce terrible hiver de 1863-1864 qui causa sa ruine sociale.

L'Autriche, en effet, flottant sans cesse entre le désir de s'agrandir et la crainte d'être diminuée, entre la haine de la Russie et la méfiance de la France ne savait à quel parti s'arrêter. Voyant Napoléon III se borner à déclarer que la question polonaise était d'intérêt européen, et l'Angleterre lui refuser la garantie ; comprenant d'avance que le comte Russell reculerait dans son projet de déchéance, elle fit savoir à la Russie, vers le milieu d'octobre, que son intention n'avait jamais été d'annuler les traités de 1815 et de reconnaître aux insurgés polonais la qualité de belligérants. M. de Rechberg, non content de féliciter l'armée russe « de ses succès passés, gage de ses succès futurs », prit en Galicie des mesures rigoureuses contre l'insurrection.

Le discours du 5 novembre ne devait pas exercer une influence moins fâcheuse sur la question des duchés que le moment était venu de reprendre à partir de l'année 1862.

L'émotion à cette époque grandissait dans le Nord scandinave ; une grande fête nationale eut lieu à Copenhague ; les étudiants suédois, norwégiens, danois, fraternisèrent le 11 juin, dans cette ville, et cimentèrent l'alliance entre la jeunesse des pays scandinaves. Le roi de Suède, Charles XV, fit une visite au roi de Danemark, et son débarquement le 17 juillet à Elseneur fut accueilli avec enthousiasme et patriotisme.

La Diète du royaume de Danemark proprement dit s'ouvrit deux mois et demi après. M. de Bismarck venait d'être placé à la tête du cabinet de Berlin. Il avait autrefois traité de « querelle d'Allemand » les difficultés suscitées au roi de Danemark. Ses tendances absolutistes l'éloignaient du sleswig-holsteinisme ; on croyait donc que le roi de Prusse rompait avec le parti démocratique, et que la question des duchés allait entrer dans une phase d'apaisement ; mais une transformation inattendue s'était opérée chez M. de Bismarck, et l'on se berçait de bien trompeuses espérances, lorsque, le 14 octobre 1862, le jour même de son avènement au ministère, lord John Russell, qui accompagnait la reine d'Angleterre en Allemagne, fit remettre au cabinet de Copenhague, après l'avoir communiquée aux intéressés, une dépêche en date du 24 septembre, qui, sous le couvert de prétendus avantages, aboutissait en réalité à un partage de la monarchie danoise en quatre provinces administratives. Le roi Frédéric VII, en la repoussant, déclara néanmoins le 20 septembre 1863, au Rigsraad danois, qu'il ne voulait pas renoncer à l'espoir d'un arrangement : « Mais si mon attente ne se réalisait pas, il serait évident pour « tous que ce n'est point le droit fédéral de nos territoires fédéraux alle- « mands qui est en jeu, mais bien l'indépendance de nos États danois ; « or cette indépendance, nous sommes fermement résolu à la maintenir « contre toute attaque, et nous sommes convaincu que nous ne serons « pas seul dans cette défense. »

Le comte Russell écrivit cette dépêche pour ainsi dire sous la dictée de la reine presque Allemande par sa naissance, par ses habitudes, par ses relations de famille, par le souvenir toujours vivant de son mari. La Diète de Francfort, encouragée par l'attitude nouvelle de l'Angleterre, décida, le 1ᵉʳ octobre 1863, que le gouvernement danois n'ayant pas rempli ses obligations fédérales relatives aux affaires constitutionnelles du Holstein et du Lauenbourg, on l'y contraindrait par la force, et que le mandat d'exécution serait donné aux gouvernements d'Autriche, de Prusse, de Saxe et de Hanovre. Aucune mesure militaire cependant n'avait été prise lorsque le roi de Danemark mourut le 15 novembre. Frédéric VII, n'ayant pas d'enfant, avait réglé, en montant sur le trône, la question de succession. La princesse Louise, femme du prince Christian de Glucksbourg, reporta sur son mari ses droits de plus proche héritière. L'empereur de Russie renonça aux siens comme chef de la maison de Holstein-Gottorp. Le duc Christian, aîné de la maison d'Augustenbourg, signa de son côté, quelques mois après, l'acte de renonciation suivant : « Nous cédons et transmettons à S. M. le roi de Dane-
« mark et à ses héritiers, pour nous et pour nos héritiers et descendants,
« tous les droits qui nous reviennent sur les terres et propriétés ducales
« des Augustenbourg, avec leurs dépendances, et les palais, châteaux et
« édifices qui se trouvent sur ces terres, en un mot tout ce qui tient au
« sol, aux murs, à fer et à clou, notamment aussi avec le total de l'in-
« ventaire du bétail et matériel de labour et d'exploitation, ainsi qu'avec
« toutes les immunités et privilèges concernant ces terres ou les gens qui
« en font partie, que ces droits et privilèges soient fondés sur les contrats
« ou sur la tradition. » Le duc, en échange de cette renonciation, recevait un million cinq cent mille rixdales (5 millions de francs).

La conférence de Londres avait désigné Christian de Sleswig-Holstein-Sonderbourg-Gluksbourg comme successeur de Frédéric VII. On fut tout étonné de voir un prétendant surgir dans la personne de Frédéric d'Augustenbourg, duc de Sleswig-Holstein. Le prétendant, dans sa première proclamation, rappelait « à ceux qui ont la foi dynastique et qui croient fermement que la Providence confère des droits aux maisons régnantes », qu'il représentait les droits de la seconde branche du Sleswig-Holstein-Sonderbourg-Augustenbourg qu'on croyait avoir été échangés, en 1852, par l'aîné de la maison d'Augustenbourg contre cinq millions de francs; mais le prince Frédéric prétendait n'être pas lié par cet arrangement. Les droits du prince Christian de Sleswig-Holstein-Sonderbourg-Glucksbourg, finirent pourtant par être reconnus, et il devint roi le 16 novembre, sous le nom de Christian IX. Croyant donner satisfaction à la Diète, il sépara en montant sur le trône le Holstein et le Lauenbourg de la monarchie danoise. Le Sleswig, en vertu de la constitution du 18 novembre, gardait son autonomie. Ces concessions si larges n'étaient pas au niveau des exigences de l'Allemagne. L'Autriche, déjà en froid avec la Prusse à cause de la réforme fédérale du Zollverein et des traités conclus avec la France, suivrait-elle sa rivale dans sa croisade contre le Danemark ? Il était permis d'en douter. Le comte de Rechberg s'était borné à déclarer, le 4 décembre, au Reichsrath, que l'Autriche d'accord avec la Prusse, ferait respecter les droits des populations allemandes, dans les limites tracées par le traité de Londres ; mais les petits États montraient un si grand acharnement contre le Danemark, que l'Autriche craignant de s'aliéner des alliés, sur lesquels elle avait toujours compté, se joignit à la Prusse pour demander que la Diète exécutât sa menace du 1er octobre. La Diète vota donc, le 7 décembre, à une faible majorité, l'exécution fédérale dans le Holstein.

Le Danemark comptait sur le congrès pour se tirer d'affaire ; mais, en décembre, il n'était déjà plus question de congrès.

Le comte Russell se flattait que la Confédération donnerait au nouveau souverain, Christian IX, qui venait de sanctionner la constitution votée par le Rigsraad, le temps de s'asseoir sur le trône. L'Autriche aurait peut-être consenti à un répit ; mais la Prusse montrait la plus vive impatience de voir supprimer cette constitution, comme contraire aux engagements du Danemark.

Les États secondaires de l'Allemagne avaient jusqu'alors poussé à la guerre avec ardeur ; leurs hommes d'État trouvaient enfin dans la question des duchés, l'occasion de jouer un rôle sur la scène politique. Jugeant qu'il y avait entre l'Allemagne, l'Autriche et la Prusse une place à prendre, ils formèrent le parti de la triade, c'est-à-dire de l'Allemagne divisée en trois parties : Autriche, Prusse et Bavière avec les petits États, Munich devant être la capitale de cette troisième Allemagne. La grande patrie ainsi constituée, rien ne serait plus facile que de lui ouvrir une route vers la mer. Le prétendant au trône danois, le duc d'Augustenbourg, était homme à la lui aplanir. Il devint le favori de la triade. Le roi de Bavière le reçut à Munich avec les honneurs princiers ; les troupes hanovriennes et saxonnes l'accueillirent à son arrivée à Kiel, le 30 décembre, avec enthousiasme, et laissèrent partout se déployer ses couleurs. Le comte Russell protesta. M. de Beust lui répondit comme on répond à quelqu'un dont on croit n'avoir rien à redouter. L'Angleterre n'inspirait en effet aucune crainte à personne [1].

La troisième Allemagne n'eut pas le temps de s'applaudir de la fière attitude de ses représentants. La Prusse et l'Autriche déclarèrent que « leur position spéciale et l'impérieuse urgence de la question ne leur « permettaient pas de se soustraire à l'obligation de prendre en main « propre les droits de la Confédération dans le Sleswig, et de procéder aux « mesures réclamées par cette défense. » Les deux puissances désobéissaient à la Confédération pour mieux punir le Danemark de sa désobéissance à cette Confédération elle-même. Les troupes de la Confédération occupant Kiel ne s'opposeraient-elles pas au passage des troupes austro-prussiennes? Telle était la question qui se posait dans les premiers jours de 1864.

Le cabinet britannique essayait de calmer l'appétit de la Prusse; mais celle-ci, tout en acceptant la conférence et le maintien du traité de Londres, tenait à occuper pacifiquement le Sleswig, quitte, s'il résistait, à lui faire une guerre acharnée. L'Autriche parlait comme la Prusse; la Russie insistait à Copenhague pour que le Danemark ne s'opposât pas à l'occupation du Sleswig, servant de garantie à la population allemande de ce duché. L'Angleterre passait d'une résolution à l'autre, tantôt laissant entrevoir qu'elle pourrait bien prêter son concours au Danemark, tantôt lui donnant quinze jours et même dix jours seulement pour retirer sa constitution. La Prusse et l'Autriche avaient déjà fait sommer le Danemark de l'abroger dans le délai de deux jours. Ce délai expirait le 18 janvier. Le comte Russell, mettant enfin de côté les idées de médiation qu'il avait nourries jusqu'alors, fit demander à Napoléon III s'il pouvait compter « sur son concours et sa coopération pour le maintien de l'intégrité du Danemark ». Napoléon III se rappelait que l'Angleterre avait été le principal obstacle de son entente avec l'Autriche au sujet de la Pologne, et que lord Clarendon, pendant son séjour à Francfort, à l'époque de la *journée des Princes*, avait non seulement prêché la paix sur l'Eider et sur la Vistule, mais encore cherché à effrayer l'Allemagne des projets mystérieux des Tuileries. Il répondit à la proposition de médiation du comte Russell qu'il n'avait pas assez

---

[1]. Sir Alexandre Malet au comte Russell, en date du 5 janvier 1864 : « Il y a ici une « indifférence miraculeuse pour nos représentations, et la conviction étant absolue que « l'Angleterre n'interviendra pas matériellement, nos avis ne sont d'aucun poids. »

lieu d'être satisfait de la marche suivie dans la question polonaise pour recommencer dans la question des duchés.

M. de Bismarck, au moment où il concluait sa convention militaire avec la Russie, avait besoin de l'Angleterre; il s'efforça donc de rassurer le comte Russell. « La Prusse, lui fit-il dire par son ambassadeur, n'a pas d'intérêt spécial dans l'affaire des duchés, et moi-même je ne partage nullement l'effervescence allemande dans cette question. » La *journée des Princes* passée, la proposition de proclamer la déchéance de la Russie de tout droit sur la Pologne fit changer le langage de M. de Bismarck; il s'était mis à presser l'exécution fédérale; le comte Russell s'effraya, comme on l'a vu, rappela le courrier chargé de la déclaration de déchéance de la Russie, et écrivit le 20 octobre à lord Napier, ambassadeur d'Angleterre à Saint-Pétersbourg, une dépêche où il étale sa satisfaction de voir que « l'empereur de Russie continue à être animé d'intentions bienveillantes vis-à-vis de la Pologne et conciliantes vis-à-vis des puissances étrangères ».

M. de Bismarck cependant avait paru un moment joindre sincèrement ses efforts à ceux de l'Angleterre pour régler les affaires des duchés. M. Quaade, envoyé danois à Berlin, vante sans cesse M. de Bismarck : « Je puis déclarer en conscience que le gouvernement prussien désire que l'exécution n'ait pas lieu; M. de Bismarck m'a assuré que lui, personnellement, et le gouvernement dont il fait partie sont en faveur d'un arrangement. » Cette dépêche, datée du 21 octobre, est suivie de trois ou quatre autres dépêches dans le même sens. M. de Bismarck, sûr désormais que l'Angleterre se tairait devant l'impérieuse dépêche de Gortschakoff sur la Pologne, ne songea plus qu'à empêcher la promulgation de la nouvelle constitution [1].

Un enthousiasme feint régnait pour le prétendant en Allemagne; il ramenait l'Allemagne à la féodalité, en invoquant l'ancien ordre de succession; il augmentait le nombre déjà si grand des petits souverains allemands, et pourtant, démocrates, unitaires, patriotes, oubliaient leurs principes en faveur de celui qu'ils appelaient champion du droit et de l'honneur national.

M. de Bismarck, profitant de cette effervescence pour faire semblant de craindre d'être emporté par le double courant qui régnait à la fois sur le Mein et sur l'Eider, demanda donc à l'Angleterre de consentir à

---

1. Dépêches de M. Quaade citées par M. Julian Kladsko (*Etudes de diplomatie étrangère*).

Fig. 64. — Vue de Copenhague.

quelque demi-mesure qui, en donnant le change à l'opinion, préviendrait tout mouvement révolutionnaire dans les duchés : une exécution dans le Holstein, par exemple, qui, selon lui, équivaudrait presque à la reconnaissance de Christian IX par la Diète.

Les puissances signataires du traité de Londres, moins la Prusse et l'Autriche, avaient fait féliciter ce souverain à son avènement. Le représentant du gouvernement impérial, le général Fleury, ne resta que quatre jours à Copenhague; ses instructions lui interdisaient de prendre part à des négociations; il devait se borner à déclarer explicitement au roi Christian qu'il n'avait pas à compter sur l'aide du gouvernement impérial dans le cas d'une guerre avec l'Allemagne. Le Danemark avait fait toutes les concessions; il ne lui restait plus que l'abolition de sa constitution, c'est-à-dire son suicide. L'Angleterre l'y poussait. Le ministère, ne pouvant s'y résigner, avait donné sa démission ; M. Monrad, chargé le 24 décembre de former un nouveau cabinet, accomplirait-il le sacrifice ?

Les vœux populaires, on ne saurait le nier, poussaient pendant ce temps-là l'Allemagne vers la Baltique; mais les petits États auraient été sinon plus résolus, du moins plus rassurés, en marchant à l'accomplissement de l'œuvre nationale sous l'impulsion directe de l'Autriche; celle-ci, mal à l'aise dans toutes les questions où l'esprit de nationalité est en jeu et mise en demeure de répudier le traité de Londres au moment où Napoléon III répudiait les traités de Vienne, se trouvait dans un embarras visible; mais pouvait-elle laisser à la Prusse le soin de faire « la grande patrie », et, dans le cas où Napoléon III franchirait de nouveau les Alpes au printemps, avait-elle d'autre alliée que l'Allemagne ? L'Autriche se résigna donc à l'action commune avec la Prusse.

M. de Bismarck, pour justifier aux yeux de l'Angleterre son ardeur à presser le Danemark, avait mis d'abord en avant les exigences des États secondaires. Il fit intervenir le roi de Prusse lui-même dans le mois de janvier 1864, gémit de ne pouvoir le contenir et de sentir sa position ébranlée par sa résistance. Si au moins on occupait le Sleswig « pacifiquement » comme un gage de l'accomplissement par le Danemark des vœux légitimes de l'Allemagne ! Quoique cette solution fût repoussée par les États secondaires comme une reconnaissance indirecte des droits de Christan IX, il se chargeait de la faire adopter. « L'invasion du Sleswig, avait répondu le comte Russell, mettrait en grand danger les relations de la Grande-Bretagne et de la Prusse. » M. de Bismarck cependant put bientôt se rassurer; lord Russell, le 5 janvier, expliqua qu'il avait simplement voulu dire que le refus d'accorder au Danemark le temps de faire des concessions troublerait les relations entre Londres et Berlin.

Napoléon III, battu sur la question du congrès, avait proposé une réunion de ministres chargés de discuter les questions qui, plus tard, seraient soumises à la décision des souverains. Lord Russell, qui trouvait ce projet peu pratique, apprit avec plaisir qu'on était de son avis à Vienne et à Saint-Pétersbourg; à Berlin, par contre, M. de Bismarck ne voyait aucun inconvénient à porter la question des duchés devant une conférence spéciale qui se réunirait à Paris. Lord Russell y consentit d'assez mauvaise grâce d'abord, puis, voyant que l'Autriche désirait ardemment dépouiller la question de son caractère exclusivement germanique, pour lui donner un caractère européen, et que M. de Bismarck se refroidissait, il fit la proposition, « pour traiter le différend entre le Danemark et l'Allemagne », d'une conférence siégeant à Paris ou à Londres, composée de puissances signataires du traité de Londres de 1852 et d'un ministre de la Diète germanique. Le *statu quo*, dans les duchés, serait maintenu jusqu'à la fin de la conférence.

Les choses en étaient là lorsque le Rigsdaag du royaume de Danemark proprement dit se réunit le 11 janvier 1864, à Copenhague. Le roi, dans un banquet qu'il offrit aux membres de cette assemblée, répondit à un toast du président qu'il était résolu de défendre les libertés de la nation, l'indépendance du pays et les droits de la couronne. Aussitôt les ministres d'Autriche et de Prusse en Danemark adressent au gouvernement danois une note collective portant : « Les ministres soussignés ont « reçu l'ordre de réclamer l'abrogation de la constitution du 18 novembre « dernier et de quitter Copenhague si, dans la journée du lendemain, « l'abrogation de la constitution ne leur est pas signifiée. »

Cette menace ne servit qu'à enflammer le patriotisme danois. Le Rigsdaag présenta, le 29 janvier, au roi, une adresse empreinte du plus grand dévouement : « Le peuple est prêt aux plus lourds sacrifices « pour appuyer son roi dans le maintien de l'union indissoluble entre le « royaume et le Sud-Jutland, ce vieux pays relevant de la couronne « danoise. »

Le 1ᵉʳ février, les troupes austro-prussiennes passèrent l'Eyder, et la guerre commença. Quatre jours après, l'armée danoise abandonna la ligne du Danewerke. Les alliés s'emparèrent de Duppel le 18 avril, et de l'île d'Alsen le 29 juin. Les hostilités furent suspendues le 19 juillet, et, le 7 août, tout était consommé ; le roi remerciait ses soldats de leur courage : « La guerre a coûté de grands sacrifices, la paix a été achetée « par des sacrifices plus grands encore ; mais le bien de la patrie exigeait « qu'on préférât la paix à la continuation de la guerre. »

La Suède, la Russie, l'Angleterre avaient laissé consommer la spoliation du Danemark. Napoléon III l'avait rendue possible, en paralysant l'Angleterre et la Suède, et en rendant l'Autriche plus complaisante à la Prusse, à laquelle la Russie était liée par la question polonaise.

Napoléon III tenait médiocrement au Danemark ; son rêve était ailleurs ; le prince de Metternich avait, on s'en souvient, porté à Vienne, au mois de mars 1863, un projet d'alliance dont les effets devaient se faire sentir à la fois dans l'ancien et le nouveau monde : rétablissement de la Pologne, rachat de la Vénétie par des compensations données à l'Autriche sur le Danemark, régénération de la race latine en Amérique par la création d'une monarchie au Mexique ; après avoir vainement essayé de séduire l'Autriche par ces chimères, il s'était retourné vers l'Angleterre et lui avait demandé le Rhin en compensation de son concours pour défendre le Danemark ; le traité de 1852 était la garantie de l'indépendance de ce malheureux pays ; Napoléon III avait abandonné ce traité en prévision de ses attaques contre les traités de 1815.

Le Danemark, délaissé de tous ses alliés, signa donc le 30 octobre 1864, à Vienne, un traité par lequel il abandonnait tous ses droits sur les duchés de Sleswig, Holstein et Oldenbourg au roi de Prusse et à l'empereur d'Autriche.

Le gouvernement italien, toujours en présence de trois grands problèmes à résoudre : la question romaine, la question vénitienne, la question financière, crut trouver dans la convention du 15 septembre un acheminement à la solution du premier. Cette convention, peu claire de sa nature, obscurcie encore par les commentaires des partis, fut accueillie cependant avec satisfaction par la majorité de la nation, parce qu'elle lui donna une interprétation conforme à ses désirs ; la convention du 15 septembre signifiait pour l'Italie : départ de l'armée française de Rome et son remplacement immédiat par l'armée italienne. Si l'une des puissances signataires devait tenir à l'exécution de la convention du 15 septembre, c'était donc l'Italie, quoique cette exécution lui fût rendue fort difficile par la situation géographique de la frontière des États romains qu'elle s'était engagée à protéger contre toute attaque. La convention du 15 septembre n'aurait en réalité rien changé à la situation de l'Italie, sans le protocole qui y était annexé et qui stipulait la translation de la capitale de Turin à Florence.

Turin prévoyait cette translation et s'y résignait ; mais il ne s'attendait pas à la voir s'accomplir sans aucune des précautions qui auraient pu en atténuer les inconvénients ; le Piémont avait quelque droit d'accuser l'Italie d'ingratitude, et son dépit excité par des questions d'intérêt matériel, semblait d'autant plus justifié qu'il fallait être doué d'une forte dose d'optimisme pour considérer à cette époque le transfert de la capitale de Turin à Florence comme une étape vers Rome.

La capitale à peine installée à Florence, le pape adressa une lettre autographe au roi Victor-Emmanuel pour lui témoigner son désir de s'entendre sur l'investiture des sièges épiscopaux vacants. Le ministère accueillit favorablement ces ouvertures. Le commandeur Vegezzi partit pour Rome ; son départ excita une vive émotion et devint l'objet d'une foule de commentaires. Les Italiens patriotes et catholiques le saluèrent comme le présage de la prochaine réconciliation de l'Église et de l'Etat ; les autres se montrèrent alarmés ; le gouvernement n'allait-il pas se laisser aller à des concessions dangereuses ? Espérances et craintes également chimériques ; le Saint-Siège n'avait aucune envie de s'entendre avec le royaume d'Italie, et le gouvernement, de son côté, n'avait nullement chargé son envoyé de traiter les questions religieuses ayant plus directement trait à l'ordre civil, telles que celles des corporations religieuses, des propriétés ecclésiastiques, etc. Les points à discuter par M. Vegezzi étaient tout simplement ceux-ci : retour des évêques dans leurs diocèses ; installation des évêques préconisés depuis 1859 ; nomination aux sièges vacants. Il ne fut pas même possible de s'entendre sur ces divers points.

L'Italie en 1864 semblait donc plus éloignée que jamais de réaliser les deux conditions principales de son existence : la suppression du pouvoir temporel, et l'annexion de la Vénétie, qui ne pouvait s'obtenir que par un rachat ou par l'alliance d'une grande puissance qui lui permît de faire une guerre heureuse à l'Autriche. Le général La Marmora avait essayé, mais en vain, de négocier l'annexion de la Vénétie par l'intermédiaire des cabinets de Londres et de Paris. Restait à l'Italie la chance de contracter une grande alliance. Qui sait si, au milieu du chaos qui suivit la guerre du Danemark, la Prusse ne distinguerait pas au delà des Alpes des intérêts susceptibles de s'allier avec les siens ?

La Prusse avait, pour complaire en quelque sorte à Napoléon III, reconnu le royaume d'Italie ; mais les rapports entre les cours de Turin et de Berlin étaient restés si froids, que le prince et la princesse de Prusse, obéissant à des ordres formels, ne firent que traverser Milan dans l'hiver de 1864, malgré les efforts du prince Humbert pour les y retenir ; la mésintelligence entre la Prusse et l'Autriche commençait pourtant à poindre à cette époque, et quelques journaux, signalant certaines analogies entre les destinées de la maison de Savoie et celle de Hohenzollern, se demandaient pourquoi M. de Bismarck ne se laisserait pas séduire par le rôle de M. de Cavour. Il n'y avait pas en réalité de rapprochement à faire entre Victor-Emmanuel, roi d'Italie par le suffrage universel, et Guillaume Ier, souverain de la Prusse par droit divin et maître des duchés par droit de conquête, ni entre Cavour secondé par la royauté, par le parlement, par la nation, dans son œuvre d'affranchissement national et d'unité, et M. de Bismarck luttant alors contre le roi et contre le parlement, pour mener à bonne fin l'unité de l'Allemagne. La Prusse avait bien fait au commencement de 1864 des ouvertures au gouvernement italien pour conclure avec le Zollverein un traité dont la signature semblait prochaine ; mais l'envoyé italien s'aperçut qu'on l'amusait de prétextes dilatoires. M. de Bismarck, ne voulant pas en ce moment donner de l'ombrage à l'Autriche, traînait les négociations en longueur. Elles avaient pourtant déjà procuré un premier avantage à l'Italie. Un certain nombre d'Etats faisant partie du Zollverein, la Bavière et la Saxe, reconnurent le nouveau royaume. Le traité avec le Zollverein, quoique destiné à n'être définitif que le jour où tous les Etats qui le composaient auraient reconnu le royaume d'Italie, mais déclaré applicable provisoirement, n'en fut pas moins aux événements de 1866 ce que le traité pour la guerre de Crimée avait été à ceux de 1859. Les cabinets de Turin et de Berlin continuaient en effet, dans l'été de 1864, à échanger des idées sur les éventualités qui pourraient permettre aux deux gouvernements d'agir de concert contre l'Autriche ; le ministre de Prusse, dès le mois d'août, sonda le ministre des affaires étrangères à Florence, relativement aux dispositions de l'Italie à se joindre à la Prusse dans une guerre immédiate contre l'Autriche. Le ministre répondit que les sentiments de l'Italie contre l'Autriche étaient connus, mais qu'il attendait que le cabinet de Berlin formulât nettement ses propositions pour y répondre.

CHAPITRE XVI

MAXIMILIEN AU MEXIQUE

Siège de Puebla. — Combat de San-Lorenzo. — Entrée des Français à Mexico. — Le triumvirat. — Convocation d'une assemblée constituante. — Une députation porte à Maximilien l'offre de la couronne. — Le conseil de régence. — Création de cours martiales. — De la contre-guérilla. — Cruautés militaires et administratives. — Le maréchal Forey est remplacé par le général Bazaine et M. Dubois de Saligny par M. de Montholon. — Arrivée de la députation mexicaine à Miramar. — Hésitations de Maximilien. — Impatience de Napoléon III. — Il fait venir Maximilien et sa femme à Paris. — Convention du 12 mars. — Nouvelles hésitations de Maximilien. — Leur cause. — Voyage du général Frossard à Miramar. — L'archiduchesse Charlotte à Vienne. — Traité de Miramar. — Ses trois articles secrets. — Maximilien et Charlotte partent pour le Mexique. — Station à Rome. — Arrivée à Vera-Cruz. — Indifférence générale. — Trajet de Vera-Cruz à Mexico. — Réception officielle. — Installation de la maison impériale.

Puebla, la première ville du Mexique par sa position stratégique et la seconde par son commerce, est bâtie sur les hauts plateaux, presque à égale distance de Mexico et d'Orizaba. Les grandes routes qui y convergent en font le point de concentration du Pacifique au golfe du Mexique. La prise de Puebla entraîne forcément celle de Mexico.

Le général Forey, débarqué à la Vera-Cruz le 22 septembre 1862, pouvait être à Puebla le 15 octobre, et le 5 novembre à Mexico, en admettant même qu'il rencontrât une grande résistance sur sa route. Mais, au lieu de mettre à profit l'ardeur des troupes à venger un premier échec et la saison pendant laquelle la terre, après avoir été détrempée par les

Fig. 65. — L'armée alliée austro-prussienne s'empare de Duppel, après une résistance héroïque de l'armée danoise.

pluies, reprend sa solidité et le climat sa salubrité, il perdit un temps précieux à Orizaba, et il donna le temps à l'ennemi de fortifier Puebla, de concentrer ses forces, de réunir ses approvisionnements, son matériel de guerre, et de faire le vide devant lui en enlevant partout les bêtes de somme, les chariots et les vivres. L'armée française avança si lentement, que les fièvres eurent le temps de la décimer dans les Terres chaudes et que, après avoir franchi les Cumbres, elle ne trouva plus qu'un pays dévasté, au point que l'intendance se vit obligée de demander à la Havane, et aux États-Unis les grains nécessaires à la nourriture des hommes et des animaux ; les chevaux surtout manquaient : une opération de remonte, tentée à Tampico en fournit quelques-uns qui, tout compte fait, revenaient à 25 000 francs chacun [1].

Le général Forey, après avoir établi son quartier général à Orizaba et cantonné ses troupes sur la longue ligne qui s'étend de cette ville à Vera-Cruz, se décida, le 17 mars 1863, à mettre le siège devant Puebla ; l'armée apprit sa détermination par une proclamation qui se terminait ainsi : « Soldats ! marchez à la victoire que Dieu vous donnera, parce que jamais « cause n'a été plus juste que la vôtre. »

L'armée campait le 18 mars sur le cerro San-Juan, devant les murs de Puebla, dont l'investissement se trouva complet dès le lendemain. La tranchée fut ouverte le 23 mars, et des travaux d'approche pratiqués du côté du cerro San-Juan permirent d'avancer vers l'ouvrage appelé le *Pénitencier*. Les colonnes d'attaque, commandées par le général Bazaine, s'emparèrent de cette position le 29 mars, mais elles ne purent aller plus loin. Le général Ortega, commandant la place, la garnison et la population étaient décidés à résister jusqu'à la dernière extrémité. On s'aperçut bientôt qu'il faudrait, comme au siège de Saragosse, faire la guerre de rues et donner l'assaut à chaque maison. Le général Forey, après deux tentatives manquées, crut devoir suspendre l'attaque. Une nouvelle proclamation dans laquelle il révélait à ses troupes que « l'éner-« gie des Mexicains est toute factice, et qu'elle prend sa source dans les « liqueurs alcooliques, » annonça le 15 avril la reprise des hostilités.

Les tentatives pour s'emparer de la ville de vive force ne réussirent pas mieux qu'auparavant, mais les vivres et les provisions des assiégeants s'épuisaient ; au commencement de mai, ils en étaient réduits à leurs dernières ressources. Le général mexicain Comonfort, qui amenait des se-

---

[1]. *L'empereur Maximilien, son élévation et sa chute, d'après des documents inédits*, par le comte Émile de Kératry.

cours depuis longtemps attendus, s'était avancé jusqu'à San-Lorenzo, où il se fortifiait à la vue même du quartier général français. Le général Forey, après bien des hésitations, résolut de le déloger de sa position. Le général Bazaine partit, dans la nuit du 7 au 8 mai, avec quatre bataillons, toute la cavalerie et l'artillerie, surprit l'ennemi le matin et le mit en pleine déroute. Puebla n'avait plus de secours à espérer, le pain et la poudre lui manquaient; le feu de l'artillerie française commençait à faire des ravages sérieux dans la ville. La résistance devenait impossible.

Ortega offrit le 16 mai, au général Forey, la reddition de la place, à condition qu'il serait permis aux assiégés de se retirer à Mexico en emportant leurs armes et leurs drapeaux. Cette proposition ayant été repoussée, il réunit ses officiers supérieurs en conseil, fit brûler les drapeaux, briser les armes, enclouer les canons, et, après avoir dissous l'armée, il rendit la ville. Le général Forey en prit possession dans la matinée du 17 mai, après un siège d'un peu plus de deux mois ; il n'y trouva que des débris d'armes et des canons inutiles [1].

Une nouvelle proclamation du général Forey célébra sa victoire ; « mais on n'a rien fait tant qu'il reste quelque chose à faire... En avant donc, soldats ! Marchons sur la capitale ! » Les instances de ses généraux n'en furent pas moins nécessaires pour le décider à lancer la division Bazaine sur Mexico, dont la garnison comptait à peine quelques milliers d'hommes découragés par la prise de Puebla. Le général Porfirio Diaz se porta cependant à la rencontre de l'armée française, afin de donner au pouvoir central le temps d'installer ailleurs le gouvernement de la république. Juarez prit, le 31 mai, le chemin de San-Luiz de Potosi, sans être inquiété dans sa fuite par la population de la capitale, que MM. Dubois de Saligny et Almonte ne cessaient de représenter comme animée d'une haine furieuse contre lui.

Le 1er juin, une réunion des partisans les plus actifs de l'intervention, envoya une députation au général Forey pour lui porter la soumission de Mexico. La division du général Bazaine occupa, le 3, la porte principale de la ville, et il dut prendre sous sa protection immédiate les membres principaux du parti clérical, que la population, surexcitée, semblait accuser de la présence des étrangers [2]. Le général Forey, ayant à ses côtés

---

1. Napoléon III, en apprenant le 12 juin la prise de cette ville, écrivit au général Forey une lettre pour le remercier, dans laquelle il se consolait « de la perte probable de tant de braves par la pensée que leur mort n'a été inutile ni aux intérêts, ni à l'honneur de la France, ni à la civilisation. »
2. *Courrier des États-Unis*, journal officieux du gouvernement impérial de France.

MM. Dubois de Saligny et Almonte, et derrière lui le fameux Marquez[1], fit quelques jours après son entrée solennelle dans Mexico, où il s'était fait précéder par une quatrième proclamation :

« Nos aigles victorieuses vont donc entrer dans cette capitale de l'ancien empire de Montezuma et de Guatimozin : mais au lieu de détruire, comme Fernand Cortez, vous allez édifier; au lieu de réduire un peuple à l'esclavage, vous allez l'en délivrer.

« Vous ne venez pas du fond de l'ancien monde, attirés par l'appât de l'or, subjuguer ce peuple inoffensif. Vous venez, envoyés par votre Empereur, sous l'empire d'une grande et noble pensée, l'arracher aux horreurs de la guerre civile, et vous offrez à l'univers entier ce spectacle singulier d'une armée étrangère appelée par toute la nation pour la délivrer de la tyrannie de ses propres enfants dénaturés. »

Il écrivit ensuite au ministre de la guerre à Paris : « La population a « accueilli l'armée avec un enthousiasme tenant du délire ; les soldats « ont été littéralement écrasés sous une avalanche de bouquets et de cou- « ronnes dont l'entrée de l'armée à Paris, à son retour d'Italie, peut seule « donner une idée[2]. »

Le vainqueur se trouvait obligé de donner à la fois une administration à la ville de Mexico et un gouvernement au Mexique. Un conseil municipal et un conseil supérieur de gouvernement furent créés par décret du général Forey. Le conseil de gouvernement délégua le pouvoir exécutif à un triumvirat composé du général Almonte, de Mgr Labastida, archevêque de Mexico, et du général Salas, créature de l'ancien dictateur Santa-Anna. Le triumvirat convoqua immédiatement une assemblée de 215 notables, chargée de se prononcer sur la forme définitive du gouvernement qui conviendrait au Mexique. Ces notables montrèrent d'autant moins d'empressement pour se rendre à l'appel du triumvirat, que leurs haciendas, disséminées dans les provinces, pouvaient à chaque instant tomber entre les mains des juaristes, maîtres de la plus grande partie du pays. Le triumvirat parvint néanmoins à organiser la Constituante en ne se montrant pas trop difficile sur le choix de ses membres[3], et en leur procurant quelques menus avantages, lesquels, pour quelques-uns d'entre eux, consistèrent en des habits neufs qu'ils se firent payer.

La Constituante inaugura le 8 juillet sa session au bruit des cloches et des canons, dans la salle de l'ancien palais du vice-roi. Le général Forey et M. Dubois de Saligny trônaient dans un fauteuil de chaque côté du

---

1. Chef de bandes connu par ses excès, dont quelques-uns commis contre des Français.
2. Le prix des fleurs jetées sur le passage du général Forey figure au budget de l'ayuntamiento de Mexico.
3. Un accordeur de pianos en faisait partie.

bureau. Les généraux de l'armée d'occupation garnissaient les tribunes. La séance s'ouvrit par un discours du général Almonte, chef du pouvoir exécutif, qui exposa la situation du pays à sa manière. M. Lares, président de l'Assemblée, lui répondit par une déclaration monarchique à mots couverts. L'Assemblée entra en délibération secrète, et, dans la séance du surlendemain, le secrétaire de la commission donna lecture de son rapport, dont voici les conclusions formulées en articles de loi :

« Art. 1er. — La nation adopte pour forme de gouvernement la monarchie tempérée, héréditaire, avec un prince catholique.
« Art. 2. — Le souverain prendra le titre d'Empereur du Mexique.
« Art. 3. — La couronne impériale du Mexique est offerte à S. A. I. le prince Ferdinand-Maximilien, archiduc d'Autriche, pour lui et ses descendants.
« Art. 4. — Dans le cas où, par des circonstances qu'on ne peut prévoir, l'archiduc Ferdinand-Maximilien ne prendrait pas possession du trône qui lui est offert, la nation mexicaine s'en remet à la bienveillance de S. M. l'empereur Napoléon III, pour qu'il désigne un autre prince catholique à qui la couronne sera offerte. »

Ces articles furent votés à l'unanimité par les 231 membres présents, sauf l'article 1er et l'article 4, qui trouvèrent l'un 2 et l'autre 9 opposants. Quelques membres de l'Assemblée auraient voulu, en effet, annexer purement et simplement le Mexique à la France, d'autres offrir la couronne au Prince impérial ; quelques-uns s'étaient rabattus sur le prince Napoléon. L'Assemblée, avant de se séparer, vota des remercîments à l'empereur des Français « pour la généreuse protection qu'il accordait au Mexique », et nomma une députation chargée de se rendre à Miramar, pour remettre à Maximilien l'acte solennel de la Constituante et un sceptre d'or. Le triumvirat, de son côté, s'empressa de former un ministère dont les mesures les plus importantes, jusqu'à l'arrivée du nouveau souverain, furent un traité de cession provisoire de la Sonora à la France, le rétablissement des titres de noblesse et de l'ordre impérial de Notre-Dame de Guadalupe, fondé par Iturbide.

Les deux premiers actes du général Forey, après l'occupation de Mexico, avaient été de supprimer tous les journaux de la capitale, et de lancer, sur la proposition de M. de Saligny, un décret mettant sous séquestre « toutes les propriétés appartenant aux citoyens de la républi« que qui portent les armes contre l'intervention française, et qui ser« vent, soit dans l'armée régulière, soit dans les bandes de guerillas en « état d'hostilité contre la France ». Non content de cette mesure, il avait publié le 20 juin le décret suivant :

« Le général de division, sénateur, commandant en chef le corps expéditionnaire français du Mexique ;

« Considérant qu'il importe de mettre un terme aux actes de vandalisme commis par des bandes de malfaiteurs qui parcourent le pays, y commettent des attentats contre les personnes et les propriétés, et paralysent ainsi les relations commerciales ;

« Considérant en outre que les lois ordinaires sont insuffisantes pour réprimer ces excès et entraînent des lenteurs préjudiciables à la prompte répression des crimes dans les lieux mêmes où ils ont été commis ;

« Décrète :

« Art. 1er. — Tous les individus faisant partie d'une bande de malfaiteurs armés sont mis hors la loi.

« Art. 2. — Tous les individus compris dans cette catégorie, qui seront arrêtés, seront jugés par une *cour martiale*.

« Art. 3. — Cette cour sera investie de pouvoirs discrétionnaires.

« Art. 4. — Elle sera composée de :

« Un officier supérieur, président ;

« Deux capitaines, juges ;

« Un officier rapporteur et un sergent greffier, bureau.

« Un interprète lui sera adjoint, et les accusés pourront, sur leur demande, obtenir un défenseur.

« Art. 5. — La cour prononcera sa sentence le jour même du jugement.

« Art. 6. — Cette sentence sera sans appel et exécutée dans les vingt-quatre heures qui suivront le jugement.

« Art. 7. — On établira une cour martiale partout où elle sera jugée nécessaire.

« *Le général de division, sénateur,*
commandant en chef
le corps expéditionnaire du Mexique,
« Forey. »

Ce décret, copié des ukases russes contre les Polonais, fut désavoué plus tard par le gouvernement impérial de France. Quant à la suspension des journaux, le silence de la presse, au lieu d'être utile au triumvirat transformé en conseil de régence, lui nuisait au contraire beaucoup. M. Dubois de Saligny adressa donc un rapport au général Forey, suivi d'un projet de décret permettant aux journaux de reparaître. Le rapport traçait aux journaux une ligne de conduite « qui ne les mît jamais en opposition avec la direction que les pouvoirs publics croiront devoir imprimer aux affaires » ; le décret n'était en lui-même que l'application au Mexique de la législation française sur la presse. Il interdisait formellement toute controverse sur les lois et les institutions données au pays par ses *représentants*, et sur les choses de la religion, « en tant que la discussion pourrait compromettre ses intérêts sacrés ou porter atteinte à la considération du clergé. »

Le général en chef de l'armée d'intervention dirigeait en réalité l'administration du pays avec une sévérité que ses subordonnés outrepassaient encore[1]. La fameuse *contre-guérilla*, créée entre deux quadrilles au milieu d'un bal donné par M. de Saligny[2], ressuscitait en plein XIXᵉ siècle les traditions des routiers du moyen âge, et imprimait à la guerre du Mexique le caractère le plus contraire aux habitudes de générosité de l'armée française. « Si cette troupe eût défilé clairons en tête sur les boulevards de Paris, on eût cru assister au passage d'une ancienne bande de truands exhumés du fond de la Cité[3]. » Ces truands, que les populations ne peuvent s'empêcher de confondre avec l'armée française, pillent le pays, mettent le feu aux villes, prennent des otages, fusillent et pendent selon leur caprice. Un jour, le colonel Dupin[4] fait fusiller *séance*

---

1. La petite ville de Tlalpam, située dans les environs de Mexico, fut un jour le théâtre d'une rixe entre quelques soldats du 2ᵉ zouaves et des habitants du pays. Un zouave succomba dans la lutte. Le commandant du district de Tlalpam s'empressa de faire afficher ce *bando* :

« Le commandant supérieur militaire et politique de Tlalpam, en vertu des ordres qu'il a reçus de M. le maréchal commandant en chef de l'armée française, aux habitants et propriétaires de cette ville fait savoir ce qui suit :

« Art. 1ᵉʳ. — Les attributions de la justice et de l'administration civile sont suspendues jusqu'à nouvel ordre.

« Art. 2. — Le commandant supérieur de Tlalpam exercera tous les pouvoirs dans le district.

« Art. 3. — Comme châtiment de l'assassinat du zouave Muller, une amende de 6000 piastres (35 000 fr.) sera imposée à la ville de Tlalpam. Cette amende devra être payée intégralement dans les quatre jours qui suivront la publication du présent décret.

« Art. 4. — Les individus de cette ville qui ont été arrêtés et conduits à la capitale répondent de la vie des soldats français ou des citoyens honorables qui ont fait acte d'adhésion au nouveau gouvernement. Pour chaque citoyen honorable ou soldat assassiné à Tlalpam, un des prisonniers susdits sera exécuté à titre de représailles.

« Art. 5. — Tous les habitants de Tlalpam devront obéir strictement aux ordres donnés par le commandant supérieur ; en cas de résistance, M. le maréchal se verrait dans la nécessité de prendre des mesures de rigueur.

« *Le commandant supérieur*, etc.
« Cousin.
» Tlalpam, le 27 août 1863. »

2. « Le 14 février, il y avait bal chez M. de Saligny. Les salons du ministre de France séjournant à Orizaba étaient en fête.

« Pendant les danses, le général Forey, commandant en chef de l'armée du Mexique, se détacha de son état-major et s'approcha du colonel Dupin, récemment arrivé de France.

« — Colonel, lui dit-il, les Terres chaudes sont infestées de bandits ; nos soldats sont jour-
« nellement attaqués ; les voyageurs sont dévalisés ou assassinés ; les communications sont
« trop souvent coupées. J'ai jeté les yeux sur vous pour nous débarrasser de ces brigands.
« Je vous donne le commandement des contre-guérillas et des Terres chaudes. »

« Le colonel Dupin demanda au général ses instructions. On lui donnait pleins pouvoirs ; il n'avait qu'à poursuivre à outrance les bandits et en purger le pays.

« Le bal continuait, et, parmi les belles Mexicaines qui s'abandonnaient à l'enivrement de la valse, plusieurs eussent pâli si l'ordre tombé des lèvres du général en chef avait frappé leurs oreilles. Peut-être y avait-il ce soir-là, dans les salons du ministre de France, quelques chefs de guérillas, travestis en galants cavaliers, dont les têtes souriantes en cette nuit de fête devaient plus tard grimacer au bout d'une branche ! » (*Histoire de la contre-guérilla*, par M. de Kératry.)

3. *Histoire de la contre-guérilla*, par M. de Kératry.

4. Celui qui a figuré dans l'expédition de Chine.

Fig. 66. — Assaut du Pénitencier.

tenante un individu chez lequel on a trouvé des lettres qui constatent des relations avec les juaristes ; sa femme est forcée d'assister à l'exécution, heureuse encore d'échapper au dernier supplice ; car les femmes elles-mêmes sont exposées à la mort si elles refusent de répondre aux questions de ces malandrins.

Les autorités civiles rivalisaient de rigueur avec les autorités militaires. L'emprisonnement, la déportation et les exécutions secrètes faisaient justice sommaire des ennemis de l'intervention. Un ancien ministre des finances, M. Pagno, le rédacteur du journal *le Trait d'union* ; M. Masson, M. del Castillo, rédacteurs du *Moniteur républicain*, furent arrêtés et transportés sans jugement. Combien d'autres étaient menacés ! « La régence de l'empire, informée qu'un certain nombre d'individus, « militaires ou civils, ayant occupé des emplois sous le gouvernement « déchu, connus pour leur hostilité au nouvel ordre de choses établi au « Mexique par la volonté nationale, sont rentrés à Mexico ou se cachent « dans les environs, invite ces personnes à se présenter dans les qua-« rante-huit heures au ministère de l'intérieur et d'y déclarer, sur l'hon-« neur, qu'ils vivront en citoyens paisibles dans le domicile qu'ils habi-« tent, et qu'ils ne se livreront à aucune menée hostile au gouvernement, « sous peine d'être considérés comme en état de conspiration contre le « gouvernement et la paix publique, arrêtés et transportés hors du Mexi-« que. » La régence ne se contentait pas de ces mesures comminatoires. L'*Estafette* du 14 août contient cet entrefilet sinistre :

« Les flagellations et les fusillades secrètes ont, à ce qu'il paraît, donné froid dans le dos et fait venir la chair de poule aux malfaiteurs à cent lieues à la ronde.

« *Que les honnêtes gens se rassurent;* il n'y a rien de secret ni de mystérieux dans l'exercice de cette justice distributive. »

Ces cruautés n'amélioraient pas les affaires de l'intervention. Les choses prirent même une si fâcheuse tournure, qu'il fallut rappeler le maréchal Forey[1] et M. Dubois de Saligny. L'impopularité de ce dernier était telle, que les officiers ne le saluaient pas et que le commandant en chef avait dû plusieurs fois leur intimer l'ordre d'accepter les invitations à ses fêtes. Le maréchal Forey fut remplacé par le général Bazaine[2], et M. Dubois de Saligny par M. de Montholon.

1. Napoléon III avait ainsi payé le 2 juillet au général Forey sa dette du 2 décembre. La première brigade qui arriva le 2 décembre au matin à l'Elysée était celle de Forey.
2. Le maréchal Forey lança deux nouvelles proclamations en partant, l'une à l'armée française, l'autre à l'armée mexicaine. Dans la première, il énumère pompeusement les

Le nouveau général en chef prit le commandement dans les conditions les plus favorables. Sa conduite en Algérie, en Crimée et en Italie, et dans les affaires du Pénitencier et de San-Lorenzo, son apparente bonhomie, lui valaient la confiance des soldats ; il parlait la langue du pays et semblait vouloir étudier les hommes et les choses du Mexique de plus près que son prédécesseur. Bien éloigné de ce dédain envers les naturels du pays qu'affectent partout les généraux français et qu'ils outraient au Mexique, le général Bazaine témoignait une certaine déférence aux hommes qui avaient joué un rôle politique sous les précédents gouvernements, et il colorait ces relations, qui semblaient quelquefois suspectes à certaines gens, du désir de rallier des partisans à l'empire. Des généraux placés sous son commandement se plaignaient même de le voir entamer avec les chefs mexicains des négociations qui, par les incessantes variations auxquelles elles étaient soumises, empêchaient, disaient-ils, les mouvements stratégiques d'avoir un résultat sérieux.

La commission chargée de présenter à Maximilien le sceptre d'or offert par les notables de Mexico se morfondait toujours à Miramar, attendant chaque matin d'être reçue par lui, et ce retard suscitait une foule de bruits. Le tableau détaillé des municipalités ralliées à l'empire donnait le chiffre de quarante-cinq en tout, dont vingt-cinq représentant, à l'exception de Mexico, Puebla, Orizaba et Toluca, des villes sans importance, et vingt de simples hameaux. Ces quarante-cinq localités formaient à peine un total de 350 000 âmes, y compris les 180 000 habitants de Mexico. Trois cent cinquante mille adhésions, voilà tout ce qu'on avait pu obtenir, depuis près de deux ans, dans un pays qui ne renferme pas moins de 7 millions d'habitants. Le petit nombre des adhérents à l'empire empêchait, disait-on, l'acceptation de la couronne par Maximilien. Des lettres de Vienne arrivées à Mexico ajoutaient que l'archiduc ne viendrait au Mexique que s'il parvenait à concilier les droits d'agnat de la maison de Habsbourg avec sa position de successeur de Montezuma ; d'autres lettres datées de Miramar présentaient au contraire l'acceptation de Maximilien comme certaine, et elles en donnaient pour preuve la nomination d'un grand maître et d'une grande maîtresse de la maison impériale, la distribution de nombreuses croix de l'ordre de Guadalupe, et le recrutement d'une garde impériale en Belgique.

faits d'armes de la campagne; dans la seconde, il se déclare « heureux et fier d'avoir mis la main à la régénération du Mexique, que la Providence par celle de l'Empereur Napoléon mènera à bonne fin. » Il complimente ensuite l'armée mexicaine, « qui ne tardera pas à présenter la solidité des troupes européennes ».

Deux ans s'étaient déjà presque écoulés depuis que Napoléon III avait fait les premières ouvertures à l'archiduc Maximilien sur « les hautes destinées auxquelles la volonté du peuple mexicain et la sienne se réservaient de l'appeler ». L'archiduc, en se montrant touché de l'honneur d'être désigné pour remplir une mission aussi grande et aussi élevée que celle de régénérer le Mexique, mit à son acceptation deux conditions : arriver dans un pays entièrement soumis ; être appelé au trône par un vote régulier de la nation mexicaine. Ces conditions étaient-elles remplies. On pouvait en douter, et ce doute seul expliquait les incertitudes de Maximilien ; aussi lorsque, le 3 octobre 1863, la députation mexicaine obtint enfin son audience à Miramar, la réponse de Maximilien à M. Guttierez-Estrada fut-elle froide et pleine de restrictions. Les délégués mexicains se retirèrent convaincus que l'archiduc leur répondrait bientôt par un refus ; le langage des journaux autrichiens était d'ailleurs bien fait pour les confirmer dans cette croyance. « Si, disait la *Presse* de Vienne, « les conditions posées par l'archiduc ne sont pas une vaine formalité, s'il « les maintient, il n'est guère possible d'y voir autre chose qu'un refus « poli de la couronne offerte. » La *Gazette constitutionnelle* exprimait la même idée en ces termes : « Rien n'est changé aux conditions « premières : appui efficace des puissances maritimes et manifestation « évidente de la nation mexicaine. La première assure au trône la force « matérielle contre les dangers de l'extérieur ; la seconde, la force mo- « rale pour dominer la situation intérieure. L'archiduc est bien résolu à « attendre que toutes les deux se trouvent accomplies. » La *Correspondance générale*, journal officieux, faisait de son côté cette réflexion dans son numéro du 5 octobre : « On comprend que l'archiduc hésite « d'autant plus à accepter l'offre de la junte de Mexico, — offre qui n'a « trouvé jusqu'ici d'adhésion que dans un petit nombre de localités occu- « pées par les troupes françaises, — que d'autres conditions, particulière- « ment l'appui des puissances maritimes, ne sont encore qu'à l'état d'éven- « tualité. »

Napoléon III, afin d'agir directement sur l'archiduc, lui adressa l'invitation pressante de se rendre à Paris avec sa femme. Une hospitalité pleine des plus affectueuses séductions attendait le 5 mars le jeune couple, qui, après un séjour d'une semaine à Paris, se rendit à Londres et de là à Bruxelles. Grâce aux efforts réunis de l'Empereur et de l'Impératrice, Maximilien avait signé le 12 mars avec Napoléon III une convention qui devait être changée en traité à partir du jour où il accepterait définitivement le titre d'empereur du Mexique, acceptation certaine désormais, puisque déjà pendant son voyage Maximilien avait fait plusieurs fois acte de souveraineté ; cependant, de retour à Miramar dans les derniers jours de mars, ses dispositions changèrent subitement : il reprit son ancienne vie, et il ne parut s'occuper en aucune façon de ses préparatifs de départ.

La cause principale des hésitations de l'archiduc était, comme on l'a dit, une préoccupation dynastique. François-Joseph, avant de consentir au couronnement de son frère, exigeait qu'il signât un acte de renonciation à ses droits éventuels au trône d'Autriche. Maximilien aurait souhaité qu'une contre-lettre secrète annulât le document officiel portant sa signature. L'honneur ne permettait pas à François-Joseph d'aller jusque-là ; mais il consentait, dans le cas où l'archiduc renoncerait à la souveraineté du Mexique, à lui rendre ses droits à la suite des autres agnats de la famille impériale. Maximilien mettait d'autant plus de persistance à exiger la contre-lettre, que son père avait pris parti en sa faveur. « Tu fais bien, lui dit-il le jeudi saint, après avoir communié, de ne pas « signer la renonciation. Si je n'avais pas abdiqué, si je comptais encore, « j'aurais été en plein conseil protester contre cet acte. »

Le général Frossard, aide de camp de l'Empereur, qui s'était rendu à Miramar avec la mission de hâter l'embarquement de Maximilien, tenait Napoléon III exactement au courant des négociations entre les deux frères. « Je viens de Miramar, écrit-il de Trieste, 1er avril 1864, à « l'Empereur ; ma conviction est que l'archiduc ira certainement au « Mexique. Il y a un projet d'arrangement, une renonciation, mais avec « un article secret satisfaisant pour le prince. Je crois que cet article sera « accepté à Vienne ; on désire la conciliation ; mais, ne le fût-il pas, le « prince n'en partira pas moins. Il a été très touché de la lettre de Votre « Majesté, qu'il dit être un père pour lui. L'archiduchesse est remplie de « résolution. On aura demain matin la réponse de Vienne. Lord Bloom- « field est pour quelque chose dans les difficultés créées au dernier mo- « ment [1]. »

Les dépêches suivantes, échangées entre le général Frossard et le représentant de Napoléon III à Vienne, prouvent la fausseté de ces espérances. La contre-lettre rencontrait de la part de François-Joseph une répugnance insurmontable.

---

1. *Pièces inédites relatives à la mission du général Frossard à Vienne.*

« GÉNÉRAL FROSSARD A L'AMBASSADEUR DE FRANCE A VIENNE.

« Trieste, 2 avril 1864.

« Les satisfactions obtenues par l'archiduc Maximilien ne sont pas tout à fait suffisantes pour lui. Vous savez que notre Empereur désire avec impatience la solution. Veuillez prier M. de Rechberg d'y aider dans un sens favorable au prince. »

« AMBASSADEUR A CONSUL GÉNÉRAL, AU GÉNÉRAL FROSSARD

« Je ne puis voir le comte de Rechberg avant demain, et je lui parlerai comme vous le désirez.

« L'empereur François-Joseph promet tout ce qu'il pourra pour faire rentrer l'archiduc Maximilien dans ses droits éventuels en cas de retour; mais sa conscience se refuse à donner une contre-lettre secrète.

« Gramont. »

« L'AMBASSADEUR DE FRANCE AU CONSUL GÉNÉRAL DE FRANCE A TRIESTE.

« Vienne, 3 avril, 3 heures 40 du matin.

« Veuillez communiquer ce qui suit au général Frossard :
« Je viens de chez le comte de Rechberg. L'empereur François-Joseph ne fera rien de plus que ce qu'il a fait. Il a déclaré hier soir qu'il avait dit et écrit son dernier mot. Entendez-vous franchement avec M. le comte de Zichy, et veuillez lui dire que je considère la résolution de l'empereur François-Joseph comme irrévocable.

« *Signé :* Gramont. »

L'archiduchesse Charlotte, se flattant de triompher des résistances de son beau-frère, part brusquement pour Vienne. Le général Frossard est informé de son départ par cette lettre :

« Miramar, 3 avril 1864.

« Mon général,

« Par ordre de Son Altesse impériale, j'ai l'honneur de vous faire savoir que Son Altesse impériale Madame l'Archiduchesse est partie hier soir pour Vienne, et que dès lors Monseigneur se trouve obligé d'attendre les suites de cette démarche.
« Agréez l'expression de la plus haute considération.

« Le comte Zichy.

« *A M. le général Frossard.* »

Le général Frossard télégraphie immédiatement à l'Empereur :

« Trieste, 3 avril 1864.

« Le départ de la princesse pour Vienne est dû à des difficultés nouvelles soulevées par l'influence du roi des Belges. — Il s'agit de régler l'avenir de la princesse en cas de veuvage et de retour; c'est une démarche suprême. J'ai dit : Si elle échoue, il faudra passer outre. — On a répondu qu'elle réussira. — J'ai ajouté que je restais jusqu'à conclusion. C'est encore deux jours. »

Le duc de Gramont ne tarde pas à faire connaître au général Frossard le résultat des démarches de l'archiduchesse Charlotte :

« Vienne, 4 avril 1864.

« Monsieur le général,

« Je profite du départ de M. Herbet pour vous répondre deux mots. J'ai vu M. Hidalgo dès son arrivée, et aussitôt après me suis rendu chez M. le comte de Rechberg, qui ne savait pas encore que S. A. I. l'archiduchesse Charlotte fût à Vienne.

« L'empereur François-Joseph avait reçu le matin une lettre de l'Archiduc partie douze heures avant l'Archiduchesse, lettre qui posait en quelque sorte comme un *ultimatum* la contre-lettre secrète annulant la renonciation officielle. Cela avait produit un très mauvais effet, et, d'après ce que j'ai vu, je suis convaincu que sous ce rapport la résolution de l'Empereur est désormais inébranlable. Je crois que Sa Majesté est très blessée de l'insistance de son frère à réclamer un acte qu'elle qualifie de « super« cherie indigne de lui, indigne de son frère, indigne de l'Autriche et indigne du « Mexique ». — L'Archiduc devra renoncer à cette idée, et y renoncer vite, car, si de plus longs délais la laissaient percer dans le domaine de la publicité, sa considération, sinon son honneur, aurait à en souffrir.

« Quant aux garanties pour l'avenir de l'Archiduc, de l'Archiduchesse ou de leurs héritiers, on assure que les statuts de famille de l'Empereur y pourvoient. Tout leur restera, sauf les droits de succession à la couronne impériale.

« En somme, je trouve qu'on se considère comme arrivé à la limite des concessions, et l'on conteste à l'Empereur le droit de faire un pas de plus. Mon opinion est que l'Archiduc n'a plus rien à espérer pour ses droits éventuels qui lui tiennent à cœur.

« Je reverrai M. Hidalgo demain et vous tiendrai au courant de ce qui pourra être fait ou dit d'important.

« Je ne mentionne pas ce que j'ai dit au comte de Rechberg ; vous le devinez sans peine. A tout prix je veux en finir ici comme vous le voulez là-bas. L'Empereur (le nôtre) ne peut plus attendre de la sorte. Cela cesse d'être convenable.

« Agréez, monsieur le général, l'assurance de mes sentiments les plus distingués.

« GRAMONT. »

« GÉNÉRAL FROSSARD A EMPEREUR (PARIS).

« Trieste, 5 avril 1864.

« Une nouvelle lettre du roi des Belges est arrivée aujourd'hui, recommandant de ne pas céder. L'Archiduchesse a eu hier, à Vienne, avec l'Empereur, un long entretien, assez favorable, mais non définitif. Elle doit voir aujourd'hui M. de Rechberg pour en finir. Elle reviendra demain. Probablement l'acceptation officielle n'aura lieu que samedi. Nous attendons ce soir Herbet. Les documents mexicains sont préparés. »

L'impatience, pendant ce temps-là, ne faisait que s'accroître à Paris.

« L'EMPEREUR AU GÉNÉRAL FROSSARD

« Paris, 5 avril 1864.

« Une décision prompte est indispensable. La nouvelle de l'indécision fera naître des complications au Mexique. Déjà en Angleterre la Bourse fait des difficultés pour le nouvel emprunt. Toutes ces questions de famille auraient dû être réglées d'avance. On

Fig. 67. — Le colonel Dupin fait fusiller, séance tenante, un individu sur lequel on avait trouvé des lettres constatant ses relations avec les Juaristes, et force sa femme à assister à l'exécution (page 507).

ne peut sans grand inconvénient laisser un peuple en suspens, nous vis-à-vis de grandes difficultés, et l'escorte dans les Terres chaudes, qui attend au risque de la fièvre jaune. »

« *Réponse 6 avril*. — J'ai communiqué la dépêche de Votre Majesté à l'Archiduc, et j'ai insisté vivement. L'Archiduchesse ne sera revenue de Vienne que demain soir jeudi. L'Archiduc m'a promis par écrit de faire son acceptation officielle samedi et de partir dimanche définitivement. »

Les renseignements reçus ce jour-là même de Vienne à Miramar n'étaient guère satisfaisants :

« Vienne, 5 avril 1864.

« Monsieur le général,

« Je profite du départ de M. de Saint-Ferréol, qui se rend à Trieste par le train express de demain matin, pour vous écrire deux mots.

« Madame l'Archiduchesse a vu l'Empereur, et ce soir elle rendait ainsi compte de ses démarches à M. Hidalgo : « J'espère que tout s'arrangera ; mais je ne puis encore « rien dire de positif. »

« Je n'ai rien à ajouter, si ce n'est que l'Empereur a travaillé énormément avec ses ministres toute cette matinée. Qu'en sortira-t-il ? Je ne puis le dire encore, mais très certainement il n'en sortira pas un consentement à une *contre-lettre secrète*. Il faut absolument que l'Archiduc renonce à cet espoir. Si Son Altesse impériale pouvait comme moi voir de ses propres yeux l'effet que ces délais produisent sur l'opinion publique *partout*, il n'hésiterait pas à terminer le différend et à partir le plus tôt possible. Je le dis avec la conscience que pas un ami véritable de Son Altesse impériale ne pourra me démentir, *tout*, absolument *tout* vaut mieux pour Son Altesse impériale que de prolonger ces délais.

« Si je sais quelque chose demain, je vous le manderai par télégraphe, et je vous prierai d'en faire autant de votre côté, si vous apprenez que l'Archiduc se décide à quelque chose.

« Veuillez, monsieur le général, agréer l'assurance de mes sentiments distingués.

« GRAMONT. »

L'archiduc, à son passage à Paris, avait, comme on l'a vu, conclu un traité avec Napoléon III. M. Herbet, porteur de ce traité, était arrivé à Miramar. Il fallait le signer. Le général Frossard en avertit Maximilien :

« 6 avril 1864, six heures du matin.

« Monseigneur,

« Monsieur le conseiller d'État Herbet est arrivé, et, conformément au désir de Votre Altesse impériale, il aura l'honneur de se présenter à elle ce matin.

« M. Herbet est porteur du traité convenu et préparé entre l'Empereur du Mexique et la France ; il vient le soumettre à la signature de votre ministre et à celle de Votre Altesse impériale comme ratification, car ces conventions portent déjà par avance la ratification de l'Empereur Napoléon.

« Il est bien urgent, Monseigneur, que ces pièces signées, sauf à laisser la date en blanc et les signatures secrètes pendant quelques jours encore, si c'est nécessaire, parce qu'il faut nécessairement qu'on prenne jour à notre Chambre des députés pour la discussion du budget, déjà trop retardée. Je sais bien que Votre Altesse n'a plus d'irrésolutions. Elle m'a fait l'honneur de me le dire hier soir, mais il n'est pas possible que la certitude matérielle attendue par le gouvernement de l'Empereur Napoléon soit différée jusqu'après l'acceptation officielle du trône du Mexique, dont le moment n'est pas encore fixé.

« Veuillez, Monseigneur, etc.

» FROSSARD. »

« LE MÊME AU MÊME.

6 avril, neuf heures du matin.

« Après le départ de ma lettre de ce matin, j'ai reçu de Sa Majesté l'empereur le télégramme dont copie est ci-jointe [1]. Votre Altesse comprendra qu'un plus long retard à déclarer son acceptation officielle de la couronne *n'est pas possible*.

« J'ai l'honneur de la supplier de ne pas différer au delà de demain jeudi cette déclaration. »

LETTRE DE MAXIMILIEN AU GÉNÉRAL FROSSARD

« Mon cher général,

« Je viens de recevoir votre aimable billet, qui m'apprend, à mon grand plaisir, l'arrivée de M. Herbet, mon ancien ami. Je me réjouis beaucoup de le voir dans la matinée et de pouvoir lui parler à fond sur le traité à signer. J'espère pouvoir recevoir la députation samedi, et partir dimanche pour Rome et le Mexique. Il me serait bien agréable si la frégate *la Thémis* pouvait venir, dans le courant de la journée, mouiller dans la rade du Grignano à côté de mon yacht, dans le voisinage immédiat du château; de cette manière, j'aurais l'occasion de pouvoir faire demain ou après-demain ma visite à bord de ce beau navire.

« Je vous envoie cette lettre, mon cher général, par le lieutenant de vaisseau Schaffer, commandant de mon yacht, pour qu'il puisse, le cas échéant, se mettre à la disposition du commandant de *la Thémis*.

« Je suis, mon cher général, votre tout affectionné.

« MAXIMILIEN. »

La fin du prologue du drame mexicain approchait.

GÉNÉRAL FROSSARD A EMPEREUR (PARIS)

« Trieste, 7 avril 1864, 10 heures du soir.

« L'empereur François-Joseph viendra à Miramar pour la signature de l'acte de renonciation. L'Archiduc lui a déclaré qu'il le signerait, mais qu'il désire ne pas retarder son acceptation, fixée à samedi.

GÉNÉRAL FROSSARD A EMPEREUR (PARIS)

« 8 avril 1864.

« L'archiduc m'informe que l'empereur François-Joseph n'arrive ici que demain matin et repart le soir. La députation ne pourra donc être reçue que dimanche matin.

« Le départ de l'Archiduc est fixé à lundi. »

1. Voyez plus haut.

L'empereur d'Autriche, les archiducs Louis-Victor, Léopold et Ernest, l'aide de camp, le grand maître des cérémonies, les deux ministres comte de Rechberg et chevalier Schmerling, arrivés le 10, signèrent l'acte par lequel Maximilien, en acceptant le trône du Mexique, renonçait à ses droits agnatiques au trône d'Autriche. Le lendemain, l'archiduc recevait la députation mexicaine. « Les garanties nécessaires pour assurer sur
« des bases solides l'indépendance et la prospérité du pays sont désor-
« mais acquises, lui dit-il, grâce à la magnanimité de l'Empereur des-
« Français. » Ces garanties étaient contenues dans une convention signée la veille. En voici les articles importants :

« Art. 1er. — Les troupes françaises qui se trouvent actuellement au Mexique seront réduites le plus promptement possible à un corps de 25 000 hommes, en y comprenant la légion étrangère.

« Pour que ce corps serve de sauvegarde aux intérêts qui ont motivé l'intervention, il restera temporairement au Mexique sous les conditions établies dans les articles suivants :

« Art. 2. — Les troupes françaises évacueront le Mexique à mesure que S. M. l'Empereur du Mexique pourra organiser les troupes nécessaires pour les remplacer.

« Art. 3. — La légion étrangère au service de la France, composée de 8000 hommes, restera cependant, pendant six années, au Mexique, après que toutes les autres forces françaises en seront parties conformément à l'article 2.

« Art. 4. — ....

« Art. 5. — Dans tous les points où la garnison ne sera pas exclusivement composée de troupes mexicaines, le commandement militaire appartiendra au commandant français.

« Dans le cas où l'on entreprendrait des expéditions combinées de troupes françaises et mexicaines, la direction supérieure appartiendra également au commandant français.

« Art. 6. — ....

« Tant que les nécessités du corps d'armée français exigeront tous les deux mois un service de transport entre la France et le port de Vera-Cruz, les frais de ce service, fixés à 400 000 francs par voyage, seront remboursés par le gouvernement mexicain et payés à Mexico.

« Art. 8. — ....

« Art. 9. — Les frais de l'expédition française au Mexique, qui doivent être remboursés par le gouvernement mexicain, sont fixés à la somme de 270 millions, pour tout le temps de cette expédition, jusqu'au 1er juillet 1864.

« Art. 10. — L'indemnité que le gouvernement mexicain doit payer à la France pour frais, solde, nourriture et entretien des troupes du corps d'armée, à partir du 1er juillet 1864, est fixée à la somme de 1000 francs par homme et par an.

« Art. 11. — Le gouvernement mexicain remettra immédiatement au gouvernement français la somme de 66 millions en titres de l'emprunt [1]...

1. Le 20 mars 1864, Maximilien avait contracté un emprunt à la charge du Mexique, quoique, n'ayant pas encore accepté régulièrement le titre qu'on lui offrait, il n'eût pas qualité pour emprunter. La lettre suivante, adressée à M. de Germiny, indique comment cet emprunt avait été dépensé :

« Monsieur le comte,

« Nous avons jugé convenable, avant notre départ, de vous faire connaître les dispositions que nous avons prises à l'égard des sommes provenant de l'emprunt contracté par nous le 20 mars dernier, et à l'exécution desquelles vous serez chargé de veiller comme président de la commission des finances du Mexique.

« Nous divisons en deux catégories les dépenses que vous aurez à ordonner.

« La première comprend :

1° Les dispositions relatives à notre liste civile, comprenant une somme de 1 500 000 francs

ARTICLES ADDITIONNELS SECRETS

« Art. 12. — Pour le payement de l'excédant des frais de guerre et à valoir sur les charges mentionnées dans les articles 7, 10 et 14, le gouvernement mexicain s'engage à payer annuellement à la France la somme de 25 millions en numéraire.
« Art. 13. — ....
« Art. 14. — Le gouvernement mexicain s'oblige à indemniser les sujets français des préjudices qu'ils ont indûment soufferts et qui ont motivé l'expédition.
« Art. 15. — ....
« Art. 16. — ....
« Art. 17. — Le gouvernement français mettra en liberté tous les prisonniers de guerre mexicains, aussitôt que S. M. l'empereur du Mexique sera entrée dans ses États.
« Art. 18. — La présente convention sera ratifiée, et les ratifications en seront échangées le plus promptement possible.
« Fait au château de Miramar, le 10 avril 1864.
« *Signé* : Velasquez, Herbet. »

Trois articles additionnels secrets étaient joints à ce traité. L'Empereur du Mexique approuvait par le premier, les actes du général Forey et de la régence. L'Empereur des Français prenait dans le second article l'engagement de ne réduire l'effectif du corps français de 38 000 hommes que graduellement et d'année en année, de manière que les troupes qui resteront au Mexique, y compris la légion étrangère, soient de 28 000 en 1865, de 25 000 en 1866, de 20 000 en 1867. Les officiers de la légion étrangère, en vertu de l'article troisième, devaient conserver leur titre de Français et leur droit à l'avancement dans l'armée française.

Charles-Frédéric-Joseph-Maximilien de Habsbourg-Lorraine avait trente-deux ans lorsqu'il se décida à accepter le trône du Mexique. Fils de l'archiduchesse Sophie, il reçut, en même temps que son frère François-Joseph, l'éducation sérieuse que cette princesse faisait donner à

qui devront être mis à la disposition de M. Ed. Radonetz, préfet de Miramar, à qui un compte sera ouvert comme à notre représentant;
« 2° Les dispositions relatives aux engagements volontaires qui auront lieu pour notre service à Bruxelles et à Vienne :
« Pour les engagements belges, une somme de 1 800 000 francs, dont l'emploi est confié à M. le général Chapelié;
« Pour les engagements autrichiens, une somme de 2 500 000 francs, dont l'emploi est confié à M. le colonel attaché militaire à la légation mexicaine à Vienne, M. Mathias Leisser.
« La deuxième comprend des dépenses périodiques comme suit :
« M. Hidalgo, envoyé extraordinaire et ministre plénipotentiaire à Paris, disposera trimestriellement d'une somme de 50 000 francs.
« M. Arrangoiz, envoyé extraordinaire et ministre plénipotentiaire à Bruxelles, disposera trimestriellement d'une somme de 15 000 francs.
« M. Murphy, envoyé extraordinaire et ministre plénipotentiaire à Vienne, disposera trimestriellement d'une somme de 50 000 francs.
« M. Étienne Herzfeld, consul général à Vienne, disposera trimestriellement d'une somme de 50 000 francs.
« Enfin M. Aiguilar, envoyé extraordinaire et ministre plénipotentiaire à Rome, disposera trimestriellement d'une somme de 50 000 francs.
« MM. Hidalgo, Arrangoiz, Murphy, Aiguilar et Herzfeld seront munis de lettres de créances personnelles de notre ministre.
« Recevez, monsieur le comte, l'assurance de notre estime.
« Maximilien. »

La plupart de ceux qui avaient mis la main à l'intrigue mexicaine se trouvaient ainsi payés.

tous ses enfants, et il en profita mieux que le futur empereur d'Autriche ; le sentiment de sa supériorité, qu'il ne dissimulait nullement, alluma entre lui et François-Joseph une sorte d'hostilité, dont personne, malgré toutes les précautions de leur mère, n'ignorait l'existence à la cour de Vienne. Maximilien, par un penchant rare chez les princes de sa famille, aimait la mer. Tout jeune, il rêvait d'entreprendre un grand voyage maritime. Il réalisa ce rêve en 1851. La frégate *Novara*, qui devait le porter en Amérique, le conduisit d'abord en Italie et en Espagne. Il a raconté lui-même ses impressions de voyage [1], les émotions de la vie de marin, les spectacles variés de la nature avec un enthousiasme qu'il sut rendre communicatif. On croirait lire les impressions d'un romantique de 1830 : le présent lui paraît mesquin, il regrette le passé ; il est religieux, mais plutôt en poète qu'en dévot. La politique pratique tient peu de place dans ses préoccupations ; il rêve une destinée plus haute que son rang, mais il a le goût de la suprématie plutôt que l'instinct de la domination, et s'il aime « à laisser tomber son regard sur tous les autres et à se sentir le premier, comme le soleil sur le firmament », c'est plutôt par un besoin de grandeur idéale que par l'impulsion directe de l'ambition ; il éprouve le désir de pouvoir sans posséder la volonté qui permet de le conquérir. Il a des visions de royauté comme on a des visions d'amour : « Quel brillant rêve pour le neveu des Habsbourg espagnols de brandir l'épée de Ferdinand pour saisir la couronne ! » Ce rêve, commencé au pied du tombeau de Ferdinand et d'Isabelle, l'archiduc Maximilien allait enfin le réaliser à Mexico.

Le nouvel empereur était-il à la hauteur de son rôle ? L'avenir pouvait seul répondre à cette question ; il eût été injuste, en attendant, de ne pas reconnaître en lui des qualités brillantes, des goûts élevés, en général assez rares chez les princes de sa famille, renfermés dans le cercle étroit des connaissances, des occupations, des plaisirs d'une cour formaliste. Gouverneur du royaume lombard-vénitien de 1854 à 1858, le parti rétrograde à Vienne ne cessa de le représenter comme un révolutionnaire auquel l'amour de la faveur populaire arrachait de dangereuses concessions, tout cela pour avoir essayé de faire comprendre aux ministres autrichiens que le système de compression de M. de Metternich avait peut-être fait son temps. Obligé de renoncer au gouvernement des provinces lombardes, traité avec méfiance dans sa famille, regardé par

---

1. *Souvenirs de ma vie.*

les uns comme un ambitieux sans scrupule, par les autres comme un homme faible et avide de popularité, il se retira dans une petite île de l'Adriatique, à Lacroma, où, dans une de ses excursions nautiques, il avait remarqué un vieux couvent du XVIe siècle placé dans une situation pittoresque. Maximilien acheta ce couvent, et bientôt il ne parut plus avoir d'autre ambition que de le convertir en résidence princière, malgré les obstacles que la nature opposait à une entreprise qui devint pour lui une source de dettes dont le poids de plus en plus lourd ne fût pas sans contribuer à son acceptation du trône du Mexique. C'est dans ce château de Miramar que vinrent l'assaillir les tentations de Napoléon III et des royalistes mexicains, ses complices ardents à séduire son imagination, à stimuler son ambition et à endormir ses scrupules. Qui pouvait mieux que la compagne de sa vie repousser les tentateurs? Malheureusement la princesse Charlotte entra tout de suite dans le complot mexicain et se fit l'auxiliaire des conjurés. Léopold Ier, ce père dur et sévère qui ne consentait à recevoir ses fils qu'en uniforme, montra beaucoup plus de tendresse à sa fille; comptant pour lui donner une couronne sur sa grande position en Europe, il avait, en la flattant de l'espoir d'être reine, rendu tout autre titre méprisable à ses yeux. Maximilien, sans sa femme, n'eût peut-être pas consenti à quitter Miramar. Elle contribua plus encore que l'état embarrassé de ses affaires et sa position incertaine à le lancer dans l'entreprise qui devait avoir pour tous les deux un si terrible dénouement.

 La frégate autrichienne *Novara*, sur laquelle Maximilien avait fait son premier voyage, et la frégate française *Thémis*, chargée d'escorter le couple impérial jusqu'à Vera-Cruz, mirent à la voile le 14 avril 1864 par une admirable journée de printemps. La foule remplissait la chaussée poudreuse qui mène de Trieste à Miramar le long de l'Adriatique; la députation de la ville de Trieste chargée de prendre congé de Maximilien au nom de la population, dont il avait en tout temps défendu les intérêts, lui fit ses adieux avec une expansion toute méridionale. Bien des yeux étaient mouillés de larmes, et Maximilien lui-même avait peine à cacher son émotion. « L'impératrice seule restait joyeuse, on voyait rayonner l'espoir sur sa figure [1]. » L'empereur, arrivé à bord de la *Novara*, descendit précipitamment dans sa cabine et s'y tint longtemps renfermé.

 La *Novara* arriva le 18 à Civita-Vecchia, où les nouveaux souverains

---

[1]. Récit de la comtesse Kollonitz, dame d'honneur de l'Impératrice.

Fig. 68. — Le général Frossard est envoyé par l'Empereur à Miramar auprès de Maximilien, afin de le décider à accepter l'empire du Mexique (page 511).

furent reçus par le duc de Montebello, commandant l'armée d'occupation française, par M. de Sartiges, ministre de France, par les représentants de l'Autriche, de la Belgique, et par deux cardinaux envoyés par le pape pour leur faire escorte jusqu'à Rome. L'empereur et l'impératrice, arrivés dans cette ville, descendirent au palais Marescotti. Le lendemain ils entendirent la messe dans les Catacombes; Mgr Nardi officia. Ce prélat, accompagné des cardinaux Hohenlohe, Talbot, de Mérode, Borromeo, conduisit ensuite Leurs Majestés au Vatican. Le pape leur rendit cette visite le 20. L'empereur, l'impératrice et leur suite reçurent Sa Sainteté à genoux au bas du grand escalier du palais.

La *Novara* et la *Thémis* étaient le 29 dans le grand Océan. Au beau temps qui jusqu'alors avait fait du voyage une partie de plaisir succéda un temps âpre et glacial. La *Novara* naviguait péniblement; la traversée se prolongeant au delà des prévisions ordinaires, le charbon manqua; il fallut se résigner à en demander à la *Thémis*. On ne s'y décida qu'après beaucoup de pourparlers : « L'amour-propre autrichien souffrait d'avoir à demander un service à des Français[1]. » L'impératrice, enfermée dans sa cabine, passait son temps à tracer des plans d'organisation de sa maison et de sa cour. A peine avait-elle pris l'air pendant quelques minutes sur le pont, qu'elle se remettait tout de suite à ses papiers. L'empereur, de son côté, se montrait peu. Il employait son temps à causer avec quelques personnes de sa suite, qui « présentaient à l'observation les traits caractéristiques du Mexicain, éducation excellente en apparence, attitude réservée, timide et méfiante [2] ».

La *Novara* jeta enfin l'ancre le 28 mai dans le port de Saint-Jean-d'Ulloa. L'aspect mélancolique de la plage était rendu plus mélancolique encore par un navire français échoué sur un banc de corail et par le sombre voisinage de l'île des Sacrifices, où reposaient déjà tant de milliers de Français, victimes de la fièvre jaune, dans cet enclos funèbre que l'armée désignait sous le nom de *Jardin d'acclimatation*. Personne ne se montrait, bien que la *Thémis*, arrivée avant la *Novara*, eût annoncé l'approche des souverains! « Tout le monde éprouva un sentiment pénible; l'empereur affectait un calme moqueur [3]. » D'où venait un tel abandon? Enfin on eut le mot de l'énigme. Le général Almonte, craignant le séjour malsain de Vera-Cruz, était resté avec sa

1. Récit de la comtesse Kollonitz.
2. *Ibid.*
3. *Ibid.*

suite à Orizaba, où il attendait qu'on l'avertît du débarquement de l'empereur. De là un retard d'autant plus fâcheux que ni les habitants de Vera-Cruz, ni les autorités maritimes françaises ne semblaient vouloir prendre l'initiative d'une réception officielle. Les habitants de Vera-Cruz étaient peu favorables à l'empire, et le contre-amiral Bosse, commandant l'escadre française, se montrait très mécontent de la défense faite au capitaine de la *Novara*, par Maximilien, de jeter l'ancre au milieu de ses vaisseaux : « Le contre-amiral ne vint présenter ses devoirs que
« fort tard ; il se complut, dans sa mauvaise humeur, à nous faire les
« plus effrayantes remontrances, prétendant que nous nous étions arrêtés
« dans un lieu bien empesté, où, en une seule nuit, tous les passagers et
« l'équipage d'un navire étaient morts foudroyés par le vomito. Il nous
« parla aussi avec une maligne complaisance de ce qui nous attendait
« pendant notre voyage de Vera-Cruz à Mexico : des bandes s'étaient
« formées avec l'intention de s'emparer du couple impérial ; le général
« Bazaine, averti trop tard, n'avait pu prendre les mesures de sécurité ;
« et ainsi de suite [1]. »

Vers le soir cependant, les canons du fort de Saint-Jean-d'Ulloa tirèrent les salves de rigueur, la flotte française lança un millier de fusées, et quelques maisons de la ville s'illuminèrent. Ces réjouissances de commande, venues après coup, ne purent dérider les visages soucieux des hôtes de la *Novara*. Maximilien décida qu'il passerait la nuit à bord et que le débarquement aurait lieu le lendemain, à cinq heures du matin. Le grand jour commençait à poindre lorsque Leurs Majestés, accompagnées de leur suite, descendirent dans les embarcations qui devaient les conduire à terre, où de nouvelles déceptions les attendaient. « A
« mesure qu'on approchait du môle, l'odeur méphitique qu'exhale Vera-
« Cruz devenait de plus en plus sensible. La cour autrichienne qui avait
« suivi les souverains devait cesser ses fonctions au moment où l'on
« toucherait la rive mexicaine, où des dames de Mexico viendraient
« à la rencontre des fonctionnaires autrichiens et les remplaceraient.
« Mais c'est en vain qu'on les attendit ; la peur de la fièvre jaune les
« retenait dans le haut pays. La population de Vera-Cruz n'était que
« maigrement représentée ; son accueil fut plus que froid. On traversa en
« toute hâte la ville où depuis peu l'épidémie avait éclaté, pour se rendre
« à la gare du chemin de fer [2]. »

1. Récit de la comtesse Kollonitz.
2. *Ibid.*

De très coûteux préparatifs avaient été faits cependant pour recevoir les souverains, si l'on en juge par la note que l'ayuntamiento [1] dut acquitter. Le départ de Maximilien rendit ces préparatifs inutiles. Les membres de l'ayuntamiento de Vera-Cruz se rendirent du moins à La Soledad pour lui faire leurs adieux et pour prendre leur large part d'un déjeuner préparé par les soins des administrateurs du chemin de fer. L'empereur ne prit qu'une tasse de chocolat. Rien n'avait été préparé pour le transport des voyageurs, au nombre de 85 personnes et embarrassés de plus de 500 colis. Tout manquait, voitures, chevaux, abris. A partir de l'endroit où se terminait la voie ferrée, les chemins étaient défoncés par les pluies et par les énormes transports de l'armée. A Paso del Macho, il fallut attendre plusieurs heures pour relayer; à Cordova, on commença à trouver des propriétaires aisés et même riches qui montrèrent de meilleures dispositions. L'empereur ne voulut s'arrêter à Orizaba que pour remercier la Vierge de *los Remedios* de sa protection pendant la traversée.

L'aspect des choses à partir de cette ville changea complètement; la route d'Orizaba à Mexico ne forma plus qu'une longue suite d'arcs de triomphe. Mais ce qui valait mieux que toute la pompe des programmes officiels, c'était le touchant enthousiasme des pauvres Indiens accourus au-devant de Maximilien, ornés de fleurs ou des modestes et derniers restes de leurs vieilles parures de famille, misérables reliques d'un luxe qui avait étonné Fernand Cortez. Les Indiens, d'après une ancienne croyance que rien n'a pu déraciner, n'ont été soumis aux Espagnols et privés de

---

1. 1° Montant du devis de M. l'architecte Zapari pour l'ornementation du palais municipal... 116 770 fr.
2° Ornement extérieur du môle.. 2 500
3° Ornement des felouques et des lanches destinées à la population maritime pour qu'elle puisse prendre part aux fêtes de la réception....... 5 000
4° Peinture et ornement de l'arc du môle............................. 2 500
5° Pavillon à établir sur le môle pour que les autorités puissent y attendre le débarquement de Sa Majesté impériale................................. 5 000
6° Ornement sur le parcours entre le môle et le palais................ 3 000
7° Coût d'un arc de triomphe dont les châssis seront de toile, avec des peintures et des ornements de circonstance, lequel devra être élevé sur la place principale... 10 000
8° Service de table pour 60 couverts pendant les deux jours que Sa Majesté, ainsi qu'on le croit, demeurera en ville........................ 20 000
9° Musiciens et ornements de l'église paroissiale et de la place........ 12 500
10° Feux d'artifice, ballons et illuminations 17 500
11° Meubles, linge de table et frais imprévus........................ 30 000
12° Bal au théâtre, terminé par un ambigu........................... 50 000

Total général............. 274 770 fr.

leurs biens que pour avoir été idolâtres, mais ils finiront par être délivrés par un prince aux cheveux d'or venu de l'Orient. Ce prince, aux yeux des *Peones*, c'était Maximilien; ils se mettaient à genoux devant lui comme devant leur sauveur. Ce sentiment des Indiens, même réduit à sa juste valeur, avait son importance comme symptôme d'avenir; mais Maximilien n'en parut que médiocrement frappé, et ce qui aurait pu être le réveil d'un peuple ne fut pour lui qu'un spectacle pittoresque bientôt oublié.

L'empereur arriva enfin le 12 juin dans la capitale. Là encore, rien de préparé. « Jusqu'au dernier moment on avait douté de son arrivée. « Quand, cependant, il fallut se rendre à l'évidence, le trouble des esprits, « les incertitudes, les querelles de préséance, avaient empêché tous les « préparatifs. Le palais était livré aux maçons, aux menuisiers, aux « tapissiers; le marteau retentissait dans toutes les parties de l'édifice[1]. » La réception officielle fut pourtant brillante : haies de soldats, tentures, inscriptions, drapeaux, mâts de cocagne, curieux aux fenêtres, rien n'y manqua. Le général Bazaine chevauchait à l'une des portières de la voiture impériale; le comte de Bombelles, capitaine des gardes, ami particulier de l'empereur, à l'autre. L'impératrice, calme et très réservée d'ordinaire, étonnait tout le monde par l'expansion de sa joie. L'accueil des habitants semblait la justifier. Cependant, « ce n'était pas un enthousiasme français. Le peuple mexicain est lourd et apathique; mais, pour qui l'a vu un peu, on peut dire qu'il a été aussi enthousiaste que possible[2]. »

La réception fut en résumé assez bonne; mais, lorsque Maximilien se trouva le lendemain seul en présence de son œuvre de l'avenir, l'illusion dut faire place à la réalité, et l'espérance aux pressentiments d'un avenir difficile.

---

1. Récit de la comtesse Kollonitz.
2. Lettre du colonel Bressonnet au général Frossard (papiers des Tuileries).

CHAPITRE XVII

L'ANNÉE 1864

Commencement de l'année 1864. — Réceptions aux Tuileries. — Arrestation de quatre Italiens. — Élections partielles à Paris. — Comité de la réforme électorale. — Candidatures de MM. André Pasquet, Carnot, Laboulaye, Pinard, dans la 1re circonscription. — Candidatures de MM. Garnier-Pagès, Bancel, Théodore Bac, Renan, Vautrain, Hugelmann, Frédéric Morin, Jules Alix, Jules Ferry dans la 5e circonscription. — M. Tolain, candidat ouvrier. — MM. Carnot et Garnier-Pagès sont élus.
Suite et fin de l'année 1864. — Interdiction de lectures publiques au bénéfice des Polonais. — Interdiction du banquet en l'honneur de Shakespeare. — Réception de M. Dufaure à l'Académie française. — Procès des Treize. — Fondation de la Société internationale des travailleurs. — Convention du 15 septembre. — M. Vuitry est nommé ministre président le Conseil d'État. — Lettre de M. de Persigny à M. de Girardin. — Le gouvernement le fait tancer par le *Constitutionnel* — Arrêt de la cour dans le procès des 13. — L'Encyclique du 8 décembre. — Le cœur de Voltaire à la bibliothèque nationale. — Le prince Napoléon vice-président du conseil privé.

La fameuse phrase du discours impérial prononcé le 6 novembre, à l'ouverture de la session de 1864 : « Les traités de 1815 ont cessé d'exister », l'incertitude sur la réunion du congrès, l'agonie de la Pologne abandonnée, la lutte entre le Danemark et l'Allemagne, la situation difficile, dans laquelle l'expédition du Mexique pouvait mettre le gouvernement impérial, donnaient à la réception officielle dont les Tuileries étaient le théâtre à chaque renouvellement d'année une importance particulière. Le public espérait trouver dans les paroles échangées à cette occasion entre l'Empereur et le corps diplomatique quelques indices de nature à confirmer ses craintes ou ses espérances. Le nonce porta la parole au nom de ses collègues et borna son discours à des vœux pour le bonheur de l'Empereur et pour la prospérité de la France. L'Empereur lui répondit : « Malgré les inquiétudes entretenues par les questions en suspens, j'ai la confiance que l'esprit de conciliation qui anime les souverains aplanira les difficultés et maintiendra la paix. » Le public n'était guère encouragé à partager ces espérances, qui reposaient entièrement sur l'acceptation problématique du congrès par les puissances étrangères.

Une incertitude mêlée de crainte régnait partout. Il n'est pas jusqu'à l'acceptation du trône du Mexique par Maximilien qui ne fût, elle aussi, l'objet de doutes si généralement répandus, que le prince Napoléon-Charles Bonaparte, petit-fils de Lucien Bonaparte, récemment nommé capitaine dans la légion étrangère, s'étant embarqué pour rejoindre son corps au Mexique, le bruit courut qu'il allait prendre la place de l'archiduc.

L'opinion publique se montrant au milieu de tout cela de plus en plus touchée du sort de la Pologne, le ministre de l'intérieur se décida enfin à autoriser des conférences publiques au profit des blessés polonais. La première de ces conférences eut lieu le 15 février dans la salle Barthélemy. Plus de deux mille personnes, appartenant en grande partie à la classe ouvrière, y assistèrent. Cet auditoire peu académique, mais neuf encore, parut éprouver aux discours de MM. Saint-Marc Girardin et Legouvé, membres de l'Académie française, de si vives émotions, que le gouvernement crut bientôt devoir interdire ces conférences.

La police fit grand bruit de l'arrestation de quatre Italiens envoyés de Londres, disait-elle, par Mazzini [1], pour attenter à la vie de l'Empereur, et munis de huit bombes en fer battu, de quatre revolvers à six coups, de poignards, de poudre, de balles, etc. [2]. Le lendemain de cette arres-

---

[1]. La cour d'assises de la Seine condamna le 26 février deux de ces individus à la déportation, et les deux autres à vingt ans de détention. Mazzini fut condamné le 30 mars par contumace à la déportation comme complice de ces individus. M. Stansfeld, membre du cabinet britannique et intime ami de Mazzini, dénoncé par le procureur général et la presse officieuse comme ayant eu connaissance du complot contre la vie de l'Empereur, le 4 avril un de ses collègues du Parlement proposa cette motion : « Les paroles du procureur général dans le procès Greco, qui impliquent dans le complot contre la vie de notre allié l'Empereur des Français un membre du Parlement et du gouvernement actuel, méritent la plus sérieuse considération de la part de la Chambre. » M. Stansfeld n'eut pas de peine à se disculper de l'accusation d'être le complice d'un assassin. La motion fut rejetée, mais à une majorité qu'il ne jugea pas suffisante (171 voix contre 160) pour lui permettre de garder son poste dans le cabinet. M. Stansfeld donna sa démission de lord de l'Amirauté.

[2]. La police avait la main dans le complot. Voyez le livre de M. de Kératry : *Le 4 septembre et le gouvernement de la Défense nationale*.

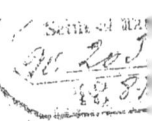

Fig. 69. — L'impératrice Charlotte, en route pour le Mexique, occupe ses loisirs à composer le personnel de sa maison.

tation, un décret impérial rendu le 6 janvier sur la proposition du maréchal Vaillant, ministre de la maison de l'Empereur, proclama à partir du 1ᵉʳ juillet « la liberté industrielle, littéraire et artistique des théâtres, uniquement soumis désormais aux règlements qui concernent l'ordre, la sécurité, la salubrité et la police ».

Un autre décret impérial, en date du 12, porte qu'en vertu de la loi du 30 décembre 1863 il sera procédé par souscription publique à l'aliénation de la somme de rentes 3 pour 100 nécessaire pour produire un capital de 300 millions de francs et un capital supplémentaire qui ne pourra excéder 15 millions. M. Fould, ministre des finances, décida que l'emprunt serait émis par voie de souscription publique, du 18 au 25 janvier, en rentes 3 pour 100, au taux de 66 fr. 30, avec jouissance à compter du 1ᵉʳ janvier 1864. Il n'était point admis de souscription inférieure à 6 francs de rente.

La remise de la barrette à un cardinal était une des occasions où le cérémonial aulique de l'ancien régime aimait à se déployer. Le premier et le second Empire restèrent fidèles à cette tradition. Ce fut donc en grande pompe que Mgr de Bonnechose, archevêque de Rouen, promu à la pourpre romaine sur la présentation de Napoléon III, reçut le 14 janvier, de ses mains, la barrette, dans la chapelle des Tuileries. Le nouveau cardinal adressa un discours à l'Empereur et à l'Impératrice. Mgr de Bonnechose, après avoir remercié Napoléon III de la nouvelle preuve d'estime qu'il venait de lui donner, se préoccupait de ses nouveaux devoirs comme prince de l'Église et comme sénateur de l'Empire. Il parla ensuite de la mission providentielle de Napoléon III. « Le suffrage d'un peuple
« entier vous a acclamé et porté sur le pavois. Les pontifes de la tribu
« sainte, comme tous les ordres de citoyens, ont salué en vous l'élu de
« Dieu et de la nation. Puissiez-vous vivre longtemps, Sire, pour la pros-
« périté de la France et pour sa gloire ! » L'Empereur répondit mélancoliquement : « Vous avez raison de dire que les honneurs de ce monde
« sont de lourds fardeaux que la Providence nous impose... Je me
« demande souvent si la bonne fortune n'a pas autant de tribulations que
« la mauvaise. Mais, dans les deux cas, notre guide et notre soutien,
« c'est la foi : la foi religieuse et la foi politique, c'est-à-dire la confiance
« en Dieu et la conscience d'une mission à remplir. Cette mission, vous
« l'avez appréciée avec l'attachement que vous m'avez toujours témoigné.
« Aussi devez-vous être étonné, comme moi, de voir, à un si court
« intervalle, les hommes à peine échappés du naufrage appeler encore

« à leur aide les vents et les tempêtes. » Ces derniers mots étaient une allusion aux débats très vifs auxquels donnait lieu en ce moment la discussion de l'adresse.

La mort de la duchesse de Parme devait, disait-on, fournir aux légitimistes l'occasion de se livrer le 7 février à une grande manifestation. Mgr Darboy, archevêque de Paris, refusa l'autorisation de célébrer le service funèbre solennel à Notre-Dame; les fidèles de la maison de Bourbon étaient libres d'ailleurs de faire dire en mémoire de la duchesse de Parme autant de messes basses et de services ordinaires qu'ils le jugeraient convenable. Le gouvernement crut aussi devoir interdire aux gens de lettres de se réunir dans un banquet qui n'avait pourtant rien d'antidynastique, car il s'agissait uniquement de fêter le 300ᵉ anniversaire de Shakespeare. Les actionnaires de la compagnie de Suez, plus heureux, obtinrent la permission de donner à son fondateur, M. de Lesseps, un banquet dans le palais de l'Industrie, sous la présidence du prince Napoléon, qui prononça le 11 février un long discours à cette occasion.

Un décret du 21 février avait convoqué les collèges de la 1ʳᵉ et de la 5ᵉ circonscription de la Seine pour les 20 et 21 mars, à l'effet d'élire chacune un député à la place de M. Havin et de M. Jules Favre, qui avaient opté l'un pour la Manche, l'autre pour le Rhône. Les élections auraient-elles lieu sur les nouvelles cartes électorales, comme le demandaient les journaux démocratiques, ou sur les anciennes? Le gouvernement se prononça dans ce dernier sens.

L'annonce de la formation d'un comité de l'opposition fournit aux journaux officieux l'occasion d'émettre cette singulière théorie que rien n'était plus contraire à la liberté des électeurs que l'existence d'un comité électoral. Il était donc interdit aux citoyens de mettre leurs efforts en commun pour faire triompher une idée, soit religieuse, soit politique, soit économique, et le principe de l'association devenait une violation de la liberté.

La lutte électorale promettait d'être très vive. Le nombre des candidats croissait tous les jours. Un comité formé dans la 1ʳᵉ circonscription, et qui s'intitulait *Comité de la réforme électorale*, avait choisi pour candidat M. André Pasquet; MM. Carnot, Laboulaye, Pinard, directeur du Comptoir d'escompte, se présentaient dans la même circonscription.

Les compétiteurs étaient encore plus nombreux dans la 5ᵉ circonscription. MM. Garnier-Pagès, Bancel, Théodore Bac, anciens membres de la Constituante de 1848, Renan, Vautrain, Frédéric Morin, Hugelmann,

Jules Allix, Jules Ferry, s'offraient aux suffrages des électeurs. M. Jules Ferry disait en agitant l'étendard des générations nouvelles : « Ma can-« didature répond à un besoin qui éclate de toutes parts. Un grand parti « ne doit-il pas, à côté des illustrations du passé, préparer les combat-« tants de l'avenir ? » Il ajoutait qu'il « aurait l'ambition d'unir sa voix à « celle des députés de l'opposition pour revendiquer avec eux nos libertés, « et marcher ensuite avec décision et avec maturité dans la voie des « réformes sociales ».

Le groupe des travailleurs qui, aux élections de mai, avait soutenu le principe des candidatures ouvrières, nullement découragé par son insuccès, était décidé à tenter de nouveau les chances du scrutin. Un manifeste signé par soixante ouvriers parut le 16 février. Les signataires, après avoir déclaré qu'ils étaient d'accord avec les députés de Paris sur le terrain des questions politiques, signalaient un désaccord sur le terrain des questions sociales. Ils demandaient l'instruction primaire gratuite et obligatoire, la fondation de nouvelles chambres syndicales composées uniquement d'ouvriers nommés par le suffrage universel, la révision de la loi sur les coalitions, l'extension de sociétés de crédit pour le peuple, une participation de jour en jour plus grande des populations aux bienfaits de la liberté; réclamations justes pour la plupart, mais que plus d'un député non ouvrier avait également formulées dans sa profession de foi. Le comité des soixante, faute de ressources suffisantes pour subvenir aux frais de deux candidatures, se contentait d'appuyer dans le 5ᵉ arrondissement celle de M. Tolain, ouvrier ciseleur, ex-secrétaire adjoint de la commision pour l'Exposition de Londres en 1862 et membre du Crédit mutuel du bronze. La circulaire de ce candidat fut publiée avec l'appui des signatures de M. Delescluze, ancien commissaire général de la République, Noël Parfait, ancien représentant du peuple, et Laurent-Pichat.

Les adversaires des candidatures ouvrières, sans contester aux ouvriers, sous le régime du suffrage universel, le droit de siéger au Corps législatif comme tous les autres citoyens, faisaient seulement remarquer que, la Révolution ayant eu pour résultat de supprimer les classes de la société, c'était chercher à les rétablir que d'invoquer le principe de la représentation spéciale.

La multiplicité des candidats aurait pu nuire au succès de l'opposition ; il fallait faire un choix. M. André Pasquet, dans la 1ʳᵉ circonscription, se retira devant M. Carnot, qui resta seul candidat du parti démocratique. Le choix était plus difficile dans la 5ᵉ circonscription. M. Garnier-Pagès se présentait aux électeurs avec l'appui de sa vieille renommée, de ses services récents et celui de M. Jules Favre. L'ancien élu de la 5ᵉ circonscription, député de Lyon, alors dans tout l'éclat de sa popularité, recommandait, dans une lettre rendue publique, l'ancien membre du gouvernement provisoire à ses amis. Le *Siècle*, « craignant que la prise de « possession de deux circonscriptions par deux membres du gouverne- « ment provisoire donnât un cachet exclusif à l'élection, et voulant « élargir les rangs et faire sortir de l'abstention un homme éprouvé par « l'exil, et orateur », soutenait la candidature de M. Bancel, que les électeurs du département de la Drôme avaient envoyé à l'âge de vingt-six ans siéger à l'Assemblée législative de 1849. La République, alors attaquée par les partis monarchiques, qui se disputaient son héritage, affaiblie par ses divisions, luttait contre une coalition aveugle qui, en la combattant, préparait sa propre défaite. L'approche d'un dénouement inévitable communiquait aux discussions parlementaires une énergie qui rappelait les luttes de la première Révolution. Le jeune Bancel, appelé plusieurs fois à la tribune, s'y montra plein d'ardeur à la fois et d'empire sur lui-même; l'élévation et la fermeté de sa parole lui donnaient chaque jour plus d'autorité. La majorité, ordinairement si intolérante, l'écoutait. M. Bancel serait devenu avec l'aide du temps un véritable orateur; mais un matin, en revenant de l'Assemblée nationale, où il avait vu la tribune brisée, il trouva en rentrant chez lui des sergents de ville qui l'attendaient pour le conduire en exil.

La Belgique lui offrit un asile; il y fit, comme plusieurs autres réfugiés, des conférences littéraires où son éloquence se montra sous un jour nouveau. Tel était le candidat que le *Siècle* opposait à M. Garnier-Pagès, non dans une pensée hostile à M. Garnier-Pagès lui-même; mais pour honorer l'exil noblement supporté, la résignation en face d'une carrière brisée, et pour rendre à la tribune un talent qui promettait de l'illustrer. M. Bancel comptait malheureusement parmi ses amis des abstentionistes très résolus; partagé entre la crainte de leur déplaire et leur désir de reparaître sur la scène de ses anciens succès, il avait laissé passer les délais légaux pour envoyer son serment; c'était du moins l'avis de la préfecture de la Seine, qui ne le porta point sur la liste des candidats. Il quitta Bruxelles et vint à Paris pour assigner M. Haussmann; mais le tribunal civil donna gain de cause à l'administration, malgré la plaidoirie de Mᵉ Laurier. M. Garnier-Pagès se trouva débarrassé ainsi d'un rival redoutable. M. Jules Ferry, de son côté, après avoir consulté M. Jules Favre, se désista le 12 mars. M. Frédéric Morin en fit autant quelques jours plus tard. Le *Siècle* porta donc M. Carnot et M. Pagès dans la 1re et dans la 5e circonscription, M. Carnot comme « le fils de l'homme qui sauva la France de l'invasion étrangère ; sa candidature dans les circonstances présentes a un caractère qui n'échappera à personne. » Le *Siècle* ajoutait : « L'élection des deux candidats de la démocratie aura cette signification : liberté, amélioration du sort des travailleurs et solidarité des peuples. » Telle était la phraséologie du moment.

Le droit de réunion était soumis à de telles restrictions qu'il n'existait pas à proprement parler. C'est à peine si les candidats de l'opposition parvenaient de temps en temps à réunir quelques électeurs, tantôt dans la chambre d'un employé de chemin de fer, à côté du berceau d'un enfant malade, tantôt dans une remise ou dans un hangar, tantôt dans un atelier ; il était rare que la police ne parvînt pas à se mettre sur la trace de ces réunions ; elle essayait de les empêcher, et, quand elle n'y réussissait pas, elle y envoyait ses agents. Les orateurs-candidats qui prenaient la parole étaient trop habiles et trop expérimentés pour se compromettre ou pour compromettre leur auditoire par un langage imprudent. L'auditoire lui-même, loin de demander qu'on fît appel à ses passions, se montrait surpris et mécontent quand l'orateur ne s'adressait qu'à ses intérêts. C'est ainsi que M. Pelletan ayant voulu mettre sur le tapis une question d'économie politique, un de ses auditeurs lui dit aux applaudissements de tous les membres de la réunion : « Laissez cela de côté ; parlez-nous politique, parlez-nous de la Pologne. »

La population de Paris dans cette élection complémentaire des 20 et 21 mars, avait voulu faire une manifestation en l'honneur de la République de 1848. Elle fut complète. M. Carnot obtint plus de 13 000 voix ; M. Pinard, candidat agréable à l'administration, près de 5000, et M. Laboulaye, 745. M. Garnier-Pagès eut près de 15 000 voix ; M. Lévy, candidat officiel, 6480 ; M. Théodore Bac, 265 ; M. Tolain, 235 ; M. Hugelmann, 129 ; M. Jules Allix, 8.

Pendant que les électeurs de Paris rappelaient les hommes de 1848 sur la scène politique, l'archiduc Maximilien trouvait à Londres un banquier qui lui avançait deux cents millions avec lesquels il remboursait au gouvernement impérial une partie de sa dette. L'occasion était bonne pour jeter un peu de popularité sur cette expédition du Mexique si impopulaire. L'Empereur écrivit donc le 15 avril au ministre des finances : « L'heureuse solution de l'affaire du Mexique fait naître en moi le désir de voir le pays profiter du premier remboursement des frais de la guerre en diminuant un des impôts qui pèsent le plus sur la propriété foncière. » Il invitait M. Fould, en conséquence, à rechercher s'il ne serait pas possible d'opérer la suppression immédiate du second décime de l'enregistrement.

Pendant que les Chambres votaient leurs adresses à l'Empereur, M. Duruy refusait d'autoriser des lectures publiques à Montpellier, au profit des Polonais, sous prétexte qu'il ne devait pas permettre l'ouverture de cours ayant une signification politique ; quelques jours après, le 7 avril, eut lieu la réception de M. Dufaure à l'Académie française. La séance fut brillante par le nombre et la qualité des assistants, mais insignifiante au point de vue littéraire. M. Dufaure est, en effet, un discuteur plutôt qu'un orateur, et, en tout cas, le moins académique des orateurs.

L'Empereur, qui depuis le 7 juin habitait Fontainebleau, quitta le 7 juillet cette résidence pour se rendre à Vichy; le roi des Belges vint l'y rejoindre. Léopold Ier, beau-père de l'archiduc Maximilien, avait montré pour les vues de son gendre sur la couronne du Mexique, une complaisance fort opposée à sa raison et à sa prévoyance habituelles. Le désir de satisfaire l'ambition et le besoin d'activité de sa fille Charlotte, pour laquelle il s'était toujours senti une affection particulière, l'avait aveuglé sur les dangers de l'entreprise qu'elle allait tenter. La présence du roi des Belges à Vichy était motivée par la nécessité de s'entendre avec l'empereur des Français sur certaines questions relatives à la part que des forces belges pourraient prendre à l'expédition du Mexique, et d'en régler les conditions.

L'Empereur écrit le 31 juillet au maréchal Vaillant qu'il « attache un grand prix à ce que le monument consacré au plaisir ne s'élève pas avant l'asile de la souffrance. » L'Empereur était de retour à Saint-Cloud le 7 août et le 5 septembre l'armée apprenait qu'elle comptait un nouveau maréchal dans la personne du général Bazaine. On fit dans la résidence de Saint-Cloud des préparatifs pour recevoir le roi d'Espagne. Il y arriva le 16 août. L'Empereur fit à ce souverain peu militaire, la politesse de passer une grande revue en son honneur.

La France, au moment où elle s'y attendait le moins, apprit que, le 15 septembre, une convention avait été conclue entre le gouvernement impérial et l'Italie pour le règlement de la question romaine. L'article 1er portait : « L'Italie s'engage à ne pas attaquer le territoire actuel du

Fig. 70. — Réception aux Tuileries le 1er janvier 1867.

Saint-Père et à empêcher, même par la force, toute attaque venant de l'extérieur contre le dit territoire. » D'après l'article 2, « la France retirera ses troupes des États pontificaux graduellement, et à mesure que l'armée du Saint-Père sera organisée. L'évacuation devra néanmoins être accomplie dans le délai de deux ans. » L'armée papale, en vertu de l'article 3, pouvait se recruter de catholiques étrangers. L'article 4 disait : « L'Italie se déclare prête à entrer en arrangement pour prendre à sa charge une part proportionnelle de la dette des anciens États de l'Église. » Un protocole annexé à la convention ajoutait enfin : « La convention n'aura de valeur exécutoire que lorsque S. M. le roi d'Italie aura décrété la translation de la capitale du royaume dans l'endroit qui sera ultérieurement déterminé par la dite Majesté. »

On verra plus tard à quelle pensée avait obéi Napoléon III en signant cette convention. En attendant, les journaux démocratiques, qui avaient accueilli la convention du 15 septembre avec une grande faveur, saluèrent quelques jours après, avec non moins de plaisir, l'organisation définitive d'une association d'ouvriers dont la pensée remontait au grand festival donné à Londres en 1861, dans le Palais de cristal, par les orphéonistes français ; cette fête avait amené un certain rapprochement entre les classes populaires des deux pays. L'Exposition universelle, l'année suivante, mit en présence les ouvriers délégués des différentes nations, non plus sur le terrain de l'art, mais sur celui de la production et de l'observation [1]. Les ouvriers français furent frappés du contraste existant entre eux et les ouvriers anglais, produisant à un taux moins élevé, quoique travaillant moins d'heures par jour, et recevant un salaire plus élevé. Les ouvriers anglais attribuèrent cet avantage à leurs *Trade's unions*, qui leur permettaient de traiter de puissance à puissance avec les fabricants et de s'assurer des salaires rémunérateurs.

Les délégués parisiens, rentrés en France, exposèrent, dans des mémoires professionnels, les changements que, selon eux, devaient subir les lois, les habitudes corporatives et les méthodes de travail pour mettre l'industrie française au niveau de celle de l'Angleterre ; « ce furent les premiers cahiers du travail et du prolétariat [2]. » Les auteurs d'un grand nombre de ces mémoires s'en remettaient à l'Empereur pour la réalisation de leurs vœux, dont la mise en pratique aurait fait d'un seul coup reculer l'industrie française jusqu'en 1750. Parmi les rares délégués qui se

---

1. *L'Association internationale des travailleurs*, par Fribourg.
2. *Ibid.*

prononçaient pour la liberté figurait un ouvrier ciseleur, M. Tolain, qui entrevit la possibilité d'étendre à toutes les nations ces institutions anglaises que les ouvriers anglais se déclaraient impuissants à transformer en faits généraux. Il groupa quelques amis autour de lui, et ensemble ils s'occupèrent de donner une forme à l'idée d'une association universelle des travailleurs. Les agitations politiques auxquelles l'insurrection polonaise et les élections de 1864 donnèrent lieu retardèrent leur travail. La période électorale terminée, M. Tolain et ses amis se remirent immédiatement à l'œuvre. Les réunions électorales secrètes, les comités clandestins avaient mis en rapport un grand nombre de jeunes ouvriers avec les signataires de la liste des soixante; l'élément ancien et l'élément nouveau se fondirent, et vers le millieu de septembre MM. Tolain, Perrachon et A. Limousin se rendirent en Angleterre pour terminer l'étude du projet élaboré par M. Tolain. Il fut décidé, à Londres, qu'une commission anglaise se joindrait à la commission française et que, ensemble, elles constitueraient définitivement l'association et arrêteraient le programme et les conditions de la première session du congrès. Un meeting public réunit, le 28 septembre, dans Saint-Martins' Hall, les représentants ouvriers de plusieurs nations européennes, qui nommèrent un comité chargé de rédiger les statuts de la Société internationale. Le pacte fondamental écrit en anglais arrivait à Paris un mois après; le groupe des internationaux nommait, au poste de secrétaires correspondants pour Paris Tolain, ciseleur, Fribourg, graveur-décorateur, Limousin, margeur, et l'Internationale était fondée.

Le Conseil d'État, pendant ce temps-là, subissait de nouvelles modifications. Ce corps, à partir du 5 octobre, devait avoir désormais à sa tête un ministre pour président; six présidents de section, dont trois cumuleraient ce titre avec celui de vice-présidents. En même temps, un changement eut lieu parmi les ministres de la parole. M. Rouland, ministre président le Conseil d'État, qui avait montré peu d'aptitude aux débats parlementaires, quitta la vie politique pour terminer sa carrière dans la place lucrative de gouverneur de la Banque de France. Il fut remplacé par M. Vuitry.

L'impératrice Eugénie s'était arrêtée à Baden au retour des eaux de Schwalbach; elle rentra dans les premiers jours d'octobre à Saint-Cloud. L'Empereur, qui venait de rendre visite à l'empereur et à l'impératrice de Russie, à Nice, s'amusait, en revenant, à passer des revues à Toulon,

Fig. 71. — Remise de la barrette au cardinal de Bonnechose.

à Marseille et à Lyon. Il partit le 31 octobre de cette ville pour Paris. M. de Persigny avait le 2 novembre adressé une lettre à M. Emile de Girardin, qui venait de lui envoyer son livre *les Droits de la pensée*. M. de Persigny assurait dans cette lettre que sans aller, comme M. de Girardin, jusqu'à demander l'impunité de la presse, il était néanmoins disposé à lui faire des concessions : « Cette question me préoccupe beaucoup, et je me sentirais peu disposé aujourd'hui à maintenir le régime actuel sans de sérieuses modifications. » Le *Constitutionnel* tança quelques jours après M. de Persigny au sujet de cette lettre, qui avait, ce journal prétendait le tenir de bonne source, excité le mécontentement de l'Empereur. M. de Persigny recevant à son tour un avertissement, comme un simple journaliste, cela fit rire un moment.

La cour impériale de Paris mit fin par son arrêt du 7 décembre à une affaire déjà jugée en première instance et connue sous le nom de *procès des Treize*. Son origine remontait aux élections. Dans la soirée du 13 mars, la police dispersa une soi-disant réunion chez M. Garnier-Pagès et fit des perquisitions chez M. Dréo, son gendre, habitant la même maison ; d'autres perquisitions eurent lieu plus tard chez MM. Carnot, Floquet, Clamageran, etc. M. Floquet était absent ; ses serrures furent crochetées, ses meubles forcés et brisés. Les agents de police, après avoir visité ses papiers, emportèrent ceux qu'ils avaient choisis et laissèrent les autres éparpillés sur le parquet. Ils se rendirent ensuite chez M. Clamageran, également absent, et s'emparèrent d'un grand nombre de papiers étrangers à l'affaire. M. Garnier-Pagès, élu député, avait élevé, lors de la discussion du budget, des réclamations contre la violation de son domicile, auxquelles le ministre, président le Conseil d'État, répondit que la justice était saisie. Plusieurs députés étant mêlés à l'affaire, elle attendait sans doute pour agir la fin de la session, qui eut lieu le 28 mai.

Les perquisitions dont nous venons de parler avaient eu lieu le 16 juin, en vertu de mandats décernés par le juge d'instruction de Gonet. Une instruction judiciaire s'ensuivit contre MM. Garnier-Pagès, Carnot, Dréo, Hérold, Floquet, Clamageran, Ferry, Bory, Melsheim, Durier, Corbon, André Pasquet, Lacatte, Enocq, Jozon, Hérisson, Girault, Magniadas, Emmanuel Durand, Millot, Gambetta, Braleret, Murat, Savatier-Laroche, Magnin, Charamaule, Guérin-Delisle, Fouqueron, Breton, Verrier, Postel, Chanoine, de Wolfers, Léonard, inculpés d'avoir fait partie d'une association non autorisée, et, en outre, M. Dréo d'avoir prêté sciemment son appartement pour une réunion publique non autorisée.

L'inculpation sur ce dernier chef fut abandonnée à l'égard de M. Dréo, et celle d'avoir fait partie d'une société non autorisée et composée de plus de vingt personnes à l'égard de MM. André Pasquet, Gambetta, Durand, Énocq, Braleret Charamaule, Magnin, Guérin-Delisle, Fouquéron, Savetier-Laroche, Breton, Verrier, Postel, Chanoine, de Wolfers, Girault, Léonard, Murat, Millot, Magniadas et Lacatte. Les autres prévenus, MM. Garnier-Pagès, Carnot, Dréo, Hérold, Clamageran, Floquet, Ferry, Durier, Corbon, Jozon, Hérisson, Melsheim, Bory, furent cités à comparaître, le 5 août 1864, devant la sixième chambre du tribunal de la Seine, présidée par M. Dobignie. MM. Marie, Jules Simon, Edouard Charton, Henri Martin, membres du même comité que ces derniers inculpés, protestèrent vainement contre une décision qui les séparait de gens dont ils avaient partagé la responsabilité.

La première audience du procès s'ouvrit par l'interrogatoire des témoins, fort peu nombreux du reste, appelés à la requête d'un seul prévenu. L'interrogatoire commença ensuite.

Les débats de ce procès furent conduits par le président avec cette âpreté de langage et d'attitude dont la magistrature de l'Empire a si souvent donné la preuve dans les affaires où la question de liberté se trouvait engagée. Le gouvernement, frappé de l'efficacité de la propagande électorale de l'opposition, et l'attribuant avec raison aux efforts du comité de Paris, avait résolu de couper court au danger de cette propagande en recourant à l'intimidation judiciaire. Le désir de livrer à la publicité quelques lettres saisies par la police, et constatant l'existence de certaines luttes antérieures dans le parti démocratique, ne fut pas étranger non plus au *procès des Treize*. Le gouvernement espérait affaiblir l'opposition par l'étalage de ses petites misères; mais le public comprit que tous les partis ont leurs divisions intestines, et que le parti démocratique devait d'autant moins rougir des siennes qu'il en avait triomphé. M. Jules Favre, l'un des défenseurs, prononça une plaidoirie admirable; ses collègues, les plus illustres avocats de Paris, renoncèrent à prendre la parole après lui; les termes dont M. Berryer se servit pour annoncer cette détermination au tribunal durent profondément toucher M. Jules Favre. Ce fut un des grands jours de sa carrière professionnelle.

Les *Treize* furent condamnés chacun solidairement à 500 fr. d'amende.

Les condamnés en appelèrent, et la cour impériale confirma le 7 la sentence du tribunal.

La cour de Rome, cependant, préparait silencieusement sa revanche

Fig. 72. — Le roi d'Espagne à Saint-Cloud.

de la convention du 15 septembre. Ce fut la fameuse encyclique adressée le 8 décembre au clergé catholique pour signaler et condamner les « principales erreurs de notre temps ». Le cœur de Voltaire fut transporté le 16, quelques jours après l'apparition de l'encyclique, à la Bibliothèque impériale par ordre des héritiers du marquis de Villette. M. Duruy, ministre de l'instruction publique, en prit possession au nom de l'État. Un autre événement eut lieu le 24 du même mois. Le prince Napoléon, rentré en grâce, fut nommé membre et vice-président du conseil privé.

FIN DU TROISIÈME VOLUME

TABLE DES MATIÈRES

CHAPITRE PREMIER. — Législature de 1857 a 1863. — **Session de 1858.** — Vérification des pouvoirs. — MM. Carnot et Goudchaux refusent le serment. — Annulation de l'élection du Bas-Rhin. — Procès Migeon. — Ouverture de la session. — La loi de sûreté générale. — Loi sur les titres de noblesse. — Les travaux de Paris. — La commission du budget et le conseil d'État. — **Session de 1859.** — L'emprunt de 500 millions. — Les cléricaux demandent des garanties avant de le voter. — M. Jules Favre prend la parole au Corps législatif. — Le budget. — Proposition de M. Brame. — Le Grand Central. — L'annexion de la banlieue. — **Session de 1860.** — Les élections contestées. — L'élection de Vitré. — La candidature officielle. — Les députés cléricaux attaquent la politique du gouvernement. — Le traité de commerce. — La spécialité financière. — Les prêts à l'industrie. — **Session législative de 1861.** — Discours de l'Empereur au Sénat et au Corps législatif. — Sénat. — Rapport de M. Troplong sur le projet de sénatus-consulte. — Discussion de l'adresse. — Discours du prince Napoléon. — Amendement sur les encouragements aux lettres et aux arts. — L'amendement des cardinaux. — Son rejet. — M. Dupin et la presse. — Timbre sur le roman-feuilleton. — Corps législatif. — Application du décret du 24 novembre. — Discussion de l'adresse au Corps législatif. — Amendement des *Cinq*. — Discours de M. Émile Ollivier. — Étonnement causé par ce discours. — Incident du procès-verbal. — Discours de M. Picard sur les finances de la ville de Paris. — Vote de l'adresse. — Discussion et vote du budget. — **Session législative de 1862.** — Sénat. — Discussion de l'adresse. — La question religieuse. — M. de Persigny traité de Polignac. — Discussion sur les affaires de Rome. — Discours de M. Piétri. — Fin de la discussion générale. — Discussion des articles — Discours de M. de La Rochejacquelein et du prince Napoléon. — Les sociétés religieuses et les congrégations. — M. de La Guéronnière et le prince Napoléon. — Le Mexique. — Vote de l'adresse. — Corps législatif. — Les obligations trentenaires. — La dotation Pa-li-kao. — Discussion de l'adresse. — Les amendements des *Cinq*. — Discours de M. Picard. — L'appel de M. Roques-Salvaza. — L'enquête sur le libre échange. — Présentation d'un income-tax par MM. Granier de Cassagnac et Roques-Salvaza. — Discussion du budget. — Fin de la session. — **Ouverture de la session le 12 janvier 1863.** — Discours de l'Empereur. — Il contient la revue rétrospective des faits depuis 1857. — Sénat. — Discussion générale de l'adresse. — Le baron Dupin prend seul la parole. — Discussion des paragraphes. — Discours de M. Thouvenel. — Discussion des pétitions sur la Pologne. — Discours de M. Billault. — Pétition de M. Darimon au Sénat pour demander la définition de la liberté du compte-rendu. — Corps législatif. — Discussion de l'adresse. — MM. Plichon et Lemercier attaquent les candidatures officielles. — Discours de M. Émile Ollivier. — Réponse de M. Baroche. — La question du Mexique. — Discours de M. Jules Favre. — M. Jérôme David approuve l'expédition. — Le décret de 1862 sur le nombre des députés. — Le gérant du *Constitutionnel* et M. Auguste Chevalier. — Modification de divers articles du Code pénal. — Le budget. — Clôture de la session.................... 1-2

TABLE DES MATIÈRES

CHAPITRE II. — Suite de la guerre d'Italie. — Réception du 1er janvier 1860. — La brochure *Le pape et le Congrès*. — Le programme du 5 janvier. — Le traité de commerce avec l'Angleterre. — Michel Chevalier et Richard Cobden. — Cession de Nice et de la Savoie à la France. — Dépêche de M. Thouvenel. — Lettre de Napoléon III à M. de Persigny. — Faiblesse de l'Empire dictatorial........................... 132

CHAPITRE III. — Expéditions de Chine et de Syrie. — Expédition de Chine. — Ses causes — Traité de Tien-tsin. — Retard éprouvé dans l'échange des ratifications. — L'Angleterre et la France décident l'envoi d'une expédition en Chine. — Lord Elgin et le baron Gros sont nommés envoyés extraordinaires des deux puissances. — Prise des forts du Pé-ho. — Négociations pour la paix. — Elles sont interrompues. — Les alliés marchent sur Pé-king. — Bataille de Pa-li-kao. — Fuite de l'empereur de la Chine en Mantchourie. — Prise et pillage du Palais d'Été. — Situation difficile des alliés. — Destruction du Palais d'Été. — Le prince Hong-kong et le général Ignatieff décident le gouvernement chinois à signer la paix. — L'armée rentre en France. — Préparatifs de l'expédition de Cochinchine. — Expédition de Syrie. — Le Liban. — État de l'Orient depuis la révolte des cipayes et la guerre de Crimée. — Les massacres du Liban et de Damas. — La nouvelle de ces événements parvient en France. — Napoléon III se prépare à secourir les chrétiens de Syrie. — Préliminaires diplomatiques de l'expédition. — Résistance de la Turquie. — Difficultés soulevées par l'Angleterre et par la Russie. — Le Piémont est exclu des négociations. — Proclamation de l'Empereur à l'armée. — Fuad-Pacha à Beyrouth et à Damas. — Lenteurs de la répression. — L'indemnité de guerre. — Exigences de l'Angleterre. — Résultat de l'expédition à la fin de l'année 1860.. 148

CHAPITRE IV. — Castelfidardo. — Impuissance de la convention de Villafranca. — Ses causes. — Le gouvernement impérial modifie sa politique dans un sens favorable à l'Italie. — La brochure *Le Pape et le Congrès*. — Difficultés soulevées par la proposition du Congrès. — Les quatre propositions. — Annexion de la Savoie et de Nice à la France. — Expédition de Sicile. — Entrevue de Chambéry. — Préparatifs d'une guerre. — Les troupes piémontaises pénètrent sur le territoire Pontifical. — Bataille de Castelfidardo. — Le royaume de Naples. — Sa situation intérieure. — Tentatives pour amener une alliance entre Naples et le Piémont. — Garibaldi passe le détroit. — Conquête du royaume des Deux-Siciles par Garibaldi. — Entrée de Victor-Emmanuel à Naples. — François II à Gaëte. Il capitule et se retire à Rome................ 179

CHAPITRE V. — 1860-1861. — Le décret du 24 novembre. — Ses causes. — Réception du premier jour de l'an aux Tuileries. — Paroles de l'Empereur au Sénat. — Application du décret du 25 mars 1852 sur la décentralisation à la ville de Paris. — Bruits de dissolution du Corps législatif. — Rivalité de M. de Persigny et de M. Haussmann. — Ce dernier veut être ministre. — Embarras de la situation. — Réception du Père Lacordaire à l'Académie française. — L'Impératrice assiste à la séance. — Arrestation du financier Mirès. — Rapport de M. Delangle. — La brochure du duc d'Aumale : *Lettre sur l'histoire de France*, adressée au prince Napoléon. — Saisie, chez son auteur, de l'ouvrage *Vues sur le gouvernement de la France*, par le duc de Broglie. — Procès Blanqui. — Inauguration du boulevard Malesherbes. — Les 25 millions des chemins vicinaux. — La transformation de Paris. — Crise industrielle et financière. — Les obligations trentenaires. — Mémoire adressé à l'Empereur par M. Achille Fould, ministre des finances. — Les agents de change demandent l'autorisation de dresser une statue à l'Empereur dans la salle de la Bourse. — Procès Plassiart................... 196

CHAPITRE VI. — La question des duchés. — Maladie du roi de Prusse. — Son frère, héritier présomptif de la couronne, prend la régence. — Entrevue de Napoléon III et du régent de Prusse à Baden. — M. de Bismarck est nommé ambassadeur de Prusse à Saint-Pétersbourg. — Avènement de Guillaume Ier au trône de Prusse. — La réforme de l'armée. — Réveil de l'esprit unitaire. — La politique du nouveau règne. — Attentat de Bœcker. — Influence de cet attentat sur le roi. — Guillaume Ier à Compiègne. — Couronnement du roi de Prusse. — État de l'opinion publique en Allemagne. — Le principe des nationalités. — La question des duchés. — Effets de la révolution de Février sur l'Allemagne. — La campagne des corps francs. — Conférence de Londres. — La question des duchés s'assoupit. — Le prince-régent de Prusse la réveille en 1859. — Menace d'exécution fédérale. — Le Danemark compte sur la France et sur l'Angleterre. — Napoléon III et Alexandre II. — Situation de la Pologne. — Troubles à Varsovie. — Adresse à l'Empereur. — Dissolution de la Société d'agriculture. — Mort du prince Adam Czartoriski. — L'insurrection et les puissances. — L'Angleterre, l'Autriche, la Prusse, la France. — Discours du prince Napoléon..................................... 224

CHAPITRE VII. — Mort de Cavour. — Rome est déclarée capitale de l'Italie. — Maladie de M. de Cavour. — Sa mort. — L'Italie est reconnue par Napoléon III. — M. Ricasoli succède à M. de Cavour. — États-Unis. — La question de l'Esclavage aux États-Unis. — Élection d'Abraham Lincoln. — La guerre de Sécession. — Fin de l'expédition de Syrie. — Ses résultats.. 247

CHAPITRE VIII. — L'année 1862. — Réception du jour de l'an aux Tuileries. — Programme financier de M. Fould. — Procès et arrestations. — Société du Prince impérial. — Lettre de l'Empereur sur la question romaine. — Voyage de l'Empereur et de l'Impératrice dans le centre de la France. — M. de Morny est nommé duc. — Revirement de la politique impériale dans la question romaine. — M. Thouvenel donne sa démission. — M. Drouyn de Lhuys le remplace. — Napoléon III et la médiation aux États-Unis. — Interdiction des conférences de la rue de la Paix. — Polémique au sujet du *Fils de Giboyer*. — Inauguration du boulevard du Prince-Eugène. — M. Budberg, ambassadeur de Russie, remet à l'Empereur ses lettres de créance. — Discours de l'Empereur. — Souscription en faveur des ouvriers cotonniers. — Résurrection du titre de chevalier............. 270

CHAPITRE IX. — La Presse et le Clergé (1860-1862). — Expulsion de M. Ganesco, rédacteur du *Courrier du dimanche*. — Difficulté au sujet du compte rendu des débats judiciaires. — Obscurité du sénatus-consulte. — Le *Courrier de Paris* veut s'associer au *Messager*, propriété de M. Achille Jubinal. — Le gouvernement repousse la demande de ce député bonapartiste. — M. Leymarie achète le *Courrier de Paris*. — Tentatives pour obtenir du gouvernement de ratifier cet achat. — M. Billault et M. d'Haussonville. — Le conseil des ministres refuse à M. Leymarie l'autorisation d'acheter le *Courrier de Paris*. — M. Hippolyte Castille est choisi comme rédacteur en chef de ce journal. — M. Clément Duvernois ne tarde pas à l'y remplacer. — M. de Persigny et la presse. — Une brochure de M. Léon Masson ne trouve pas d'imprimeur. — Les *Muses d'État*. — Destitution de M. Victor de Laprade. — Achat de la *Presse* par le financier Millaud. — Démission en masse des rédacteurs. — Le clergé et le roi Jérôme. — Mandements et cérémonies funèbres. — Oraison funèbre du zouave Gicquel. — *La France, Rome et l'Italie*, par M. de La Guéronnière. — L'évêque de Poitiers déféré comme d'abus au Conseil d'État. — Le prosélytisme religieux. — Procès devant la Cour de Lille. — Le clergé soumis à la juridiction administrative. — Circulaire de M. Delangle. — La Société de Saint-Vincent de Paul. — Conférence de Lusignan. — Le gouvernement et la Société de Saint-Vincent de Paul. — Circulaire de M. de Persigny. — Le gouvernement veut accaparer la direction de la Société. — Le *Siècle* et la Société de Saint-Vincent de Paul. — Procès de Riom. — Encore le prosélytisme religieux. — Circulaire de M. Rouland. — Suppression de quelques maisons religieuses. — Les évêques et la canonisation des martyrs du Japon. — M. Renan nommé à la chaire d'hébreu du Collège de France. — Sa destitution. — Le jubilé de Toulouse........................... 280

CHAPITRE X. — Expédition du Mexique (1858-1861). — Le Mexique sous la domination espagnole. — Guerre de l'indépendance. — Défaite des Espagnols. — Empire d'Iturbide. — Sa chute. — Effet des *pronunciamentos*. — Formation du parti libéral. — Lutte entre le parti libéral et le parti clérical. — L'emprunt Jecker. — Le Mexique et Santa-Anna. — Triomphe du parti libéral. — Présidence de Benito Juarez. — La république du Mexique et les puissances. — Le parti monarchique mexicain à l'étranger. — Il entoure l'Empereur et l'Impératrice. — Causes de son succès. — Appui que lui donne M. de Morny. — Les bons Jecker. — M. Dubois de Saligny remplace M. de Gabriac. — Il commence par présenter la réclamation Jecker. — Juarez est obligé de suspendre le payement des recettes des douanes. — L'Espagne, l'Angleterre, la France. — Les États-Unis. 317

CHAPITRE XI. — Les Français au Mexique. — Négociations diplomatiques. — La convention de Londres. — Les Espagnols devancent les Anglais et les Français au Mexique.

— Ils occupent Vera-Cruz. — Manifeste des commissaires alliés. — Préliminaires de La Soledad. — Leur rupture. — Conférence d'Orizaba. — La Conférence se sépare brusquement. — Dénonciation de la rupture des préliminaires. — Attaque d'Orizaba par le général Lorencez. — Pronunciamento de cette ville en faveur d'Almonte. — Marche sur Puebla. — Échec de l'armée française. — Suite des affaires de l'intervention. — Période Lorencez. — Envoi de nouvelles troupes au Mexique. — Le général Forey remplace le général Lorencez. — L'opinion publique et le Mexique à la fin de l'année 1862... 344

CHAPITRE XII. — LES ÉLECTIONS DANS LES DÉPARTEMENTS. — Débuts de l'année 1863. — La crise cotonnière. — Distribution des récompenses aux exposants français à Londres. — Interdiction des lectures publiques au bénéfice des ouvriers de la Seine-Inférieure. — Saisie de l'*Histoire de la maison de Condé*. — Note du *Moniteur* sur le compte rendu des Chambres. — Élection à l'Académie. — Mgr Dupanloup, évêque d'Orléans, et M. Littré. — Les élections de 1863 dans les départements. — Préparatifs pour les élections de 1863. — Voyage de M. Garnier-Pagès dans les départements. — L'abstention. — État de l'opinion dans les grandes villes. — Formation de quelques comités. — Candidature de M. Thiers. — Question du serment. — L'*Union libérale*. — Difficulté qu'elle éprouve à se former. — Le parti catholique. — La légitimité. — L'orléanisme. — Le suffrage universel et l'administration. — Résultat des élections dans les départements... 388

CHAPITRE XIII. — LES ÉLECTIONS A PARIS. — Le parti républicain à Paris. — Ses divisions. — L'abstention. — Les assermentés et les réfractaires. — Le parti du *Siècle*. — Le parti de 1848. — Le parti des hommes nouveaux. — Le parti des *Cinq*. — Rivalités entre les candidats de la 5e circonscription. — M. Havin et M. Ernest Picard. — Le comité central. — Réunion chez M. Carnot. — Le comité central ne parvient pas à se fonder. — Le gouvernement s'oppose aux réunions. — Note du *Moniteur*. — La candidature de M. Thiers. — Le *Siècle* ne l'accepte pas. — Première liste des candidats de l'opposition. — M. Havin. — M. Édouard Laboulaye. — M. Émile Ollivier. — M. Ernest Picard. — M. Jules Favre. — M. Adolphe Guéroult. — M. Alfred Darimon. — M. Jules Simon. — M. Eugène Pelletan. — M. Édouard Laboulaye se désiste en faveur de M. Thiers. — Le *Siècle* se décide à soutenir M. Thiers. — Maladresse de M. de Persigny à combattre cette candidature. — Sa circulaire aux préfets. — Sa lettre au préfet de la Seine. — Paris nomme tous les candidats de l'opposition. — Effet du vote du 31 mai sur l'Europe. — M. de Persigny est obligé de donner sa démission. — Changement de ministère. — M. Billault, ministre d'État. — Sa mort. — Il est remplacé par M. Rouher. — Voyage de l'Impératrice en Espagne. — Napoléon III propose un Congrès aux puissances. — Emprunt de 300 millions. — Avortement du Congrès. — Fin de l'année 1863.... 428

CHAPITRE XIV. — LE NOUVEAU CABINET. — M. de Persigny est obligé de donner sa démission. — Un nouveau ministère se forme. — MM. Billault, Boudet, Duruy, Behic, Rouher en font partie. — Lettre de M. de Morny. — Mort de M. Billault. — Difficultés pour lui trouver un successeur. — Deux hommes seuls sont possibles, MM. Rouher et Baroche. — M. Rouher. — Ses débuts. — Il devient ministre du Président. — Sa conduite pendant le coup d'État. — Il donne sa démission de garde des sceaux en présence des décrets du 22 janvier. — Le 25, il est président de section au conseil d'État. — Il entre en 1855 dans le cabinet comme ministre de l'agriculture, du commerce et des travaux publics. — Il remplace M. Billault au ministère d'État........................... 453

CHAPITRE XV. — NAPOLÉON III ET L'EUROPE. — Affaires de Pologne. — Le grand-duc Constantin est nommé vice-roi de Pologne. — Attentats sur la personne du marquis Wielopolski et du grand-duc. — Napoléon III et l'insurrection. — L'embarras qu'elle lui cause. — Le recrutement en Pologne. — Le commencement de l'insurrection. — Répression de Mouraview. — Les cabinets des Tuileries, de Londres et de Vienne, dans la question polonaise. — Négociations avec la Russie. — Le prince Gortschakoff y met fin cavalièrement. — La journée des princes à Francfort. — Son influence sur la question polonaise et sur celle des duchés. — Situation du Danemark en 1862. — Dépêche de Gotha. — Négociations diplomatiques. — Un nouveau prétendant. — Concessions de Christian VIII. — La Prusse et l'Autriche les repoussent. — Causes de ce refus. — Imprudence

TABLE DES MATIÈRES 553

de certains passages du discours d'ouverture du Sénat et du Corps législatif. — Le Congrès rendu impossible par l'Angleterre. — M. de Bismarck et l'Angleterre. — L'Europe et le Danemark. — Démembrement de la monarchie danoise. — Traité de Vienne... 465

CHAPITRE XVI. — Maximilien au Mexique. — Siège de Puebla. — Combat de San-Lorenzo. — Entrée des Français à Mexico. — Le triumvirat. — Convocation d'une assemblée constituante. — Une députation porte à Maximilien l'offre de la couronne. — Le conseil de régence. — Création de cours martiales. — De la contre-guérilla. — Cruautés militaires et administratives. — Le maréchal Forey est remplacé par le général Bazaine et M. Dubois de Saligny par M. de Montholon. — Arrivée de la députation mexicaine à Miramar. — Hésitations de Maximilien. — Impatience de Napoléon III. — Il fait venir Maximilien et sa femme à Paris. — Convention du 12 mars. — Nouvelles hésitations de Maximilien. — Leur cause. — Voyage du général Frossard à Miramar. — L'archiduchesse Charlotte à Vienne. — Traité de Miramar. — Ses trois articles secrets. — Maximilien et Charlotte partent pour le Mexique. — Station à Rome. — Arrivée à Vera-Cruz. — Indifférence générale. — Trajet de Vera-Cruz à Mexico. — Réception officielle. — Installation de la maison impériale....................... 496

CHAPITRE XVII. — L'année 1864. — Commencement de l'année 1864. — Réceptions aux Tuileries. — Arrestation de quatre Italiens. — Élections partielles à Paris. — Comité de la réforme électorale. — Candidatures de MM. André Pasquet, Carnot, Laboulaye, Pinard, dans la 1re circonscription. — Candidatures de MM. Garnier-Pagès, Bancel, Théodore Bac, Renan, Vautrain, Hugelmann, Frédéric Morin, Jules Alix, Jules Ferry dans la 5e circonscription. — M. Tolain, candidat ouvrier. — MM. Carnot et Garnier-Pagès sont élus. — Suite et fin de l'année 1864. — Interdiction de lectures publiques au bénéfice des Polonais. — Interdiction du banquet en l'honneur de Shakespeare. — Réception de M. Dufaure à l'Académie française. — Procès des Treize. — Fondation de la Société internationale des travailleurs. — Convention du 15 septembre. — M. Vuitry est nommé ministre président le Conseil d'État. — Lettre de M. de Persigny à M. de Girardin. — Le gouvernement le fait tancer par le *Constitutionnel*. — Arrêt de la cour dans le procès des 13. — L'Encyclique du 8 décembre. — Le cœur de Voltaire à la bibliothèque nationale. — Le prince Napoléon vice-président du conseil privé.... 52

COULOMMIERS. — TYPOGRAPHIE PAUL BRODARD.